百年中国记忆
BAINIAN ZHONGGUO JIYI

纪念

冀中军民
"五一反扫荡"斗争

◎ 河北省政协文史资料委员会　编著

中国文史出版社

图书在版编目（CIP）数据

纪念冀中军民"五一反扫荡"斗争 / 河北省政协文史资料委员会编. -- 北京 : 中国文史出版社, 2020.7

（百年中国记忆）

ISBN 978-7-5205-2055-3

Ⅰ.①纪… Ⅱ.①河… Ⅲ.①抗日战争—反扫荡—史料—冀中地区 Ⅳ.①K265.06

中国版本图书馆CIP数据核字（2020）第098083号

责任编辑：蔡丹诺

出版发行：**中国文史出版社**

社　　址：北京市海淀区西八里庄路69号　　邮编：100142

电　　话：010—81136606　81136602　81136603（发行部）

传　　真：010—81136655

印　　装：北京朝阳印刷厂有限责任公司

经　　销：全国新华书店

开　　本：16开

印　　张：35

字　　数：484千字

版　　次：2020年8月北京第1版

印　　次：2020年8月第1次印刷

定　　价：98.00元

序

吕正操

发生在1942年的冀中"五一"反"扫荡"，虽已过去半个多世纪了，但当年日本侵略者在冀中大地犯下的累累罪行，以及冀中抗日军民在炮火硝烟中与敌拼杀的悲壮情景，却恍若昨日，历历在目，使人刻骨铭心，永难忘怀。

一

抗日战争进入相持阶段以后，"扫荡"与反"扫荡"成为冀中敌我斗争的主要形式。从1942年5月1日起到6月底历时两个月的"五一"大"扫荡"，是日军对冀中抗日根据地实行的一次规模最大、持续时间最长、空前残酷的大"扫荡"。

"五一"大"扫荡"，是日军蓄谋已久的。冀中抗日根据地，是遵照中共中央和毛泽东关于在敌后广泛开展游击战争、创建敌后抗日根据地的指示，从1937年秋开始，在艰苦复杂的斗争中建立、巩固、发展起来的。它的存在，严重地威胁着日军盘踞的几个中心城市——平、津、保、石及其军事命脉——平汉、北宁、津浦、石德等4条铁路,使敌人寝食不安。冀中抗日根据地,又是晋察冀边区的平原堡垒,对边区的人力和物资都是重要的补充来源,对边区的巩固和发展有着十分重要的意义。因此,在抗日战争中,尤其是进入相持阶段以后,日军对冀中这块"心腹大患"进行了频繁的、各种方式的和不同规模的"扫荡",小规模的分区"扫荡"经常不断,全区性的大"扫荡"一年数次。尽管如此,冀中军民的抗日斗争愈加顽强,冀中抗日根据地成为插进敌人胸膛的一把尖刀。冀中军民的顽强斗争,更使敌人恨之入骨,穷凶极恶。由此,日军针对冀中军民的"五一"大"扫荡"也就不可避免。

"五一"大"扫荡",是敌人在新的困难条件下进行的。1941年12月,太平洋战争爆发后,日军战线延长,兵力不敷使用,捉襟见肘;战略物资供应紧张,困难日益加深。日军为了确保华北,抓紧掠夺战略物资,支援太平洋战争,急于变华北地区为其"大东亚战争"的后方兵站基地。正因为如此,日军在华北的掠夺就更加变本加厉,决心将我华北抗日根据地变为其确保的"治安区",而我冀中平原抗日根据地则首当其冲。日军提出要"确保华北,首先要确保冀中",进而决定采取"军事上猛烈攻击"的战术,进攻"河北省北部的中共平原根据地,一举将该地区建成为治安区"。"五一"大"扫荡",就是日军为达此目的而采取的一次重大战略行动。

"五一"大"扫荡",敌人使用了最阴险毒辣的手段。日军采取了突然袭击的方式,由华北方面军司令官冈村宁次亲自坐镇指挥,穷其第四十一、一一〇、二十七、二十六师团和独立七、八、九混成旅团等精锐部队5万之众,配以空军、装甲部队,实施"铁壁合围"作战。"扫荡"开始以前,敌人专门设立了情报、谍报班,千方百计刺探根据地的情报,并极力隐藏其作战意图,进行战役伪装。"扫荡"之初的5月1日至10日,敌人先以"铁连环"阵进行"梳篦拉网",企图把我军主力压缩到滹沱河以南,滏阳河、石德铁路之间的三角地带,形成一个大包围圈。同时,又十分险恶地在中心区设置较大的空陈，作为"诱导圈"，以引诱我军入内。5月11日至15日，敌人集中兵力对我实行"铁壁合围"，妄图聚歼冀中党政军领导机关与主力部队。对合围地区多路并进，将兵力全线展开，以实现其"筑堤拦水、淘水捉鱼"的阴谋。5月16日至6月20日，又采用了纵横搜索、分段"清剿"、彻底"剔抉"的战法，寻找我主力部队决战，搜捕分散隐蔽的抗日干部、战士和地方工作人员。同时增建碉堡，抢修公路，平毁抗日道沟，企图使抗日部队无立足之地，最终达到全部消灭之目的。

　　"五一"大"扫荡"，给冀中抗日根据地造成了空前的损失，也使冀中广大群众遭受了巨大的灾难。日军在"扫荡"中采取了空前残酷的法西斯手段，疯狂地实行烧光、杀光、抢光的"三光"政策，所到之处，大肆奸淫、烧杀、抢掠，无恶不作。短短两个月，冀中根据地损失十分严重。冀中军区部队伤亡4671人，减员5500人，区以上干部牺牲三分之一。冀中根据地的群众被杀害的达2万多人，被抓去当劳工的达5万多人，大批粮食、物资被"扫荡"一空，造成了"无村不戴孝，户户闻哭声"的悲惨局面。到7月，在冀中42个县、8000多个村庄、4.5万多平方公里的土地上，日军共建立据点与碉堡1750个，修筑"扫荡"公路7500多公里，挖掘封锁沟4000余公里，整个冀中大平原，被分割成2676个小格子，实行所谓点、碉、路、沟、墙五位一体的"囚笼"政策，使冀中广大群众被置于枪弹刺刀的血腥统治之下。冀中平原的抗日游击战争，自此进入了更加残酷和困难的阶段。

二

　　面对日军空前野蛮残酷的大"扫荡"，冀中抗日军民在中共冀中区党委、冀中行署和冀中军区的领导下，同敌人进行了艰苦顽强的斗争。军区部队采取主力转到外线作战、地区部队分散隐蔽的"敌进我进、避实就虚、消耗敌人有生力量"的方针，灵活机动地与敌人周旋，并伺机给敌人以沉重打击，先后经过了272次战斗，共毙伤日伪军1.1万多人，不但消灭了敌人的有生力量，而且挫败了敌人的锐气，粉碎了敌人消灭我冀中领导机关、冀中主力部队并摧毁我冀中根据地的企图。"五一"反"扫荡"以后，侵华日军的士气逐渐走向低落。冀中根据地军民同仇敌忾，英勇奋战，在燕赵大地上奏响了英勇悲壮的反"扫荡"凯歌。

我冀中党政军领导机关成功地进行了反"扫荡"，跳出了包围圈，使敌人的阴谋落空。日军"五一"大"扫荡"的主要作战方针是，寻找我军主力与领导机关决战，消灭冀中首脑机关。针对这种情况，冀中区党委、行署和军区机关，首先进行了精简和轻装，加强了掩护部队的力量。5月2日，离开饶阳县张保村一带，跳到沧石路南。5月8日，在敌人加强对滏阳河封锁以前，东渡滏阳河，跳到敌人的"铁壁合围"之外，大胆地插到敌后的敌后，深入到敌占区，在任（丘）、河（间）、大（城）和子牙河以东地区与敌人周旋了20多天。在此期间，曾四渡子牙河，五临津浦路，18次越过封锁线，在与敌人的接合部及点线间巧妙穿插。在群众的支援和掩护下，敌人连我领导机关的影子都没有找到，不能不哀叹："此次扫荡战中未能捕获敌人的指挥中枢。"6月1日，冀中党政军领导机关越过石德路进入冀南地区。6月12日，在威县城北25公里处的掌史村，打了一个著名的掌史战斗，被中央军委嘉奖为"堪称平原游击战坚持村落防御战的范例"。掌史战斗以后，我们于6月中旬到达冀鲁豫军区，后又转到太行山区。在领导机关干部多、非战斗人员多、盆盆罐罐多、冲锋陷阵困难很大的情况下，我们不但冲出来了，而且没有受到多大损失。因此，刘伯承司令员表扬我们说，你们这样的机关反"扫荡"，就像背着灯泡赶集，很容易被挤碎的，但是，你们没有被挤碎，跳出来了，这确实是非常不容易的。

冀中军区的主力部队，表现了顽强的作战精神，给"扫荡"之敌以沉重的打击。反"扫荡"开始，各分区主力部队一边向外线转移，一边寻机消灭敌人，不仅先后突出了敌人的"合围"，而且歼敌1000多人，有力地打击了敌人。如：我七分区部队在10天内共作战21次，毙伤敌300余人；我警备旅一团二营在深县护驾池，抗击敌人装甲车、飞机、坦克和四五千敌之围攻，激战竟日，敌伤亡300余人，我只伤亡40余人；在无极县小吕、王村，二十二团与十七团联合作战，40分钟内打死打伤敌人180余，毙日军一中队长和伪正定道尹，伤日军大队长加岛，我无一伤亡。这说明我们采取"敌进我进"的方针，是十分正确的。5月下旬，根据上级指示，主力部队重新转入内线作战；至6月4日，为适应战斗环境的变化和保存实力，又转到外线作战。在这一进一出的过程中，各军分区主力部队又打了一些大仗、硬仗，取得了一些大的胜利。如：深泽城北的白庄战斗，毙伤敌人400余，并击毙日军大队长管泽；无极城西北的里贵子战斗，毙伤敌人180余；被称为"五一"反"扫荡"光辉战例的深泽县宋家庄战斗，由二十二团团长左叶指挥，血战16个小时，以我伤亡73人的代价，毙伤敌人860余，为平原地区开展村落防御战创造了宝贵的经验。还有六分区指挥的北阳堡战斗，九分区指挥的张庄战斗，八分区指挥的东圈子战斗和十分区指挥的固守村落的战斗等，也都打得非常成功。也有一些战斗损失较大，如：定县的北疃战斗，部队依托村庄和地道抗击日军，虽给敌人以较大的杀伤，但由于敌人卑鄙地使用毒气，使地道内我军民近千人窒息而死；我警卫团一团一营在深县王家铺受挫，只有十余人冲出包围，大部分指战员壮烈牺牲；肃宁县雪村战斗，不仅部队受到严重损失，八分区司令员常德善和政委王远音也壮烈牺牲。但这些丝毫没有动摇指战员们的战斗意志。在反"扫荡"的两个月中，他们浴血奋战，英勇顽强，既给猖狂的敌人以迎头痛击，又较好地保护了自己。

冀中军区骑兵团，肩负着特殊的使命，在反"扫荡"中建立了不朽的功勋。冀中军区直属部队以马仁兴为团长的骑兵团，是一支很有战斗力的部队，其突出的作战特点是快速、突然。敌人"扫荡"开始以后，奉军区指示，骑兵团坚持在内线作战，担负的特殊任务是：牵制与吸引敌人，侦察情况和宣传群众。我骑的那匹远近闻名的大洋马，交给了骑兵团，敌人见了大洋马就追，所以骑兵团总也甩不掉敌人。5月中旬，他们左冲右突，从任（丘）河（间）大（城）地区插到津浦路，跳出了包围圈，稍作喘息后，又奉命返回深（县）武（强）饶（阳）安（平）根据地腹地坚持斗争。骑兵团从任、河、大地区向西插到肃宁、蠡县，过白洋淀，又南下定南、安国、晋县、深泽县一带，越滹沱河到达深、武、饶、安地区，整整转了一大圈。在40多天的转战中，他们始终骑着马，身着军装，在极为暴露的情况下，先后找到七、八、九、十军分区领导，传达区党委和军区的指示。还特地到安平、饶阳区党委机关的常驻村，向干部群众介绍领导机关和主力部队外转的情况，鼓舞群众的士气。他们经过多次战斗，遭到敌人无数次包围和袭击，队伍被打散，团政委汪乃荣、政治处主任杨经国壮烈牺牲，仍很好地完成了军区领导交给的任务。直到6月23日，在最后击退千余敌人的合击后，才跳出包围圈，南下冀鲁豫根据地，与军区领导机关会合。

马本斋司令员率领的冀中回民支队，在反"扫荡"中杀出了威风，表现了良好的军事素质和顽强的战斗作风。"扫荡"刚一开始，由于敌我力量悬殊，冀中党政军领导机关在中心区的活动遇到了很大的困难。当时，各部队根据军区指示，挺进敌后，向敌占区城镇及交通线进击，以牵制敌人，减轻中心区的压力。5月中旬，回民支队奉命攻打泊镇和交河县城，军区要求他们务必攻克，以吸引日军主力东移。马本斋接到命令后，立即部署作战。第一、第二大队攻打泊镇，一举深入镇内，予敌以严重杀伤。第三大队夜袭交河县城，打开了3座城门，俘虏了50多名伪军，缴获了50多支枪。同时，他们还派出八分队，袭击交河东北部的淮镇、郭尚庄等据点，收割敌人电话线400余公斤，取得了不小的胜利。攻打泊镇和交河县城以后，回民支队继续留在抗日根据地中心区的阜东、建国、交河一带与敌周旋。5月底，接到军区电报，催促其跳出内线，才辗转迁回到冀鲁豫地区。

冀中在华日本人民反战同盟支部，与冀中军民并肩作战，有着不同寻常的经历。该支部是1941年2月成立的，成员多是历次战斗中俘虏的日军官兵。他们在我党我军的教育和感召下，从日本武士道的精神枷锁下解放出来，决心与中国人民一起为结束这场罪恶的侵略战争而战斗。反"扫荡"开始以后，反战同盟支部化整为零，有的随部队转到外线作战，有的留在内线坚持斗争。支部长田中在回民支队攻打交河县城时，奉命带着一部电话机赶到前线，以自己熟练的技术，接上通往交河的电话线，与城内的日军通话劝降。后在日军"追剿"时腿部受伤，流了很多血，仍舍不得扔掉背上的两支长枪和几挂子弹，终于突围出来。副支部长兼宣传部长东忠，与几位盟员在内线坚持斗争，几次被冲散，几次又聚拢，历尽艰险，孤身转移，没有一人叛逃。冀中群众待他们也像亲人一样，经常挺身保护他们，巧妙地躲过敌人的追杀。东忠和中山两人被冲散以后，一个走进村庄，向村长说明自己是日本人民反战同盟支部的，村长立即把他隐藏起来，又帮他找到了部队；一个对房东说自己是日本八路，房东一听，就对他说："孩子你放心，只要有我在，就有你在。"西村在深泽县境内受了重伤，被坚壁在安平县堡垒户郭大娘家，因伤势严重，坚壁了很长时间。敌人曾两次闯入要人，把郭大娘毒打得昏死过去，但老人家始终未说出西村的藏身之处。西村归队时，不但能说一口流利的安平方言，还认郭大娘做干娘。

"抗大"二分校第三团学员，在艰险中与敌周旋，最终胜利归建的事迹十分感人。抗三团是从1940年1月开始，由"抗大"总校派到冀中来办学的。在两年中，为冀中培养了近4000名基层干部。他们接到军区反"扫荡"的紧急指示后，将休养所和文印组人员就地分散坚壁；令剧社单独隐蔽活动；第一、二、三大队随七、八、九军分区转外线；团部机关和直属一、二大队向沧石路以南转移，相机跳出合击

纪念冀中军民"五一反扫荡"斗争

圈。5月11日，抗三团的学员在深南遭到8000余敌军的合围，在飞机扫射、坦克冲击、步骑兵围追堵截下，缺乏武器的学员们一下子被冲得七零八落。有的分散在群众中隐蔽；有的暂时回到附近自己的家里；有的带介绍信回到原部队；有的三三两两各自为战，白天在野外躲藏，以野菜充饥，晚上到村里找吃喝打听消息；有的遭到敌人逮捕毒打，伤口化脓生蛆。但学员们凭着抗战必胜的信念和坚忍不拔的毅力，硬是在冀中平原上坚持了两个多月。"扫荡"结束以后，军区派出联络组，在沧石路两侧展开了艰难的收容工作。到9月下旬，除几十名牺牲者外，一批批学员冲破艰难险阻，回到了"抗大"二分校，胜利地归还了建制。

在"五一"反"扫荡"中，地道战发挥了巨大的作用。地道是冀中军民的伟大创举，它发展了平原游击战争，使人民群众有了退避依托之所，地方工作人员可以大胆地在近敌区坚持工作，而民兵和部队更可依靠它打击敌人，保存自己。"五一"反"扫荡"开始后，我们的医院、工厂、报社、通信站、情报站等，几乎全部转入地下坚持工作，地道确实成为保存革命力量，保护群众利益，坚持和开展斗争，打击敌人、消灭敌人的"地下长城"。利用地道开展斗争的战例很多：5月13日，日军大队长加岛率领700多名步兵，向藁无县小吕、王村一带围攻，藁无县大队和二十二团、十七团部分连队得到情报后立即动员部署：一部分部队依托村外土岗和坟地迎击敌人，其余则在村内准备。组织群众有秩序地进入地道，在村边、街口、地道口、地道上面草堆中，埋设了地雷。敌人到达后，村外的部队先给敌人以大量杀伤；敌人冲到村口，又踏响了地雷，被炸得血肉横飞。这时，村内的部队已上高房，向冲进街内的敌人甩手榴弹。待敌人抢占了高房，二十二团等部队又进入了地道，利用地道的射击孔，或趴在地道口的暗处，向高房上、街道上的敌人射击。敌人伤亡很大，却看不到八路军的踪影。有一个地道口被敌人发现，加岛派伪军下去，伪军一进洞口，便被守洞的民兵打死。加岛又命令挖地道，伪军没挖几下，又被地道顶上埋设的地雷炸死炸伤几个。这时敌人已死伤180余人，一中队长和伪正定道尹被击毙，加岛也被打伤，我则无一伤亡。黄昏已经来临，敌人不敢再继续挖地道，便回据点去了。5月23日，日军纠集了1000多人，配有骑兵、汽车，进攻无极县赵户村。驻赵户村的二十二团一个连和民兵一起，先后打退了敌人4次冲锋。到下午5时，敌人再次进攻时，该连战士和民兵一面利用屋内墙角还击，一面由侦察员带12名战士，从地道内转移到村外敌人的背后，集中火力向敌人射击。敌人误认为是八路军援军接应，仓皇撤走。这次战斗，敌伤亡200多人，却一无所获。

冀中人民，是冀中平原抗日的屏障，他们牺牲最大、付出最多，是我们伟大民族精神的化身。"五一"大"扫荡"中，日军在集中力量"围剿"我抗日部队的同时，更以残杀和平居民为手段，企图征服拥护、支持抗日斗争的广大群众，割断我抗日军民之间的鱼水关系。他们成立棒子队，就是专门打老百姓的。在藁无县六贤庄，日军一天就打死11人，打伤40多人；在深南的黄龙乡，20多个老百姓葬身狼犬之口；在白洋淀端村，日军一夜奸污50多名妇女，上有70岁的老人，下有11岁的幼女；在博野县槐安庄，日军实行"三分钟杀人术"，该村12个村民被折磨得死去活来，日军却以杀人取乐。敌人在深县中蒺村、任丘县留村、饶阳县杨各庄、固安县马村等地制造了屠杀惨案，其手段之残忍骇人听闻。但是，敌人的法西斯暴行，并没有征服冀中人民，有着高度民族气节和无比英勇气概的冀中人民，宁愿牺牲自己，也要保护抗日军人、干部和军用物资。这方面的感人事迹数不胜数。在安平县羽林村，敌人拷问一个12岁的孩子，逼他说出藏身的八路军干部，他的母亲就高声对他说："孩子别说，咱娘俩要死一块死，不能留骂名！"孩子被折磨得死去活来，始终未吐一字。在新城县白新庄，敌人搜捕我回民支队战士，村长和几个青年被敌人棍打、灌凉水、压杠子，但他们咬紧牙关，一言不发。南皮县何七拨村的抗日妈妈姚大娘，为掩护地区七中队，遭敌人的马鞭、棍棒、枪托暴打，偌大的年纪，很快昏死过去，但始终未吐一字。敌人还采用认亲的花招抓捕我抗日人员。勇敢的冀中人民挺身而出，青年妇女把不相识的抗日人员认作丈夫，老年人把他们认作儿子，以自己的血肉之躯掩护抗日人员。真正的铜墙铁壁是什么？是人民群众！我们正是有了根据地广大人民群众的支持和掩护，才赢得了对敌斗争的一个又一个胜利。冀中人民在"五一"反"扫荡"中经受了巨大的磨难和考验，他们用鲜血和生命铸造了抗日斗争的不朽丰碑！

三

"五一"大"扫荡"，是日本军国主义侵华罪行的铁的史证；"五一"反"扫荡"，更是中国抗日战争史上的不朽篇章，是英雄的中国人民反抗外来侵略的英勇斗争精神的真实写照。本书以鲜明的政治立场，撼人心魄的生动事例，忠实地记录了抗日战争中这难忘的一页。这无论对于揭露当年日本侵略者的狰狞面目，抨击当今日本右翼势力的新军国主义倾向，还是对于深入进行爱国主义和革命传统教育、加强社会主义精神文明建设，都是很有作用和意义的。

让历史告诉未来，也就是用历史警示后人，这不是一句空话。历史是人民群众写成的。真人真事、亲历者的见证，是最有说服力、感染力的。该书弥足珍贵的史料价值就在于此，这也是该书所做出的第一个贡献。当年这段历史的见证人和亲历者，大多已经作古了，余者也都进入了耄耋之年。应当感谢该书的作者、编者们，他们以对历史、对人民负责的精神，抢救了大量的历史资料，做了一件很有意义的事情。

宣传党史、革命史，用老一辈的革命传统教育青少年一代，这是该书所做出的第二个贡献。我们党历来十分重视对青少年一代的革命传统教育，进入新时期以后，更是多次强调青年人尤其是走上各级领导岗位的中青年干部，要认真学习党史、革命史，继往开来，接好老一辈所留下的革命传统的班。"五一"反"扫荡"的历史告诉我们，被侵略民族的历史是屈辱的历史，亡国奴的滋味是不好受的。侵略战争的发动者，他们要在被征服被占领的地方发展自己所谓的文明，而绝不是帮助我们发展我们的文明。要发展我们的文明，只能靠我们自己；也只有我们自己发展起来，才能自立于世界民族之林，避免重蹈落后挨打的覆辙。"五一"反"扫荡"的历史告诉我们，中华民族永远是一个不屈不挠的民族。她们不畏强暴，不怕困难，前仆后继，英勇斗争，反抗侵略与压迫，争取自由和解放，具有高尚的英雄气节、强大的民族凝聚力和不屈不挠的斗争精神。这是我们的民族之魂，是我们极为宝贵的精神财富。在建设有中国特色的社会主义的伟大征程中，我们要继承这种宝贵的民族精神，并使之发扬光大。"五一"反"扫荡"的历史还告诉我们，时刻都要与群众息息相通，任何时候都不要脱离群众。革命战争之最深厚的伟力存在于民众之中，现代化建设之最深厚的伟力也同样存在于民众之中。信任群众，依靠群众，全心全意为群众谋利益，这是我们党的宗旨，也是我们推进改革和建设、做好一切工作的根本保证。在任何情况下，我们都须臾不可背离、不可忘记这个宗旨。

还应该说，本书对加强中日友好也是一个贡献。它可以使日本人民特别是日本的青年，了解日本军国主义给中日两国人民带来的灾难，认识到反对军国主义，不使这段历史重演，从而为不断发展中日友好关系做出积极的努力。和平与发展，是当今世界的主流。我们高兴地看到，越来越多的日本人民和有识之士，正在顺应潮流，正视历史，从反思过去中认识军国主义的罪恶及其本质。同时我们也清醒地看到，在日本国内，还有那么一股右翼势力，不但不接受历史教训，不反思日本军国主义在侵华战争中所犯下的罪行，反而美化侵略战争，歪曲侵略历史，推卸战争责任，妄图为日本军国主义翻案。这是对历史事实和人类良知的挑衅，是对所有亚洲受害国人民感情的伤害。包括中国人民在内的亚洲各国人民理所当然是不能接受的。本书不仅用铁的事实回击了日本右翼势力的谎言，也为我们抨击日本右翼势力的倒行逆施提供了新的佐证。我相信，正义必定战胜邪恶。共同面对历史，面向未来，反对军国主义，反对侵略战争，让中日两国人民世世代代友好下去，将会成为中日两国人民越来越强烈的共同心声。

2001年5月于北京

CONTENTS 目 录

目 录 CONTENTS

目 录 CONTENTS

日军疯狂"扫荡"

纪念冀中军民"五一反扫荡"斗争

JINIANJIZHONGJUNMINWUYIFANSAODANGDOUZHENG

文史资料
百部经典文库

"五一"大"扫荡"中日军对冀中空前残酷的浩劫

白竞凡　武　斌

白竞凡，女，1918年12月出生，1936年7月参加革命工作，1940年6月入党。1942年时任冀中军区政治部民运部科员。新中国成立后任华北军区政治部直政处主任，离休前为全国供销合作社某局局长。北京市作家协会会员。

1942年5月1日，侵华日军对我冀中抗日根据地发动了空前残酷的"五一"大"扫荡"，其令人发指的血腥屠杀和残暴统治，给冀中人民造成了灾难深重的浩劫。

大"扫荡"概况

冀中位于河北省中部的大平原，地处平汉、北宁、津浦、石德铁路之间，人口稠密，物产丰富，战略地位十分重要。七七事变后，侵华日军沿平汉、津浦铁路南犯，至1937年10月上旬，保定、沧州、德州、石家庄相继失陷，冀中平原即沦为敌后。日军所到之处，大肆烧杀抢掠，在一个多月的时间里，即制造大小惨案79起，残杀无辜百姓12594人，烧毁房屋10600余间，抢走各种物资不计其数。10月12日藁城县梅花镇惨案，即有1547人惨死在日军屠刀之下，占全镇人口百分之六十还多。当时，日军继续沿铁路南侵，无暇顾及冀中腹地，冀中人民在共产党的领导下掀起了轰轰烈烈的抗日斗争，创建起冀中平原抗日根据地，成为刺在侵华日军心脏的一把钢刀。

1938年10月，日军攻占武汉、广州后，对国民党政府改为以政治诱降为主，而将军队进攻的主要方向转到敌后战场，冀中抗日根据地成为其进攻的重点。从1938年11月到1939年4月，连续进行了5次围攻，相继占领了所有县城，修通通往县城的公路，并设了一些据点，反复进行"扫荡"。到1940年底，日军虽然修通了石德铁路，把永定河北、子牙河东等边缘地区变成了游击区，但我冀中抗日根据地却更加巩固。从而使敌人认识到，仅靠武力"讨伐"，不能扑灭抗日火焰。故从1941年开始，实行所谓集军事、政治、经济、文化为一体的"治安强化运动"，并实行新交通政策，加强铁路的警备，增修公路，打通水路，沿路挖沟筑墙，增加点碉，扩大"爱护村"，以加强对我根据地的分割与封锁；实行"蚕食"政策，在一年多时间里，先后对我大清河北、沧石路南、子牙河西、潴龙河西和藁（城）无（极）地区加以蚕食。到1942年春，我根据地的面积减少了三分之二，一部分地区成了游击区，一部分地区则成为敌占区，使我冀中抗日根据地的斗争进入困难时期。

1941年12月，太平洋战争爆发后，日本侵略军战线延长，兵力分散，但他并未因此而放松对华北的控制，相反地它为了掠夺战略物资，将华北地区变为其大东亚战争的后方兵站基地，急于将我抗日根据地变为其确保的"治安区"，遂于1942年5月1日对我冀中发动了"五一"大"扫荡"。

这次"五一"大"扫荡"是由侵华日军华北方面军精心策划，由司令官冈村宁次亲自指挥实施的。其兵力之大，时间之长，手段之毒都是空前的。其定名为"三号作战"的方针是："对冀中地区的共军主力进行突然袭击的包围作战，摧毁其根据地，同时在政治上、经济上、思想上采取各种措施，以便将该地区一举变为'治安区'（按：即敌确保的统治区）。"为此敌人动用了3个师团、两个独立混合旅团、一个骑兵联队等共5万之众，先由周边地区向内压缩，然后对我中心地区的深（县）武（强）饶（阳）安（平）4县严密封锁，进行"铁壁合围"，步兵进行"梳篦"搜索，飞机低空轰炸扫射，把在旷野里的老百姓包围起来。除抓走一批青壮年外，逼迫群众立即回村成立维持会，扬言谁要再往野外跑，抓住后即以八路军论处。从此根据地村村成立了维持会。同时在外围地区也展开"扫荡"和"剔抉"，并继续增修点线，强迫民工修路挖沟。经过两个月的时间，在我冀中4.5万余平方公里的土地上，8000多个村庄中，修建的点碉由1025个增加到1750个，公路由2100多公里增加到7500多公里，形成了"抬头见岗楼，出门上公路"的局面。把根据地细碎分割成2676个小块，原来冀中平原上我们为改造地形把所有的大车道挖成了交通沟，也被统统填平，把点碉周围和公路两侧500米以内林木和高秆庄稼都砍掉，沿河道的林木亦被伐掉以扫清射界。使整个冀中平原变质，绝大部分成了敌占区，部分成为游击区或隐蔽根据地。

敌伪为建立统治，大量抓捕青年，纠集土匪流氓扩编伪军，每县建立一个警备团。每个据点都组织特务工作队、宪兵工作队、剿共先锋队、清乡工作队、警察所及新民会等各色各样的特务武装和组织。村村建立"爱护村"，成立伪大乡和村公所，设联络员，强迫建立伪自卫团和脱产的常备自卫团。推行保甲制度，登记户口，发"良民证"，开展"自首运动"，疯狂地破坏我基层组织，分化我军民关系。强迫家家挂日本"膏药旗"，学校读伪课本，以镇压威胁和造谣欺骗的手段来动摇、清除群众的抗日思想，把冀中抗日根据地变成了人间地狱。

血腥大屠杀

　　日军每次"扫荡"和"清剿"，都是包围村庄，集合来不及躲避的群众，威逼指认共产党、八路军和地方干部。英雄的冀中人民在敌人的刺刀面前毫不畏惧，怒而不答，敌人即以残杀相威胁，不但刀砍、枪击，而且火烧、放毒、投井、活埋，手段之残暴令人发指。5月11日，日军在深南县北营龙，把抓去的20多个老百姓捆起来，逼问不出口供，竟放狼狗撕咬，不多时都葬身在狼狗的嘴里，剩下一堆殷红的骨头和撕碎的衣服，令人惨不忍睹。5月20日，日军在交河县军屯，竟一次活埋无辜群众80多人。据统计，在两个月的大"扫荡"中，我军伤亡4671人，减员5500人，无辜群众被杀害的2万多人，被抓走的5万多人。在日军华北方面军司令部向大本营的报告中，自称"三号作战"的主要战果为"敌军遗尸9098具，俘虏5197名，另有嫌疑者20568名"。它拿抓捕无辜百姓来夸大对八路军的战果，我们从中也可以看出日军所造成灾难之深重。在两个月的"三号作战"过后，长驻日伪军转入更为残酷的驻屯"清剿"阶段。日军在冀中制造的桩桩血案，罄竹难书，这里只能选择几个不同类型的案例来加以揭露。

（1）北疃惨案

　　定县北疃村位于城东南30公里，抗日工作基础好，挖有完备的地道，敌人"扫荡"时，附近村庄的群众也到这里来避难。5月27日拂晓，日军第一一〇师团第一六三联队第一大队大队长大江若芳率领500多人突然包围了北疃村，群众都躲进了地道，住在该村的县区游击队一部和民兵依托村边工事和房屋进行抵抗。到下午1点多钟，敌人突破前沿上了房顶，他们才下了地道。敌人到处搜寻地道口，当发现地道口后，即向洞内施放窒息性毒瓦斯，并点燃杂草投入洞内，盖上棉被，使烟火向地道里蔓延。发现冒烟的地方，又打开新的洞口，继续往里放毒放火，使地道里逐渐充满很浓的毒气和烟雾。人们流眼泪、打喷嚏，呼吸困难，老弱妇孺被熏得不能动弹，身体强壮受毒较轻的人挣扎着往洞外爬。敌人在每个洞口堆柴燃起火堆，冲出火海的人除少数被挑出来扣押外，大部分被枪杀或再扔到火堆里烧死，有的被投到水井里淹死；爬出来的妇女35人，又惨遭敌人强奸。被挑选出来的七八十个青壮年，关在一个大院里，敌人用刺刀逼着让他们换上八路军的军装，说"穿上军装才能活，不换就死了死了的！"共有15个小伙子宁死不屈，被砍下头颅踢入山药井中。其余换上军装的被当做活捉的八路军俘虏，押解到定县城里，再押运石门劳工训练所，不久被运送到辽宁抚顺千金寨煤窑去做苦工。第二天敌人走后，该村和邻村的乡亲们来清理劫后现场，在村里街头和院落里发现陈尸506具，地道里的尸体更是惨不忍睹，有的撕烂自己的衣服，把头钻入土中，有的呕吐得满脸满怀，有的搂着自己的孩子一起死去。陆续从地道里清理出尸体达300具之多。北疃村被杀绝的即有24户。

（2）中蒙村劫难

深县中蒙村，靠近武强、饶阳、深县3县交界之处。5月16日，武强城内的日军小队长金子，带着日军一个小队，伪警备队一个中队，还有伪警察所、宪兵队等共200多人赶到孙家祠堂大院，挑出了十几名青年带到里院。由金子小队长亲自逼问谁是八路军、谁是共产党，游击队在什么地方，用皮鞭抽打也无人回答。于是全被捆绑起来，有的绑在梯子上灌凉水、压杠子，甚至用点着的玉米秸烧他们的双腿和裤裆，他们疼痛难忍，破口大骂，敌人又用皮鞭乱抽乱打，直到打得昏迷过去。在祠堂外院由宪兵队长监督着，让村民排成队，翻译带着汉奸，手持皮鞭逐个逼问谁是村干部、谁是党员。无人回答就用皮鞭木棒逐个抽打，从排头打到排尾，又从排尾打到排头，边打边问，反复几遍，仍没有人回答。又从队里逐个拉出人来加以逼问，仍无人回答，又是一顿毒打。经过半天的折腾，被毒打的140余人，有4人被打成残废，两人被杀害，敌人没有得到丝毫想要的东西。从第二天起，便将这些群众赶到村外在伪军监视下挖县界封锁沟。敌人把魔爪伸向周围的村庄，所到之处杀人放火，无所不为，还把抓到的青年带回中蒙村据点，关押在多个大院内进行审问。一连几日的审问，许多人被毒打甚至死在他们的屠刀之下，但始终没有人低头。敌人又改变了手法，把200多名群众押到一个广场上，周围密布岗哨，架起机枪。小队长金子叫喊了一阵，下令3个日本兵从人群里拉出3个人，捆起来拉到广场北边一口大井旁，翻译从旁边问，只要说出八路军在哪里，就立即放了你们，不然就扔下井去淹死。3个人不仅没有回答反而破口大骂，于是凶残的敌人从身后把他们踢入井内。又令汉奸掀起井台石磨盘推进井内，连续几天，先后投入井里18人，有15人被当场砸死，3人砸成残废。

这队日军在中蒙村住了45天，到周围村庄先后抓回来的群众有1000多人，在严刑拷打之下就有400余人致伤，47人惨遭杀害，还有300多名青壮年被押运东北到煤矿做苦工。村里不少妇女遭到奸污，并有8名青年妇女被带走。

（3）叩岗毒杀案

到6月底，日军的"扫荡"主力撤走之后，留驻的日军继续分片进行"扫荡"和"清剿"。7月间，有上万名日伪军对文安县一带进行拉网"扫荡"，我住在文安洼隐蔽的机关和部队闻讯，及时转移到大清河北的东淀苇塘。敌人扑空后，恼羞成怒，重新组织力量对文安县反复"清剿"，挨村搜查。7月10日，敌人在叩岗村制造了一起毒杀惨案。日军头目小林带领30多名日军和百余名伪军一大清早即从徐黄甫据点出发，向叩岗村进行突然袭击，从四面八方闯进村中，挨家挨户砸门或翻墙入院，喊叫要搜查八路军。拳打脚踢，用刺刀逼着把全村男女老幼200多人赶到村南的一个大场里，四面团团包围，逼问有没有八路军，谁是村干部，谁是八路军家眷，人群中无一应声。僵持了一会儿，几个日军闯入人群，见男壮年就抓，说是八路军，不分青红皂白拉出人群，共拉出了42人。押到大场外面的一个土屋里，然后把门用农具堵上，对着门口和小窗口架起机枪。小林又冲屋内喊话，说谁是八路军、村干部，统统交出来，现在说还不晚，再过一会儿就死了死了的。

任凭他怎样喊叫，屋里仍没人吭声，敌人就下毒手了。上来两个日本兵，各自抽出一个毒瓦斯筒，一拉引线，吱吱地冒着黄烟，恶狠狠地从小窗户塞进屋里。人们闻着呛鼻子，估计是毒瓦斯，便机警地捡起来塞进小灶膛里，黄烟顺着烟囱冒出房顶。敌人发现后，上房用柴禾把烟囱堵死。不一会儿，小屋内黄烟弥漫，呛得人们不停地咳嗽、哭喊。半个小时过去，就全部昏迷倒地。等小屋内的毒烟消散之后，敌人把小屋里的人一个个拖出来，扔在地上，小屋前躺了一片口吐黄沫的受毒群众，大场上的人们发出阵阵凄惨的哭叫声。过了一个多小时，被熏倒的人们除一人受毒太深晕倒之外，渐渐地苏醒过来，个个头重脚轻，四肢无力。凶恶的日军又强迫他们挣扎着站起来，用枪托和木棍殴打着，把41个人押回徐黄甫据点，半路上又有两个人倒地死去。在徐黄甫据点关押和审问的3天中，先后有18人口吐黄沫和鲜血而死，活下来的21人，历经折磨，也都受了严重的内伤，一遇阴天就呼吸困难。叩岗惨案是日本侵略军违反国际公约用毒气残杀中国人民的又一铁证。

（4）辰时血案

深县辰时村，"五一"大"扫荡"时建立了据点，大"扫荡"过后，仍驻有日军五六十人，中队长三口吉村中尉，恶毒凶狠，阴险狡诈，指挥着周围点碉的日伪军活动，这里就成了杀人的魔窟。9月22日，各据点的敌人又进行了大规模的搜捕，驻史村、辛村、耿村等点碉的日伪军联合行动，一个上午就在附近村庄抓捕群众200余人，全押到史村据点。经过拷打审问，挑出了60多个"八路嫌疑"押运到辰时据点。与此同时，驻中蒙村、院头、溪村等点碉的日伪军也在附近村庄抓捕群众270多人，押到中蒙村据点，经过拷打审问，挑出80多人也押运到辰时据点，挑出40个他们认为是共产党、八路军的人另行关押。24日上午，辰时据点戒备森严，气氛格外紧张。敌人布置了一个刑场，挖下3个方圆丈余的深坑，广场上有召来的各村伪村长、联络员和抓来的老百姓二三百人。三口队长对群众训斥一番之后，血腥的屠杀开始了。第一批押上来的3个人被按倒在地，跪成一排，由三口亲自动手挥舞战刀做示范，第一个砍掉头颅，第二个刺透心胸，第三个迎面戳破胸腹，五脏六腑流出体外。第二批押上来7个人，一字排开，每人背后站着一个端着刺刀的日本兵，三口挥着战刀指挥，他嘟噜一声刺杀一个，直到7个人依次惨死在敌人的刺刀下。第三批30个人押上来被排成6行，每行5人跪在地上，由伪自卫团长王振林上前把头部摆平成一线，高的往下按，低的往上抬。其中有个开点心铺的刘容，伪自卫团长经常向他要点心吃，刘容向他求情，王振林为再吃刘的点心，把他拉到一旁。其余29人排好以后由日本兵开枪，一发子弹击穿一行，有毙不死的再挑上几刺刀。有一个青年李振风不甘跪以待毙，猛然跳起来向村边飞跑，虽然跑出老远，还是被枪弹击中倒地，又被追上来的伪军向他头上打了两枪。躺满刑场的尸体，由抓来的民夫放进大坑里掩埋。敌人想用这样的屠杀来威胁老百姓，结果是激起了更深的民族仇恨。

（5）后洼村大火

　　大城县后洼村，是樊庄据点的辖区。驻樊庄的日军小队长岩田，受到大城日军头目说他"清剿"不力的训斥，一怒之下，于10月14日拂晓，带着日军十四五人、伪军20多人包围了后洼村。进村后敲门砸窗驱赶群众，见男人就打嘴巴、用脚踢，见妇女就抓住头发往外拽，把二三百名群众逼赶到村东土地庙前的广场上，四周乌黑的枪口和明晃晃的刺刀对着群众。岩田哇里哇啦叫了几声，日军、汉奸立刻蹿进人群往外拉人，陆续拉出了100多名男子。岩田属下伪军架起一挺机枪看住东场的群众，即带着大队日伪军押着挑出的人来到村东一所有四间北屋的粮院，院墙有一丈来高，大门已经堵死，只留一个小门进出。敌人把人赶进里屋，外间屋堆满了干柴，把屋门用一个大车轮堵住，墙头上站满了日军和汉奸，端着枪监视着门口和窗户。随后一个日军点燃了屋里的干柴，霎时浓烟四起，火苗乱蹿，屋里咳嗽声、哭叫声、咒骂声响成一片。外面的敌人又往屋里打枪投手榴弹，有些壮年人砸开窗户往外跳，当场被枪弹打死，火势越烧越猛，有些年老体弱的被活活烧死。

　　这时，北风卷着烈火浓烟扑向监视的日伪军，他们被呛得咳嗽不止，又抹鼻涕，又擦眼泪，才离开现场，转身却点着了仓屋，整个后洼村顿时变成了火海。群众见村中浓烟四起，顿时哭叫连天，敌人一走，便赶紧回去扑火救人。火灭后发现多数被烧死和打死，22人烧成重伤。这个仅有116户的小村，有96户惨遭灭绝，全村465间房屋有315间被烧毁，农具家具损失殆尽。一场大火给后洼人带来无穷的灾难，有的被迫背井离乡，卖儿卖女，有的住窝棚、吃草籽，不少人被冻饿至死。

残暴地蹂躏妇女

侵华日军每次"扫荡"、"清剿"抓到未能逃脱的妇女，都兽性大发，强行施暴，有的在大街上进行轮奸，老妪幼童皆不能幸免。在安新县端村一次"扫荡"中，被抓住奸淫的有50多人，其中50至70岁的老太太有7人，11岁到15岁的小女孩8人，有的被折腾得鲜血淋漓，奄奄一息。高阳县教台村的日本兵捉着一个11岁的小女孩，因强奸不便，竟恶毒地用刺刀挑开孩子的阴户，肚破肠开，惨不忍睹。在深县中蒗村一群日本兵将姑娘们拉到院子里，在光天化日之下当众轮奸，其中一个姑娘的父亲上前阻拦，被开枪打死。

驻守据点的日伪军，为达到强暴妇女的目的，竟要各村轮流派数名青年妇女到据点里"受训"。伪村公所被逼只好花钱雇人前去支应，有的根据户口簿上的相片，挑长相好的青年妇女强行拉去加以蹂躏。有的把守交通路口岗楼的敌人，对路过的青年妇女随意拉上岗楼，以进行"检查"为名而加以奸污。日军给冀中妇女带来的灾难令人发指，不堪尽述。

疯狂的抢掠和压榨

日本帝国主义侵华的目的，在于掠取中国的物力和人力，人口密集、物产丰富的冀中地区，就成了它大肆掠夺的重点目标，加上日军的野蛮性、破坏性极大，给冀中人民造成了深重的灾难。

日军外出"扫荡"，有时是有目的地抢劫物资，除了粮食、牲口等大宗财物之外，有的有专项任务。有收铁队，为收集钢铁，把各家的铁锅砸碎捡走，连铁锹、农具、铲子、小刀都不放过。有捡油队，把每家煤油灯瓶的煤油倒净收走。每次抢的东西用抢的车载满拉走。在任丘县梁沟村有一次就拉走80大车；在安新县端村，一天就抢劫装满了载重1万公斤的大船3只。即使没有特定的掠夺任务，日伪军每次"扫荡"、"清剿"，也都是乱砸乱烧，宰牛逮鸡，从不空手而返。

日军为了掠夺粮食，除用武力抢劫之外，在其统治区内主要采取强制收买的手段。通过伪政权，调查粮食产量，规定每村卖粮的数量，表面上也规定价格，实际上不但低于市价，而且是长期记账，等于空头支票。有的是征求实物田赋，规定不收现款，就要小麦和高粱。有的虽然不是征收实物，但要缴的田赋和强征的多种捐税要缴伪钞，老百姓也只能卖粮食来换取伪钞去缴纳。另外，还有的强制村民以实物来加入伪合作社，以达到收集粮食的目的。

横征暴敛的苛捐杂税，使老百姓不堪重负。在成为"爱护村"建立起伪大乡和村公所之后，一个村光招待来往的敌伪人员吃喝、吸烟（吸毒）和玩弄女人的开支，少的每天也在千元以上。藁无县的郭庄镇是个大村，每天只供烟一项开支就1200多元（旧币，下同），教台村两个月总计开支20万元，平均每天3000多元。这些开支都按亩摊派，在两个月中，博野县最少的每亩摊40元，晋深无县马铺村每亩摊20元现金、10公斤米，还有柴和砖等实物；宁晋县达到每亩摊120元之多。此外，还有名目繁多的捐税，养一头牲口，每季纳税5元，一辆牛车或人力小车，每季交税5元，一只鸡交税5角。捐的花样也很多，如"报告捐"（为向敌人报告情况用的）每天1元，"通匪捐"（为避免夜间敌人出来绑票而交的）每人120元，还有"自卫团捐"等等，不一而足。由于敌人横征暴敛，老百姓难以承受，生活陷入悲惨境地，特别是一些遭灾的贫困村，更是苦不堪言。

狠毒的"新国民运动"

"五一"大"扫荡"之后，日军虽然在冀中取得了军事上的优势，并且竭力推行军事、政治、经济、文化四位一体的"总体战"，但是并没有达到其征服冀中老百姓的目的。进入1943年，世界反法西斯战争节节胜利，中国的抗日战争也进入局部反攻阶段，侵华日军在华北的兵力有所减少，冀中军民的游击战争更加活跃，以巧妙的伏击有力打击外出的敌人。为了维持它的殖民统治，冈村宁次又抛出一个新的花样，要在华北地区开展所谓"新国民运动"，其主要手段是推行"反共誓约"，妄图软硬兼施，让中国人民成为俯首帖耳效忠"皇军"的"新国民"。日军抽调特务团50多名日本特务，经严格训练以后，由情报主任参谋山岭中尉和他的助手恒尾严组成"示范队"，先以冀中区的高阳、任丘两县为"示范区"进行突击示范。计划从1943年8月开始，用6个月的时间，经"运动准备、强制推行、扩大成果、总结检查"四个阶段来完成，之后再加以推广。

其"反共誓约"内容有6条：

1. 皇军及中国军警到达村庄时绝不逃跑；
2. 对皇军及中国军警的问话绝不作虚伪的报告；
3. 今后绝对拒绝八路军军政机关所要求的一切破坏行为；
4. 今后应对皇军及中国军警迅速提供所得到的确实情报；
5. 严守四不条例及布告，决不违犯；
6. 以上各条若有违犯甘受各种处罚。

不难看出，这样的6条誓约，就是想强迫老百姓成为甘当亡国奴的顺民。经过充分准备之后，由伪县政府、伪新民会召集各村联络员开会部署这一活动，分发印制的誓词，强迫群众熟记背诵。并宣布：背过来就是"新国民"，发给"良民证"，就是好百姓；不学不背，就砍头活埋。日伪军分头到各村进行"突击示范"，召开"反共誓约大会"，逼迫群众背念誓约，指认共产党、八路军，强迫各村建立各种伪组织，并成立伪联庄。10月14日在高阳、18日在任丘县城先后召开"全县反共誓约大会"，通知全县各村18岁至45岁的男性青壮年到城里开会，300户的村庄去150人，200户的村庄去100人，100户以下的村庄去50人。欺骗说只在城里住一宿，开完会就回家，哪村不到就杀个鸡犬不留。经我抗日政府揭发敌人阴谋并进行劝阻，大批群众没有前去，但在高阳全县仍有7400多人受欺骗或被威胁进了城。第二天，敌人把7000多人赶到城隍庙大院内开大会，逐村拉人到台前逼迫背诵反共誓词6条，逼问武器、文件藏在哪里，说出地方干部和八路军家属的名单，群众都怒答"不会"、"不知道"。日伪宪兵用枪托、木棒打，让洋狗咬，先后有100多人被打得皮开肉绽，折腾大半天一无所获。会后即把群众送进日军大队部和新生布庄两个大院，继续进行严刑逼问。

10月18日，山崎率20多名日伪特务赶往任丘县城，任丘县各村共有18000多人被威胁哄骗进了城，到城东南角广场上参加"全县反共誓约大会"。敌人的手法和高阳如出一辙，当场有150多人被殴打，使百人致残，然后把群众分别押到圣人殿、城隍庙和汽车站3个大院，严密监视，继续逼问，仍一无所获。山崎恼火地策划出一个"饿死法"，不准各村给被押人员送饭送水，七天七夜，饿得人们吃树叶、残草，啃树皮、挖草根填肚子，这些吃光了，有人就吃棉被套子，渴得受不了，就喝自己的尿。敌人继续运用酷刑，点天灯，逼着脱光衣服扭秧歌，一直折腾到28日，才留下挑出的1500名青年，将其他人放回家。这时已经有些人不能走路，躺在半路上，有的被扶回家不久就死去了。挑出的1500名被当做"感化生"，成立了一个"感化院"，由伪新民会头子李润孚负责训练"感化"。不久又把体弱有病和身材小的共400多人淘汰回家，留下1000多名比较壮实的青年，继续进行"感化"。青年们不背"6条"，也不拉共产党、八路军名单，又经过一个多月的强迫操练，把他们补充编入了伪军大队。后不少人找机会逃离了虎口。

从11月初开始，敌人又组织日伪军所有力量分路到各村进行"新国民运动"大检查，持续了两个月之久，还是逼着群众背誓约，说出谁是共产党、八路军，所到之处杀人放火，无恶不作。驻任丘县鄚州据点的日军小久保队长，带着日伪军汉奸百余人在城北一带挨村"检查"，12月8日来到城东村，先把老百姓赶到一个大院逼问拷打，然后下令把全村的房屋全拆掉，使900多人无家可归，在寒冷的废墟中度日。

时近半年的"新国民运动"，使高阳、任丘两县人民受尽折磨。据统计，被残害和蹂躏致死的有935人，被殴打致残的有2000多人，被烧被拆的房屋6000多间，但是它们却无法达到让中国人民成为"顺民"的目的，反而加深了中国人民对日本侵略者的民族仇恨。

抗日战争已经结束56周年了，给中国人民带来深重灾难的侵华战争，是日本军国主义势力的罪恶，日本人民也深受其害，但是，日本国内的右翼势力一直采取歪曲历史事实，为军国主义招魂的种种活动，而且越来越嚣张。在这种情势下，为了有力地戳穿日本右翼势力的丑恶嘴脸，我们以愤怒的心情来回顾冀中人民当年遭受的浩劫，让更多的人们了解历史真相，对保卫世界和平是有重要现实意义的。

日军"剔抉"队长伊豆文雄

刘秉彦

刘秉彦，男，1915年生于河北蠡县，1937年参加革命工作。"五一"反"扫荡"时任冀中十分区司令员。新中国成立后曾任解放军防空军副参谋长、八机部副部长、河北省委书记、省长、省人大常委会主任等职。1955年被授予少将军衔。1998年7月逝世。

　　凡是在冀中平原经过八年抗日战争的人们，都不会忘记1942年日本侵略军进行"五一"大"扫荡"的艰难岁月。日本华北方面军司令官冈村宁次，纠集了日军3个师团、两个旅团约5万余人，采取"鱼鳞拉网"、"梳篦拉网"、"细碎分割"、"驻屯清剿"等残酷手段，对我冀中抗日军民进行了历时两个月的反复"扫荡"。在反"扫荡"斗争中，最使人感到痛恨的就是横暴凶残的日本侵略军"剔抉队"。他们一股股、一队队，跟在"扫荡"主力军后边，"筑堤拦水"、"淘水捉鱼"，逐村、逐户、逐屋搜索，"剔抉清剿"，妄图从此"净化"其统治区，隔断人民群众与我军的联系，实现"大东亚新秩序"的狂妄计划。

纪念冀中军民"五一反扫荡"斗争

我冀中军区十分区，曾同日本伊豆文雄"剔抉队"进行过一次令人难忘的战斗。它之所以难忘，不仅仅因为我们全歼了这个"剔抉队"，活捉了队长伊豆文雄，而且没想到14年后，我同伊豆文雄这个战场上的敌人，又一次见了面，并建立了友谊，成了朋友。

战斗发生在1942年6月24日。我十分区主力6月23日同日本"扫荡"军周旋终日，24日拂晓前，分区主力二十九团进驻任丘县城东北的小村侯疙瘩，分区机关和部分部队进驻离二十九团不远的边家铺。

24日拂晓，敌人乘我立足未稳，突然将我二十九团包围。战斗首先从侯疙瘩方向打响了，我们在边家铺立即做好了战斗准备。二十九团打得很顽强，死死牵制住了敌人的主力。

上午9时许，骄横的伊豆文雄"剔抉队"，向我分区机关驻地边家铺扑来，首先向我村西阵地两翼发起进攻。我守卫阵地的独立营和二十九团一连，一阵机枪扫射，敌人当即倒下20多个。

我们指挥所在西街口的掩墙内，发现敌人只有一个连，没有后续梯队。不一会儿，敌人两个散兵群在火力的交相掩护下，向我外围阵地突过来；另一股敌人抢占了村西外的小苇坑，少数敌人拼命占领村西口外的坏摞和3棵大树，企图以此作为他们的冲锋出发地。我二十九团一连依靠前沿阵地外壕上的低堡火力点，把敌人死死压在坏摞和3棵大树下，使敌人难以发起进攻。敌人一看进攻受阻，就用八八式掷弹筒向我军前沿外壕猛轰。

这时，侯疙瘩方向的战斗在猛烈地进行着。二十九团打得很猛。团长黎光报告说，约有500余敌人向他们进攻。他们表示，坚持打到天黑，杀伤敌人有生力量。分区司令员周彪批准了他们的计划，并转告他们，死死拖住敌人，配合边家铺歼敌。

崔文炳在司令部帮助工作。他在任何危急情况下，都是个乐观主义者。他风趣地说："今天要给小日本下战表，决一高低！"他也发现了进攻边家铺的敌人只有一个连，便高兴地用京剧念白腔大声说："天到这般时候，敌人孤立无援，已成定呐——局！"我俩会心地笑了。我方当时至少是三倍于敌，在边家铺这个局部上我占优势。于是我们当机立断，立即决定发起反冲锋，命令警卫连长李树维带两个排，跑步到西街口掩墙的两侧门洞内隐蔽待机。

一切部署妥当后，我们来到瞭望所。突然，一连长张玉瑛报告说，大树坏摞处的敌人举起了日本旗，许多刺刀在晃动。我从射击孔望去，只见几个日本兵向大树走来。我判断敌人的军官在命令集合，分配冲锋任务。果然，没过多久，敌人的冲锋开始了。由于我们已做好了反冲锋的准备，便立即命令火力点和特等射手，瞄准敌人的冲锋出发地，准备好手榴弹，反冲锋部队上好刺刀，把子弹推上膛。

敌人的进攻是按他们的"操典"办事的。开始，敌人不是端起枪和刺刀冲锋，而是像刺猬一样向前滚动，滚到苇坑前沿20多米的地方，才跃起冲击过来。敌人刚一跃起，我们就组织了几次齐射，打得敌人抬不起头来，慌忙退缩。少数敌人占领了苇坑后，在一人多高的苇坑里停下来，向我阵地的纵深处射击，"呀！呀！呀！"地直叫唤。看来敌人对我们的阻击估计不足，正在迟疑不决。这是最好的反冲锋时机了。一声令下，李树维带领反冲锋排，迅速压了过去。张玉瑛的一连，从外壕跳出来，冲进苇坑，同敌人展开白刃格斗，小苇坑里顿时杀声大作。敌人错误地估计了我军的力量，见我军冲杀过来，也马上准备和我军拼刺刀，哪知我反冲锋分队每个战士的枪里，都有一颗上膛的子弹，同敌人对刺前，先叫敌人吃了颗子弹。就这样，敌人一个连的兵力80多人几乎被我全歼。在打扫战场时，我们俘获了受伤躺下的日本"剔抉"中队队长伊豆文雄。他的肩章、军帽、手枪、战刀统统甩到苇坑边的外壕后面，怀里仅留了佛符。可见他对天皇的崇拜、对鬼神的迷信到了何种程度。当我审问伊豆文雄时，讲到日本统治者的反人民性及其侵略战争的非正义性，特别是提到优待俘虏时，他却跳起来咬了我一口，可见他的"武士道精神"是多么顽固。

边家铺战斗打得干脆利索。等敌之第二"鳞波"的主力来增援时，我分区机关和主力已连夜退出战斗，绕道35公里，进入白洋淀地区的8个村庄，把敌人远远甩在文安县境内。

抗日战争，以我们的胜利和敌人的彻底失败宣告结束了。边家铺战斗14年后的1956年4月，我到长辛店云岗区的遣俘训练基地，办理这所学校的移交工作。没想到在这里，我再次见到了过去的"冤家"伊豆文雄。他作为最后一批工作人员要回日本去了。

当外交部的连贯把我介绍给伊豆文雄时，他先察觉到我就是14年前在边家铺战斗中俘虏他的"对头"，而且咬过我。开始他脸色涨红，表情很不自然。还没等我完全反应出是怎么回事，他却一把紧紧握住我的手，忍不住内心的激动，用人民解放军传统的语言，问了我一声："首长好！"随后，我才在迟疑中记起了他就是伊豆文雄。经过交谈，才知道他早已参加了反战同盟支部。

原来，1942年底，他被送到延安。延安作为中国革命的圣地，党中央所在地，吸引和培育着千千万万向往光明、自由的人们，包括那些远离日本参与反战的国际主义战士。伊豆文雄在这个革命的环境中改造着自己，最后成了遣俘训练基地的干部。他告诉我，他已年满44岁，可他的容貌比他的年龄显得年轻。他向我叙述了他从1938年来到中国，参加了罪恶的侵华战争，干了对不起中国人民的事，并表示衷心地悔恨。他说，中国共产党给了他第二次生命，感谢八路军把他送到延安，给了他重新做人的机会。

回日本前，他曾给我写了一封信。这封信给我留下了清晰而又深刻的印象：他说，延安聚集着中华民族的精华。在那里，使他从武士道的精神枷锁中解放出来，懂得人类发展史和日本人民必然要走的道路。还说，到北京后，他像一只完全自由飞翔的小鸟，看到了天空和太阳，他决心把自己交给一个伟大的事业去安排，在这个事业中争取自身的解放。他特别指出，我俩14年后的重逢，不是奇遇，不是偶然，是中日两国人民友谊交往的必然。还说了"偶然是必然的表现形式"这句话。在信中，他还回忆了我俩在他们食堂里进餐时，谈到的关于对政治、历史、军事和生活等一系列问题的看法，将永远留在他的记忆中。他说，我俩在战场上争过高低，做过"冤家"，历史又给我们安排了重逢的机会，结下了深厚的友谊。这友谊不仅仅是我们两个人的，应该是中日两国人民之间友谊的象征。他还热情地赞扬中国人民的英雄业绩，人民解放军的高尚情操，严明的纪律和勇敢的精神，这些将永远是他学习的榜样。

　　事情虽然过去几十年了。今天，中日两国人民结束了一段不愉快的历史，迎来了中日两国人民世世代代友好下去的新时代。我想，如果伊豆文雄还健在，他一定会像他自己在信中说过的那样，要在这个时代中做"日本人民的勇士"，而不是"日本军阀的勇士"。

发生在赵家大院的故事

费国柱

费国柱，男，1923年生，1938年参军。"五一"反"扫荡"之后历任冀中九分区县游击大队指导员、副政委。新中国成立后任天津市委书记，河北省军区政委，河北省委常委。1987年离休。

在长期的战争年代中，我听过生的呐喊，死的哀鸣，见过催人泪下的悲欢离合。这些黑暗时期的悲剧，随着时间的推移，都渐渐遥远了。但有一件事，却使我久久难以忘怀。

1942年，"五一"大"扫荡"之后，冀中抗日军民处于极其艰难困苦的时期，当时我在之光县大队当小队指导员。由于之光县位于保定郊区，是敌人的"模范治安区"，一片白色恐怖，斗争格外残酷。"五一"大"扫荡"后，县大队脱了军装，换上便衣，化整为零，分散坚持斗争，我带着十来个人到二区活动。

11月下旬，区小队一部在区委王书记、区长段继三带领下，驻在北邓村时，被敌人包围，全部壮烈牺牲。敌人为把二区抗日武装和党政干部全部消灭，也在周围据点增兵。大概是12月2日，为了避开敌人"清剿"，我们从二区跳到一区活动。在大兴庄找到了县委的彭部长汇报情况。彭部长向我们介绍了一区的情况，指示我们到蠡县大柳树南庄赵秉真家隐蔽休息。听完他的话，我犹豫了一下。赵家是这一带有名的大财主，七七事变前靠倒卖硝盐发家，有很多庄户和田地。

彭部长看出我的心思，笑了笑说："没问题，那里是县委、区委常住的地方，他们家也有人在咱们队伍里。"

他说到这里，我记起来了，那就是县大队的赵干事家。回到区小队，我向大家布置了一番。我说完，大家你看我，我看你，都有些不放心的样子。因为这一阵地主富家当汉奸、特务的太多了。最后，我下了命令："大家准备一下，天黑就出发！"

战士小李，外号"孙猴子"，一边勒子弹带，一边嘟哝着："这真是拿肉包子往狗嘴里放。"我瞪了他一眼，他还不服气地"哼"了一声。

草草吃完晚饭，天已黑下来，县委转移走了，我也没敢耽搁，带着大家，迎着寒风，一溜小跑，绕着圈子奔大柳树南庄而去。

大概夜里10点多，我们到了大柳树南庄。这个村离林堡、南蛮营、王盘、和庄的日军炮楼都很近，不过二三公里路。我们悄悄穿过街道，来到村西南角一座深宅大院前。班长王国春走上台阶，用力推了一下黑漆的大门，里面插着闩。我向小李摆了一下手，他机灵地摘下马枪交给别人，走到高墙下一棵大树旁，"噌、噌、噌"几下上了树，再从树上攀到高墙顶，跳进了院子。

不大工夫，大门里发出"窸窣、窸窣"的响声，"吱——"地一声大门开了条缝，一个中年人的声音传出："快进来吧！"我们赶紧进了大门，再把门关上。黑暗中能看出，开门的是个细高个子，穿一件长袍，戴一顶毡帽。我试探地问道："你是……"

他扭了一下头："我叫赵秉真……"

我们跟他往里走，这个大院很深，里面套着几个小院，后门通着野外。

赵秉真把我们领进东院，推开屋门，只见宽敞的堂屋里香烟缭绕，昏暗的烛光下，一个40来岁的女人正跪在蒲墩上，在给墙龛里的菩萨磕头。听到我们进门的声音，她从蒲墩上爬起来，拽了拽黑绸小袄的大襟，微笑着小声打着招呼："来了，快屋里坐！"

进了里屋，赵秉真把被子往炕里推了推，又打开橱子，拿出一袋子旱烟，我推辞着："别忙活了，一会儿我们就歇了。"

他笑了笑，向站在门外的妇女说："孩子他娘，到秉坤家借几条被子来！"

我赶紧劝阻："不用了，不用了，这一阵常在野地里睡，现在有个炕就不错了。"

"那怎么行！"赵秉真说罢，转向他媳妇："快去吧！"

我看她点头走了，心里升起一丝不安：最近情况复杂，谁知会不会走露风声。

不大工夫，赵秉真的媳妇抱着被子回来了，她刚迈进门，后面一个清脆的声音已抢先进来了："同志们来了，还借什么被子？俺家宽敞，到俺家住去吧！"说着进来一个三十七八岁的媳妇，她梳着纂儿，扎着簪，戴着一副闪亮的耳环，穿着一件青地绿叶小绸袄，没待我们说话，把手里抱的枕头"通"地扔在炕上，热情地问："吃饭了吧？俺为你们弄点热水吧？"

这时她身后又走进一个十五六岁的孩子和一个胖墩墩的汉子，从赵秉真和他们小声说话中，我明白了这是他的弟弟赵秉坤一家。赵秉坤不爱说话，整个屋里只听到他媳妇"唧唧喳喳"的声音。

我们都不愿和她多搭话，但她倒不介意。忽然，她笑了，露出了一排整齐的白牙，她盯住了小李手里的马枪，一手拉过身后的孩子说："尤香，你老闹着要看枪，你看看这个叔叔的枪吧……"

小李抱着枪往后一闪："你看枪干什么？"

那个叫尤香的孩子走近一步，干脆地说："打鬼子呗。"说着，伸手就去抓。

"别动，顶着门呢！"小李赶紧把他挡住了。

那孩子委屈地把面孔转向他娘，好像要哭。

我赶紧起身打圆场："尤香，现在子弹都顶着门呢，弄不好会走火，等明儿天亮了再看吧……"

他的母亲又笑了："尤香，咱们回去吧，赶明儿再看！"说着，把他拉出去，出门时，孩子还依依不舍地盯着小李的马枪。

我们被安顿到西屋南头跨间后，放上岗，大家很快就睡了。我躺下后心里总是不踏实，一直睡不着，几次听到院里有脚步声，就出去了一趟，哨兵说："是赵家两兄弟进出好几次，大概是有些胆小。"我嘱咐他："一定要提高警惕，今晚弄不好要出事。"

天将拂晓，夜风吹起了浮云，一轮明月当空，照得满院如昼。忽然一阵急促的敲窗棂的声音将我惊醒，我猛地坐起来，只听站岗的小李在窗外压低声音说："指导员，有情况！"我抓起枪，叫醒大家跑出屋外，大家在黑暗中忙碌着。我和小李爬上房，隐蔽观察，发现情况十分严重，大约七八十个敌人已经包围了前门和大半个院墙，另一股二三十个敌人正悄悄向后门移动。

"你在房上监视，千万别让敌人压了房顶……"我一面命令小李，一面下房，去组织其他人准备战斗。

院子里，8名同志都做好了战斗准备。赵秉真兄弟俩站在当中，不知道是天气寒冷，还是害怕，两人在瑟瑟地发抖。

我脑子闪过一个念头："是他俩告的密？……"因为情况紧急顾不上多加分析，我只是用怀疑的眼光，狠狠地盯了他俩一眼，转身去布置突围……

"咋搞的？以前同志们住这儿，从没出过事啊……"赵家哥俩喃喃地说着，眼里露出不安的神色。

我顾不上听他俩解释，领人贴着墙根轻轻拉开二道门直奔后院。我们扒着墙头，看到野外黑影晃动，完全被敌人包围了，没有考虑的机会了，我咬着牙下了突围的命令。

我们几个同志猛地拉开门，把手榴弹同时向人影集中的地方投去，在爆炸声中，我们冲出了敌人的包围圈。4名同志在前面猛冲，我率3名同志（班长王国春、司务长小吴、战士小杨）在后面阻击，边打边撤。

凌晨，我们4人退到了蠡县西营村，趁老乡还没起床之际，我们隐蔽在村边一个老乡的草棚里，才摆脱了敌人。4名同志一个吐了血，其他人都累得脸发黄。这时，我的心情由紧张转为担心：小李在房上站岗，不知是死是活。另外，冲在前面的那几位同志也不知脱险没有。在痛苦的思索中我想，究竟是谁把情报送给敌人的？……思来想去，我想到赵家一家人，在我们住下时的前前后后，他们男男女女，进进出出……想着想着，我怒火中烧，狠狠地骂道："事情要弄个水落石出，回头再算账！"

天黑了，我们出来寻找失散的同志。第二天才搞清，后果很严重，他们之中有3个人被汉奸抓到了蠡县林堡据点里，小李也下落不明。

在这种情况下，我派人和县委联系汇报这里发生的情况，并和一区小队取得联系。第三天晚上，我们又到大柳树南庄去查情况，找坏人算账。

夜，是那样的黑，只有从乌云的缝隙里透着几点星光。因为悲痛和愤怒，人们的脚步比平时快了许多。进了村，我们顺着高墙到了大门下，一个战士端枪站在石头狮子旁放哨，我试着去推门，只听门"吱——"的一声开了，里面没有上闩。我一摆手，另外两个人跟我进去。

前院里很静，但后院里却灯火通明，像是挂着灯笼，点着蜡烛，我觉得有点蹊跷。让一个战士在门外放哨，我和另一个人推门而进。可顿时我便愣住了：只见院中央，一溜摆着4口棺材，妯娌俩身披重孝。老二媳妇坐在棺材旁，脸色苍白，身材显得更瘦小了。老大媳妇，正背着身往长明灯里添油……远处，还有几个帮忙的亲友……我似乎明白发生了什么事情，又似乎不大明白，脚步却不由自主地慢下来。

妯娌俩听到声响，转过了目光，直瞪瞪地望着我。我走到她们面前，竟不知说什么好。半晌，老大媳妇说话了，她虽然眼哭肿了，脸色憔悴，但口气却很平静："回来啦？队伍上的同志们没受损失吧？"从我认识她到现在，第一次听她说这么多的话。

我下意识地点点头。

她又说："藏在咱房顶上的那位同志，俺孩子他爹去送他了，现在还没回来……"她说这话的时候，不时地咬着嘴唇，强忍着不让眼眶里的泪水掉下来。但最终，还是有几滴泪珠顺着脸颊滚下。

我指着棺材，问："这……"

呆坐在一边的老二媳妇猛地一扭脸，嚎啕大哭起来，那头上的孝布，下垂的耳环，在冷风中颤抖着，好似控诉着说不尽的哀怨……

她们在愤怒和痛苦中向我述说了事情的全部经过。

我们突围后，敌人一窝蜂地追。沉默寡言的老大媳妇，最先跑进我们住的屋里，查看了一下炕上，将我们丢下的大刀、文件包塞进炕洞里。这时，她丈夫和老二家两口子也跑来了。4个人正商量怎么办，小李从房上"唰"地一声跳下来，大家都吓了一跳。老二媳妇一合掌："小祖宗，你怎么还没走呀。要是……"她话没说完，老二秉坤就忙说："哥，耽误不得了，你快把这个同志藏起来。"老大秉真答应一声，拉着小李直奔草房，从那里进了夹壁墙中。

在枪声和叫喊声中，赵家老少也都起来了。一股敌人跑进院里又吆喝又骂，让家人都出来。老二家的一个十几岁的外甥叫维凡，想快跑几步躲出去，敌人喊了两声，他没站住，敌人开了枪，这个娃娃顿时躺在了血泊中。敌人把赵家的人都集中在前院，让他们交出八路军和枪支。黑心的王翻译官，两手叉腰，阴险地冷笑着说："你们家是财主，穷八路和你们是两股道上跑的车，共产党早晚要共你们的产，你们藏他们有什么用？皇军早侦察清了，八路一共9个，跑了8个，你们赶快把没跑的那个交出来，保证没你们的事！"

他说了半天，赵家大小十几口人异口同声说不知道。敌人火了，指挥伪军扑上来，用枪托打，用皮鞋踢。人们腿被踢破了，头被打出血，可没有一个人张口。

王翻译官恼羞成怒，一眼看见了站在前面的尤香，他一手扶着驳壳枪，一手托起尤香的下巴，说："你说，八路军藏到哪里去了？说了金票大大的。"

尤香把头一甩，脱开了王翻译官的手。翻译官火冒三丈，上前一步去抠尤香的嘴："我让你不说……哎唷！"王翻译官尖叫起来。尤香一口咬住了他的手，另一只手夺他腰间的驳壳枪。一个日本兵跑上来，将刺刀刺入尤香腰间。他惨叫一声，倒在血泊中。

老二媳妇急了，像疯了一样扑到儿子身上。尤香嘴里吐了几口血，不知道叨叨了几句什么，不大工夫就无声无息了。他妈妈哭得死去活来。

王翻译官一边痛得甩着手，一边破口大骂："你们都他妈的喝了共产党的迷魂汤了！"四处搜查的鬼子、伪军回来了，什么也没找到。日军小队长气得挥舞着指挥刀叫："八格牙路，死啦死啦的有？"王翻译官凑上去出主意："皇军，我有个办法。"说着，命令把赵家全家赶到后院，拉出赵秉坤和老大家的儿子赵凌云，捆了起来。

老二媳妇自刚才外甥和儿子被打死，好像有些呆了。沉默寡言的嫂子扶着她，妯娌俩盯着敌人，看他们怎样对待自己的亲人。

王翻译官狞笑着走过来，对妯娌俩说："你们说不说吧，不说，动大刑了！"

老二媳妇直瞪瞪地盯着王翻译官，突然扑了过去，王翻译官一脚把她踢倒，大声嚎叫"动刑！"他们给赵秉坤和赵凌云叔侄灌凉水，用皮鞭抽，用刺刀戳，把两个人折磨得死去活来，赵家院里一片哭嚎声……

小李和赵秉真藏在夹壁墙里，听到外面枪声和哭声，知道出了事情，但看不清楚。待敌人把赵家一家人赶到后院百般折磨时，从墙缝里看见一些。小李再也忍耐不下去了，抓起枪就要冲出去拼。赵秉真紧紧抓住他的枪背带，说："你不能出去，你出去就没命了。"

小李眼里流着泪："你看大哥和孩子在挨打，我、我怎能藏下去……"说着，又要往外冲。赵秉真一下把他拉回原处，眼里流着泪水："八路军住到我家，我就不能让八路军受损伤。你要出去送死，先打死我吧！"

小李气得咬得嘴唇鲜血直流，一屁股坐在了地上。

敌人折腾了半天，也没问出个结果来，赵秉坤也被折磨得奄奄一息了，惨无人道的王翻译官看着直笑，又对妯娌俩说："你们过去商量商量吧，看看是说好，还是不说好？"

妯娌俩扑到被打得遍体鳞伤的赵秉坤和赵凌云身上，泪水止不住地流了下来。赵秉坤一字一句地说："孩子他娘，嫂子，这算不了什么，维凡死了，尤香死了，就埋在咱家东边的坟岗子上吧，以后咱家死了人，都埋在那里，那儿豁亮，村里乡亲们看得见……"

王翻译官听到这里，气得眼都发红了，一挥手，上来几个伪军用刺刀将赵秉坤刺死在大树下，赵秉坤媳妇顿时昏死过去……

临走时，敌人带走了赵凌云，并对他母亲说："明儿早饭之前，把八路交到炮楼上，过了时间，就来领尸首吧！"

老大媳妇沉默的脸在痛苦地抽搐着，从牙缝里吐出几个字："你们等着吧！"

天黑，秉真才让小李从夹壁墙里出来。当小李看到秉坤、维凡和尤香的尸体时，哭得像个泪人。他抱着尤香的尸体，哭得格外伤心："小兄弟，你活着要看我的枪，我却没让你看，我对不起你呀……"

妯娌俩强忍悲痛劝着小李。老大媳妇给他包好干粮，催促着："孩子他爹，你快把这位同志送走吧！"说着，把小李从尤香的尸体上拉起来："同志，人死不能再活，你快走吧！"

小李眼泪"刷刷"往下滚着："那被炮楼上抓走的兄弟怎么办？""村干部正托人送礼营救……别管了，你们快走吧……"说着，她硬把干粮袋递给小李。

赵秉真拉了拉小李的袖子："走吧！"

小李看了看躺着的3具尸体，抹着泪给妯娌俩跪下磕了个头："大婶、二婶，你们多保重！"又扭过头说："尤香兄弟，我走了，不给你报仇，我就不算中国人！"黑夜，赵秉真把他送出了大柳树南庄……

被敌人抓到炮楼的赵凌云，虽经村干部托人送礼营救，终未奏效。第二天上午，乡亲们从炮楼上抬回了赵凌云的尸体……

我听到这里，望着这妯娌俩久久说不出话来，只觉得鼻子一酸泪水淌了出来。另外两个战士，都在低声抽泣。

半晌，老二媳妇才慢慢地说："等发送了死人们，让尤香他哥到咱队伍上去吧，有鬼子在，就没咱的好日子……"

告别时，妯娌俩把我们送出了大门外。她们披着白孝，站立在台阶上，似两尊高洁的雕像。我心里默默念叨着："你们放心吧，我们一定为你们报仇！"

离开了赵家，我们去找县委，汇报了情况。县里很重视，很快集中力量去破这个案子。经过两个月的时间，终于查清了告密的原来是本村的赵肖瑞、赵小考父子。赵小考原在县委当过交通员，后来开小差跑回来，和他那吃喝嫖赌的父亲贩卖烟土。那天晚上我们去赵家，恰被赌博回来的赵小考看见，他回去告诉了他父亲，赵肖瑞便去炮楼告了密。

转眼到了1943年2月，形势稍有好转。我们和一区游击队去捉捕这两个汉奸，这二人已听到风声，东躲西藏，经过几番周折，赵肖瑞被我们抓住处决了。他儿子赵小考却跑到保定参加了特务队。这家伙开始变本加厉地报复，几次趁"扫荡"之机带敌人来赵家抓人。

赵家的人把亲人埋葬后，送尤香的哥哥参加了县大队。在以后很长的一段时间里，赵家过着颠沛流离的生活。

一直持续到1945年日本投降后，这一家人才回到旧居。不久，参与杀害赵家4口人的王翻译官也被抓获了，县政府在王盘村召开了公审大会，赵家妯娌俩和其他人端端正正坐在主席台上，成千上万的群众愤怒地骂着，要用刀剐了王翻译官。同时，又向赵家人投来敬佩的目光。在公审王翻译官的大会上，县长和发言的代表对赵家为革命所做的巨大牺牲，给予了极高的评价。

公审后，王翻译官被拉到河边枪毙。不久，赵小考也从被保定抓捕归案，得到了应有的惩处。

光阴荏苒，岁月如梭。60年过去了，赵家的一些人，有的已作古，可他们的英勇事迹，应该记录下来。他们的名字应该和其他千千万万英雄的名字一样，永远载入抗日战争的光辉史册。

大五女村历险记

贺　明

　　贺明，男，陕西省武功县人，1919年生，1936年11月加入"民族解放先锋队"。1937年9月奔赴延安，入陕北公学。同年冬分配到冀中军区。1938年加入中国共产党，历任干事、教学员，团、师、军政委，河北省、贵州省军区政委，少将军衔。1983年离休。

　　1942年，"五一"反"扫荡"以后，秋末的青纱帐凋敝以前，上级命令，凡是在冀中坚持的团队，都须迅速转移到平汉路（今京广路）西，到山区根据地去休整。

　　为了给我二十二团越过铁路封锁线作必要的准备，梁达三政委命我带一名侦察员，到定南县（今定州市）明月店一带的敌占区，通过地下组织打前站——了解敌情，物色隐蔽宿营地，选择有利的过路口。

　　接受任务的当天，我便和侦察员陈凤堂到了目的地。经过几天的工作，各项任务都顺利地完成了。但在返回根据地的路上，由于一时麻痹大意，险些遭受重大损失。

这是怎么一回事呢?

那正是8月的中旬,大庄稼已连亘阡陌,一片绿色的海洋。我俩在途中虽然要绕过和穿越敌人许多碉堡和公路,但在青纱帐的遮蔽下,又都身穿便衣,这已经不是什么问题了。

那日,我俩吃罢早饭,告别了地下组织的负责同志,便踏进了绿洲,向着我团的联络站——定南县的大定村前进。

在暑天太阳下走路已经够灼热的了,而在不透风的青纱帐里穿插,除热之外,还有个闷,简直像进了蒸笼!颊颈全淌汗,浑身水淋淋。由于出汗过多,也格外觉得干渴。

忽然,从右边的玉米地里传出嘎吱嘎吱的浇园声。这对于又热又渴的人来说,是多么具有吸引力啊!于是,我俩便循声来到了井边。可不是嘛,一位20出头的小伙子,正赤着胳膊、一上一下地用吊杆提水浇园。我俩向小伙子打过招呼,便蹲到池边用手掬水喝。好甘甜清凉的水啊!便一气儿喝了个饱。待喘过气来,向小伙子随便问道:

"同志,前边是什么村子?"

意外的是,小伙子用疑虑的目光打量着我俩,冷漠地、低沉地答道:

"大——五——女!"

"啊,到了大五女!"我自言自语地说。因为大五女是敌人的一个老据点,营盘扎在村东头,营地里还筑了四五丈高的大碉堡。这我们早就知道。

我又问:"敌人今天出动了没有?"

这一问不要紧,小伙子竟一下子把疑虑变成了惊恐。他直愣着两只眼,盯着我俩,半晌也不开口。小陈等急了,又重复了一句,小伙子这才慢慢腾腾地从牙缝里蹦出四个字来:

"我——没——看——到!"

这话可以理解为敌人没有出动,也可以理解为已经出动,可他并没有看到。显然,一句模棱两可的话,加上他先是疑虑、继而惊恐的样子,我们本应该从这里边察觉点什么味道来的;但是,当时思想麻痹,根本未去联想,所以什么也未发现。

　　既然没有发现新情况，当然还按原计划——从大五女村西边插过去，直奔大定村。遂匆匆告别小伙子，沿着田埂儿，向地边走去。

　　哪里知道，一走出玉米地，景象大变——青纱帐消失了，眼前是一片长着低矮作物的开阔地——这是敌人严禁群众在据点周围种高秆作物的缘故。要直着插过去，少说也有1公里地。向东看，就是敌据点大五女。村边距我俩的脚下，也不足200米。就连碉堡上的膏药旗，也看得一清二楚。我俩边走边看，待目光扫到西边时，哎哟！更严重的情况出现了——有一长溜敌人：前头是尖兵，接着是骑兵，再后是步兵。距我俩也就是250多米远，正沿着我俩要穿过的公路，向着他们的老巢——大五女行进。

　　小陈一面保持着正常的行进姿态，一面压低嗓门，急促地问道："总支书，西边有敌人！看见了吗？怎么办？"

　　我立即斩钉截铁地回答："看见了，进寨子！"

　　为什么这样答复呢？我当时是这样想的：继续南行横穿公路吧，虽然不致跟敌人碰面交会，但会在路南侧不足百米的地方，给敌人一个背影。如果敌人起疑，吆喝站住，这就要硬干，对我们十分不利；如果扭身再返回玉米地吧，敌人会感到诧异——这两个人见到"皇军"，为啥又突然折返？！如纵马追来，人是跑不过马的，也很不利。比较起来，还是大大方方上公路，堂堂正正进据点，才有可能化险为夷。至于据点里边嘛，碉堡在村东头，街巷房舍都可利用，人民群众更是我们的。

　　于是，我俩仍旧照常向南走，走了约80米，缓缓地上了公路，然后折转向东。这样就形成了如下态势：我俩在前，敌人在后，间隔约160多米，都向着大五女据点行进。当时我一面走着，一面不断叮咛自己："要沉着"，"脚步要保持正常"。可实际上并没有完全做到，不仅两腿交替得快，而且步子也迈得大，不过不注意看不出就是了。总算万幸，距寨门口这段将近200米的路程，被敌人紧盯着后背而行进的这200米路程，终于平平稳稳地走过了！我所担心的事——敌人吆喝"站住"的事，并没有发生。

　　虽然寨外这一险关过去了，但整个险境并未摆脱，敌人还尾随在后；我俩还在敌人所盘踞的寨子之内呀！刻不容缓，我俩要继续为最后摆脱险境而努力。

一进寨子，小陈便一头扎进道南居民的大门里。正好，院心里有盆泡着待洗的衣服，他坐下去就搓起来。我想，不能两人都围着一个盆洗衣服，就又出了大门再朝东走。约30米，忽然在街南发现了一条窄胡同。啊！是条窄胡同哟！此时此地对我来说，该是多么难得的去处呀！我一扭身，就闪了进去。入了胡同可就不一样了，敌人直盯后背的顾虑消除了，我几乎像竞走那样，一直向南走去。

约50米远，一个更理想的去处出现了——道东有户大门敞着的人家。我大踏步迈进了院子，又沿梯子登上房顶。这时我掏出手枪，面向着敌人。

大街上隐隐约约传来了脚步声、马蹄声。这声音，由远而近，又由近而远。

这时从东屋子里走出了一位大嫂，她睁着惊奇的眼睛，望着我想说什么，但又没有开口。我在房上，便低声地向她说明："我是八路，差点儿和敌人走个碰面……现在鬼子正从街上走过。"

大嫂会意地点了点头，可仍站在那里未动。

过了约二三分钟，大街上完全沉静了，我就赶忙向大嫂打听向南越出寨墙的事。问了寨墙有多么高，怎么走离寨墙近……每句问话，都得到她圆满的回答。

事不宜迟！

我下了房，向大嫂道了谢，便按照所指示的路线，顺利地翻过了寨墙，通过了开阔地，又重新踏进了青纱帐。至此，我算摆脱了危境，但小陈现在怎么样呢？我一边朝南走，一边向北望。

又走了不到10分钟，眼看着小陈气喘吁吁地赶上来了。他人还没有到，而"哈……哈……哈"的大笑声和"好悬哪"的惊叹声，却早已传到。我迎住他，忙问："怎么样？敌人有多少，你都看清楚了吧？"

小陈是那样的兴奋！顺着这一话题，就滔滔不绝地说开了。什么敌人是怎样从大门口通过的，并没有怀疑他，什么日军有多少，伪军有多少，共有几匹马，过了多长时间。说得又具体，又流利。

　　小陈尚未说完，我问道："小陈，你现在知道浇园的那小伙子，为啥见了咱俩那么惊恐吗？"

　　小陈随口答道："知道了，他准是把咱俩当做假装八路的汉奸特务啦！"

　　我顺着他的话音，附和着说："对了！"

　　于是，我们便一边走，一边谈论起了小伙子之所以对我俩发生疑虑的原因。原来，在反"扫荡"的后期，汉奸、特务常常冒充八路军的掉队人员或地方的失散干部，向人民群众打探道路，乞食求宿，以试探人民群众是不是还一心向着共产党。但凡给予指明道路、给予食宿的，都遭受了折磨或镇压，有的被打，有的被抓。这个小伙子恐怕是遭过一次难了。

　　说着说着，不觉来到了联络站，也很快回到了团部机关。见了梁政委，不用说，除汇报了有关过路的各项准备工作外，当然也述说了在大五女村旁的遇险经历。

　　梁政委是一位平易近人的领导。他一边听，一边微笑，听完后他肯定了当时的处理，还说："……任何时候都不能麻痹大意！"

　　这桩事虽然已经过去60多年了，当时的选择也是恰当的——是利用"出敌不意"的法子转危为安的。但是，事过之后，仍不免有些心悸。

北疃 "五二七" 大惨案

李志惠

李志惠，男，1951年出生，1969年7月参加工作，现任定州市政协宣教委副主任，《定州文史资料》主编。

1942年5月27日，日本陆军第五九师团第五三旅团少将旅团长上坂胜，命令所属大江第一大队日军500多名，包围定县（今定州市）北疃村，实行了残暴的法西斯"三光"政策，残暴掠夺当地人民的大量财物，烧毁民房36间，轮奸妇女（包括幼女）35人，并以灭绝人性的手段，施放毒气，以毒杀为主，兼施枪杀、刺杀、砍杀、烧杀等，残杀我军民近千人，制造了华北地区有名的北疃"五二七"大惨案。

惨案发生前的战斗

日本侵略军于1937年10月侵占了定县，百团大战对日军进行了反"扫荡"作战，有力地打击了日军的侵略。日军受到打击后，提出要对华北"再认识"，妄图踏平兵家必争之地的定县，把定县作为跳板，然后再大举进攻山区根据地。

　　面对日军大"扫荡"这种新形势，上级党委提出开展反"扫荡"、反"蚕食"斗争，定南县委和全县人民展开了轰轰烈烈的反"扫荡"斗争。5月1日，县委在北疃召开了会议，县委书记赵铁夫根据上级党委"化整为零"的指示，决定把县干部分配到区，区干部分配到村，要求县干部不离县，区干部不离区，村干部不离村，坚持斗争。党在北疃一带深入发动群众，挖地道，组织武装，团结群众，开展抗日游击战争。

　　由于日军推行"碉堡政策"，实行"分割包围"，斗争形势日趋恶化。在反"扫荡"还未完全展开的时候，全县大部分村庄就被日军控制起来。为了反击日军的大"扫荡"，打击日军的嚣张气焰，县委决定加强北疃根据地的建设，挖地道、修工事等，以此为基地进行反"扫荡"作战。

　　到1942年5月，根据地范围越来越小，日军集中的兵力越来越多。面对严峻的斗争形势，定南县委根据上级指示，于5月20日再次召开会议，分析了当时的斗争形势，认为敌人在这一带吃过亏，我党政机关、后方医院住在一起不利，敌人在"扫荡"中一定要把北疃一带作为"围剿"的重点，非来进行"扫荡"不可。因此，在5月26日晚上，县委书记赵铁夫按照县委分工，带领党政机关干部、后勤人员、县大队二中队疏散到东湖等村去了。

　　留下县大队政委赵树光带领一、三中队、区小队和当地民兵在北疃活动，作了战斗部署：具体分3道防线打击来犯之敌。第一道防线是村口工事，敌人一上来就迎头痛击；第二道防线是利用房上和村头土炮楼消灭敌人；第三道是地道，展开地道战，利用地道的威力消灭敌人。在兵力布置上，一是由县大队郑文贵、李章、张建等带领俱佑、邢邑、李亲顾等村的民兵守西口；二是由县大队一中队和北疃民兵守东北口；三是由县大队三中队和东湖民兵守西南面；四是张文生、刘思权、李孟林等民兵守东面。任务布置完后，赵树光强调说："要弹无虚发，力争一颗子弹消灭一个敌人；一颗手榴弹消灭几个敌人；敌人不到武器有效杀伤距离不射击，不能轻易暴露目标。"晚上，在北疃村的抗日武装力量轮流站岗，监视敌人动静。直到5月27日拂晓，各处的岗哨发现敌情。敌人从东面、西面朝村庄奔袭。这次来犯的日军全部是由定县出发的大江部队，采用奔袭的方法，对南、北疃实行包围，妄图将我定南县党政机关、抗日武装力量一网打尽。日寇投入兵力500余名，配备着机枪、迫击炮、掷弹筒等先进武器。

在6点多钟，敌人对南、北疃的包围圈形成之后，即开始进行火力侦察。同时，敌人根据侦察的我方地道路线，开始堵塞我南、北疃村地道出口，以防止我抗日军民从地道内向外突围撤退。火力侦察过后，敌人即从3个方向开始向村攻击：一是从村东北口，二是从村东南口，三是从村东进攻。日军在东北口用猛烈炮火向村内轰炸、扫射，炸得许多房屋和墙壁一块一块地塌下来，有的房屋被打着起火。但严阵以待的我方战士和民兵们却在村口的围墙里、土炮楼里等待命令。日军见村里不还击，一个指挥官挥着指挥刀咿呀呀指挥日军往前冲，当日军冲到跟前时，赵政委觉得时机到了，喊声"打！"手榴弹、地雷在日军群里炸开了。炸得日军滚的滚、爬的爬，倒下一片。活着的日军也退了几丈远。过了一会儿，日军又发起冲锋。

日军的炮弹把县大队战士王洛年的左胳膊炸伤了，中队长马宗波命令他说："你快撤，进地道。"王洛年咬着牙坚定地说："我不撤，打死一个够本，打死两个赚一个。"还说："我不能打枪，还可以甩手榴弹。"说着他用右手拿手榴弹，用牙咬住弦，朝敌人掷去。正在这时，敌人又一颗炮弹在他身边爆炸了，王洛年壮烈牺牲了！这时战斗越来越激烈。赵政委指示守在村西口的战士去东北口增援。一连打退了日军7次进攻。

后来，敌人又向村南面转移，想从村东面进村，县大队也随着向东南方面调兵，又打退了日军的进攻。

由于敌强我弱，火力相差悬殊，最后日军攻进村里。我县大队战士和民兵仍坚持巷战，一直和日军战斗到下午1点多钟。这时，日军封锁了东半街，街上房上站满了日军。在这种情况下，我被迫从中平街李洛节家下了地道。

为了配合一、三中队作战，县大队队长范栋申于5月27日拂晓率领二中队由东湖拉到南疃村。刚进村，正在部署部队时，敌人就包围了南疃村，日军一方面紧缩包围圈，一方面向我方打冷枪、冷炮，进行火力侦察，企图搞清我方兵力和火力配备。范栋申大队长为了不使敌人摸清我们的兵力和火力配备情况，也采用单枪不定地还击，这样敌我相持到黄昏。范栋申为减少牺牲决定从南疃突围，刚把部队集合在大院里，向外一看，成群的日军已经压进村内，突围已不可能，随即命令部队迅速进入南疃地道。

部队进入地道后，发现敌人已向地道内施放了毒瓦斯。而且在部队进入地道前，村里的许多群众早已先钻入地道。因此地道内拥挤不堪，再加上中毒死亡的人员太多又移不出地道外，情况十分严峻。正在这时，大队长范栋申在地道内巧遇当时正在南疃村养伤的县大队通讯员，因通讯员是南疃人，对地道情况十分熟悉，即由他带领二中队的同志们从地道内先转移到南疃村东南约300米处一大庙内。这时，只见日军已经全部突进村内。晚上7点钟左右，范栋申带领二中队由大庙顺沙河大堤撤往东湖村。

惨绝人寰的大惨案

豺狼成性的日军进了北疃村，便按照北疃的地道路线，开始挖掘地道、放火、施放毒气，一场大屠杀、大血洗就从此开始了。

敌人找到几处洞口，将随身带的各种毒气点燃后投放到洞里，同时将茅柴燃着，也投到洞口盖上棉被，使毒气向洞内各处流荡。不多时，洞内各处便充满了毒气，毒烟又从敌人未发现的洞口冒出，于是又有许多洞口被敌人发现，又大放起毒气来。这样，洞内充满了浓厚的毒气。洞内的人们初闻有辣椒味、炮药味和甜味，后来便流泪、打喷嚏、呼吸窒息和流青色鼻涕。事实证明日军施放的毒气是窒息性、催泪性、喷嚏性的3种毒气物。顿时，洞内混乱起来，人们东走西撞，争找洞口。但是毒气熏得越来越厉害，很快洞内呼唤声、咒骂声、呻吟声搅作一团。由于人们中毒过重，全身发烧，紧靠洞壁以取凉。时间不大，呼喊声、咒骂声渐渐沉寂，仅听到呻吟声、喘气声，抓这抓那、滚来滚去，一批批窒息而死。有的头钻入地而死；有的撕烂自己的衣服顶着洞壁而死；有的满面唾液呕吐，搂着孩子而死，甚至婴儿吃着母亲的奶而死，死状甚惨，目不忍视。

毒死在洞中者多为老年人、妇女、小孩；身体较壮的人挣扎着寻找洞口，但因中毒死在洞中者过多，更有的地方尸体堵塞不能通行，行动非常困难，能勉强寻着隙空爬出者，则被敌人刺死在洞口或洞外。能幸免者，也被绑在屋内看守。爬出去的妇女，则被驱逐院内，横遭侮辱。所以出洞者，既受毒于先，又遭蹂躏于后。

日寇为杀害我洞中之同胞，分别守住各个洞口，在洞口燃着柴禾，以大火烧往外爬的人们。身体强壮受毒较轻的，从死难者的尸体上爬往洞口，还得冲过大火，毒不死的烧死，烧不死的不准喝水，让你在地上爬着渴死！对青壮年男女，渴不死的，有的立即捆绑，有的立即枪杀、刺杀，要不就绑在树上剖腹烧尸。

除在洞内毒杀无辜村民外，爬出洞外的，日军实行枪杀、刺杀、砍杀、烧杀！杀害在南北街上的尸体50具，李家坟70具，李家街250余具，村东北冯香云、王之恒的井台上90多具，李洛敏家院子里被刺死的尸体29具，朱根德家土井里被砍落头颅的16具等。

洞里中毒较轻者，寻到了村北洞口，但敌人早在这里守着，日军为了阻止人们出洞，就把附近的秫秸弄到洞口烧起来。爬到洞口的人们感到洞里的毒气实在难受，于是趁火势较小时就往外爬。年轻人爬得快，受火伤轻，但爬出后又被日军刺杀或枪杀，有的被扔到秫秸火里去烧，有的被日军用铁丝穿着锁骨，绑在树上，用火烧死。头死前，被火一烧，全身不断伸缩，东倒西歪，发出一声声悲嚎。老人和妇女、小孩爬得慢，待出洞后，已经是奄奄一息，日军把他们扔到王尚志家的水井里。被刺死的多是乱刀分尸，血肉模糊，不能辨认。被烧的只剩乌黑的骨架，更不知是谁了。至于投到井里的，因正在炎热季节，人们去打捞时，已经腐烂，气味扑鼻，后来就将这眼井填埋了。在1946年春挖这眼井时，挖出10个头颅，从头发和头颅的大小形状看，其中有妇女和小孩子，这些人更无从知其姓名了。5年后，又在村北洞中发现了四五具不完整的尸体，更难以辨别是谁的尸骨了。

5月27日下午，王文雪满身泥土，眼泪鼻涕满脸，一歪一斜地被日军押到朱根德家的南屋里。屋里已有三四十人，人们也都是满身泥土，鼻涕满脸，呼吸短促地呻吟着。王文雪一看就知道这些人都和自己一样，都是中毒后从洞内爬出来的。

后来，日军接连不断地押送被俘人员到这屋来。还有的被打得头破血流。到天黑时，日军一共逮来七八十人。日军在门外站着岗，看守着这些无辜的人们。

被看押的人们浑身发烧，口渴咳嗽，有的坐立不安，心神不定，想喝口水，日军一律不准喝水。由于毒性发作，陆续不断有人死去。一夜工夫就死了16人。

28日早饭后，敌人把这些无辜百姓赶到朱根德家的大院里，凶恶的日军拿着枪，上着刺刀，在四面紧紧包围着这些人们。在日军指挥下，翻译官向人们说："……谁换上军装就能活命，不换死了死了的有……"翻译官一个一个地问，让人们一个一个地说。当问到王文雪时，他一时拿不定主意：心里想是换上军装，还是不换上军装呢？换上军装也许说我是八路军，把我枪毙！这种思想在王文雪脑海一闪，无非是死！便决定不换军装。当时，翻译官见人们不说换，也不说不换，愣了起来，于是他又说："愿穿军装的留在西院，不愿换军装的到东院里去！"接着，日军每拉过一个老百姓，翻译官就问："你穿军装吗？"有的回答"不穿！"有的迟疑了一会儿才说："穿。"回答不穿的有16个人，王文雪就是其中的一个，这些人便被押到东院去了。

到东院之后，王文雪看见本村许根柱、许福山被敌人枪杀在山药井旁，接着有个凶恶的日本兵提来一桶水，将洋刀在水里蘸了蘸，把刘玉章拉到井旁，让其跪下，一刀将头砍下，用脚将尸首踢下井去。又拉过4个人，跪在山药井旁，用刀砍了两个的时候，王文雪想逃脱敌人魔掌，他知道墙的西边就是西院，那院里一定正在换军装，决心闯到西院去。又见东西两院界墙有一缺口，缺口处有个凶恶的日本兵，持枪在一旁站岗。

当日军去砍跪着的第三个人时，王文雪冷不防跑到缺口处，用尽平生之力一蹿，从缺口蹿到西院里。跑到换军装的人群里，换上军装，才免遭砍杀。

纪念冀中军民"五一反扫荡"斗争

到中午时间，日军将换上军装的老百姓充当活捉的八路军。28日下午，日军在押解上述"俘虏"去定县城的路上又挑死14名走不动的。假俘虏到邵村后，用汽车运到定县城，从定县用汽车载到石门劳工训练所。后来王文雪和其他同伴被运到抚顺千金寨煤窑里，当了半年多的劳工才跑回来。

敌人走后，朱根德家山药井中发现15具尸体，两个枪杀、13个刀砍，但人们不知死者被杀的经过。王文雪从千金寨煤窑逃回来，谈到这段经历时，人们才知死者的情况。

日军在洞内放毒气之后，便三五成群地到处寻找洞口，凡是见到浓烟喷放的地方（洞口）日军就悄悄地蹲在那里，用枪口、刺刀对准往外爬的人们。当人们一钻出洞口，有的被立即枪杀，多数被绑押到李家街路西李洛敏家去，交给袖上戴红布的日军。这就是当时所谓杀人不眨眼的"红部"，一天的工夫抓来几十人。日军把这些老百姓集中在两间小屋里，门关得紧紧的。这些老百姓在那间小屋里挤得喘不过气来，有的发烧，便将自己的衣服脱掉，有的喘息不止鼻涕眼泪并流。其中有一个因中毒过重，神经错乱，口渴难忍，便推开小门，跪在院子里大声喊叫："渴死人了，给点水喝吧！"房上站岗的日军立即将其枪杀。这样，一夜之间就死去了12人。

没有死的，第二天被日军绑着。这时，从日军队伍中出来一个刽子手，赤着臂膀，挽着裤腿，拿着一把亮光光的战刀，指挥着两个日本兵，把绑着的人们拖到粪堆上，执行枪决。上至65岁的老头李洛敏，下至13岁的小孩子刘兵站，一个也没有放过，全被枪杀。当最后一个轮到李洛田时，他伸了伸脖子，望了望天，看了看地，咬紧牙关，毅然走上刑场，被日军枪杀，倒在血泊之中。子弹从李洛田的肩膀上穿过，又由下唇处穿出，没有伤到要害部位，所以他心里还清楚，一动也不动地在那里静躺着，眼睛却怒视着日军。一会儿日军走了，便爬起来，托着下巴，到外地去治疗枪伤。后来从李洛田的具体口述中，人们才知道杀人不眨眼的日本"红部"。

5月27日至28日，日军盘踞北瞳两昼一夜，除对我同胞毒杀、刺杀、砍杀之外，还对我妇女横加奸污蹂躏，从10岁的幼女到五六十岁的老太太，极少幸免。被奸污的妇女难以统计清楚。最野蛮残暴的是日军奸污一个12岁女孩，将女孩拖到群众一旁，按倒在地，脱光衣服，进行强奸。她母亲在一旁，眼泪湿透了衣襟。紧接着，又来了一个更野蛮的日军，在人群中拖出一个幼女，强行奸污，血流满地。妇女王××18岁，在洞内中毒后，勉强从李克朗家洞口爬出，被十几个日本兵轮奸而死；李××，25岁，李××，23岁，被迫在李洛迈家给敌人做饭，被几十个日本兵轮奸。李××，十几岁，在李洛乔家里被日本兵轮奸达3个小时。在李化民家院子里，日本兵脱光西村湖一个青年妇女的衣裳，令其与北疃村赤裸青年男子李××面对面坐在一起，日军摘了许多石榴花，插在该女子头上，开心狂笑，随后将那个妇女拉到屋里轮奸。

　　我县大队一、三中队及部分干部、群众多熏死于洞内，也有的为不让日本兵捉活的，在洞内自我光荣牺牲。县作战部部长张建，宁死不屈，不做日军的俘虏，身带三八盒子，于洞内自尽。北疃民兵李德祥，那时同张部长在一起，后爬到洞口被日军拽到李克朗家菜园，因中毒想喝水，日军不让他喝，命他去洞内找枪。因李德祥幼年曾跟他父亲到东北讨饭，给日本当苦力4年，那里的工头叫一哈拉三，在那时学会说日本话，他便用日语对日军说："我的肚子呆一呆的。"那个日军才说："你的日本话的明白？"李德祥说："我的小小的明白。"日军说："你的什么的干活？"李德祥说："我的'满洲国'令格（泥瓦匠）的干活。"日军说："你的跟谁的令格？"李德祥说："我的掌柜一哈拉三。"这个日军知道一哈拉三，于是让李德祥喝了几口水，李德祥顿时觉得全身轻松了许多，日军算把李德祥放过去没有杀害。李德祥很机智勇敢，当他发现县大队政委赵树光等20多人被关禁在李占奎家，都需要喝水，他便对房上站岗的日军说："太君！这里的净好百姓，你的说话的有，我的苦力的干活，你的水的给？"日军摇头说："不行的干活！"后见本村的一个老百姓给日军打水，李德祥提了一桶送到屋内。屋内被押的赵政委、村支书李占奎没让人们喝，李占奎说："同志们，先不要喝，这水是咱们的命，用这桶水可以把房壁湿透，打开房壁，到隔壁那间屋子里去，那间屋子里我家早挖有地洞，可以钻出去。"大家一听，虽然都想喝水，但为逃出日军的魔掌，都支持李占奎的意见。于是，李占奎脱下他身上的上衣，在水桶里泡湿了，而后把湿衣服贴在墙上，把墙皮浸透以后，撤出了两个坯，打开一个洞，都钻过去，下了地道。凌晨3时许，赵政委、李占奎、李德祥等全部逃出村来，获得了新生。

县大队其他同志如中队长马宗波，带领一个小队的兵力，在北瞳村东、解家庄村西的两村交界处的地道里坚持到天快黑时，就用刺刀往上掏窟窿，掏透一看，正好是一块麦地，幸运而出，安全转移。县大队指导员贾德中、县大队秘书范浩然等18人，从南瞳村一户洞口逃出。群众也从不同洞口逃出去一些。保合庄小学的一位女教师，怀里抱着一个不满周岁的孩子，日军逼着她去洞里找枪，她不去，日军便把她怀里抱着的孩子夺过来扔出去很远，女教师跑过去抱起孩子，又被日军夺回扔得更远。日军用枪逼着那位女教师说："你不去，死啦死啦的。"她万般无奈，只好噙着泪花望了望孩子，咬紧牙关又钻到洞里去了。她想：即使找上枪来也活不成，还不如顺着地道往东钻到解家庄。这样总算捡了一条命。日军等急了，不见妇女上来，在洞口点燃了一堆柴禾，日军把那位女教师的孩子扔到火里，活活烧死了。

"五二七"惨案，北瞳及附近各村的老百姓和县大队、区小队、党员干部等死难者，有尸体证明的共800余名。但死于深洞或被日军抓走或失踪者，尚不知有多少，邻村李亲顾在这天共死去100多人，死绝户的就有3户。惨案中，日军杀害我军民近千人！北瞳当时是一个仅有220户的村庄，1227口人，这次大惨案，北瞳村有24户被杀绝。毒杀、枪杀、刺杀、砍杀、烧杀而死者，共有224人。

日军在枣强的血腥大屠杀

高学增

高学增，男，河北省枣强县前清花村人，生于1945年11月，现任枣强县政协秘书长兼文史资料委员会主任。

1942年5月，日军集中兵力，在冀中进行了大规模的"五一"大"扫荡"，冀中人民在冀中党政军的领导下，进行了顽强的反"扫荡"斗争。冀中的正规部队在敌强我弱的情况下，给"扫荡"之敌以沉重打击后，吕正操司令员带领主力部队转移到冀南地区。5月底，由武邑县过石德铁路南下进入枣北县，又转入枣南县的侯家、张秀屯一带，后转移去了太行山。

吕正操带领冀中部队来到冀南，进入枣强，引起了敌人的注意。6月初，日军将华北方面军第七、第八混成旅团、四十一师团一部，共约万余兵力、数百辆汽车，调集到枣南县各据点。

6月9日晚，驻在枣南县里祥数村的冀南党政军领导机关及部队，为防日军突袭，连夜撤出枣南，转移到南宫、新河、冀县3县交界地带。因对当地情况不熟，又听说敌人要对该地进行"扫荡"，于是10日晚又返回枣南县刘村、赵子谏附近。6月11日，日军妄图消灭冀南党政军领导机关及部队主力和吕正操的冀中主力部队，调集了前已驻在冀县孔周村、燕家庄、枣强、卷子、乔村、大营等据点的1.2万余名日伪军，对枣南县卷子至大营之间地区进行"铁壁合围",即有名的"六一一"大"扫荡"。日军从县内外各据点分若干路向冀南领导机关扑来,八路军七旅旅长易良品率七旅主力及军区直属部队掩护干部队伍向南转移,并不断打击小股敌人,营救群众。司令员陈再道、副司令员范朝利、政治部主任刘志坚率领机关直属单位向北转移,在张秀屯冲出重围,经由枣强城北再转移到城东南一带,安全脱险。

此次反"扫荡",冀南机关和部队有少量伤亡。特务团政治部主任王陵中弹牺牲,军区政治部干部、教育科科长欧平和军区政治部保卫部一科科长马骁牺牲,王宏坤的爱人冯丽英被俘,枣南县公安局长刘升如在张秀屯一带被捕。日军将被捕的干部、群众70余人,由枣强押运到东北煤矿当劳工,刘升如在劳工中秘密建立起党组织,在指挥劳工暴动逃跑中被敌枪杀。

在6月11日的"扫荡"中,日军在枣南县焦里祥将群众围在一个场地上,用刺刀逼问八路军和粮食藏在哪里,人群中无一人回答。敌人气急败坏,将18名群众活埋。敌人走后,群众急忙扒土救人,有17人被救活。

敌人的"扫荡"到6月14日结束,我党政军领导认真总结了这次反"扫荡"的经验教训,加强了情报工作。枣北县抗日政府处决了3个敌人的密探,即东王常村的郑凤彬、仓房口村的包华清、流常村的张凤梧,对全县汉奸特务震慑很大。

7月14日,冀南军区二十一团武工队11人在县城北杜烟村歼灭日伪特务20余人,我无一伤亡,打击了汉奸特务的嚣张气焰。

7月27日,枣南县大队3个班夜袭南白塔日伪据点,俘日伪自卫团220余人,大大鼓舞了广大人民的抗日斗志。

日军上司对驻枣强的"小川部队"很不满意,便将这支部队调往山东,另调"渊上部队"为驻枣日军。"渊上部队"来枣强后,成立了"植田侦谍班"与"红部工作部",两部性质相同,目的是加强对抗日军民活动情况的刺探。

8月下旬,我军利用青纱帐的大好时机,展开了对敌人的攻击。8月27日,冀南六分区小部队以神速的战术,袭击了枣南县卷子镇的日伪据点,击毙日军7人,伪军40余人。枣北县大队及军区部队十团一个连,在县大队副大队长张静和马连长的带领下，在一天深夜3点多钟，设伏涧里村公路两旁，伏击了肖张镇据点去流常据点换防的140名日伪军，激战两个多小时，消灭日军20多名，伪军40多名，俘敌60余名，缴获枪支100多条，子弹数千发。因衡水和枣强之敌来增援，我军迅速转入青纱帐。救援之敌来到涧里村，见我军已撤走，恶气不出，恼羞成怒，便大烧起民房来，有50多户群众被烧掉了房屋、粮食、衣被等。敌人走后，枣北县大队立即返回涧里村，帮助群众扑灭大火，并号召战士们捐献了100多件衣服，县委和区委的同志们也到涧里村做了善后工作。

9月6日，冀南行署正在当时的枣南县焦里祥召开参议会，军区主力也在四周警戒。日伪特务得知这一消息，日军调集四十一师团、一一○师团、一○八旅团、独立混成第八、第九旅团，以及衡水、阜城、武邑、景县、故城、南宫、献县、河间、德州等地的日伪军万余人，汽车400多辆，骑兵600余人，并出动飞机若干架，由华北方面军司令官冈村宁次亲自出马，到枣南县恩察镇坐镇督战。从9月12日（农历八月初三）拂晓开始，分东西两个战场，合围枣南县。东部以嘉会、王均、大师友一带为合击重点（这里是冀南行署六分区所在地），西部以冀南行署开会地点焦里祥、娄子、瓦窑一带为合击重点。

冀南行署领导原计划开会7天，当得知敌人要进行大"扫荡"的情报后，便提前一天于9月11日结束了会议，并安全转移到了外线。

东部的日军指挥官庄上，带领四十一团等部队，指挥部设在大师友村。开始"合围"后，便一路杀戮、抓人，制造了多起惨案。到达"合围"地点后，见一无所获，便把王均乡周围的董庄、前陈庄、后陈庄、庄科、李庄、同进、进伯、杨苏等数十村的大批男青年，用麻绳一串串捆起来，或用铁丝穿着锁骨连成一排排的，用刺刀威逼，驱赶到大王均村，进行了惨无人道、灭绝人性的大屠杀。

第一个杀人场设在王均前街中部的一个空场里。敌人把被捆着双脚的群众拴在马后，策马急驰，把人拖得血流遍身，肢体分解，直到惨死为止。如此被拖死的有20多人。大王均村20多岁的青年张洪安挣断绳索，跳进了场东北角的水坑，一伙日军急追过去，用砖头瓦块活活将他砸死在水坑内。

第二个杀人场设在村东头的水坑旁边。日军把一批群众赶到这里，逐个追问八路军的去向。得到的结果是，轻者怒目而视，重者骂不绝口。疯狂的日军便把一个个捆绑着的无辜群众身上坠上石头、砖块，抬起来扔进水坑淹死。有的浮上了水面，就被开枪打死，40多名群众丧生在这个水坑里。

第三个杀人场设在宋九振家的猪圈旁，圈内积存着满满的粪水，臭气冲天。敌人将群众扔进猪圈，然后用砖头砸。群众惨叫，日军在一旁狞笑。其他群众见此惨状，便不顾一切地四处乱跑，敌人便向群众射出罪恶的子弹。之后，将被打死的群众也扔进猪圈，填满猪圈后，又放上柴草焚尸。事后，在这个猪圈里清理出18具残骸。离猪圈不远的一个水井里也填满了被杀害群众的尸体。

第四个杀人场，也是最大的杀人场，设在村西的打谷场上。9月16日敌人把谷草垛拉开，摆成一个大圈，将用绳子捆绑着和铁丝串连着的群众逼进圈内，随即放起大火。群众拼命挣扎，终因被连串捆锁着，难以挣脱，被活活烧死。偶尔有挣断绳子跑出来的，也被敌人用刺刀挑死再扔进火圈。

9月17日，日军又在这个打谷场四周布满岗哨，架起机枪，并在这个场的东边摆上了3口铡刀，将群众摁到铡刀上，铡掉脑袋，其中一口铡刀一连铡死18人。

在谷场的西边，敌人抬来许多檩条、门、窗和木器家具，以及秫秸、柴草等易燃物品，将抓来的群众强行摁倒，一层人一层柴草垒起来，群众虽然同敌人厮打，但无力挣脱。垒起的大垛比两间屋子面积还大，有一房多高，共垒进100多人。日军往上边倒上汽油，点起了大火。顿时，打谷场上大火腾空，浓烟滚滚，噼噼啪啪的火爆声和群众的惨叫声交混在一起。

在大屠杀的同时，敌人兽性大发，对该村没来得及逃走的十几名妇女，上至60多岁的老太太，下至11岁的小姑娘，进行强奸、轮奸。村内所有的鸡、鸭、猪、羊全部被敌人抢光、吃光。还烧毁和拆掉王均等村民房110多间，并抢走大量财物。

日军这次在大王均村盘踞了6天，18日日军撤走之后，逃出去的群众陆续回来。时值热天，受害群众的尸体腐烂，污血斑斑，蛆爬蝇飞，一片惨状。区村干部组织群众清理、打捞和掩埋死难者的尸体，仅袁长印一人就从村中推出去18车尸骨。根据当时担任王均区委书记的王平和其他区村干部统计，日军共杀害无辜群众310人。

9月18日，日军带着被抓的青壮年离开王均后，县、区、村干部领导群众清理了杀人场，抚慰了被害家属，帮助群众恢复生产，安排生活，还召开了群众大会，愤怒声讨日本侵略者的滔天罪行。

敌人的这次大"扫荡"持续到9月24日主力撤退。我军在这次反"扫荡"中，共计大小战斗31次，击毙日军50名，伪军21名，俘获伪军45名。缴长短枪43支，战刀、刺刀13把，子弹2911发，炸弹65枚，其他军用物资一部。我军牺牲7人，伤21人。

1942年9月24日，为振奋群众的抗日斗志，我枣北县大队配合冀南军区十团，一举攻克南吉利村炮楼，俘敌180名，缴获枪支200条，子弹5000多发。此举大大鼓舞了抗日军民的士气，又一次掀起了抗日高潮。

深县中蒙村大屠杀亲历记

杨长金

杨长金，男，1925年生于武强县北堤南村。1943年加入共产党，抗日战争时期任本村武委会主任。新中国成立后，曾任乡党委书记、联乡社书记。因有病不能工作，于1965年11月办理退职。

我是武强县堤南村人，1942年5月日军"五一"大"扫荡"时，我17岁，同本村的众多乡亲一起，被日军抓到深县中蒙村，亲眼目睹了日本侵略者的残暴罪行。

堤南村位于武强、深县、饶阳3县交界处，属当时武强六区管辖。在抗日战争初期，由于共产党组织在这一带发展比较早，民众的觉悟比较高，群众基础好，抗日热情高涨，是县、区政权和抗日武装的根据地。在"五一"大"扫荡"的前几天，县、区领导还住在我村开展工作，因此敌人一直把我村视为"匪区"，总想伺机"剿灭"这里的抗日力量。

1942年"五一"大"扫荡"开始后，驻武强的日军中队长带着日伪军共

200多人，以中蒙村为据点，以武强六区为目标，先后包围了十几个村庄，抓捕群众近千人，大都是青壮年，其中我村就有80多人。当时我正在村北与本村张振忠等人挖道沟，也被敌人抓走。敌人把我们这些无辜群众带到中蒙村，集中到西北角崔家大院，开始刑讯逼供，任意残害，逼问谁是共产党，谁是八路军，谁是村干部。在他们得不到答复后，就用木棍打、灌凉水、压杠子，有两人当场死在敌人的乱棍之下。敌人还用了一种叫"摔布袋"的刑法，由日军抓住受刑者一只胳膊，将其全身背起，用力向前将人仰面朝天摔在地上。只这一下便把人摔得爬不起来，昏迷过去。这个村的孙春林就被敌人摔得死去活来，骨折筋断。还有一群众因为有武功，日军一连几次都摔不倒他，于是恼羞成怒，一刀把他劈死。

接着，敌人见问不出名堂，就叫汉奸、叛徒从人群中向外挑人，他们指谁，谁就被认为是八路军。

我村的张振忠，被汉奸从人群中拉出来，说他是八路军，他拒不承认，日军便拖来玉米秸，扒光他的衣服用火烧他的上身，肌肉烧烂了一大块，他就是不承认，更没有说出共产党和村干部，日军只好又把他关押起来。

六区干部张大圈也被敌人挑了出来，一群汉奸手持大棒，在他身上乱打，顿时皮开肉绽，但他死活就是不开口。敌人把他捆绑起来扔上汽车，押送到辽宁千金寨煤矿当了劳工。我村同时被押去的有20多人，多数都死在煤矿上。

我村的郭通顺是个血气方刚的小伙子，他被抓后，日军把他吊在一棵大椿树上毒打，他不甘受欺，伺机挣断绳索逃走，没跑多远，被敌人发现了，穷凶极恶的日军追上前去，想把他抓回来，郭通顺奋起拼搏，直到死在敌人的枪下。

更为残忍的是这群野兽对妇女的蹂躏。我村马书芹为了躲避敌人，带着姑娘逃出村外，被"清乡队"发现后抓到中蒙村，一伙日军将姑娘拉出人群，当众轮奸。其父上前阻拦，被日军开枪打倒在地。接着又把姑娘关押起来，每天轮奸，几乎将其折磨致死。我村还有十几名妇女被敌人糟蹋后带到武强城里。此后有的被弄到外地，至今没有下落。

敌人对抓来的群众严刑拷打，横加残害，每天都有人惨死在他们的刀枪之下。

一天，敌人把抓来的群众带到崔家大院外的一个空场上。这个空场北边是一个大坑，坑的北边有一口大井。日军在场上摆好桌凳，日军队长坐在桌子后面，两边站着汉奸、翻译。宪兵队和汉奸手持上好刺刀的火枪包围着群众。几个汉奸手持棍棒皮鞭负责用刑。宪兵队长佐藤和日军队长阿布带着翻译，牵着狼狗，挂着指挥刀，在桌子前监督着叛徒、汉奸的行动。

日军布好阵势便开始下毒手了。日军队长一声令下，几个汉奸从人群中拉出了3个青年。这3个青年名叫张文常、孙连印和孙六，都是西五祖寺人。日军把他们捆绑好，拉到井口旁，问他们谁是共产党，谁是八路军。3个青年大骂不止。站在一旁的佐藤和外号叫"茶叶末儿"的翻译官同时抬腿朝他们踢去，把3个青年都踢进井里。这时井旁的汉奸、叛徒为讨好日军，把井边上的磨盘掀起来推进井里，顿时井水变成了血色。3个青年被巨大的磨石压在井底，再也没有浮上来。

张法台村的任云波也被敌人拉出来，一个大胖子汉奸问他："姓任的，你是什么时候当的八路？"他说："我是庄稼人，没当过八路！"汉奸喊道："你生在匪区，怎么能不当八路军？"他说："八路是有当的，可不能都当啊，还得有人种地呀！"大胖子汉奸把桌子一拍，大声吼道："你他妈的别犟，你看那边，不说实话，就叫你跟他们一样的下场！"这时又有几个乡亲被日军推进井里，汉奸们随后扒起井沿的石头向井里砸去。日军见从任云波身上问不出什么口供，便从桌子旁边走过来，挥起皮鞭向他猛打。打累了，又指使狼狗扑在他身上乱撕乱咬，鞭打狗咬，一时间把他弄得遍体鳞伤，鲜血直流。那个大胖子汉奸又走过来喊道："把姓任的推到井里，他再想招认也晚了。"立刻，两个汉奸把他拉到井口，没等日军下令，也没来得及捆绑，就把他推进了井里。一同被推下井去的还有我村的刘铁良等人。

敌人这次针对六区的"扫荡"，抓捕群众1000多人，有400多人遭受毒打致伤，47人惨遭杀害，300多名青壮年被押送到东北煤矿当劳工，20多名妇女被日伪军强奸、轮奸。更为残忍的是有30多名青壮年被绳索捆绑，推进井里，然后再往井里砸石头，仅有我村的刘铁良和张法台村的任云波死里逃生。他二人因紧靠井壁，脚底踩到敌人扔下的石头，没被砸死，天黑后被群众救起。而其他落井青年的尸体是在日军撤走后才打捞出来的，有的已腐烂，只捞出来几块骨头，多数已辨认不清面目。

我个子长得比较矮小，站在人群中，没被敌人注意。有一个汉奸恐吓我，问我："谁是村上的干部？"我摇摇头坚定地说："我不知道！"

（田志博　郭润生　整理）

深泽大兴村惨案

孙佐培

孙佐培，男，1924年生，河北安国人，1939年加入中国共产党，抗日战争时期任儿童团团长、学生会主任，区、县青救会主任。新中国成立后，任六〇四厂宣传部长、武装部长、党委常委等职。1985年离休。

1942年，冀中"五一"大"扫荡"中，日军在深泽县大兴村，制造了一场惨无人道的大屠杀！

该村位于深泽、安平二县交界，人口2000多，抗战以来，这里一切组织健全，样样工作活跃，是个抗日模范村。"五一""扫荡"开始后，八路军冀中"火线剧社"、冀中报社、摄影训练班、冀中公安局工作团和一些抗日中学的人员，都驻在大兴。那时，我在边区第十中学学习和工作，因敌人"扫荡"，全校干部、师生分别掩藏在许多地方，我和同乡同学刘贵发被分在大兴村周法友家。

当年农历三月二十五日（公历5月9日），正是麦花飘香季节，1000多日伪军、汉奸、特务工作队，趁拂晓突然包围住大兴村。这天，天刚一亮，就听村外"叭叭"打了几枪。此时，人们凭着以往的经验，就知这是日军来了，顿时全村乱作一团，有的急忙躲藏起来，有的慌慌张张向村外逃跑……村妇会干部王小敏，抱着孩子逃到村北真武庙时，被埋伏在那里的敌人用机枪点射，打死了她的孩子。紧接着村子周围也响开了枪声，并不断向村内发射炮弹。野外的土岗上、窑顶上、道沟旁、树林中、坟地里，敌人的步枪、机枪、掷弹筒、钢炮，一齐疯狂朝村内外逃难的人射击。敌人的骑兵、洋狗，还从麦田里往返搜索，马蹄从人们的身上踩，有的人被东洋刀砍下头，洋狗叼着死难者的骨肉在麦田里横冲直撞。麦田里、野地里到处是血迹、血衣和人骨。张家庙的黑丫头，刘家街的刘罗锅，跑到野外一条交通沟时，被敌人用木棒活活打死。王家街的王爱菊抱着孩子逃跑，母子俩都被枪杀。田家街田完秋的妻子也抱着孩子往外跑，母亲中弹身亡，孩子趴在娘的身上痛哭不止……

敌人的包围圈越缩越小，最后把人们逼着赶进街中，随即又在村内抓人、杀人、抢劫、奸污妇女、搜查抗日人员，强迫男女老幼分赴各个刑场。这时我和刘贵发也与群众一同被敌人押去一个刑场，当走到周家大街口时，忽然发现一棵大树上倒吊着一具血淋淋的无头尸体，一个日军官手持大洋刀指着人尸恶狠狠地大叫："巴格牙鲁，看看八路的干活，死啦死啦的有！"来到刑场后，敌人让老人、小孩、青壮年、青年妇女分开各在一起，周围有日本兵端着刺刀站岗，并支着机枪，洋狗在人群里乱窜乱咬，宪警奸特打人抓人，一派杀气腾腾的景象！当时我和刘贵发都是十五六岁的少年，长得又矮小，在两位老大娘的掩护下，我俩与老人小孩们混在一起了，这样才免遭劫难。

上午9时许，敌人开始大屠杀了，首先由两个日本兵、两个特务，绑着一名青年妇女走过来。翻译官问她是不是妇会干部，她一口否认，4个家伙即刻用木棍、皮鞭、蘸水的麻绳朝她乱打，后拉到一个院子里把她轮奸了。只听见她一边哭一边大骂日军狗强盗，后来敌人用刺刀把她刺死，两只日本洋狗跑过来吞吃着她的肉。

在全村每个刑场（屠杀点），敌人使尽了各种阴谋诡计，动用了种种人间酷刑，但人们并未屈服，也不惧怕，反而表现了大无畏的英雄气概，同敌人进行坚决斗争。在田家街与王家街之间的水坑边上，敌人从人群里拉出一个叫王复元的村民，把他绑在树上，在他的脚下燃起一堆火，逼问谁是八路，谁是抗日干部，可是他咬紧牙关，直到肢体被烧焦，也没有暴露丝毫秘密。本村武装模范组长杨春进、冀中某单位一位青年干部，被敌人严刑拷打，他二人挺胸昂首破口大骂"打倒东洋野兽！""打倒日本帝国主义！"英勇就义。

在真武庙旁的屠杀点，敌人放上几口盛满水的大缸，将数名男女青年的头按入缸中逼问谁是共产党员，谁是八路，谁是干部，但一无所得。日军气急败坏，立即点着一堆熊熊大火，把村民胡小田推进去，让他说出谁是八路。胡小田跳出火坑，可敌人又把他推进去，非叫他说出谁是抗日人员不可！此时，胡小田把心一横，奋力跃出火坑撞倒几个日兵，夺路就跑，不幸被开枪打死。敌人走后，边区十中干部周蕴斌（女）的母亲见一名八路军战士被敌人用枣树枝打得昏迷，心中非常难受，她流着眼泪用铁镊子将扎在肉中的枣刺，一个一个地取出来，然后到处找药给战士治伤，并悉心照料，一直到战士痊愈归队。

在大兴村一个大坑边的刑场上，横七竖八地躺着十多个被打得皮开肉绽的老百姓。当一伙日伪军押来一名用门板抬着被敌人打坏了腿的青年时，日军围上来问："你的村长？"青年带着蔑视敌人的样子不作声。一个日军军官火了，抡起指挥刀，用刀背向青年的脖子上砍了一刀。随之，翻译官像哈巴狗似的说："是村长就说，何必吃苦，别拿命闹着玩！""是村长怎么样？"青年人说话了。"是村长没关系，把枪交出来，保你没事！""交枪，嘿嘿！"青年人发出一声刚毅的冷笑。

"到底交不交？"翻译、汉奸们又威胁道。

"我是村长不假，可我是抗日村长，不是汉奸村长。枪是用来打鬼子、汉奸的，怎能交给你们这些混账王八蛋、狗强盗！"敌人被骂得恼羞成怒，大棒、砍刀、刺枪、皮鞭一齐朝青年打来。任凭敌人怎样毒打，青年再也一声不吭，直到最后闭上眼睛。乡亲们眼睁睁地看着这位19岁的大兴村抗日村长、共产党员刘进明牺牲在敌人的屠刀之下。

敌人这次"扫荡"，仅大兴一个村就被杀83人，加外地人共被杀害160多人。

回忆日军三次"扫荡"北周堡

李 光 潘春峰

李光，男，1915年生。"五一"反"扫荡"时任深县县联社主任。新中国成立后任华北供销总社主任、全国供销总社主任等职。

潘春峰，男，1924年生。"五一"反"扫荡"时任北周堡村妇救会主任。

北周堡是深县东北部一个偏僻的乡村，在抗日战争的年代里，驻深县的侵华日军对这个村的抗日民众特别仇视。其原因有二：一是这个村1938年就建立起党的组织，随着抗日斗争的发展，又先后建立了抗日政权、群众武装和抗日救亡团体农、工、妇、青、文组织。在党的领导下，这个村的抗日工作搞得非常活跃。青年参军、妇女支前、挖沟破路、袭扰敌人等样样争先。八路军一到，全村群众就立即行动，腾房子、献被子、做军鞋、补军衣、碾米、磨面保障供给。二是这个村有一位有文化的青年王特（王周），抗战一开始就参加了革命。在党的培养下当了该区（辛村区）区长，领导群众开展了轰轰烈烈的抗日斗争，为此敌人便将区长王特视为眼中钉、肉中刺。

1942年"五一""扫荡"中，敌人得知王特区长在一次战斗中负了伤，并风闻王特在家养伤。为此，敌人一连3次到北周堡进行残酷的"扫荡"和血腥的屠杀，企图在北周堡抓到共产党，抓到区长王特。

5月20日早晨，一股日伪军突然包围了北周堡，把全村的群众赶到一个场院里，逼问谁是共产党、八路军、村长和抗日干部。逼问区长王特在哪里，谁是他的家人。所有在场的群众都低着头不说话。一个伪军拿着皮鞭子，在人群里乱抽乱踢问："谁是村长，谁是共产党，区长王特在什么地方？"敌人得到的回答是"不知道！"敌人又把一个人拉出来毒打，他被打得死去活来还是说"不知道"，这个人就是北周堡党支部委员王宗跃。接着敌人又拉出一个人来毒打逼问，回答还是"不知道"。这样一连打了十几个人，一个个被打得浑身是血。这时共产党员、抗日村长潘炳文看到这么多乡亲被毒打，实在忍不住了，便挺身而出，坚定地说："我就是村长！"敌人一阵狂叫又逼问区长王特在哪里。潘炳文横眉冷对敌人，斩钉截铁地回答："不知道！"敌人又是一阵毒打，潘炳文还是说"不知道"。敌人朝他连扎数刀，他英勇牺牲了。

村长被打死了，区长还没找到，敌人不甘心。6月16日早晨，敌人第二次包围了北周堡，又把群众赶到维持会的大院里。还是那一套办法，声嘶力竭地嚎叫着："不说出区长王特在哪里，通通把你们打死！"可群众就是不说。敌人先后从群众中拉出王老代、刘书行、刘良子3个农民，对他们进行逼问毒打，压杠子、灌凉水，各种手段都使尽了，得到的回答仍是3个字"不知道"。最后这3个农民被拉到村边枪杀了。他们宁死不屈的精神显示了中华儿女高尚的民族气节。

敌人两次失败仍不甘心，决心下大力摧毁北周堡的共产党组织，找到区长王特。于7月24日由辰时村据点的中队长三国吉树亲自带领第三次包围了北周堡。这天天还没亮，敌人有的上了房顶，有的进了院子。这时，青年魏麻蒌（王特的妹夫）往村外跑，被敌人枪杀了。这次敌人又把全村群众圈到大院里，对面架起机枪，还是找共产党，找区长王特。群众一言不发。敌人狂叫着从人群里拉出群众刘鹤令，逼问王特在哪里。刘的回答仍是"不知道！"敌人对他连扎3刀，刘一声不吭，倒在血泊里。随后敌人指着刘鹤令的尸体对群众大声嚎叫："你们不说，通通的和他一样！"群众还是一言不发，敌人非常恼火，"哒哒哒"一阵机枪声，一梭子子弹打光了，群众都把头伏在地上一动也不动。机枪扫过后，敌人又从人群里拉出群众魏志和逼问，回答仍是"不知道！"敌人三拳两脚把他踢倒在地，接着又扎了3刀，鲜血染红了泥土。魏志和的妻子上前阻止，被敌人一枪托打下3颗门牙，血顺着嘴角流到衣襟上。这还不算完，接着把这两个血肉模糊的人用绳子拴在一起，挂在三国吉树的马鞍上，拖拉着游街示众。夫妇俩就这样活活地被拖死了。这时已是下午4点钟，敌人把挑出来的青年妇女拉到另一个院子里，野蛮地强奸了，有的女青年被轮奸后不几天就死了。敌人临走时还到处放火，烧了群众上百间房子，走时还将该村20多名妇女带回了辰时村据点。

敌人3次"清剿"北周堡，想找到党组织和区长王特，都一次次地失败了。北周堡的群众是不屈的群众，北周堡的党员是坚强的党员，北周堡的干部是英雄的干部。他们没有被敌人的屠刀所吓倒，他们在严峻的考验面前保持了中华民族的尊严和气节。为了取得抗日斗争的最后胜利，在党支部领导下，青年们积极参加游击队、八路军。群众开始挖地道，利用地道和敌人进行斗争。北周堡的抗日工作，更进一步地开展起来了。

铁骨铮铮杨国源

李梦坛

李梦坛，男，1955年生。1983年5月至1988年8月在安平县党史办公室任干事。长期从事党史资料征集研究工作。

遭出卖被捕入狱

1942年12月16日（农历十一月初九）傍晚，寒风凛冽，天气阴冷，安平县大队一中队指导员杨国源带一个4人的战斗小组外出执行战斗任务，半夜后冒着呼啸的寒风回到安平县中角村家中，为了对付日军，他们又扩大了北屋的地洞，现在已能隐藏下七八个人了。因洞内又潮又闷，杨国源决定与队员们一起在炕上好好睡一觉，母亲和秋雅在外面放哨。

翌日拂晓，听到中角村北郭店方向传来急促的马蹄声，杨国源的母亲和秋雅急忙回屋报告说："敌人过来了！"杨国源根据敌人常来常往的情况，决定都钻地洞。时间不长就听到有人搬动洞口的声音，洞口就在锅台边的风箱底下。"有情况！"杨国源低声告诉队员们，随即把手枪顶上子弹，注视着情况的变化。

洞口被敌人揭开了，透进微弱的光，紧接着一阵嘈杂的声音之后，有人端着油灯下来了，边往里爬边喊着："有人吗？有人吗？"队员们个个子弹上枪膛，注视着洞的进口。

进洞的是中角村的两个村长李瑞勤和李辛未，狡猾的敌人跟在他俩的后面，而且越来越近了。为了不让敌人进洞，又不伤着李瑞勤和李辛未，杨国源当机立断朝洞壁打了一枪。敌人退出洞内喊话："快出来，你们被包围了！"喊声未落杨国源即向洞口打了两枪。

"杨国源，不要打枪，是我，出来吧，没事！"杨国源听出是叛徒王益安的声音，心里一下全明白了。

王益安，"五一"大"扫荡"后从城东调到县大队一中队，此人经受不了残酷环境的考验，趁12月16日回家之际，投靠了敌人，当了叛徒，现在，带领敌人来抓捕杨国源。

敌人见洞内没人出来，开始往洞里灌水了，一阵水桶的碰撞声之后，水哗哗地流进洞内。"堵！"队员们赶忙拿过棉被堵住了洞内的卡口处。

"他们就在这！"从地洞的气眼处又传进王益安的声音。"挖！"敌人一声喊叫，就听见镐头刨土的声音，敌人开始挖洞了，地洞的气眼被堵塞，空气越来越稀薄，油灯变暗，再加油灯的气味，队员们感到呼吸沉重、短促起来。

洞不大，离地面只有五六尺，敌人继续挖下去，人、枪将会……杨国源想到这里，果断地提出："为了保存人和枪支，我一个人出去。"

"指导员，我出去！"队员们小声地争着，杨国源听着队员们这恳切的话语，望着一个个期待的目光，他把自己的想法告诉了大家："不要争了，洞在我家，敌人又指名要我，你们谁出去也不行，敌人还得挖洞。就这么定了！"

杨国源提着花口撸子，拉开堵洞的棉被，顶着冰冷的水接近洞口，并喊道："不要灌了！"敌人停止了灌水，杨国源从洞口向外一看，屋子里、窗户外有十几支枪对准洞口，他迅速举枪向敌射击。可惜，由于枪里进了水，没能打响，随手将枪丢在洞口。

杨国源来到屋外，敌人端着枪围了上来。

敌伪警备队长李德标大声问道："你的枪呢？"

"在洞口。"杨国源冷冷地回答。

"洞里几个人？"

"就我一个。"

"人都到哪里去了？"

"昨晚在黄城开完会都走了。"

"那枪呢？"

"都带走了。"

这时，王益安挤到李德标前奴颜婢膝地说："他就是杨国源，是指导员！"

"无耻叛徒！"杨国源斥责一声，不想再看到他那丑恶的嘴脸。

王益安不知羞耻地又转到杨国源面前追着问："安庆和他们呢？"

杨国源怒视着他那副丑恶的面孔，强压怒火冷冷地答道："我说过了，都走了，不信你就下洞看看！"

王益安当然不敢下洞，只是贪生怕死地趴在洞口朝里望了望；又侧着耳朵听了听，洞内寂静无声，然后爬起来对李德标说道："没人了。"一日本军官瞪着眼珠子问王益安："人的没有？"王益安点头哈腰凑上前答道："都走了。"日军官把手一挥："开路！"

受酷刑坚贞不屈

敌人把杨国源押到角邱岗楼，简单审讯之后，当天下午，又押送到安平县城伪警备队院内一座阴湿的小屋里。

当天夜晚，突然，门被打开，两个伪军把杨国源带到内院北屋东间。

一个脸上充满傲气的伪警官问道："叫什么名字？"

"还问什么？王益安不是全告诉你们了吗？"杨国源反问道。

伪警官假惺惺地一边让座，一边递烟，并自我介绍说："我叫冯志深，你认识冯志仁吗？那是我哥哥。我原来也在游击队，现在是警备队情报室主任。"

冯志深见杨国源不理他，又走近跟前接着说："我们独立中队只有一个日本人，想打日本，等形势好了，那还不好办？你拉几个人进来，带几条枪，咱们一起干怎么样？"

"你不觉得可耻吗？"杨国源愤恨地问道。

冯志深避开话锋，皮笑肉不笑地又说："你别急，现在大部队都走了，只剩下几十个游击队员能干什么？我也是好意，你把老婆孩子接来，要不就再找一个！"

杨国源怒不可遏地指着冯志深的鼻子骂道："像你这样还有半点中国人味吗？"

冯志深见软的不行，便恼羞成怒地拍桌子叫："真不知好歹！拉下去！"

杨国源被押回小屋，不多一会儿，又被带回情报室。屋内一盆炭火冒着高高的火苗，火盆里烧着烙铁勺、铁筷子。

一个日军坐着，伪军官李树芬叼着烟卷站着。

"人和枪都在哪里？说！"李树芬扔掉烟头大声吼着。

杨国源轻瞟了李树芬一眼道："不知道！"

那日军也从椅子上蹿起来狂叫："不说，死了死了的有！"

伪军官李树芬蹿到杨国源身边，凶狠地抽耳光，一边抽一边说："叫你不知道！"顿时，杨国源口鼻流血，又被一拳打倒在地。

另一个伪军把杨国源揪起来，李树芬像疯狗似地冲着杨国源狂叫："你知道不知道？"

杨国源紧咬牙关，两眼喷着怒火，对李树芬理也不理。

心狠手毒的汉奸李树芬又扑上来，双手卡住杨国源的脖子，气急败坏地摇晃着："你到底知道不知道？"

"不、知、道！"杨国源坚定地回答，接着，又被摔倒在地上，一阵皮鞋乱踢之后，杨国源昏了过去。

刚刚苏醒过来，又被抬到板凳上。

"你说不说？"李树芬问道，杨国源摇摇头不作声。

"灌凉水！"随着一声尖叫，杨国源的口鼻被毛巾盖上，水不停地往毛巾上浇着，这样几次反复之后，敌人一次次追问，但都一无所获。

敌人又把杨国源从板凳上拽起，架起两只胳膊，在腿上放了木杠子。敌人又一次追问，他还是不语，他只有一个念头：从被捕那天起，就没有打算活着出去，一个人能换得了几个人的生命，9支枪，死了也值得。

李树芬见杨国源始终不"回头"，气得那猪肚似的脸上暴着青筋，咬牙切齿地把手一挥："压！"

两个肥胖的伪军踏在杠子上，杨国源感到一阵撕心裂肺的疼痛，头盖裂开似的，便失去知觉。

惨无人道的敌人，见一招不行又使一招，梦想从杨国源嘴里得到他们需要的东西，因此，又使用极其残忍的刑法。

杨国源被敌人用冷水浇醒之后，扒掉了衣服，仰躺在地上，一个小个子伪军端起火炭的烙铁勺，对准了杨国源的胸部。

李树芬狞笑着问道："还嘴硬，看你这回说不说！"

面对凶狠成性的敌人，杨国源紧咬牙关，摇了摇头。

"烙！"一声狂叫，小个子伪军狠狠地把烙勺按在杨国源的胸口上，疼痛得他翻了个身，接着又一把烙勺按在他的背上……杀人不眨眼的敌人又抄起烧得通红的铁筷子，朝杨国源的臀部、腿肚子一连捅了4个焦黑的窟窿，顿时，屋内充满了令人恶心的难闻气味，野兽般的敌人却发出阵阵狂笑……

面对杨国源这位硬骨头战士，敌人精疲力尽了，李树芬像战败的疯狗，无可奈何地瘫在椅子上。

第三天下午，敌人把杨国源押送到日本宪兵队关在铁笼里，难友张殿、张常锁、张书平见杨国源受酷刑，都流下了泪水。

夜里，日本宪兵队又把已经不能动弹的杨国源拖进刑讯室审讯。

屋内有3个日本人及特务队长田欣然和翻译，高大的火炉上一壶开水沸腾着。

日本宪兵队，杀人的魔窟，许多党的好儿女为了党和人民，被捕后，在这里，在魔鬼面前，不肯低下高贵的头而被杀害。杨国源想到这时信念更加坚定：在警备队敌人得不到的东西，在这里也休想得到！

翻译听完日军的话，问杨国源，王东仓、张根生在什么地方？杨国源强忍着浑身的剧痛，指着对面的汉奸田欣然说道："他什么都知道，还问我？"

发狂的日军见杨国源如此"顽固"，蹿过来扯开杨国源的上衣，另一日本兵提起滚烫的一壶开水就往胸口上浇。杨国源"哎哟"一声又昏过去。

当醒来时，又在铁笼子里。由于敌人多次酷刑折磨，杨国源已是遍体鳞伤，血肉模糊，但这位硬骨头战士始终没有屈服。难友们见他被敌人折磨成这个样子，个个仇恨满腔，有的给他喂饭，有的给他擦洗身上的脓血。在大家的照料下，伤势逐渐好转。在宪兵的铁笼里，杨国源被关押了28天后，敌人把他转到警察所关押在木笼里。

木笼比铁笼空间大，有两间屋大小，是用方木砌成的，看守也比较松。又经过20多天的恢复，杨国源已经能活动了。

一天，他看到女牢里关押着五区游击队长马敬臣的妻子马秀蕊，马秀蕊见到杨国源点头示意。后来杨国源看到给她送饭的老大娘是堤沃村的堡垒户，并要求大娘也给他送饭。第二天，杨国源把写好的纸卷抛进大娘的饭罐里。第三天，大娘送饭时低声对杨国源说："外边正想办法哩，等着吧！"

党组织营救脱离虎口

杨国源被捕后，洞内幸存的安庆和、谢立水、阎孟申、贾小坤4名同志抱头痛哭。杨国源的母亲、妻子秋雅抱着出生两个月的孩子杨承也泣不成声，乡亲们拿来许多物品安慰杨国源的家属。

安庆和等3名同志向游击队王东仓队长、张根生政委把杨国源被捕经过作了汇报。党组织立即决定，利用内外线各种渠道营救，又派县大队采购员商学中带着王东仓队长的口信和张政委的亲笔信，找到在安平县城日本宪兵队当特务的侄子商宗藩，向其说明王东仓要他想法营救杨国源，并把张根生的亲笔信交给他。信的意思是：他以同学的名义，要商宗藩珍惜过去的光荣和党的教育，为人民做些好事。

商宗藩也是杨国源高小时的同学，曾在八路军骑兵团当过参谋，"五一"大"扫荡"中被敌冲散当了特务，良心尚未全部泯灭。他给王队长、张政委写了回信，表示：多做些好事，一定想法尽力营救。

后来，商宗藩从日本宪兵队张翻译处打听到杨国源的下落，并开始活动。他从与张福来合伙开的所谓"俱乐部"（赌场）取出200元钱，张福来又拿300元分别送给了宪兵队长野田等人。买通敌人之后，假称要带杨国源回家弄钱，并派"特务"跟随。这样，在党组织的预先安排下，杨国源九死一生，终于脱离了虎口，回到游击队开始了新的战斗生活。

艰苦卓绝的"反扫荡"战争

文 史 资 料

百部经典文库

纪念冀中军民"五一反扫荡"斗争

JINIANJIZHONGJUNMINWUYIFANSAODANGDOUZHENG

粉碎"五一"大"扫荡"渡过难关赢来胜利

高存信

高存信，男，1914年5月生，1937年12月参加革命工作，1938年9月加入中国共产党。1942年时任冀中军区作战科长。新中国成立后任华北军区特种兵部队司令员。1975年任军委炮兵副司令员。1955年被授予少将军衔。中国共产党第十二次全国代表大会和第五次全国人民代表大会代表；全国政协第六、七届委员。1996年12月病逝。

　　冀中平原抗日根据地，犹如插进侵华日军胸膛的一把利剑，对敌人威胁极大。抗日战争进入相持阶段后，敌人将作战重心转向我敌后抗日根据地，特别是1940年百团大战之后，把作战矛头指向华北，妄图摧毁我敌后抗日根据地。冀中平原首当其冲，敌我"扫荡"与反"扫荡"、"蚕食"与反"蚕食"的斗争异常激烈。1941年，敌人曾进行了三次"治安强化"运动。由于敌之"蚕食"，我根据地逐渐缩小，斗争进入了艰苦时期。

自1942年5月1日开始，日军纠集优势兵力，配合"总体战"，对我冀中平原抗日根据地进行了为期两个多月的大"扫荡"。这是敌华北方面军在已进行"蚕食"的基础上，制定的整个作战计划的重点。其规模之大，出动兵力之多，手段之残酷，均是空前的。冀中军民在冀中区党委和军区的坚强领导下，展开了"五一"反"扫荡"斗争。在斗争中坚决贯彻了党中央的战略方针，适时地转变组织形式与斗争形式，正确地执行了党的政策，团结一切可以团结的力量，党政军民合成一体，英勇顽强地坚持以武装斗争为主，结合其他斗争形式，粉碎了敌人"确保占领冀中"的阴谋。

粉碎日军"五一"大"扫荡"的斗争

（一）日军对冀中进行"五一"大"扫荡"的背景、目的和准备

从1937年七七事变到1942年的5年里，由于日本帝国主义陷入了长期侵略战争的泥沼，1941年12月太平洋战争爆发后，战争继续扩大，物资消耗更大，日寇急于把冀中变为"大东亚圣战"的后方兵站基地。因而，敌华北方面军司令官冈村宁次下了最大的决心，企图一举摧毁我冀中平原抗日根据地，以达"确保华北，先保冀中"之目的。

冀中平原是华北主要棉、粮产区。敌报道部长声称："如能全部控制冀中，则华北心脏之患基本已去，'剿共'工作可谓初步完成。"这充分表明冀中在军事上、经济上与华北各抗日根据地，特别是与晋察冀边区山岳地带在互相支援上唇齿相依、不可分割的重大意义。因而敌人把冀中平原与八路军的关系比之为滇缅路对于中国、乌克兰对于苏联一样重要。

5年来，冀中抗日根据地的存在与巩固，严重威胁着华北日军的心脏——平、津、保、石，及其军事命脉——平汉、北宁、津浦、石德等四大交通干线，使日军未尝一日安宁过。太平洋战争爆发后，我冀中军民先后对安平、深县、大城、文安、新镇、博野、蠡县、交河等10个县城，以及泊镇、大营、石佛等重要城镇的敌伪连续发动进攻，予以重创。正如敌人1942

年5月12日北平广播中所供述："此冀中作战，与从来华北各地作战不同，因其不仅为摧毁'共军'实力，且在推进建设之诸施策，具有重要意义与特色。因此等地域与其他之'匪区'比较，政治工作已达最高度之阶段，故我方亦应在政治、经济、文化、思想诸方面研究其对策。"这就表明敌人把我冀中根据地视为他们的心腹之患，必予摧毁之而后快。

敌对我冀中根据地的大"扫荡"，是经过周密调查研究和长期谋划准备的，冈村宁次在石门（今石家庄市）召集联队长以上军官会议，专门策划对冀中区之大"扫荡"。

首先，详细调查与研究了我武装力量的情况。如：我军的总兵力、部队的编成、指挥关系、部队的活动范围、武器装备等；对我军指战员的思想、战斗意志亦作了分析；对我之行政区划和我民兵武装力量及所能起的作用都进行了分析，说："民众武装力量，积极配合正规军参加游击战或锄奸工作，或作为推动地方行政的力量。不脱产之民兵担负着情报活动、救护伤员、运送物资、补充正规军、空室清野等极为重要的任务……"并认为我"在保持生产力的同时，加强群众武装力量和广泛动员群众"，"致使匪民难分，难以进行远距离包围袭击"。

其次，增强警备设施，加强特侦，除特种情报班外还专设有谍报班，专施窃听、探测、破译等，积极获取我之情报。对部队进行特别训练，搞所谓"拉网"战术演习。为适应平原作战，增编自行车队和骑兵队，还配备了进行民众工作的所谓"政工班"。敌于4月中旬制定出"肃正作战计划"，于4月28日下达了作战命令。

敌先后调集了第一一〇、四十一、二十六、二十七师团之主力，独立混成第七、第八、第九旅团之大部，配属有第二十九独立飞行队、骑兵第十三联队和炮兵等，约5万余人。同时，根据以往"扫荡"作战经验，将这些部队分为两大类：一为直接参加作战的部队，有从山西调来的第四十一师团（6个步兵大队）、独立混成第九旅团（5个步兵大队）、一一〇步兵团（4个步兵大队）和独立混成第七旅团的二十九步兵大队，并以四十一师团、独立混成第九旅团为主攻部队，设前进指挥所于深县；二为配合作战（即封锁）的部队，有一一○师团、二十七师团和第二十九独立飞行队，以及河北省特务机关（设在保定）和石门特务机关。同时，更隐蔽地调动部队，作"扫荡"的具体部署；抽老兵，补新兵；由伪军或自卫团接防内线；将原驻石太、石德铁路西段的独立混成第八旅团调出，由从武汉调来的独立混成第九旅团接防。

（二）我之反"扫荡"准备

1942年5月以前，冀中形势的发展已日趋严重，根据地的大块基本区已大大缩小，只有深县、武强、安平、饶阳4县相接的地区算是最大的了。整个冀中敌建的据点碉堡约有千余。中共北方分局、晋察冀军区及聂荣臻同志曾指示冀中区党委和军区，要结合反"蚕食"斗争，认真做好反"扫荡"准备。冀中区党委和军区在敌人"扫荡"太行、晋西北结束后，已预料到敌人很可能开始"扫荡"冀中，遂指示冀中全体党政军民，要做好充分准备，以应付将要到来的"扫荡"。

4月间，军区司令员吕正操同冀中区党委书记黄敬、军区参谋长沙克、政治部代主任卓雄、参谋处长张昉（即张学思）等（政治委员程子华当时在冀西），商定了反"扫荡"的方案，主要有：（1）精简党政军领导机关，减下来的人员分散到各地和部队中去，和他们一起反"扫荡"。（2）决定把从十分区已调到中心区的第二十七团随领导机关活动，以增强保卫领导机关的力量。（3）各主力部队要突破敌人"扫荡"时的包围圈，由内线转到外线去，采取"敌进我进"，避实击虚，消耗敌人有生力量的游击战；地区队留原地区，分散隐蔽活动，和敌人兜圈子，寻机打击敌人。（4）领导机关先留在根据地中心区（深、武、饶、安）一带活动，待敌人基本形成合围态势时，再开始突围，分头向外线转移。（5）要搞好侦察、通信联络和保密工作，各分区遵照区党委和军区的指示，结合本地区的情况，分别进行了传达布置与深入动员；进行了空室清野、分散和紧缩机关，减少非战斗人员等一切战斗准备。分区机关分成几股活动，并把地方武装游击队和紧缩下来的干部大部分分到县、区、村，到最基层去领导各村群众进行反"扫荡"斗争；小部分则深入敌占区、游击区隐蔽地开展工作。

总之，我根据地军民在思想上、组织上和物质上早就进行了反"扫荡"准备。但从全局来看，对敌"扫荡"形势的估计有"雨过天晴"，"敌来我去，敌去我回"的想法，对敌长期、连续"扫荡"出现的异常残酷与困难环境估计不足。

（三）敌"扫荡"之概况

敌作战方针是："对吕正操为司令员的冀中地区的共军主力，进行突然袭击的包围作战，摧毁其根据地，同时在政治经济思想上采取各种措施，以便将该地区一举变为治安地区。"企图在青纱帐起来以前，彻底消灭我领导机关和主力部队，摧毁我根据地。其作战行动基本上分为两大阶段：

第一阶段：5月1日至5月15日，是以实行"铁壁合围"作战形式，企图将我领导机关、主力部队压缩封锁在石德路北、滏阳河以西、滹沱河以南之三角地区，亦即深县、武强、饶阳、安平4县根据地腹心地区，从四面围歼之。

敌第一步行动是5月1日到10日先构成合围圈。"五一"大"扫荡"前，敌在武强小范镇以北的滏阳河上筑起了一道拦河坝，抬高水位，封锁滏阳河上游武强至衡水段。4月30日，敌主力部队于日落后展开行动。5月1日至3日，驻定县、新乐的第二十六师团的坂本支队出动到沙河以南的定县、邢邑地区，东插深泽、安平及滹沱河以北地区；由保定进至安国、博野的第一一〇师团的白龙部队，出动到潴龙河以南与滹沱河以北的走廊地区；津浦线泊镇之敌集中五六千人，进驻河间的独立混成第七旅团的小川部队，分路出动到肃宁和滹沱河北岸的饶阳、献县地区。这三支部队反复搜索"扫荡"，企图把我军压缩到滹沱河以南，并严密封锁滹沱河。由石门增援到石德路的敌人万余，将石德路、沧石路完全封锁。驻束鹿的第七旅团池上部队，沿石德路南侧东进"扫荡"，企图把我军驱赶到石德路以北。驻衡水的骑兵第十三联队的山崎部队，沿滏阳河北进，控制滏阳河中段。这样，敌对滹沱河以南、滏阳河以西和石德路以北武强、深县、饶阳、安平和献县东南我冀中根据地的腹心地区，形成了一个大包围圈，构成了所谓"铁环阵"，连同后结之敌共有兵力约三四万人，配有飞机3个中队，坦克、装甲车数十辆，联合行动，在冈村宁次亲自指挥下，以鱼鳞式的纵深配备，对中心区实行"铁壁合围""扫荡"，连续合击，妄图在此地区歼灭我军。

5月10日至15日，敌人转入第二步，开始实行划分区域、分片反复"扫荡"合击。寻找我领导机关和主力部队，实行合围合击。敌把我基本地区分为4个合围区（深县、安平以东之深、武、饶、安、献县地区；沧石路南、石德路以北之深南地区；深安路以西至晋县、深泽地区；深磨路西旧城至束鹿地区），反复进行"拉网扫荡"和奔袭围攻。敌为便于行动，池上部队及小川、山崎两部队，统一由第四十一师团清水规炬指挥。5月10日夜，第四十一师团主力顺石德路东进，然后向北进攻，于11日，各以七八千人之兵力合围深南地区与深县等地区。12日，以万人之兵力合围深县、武强、安平、饶阳、献县中间地区与深（县）磨（头）路西深县、束鹿地区。敌在我中心区的围歼按计划行动后，又以其内线"围剿"兵力与外线兵力相结合，进行奔袭与拉网式的"扫荡"合击。

第二阶段：5月16日至6月底，主要是划区合围"扫荡"，全面"清剿"、"剔抉"。同时积极修建点线，加强分割封锁，妄图"剿灭"我武装力量，摧毁我县、区、村各级基层组织，以达到确保占领之目的。在作战任务上也作了明确调整，第四十一师团和第九旅团负责中心区；第一一〇师团负责保定以南平汉线以东到高阳、肃宁线以西地区；第二十七师团负责津浦线以西任丘、大城以南，西与第一一〇师团相接。其作战行动之第一步，是以其机动兵力实行分区合围"扫荡"、"清剿"为主。20日，以2000人兵力"扫荡"青县、建国地区；23日以6000余兵力"扫荡"任丘、河间、大城、文安、新镇地区；与此同时，向滹沱河以北，保定、白洋淀以南合击"扫荡"也日益频繁，阴谋使我军内无立足之地，外无喘息之机。敌为捕捉我领导机关和主力部队，还将其兵力隐蔽起来，加强侦察，发现目标后突然实行奔袭。同时敌人为使行动便利，还大肆抓捕青壮年，为其平毁我原有之道沟，加强建点、修路、挖沟。至5月底前后转入第二步。在主要据点、碉堡、公路初步完成的基础上，用一部分兵力分散于据点，一部分兵力隐蔽在机动位置，以纵横搜索，分段"清剿"、彻底"剔抉"等战法继续寻找我部队作战；在我基本区连续地追击我机关、部队与分散隐蔽活动的工作人员。此外，对我道沟及地道尽力破坏与平毁，继续大量增修碉堡和公路，在县与县之间、区与区之间深挖封锁沟，实现对我冀中根据地之更细碎的分割封锁，确保其占领。这一阶段一直持续到6月底。至7月，在冀中8000多个村庄、4.5万多平方公里的土地上，敌先后共建筑了1750多个据点与碉堡，各据点之间的地段基本上都在其火力控制之下。冀中根据地已被分割成为2676小块。敌人梦想以点、碉、路、沟的细碎分割和严密封锁，来限制我小部队的活动，使我无法突围，以便其各个击破。至此，冀中根据地大都变为游击根据地，一部分变为敌占区、游击区和隐蔽根据地。

（四）我反"扫荡"简况

我反"扫荡"采取主力转移外线、避实击虚、内线和外线相结合的游击战，利用地道战、地雷战、村落防御战等各种战术进行作战。

1. 在敌向我压缩封锁大合围之第一阶段，我冀中军区除一部分主力配合地方游击队坚持作战外，大部主力转向外线配合县、区游击队靠近敌薄弱点线，以袭击、伏击敌人。当敌人出动迫近我中心区后，我区党委、军区领导机关，开始转到沧石公路南，进入六分区地区。5月8日，靠近滏阳河东岸，当夜渡过滏阳河，跳出了敌之合围圈。同时向各分区发出了指示："主力除留一部分分散坚持外，应迅速先机跳至外线，伸向反'扫荡'作战重点及敌后空隙，待机积极向敌主要点线进行袭击；每分区以三五百人左右编成精干支队，向分区内之点线相机破袭……"在坚持地区作战和向外转移的过程中，我军区部队指战员坚决执行区党委和军区的指示，在当地广大群众的密切配合下，积极地待机消灭敌人。5月1日至10日，我七分区部队共作战21次，毙伤敌300余人。5月10日，警备旅一团二营在深县护驾池遭到有装甲车、坦克、飞机助战的敌四五千人的围攻。同敌人展开村落防御战，顽强抗击，激战竟日，打退敌人多次进攻。敌伤亡300余人，我只伤亡40多人。

至夜，我军安全突围。5月13日，在无极东北5公里的小吕、王村战斗中，我二十二团和十七团联合作战，伏击无极出动之敌骑兵、步兵各250余人，敌进入我伏击圈，立即遭我迎头痛击，战斗40分钟后我主动撤出，敌伤亡180多人，伪正定道尹被击毙，敌加岛大队长负伤，中队长伤亡各一人。我无一伤亡。骑兵团所属3个连奉命分散坚持在内线作战，也给敌人以较大杀伤。该团政委汪乃荣壮烈牺牲。总之，在敌第一阶段的拉网"扫荡"合围合击作战中，分区机关部队先后突出敌之合围圈，主力部队、领导机关基本上未受重大损失。敌之作战目的不仅未达到，反而被我歼灭1000多人。

2. 5月16日后，敌"扫荡"进入第二阶段，在敌向我反复实行分区"扫荡"、"奔袭合围"和"清剿"的开始时期，区党委和军区领导机关，已辗转进入任、河、大地区，远离了敌之合围区。我军区部队除把一部分主力，以一个连或一个排为单位实行分散，大力开展地道战、交通战积极打击敌人外，大部分主力部队突出敌之合围，伸向敌之侧后，乘敌空虚，突然袭击敌人，与我坚持内线的地方部队密切配合作战。七分区的主力部队转到滹沱河北靠近沙河；八分区部队之大部越过平大路到交河地区；九分区部队转向白洋淀；十分区部队过大清河转回十分区；骑兵团之一部及八分区之三十团留在深、武、饶、安坚持斗争；六分区有的部队到达石德路南。5月下旬，军区发出电报给各分区，下达了反"清剿"的任务，多数分区对所属部队又作了反"清剿"的部署，有些主力部队又转入内线。在我部队转移中，与敌有多次遭遇战。如：八分区二十三团一营，在夜里从河间于拂晓前赶到饶阳县王岗村时，发现敌人也到了王岗。营领导当机立断，决定对敌人发起突然袭击，用1个排兵力，带4挺机关枪，在敌人尚未发觉的情况下，猛烈射击，杀伤敌人100余人，并缴获部分武器；我无一伤亡，掩护了全营顺利转移。5月22日，由王长江司令员、叶楚屏参谋长率领的一团一营由沧石路北转回路南，行至护驾池时，发现由武强方向袭来敌之步骑兵，当即决定抢占李家岗村实行防御，坚持到天黑再视情况突围。战斗从早晨一直打到下午1时许，敌人还未能进村。敌人施放毒气，仍未得逞，总计经过18个小时战斗，我伤亡32人，而敌人却留下了400多具尸体。翌日凌晨，我以班排为单位分散突围越过石德铁路。

留在冀中区坚持斗争的部队，在残酷斗争的形势下，抓住有利时机，歼灭了大量的日伪军。5月22日，敌集中1000余兵力，对赵户村进行第四次进攻，二十二团两个连和藁无县大队，顽强抗击敌人；战斗开始后，敌先与我扼守南边的部队接火，同时，东南与西南面的敌人也包围上来，我连续击退敌人数次冲锋。当敌人突破我前沿阵地时，我即退守村边房屋继续抗敌，机枪手边城杰被炮火掀起土埋了五次，仍然坚持向敌人射击。东南面的敌人向我冲锋四次，南边的敌人向我冲锋十多次，均被我击退；敌四次进攻皆遭失败，死伤180多人。十七团三次用1个营的兵力，挺进到敌占区打击敌人，共毙伤敌400余人。我县、区游击队在反"扫荡"中英勇善战，巧妙地打击敌人。

在此阶段的战斗中，我军也有较大损失：如六分区司令部及警备旅一团大部和第四十地区队在内线作战中受到较大损失；八分区直各机关和部队进行反"清剿"中遇到敌人合击；九分区第十八团连日坚持内线作战，被敌跟踪追击到定县马阜才村，损失过半。分区政治部主任袁心纯壮烈牺牲；七分区的一个地区队因伤亡过多被迫化整为零；六分区之中心地区的游击队也被迫分散到群众中去活动。各地游击队在反"清剿"作战中都有激烈的战斗和壮烈的牺牲，束冀地区第七、八小队在与敌激战中，杀敌近百；深束四小队坚持战斗到子弹打尽，最后高呼着口号，拉响了仅有的几枚手榴弹，全体壮烈殉国。这一时期我军虽损失重大，但也使敌人真正领略到了我军英勇顽强、宁死不屈的精神，不得不承认冀中的八路军是非常坚强的。

3. 6月，敌"扫荡"进入第三阶段，我为适应战斗环境的变化和保存实力，冀中军区于6月4日和11日，连发两份电报，部署各分区主力外转及外转后如何坚持斗争，明确规定：留一部分主力配合地方武装，以隐蔽的方式开展地道战、地雷战、爆破战，坚持地区；除以一部深入敌占区恢复与开辟工作外，大部主力则转移到外区。第十七团、十八团、二十二团、二十四团、二十九团先后转至北岳区；6月8日，八分区常德善司令员、王远音政委率三十团一部、二十三团大部及分区直属机关一部，准备向外转移，在河

（间）肃（宁）公路西南地区的薛村被敌包围，常、王二人在战斗中壮烈牺牲。第二十三团向东转移到冀鲁边区，在盐山县东圈子村，遭到天津、德州、盐山1300余敌人的围攻，敌在4辆坦克配合下，向我发动猛攻，我军依据村落有利地形顽强坚守，先后打退敌八次冲锋，敌施放毒气后，我军撤到村内。敌人进村时，我军又与敌人展开白刃战，一直坚持到天黑。敌人纵火烧房，我军则冲出重围，杀伤敌600多人，我伤亡160多人，副团长赵振亚、政治处主任孟庆武壮烈牺牲。六分区机关及警备旅一团、二团、抗大第三团、骑兵团、回民支队先后转移到冀鲁豫地区。第八、第九、第十军分区机关大部转移到文安洼、白洋淀。各分区机关和有些团队，在此期间采取"敌进我进"的方针，大胆进至敌兵力空虚地区或敌占区暂时隐蔽，充分利用优越的群众基础，穿插在敌多路围攻"扫荡"的空隙之中，与敌周旋，避开了敌人的合击、奔袭，未受到大的损失。

我留下坚持斗争的部队继续顽强战斗。如6月6日，在无极西北的里贵子战斗中，日伪军各500余人，并配有火炮4门、迫击炮1门，于上午11时向我驻地进攻，我以一个连的兵力，顽强抗敌，血战至晚9点撤出战斗，敌伤亡180余人，我伤亡32人。6月9日上午9点左右，我二十二团左叶团长带两个连和警备旅100多人，以及县区游击队一部，在深泽县东北的宋庄与坂本所率之精锐的两个日军中队300余人发生战斗，在敌人逐渐增援的情况下，与敌血战16个小时，以少胜多，共毙伤敌联队长以下官兵1200余人，创造了平原村落防御战的光辉战例。六分区深南战斗，毙伤近千敌人，束冀、滏阳河战斗，敌伤亡五六百人。各地游击队亦有极壮烈的战斗。任丘游击队抗击并粉碎了千余敌人的"扫荡"。

6月上旬，冀中区党委和军区机关决定转到冀鲁豫军区休整后再转移去晋东南。6月12日，军区吕正操司令员、区党委书记黄敬等率领领导机关及二十七团，转移到冀南区威县北近敌区的掌史村，被周围据点的四五百敌人包围，敌人多次进攻均被我击退。到下午3点钟敌连续增援共达2000余人，向我猛攻，我开始以火炮和重机关枪之密集火力还击，连续击退敌5次冲锋。晚11点，我军由沙克、张学思率领分两路向东南方向胜利突围。此次战斗,敌伤亡300多人,我只伤亡90多人。这是平原游击战争坚持村落防御战的又一范例。此次战斗,受到八路军总部的通报表扬,并受到中央军委嘉奖。敌"扫荡"之第二阶段持续时间较长,直到6月下旬,敌"扫荡"主力部队才逐渐撤退。至6月底,"扫荡"战役基本结束。7月即转入全面"清剿"。

敌此次"扫荡"之特点,是兵力大,时间长;战术上采取多路平推的"梳篦拉网"式"扫荡"与层层封锁、纵深配置的"铁壁合围"相结合;连续"合围合击"、"奔袭"与反复"清剿"、"剔抉"相结合等多种多样之作战方式;配合以"治安强化运动"实施"总体战";同时突击建立点、碉、路、沟,对根据地分割封锁;建立施政措施,实行极为残酷的统治。因此,我党政军民的活动都十分困难。部队失去了可靠的根据地之依托,在敌人全面占领的严重形势下,群众曾一度怕敌人报复,不愿我军驻在他们村庄或在其村里打仗;打与走、打与不打的矛盾大为增强;军队已陷入抗战5年来从未有过的极度艰难之境地。但我军民并未丧失斗志,仍然团结一致,坚持反"扫荡"斗争。在两个月的反"扫荡"实践中,逐步转变斗争形式和组织形式,由公开活动方式转变为分散在群众之中进行隐蔽活动。同时已初步地发挥地道作用,并在两面政策、敌伪军工作的配合下,采取机动灵活的战术,以多种小而灵巧的作战方式,不断地打击敌人,使敌人企图完全消灭我主力和领导机关、确保对冀中完全占领之阴谋未能得逞。

从5月1日到6月底,我军共作战272次,毙伤日伪军坂本联队长以下官兵1.1万多人。我军亦受到重大损失,部队伤亡4671人,减员5500人,被杀害、抓走的群众五六万人。

转变斗争形式和组织形式,坚持斗争

(一)敌之大"扫荡"虽未达到其彻底摧毁我根据地、消灭我主力部队、肃清我基层党政组织之目的,但是我主力及游击队受到的损失,根据地受到的破坏，是历次"扫荡"所没有的。敌人在"扫荡"中及占领后，平毁了我原有道沟，挖了所谓"惠民沟"，敌点碉密集，已形成"五村一点"、"沟路如网"的局面。大量抓捕青壮年，纠集流氓、土匪扩编伪军。每县建一个警备团，配合日军作战和"清剿"；每个据点都组织有特务工作队、宪兵工作队、"剿共先锋队"、护路队、新民会（有武装）、警察所、棒子队（专门打老百姓）等各种各样的特务武装。还组织常备自卫团（脱离生产）与普通自卫团。很显然，敌在军事上占有极大优势，冀中区斗争形势已发生了重大变化。

敌人"扫荡"的大部队撤走之后，"清剿"、"剔抉"、"分区扫荡"等一连串的摧残仍在继续。除此，更加紧破坏我基层党组织和搜索我各村中原有的群众武装，如游击小组、青抗先、自卫队、爆炸组、妇女自卫队等组织。敌在经济上疯狂地"挖掘"资财，抢掠勒索，加紧建立他们的经济秩序。敌伪特务借故勒索敲诈百姓。敌在政治上极力分化我军民关系，孤立我干部，企图以镇压、威胁与造谣欺骗、软硬兼施的手段来动摇消除群众的抗日思想；组织上普遍建立伪政权，成立大乡、维持会、村公所，登记户口，发"良民证"，设情报联络员，成立伪小学，培训小学教员。普遍实行自首运动，凡参加共产党、当过干部、参加八路军和抗日团体的都得去自首。利用地方绅士和被我打击过的顽固分子、投降派、流氓分子，破坏我统一战线。敌宣布补交5年租税，在哪个村子和八路军打过仗，就重罚哪个村，屠杀毒打群众，扣押情报联络员。汉奸也肆无忌惮地组织巡游队，搜掠迫害老百姓。老百姓惶惶不可终日。

（二）冀中出现了未预计到的残酷形势：冀中平原根据地变为新游击区、游击根据地、新的敌占区和隐蔽根据地四种地区。我游击队的行动与作战，只能在群众掩护下分散小打、巧打。我各级地方干部，也都处于极度分散状态。"五一"大"扫荡"之末期，我党已由公开合法转入地下半合法（在群众中合法），党的组织和干部、党员在上述敌我斗争形势转化的情况下，有的暂时与上级失掉了联系。在很短一段时间游击队活动很少，有的地区党政系统的交通通信比较困难，由此，思想上也一度出现过混乱。有极少数同志思想消极，害怕斗争，甚至有极个别投敌叛变自首的，引起党内有的同志和干部一时的恐慌。有的领导干部在新形势出现之后，对在冀中平原上能否坚持、究竟如何坚持斗争，开始时心中无数，在武装斗争与其他各种斗争形式的关系上，是以武装斗争为主，还是以合法斗争、两面政策斗争为主，也一度产生过摇摆。由此，导致极少数部队在武装斗争上，一度出现过消极退缩、不愿打仗的情况。

中共中央晋察冀分局、晋察冀军区和聂荣臻司令员，针对冀中"五一"大"扫荡"出现的严重形势，适时而正确地指出：我们冀中有5年多的工作基础，有政治上的绝对优势，有广大山区作依托。目前日寇在冀中的军事优势是相对的，今后只要坚决贯彻中央的决定，到敌后之敌后，广泛开展群众性的游击战争，转变组织形式和斗争形式，冀中平原的斗争是完全能够坚持的。冀中党政军民坚决贯彻执行了上述指示。当敌人优势兵力的大"扫荡"进入末期时，冀中区党委、军区于6月21日、25日两次发出有关青纱帐时期工作的电报指示，对斗争形式和总的方针则明确指出："只要我们不急躁、不颓废，能正确掌握方针，保持力量，隐忍待机，适当运用革命两面政策，提高与加强部队质量与政治工作，广泛开展敌伪军工作和政治攻势，在冀中坚持高度分散的游击战争和保持我之政治优势，熬过今冬明春，仍然是可能的。"同时明确要求"完成斗争形式和组织形式的转变"。25日的电报则更明确提出了以武装斗争为主——"主要是高度分散的（在相互联系的各个小块中）、广泛的（从主力到民兵、从公开武装到秘密武装）游击战争与两面政策的互相联系，互相配合。"在区党委、军区6月21日电报发出之后，晋察冀分局和军区又发了一个电报，指出："一方面利用现在之游击战争形式，扩大游击区，缩小敌占区，求得配合其他条件，以继续坚持下去；另一方面是要足够估计严重的形势之到来，使武装斗争变为隐蔽的……以配合两面政策、统战工作、伪军伪组织工作，是另一种斗争形式。如果没有这方面的充分准备，在严重形势到来被迫转变时，会使工作与干部受严重损失。"

1942年8月，彭德怀《关于坚持平原游击战几个具体问题的答复》的信传达到冀中，信中指出："敌已取得了相对的军事优势，大块根据地变为游击根据地，大机关不能存在，主力兵团不能活动……但必须开展长期的分散的群众性的游击战争，就是必须认识敌之兵力不足。敌取得相对的军事优势，但我有绝对的政治优势。于是形势成了此起彼落，而且还有彼落此起的转换形势，只要我们政策上不犯错误，必能坚持。""如果不承认平原某些地区抗日根据地……已经起了变化，那亦就是不承认组织形式与斗争形式应该转变……"；另一方面，"如果不承认抗日游击战在新的形势下，仍能坚持平原游击根据地，仍然存在公开的武装斗争，并且是主要的斗争形式……那实质上就是放弃可能的武装斗争，放弃平原的坚持而走向全部撤退"。信中更明确指出："在敌我斗争已进入空前紧张尖锐的形势下，平原性质上已变成为游击根据地，要及时灵活地改变具体斗争策略，抛弃死硬公式，进行灵活的游击战争，武装斗争为主配合各种斗争方式，才能顺利坚持斗争。"上述这些精神和政策，对在冀中坚持斗争的党政军民如何坚持斗争的方针、方式、方法和各项政策，就更明确更具体了。从而使冀中地区在青纱帐时期开展恢复整顿县区游击队，重新进行编组，并进一步为发展和组建小型武装工作队等打下了一定的基础。开始实行"单打一"、"掏窝战"、"挑帘战"、"捕捉战"、"院落伏击战"等新战法。冀中区局面得到较快扭转，人心逐步稳定，继续坚持斗争的信念更加坚定。

（三）冀中各分区、地委都贯彻了冀中区党委、军区和分局对青纱帐工作的指示。首先整顿了混乱局面，初步把根据地一套公开的组织形式和斗争形式转变为适应新形势的隐蔽、半隐蔽的组织形式和斗争形式。敌新占领的地区，是由我之根据地转换的，我之政治优势、组织力量、群众基础和各种工作基础仍然保持，抗日政权没有被全部摧毁；敌初步建立的秩序，还处在动摇不定之中，敌之统治只是表面的。各地委根据这个特点，展开了工作：（1）将离开区、村的干部找回来，明确要求：要坚持斗争不能离开区、村；研究应付敌人"清剿"的办法；开展村中统一战线，恢复各种组织活动，搞好群众关系，加强密切联系。（2）强调思想上的正确领导，开展政治思想工作。通过形势教育，揭露敌伪欺骗宣传以及敌之残暴事实，提高对敌斗争意识，反对悲观失望情绪，反对右倾思想，进行民族气节教育，反对自首行为,对死心塌地、屡教不改的变节分子给予严厉打击。(3)采取高度分散隐蔽方式,进行武装活动。青纱帐时期,县区游击队和武工队的活动都逐渐地开展了起来。(4)通过正确掌握贯彻执行各种政策,恢复共同对敌之新秩序。对特务、汉奸的首恶分子,坚决予以镇压;对胁从分子及非死心分子则伺机争取。对民主民生方面的各种政策,一方面维护群众的利益,如减租等;另一方面对"扫荡"前的某些规定也作了修改,如出夫办法、负担办法等。要使上层分子维持生活,使统战内部斗争在新的形势下更好地约束在共同对敌的口号下。防止当前工作的过左过右,主动弥补过去统一战线的裂痕。(5)适时加强组织整顿,首先是掌握伪政权,适当地缩小抗日政权组织,基本区的抗日村公所要坚持。组织由村长、村副、应敌员三人参加的应敌委员会。抗日村公所的各种制度,一般都能坚持,并且注意了保密隐蔽,防止奸细。

总之,青纱帐时期冀中区的形势基本上稳住了。加之堡垒户、堡垒村在各地的广泛建立,挖地道运动之开展,群众利益得到保护,我党政军进行抗日活动有了依托,使我之各种工作和武装斗争的情况都有了不同程度的发展。

(四)11月初,冀中临时区党委,根据彭德怀的指示精神,结合冀中八九月份的实际情况,又作了具体指示,进一步明确了冀中地区的性质,指出四种地区的阵地转变,是根据敌我斗争情况而不断变化的。

我之方针,是以分散的群众游击战争,配合其他各种斗争,改变敌占区为隐蔽根据地、游击区。工作上是充分发动与依靠群众,团结进步分子,争取中间分子,联合上层分子和利用伪组织,阻止并破坏敌伪建立秩序。

组织形式上的转变,要适合隐蔽精干的原则,撤销各独立的群众团体,成立"抗日救国联合会",内设农民、妇女、青年等部,村中公开取消武委会,以麻痹敌人,组织秘密精干的统一的游击小组,由党支部直接领导,在各级领导上更加强调了党的一元化领导,地委书记兼各分区政委,各县委、区委书记兼县大队、区小队政委,各县长、区长兼各县、区游击队大队长、小队长,原政委、队长任副职。使武装斗争与各种形式的斗争形式紧密结合，发挥了整体力量。

斗争形式的转变，主要是解决武装斗争和两面政策的配合问题。武装斗争在各种地区所占的地位不同，如近敌区、敌占区主要以合法斗争、两面政策为主，武装斗争为辅；在游击区和游击根据地，则以武装斗争为主，两面政策、合法斗争为辅。但不管哪一类地区，都要有公开的、小型的、来往不定的武装斗争为支柱。否则，两面政策、合法斗争的坚持，也是不可能的。

冀中区党委、军区机关于1942年11月初由太行山转回到北岳区，进驻唐县张各庄，与冀中临时区党委会合，继续直接领导冀中区的斗争。1943年1月，冀中区党委召开了会议（一部分地委、分区和少数县领导和军区司、政、供、卫领导参加），由书记程子华主持（原书记黄敬已留冀鲁豫地区工作），在听取了周小舟等和由冀中区回来的各级领导的汇报后，全面地研究了冀中形势，同时深入地学习了彭德怀和分局的指示精神，结合冀中的实际进行了充分讨论。会议对冀中区反"扫荡"的情况作了简要总结，特别对今后斗争制定了一系列的方针政策和斗争方法，以及开展各项工作的具体要求。张各庄会议还贯彻了中央和晋察冀分局、军区精兵简政的指示，结合冀中实际斗争情况，精简了党政军机关，编余的军队干部成立了冀中军区干部教导团，地方党政干部到分局党校或延安学习。张各庄会议，对1943年以后冀中区对敌斗争起到了具有全面的决定性的指导作用，使各种斗争形式的配合更加提高一步。把武装斗争、两面政策、地道斗争、统战工作、锄奸工作、伪军伪组织工作和党的组织工作都紧密地结合起来了，从而使冀中出现了"1943年环境大改变"的好形势，终于冲破了冀中那种艰难困苦的局面，取得了一个又一个的胜利。

渡过难关，取得胜利之基本经验

"五一"大"扫荡"，敌人力图确保对冀中区的占领，但是敌之兵力不足，加上国际反法西斯战争的节节胜利，日军士气日渐低落，特别是由于日军战争的非正义性和日军残暴行为所激起的冀中人民宁死不屈、坚忍不拔的顽强斗争精神，与共产党的坚强领导紧密结合在一起，成为我们取得反"扫荡"斗争之胜利最可靠的条件和保证。我们取得胜利的基本经验有下列几个方面：

（一）真正的铜墙铁壁是冀中人民

冀中区"五一"反"扫荡"取得胜利之伟力最深厚的源泉是人民群众。在冀中那严密被敌分割封锁的环境中，我军仍能耳聪目明，机动自如，要打就打，要走就走，长期坚持斗争，没有人民群众的支持是根本不可能的。冀中平原上对敌斗争的每一个胜利，都凝聚着冀中人民的汗水和鲜血。

在敌"扫荡"的主力撤退后，敌人组织大量的"清剿"队，采取所谓"筑堤拦水"、"淘水捉鱼"的办法，逐村、逐院、逐屋搜索，反复"剔抉"、"清剿"，以毒打、奸淫、抢掠、烧杀、活埋、放毒等残暴兽行镇压群众，企图斩断我党政军民鱼水交融之情，摧毁我军之生存条件，造成了冀中平原"无村不戴孝，处处闻哭声"的惨状。但我冀中人民经过党的长期教育与抗日战争的锻炼，有着高度的民族气节和无比的英雄气概，宁肯牺牲自己的一切，毫不动摇地与敌人展开斗争。

1. 坚决地保护子弟兵和工作干部。无论日军如何疯狂威逼，千百万人民英勇无畏，机智顽强地与敌斗争。在最残暴、最狠毒的血腥统治下，广大群众都与共产党、八路军亲如一家，血肉相连，同生死共患难，团结战斗，共同对敌。人民群众保护八路军干部、战士和地方干部的事迹数不胜数。当敌人搜捕时，日军对群众百般引诱、威吓，严刑毒打，甚至放出狼狗撕咬，逼迫群众交出抗日人员，群众宁死决不出卖同志。一次，敌人包围了安平县羽林村，强迫群众交出抗日干部，没有一个人出来指认。敌人恼羞成怒，拉出一个12岁的小孩严刑拷问，孩子的母亲边哭边喊："孩子别说，咱娘俩要死一块死，不能留骂名！"结果小孩受刑死去活来五六次，始终未吐一字。敌人无可奈何地说："没法子，老百姓通通的八路的。"

在敌人企图采用认亲的花招来暴露抗日人员时，冀中青年妇女挺身而出，把素不相识的抗日人员认做自己的丈夫，保护了革命同志。有一次，一个游击队员来到安平县一个村里执行任务，刚一进村就被敌人发现，正在危急关头，路边一推碾子的妇女说："还不快来推碾子，愣在那儿干什么？"口气俨然像在呼唤自己的丈夫，巧妙地掩护了我们的战士。

2. 积极地展开反抢掠斗争。在敌人非常残酷地"清剿"、抢掠、勒索面前，群众深受其害，他们叹道："鬼子是喂不饱的狼，炮楼是填不满的坑。"广大群众就用拖、抗、顶等办法对付敌人，就是被敌人打得死去活来也不屈服。他们有时以进为退，进行合法斗争，如为抗拒敌人要粮，几个村联合起来，找日军司令部请求救济。群众把"资敌"也当做向敌斗争的一种手段。如制造日伪军之间、特务与翻译官之间的矛盾等，以达到少资敌的目的。后来遇有资敌款项拖不过去时，村里便事先和游击队联系，在送粮送款的路上予以截击，并欺骗敌人说是八路截去了。由此，各村群众体会到反抢掠勒索最有效的办法是配合以武装打击。不久，又出现我便衣队、手枪队到各村据点里、集市上不断打死最坏的汉奸、特务的事。汉奸们害怕了，老百姓胆子也就更大了。而且认为没有八路军游击队打击敌人，老百姓就没办法活下去，他们说："只要能消灭日本鬼子，死也甘心。"

3. 广泛开展了反抓捕、反摧毁的斗争。敌人在"扫荡"当中或占领之后，经常抓捕青壮年，抓捕干部、党员、团员，摧毁我基层组织。这个斗争是极其残酷的。敌人在深县包围了一个村庄，要群众找出党员、团员、干部。当时干部就在群众中间，但他们都说我村没有干部。敌人便一个一个地拷问，在20多个青年中谁也不指认，因此个个都被敌人枪杀了。武委会主任为避免村民继续被杀，即挺身而出，承认自己是武委会主任。敌人又追问他农会、青会、工会主任、村长是谁，他说都是他兼任。又问他妇委会主任是谁，他还说是他兼任。敌人冷笑一声问："不是妇女怎么兼？"他说："八路军在村时，不成立妇救会不行，妇女都不愿出来干，我也就兼了。"最后他被敌人残杀了。深泽县的敌人为使广大群众当顺民，便采取了极残忍的手段进行恐吓和镇压。一次，敌人在马铺村捆绑了15个青年，当着全村人的面，让青年们坐在凳子上逐个将头浸到水桶里活活淹死，当轮到第七个青年时，他突然挣脱双手，高喊着向敌人扑去，周围群众也一怒而起，不顾一切地潮水般地向敌人涌去，把12个日军全部打死，夺了武器。这一壮举更振奋了人民的抗日热情，冀中人民在与敌人斗争中所表现出的宁死不屈的浩然正气使敌人为之丧胆。

敌人说"冀中每一个人都是八路"，这真是叫他们说对了。冀中人民与日军汉奸誓不两立，坚决抗日，坚持斗争，是我们抗日战争能取得胜利的真正铜墙铁壁。

（二）坚持以武装斗争为主，改变作战形式，灵活机动地作战

1. 毛泽东说："离开了武装斗争，就不能完成任何革命任务。"在日军大"扫荡"中和几乎全面占领冀中的严重形势下，如果没有武装力量坚持斗争，抗日的革命力量也很难存在，抗日的根据地都会变为敌占区。只有坚持武装斗争，尽管它是分散的、小型的、流动的，甚至是隐蔽的，但它仍是支持配合其他各种斗争的支柱，是稳定群众斗争、坚定信心、打击敌人最有力的斗争形式。冀中"五一"反"扫荡"中坚决贯彻执行了以武装斗争为主，把军事、政治、文化和经济等各方面的斗争紧密结合起来的方针，粉碎了敌人所谓的"总体战"和"以战养战"的阴谋。为了保存自己，更有效地消灭敌人，武装部队进行了精简调整，主力部队撤往冀西山区进行休整，各分区党政军机关保持70人左右，分区部队采取大班制，每连4—5个大班，每班包括军政干部18人，以班组为单位进行活动。有些分散担任坚持斗争的主力部队，也实行大班制。各县游击队保持50—70人，区小队保持30—40人，部队一律着便衣，分散活动，坚持斗争。为了统一和加强对武装力量的领导，冀中各分区都成立了军政委员会。同时，地方机关也实行精简，把干部送到北岳区学习以保存实力，有些回到自己家乡与群众一起坚持斗争。当时全区行署、专署及县三级政府，由"扫荡"前的7070人缩减为2250人，精简了68.2%。精简后，则采取依靠群众，分散活动，隐蔽进行的办法开展工作。

2. 在完成组织形式、斗争形式转变之后，我主力部队、各分区所属游

击队和民兵，在极端残酷的反"清剿"、反"剔抉"斗争中，积极采取不同的战斗形式打击敌人。在战斗中发挥了高度分散隐蔽、寓兵于民、人自为战的群众性的游击战术，强调打小仗、打巧仗，积小胜为大胜。在实际斗争中，创造了一些适应当时环境的新战法。如："挑帘战"、"院落伏击战"、"堵门战"、"捕捉战"等，都是对付零星出扰之敌的办法。游击队、游击组和广大群众都可以进行这种打法。还有"单打一"、"掏窝战"，是我小部队专门用来清除罪大恶极的特务汉奸、伪头目的，以杀一儆百。这些机动灵活的小型歼灭战，使敌人无从察知我之行动，攻击无目标，而又防不胜防，有力地打击了敌人的气焰，迫使小股零星之敌不敢轻举妄动，为非作歹。同时保卫了群众利益，也锻炼了群众武装，越打群众斗志越高，缴获敌人武器，壮大了自己，力量越来越大。我军所进行的各种形式的斗争，无论是智取、巧夺、奇袭、化装袭击及各种伏击等，又都是在群众掩护、支持甚至参与下进行的。这就使我军和群众已结成的血肉关系越来越亲密，战斗力越打越强，所取得的胜利越来越大。

随着敌我斗争形势的发展，我对敌作战形式更有了新的发展，如多种多样的"奇袭"、"伏击"，还有地道战以及与地道紧密相结合的"村落防御战"，村与村相互配合的"连环战"等，都成为我武装斗争有力的作战形式，而且主动发起攻势的作战越来越多。敌为防备我各个击破，不得不缩小兵力，撤销一些点碉，求得能集中兵力对我实行分区"扫荡"。我军则抓住活动地区逐渐扩大的有利态势，采取"敌进我进"的方针，与其他斗争形式紧密配合，逐渐转入恢复发展根据地的斗争，继续巩固和发展胜利成果。

（三）广泛开展地道斗争，保存力量，打击敌人

冀中在1942年5月敌人大"扫荡"之前，地道斗争就有了很大发展，冀中党政军民在反"扫荡"中和进入7月以后，为了坚持斗争，保障自身安全，普遍地建立堡垒户、堡垒村，地道斗争又有了新的大发展。各种各样的地道据不完全统计有100多种。1943年春，冀中区党委指示对地道斗争进行大力推广。由此，地道构筑和结构逐步完善，战斗性能大为提高，已基本形

成能坚持独立作战的战斗堡垒。我军有了这种"地下长城"做依托，真是如虎添翼，在反"扫荡"和粉碎敌"确保占领冀中"的斗争中，依托地道打了许多以少胜多的战斗，以小的代价换得大的胜利。如："五一"大"扫荡"开始不久，敌加岛大队长率领700多步兵向藁无县一带围攻。县游击队和一个连的正规军，得到情况后立即动员部署：一部分部队依托地道埋地雷于村边、街口、地道口、草堆中，一部分部队在村外土岗和坟地迎击敌人。敌人到达后，村外部队给敌人以很大杀伤，敌人冲到村口又踏响地雷，这时我部队已上高房，向冲进街内的敌人甩手榴弹。待敌人抢占了高房，我部队又进了地道，利用地道射孔向高房上的敌人、街道上的敌人射击，敌伤亡百余人，但又看不到我们的踪影。5月30日，七分区十七团一营的一个连，六分区警备旅的一个半连和30多名民兵，转移到深泽城东5公里的白庄，敌千余人从白庄西南包围上来，我两个部队立即成立了临时指挥部，并推十七团张子明副营长统一指挥，制定了利用地道进行村落防御战的方案。先指挥群众从地道转移出去，再由民兵带部队进入房内和地道工事。全体指战员英勇作战，连续击退敌人5次进攻，敌伤亡400多人，并击毙敌晋藤联队长，我只伤亡20余人。战斗中，我又派一个排带机关枪一挺，从地道转移到离白庄一公里地的小堡村，袭击敌人。敌顾此失彼，要求周围据点增援。趁此时机，我部队连同伤员、群众安全转移。

在无险可据的平原上，在极端残酷的环境中，地道斗争的广泛开展，在对敌斗争中起了重大作用。医院、工厂、报社、通讯站、交通站、情报站等，几乎完全转入地道坚持工作。以地道联络起来的堡垒户、堡垒村，成为保存革命力量、保护群众利益、坚持对敌斗争、打击敌人的"地下长城"。

（四）实行革命的两面政策

革命的两面政策，是在敌军事占领之后，抗日工作无法公开进行，只能在不暴露抗日面目的情况下实行的抗日政策。它表面上应付敌人，实际上做抗日工作，通过合法斗争形式，掩护隐蔽斗争和武装斗争，保护群众利益，秘密地准备自己的力量，转变敌我力量对比，对冀中区反"扫荡"坚持斗争，渡过难关，起着重大作用。千百万人民群众在斗争实践中创造出来的两面政策及其巧妙的灵活的斗争方式、方法，在各个斗争领域里都有所运用。最突出的是政权工作，我秘密设法派人去掌握伪政权，被称之为"白皮红心"的政权，我采取两面政策，最终目的是达到消灭伪政权。其次，军事上的两面政策，主要是应付据点和岗楼的伪军，采取打进去拉出来的办法，发展我们的力量。实行两面政策，强调"埋伏力量"，帮助被我掌握的伪军应付日军。敌人组织常备自卫团，我就动员我们的同志去当团长、团丁，作为长期埋伏的骨干，利用向敌报告情况的机会，为我搜集敌情。因此，我军虽处于敌人碉堡、据点、公路、壕沟的环绕之中，但我耳聪目明，机动自如，要打则打，要隐则隐。两面政策，在反敌封锁方面也起了很大作用。我们常常是在"平安无事"的喊声中，顺利地通过铁路、公路的封锁线。

（五）积极开展广泛的统一战线，共同对敌

《冀中区党委关于统战工作的指示》明确指出："由于敌人凶暴的压迫抢掠、屠杀、勒索，以各种空前惨无人道的罪行，使统一战线内部发生了新的变化，民族矛盾上升，阶级矛盾下降，许多顽固分子好转，在大'扫荡'初期的许多投降派也回头了，除了极少数死心塌地的汉奸外，各阶级各阶层绝大多数倾向拥护我们，痛恨敌人。统一战线的基础更加广泛了。"我统战工作的口号是："国仇事大，私仇事小"，方针是"以宽大的统一战线政策、民族友爱、同舟共济的精神，争取和团结各阶级各阶层中可能团结、可能争取的人共赴国难，反对日寇"。冀中各地根据这一方针，组成浩浩荡荡的抗日大军，同仇敌忾，展开斗争。对上层人物，通过各种渠道，晓以民族、爱国之大义，推动他们参加抗日工作。如十分区大兴县高各庄的大乡长韩天经，经我们教育后，帮我们打伏击，截获敌人收缴联庄会的一批枪支，又帮助我侦察长辛店敌情，奇袭了长辛店敌人的据点；涿县长安城张成山通过教育争取，帮助我们与涿县伪军裴宏远部建立了联系，又与陶营伪保长王汉池、永定河东联庄会头目建立了联系，打开了我军进入涿（县）良（乡）宛（平）地区的大门。安平县政府分区分片召开了全县士绅座谈

会，讲形势征求意见，对团结各阶层人士参加抗日斗争，也起了好的作用。例如，羽林村地主佟老佐于反"扫荡"后，在极残酷的环境里，冀中分区、青救会的干部们经常在他家里隐蔽，挖了地洞，并在他家刻蜡版印文件，分发文件，支持抗日工作，放哨做饭，从不嫌麻烦。还有不少地主成为我们的堡垒户，对保护抗日干部起了积极作用。

我区、村干部回原地区和本村之后，都认真贯彻执行了党的统一战线政策方针，对"维持会"人员做工作，向他们说："前头的（指他们从前干的坏事）勾了，不是算老账的时候……我们以后还得干下去。""维持会"的人说："我们现在不得不出去躲躲，你们回来了，很好，敌人是不叫我们活，你们和上级多联系，出主意，我们出面对敌。"

（六）加强伪军伪组织工作，削弱日军统治，增强抗日力量

根据冀中反"扫荡"形势变化强调开展敌伪军工作，在具体工作上，要求保持与巩固现有成果，积极普遍地开展新线索，抓紧一切时机、争取一切可能回头的分子，进一步改造与加强组织工作，强化对敌政治攻势，并力求与各种工作密切结合，以尽量掩护抗日工作，减少一切可能避免的损失。1942年夏季，冀中区党委和地委、县委均设立了敌工部，区委设敌工委员，团和地区队设敌工股和敌工干事，以开展瓦解伪军伪组织的工作。对俘虏的日军，争取教育释放，以宣传我党我军的政策；我以小股武装夜间到敌据点附近散发争取伪军的传单，以提高其民族觉悟，使其背敌向我；夜间武装包围岗楼，向敌伪军喊话，"点名批判"，进行形势教育，要他们给自己留后路，并争取立功赎罪。在我党宽大政策的感召下，伪军纷纷为我做工作。所以，冀中岗楼越密，新的伪军越多，对敌人起的作用就越少。敌人说伪军的岗楼是"八路军的岗楼"。

（七）做好锄奸工作

做好锄奸工作，对各种斗争的开展都有直接或间接的影响，尤其是对两面政策与合法斗争更为重要。对破坏我们最凶狠的特务和自首叛变分子，不

坚决打击不足以平民愤，更无以提高与坚定群众斗争的信心。所以，在敌反复"清剿"的严重形势下，我们对根据地内敌之情报人员、汉奸采取坚决镇压的措施；对那些顽固不化、死心塌地而又屡教不改的首恶分子及铁杆汉奸，则坚决除掉，杀一儆百。然后抗日政府贴出布告，公布他们的罪行，群众欣欣鼓舞，汉奸甚为惊慌，纷纷通过亲友向我表示不再做坏事，愿为抗日出力。

（八）党的领导是赢得胜利的关键

冀中军民的反"扫荡"斗争自始至终都是在党中央、中央军委、北方局、分局和八路军总部、晋察冀军区的关怀和领导下，在冀中区党委、军区直接领导指挥下进行的，他们根据冀中区的敌我斗争形势变化，对敌斗争方针、政策、组织形式或工作方法等，都适时地给予具体指示。这些指示都是冀中党政军民在进行反"扫荡"和坚持对敌斗争中的依据，这是取得斗争胜利的关键。

"五一"大"扫荡"后，冀中区党委、行署和军区机关虽然都撤到了冀西山区，但他们根据党中央、晋察冀分局和军区对冀中区斗争的正确指示，灵活地运用于冀中区的具体实践，对于冀中工作中的重大问题，不断地派干部去作调查研究，如冀中阶级关系的变化、伪大乡工作情况、地道斗争等。从而使冀中区党委针对冀中斗争形势，制定了包括有革命两面政策、统一战线工作、对伪军伪组织工作的政策、锄奸政策等一系列适合冀中新的斗争形势的方针、政策，以及进行武装斗争的战略战术，在具体斗争中有了明确的方向，工作上有了依据，战斗中有了方法。

特别应指出的是当时冀中各地委、专署和分区机关及县区党政群机关，很多领导干部始终都没有离开冀中，他们在极端残酷的环境中，身体力行，与群众一起打游击，进行艰苦的反"扫荡"斗争。在敌人疯狂"扫荡"、"铁壁合围"的冲击下，地方党委坚持一元化领导，率领地方武装，使各种斗争形式紧密配合，稳住了阵脚，使混乱的局面很快得以扭转。他们承上启下，把党的方针、政策贯彻到广大群众中去，产生了巨大的力量。群众在极端黑暗残酷的统治下，看到了共产党、八路军，就像黑暗中见到了光明，斗争意志更坚决，信心更坚强。如敌 "扫荡" 深、武、饶、安中心区，19天以后八地委书记金城带着电台和饶阳县委书记冀行、地委委员李国华等，一起在饶阳张各庄王其（地委交通员）家，隐蔽坚持工作。曾秘密地召集县区干部开会，一面了解情况，一面部署工作，并在6月中旬派人寻找收容了很多干部战士。经过细致的工作安排，使党、政、群和县、区、村恢复了活动。群众知道了地委和县委领导仍在坚持斗争，未离开他们，对他们鼓舞很大。

在党领导人民群众的斗争中，党支部起了坚强的战斗堡垒作用。它生活在群众之中，与群众共处险境，和群众结成了血肉关系，它把群众组织到自己周围，共同与敌人战斗，形成了一个战斗集体，发挥着无穷无尽的力量。深北县的西蒲疃村党支部，就是许多战斗堡垒中的一个典型代表。当敌人占领他们的村庄建立大据点后，他们就主动转入地下，改变斗争形式，积极派党员去当伪村长、伪联络员、维持会长，担任敌人的自卫团长。敌人虽然表面看来占领了这个村庄，党支部却使他们实际上陷入了 "灯下黑"，敌人对所在村的各种侵略政策，我均能采取有效办法予以对付。党支部发动群众破路，贯彻各项抗日政策，都能实现。冀中区这样的战斗堡垒，各个分区都有许多例子。

在冀中人民与敌人斗争的艰难日子里，共产党员是这些群众队伍中的中坚力量，他们拿起枪杆子参加游击队与敌人作殊死斗争，哪些岗位最危险，共产党员就出现在哪里。在 "五一" 大 "扫荡" 以后，两面应付是最危险的工作，一般地说，都是共产党员冒这种危险去当 "伪村长"、"伪联络员"，被群众称为 "在敌人刺刀尖上为人民站岗放哨的人"、"在老虎嘴里作战的铁人"。正是因为有了各级党组织的正确领导和冀中人民顽强不屈的斗争精神相结合，有了武装斗争这个核心与各种斗争形式紧密结合，我们才在日寇大 "扫荡" 和全面占领的残暴统治下，渡过了难关，赢得了胜利。

"五一"反"扫荡"中的冀中领导机关

原　星　成学俞

原星,男,1920年11月生,山西河津市人。忠诚的共产主义战士,优秀的军事指挥员。1955年授上校军衔,1960年晋升为大校军衔。

成学俞,男,1923年4月出生,山西省文水县人,1937年10月参加革命战争,1942年"五一"反"扫荡"时,任冀中军区司令部作战科参谋。新中国成立后,任总参谋部作战部副部长、总参谋部军事交通部副部长、总后勤部军事运输部副部长、军事交通部部长。1983年3月离休。

1942年,日本侵略军华北方面军,经过精心策划和周密准备,出动兵力5万之众,对冀中平原抗日根据地进行了一次空前规模的、极为残酷的大"扫荡",妄图以突然袭击的包围作战,围歼我领导机关和主力部队,摧毁我根据地,一举变冀中为"治安地区"。这次"扫荡"是从5月1日开始,持续了两个月。所以,人们把敌人的这次"扫荡"叫做"五一"大"扫荡",把我们这次反"扫荡"的斗争叫做"五一"反"扫荡"。

在这次反"扫荡"中,冀中领导机关既要领导指挥全区党政军民的反

"扫荡"斗争,又要搞好自身的反"扫荡",不能被敌人抓住,更不能被敌人打掉。这是一场紧张的既斗勇更斗智的斗争。结果,敌人企图围歼捕获冀中领导机关的计划落空了,我们胜利了。

冀中领导机关,包括冀中区党委、冀中行署和冀中军区的机关,即冀中区党政军的领导机关。率领这个机关行动的主要领导同志有:军区司令员吕正操,区党委书记黄敬,行署主任徐达本。还有军区司令部参谋长沙克,政治部代理主任卓雄,军区司令部参谋处长张昉(张学思),情报处长张存实,区党委社会部部长兼公安局局长张国坚等。党政军机关人员500余人,警卫掩护机关的战斗部队有二十七团及军区直属的两个特务连约1500余人,总共2000余人。

这里所说的冀中领导机关本身的"五一"反"扫荡",包括反"扫荡"的准备,在冀中地区一个多月紧张的反"扫荡"斗争,在冀南地区的掌史战斗,还包括外转到冀鲁豫地区休整,通过平汉铁路,转到太行区整训,以及越过正太铁路返回晋察冀北岳区的一些情况。

一、反"扫荡"的准备

"百团大战"后,敌人抽调正面战场兵力,对各抗日根据地疯狂地进行"蚕食"、"扫荡"、"清剿"。1941年,敌人对冀中展开全面"蚕食",并进行了春季和秋季"扫荡"。我根据地日渐缩小,斗争进入了艰苦的时期。太平洋战争爆发后,敌人叫嚣要变华北为"大东亚战争兵站基地",更加紧了对冀中的"蚕食",并策划对冀中进行大的"扫荡"。所以,冀中领导机关在1941年冬,就开始做反"扫荡"的准备了。

加强机关警卫部队。冀中军区原有一个特务连,后来把十分区的主力团第二十七团调来,作为机关的警卫掩护部队。该团是一支战斗作风顽强、能攻善守的部队,尤其擅长打村落防御战,打过不少白天依托村落坚守、晚上反击突围的大仗和恶仗。人们称这个团是"门板战斗团"(坚守村落时,用群众的门板做工事），该团的战士们有一句挂在嘴边的话："打仗先接鬼子三百发炮弹再说。"同时，从九分区第二十四团调来一个善于打村落防御战的连，编为军区特务二连。这样就大大加强了机关的警卫力量。

机关大精简。当时，冀中党政军机关及直属单位共三四千人，确定不超过500人随队行动，其余精简分散。有的离开机关单独活动，如后勤机关、剧团、报社等；有的组成工作组到分区、县团、基层单位检查帮助工作，随分区、县团、基层单位一起反"扫荡"；有病和年纪大、身体弱的，随队行动或到下面都不便的，则分散"坚壁"，隐蔽到可靠的村庄、可靠的群众家里，随当地干部、群众一起反"扫荡"。除人员精简外，还减少了干部的乘马和驮骡。

机关战斗化。干部、战士、勤杂人员都配发了手枪、步马枪或手榴弹等武器。所有人员都轻了装，装备物品减少到最低限度，但每个人都要带个可装5斤粮的米袋子。干部一律剃光头。为此，先进行了动员和思想工作，张昉处长带头，吕正操司令员以身作则，先剃成光头，摘下军帽让同志们看，大家很快都剃成了光头。彻底清理了文件，携行的减到最低限度，暂时不用但有存查价值的埋藏坚壁，用不着的焚毁。改换机关代号，将冀中领导机关改称为八路军游击第一支队，机关各部门都以班、排、连编组命名，这既是代号，又是行军、宿营和战斗的组织。对机关全体人员进行了防空、防毒教育，进行了射击、投弹、行军、宿营等训练。机关战斗化的一切措施，都是为了隐蔽机关和增强自卫能力，适应反"扫荡"中经常长途行军、频繁战斗的需要。

加强侦察通信。充实通信分队，保证不间断的无线通讯、顺畅的有线通讯及其他手段的通讯。把军区、分区、团队的情报站，明确分工，交叉配置，形成对敌人严密的侦察监视网，及时获取和互相通报情况。加强对当面和纵深之敌的侦察，及时掌握敌人的动向和企图。加强对当面之敌夜间特别是下半夜的监视，防止敌人拂晓时突然袭击。

不断的思想动员。思想准备，是反"扫荡"准备的重要一环。1941年秋季反"扫荡"以后，冀中领导同志就不断地向机关进行新的反"扫荡"的思想动员。经常讲形势，讲敌情，讲反"扫荡"的有利条件和困难条件，提出反"扫荡"在思想上、组织上、物质上和具体措施上各项准备的要求。机关全体人员都明确和做好了应付敌人更大规模、更多兵力、更长时间、更加残酷的大"扫荡"的准备，大家都具有克服困难、坚持斗争、取得反"扫荡"胜利的充分信心。

以上这些反"扫荡"的准备，从过去历次反"扫荡"的经验看，是做得相当充分了。但从事后来看，对于敌人这次大"扫荡"的决心、企图和目的，对于情况的严重性，还是估计不足。因而，没有做机关外转的准备，没有做根据地变为游击根据地的准备。这是这次反"扫荡"的一个重要教训。

二、跳出敌人的合围圈

敌人这次大"扫荡"，大体分为两个阶段：5月1日至5月15日，为合围和围攻阶段；5月16日至6月底，为反复合击和"清剿"阶段。合围、围攻阶段，又分为两步：第一步从5月1日至5月10日，敌第一一〇师团及第二十六师团的部队共约七八千人，由定县、安国、新乐、无极等地出动，由北而南，由西向东，袭击"扫荡"沙河、潴龙河以南和滹沱河以北地区，并严密封锁深泽至安平段的滹沱河；敌独立混成第七旅团及第二十七师团的部队约七八千人，由河间、肃宁、献县、衡水等地出动，袭击"扫荡"肃宁南北、滹沱河以北地区，并严密封锁献县至安平段的滹沱河及衡水至献县段的滏阳河；敌独立混成第九旅团的部队五六千人，袭击"扫荡"石德铁路以南地区，并严密封锁晋县至衡水段的石德路；敌第四十一师团约一万余人，于5月7日由山西临汾地区乘火车至邢台地区佯动，5月10日夜，突然进至石德路辛集至衡水段。这一步敌人的企图是：将我冀中军区、分区党政军机关及主力部队压迫到滹沱河、滏阳河、石德路之间的三角地区，也就是冀中抗日根据地的腹心地区，团团围住，构成所谓"铁环阵"，以便围歼。第二步从5月11日至5月15日，敌第四十一师团、独立混成第九旅团的部队由南而北，敌第一一〇师团、第二十六师团、独立混成第七旅团及第二十七师团的部队由北向南，连续反复合围"扫荡"深（县）南地区，深（县）、深（泽）、安（平）地区，深（县）、武（强）、饶（阳）、安（平）地区，也就是滹沱河、滏阳河、石德路之间的三角地区，企图一举围歼我冀中党政军领导机关及主力部队。

4月下旬，我冀中领导机关驻在肃宁以南、滹沱河以北地区。当发现定县、安国、河间、肃宁等处敌人增兵调动的情况后，于5月1日前南渡滹沱河，转移到深（县）、武（强）、饶（阳）、安（平）地区。5月1日，敌人开始"扫荡"，我冀中领导机关在饶阳西南之张保村一带，白天在一片枣树林里开了纪念"五一"国际劳动节大会，黄敬和吕正操司令员讲了话，作了反"扫荡"的动员。在开会时，敌机曾飞来盘旋侦察，吕司令员很风趣地说：也许是冈村宁次坐飞机来看我们了，好！那我们就让他看吧，晚上再演一场戏给他看！5月1日夜，戏开演了，汽灯的灯光照耀周围十多里，好像故意让敌人知道我们就在这里。5月2日下午，我冀中领导机关由张保出发，西行15公里到邹村。黄昏后继续走，先向南通过沧（县）石（门）公路敌人的封锁线，再向东南转至深县、武强、武邑三县交界的朱家庄一带。这半天一夜，走了一个"〔"形，行军50余公里。当得知敌封锁石德路并"扫荡"路南地区的情况后，我们立即向东靠到滏阳河西岸，5月4日至5月8日，南北游动于肃宁的前后尚村和蠡县的榆林村一带，隐蔽待机。在查明敌人合围的态势，并看到了滏阳河水位上涨（敌人在小范镇的滏阳河上修了闸，一放闸，衡水至小范段的水位就上涨）后，即于5月8日夜在敌人的小范镇据点以南三四公里的豆村附近，徒涉齐腰深的水越过了滏阳河，跳出了敌人的"铁壁合围"圈，进入滏阳河、子牙河以东地区。5月9日，在交河、阜城之间的军张庄隐蔽一天，夜间向东转移到东光县西北的砖门。5月10日夜，继续向东转到东光北面李朝庄、曲龙河一带。这里距津浦路只有四五公里，是敌占区的边缘，队伍进村后，不打扰群众，由村里办事的人员领到群众家里，找个草棚子或门洞住下休息。同时，每个村口都放哨设岗，严密封锁消息，对过往行人，只放进不放出。进村的人，有亲友的投亲友，无亲友的由部队接待，等部队走后再放行。5月11日傍晚，我们的队伍又出发了，先向西，天黑后折向北，越过泊镇至交河的公路，转到交河东北的徘徊村。5月12日晚继续北转，通过沧石公路，进到献县东北、子牙河东岸的前后张祥村。5月13日夜顺子牙河东岸北进，越过沧（县）河（间）公路，在沙河桥以北西渡子牙河，进入了任（丘）、河（间）、大（城）地区。这里是我八分区的一块根据地。5月14日至5月16日，我冀中领导机关就游动在这个地区，远离了敌人的合围区。当时吕正操、黄敬说：这叫做"敌进我进"、"避实击虚"、"和敌人换防"。

历次反"扫荡"的经验说明，跳出敌人的合围圈，要掌握好时机，不可太迟，也不可太早。迟了，就会被敌人围住，遭受损失；早了，就可能跳出敌人这个合围圈，又陷入敌人另一个合围圈，或者使敌人发觉，改变计划，重新组织对我之合围。这次"扫荡"，敌第二十七师团曾于5月7日向方面军发紧急电报称："三角地带内敌之主力，正在继续向东北部地区逃避移动中"，"方面军要变更作战计划，调第四十一师团到天津方面，将敌包围在子牙河、任丘、河间地区，予以歼灭"。方面军决断："三角地带内的敌人，似乎预先知道了我方作战企图，部队和居民的移动可以断定，但是军区的主力仍在三角地带之内，故作战计划不必改变。"由于担心我"主力北上或东进"，当夜决定："派一部分兵力增援小川部队，……扼守滹沱河及小范镇以北滏阳河的主要渡口；调山崎部队，速到束鹿集结，……控制小范镇至衡水间滏阳河一线地带。"我冀中领导机关乘敌之隙，于5月8日夜渡过滏阳河，跳出敌人的合围圈，这个时机的掌握是恰到好处的。

三、避开敌人的"清剿"

敌人的"清剿"阶段，从5月16日开始，持续到6月底。主要是"划区作战"、"精密扫荡"、"彻底剔抉"，并"大力推行各项建设工作"，妄图剿灭我武装力量，摧毁我根据地的设施。敌第四十一师团及独立混成第九旅团，负责三角地区合围圈内的"清剿"；敌第一一〇师团负责滹沱河以北，高阳、肃宁线以西，高阳、望都以南地区的"清剿"；敌第二十七师团负责滹沱河以北，高阳、肃宁线以东，高阳、任丘、沧县以南地区的"清剿"。

在敌人"清剿"阶段，我冀中领导机关于5月16日夜东渡子牙河，离开了任、河、大地区，又在子牙河、滏阳河以东地区游动了半个月，避开了敌人的"清剿"。我们曾在游击根据地的后陈庄一带（东光西北）稍作休整，大家擦拭武器、剃头、洗衣服、整理装备，黄敬、吕正操等领导同志还用自制的球和棒打门球娱乐。我们也曾在距津浦路只有几里地的郭杠子（沧县、泊镇之间）、八里庄（东光西南）隐蔽，在敌人据点公路附近的四小营、田家庙（均在阜城以北）等地宿营，在石德路近旁的南石村（衡水东南）待机。在这些地方，我们可以看到南来北往的火车和火车站上敌人的灯光，看到敌人据点飘动的"太阳旗"，可以听见火车的轰鸣声及敌人盲目射击的枪炮声。可是敌人并没有发觉我们。

子牙河、滏阳河以东地区，基本上是游击区和敌占区，只有几小块游击根据地。我县、区武装在那里坚持斗争，地区队、主力团时进时出，分区机关很少进去。军区机关从1939年以后，不论是平时，还是反"扫荡"时期，都没有去过这一地区。这次反"扫荡"，冀中领导机关突然进入这一地区，完全出乎敌人的意料。我们在这个地区，忽东忽西，忽南忽北，四渡子牙河，五次靠近津浦路，18次越过敌人的公路封锁线，在与敌人的接合部，在敌人的点线间，巧妙地周旋了20多天，敌人连我们的影子都没有找到。敌人也不得不承认："此次扫荡未能捕获敌人的指挥中枢。"这清楚地表明，日本侵略军的"耳目"不灵，对我灵活机动的游击战术无可奈何。

四、掌史战斗

到了6月初，"扫荡"之敌在我根据地一面反复"清剿"，追捕我部队，破坏我党政群组织；一面大量建据点、修碉堡、挖封锁沟，建立伪政权，情况越来越严重。6月4日，冀中区党委、冀中军区根据上级指示，决定主力部队分别外转，留下地区队及县、区武装，在各分区领导下继续坚持斗争。冀中党政军领导机关亦同时向外区转移，第一步转到冀鲁豫地区。

冀中领导机关，6月1日越过石德路进入冀南地区。6月2日至6日在冀县、枣强之间的侯家、辛庄、张秀屯、赵祥屯一带游动。6月7日至10日在衡水、新河之间的窖洼村、东西堤北村、南顾城一带游动。6月10日夜向南转移，进至南宫县吴家吕村。11日夜继续转移，于12日拂晓进至掌史村。

掌史属威县，南距威县县城25公里，北距南宫20公里，周围5公里之内有敌人8个据点，村西北1公里处，是敌人新建的一个据点，正在筑碉堡、修工事。这里是冀南地区的游击区，我主力部队很少来，到这里游击活动的是县区武装或武工队。村里有伪组织维持会，挂着日本旗和五色旗。掌史有三四百户人家，大都是砖瓦房，村周围有断断续续的土围墙，村东有一条可通大车的自然沟，深约1.5米，宽约5米，村南有一片洼地。

天刚破晓，正当我部队布置警戒、构筑工事，机关人员进入住房时，西北方向突然响起枪声。不一会儿，几个伪军向村庄走来，可能是发觉我部队进入掌史而前来侦察，也可能是来向村民勒索财物。刚走到村边，就被我警戒分队的一排子弹打跑了。太阳升起时，数十名伪军耀武扬威地摆开进攻架势，一边打枪，一边呐喊，向掌史村进逼，以为掌史来了游击队，想捡个便宜。当敌人进至距我阵地四五十米远时，我一个排在排长率领下，跳出工事，向敌人冲去，伪军一看这个队伍全是草绿色军装，明晃晃的刺刀，吓得掉头就跑，我战士一直追到敌碉堡下才撤回来。

军区首长得知这一情况后，立即召集第二十七团团营主要领导干部及司令部有关科长开会。会上吕正操司令员讲了对敌情的分析估计及我们的决心，确定了部署和打法。他说：敌人很快会向我们发起进攻，但敌人还不知道我们是什么部队，更没有发觉我们是冀中区的领导机关。敌人第一线的进攻兵力，也就是掌史周围据点的兵力，不超过500人。打到12点左右，敌人第二线的兵力，即威县、南宫等地的敌人可能来增援，大约不超过1500人。打至下午或黄昏时，敌人第三线的兵力可能来增援，总兵力就可能达3000人以上。我们要坚守一白天，晚上突围，要准备对付最严重的情况。确定：封堵街口，做好坚固工事，隐蔽目标，对进攻之敌要放近了再打，主要用步枪、冲锋枪、手榴弹，少用轻机关枪，不用重机关枪、迫击炮，不准跳出工事反击，并规定各伙食单位不举炊烟，用自带的干粮充饥，以迷惑敌人，造成敌人的错觉，延缓敌人的增援。部队的部署是：第二十七团二营担任村南、村东及东北面的防守，三营以两个连担任村西及村西北的防守，以一个连为预备队。军区特务一、二连守卫军区指挥所大院，以防敌人突入村内。

上午10点左右，掌史周围据点的敌人集中三四百人发起进攻。主攻方向在西南，先用炮火轰击，接着步兵冲锋，我早已熟悉了敌人的这一套进攻战术，当敌人炮击时，我隐蔽于工事不动，当敌人冲击到距我阵地五六十米时，我轻机关枪、步枪突然开火，手榴弹投向敌群，敌人遭受严重伤亡之后溃退下去。以后，敌人又冲击一次，又被我击退。战斗中，敌人的一个指挥官把军上衣脱下，挥舞着指挥刀，嚎叫着逼迫士兵冲锋，我连长杜胜清瞄准他"砰"地一枪，这个法西斯分子就倒下了。战斗经验使我们许多部队都懂得，在战场上要注意发现敌人的指挥官，用特等射手杀伤敌人的指挥官。

中午，敌人的援兵来了，总兵力达到1000余人，将掌史村四面包围。敌人的炮火增强了，炮击更猛烈了，村沿、村内炮弹纷纷落下，军区指挥所的房上院子内也落了炮弹。中午过后，敌人施放毒气，我们用毛巾蘸上尿、醋，裹上大蒜防毒，加之有三四级的风，敌人毒攻的阴谋也未能得逞。从中午至下午3点，敌人又发起两次攻击，又都被我击退。

到下午4点，敌人的兵力增加到1500余人，对我发起更猛烈的进攻。炮火猛轰，掩护多个梯队连续冲锋。每个梯队百十来人，前梯队失利，后梯队跟上。在上午和下午的战斗中，我作战部队多次提出要使用重火器，但是，为了迷惑敌人，利于我夜间突围，都没有准许用。这时已近黄昏，敌人的援兵不多，又没有动用飞机，说明没有高级的指挥，敌人兵力不足。于是，下令使用重火器还击敌人。刹那间，我们的迫击炮、轻重机关枪、步枪、冲锋枪一齐开火，一下子就把敌人打懵了，冲击的敌人遭到严重伤亡，溃退下去，敌人的炮兵阵地也被我打成了哑巴。战士们拍手称快。敌人这一次进攻被打退后，就再也无力组织像样的进攻了，只是一阵阵地放冷枪、冷炮，盲目地向村边和村中射击。

天将黄昏时，指挥部召开会议，布置突围事宜。确定分两路突围：一路由吕司令员、黄书记、沙克参谋长率领冀中军区司令部及冀中区党委机关人员向东突围，然后转向东南，第二十七团二营及军区特务二连为掩护部队；一路由张昉处长、卓雄代主任、徐达本主任率领军区司令部少数参谋、军区政治部及冀中行署机关人员向南突围，然后转向东南，第二十七团三营及军区特务一连为掩护部队。突围时间是晚9点，突围后的集合点是掌史东南约15公里的狼窝村。为了迷惑牵制敌人，突围时第二十七团先以一个连向西北方向佯动。

部队、机关都进行了突围的准备和动员。部队指挥员表示，一定英勇作战，不怕流血牺牲，掩护首长、机关干部安全突围。机关干部、战士、勤杂人员也表示，一定要互相团结互相帮助，排除万难，服从命令，跟上队伍，冲出重围，有些同志还留下遗言，以表决心。

晚9点，两路突围的部队，分别集结在村东口和村南口。前面的突击部队，都是步枪上刺刀，射手端着轻机关枪、冲锋枪。这天夜里天很黑，伸手不见五指。突然，西北方向响起了我们佯动部队的枪炮声、喊杀声，以及敌人回击的枪炮声，我军突围开始了。不久，我两路突围部队同时冲出了掌史村。向南的一路比较顺利，没有遭到敌人的阻拦，安全地突出了敌人的包围。在突围中，敌人打了照明弹，眼看着敌人趴在地上不敢动。向东突围的一路，冲出村进入自然沟，就遭到敌人猛烈火力的狙击。我掩护部队一部与狙击之敌反复冲杀、白刃格斗，一部向南面打开了一个口子，掩护机关突出了重围。这次战斗又一次说明：地形条件，我们注意，敌人也注意。原以为向东突围的一路，有自然沟，地形条件较好，可能会比较顺利些；向南突围的一路，地形开阔，可能会困难些，结果恰恰相反。

6月13日清晨，我们到达狼窝村，在村边一片树林里集合休息。主要领导同志都安全到达，警卫部队也到齐了，唯独沙克参谋长连同一名作战参谋和一名警卫员失踪。吕正操司令员立即叫侦察科派出一名参谋带几名侦察员去寻找。在寻找的路上遇到了沙克参谋长，晚上他们回到了司令部，大家非常高兴。

我军突围的第二天八九点钟，群众才回到掌史村。敌人进村后，野蛮地残杀了我8名重伤员，并强迫群众用50多头牛拉了敌人的100多具尸体运回威县火化。抗日战争胜利后，被敌人残杀的我8名重伤员的遗体，安葬在南宫烈士陵园。

掌史战斗，毙伤敌三四百人，我伤亡90余人。中央军委发嘉奖电称：这次战斗"堪称平原游击战坚持村落防御战的范例"。掌史战斗所以能取得如此的胜利，概括起来就是：我对情况的掌握及分析判断正确；确定白天固守晚上突围的决策对头；指挥与打法巧妙得当；战斗部队英勇善战；机关人员各司其职、各尽其责；人民群众拥护支援；敌人兵力不足、情况不明、指挥笨拙。

五、转到冀鲁豫休整

掌史战斗后，冀中领导机关继续南进，向冀鲁豫地区转移。第一步要越过威（县）王（官庄）公路敌人的封锁线。6月13日，碰到了当地的区游击队，他们提供了周围及过路的有关情况。他们说：威县、王官庄之间有3个据点，都有我们的内线关系。经过侦察，布置好警戒，于当日夜由区游击队带路，顺利地通过了敌人的这一条公路封锁线。过威王公路后，继续南行，走了两天，在南进支队副支队长赵东寰带领的部队的接应下，于冠县以西的西营镇附近乘船渡过卫河，进入了冀鲁豫根据地。这里环境大不一样，敌人据点很少，濮县、范县、观城3个县城为我控制，大片地区连在一起，白天可以行军。我们向东南又走了两天，到达冀鲁豫军区驻地附近，驻在范县西南四五公里一带的村庄。

冀中领导机关到达冀鲁豫军区后，冀鲁豫军区司令员杨得志、政委苏振华、区党委书记张霖之等热烈欢迎，当地党政军民热情接待，召开了欢迎晚会，杨得志、吕正操司令员在会上讲了话，还演出了文艺节目。

冀中领导机关到达冀鲁豫不久，冀中警备旅（辖第一、第二两个团）由旅长王长江、政委旷伏兆率领，也经过冀南外转到冀鲁豫，驻在范县一带。冀中骑兵团机关的大部及两个连，在团长马仁兴的率领下，在冀中内线苦战坚持两个月之后，于7月上旬也外转到冀鲁豫。以后回民支队在支队司令员马本斋的率领下，从冀鲁边区（7月初由冀中外转到冀鲁边区）也转到了冀鲁豫。冀中领导机关的领导在冀鲁豫还会见了冀中南进支队（辖第十六、第二十一两个团。这支部队是1940年参加讨伐反共顽固军石友三部战役的作战时南进到冀鲁豫的，1942年底拨归了冀鲁豫军区建制）。冀中两级领导机关、三支战斗部队，会师冀鲁豫，群情振奋，共庆反"扫荡"的胜利。

反"扫荡"两个月内，连续行军作战，大家十分紧张，相当疲劳，到了冀鲁豫得到一个休整的机会，同志们非常喜悦。在休整期间，总结了两个月反"扫荡"的经验教训，召开了干部大会，吕司令员作了总结报告，并电报晋察冀军区及总部。冀中军区司令部和各科与冀鲁豫军区司令部的各科，互相交流了司令部工作的经验，交换了有关资料。同时，补充了装备，改善了伙食，开展了文娱活动。经过休整，大家又生龙活虎般地准备迎接新的战斗。在战争年代，抓紧战役、战斗空隙进行休整，从上到下都是重视的，都懂得不休整，就不能坚持长期的斗争，不整顿训练，就不能提高战斗力。

冀中领导机关离开冀鲁豫时，奉中央命令，冀中区党委书记黄敬、行署主任徐达本留在冀鲁豫工作。回民支队、骑兵团的两个连调拨给冀鲁豫军区。

六、通过平汉铁路，向太行区转移

在冀鲁豫休整了一个多月之后，1942年8月，冀中领导机关及警备旅奉命通过平汉铁路，向太行区转移。

据冀鲁豫军区介绍，通过平汉路有两条路线：一条是北线，从安阳以北通过。这样走，到太行区的距离近，行程短，但过路前要通过联庄会控制的地区和伪军王自全部守备的地区。该两部虽有我内线，但能否安全通过，把握不大；一条是南线，在汤阴附近通过。这样走，行程远，过路后离反共顽固军庞炳勋部比较近，易受日、伪军的夹击，但过路前只通过天门会控制的地区。天门会会长杨贯一与我有关系，该部参谋长胡紫青是共产党员，是我们派到天门会的干部，可以控制天门会的部队，我军通过的安全性比较大。八路军总部情报处豫北办事处秘书李德成，带领冀中军区司令部侦察科长原星等人，化装到现场进行了察看。冀鲁豫卫西工委书记黄友若又详细汇报了南线情况，表示我军通过的安全问题、过路前的隐蔽及食宿问题，他和胡紫青尽力保证，并派向导带路。据此，遂确定了从南线通过平汉路。

过路的准备工作完成后，惜别了冀鲁豫军区向西进发。第一天进至濮县西北、清丰东南地区，第二天进至濮阳以北、清丰西南地区，第三天进至内黄西南20余公里之井店一带，第四天夜间在敌据点五陵集西南5公里之老观嘴渡过卫河，进入天门会控制地区，宿营于汤阴东南约18公里之莲池一带。第五天白天隐蔽，下午四五点钟出发，黄昏后在汤阴以南敌据点宜沟附近的一座桥洞下通过了平汉路。这里平汉路的两侧，敌人没有挖封锁沟，据点也比较稀，我对冀鲁豫的伪军工作又做得好，所以我们过路比较顺利。

过平汉路后，向西北方向行进，要通过联庄会控制的地区。天亮后走到一个必须通过的村庄附近时，遭到联庄会阻拦，他们打枪、叫喊，不让我们通过。后来经过喊话，派侦察参谋韩复东到村边进行谈判交涉，说明我们只是过路，互相不要开枪，如果他们要阻拦，我们就要动枪、动炮，武力通过。他们看到我们这支部队浩浩荡荡数千人，装备着轻重机关枪和迫击炮，阻挡不住，只好被迫同意我们通过。中午时分要通过一个山隘口时，遭到侧面山上敌人的阻扰，向我行军纵队射击。我被迫停止前进，就地隐蔽吃午饭。后由警备旅二团将敌人驱逐，机关、部队才通过隘口。走到下午五六点钟时，与太行接应我们的部队会合了，当晚在水冶镇西南方的一个村庄宿营。第二天继续向西北方向走，行军两天，经过东冶、任村、东西达，到达了总部和一二九师为我们准备的驻地涉县城附近的河南店、南庄一带。

七、在太行区整训

到了太行区，在涉县河南店一带休整一个月后，又翻越太行山，转移到武乡县的关家垴一带整训一个多月。

太行区是八路军总部所在地，是八路军主力部队一二九师所在地，来到这里，大家都欢欣鼓舞。看到太行山区真是"山高林又密，兵强马又壮"，一派山区巩固根据地安定欢乐的景象。在太行区，我们可以在一个地方住一个多月了；不像在冀中那样，三天两头转移，夜夜行军走路，甚至一天转移好几次。在太行区，我们可以脱掉衣服、盖上被子睡觉了；不像在冀中那样，睡觉不脱衣服，甚至不解行李背包、不进村庄、不进房屋休息。我们在太行区，也不像在冀中那样，时时处处要警惕提防特务、汉奸的暗害和破坏，也不要每到一地就得构筑工事、严密侦察警戒，随时防止和对付敌人的突然袭击了。

冀中领导机关在太行区，受到太行党政军民的热烈欢迎、热情接待和慰问。开联欢会，腾出好房子，供应好的主副食，发里外新的冬装等等，使我们深深感到总部、一二九师、太行区的各级领导对我们无微不至的关怀，深深感到革命大家庭的温暖。

在一个红叶点缀、天气晴朗的日子，彭德怀副总司令，一二九师刘伯承师长、邓小平政委、李达参谋长，八路军政治部主任罗瑞卿等，到了冀中领导机关驻地，接见了科团以上干部，作了重要讲话，并和大家一起会餐，四菜一汤。彭德怀副总司令表彰了冀中领导机关反"扫荡"的胜利，讲了全国及华北的抗战形势，指示我们继续坚持冀中平原的游击战争，直至抗日战争的最后胜利。刘伯承师长讲道：你们这样的机关反"扫荡"，像背着灯泡赶集一样，很容易被挤碎的，可是你们没有被挤碎，你们胜利了。我们绝大多数同志都是第一次见到这些高级将领，聆听他们的亲切教导，又看到他们都是衣着简朴（穿着褪了色的灰军装，双膝、臀部都有补丁），平易近人，和蔼可亲,就是听说很威严的彭总也不时露着笑容,大家深受教育和鼓舞。

一到太行区,吕正操司令员就要求机关全体人员加强组织纪律性,讲究军容风纪,尊重地方党政机关,搞好军民关系,处处向总部机关和老大哥部队学习。冀中军区司令部、政治部的各部门,都由领导带队,到总部和一二九师机关进行了对口学习,收获不小。

1942年7月15日,彭德怀发出《关于平原抗日游击战争的几个具体问题的答复》,7月28日,中共中央北方局发出《对目前冀中工作的指示》,8月10日,中共中央北方局发出《对彭德怀同志〈关于平原抗日游击战争的几个具体问题的答复〉的意见》。冀中领导机关在太行区整训期间,县团以上干部学习了这些重要指示,受到了深刻的教育。大家对冀中的斗争形势,认识得更清楚了;对坚持冀中平原游击战争的方针、政策和要求,思想上更明确了;对山区和平原根据地互为依存、互相支援的战略关系,理解得更深刻了。大家对回到冀中坚持斗争充满了激情,对渡过难关、争取最后胜利充满了坚强决心和信心!

八、越过正太路,回到晋察冀

冀中领导机关在太行区整训两个多月后,1942年11月奉命返回晋察冀。从5月反"扫荡"离开冀中,已经半年有余,大家都是归心似箭,听说要回到晋察冀,心情无比兴奋。根据斗争形势的需要,警备旅留在了太行区,同时抽了一些干部到抗大总校学习,调了一些干部给总部和太行区。

回晋察冀要通过正(定)太(原)铁路敌人的封锁线。正太路是"百团大战"我军破击的重点,"百团大战"以后,敌人加强了对该线的守备和封锁,点碉密布,戒备森严。在太行区的帮助下,经过侦察,确定过路点选在娘子关以西的磨河滩附近。

出发前,进行了思想动员和充分的准备工作。冀中领导机关的干部、战士都是长期在冀中平原活动,缺乏山地行军、作战的经验,加之正太路两侧山势险峻，道路难行，又要连续夜行军，做好各项准备就更为重要。

通过正太路的前一天晚上，进入了过路的待机位置隐蔽下来。第二天黄昏后出发，半夜时分越过正太路，拂晓时抵达晋察冀四分区的边缘区黄土坡。由于情况明了，过路企图隐蔽得好，准备工作充分，又有四分区部队的接应，所以，通过正太路很顺利，很安全。

太阳已经升起，大家正在酣睡，突然出现了敌人尾袭的情况。行署公安局局长张国坚在村外发现，村南约3公里处东西方向的山脊上，有人由西向东运动，正在分辨是敌人还是自己人时，张昉处长到了，他拿望远镜一看是敌人，马上回村向吕司令员报告。吕司令员命张昉处长带司令部特务二连立即占领村北山脊，掩护机关转移，命令司令部作战科长高存信带领特务一连和机关人员按预定转移路线迅速转移，并由特务一连掩护二连撤回。敌人遭到我警戒部队的阻击，又受到我第二十七团部队的侧击，同时看到我机关已经转移，打了一阵子枪之后，就不敢再前进了。我们翻山越岭，再渡过滹沱河，到达了晋察冀四分区所在地附近的东西黄泥村。在这里受到了四分区的领导和同志们的热情欢迎。休息数日后，离开四分区继续往东北行，进入三分区所属的唐县张各庄一带，与冀中军区政委程子华及冀中区党、政、军机关由冀中转移到北岳区的一部分会合。战友相会，同志相聚，欢声笑语，雀跃欢腾。

冀中区党政军领导机关，从1942年5月1日反"扫荡"开始，到1942年11月回到晋察冀北岳区张各庄，历时7个月，行程1250公里，当时人们风趣地说：这可算是一次"小长征"吧！

忆"五一"反"扫荡"

张曙光

　　张曙光，男，1922年生。"五一"反"扫荡"时任冀中八分区青救会主任。新中国成立后曾任共青团河北省委书记、团中央青农部部长、团中央常委，中共云南省昭通地委书记处书记、云南省委组织部副部长、云南省文山壮族苗族自治州州委第一书记，河北省张家口地委第一书记、河北省委常务书记、省长，内蒙古自治区党委第一书记、中顾委委员。1995年离休。

　　1942年残酷的"五一"大"扫荡"已经过去60年了，可是，我亲历的那一幕幕，仍然就像发生在昨天一样，深深地印在我的脑海里，永远不会忘记。

　　1942年5月12日，我和战友在武强县北岱村地道里隐蔽时曾窒息昏迷，幸被房东大娘所救，才得以死而复生。

　　从1942年5月12日，离开北岱，几年中没有再去过。直到日本投降后的1945年11月23日我到武强任县委书记，又忙于组织干部进军东北，进行减租减息反奸清算。其间，我抽时间到北岱去了一趟，想找到大娘。因为有5个北岱，到底是哪个北岱，我当时并不知道，大娘的姓名也不知道，也不知是哪条街，只知道是儿童团长家，结果没有找到。1946年6月14日，我离开武强，到青县任县委书记，就没机会再去找大娘了。

1966年6月"文化大革命"开始。1967年初我被关押后，回忆往事，特别是"五一"大"扫荡"之后的11天犹历历在目，北岱大娘的音容犹在眼前。

时隔39年后，1981年5月，我调回河北省工作，又到北岱村去找这位大娘，但一直没有找到，说法不少，情况不符，未能如愿，只好就此作罢，成为终身遗憾！

在"五一"反"扫荡"中，多次化险为夷，逢凶化吉，都是我们贯彻执行党的战略战术方针政策的结果，都是人民群众支持、帮助、掩护的结果。值此"五一"反"扫荡"60周年之际，谨以此文感谢支持伟大抗日斗争的父老乡亲和广大群众，昭告我们的后代，永远不要忘记这段历史。

一、贯彻指示，进行准备

1942年3月中旬，冀中区党委发出准备迎接春季大"扫荡"的指示，指示中分析了当时国际国内形势，对敌人的进攻进行了分析，认为敌后将更加残酷，为了迎接大规模的"扫荡"，要求所属各级领导机关、各个部队，精简机构，分散坚持，减少人员，坚壁清野，轻装简从。对于隐藏地区、堡垒户、联系地点、通信暗号、交通联络等，也进行了全面部署。

当时，冀中抗日根据地有50多个县，800万人，是晋察冀有名的模范抗日根据地。从地域上讲，冀中根据地指的是津浦线以西，平汉线以东，石德路以北，北宁路以南。冀中区党的基础好，有光荣的斗争历史。冀中抗日根据地开辟于1937年冬。冀中军区司令员吕正操，政委程子华，参谋长沙克，政治部主任卓雄，是有名的四大军事首长，当时人们称之为"吕程沙卓"。冀中区地方党委领导成员是：书记黄敬，组织部长刘亚球，宣传部长周小舟，抗联会主任史立德，农会主任逯开山，工会主任周续辉，青救会主任周克刚，妇救会主任韩朝新，回建会主任马玉槐。

我当时在冀中八分区青救会工作。冀中区青救会的成员：主任是周克刚，组织部长先是赵槿樟，赵牺牲后是刘国华；宣传部长先是张少峰，张病故后是吴大发，吴牺牲后是王延炯，王后来也牺牲了。少儿部长先是简明，后李浩。我们八分区青救会，主任先后是赵槿樟（1939—1941）、齐奋（齐慎修，1941—1942春）和我。我刚接任两三个月，"五一"大"扫荡"就开始了。当时我化名萧汉，组织部长是张特，宣传部长是李少奇（又名刘超、刘正光），青抗先队长是张鸿远，秘书徐平。当时冀中八分区青救会就只剩我们5个人，来"迎接"敌人的大"扫荡"了。

根据上级党委关于反"扫荡"期间"一要精简二要分散"的指示精神，我们进行了部署。我是青救会的主任，上级明确指示我在地委书记金城领导下，留在饶（阳）武（强）献（县）地区。组织部长张特到子牙河东。李少奇到任（丘）河（间）大（城）。当时，情况越来越紧张。我们饶、武、献这个组又分成3个小组，我分到武强。

4月中旬，进入了紧张的反"扫荡"准备阶段。我们分区群众团体化整为零，分为3个大工作组：饶（阳）武（强）献（县）为一个大组，献（县）交（河）建（国）为一个大组，任（丘）河（间）大（城）为一个大组。饶、武、献大组又分为3个小工作组（饶、武、献各为一个小组），每个小组又分为3个活动单位。我和刘斗（武强人，当时40多岁）、席景恒（饶阳人，当时25岁）3个人为一个活动单位，由我牵头。

二、遭遇日寇，化险为夷

5月10日夜，我们住献县元昌楼村，原计划5月11日上午10点，到武强县刘南召什村找八地委常委、民运部长张志生集中开会，听取上级指示。

5月11日晨4时左右，我同刘斗、席景恒三人，住献县元昌楼村西边，听到有马嘶声，疑为日军包围，到房上一看，见有人在遛马，为本地马，听话音是中国人，说话声音小，没有吵闹声，当时猜疑是骑兵团。等到天刚亮，打听得知情况紧急，即迅速转移，按原定计划约会去武强刘南召什村（距离献县元昌楼6公里）参加地委民运部长张志生主持的武强工作组"片儿"会。

6点多钟，我们三人从元昌楼出发，边走边聊天边唱，溜溜达达，到刘南召什刘斗家，从村公所领了3斤白面，大家下手揪疙瘩汤。正吃着，就听到街上人来人往，传言敌人"扫荡"。我们赶紧吃完，就去找地委张志生了。街上很乱。找到张志生时，他正站在炕上向下跳，见到屋里有武强县委书记严镜波、县大队政委马庆云，便打了招呼。张志生说："敌人'扫荡'开始了，迅速转移，何时开会另行通知。"

我们三人中，刘斗就是刘南召什村人，对这一带熟悉，地形地貌都知道。我是组长，我见大家都向北方和东北方转移，就决定"反其道而行之"。我和刘斗说："咱们向南跑，离开大队人马。咱们三人，身着便装，容易行动，在群众掩护下好转移。"

我们就顺着道沟转移到村南。刘南召什村正南是堤南村，相距4公里，东南是大王庄，相距4公里，西南是皇甫，亦相距4公里。在这个东西长30多公里的大洼里，我们找了个四面不靠近路的地方，在一块地当中找到了一个地窖。地窖原是供人打游击避雨睡觉用的，里面只能装下三四个人。为了减少目标，我们还长了个心眼，踏着地上原来留下的一个人的脚印，进了地窖。到里边后，外边人声乱哄哄的，我们就躺卜了。

大约过了两个多钟头，听着天上飞机隆隆直响。我想伸出头去看看情况，但因刚剃了头，怕伸出去被发现，就在地下铺的高粱秸上劈了一把高粱叶子，编成防空帽圈，戴在头上，探头向外观看。我刚一伸头，就猛然看见在地窖南面三四十步远处有一个日本兵，头戴钢盔，扛一挺轻机枪，正大踏步由南向北走来。

我迅速缩回窖内，说："快，鬼子来了，在窖南面！"我们三人，刘斗无枪，我让他在最里边，景恒靠近刘斗，我有一支短枪，狗牌橹子，装有6粒子弹，我把住窖口。我把子弹轻轻地推上了膛，把粮票、手章、笔记本、钢笔交给刘斗，集中埋在做盖用的秫秸底下。我对大家说："不要出动静，屏住呼吸。"然后，就只听咚、咚、咚，敌人由远而近走来了。

敌人到窖顶后，用脚"咚、咚、咚"跺了一个口，就爬在上面，往窖里看。当时正是下午两三点钟，太阳斜射进来，阳光刺眼，外亮窖黑，从外面看里面什么也看不见，从里面看外面却看得清清楚楚。我们能清楚地看到日本兵的模样，是个疙瘩脸，戴眼镜。日本兵向里看了一下什么也没发现，就"扑通"跳了下来。窖口深度和腿一样高。然后，他坐在窖口上，伸进腿来，用右脚由西到东划了个扇形，差半尺就会碰到我的左脚。当时，我们紧张得可想而知，神经紧紧绷着，心都快提到嗓子眼了，但是行动却十分冷静沉着。因为我们都十分清楚，任何一点小小的动作或者声响，都可能被敌人发现。我轻轻向里挪了一下，敌人身上的水壶、背包和穿的皮靴我都看到了。同时，我把枪口瞄准他，如果他再往里走，我就开枪，一定能把他消灭。

说来也巧得很，因为里面黑洞洞的，敌人什么也看不见，又这么用腿划拉了几下，什么也没碰到，就站起身来出去了。出去以后，接着又在地窖上面转了两三遭，"咚、咚、咚"，向北走了。

敌人走后，约有三五分钟，我们的心仍然绷着。我怕他们两位说话，就摇手示意别说话。我当时想，会不会是敌人狡猾，隐藏起来引诱我们出窖？我们要防备。

过了十几分钟，什么动静也没有了。听到一位妇女喊："过去了，回来吧！"连喊了几声。刘斗说："这是我们村某某某喊的，我听得出来！"我仍然说："先别动，万一是敌人骗我们呢！"

又过了几分钟，果然什么动静也没有了。我才说："刘斗你先出去，假装睡觉刚起来，迷迷瞪瞪，手袖擦着眼睛出去，向外走，若没有动静，二话不说，撒腿就向西南跑，跑到二三百米外那个柏树坟地再说。"

定好后，刘斗先出去，没引起别的反应，我和景恒就也出去了。一出去就拼命地跑，似离弦之箭，飞快地跑到了那块柏树坟地。坟地里，横躺竖卧着几具尸体和死马。我们稍事回味，安定片刻，刘斗说："咱们到刘庄村吧，西边是沧石路敌人的岗楼。这村党的基础好，农会主任我熟悉，村里有地道，保险。"

这样，我们三人就向刘庄村转移。因为天气还早，就磨磨蹭蹭地走，太阳将落时，到了刘庄。街上人来人往，逃难的很多。找到农会主任，他领我们去了一户，吃了点东西，就钻进地道了。这个地道里住着100多人，有军队同志，有地方干部，武强县级干部不少，有县抗先队长宋如刚（饶阳干部调来武强的），是我的老熟人。他说："韩哥（平时人们对我的称呼），咱们得转移，你就跟着我吧！我对这里熟悉。"这样我就与宋如刚一起行动了。

三、地道遇险，脱离死神

5月11日晚上，天黑得伸手不见五指。经研究决定，宋如刚领着我们十几个人要转移到东面约10公里的北岱村。因为那里接近武强县城，"灯下黑"，敌人反而不大注意，村里又有地道，好隐蔽。

这样，我们走了一夜，5月12日拂晓到北岱。我们进了一户人家，这里有20多个干部挖地道刚休息，正在喝水。我们还没坐稳，就有人喊了一声："快，敌人来了！"

我们从炕上跳下来就跑。我拉着席景恒，李国仁在前面拉着我，边跑边对我说："韩哥，跟我跑。"李国仁原来是饶阳县青救会儿童部长，后从饶阳调来，任武强县青救会宣传部长，与我很熟。

跑到大街上，碰到一个人，说："快，到我家。"国仁拉着我说："快，这是村儿童团长家。"国仁、席景恒和我三人就跑进了他家。老大娘领我们到北房西偏厦刚挖好的一个地洞口，四个人就钻进去了。刘斗年龄大，顺街往北跑，我跟国仁跑进了这家，刘斗失散了。

钻进这个洞以后，因为这个洞只有一个气眼，严重缺氧，我们的呼吸越来越紧张，不知到了什么时候，我们昏过去了。

待有人把我们弄出来后，我们才慢慢醒过来，这时已经到下午太阳平西了。我们在洞里失去了知觉，怎么昏过去的，什么时候出来的，都不知道。等我们醒来后，大娘说："这就好了，枪在这里！"说着把枪给了我，我谢谢大娘，并说："大娘救了我们的命，等打败了鬼子，再报救命之恩吧！"大娘说："孩子，你们离家舍业，连命都不要，我们老百姓保护你们，是应该的，咱们是一家人，孩子们有机会还来，这是咱们的缘分！"大娘慈祥地看着我们，又说："你们穿的衣裳目标大，该套上件庄稼人穿的单衣。"大娘给我们换了衣裳，让我们吃了窝头大葱抹酱。天黑以后，我们又商量，三人转移到了南旺洼，去了区青救会主任张毓英家。但主任不在家，大娘不认识我们。这样，我们无奈，12日晚上只好又转移到堤南村北面的大洼地里，也就是11日所在的那个地方。

由于这天晚上慌慌张张离开北岱大娘家，紧着赶路，也没有问大娘姓甚名谁，更没有留下联系地址，以致于以后多次寻找大娘都没有找到，真是遗憾。

四、忍饥挨饿，坚持大洼

5月13日。

中午，我们又饥又渴，趴伏在麦垄里，警惕着敌人的搜索，静听着敌人的动静。不远处，时而传来三八大盖的枪声，敌骑兵的奔跑声，日本兵的咆哮声，汉奸的呵斥声。村村黑烟滚滚，这是敌人在"清剿"。时间过得太慢了，太阳格外热，手里拿着子弹上了膛的狗牌橹子，下定了敌兵马蹄踏不到身上不开枪的决心，就这么趴着、忍耐着，一秒、一分、一刻、一点……

口渴得要命，到哪里找水喝？在麦地里只能趴着躺着，坐起来就会暴露目标，只能忍耐着。

太阳落了，天黑下来，我们坐起来，站起来，伸了伸手脚，然后走到附近一块坟地里，肚子饿得咕噜咕噜叫，总得想法找点吃的呀，并且渴得要命，嘴皮都干裂了，说话都很困难。国仁说："这一带我不熟。"景恒说："刘斗家我熟，到刘南召什找点吃的，离这儿有三四里地，顺便看看刘斗，是不是在家，打听打听情况！"我说："行。"

我们三人议定了集合地点，就是这块坟地，暗号问"谁"，回答自己的姓，然后问者再报一下自己的姓。我和景恒走前边，国仁走后边，慢慢搜索前进，警惕四周动静。就这样摸到了刘南召什村西街口。

村口竖一木杆，悬挂着日本的"膏药旗"。隐蔽下来听听无动静，景恒说："你们等一会儿，我去刘斗家看看，打听一下情况，回来叫你们。"我和国仁隐蔽在树背后，景恒进村去了刘斗家。

景恒回来，按照预定的暗号在村口蹲、起三次，在树背后向我报告了情况：刘斗在北岱失散，跑到村北，被敌人骑兵追上，被抓到武强县城伪警备队部；刘南召什村维持会去保，讲好送钱放人。大嫂答应给熬高粱糁子粥，找邻居借点玉米饼子，叫等会儿去吃。又说这两天敌人在"清乡"，到各家各户搜查八路、枪支，翻箱倒柜；叫跑出去的人回来，说过两天就"清洼"。村里还成立了维持会，专门应酬敌人。

知道情况后，我们到了刘斗家，吃了饭，安慰了大嫂一番。

这一顿我吃了3个玉米面饼子，喝了四碗高粱糁粥，每人又带了3个玉米面饼子，告别了大嫂，悄悄地出了村。

可能因吃得太饱了，紧紧张张的3天没有大便了，出村有一里多地，大家不约而同地要大便，我们都在一块地里，蹲成三角形，都面向外，我面向村，背向西南，把手枪放在面前地下，忽听背后不远的方向"叭勾"一声枪响，不约而同地撒腿就跑，跑出去了几十步，我的手枪忘了拿，把腰带系好，我说："景恒，我的枪忘了拿，我得回去拿！"我们三人原路回去，我说："沉着气，你们俩警戒着，我慢慢找。"巧得很，我摸着我拉的屎，再向前一摸，摸着我那手枪，大喊："找到了！"国仁说："小声点！"

我们三人就向刘南召什村西南边坟地警惕地走去。晚上有些凉，想找个地窖睡一晚上，坟地不远处有个地窖（白天发现的），景恒先钻进去，我和国仁在附近警戒着。一会儿，他从地窖里出来，说："不行。里面黑洞洞的，什么也看不清楚，我摸到有一具尸体，是部队上的人，穿的是军装，身体已经僵硬，这个地窖不能钻，另想办法吧！"我们三人商量：坚持两天，再说怎么办。

5月14日。

前一天晚上没找到地窖，只好在这坟地里靠在坟头边上，一人放哨、两人打盹，天有点冷，不能入睡。三人商量，明天再在这里坚持一白天，明晚向西转移几里地，到东韩村村南。景恒说："东韩村武委会主任我熟悉，是分区交换信件的联络点，我负责先把情况了解清楚，再研究办法。"

轮流放哨、打盹，凉了就地跑步取暖，坚持到拂晓，就找麦地，选比较适合隐蔽的地方，把麦垄刨一层土，把两头堆高，人躺卧在垄沟里，便于隐蔽。只要敌人骑兵不发现，任凭人喊马叫，坚持不动；马只要不踏在身上就不动，大海捞针，敌人想找到我们很难。

拂晓、天亮、上午、下午，仰着、趴着、解手，每人3个玉米面饼子，自己有计划地节省着吃，我上午吃一个，傍晚吃了一个，留着晚上再吃一个。

有了吃的，没有水喝，渴得要命，嘴干得裂口出血，连话也不愿意说，我就用手把麦垄的干土刨开，把湿土露出来，把嘴张开贴在湿土上，进行呼吸，感到湿润，这是一个好办法。当时我就把这个办法告诉他们俩，国仁说："韩哥，你真有办法！"我说："这是逼出来的，想活，就要斗争，渴，就逼着你找水，水在哪里，打井、地下找，打井不成，就只能刨坑挖湿土了！"

这一天，就这么平平安安地过去了。

太阳将落，按原定计划席景恒首先开始行动，向西北行七八里，向东韩村转移找村武委会主任去了。随后，我和国仁也开始向东韩村转移，三人拉开距离，以能看到为准，有先有后，而随着天黑，我们三人距离越来越近，到村边，我们隐蔽在柴堆旁，景恒进村。找到武委会，记得那人姓尹，我们叫他老尹，有30来岁，中农，那家院子很大，家里有十几口人。

那边，老尹家人给我们做饭，做的小米稀饭，玉米面窝头，老咸菜；这边，老尹向我们汇报敌情：敌人白天轮番"清乡"，你来我走，一天不断头，搜查八路、枪支、坚壁的军用物资，挖开村边的新坟头，看是否埋有枪支、机器、物资等；村里组织了维持会，老年人应酬敌人，青壮年去修据点岗楼、挖沟、修路，村干部目标大的都躲藏了，留下目标小的；敌人晚上集结大村驻扎，小村晚上敌人不敢来；听传言敌人要"扫荡"半个月，然后"清野"，在野外大搜查。

听完汇报，我们一面吃饭，一面商量对策。看来要作长期打算了。要转移到地理熟、有群众掩护、可以找到饭吃、在野外能找到水喝的地方去，最好以本地口音说话。

吃完饭，和武委会主任约定："明天晚上我们还来，再研究研究办法。"

临走，拿了一把铁锨，一个粪筐，做化装用，拿了一壶水，拿了几个饼子备第二天吃。

心里有了底，就按计划转移到东韩村村南的大洼里了。

五、周密策划，实行转移

5月15日。

昨晚有了准备，有吃、有喝，在麦地里有麦垄隐蔽。

太阳出来了，和煦的阳光驱走了凉意，我们舒适地仰卧麦垄里。国仁说："韩哥，你拿主意吧！"景恒也说："你是老领导，工作组长，又是老党员，听你的！"我胸有成竹地说："昨晚，我想了一个方案，实行大转移。"

我把"大转移"的方案说明白以后，三人统一了思想。

国仁是武强县青救会的干部，家在饶阳县滹沱河北，到武强县工作不到一年，地理情况不熟，无亲朋关系，可暂到饶阳县滹沱河北去隐蔽。因为我是八分区青救会主任，有权决定此事。待"扫荡"过后，由我负责证明。

我在八地委任政治交通员、在饶阳县河北活动时，曾在东支沃村约国仁见面，征得国仁意见，将他的组织关系介绍到饶阳三区。区委书记李泰是我的老战友，是我亲自告诉他的。

我和席景恒家都在饶阳县滹沱河南岸，他家住北京堂村，属饶阳县四区，和我们相距4公里，同属一个区，地理熟，亲朋关系多，党内关系熟，产麦区，小麦长势好，易隐蔽；我属八地委饶、武、献大工作组，归地委书记金城领导，仍在地区范围内，可以由我决定，符合原则。

这样，先按组织原则把转移地区议定了。

国仁说："如何去滹沱河北，过河好办，水不深，我熟悉。关键是敌人重兵封锁，情况不明，只得探索前进；万一过封锁线出了差错，牺牲了，由韩哥作证明，先把这个事说清楚。"我和景恒都答应，我说："咱们三个人话讲当面，到时候谁在谁就证明。"我还说："转移中，就靠个人聪明才智，随机应变了。"

我说："景恒，咱们到北京堂你老家附近去，路熟悉，走野地，一夜插过去，天亮赶到！"这样，三人怎么转移，方案商定了。

景恒说："决定了，就赶早，今晚动身怎么样？"最后商定：国仁到今天下午，太阳平西就向北运动，千方百计靠近滹沱河，算计今晚力争过河，靠自己独立作战。我对他说："把干粮你都带上，够你两天吃了，过河前吃饱喝足，遇到情况，以跑为妙。"国仁说："过封锁线我有经验，到联大去学习，过平汉铁路来回两次，顺利通过，这次在本地，没问题，我心里有把握。"

一切准备就绪，国仁于当天下午5点来钟就动身了。

我和景恒怎么走法，再详细估计一番，避免贸然行事。

天黑，景恒背着粪筐，扛着铁锨在前，我俩拉开距离，警惕着四周动静。

到了东韩村武委会主任老尹家，他已做好了吃的，烙饼、炒鸡蛋，我们边吃边谈敌情，除清乡搜查、修据点外，说敌人要修县界沟、修岗楼等等。我说：老尹，我们打算离开这一带，到滹沱河边产麦区去，那里好隐蔽。我们带上点吃的，好赶路！临走，我和景恒对老尹的父母感谢了一番。我说：

"大伯大娘，给你老人家添麻烦了，谢谢对我们的救命之恩！"边说着给老人家磕了个头。辞别老人，拿着白面饼，悄悄地离开了东韩村。

出了村，我对景恒说："咱们向西南走，向西靠近十几里，仍在这个大洼里，明天晚上再赶路，你看怎么样？"景恒同意。

当天晚上，西去十来里，到了深县、饶阳两县的交界处院头村南一带。5月16日。

我们走到大洼里，选择一块麦地，又照旧躺在麦垄里，隐蔽起来。

位于深县、武强北部和饶阳、献县南部的这个大洼，是个特殊的地方。自抗战开始到"五一"大"扫荡"4年多时间里，每年的春季、冬季敌人"扫荡"，我们军民大都是利用这个大洼的空隙和敌人迂回游击的。

该大洼南北宽约10公里，东西长50多公里，是滹沱河故道，滹沱河在这条故道曾流过100多年。据传滹沱河几千年来，北不过蠡县，南不过衡水，就在深县、饶阳、安平、献县这一带滚来滚去，给人民带来了苦难和穷困，人民逃荒要饭、流离失所，被夺走了无数生命。但事物都有两面性。在抗日战争年代，我们利用这里地域辽阔、回旋余地大的优越条件，为战胜敌人做出了贡献，立下了战功。

有了这6天反"扫荡"的实践，摸到了经验，摸到点敌人的活动规律，心里就有底了。有吃有喝，也就沉住了气。思考细致，对付敌人的办法也就多了。

我们两个躺在麦垄里，讨论着晚上的行动路线：先到院头，从野外奔许张保村东，插南善村南，绕南许司马村与南官村两村之间向西北直插杨各庄村东，向西北绕过单铺、仇孙庄，到北京堂村西约2公里远的麦地里隐蔽。遇村都绕村而过，时西时北，估计行程有35公里。还议定，近村时慢行，远村时快走，发现前有疑物黑影时就伏地观察，前方与左右有动静时就卧倒探听。

天渐渐要黑下来，我们吃饱喝足，开始行动。按原计划，告别了大洼，趁天还未全黑拉开距离大步前进，走出几里地，天黑慢行，两人靠近，左顾右盼，时快时慢，搜索前进。走到单铺，东方发白，启明星升起，天快亮了。我俩拉开距离，疾步前进，浑身大汗，走到目的地。我"咳呀"一声，仰卧在地，在齐腰深的、漫无边际的麦海里，自以为跑出了敌人的"扫荡"网，长出了一口气："可到家了……"躺在麦垄里睡着了。

六、巧逢大娘，隐蔽京堂

5月17日。

16日晚走了一夜，屈指算来，走了十多个小时，绕来绕去，走了足有35公里，累极了，躺倒就睡着了。其中有精神关系，紧张的神经突然放松下来，自觉到了家，有了生我养我的这块土地上的可依靠、可信任的家乡群众，一倒下就睡着了！

大约上午8点钟，离我俩睡的麦垄有两里多地，突然听到几声枪响。有许多人叫叫嚷嚷，又喊又闹，我俩听不清喊叫什么，不知是干什么的。一直到快中午了，人们走了，我们又睡着，一直睡到下午，太阳平西才醒。

这时候，我突然间听见了一个非常熟悉的声音，仔细一听，是仇孙庄村赵杏大娘在说话。我喜出望外，急忙喊叫大娘，让她过来，但我仍然不敢爬起来。大娘过来，一看是我，一惊。我高兴地向她说了这几天忍受饥饿的情况。她和我简单说了几句话，就回去给我们做饭去了。没多长工夫，大娘给我们送来了白面烙饼炒鸡蛋。我和景恒早已饿急了，不由分说，顾不了许多，狼吞虎咽，大大地饱餐一顿。

赵杏大娘告诉我们，敌人在离仇孙庄东北3公里的马长屯安了据点，上午到这村西边坟地里见有两个新坟头，日本兵怀疑是假坟，叫民夫挖开看看，闹腾了半天，中午才回去。大娘说：这些日子人心惶惶，鸡犬不宁，东逃西跑。听说大部队都已转移，县区干部也隐蔽起来了。

晚上，我和席景恒到了席景恒家，因为在麦地里吃了赵杏大娘送来的白面饼、炒鸡蛋，肚子已经饱了。景恒他妈见我和景恒有8天没洗脸，没刷牙，眼睛充血，嘴唇干裂、出血，嗓子疼，说话困难，欢蹦乱跳的小伙，熬磨得成了被霜打的花生，可怜我们，心疼得流出了眼泪。她说："孩子们，受苦了，多叫人可怜！"约晚上9点多钟，大娘给我们煮了热腾腾的杂面汤，我喝了两碗加上葱丝的杂面汤，出了满头大汗。景恒的大哥讲了讲敌情。快12点了，我们带上吃的（白面饼、炒鸡蛋）喝的（一壶水）盖的（一条棉被），又到村西南洼麦垄里隐蔽了。

1992年4月30日我曾写了一篇题为《鱼水情——讴歌八路店》的诗，歌颂赵杏大娘，又曾于1999年清明节亲自到仇孙庄村赵杏墓前跪读此诗。

5月18日。

我和景恒到北京堂村西南洼麦地里又隐蔽了一天，平安无事。晚上，按约定又到景恒家吃饭，喝的白面汤，吃的是白面饼、炒鸡蛋，边吃边听景恒的大哥汇报情况。深夜12点，又到西南洼去隐蔽了。又是一天平安无事。

5月19日。

就这样又吃又喝又睡，平安无事。晚上又吃又喝又说又笑，并开始总结经验，谈论如何提高斗争艺术，夺取胜利。

5月20日。

我们又照样在麦地里隐蔽着，什么情况也没有发生，格外的平静。

晚上，我们到景恒家，大哥告诉我们："敌人除留下百十个伪军、十几个日本兵外，'扫荡'的大队人马都撤退到县城去了。其余的人马都驻在马长屯，看来马长屯要安据点了，正忙着修岗楼。……据传，下一步还要'扫荡'，成立伪政权，建立情报员，查户口，建立什么爱护村等。"

我们吃饱、喝足，又到西南洼麦地去隐蔽了。

七、潜回张苑，找到金城

5月21日。

天亮了，还是格外的安静。

我们站起来看看，路上没有行人，村边也很少有人出来，而我们照常警惕着。这时，我俩开始研究下一步的行动计划。

我对景恒说："咱们抓紧这个间隙，分头行动。我赶紧找地委书记金城同志，请示工作，了解形势、任务和上级部署；你在家马上挖地道，建绝密洞，准备隐蔽地点。如果真是敌人暂时撤退了，现在我就动身去和金城同志联系，你看怎么样？"景恒说："好，我马上就找可靠的党员、干部动手挖地洞。越快越好，越多越好，关键是保密。你找到地委，有什么指示，你回来告诉我。"

时到中午，在地里，景恒见到本村熟人，证实敌人撤退、"扫荡"告一段落的情况属实。

下午，我们隐蔽到3点多钟，景恒把棉被、水罐拿回去，我们互相告别叮嘱，约定相会的地点，就分手了。

我步行3华里，路经仇孙庄到赵杏大娘家打听情况，知道大"扫荡"10天来村里人员没有受大的损失，就放心了。

又步行5华里，经过范苑村时到范佩珍大伯家看了看，大娘说人没有损失，也放心了。

又走1华里到了张苑村我家，老母亲见我回来，自然欣喜若狂，先告诉我，父亲回来了，在我舅家隐蔽着，早在"五一""扫荡"前挖好了地道；并告诉我，咱们这家也早挖了地道，这次大"扫荡"没有受损失。

吃晚饭后，我就到本村我舅（本村村长、老党员、老堡垒户）家去。在那里，见到了我父亲，才知道父亲在献交县任县委常委、社会部长、县公安局长、手枪队指导员时，被敌骑兵追累吐了血，不能坚持工作，在"五一"大"扫荡"前就住了八分区医院，住在固店村（离我们村5公里）。为准备迎接大"扫荡"，院党委分配他到附近几个村传播挖地道的经验，他到张苑村，发动党员分片挖地道，这几天大"扫荡"，地道起了大作用。现在大家还在挖。

在俺舅家里还见到了村党支部的李保常、李瑞星、李清海等，并与他们研究了当前工作。

他们又帮助我找到了饶阳县四区区委书记靳树芳。他是八地委书记、饶武献地区工作组的总领导人金城的儿子，是我深州省立十中的同班同学，金兰之盟的盟弟。

我在舅家住了两天，参观了挖好的地道。他们向我介绍了洞口的位置，怎么伪装，气眼设在哪里，枪眼设在哪里，并说这些都是我父亲指导着挖的。

5月23日夜，我们村李保财（饶阳县四区区委的交通员、老党员）在区委书记靳树芳的指挥下，领着我，由我们村南行约8公里到张各庄村王其善家，见到八地委书记金城（他和我父亲是老战友，我称他为金大伯）。

金城传达了上级关于坚持敌后抗战的方针，阐述了党的政策的转变，指出今后要实行"非法斗争"与"合法斗争"相结合，建立两面政权，实施革命的两面政策，开展地道斗争，开展党的活动。

正讲着，突然有人喊："快跑啊，日本鬼子来了！敌人已经包围了村子。"金城临危不乱，指挥若定，沉着地对大家说：不要慌！并告诉大家：不管男女一律脱下衣服，弯着腰出村。因为人的皮肤和土颜色一样，夜幕中不易被发觉。我们就这样出了张各庄村，转移到了桑元村。

5天后，5月28日晚，靳树芳到张苑村我舅家找到我，传达了金城的指示。金城讲：敌人这次是"拉网扫荡，剔篦清剿"，由日本华北方面军司令官冈村宁次指挥，调动5万日本兵，15万伪军，共20多万人"扫荡"咱们这一块。现在，敌人的大部队从咱们这里走了，要"扫荡"滹沱河以北肃宁这一带去了，咱们这里成了敌占区。因此，要暂时按照白色恐怖下那一套方法坚持斗争，听候上级的指示。

金城告诉小靳："分区青救会小韩暂时在饶阳四区帮助你们工作，等地委集中统一研究部署后再说。"

小靳传达完之后说："韩哥，这一带你都熟，党支部的人你也知道，有什么事通过你们村李保财找我，他是我们区委的交通员。"我说："可以，熟悉的村我去，不熟悉的我就不去了，你和村支部说一下，我去找，他们接受就可以。""谁不知道老韩和小韩呀，有名的父子兵嘛！"小靳说。

最后，我把分区抗联通信员席景恒的党的关系转给北京堂党支部的事说了，小靳答应给转，他说："韩哥，你也和支部说一下，咱们都结记着办，以免忘掉，目前太紧张了！"

过了几天，我到北京堂见到景恒。把见金城和小靳的经过和指示、暂时安排都告诉他了。并说："你的党组织关系由小靳找王景云（支部书记）也给转到村里了。"他说："景云已通知我了。"景恒向我汇报了挖地道的情况，并亲自领着我看了他挖的秘密洞，洞口很巧妙、隐蔽，气眼有3个，我夸奖了他一番。以后，这个地道我们曾钻过多次。

八、战略转移，坚持战斗

反"扫荡"过后，进入了非常艰苦的阶段。大片敌后抗日根据地被敌人占领、蚕食，当时称为"地区变质"。这就是说，冀中抗日根据地发生了质的变化，损失很大，工厂、枪厂都"坚壁"了，主力部队也都转移出去了。随着根据地变质和地方党委、政府人员骤减，我们实行战略转移，在艰苦的条件下，坚持敌后抗日游击根据地的各项斗争。虽然单从表面现象看，我们的机关、部队人数是大大减少了，但战斗力却大大增强了，并且大大锻炼了抗日军民，提高了觉悟，活动能力更机动灵活，打击敌人的办法更多了。

我们终于度过了最艰难的岁月。

激战馆陶北阳堡

旷伏兆

旷伏兆，男，1914年1月出生，1929年参加革命，1932年入团，1933年转入中国共产党。1942年冀中"五一"反"扫荡"时任冀中警备旅政治委员。新中国成立后曾任军政委、兵团政委、地质部副部长，空军第一副政委、铁道兵第二政委。1982年被选为中央顾问委员会委员。

1942年5月，日军向我冀中抗日根据地发动了"五一"大"扫荡"。为了保存革命的有生力量，冀中军区适时调整战略，命令我警备旅撤出冀中，越过滏阳河，前往范县地区同先期到达的冀中军区会合休整。

我和旅长王长江率警备旅一部于7月6日（农历五月二十三）拂晓抵达冀南地区馆陶县北阳堡村附近。

晨雾笼罩了整个大地，仿佛空中的白云都飘到了地面似的，我们的队伍此时此刻似乎就置身于半空中，一切都坠入烟海。据派出的侦察员回来报告，现在我们四周都有敌情。从地形上看，北阳堡村地高易守，于是，我们立即进入北阳堡，并迅速展开队形，准备迎击来犯之敌。

警备旅外撤的只是一部分，另一部分则作为六分区留下坚持地区斗争。警备旅由于连续行军作战，相当疲劳，且只有第二团5个连的兵力，而旅机关及收容的冀中军区撤离时失散的党、政、军、群等非战斗人员却有500多人，其中不仅有冀中区党委秘书长吴艳龙、行署教育科长刘凯丰、军区保卫部副部长邓小云等，还包括冀中军区吕正操司令员的夫人刘莎（正在怀孕，已临近分娩）以及冀中区党委电台机要员杨柳和许更生等一些女同志。加之我军新到一地，人生地不熟，敌情又不明，一场胜负难测的遭遇战一触即发。

考虑到部队的实际，我们决定将机关科长以上干部安排到各连，协助指挥战斗。并规定：在战斗中，哪个连队退却，就要拿在那个连队的科长是问。干部分到连队后，立即组织抢修工事，要求固守北阳堡，坚持到夜间突围转移。

在我警备旅到达北阳堡之前，敌人曾准备用半个月时间对这一带实施"扫荡"，当地驻军得到消息后，已奉命外转。我们的突然到来，群众又惊又喜，军民很快汇集成一股强大的抗日洪流。

天刚放亮，日军一个联队，伪军2000余人，在各种火炮掩护下，即按计划开始向北阳堡进发。隆隆的炮击声，震得天摇地动，火光四起，梦中的孩子被吓得哇哇直哭。

进出北阳堡的一条主要通道在村东口，这条通道同时也是敌人主要的攻击方向。村口最高处有一土地庙，我们将唯一的一挺重机枪就架设在这儿。敌人试图从这里进村，当即遭到我火力还击。

使敌人迷惑不解的是：明明"八路"已撤离，为何村里还有强大火力还击？甚为奇怪。

敌人不相信眼前事实，先命令部队强行向村里冲，可经过几次冲击，就是找不到进村的突破口，敌人后来不得不正视一个事实：眼前对手不是游击队！

于是敌人命令部队沿北阳堡四周展开，全线出击。大有进不了村也要把我们困死在村里之势，战斗异常激烈。

这天，气温很高，骄阳照在身上火辣辣的，敌人在空旷的麦地里更是一个个烤得简直要流油似的。

由于不了解村里的真实情况，敌人的进攻就像无头苍蝇，到处乱扑。经过一上午的激战，敌人未能越雷池半步，一无所获。相反，敌人的尸体横七竖八，躺倒在阵地上。我仅有的一挺重机枪就消灭了80多名日军。

战至中午时分，指挥员们虽然个个汗流浃背，但精神抖擞，斗志愈加旺盛。北阳堡牢牢地控制在我们手中。

敌军指挥官凭借有日军一个联队、伪军2000人及优良装备的优势，不相信对付不了一个小小的村庄。此时的日军指挥官就像输红了眼的赌徒，开始命令部队向村子里施放毒气。浓浓的毒气熏得人们头晕目眩，睁不开眼。乡亲们把熏倒的战士纷纷抢着往自家抬。他们给战士喂水，往脑门上敷湿毛巾，直到战士完全苏醒过来。我们的指挥部设在离机枪阵地不远处的一幢民房里，敌人的毒气弹袭击了我们指挥部，顷刻间使我踉踉跄跄。乡亲们发现后，立即要将我转移。作为一名指挥员，最关键时刻不能离开指挥位置半步。乡亲们见拗不过我，进而轮流给我递凉毛巾、送水……电台破坏了，乡亲们又争相为我们传递信息。战斗中，人民群众给了我们极大的支持。

经过多半天的激战，未能占到任何便宜的敌人，恼羞成怒，遂调集火炮、毒瓦斯集中对付村东口，企图从这里打开进村的突破口。猛烈的炮火，将土庙夷为平地并被占领。我重机枪被重重地压在下面，机枪手壮烈牺牲。形势急转直下，我失去了唯一的一挺机枪，火力大大削弱，情况对我极为不利，万分危急！

我警备旅自1939年组建以来，既未打过防御战，也从未与一个联队以上的日军交过手。有些同志，特别是一些从旧军队过来的同志，心里有点儿犯嘀咕。但是我们有健全的党组织，有一批红军干部，有能征善战的指战员，同时还有1940年打国民党顽固派朱怀冰时缴获来的大批弹药。我们深信：没有战不胜的敌人，只有战不胜的自己，胜利一定属于正义的中国人民！

"我是共产党员，让我去夺回重机枪！"

"我们是共青团员！"

"我们是干部！"

"我们都是中国人！"

"首长，下命令吧，只要我们活着，我们就要把失去的阵地夺回来，我们将与阵地共存亡！"

誓死的求战，强烈地震撼着全体指战员志在必胜的心。

一连长、红军干部姚祖会，在强大火力的掩护下，率领一个排冲入敌群，一举将立足未稳的敌人击退，夺回了机枪阵地，扒出了重机枪和牺牲的机枪手。

经过一个白天的激战，敌人不仅未能把只有5个连兵力和500余非战斗人员把守的一个村攻下，阵地上反而到处横陈着日本侵略者的尸体、汽车、死马、零乱的枪支和残破不堪的"膏药旗"。敌人被击毙1个联队长、3个大队长及日伪军400余人后，不得不甘拜下风。

夕阳隐没进遥远的地平线，黑夜已经悄悄降临，恐惧夜战的敌人暂停了进攻。冒着酷暑，没有喝上一口水，在热浪滚滚的阵地上战斗了一天的敌人，此时就像霜打了的叶子，全都蔫了下来，一个个就地横卧。

突然，天空电闪雷鸣，狂风大作，伸手不见五指。惯于近战和夜战的我军指战员见时机已到，匆匆将牺牲的重机枪手掩埋到村东口南侧的一个深坑后，不等敌人再次动手，我们未放一枪，即顺利跳出了敌人的包围圈，扬眉吐气地踏上奔向目的地的征程。

敌人半个月的"扫荡"，被我一次次地粉碎。

我们踏着晨雾进入北阳堡，同敌人激战一天，把日本强盗打得晕头转向后，顶着狂风，摸黑又冲出了敌人包围圈。

这次战斗，上了《晋察冀日报》，当地的县文化馆更是将这个故事编成快板书《神兵》，几十年来在群众中广为流传并成为佳话。同时，短促的北阳堡之战，也给这里的乡亲们长时间留下了一个谜：子弟兵是哪个部队的？他们现在何方？

因此，当冀中警备旅的一名老兵再次踏上这块神奇热土时，谜底终于揭开了。人民群众不经组织，全村出动，夹道欢迎，这不是对某个人的崇拜，而是对共产党、八路军的敬仰和爱戴，对日本侵略者的憎恨！

冀中七分区"五一"反"扫荡"回顾

苏锦章

1942年5月1日，日军开始对冀中根据地，包括安国、定县、无极、深泽、晋县、束鹿、深县、衡水、武强、献县、肃宁、饶阳、安平、蠡县和博野等县，进行了一场以鲸吞冀中根据地为目的的大"扫荡"，史称"五一"大"扫荡"。

空前的"扫荡"使七分区遇到空前的困难

1942年五六月间，冀中七分区机关和主力的反"扫荡"，是在极其困难的情况下进行的。

第一，1941年至1942年4月，敌人在七分区新建碉点58个，我游击区、根据地被敌人"蚕食"近三分之一，被敌人"蚕食"的地区起了质的变化。一部分变为敌占区，大部分变为游击根据地。在这种情况下，我分区武装斗争形式还没有转变，游击队退出来，部队进去后在那里站不住脚，活动受到极大的限制。

第二，各级领导对敌情和我情都不十分清楚，上下级之间的联系时断时续，难以实施正常的指挥。

　　敌人"扫荡"突然开始后，各级各单位的情报站和交通站的人员，也同部队和群众那样都独立紧张而且全力地进行反"扫荡"，因而，情报站和交通站都随之瘫痪了。

　　这样一来，内线关系有情报无处去传送；交通员和通讯员活动受到极大限制，文件无法传递；侦察员活动也受到极大限制，敌情难以侦察。就是无线电通讯的联络时间也难以保证。电报时常不能按时发出和接收，以致各级不但难以了解战役情况，就是一二十里之外的战术情况也很难了解，甚至临近村庄有无敌军和我军也往往不了解。

　　部队分散活动后，虽然也规定了联络地点，但是由于各部的位置变动快而且多，当派出的通讯员回去后，部队转移了，而找不到他们的位置；同时，联络地点也时常发生意外情况，难以起到它的作用。所以，上下级之间的通讯联络时断时续，彼此发生了什么问题难以及时了解。

　　本来，战争中要求指挥机关尽量保持稳定性，以实施不间断的指挥。但是，由于分区和两个团的机关徒手人员多，没有战斗力，目标大，成为敌人追逐的目标。如在五六月间，分区机关就被敌人包围达12次之多，平均每5天就被敌人攻击一次。分区和各团的指挥机关，在这种自顾不暇、对敌情和下情又都不大了解的困难环境中，当然就不可能及时地进行反"扫荡"指挥。

　　上级部队如此，营、连同样困难很大。他们难以及时向上级反映情况，难以及时得到上级的指示。一般只是从群众、村干部以及我派出的两面政权人员中去了解敌情，也凭借着过去的反"扫荡"经验，独立自主地同敌人周旋。

　　第三，失去了根据地的依托，我军简直"无立足之地，无喘息之机"。

　　自5月下旬以后，敌人守备队在其"扫荡"队掩护下，在我根据地里修碉筑路，我根据地逐渐被敌人细碎分割，变为游击根据地。

　　在游击根据地进行反"扫荡"的我军，经常处于敌人碉点包围之中。当时，我分区部队、游击队还没有系统地转变武装斗争形式。因而，就得不到两面政权人员和群众有力的掩护。当我军驻某一村庄休息时，时常同抓夫、拆房、修碉、筑路、挖沟、架电话线、平道沟、查户口、抓干部和敲诈勒索的敌人守备队相遇；有时又与敌人的"扫荡"队相接触。即便避开了这部分敌人，却不易避开另一部分；即便避开了这一次，却难以避开另一次。当打击了这一部分敌人后，另一部分则很快蜂拥追逐上来，接着又继续打起来。而且这种接触，很少是有计划的。如第二十二团叶团长率该团主力和藁无县大队，在5月初的3天内，在藁无县的东北部，就同敌人连续打了11仗；第二十二团总支书记贺明率领的该团二连，于6月26日一天，在安平县城北一带，就同敌人连续打了3仗。

部队在这种无根据地作依托，连续作战、连续被敌人追逐的情况下，根本得不到休整。5月31日冀中区党委和军区在《关于坚持冀中的工作指示》中指出："敌人反复奔袭我主力与机关，使我无立足之地，无喘息之机。"这深刻地反映了当时我军失去了根据地作依托的艰难处境。

第四，军队后方被敌人摧垮，我军的物资补给和伤病员医疗，都无法保障。

敌人"扫荡"突然开始后，我们便仓促地将军械修理器材、弹药和制作被服的各种器械和物资"坚壁"起来；后方工作人员和伤病员都被敌人冲散，有的被敌人杀害，有的被群众掩护起来，有的因无处藏身而被迫回到家乡。我分区军民5年来用血汗建立起来的小规模的后方，暂时被敌人摧垮了！

卫生所被敌人摧垮后，伤病员则无处收容，无处疗养；在哪里打仗，就将牺牲的同志掩埋在那里的战场上，将伤病员就地"坚壁"在那个村庄的群众之中。抗战5年来，我军虽然同群众建立了深厚的鱼水情谊，群众把掩护我军伤病员早已作为义不容辞的责任，但在残酷的反"扫荡"中，群众自身尚且难保，对掩护伤病员当然就力不从心。所以，伤病员不但缺医少药，而且也难以栖身，以致不少的同志被敌人杀害。

修械所、造弹厂和被服厂被敌人摧垮后，我军的弹药来源被断绝了（缴获敌人的弹药是很有限的），武器不能修理，被服不能补给，军队的补给处于极端困难之中。

第五，由于一部分群众怕敌人报复，因而不愿让我军在该村驻防和打仗，使我军遇到了抗战5年来从未有过的极大困难。

"五一"大"扫荡"中，敌人妄图实行"竭泽而渔"的政策，以期消灭我军，摧毁我根据地。他们凡是发现我军在哪个村庄住过，在哪个村庄打仗，就大肆烧杀。他们化装成我军，抓捕干部，破坏我们的地方组织，妄图陷我军于绝境。

"五一"反"扫荡"开始以来，群众十分关怀子弟兵的安危，千方百计地支援、掩护。由于敌人的阴谋，群众有的怕敌人烧杀，有的怕上了敌人的当，还有的怕我军受损失，所以就出现了不愿让我军驻防和在村内打仗的现象。致使我军不能得到群众的掩护和支援，遇到了抗战5年来从未有过的极大困难。

第六，"打"与"走"发生了严重的矛盾。自5月下旬以来，我根据地逐步被敌人的碉点沟路所分割，敌人的碉点间逐步构成了步兵的火力联系。我军遂处于敌人战术包围之中。我们的驻地既是宿营地，又是战场；既是前方，又是后方，随时都有被敌人包围、合击的可能性。

按当时敌人各个碉点兵力数量来说，找到并不困难，战机也很多。问题是打了第一仗之后，下一步不好办。如果在这儿不动，那么，多处的敌人就必然会很快蜂拥赶来，结果越打敌人就越多，最后还是要被迫撤出战斗。在平原，特别是在敌人把我们于1938年开挖的道沟大部平毁后，被迫撤退的后果更是不堪设想。如果要转移，那么，敌人就会以其碉点林立的有利态势、有利的交通条件与快速的骑兵，对我军前堵后截，我军也很难顺利地走出去。当时那种"好打难走"的特殊情况，给我军作战造成了空前的困难。

事实上，我分区部队、游击队，在1942年的五六月间，以及其后的整个"五一"反"扫荡"中所受到的损失，多半是在走的当中出了问题；而在打的中间所受到的损失则是很少的。当然有的是县、区游击队，曾因为敌人施放毒气受到了损失。

第七，我区干部和群众曾一度产生的相当严重的混乱现象，也使我军遇到了空前的困难。

由于上级领导对形势估计不足，对敌人这种性质的"扫荡"没有相应的准备，所以，当敌人的"扫荡"突然展开，特别是到了5月下旬，我区干部和群众在思想、政治和组织上，即一度产生了相当严重的混乱现象，使我军不易得到地方和群众的有力支援。

在极端困难的环境中，反"扫荡" 取得了巨大的胜利

据不完全统计，从5月1日至7月10日，七分区两个团共作战142次，其中第十七团60次，第二十二团82次。毙伤敌伪军约3500人，毙敌第二十六师团独立步兵第十二联队（一说为步兵第八联队，下同）第一大队长管泽直记少佐、伪正定道尹。伤敌第二十六师团独立步兵第十二联队长坂本吉太郎大佐，独立骑兵第一一〇大队长加岛武中佐。俘日军15名。敌第二十六师团独立步兵第十二联队主力和独立骑兵第一一〇大队均遭我军歼灭性的打击。其中第十七团歼敌约1570人。第二十二团歼敌约1900人。毁敌碉堡两座，毁敌桥梁5座，破敌公路约30公里，平敌封锁沟约10公里，缴获轻机枪二挺，掷弹筒二具，步枪20余支，子弹2500余发（游击队配合两个团战斗时的战果大部分统计在内）。

经过70天的连续战斗，第十七团由反"扫荡"前的1950人，增加到2000人，枪增加47支；第二十二团由反"扫荡"前的650人，增加到1025人，枪增加百余支。第十七团的第七连，在反"扫荡"中全部由日军武器装备起来，荣获"战斗模范连"的光荣称号，连长王春荣获战斗英雄称号。

在70天的连续反"扫荡"中，分区机关伤亡约20人，警卫分队伤亡数十人；第十七团伤亡约120人；第二十二团伤亡约180人，合计不到400人。

在两个多月残酷的反"扫荡"中，我分区机关和两个团，保存和壮大了自己，重创了敌人，并取得了以下几个方面的胜利：

一、分散调动了敌人。

本来，敌人"五一"扫荡的矛头是指向我根据地的，由于我分区在上级的正确领导下，贯彻了"敌进我进"的外线作战的反"扫荡"方针（当然还有其他方面的原因），所以使敌人增加了后顾之忧。于是，敌人于7、8、9月间在我根据地继续建碉堡的同时，不得不返回头去，在其占领区加大碉堡密度，以巩固其"治安"区。

据概略统计，7、8、9这3个月间，敌人在我分区新建的70来个堡碉中，在其纵深就新增加了30来个。

敌人在其纵深增大碉堡密度的结果，就分散调动了敌人，减轻了对我中心区的压力。

二、掩护了我分区战略转变。

1942年6月21日冀中区党委、军区《关于青纱帐时期工作指示》中指出："目前紧急任务，一方面必须坚决迅速完成公开干部与正规军之转移与撤退；一方面必须抓紧青纱帐宝贵时期，迅速克服思想上政治上组织上的混乱现象，布置工作，巩固新阵地，完成斗争形式与组织形式的转变。……斗争形式应广泛运用革命两面政策与小的隐蔽的武装斗争互相连结，互相配合。组织形式是短小精干的非法组织与利用公开半公开合法组织，互相连结，互相配合。这一转变的完成，是决定今后坚持的关键……"

我分区部队、游击队积极地打击敌人，赢得了实施这一伟大战略转变的时间。群众、领导和我军相结合，比较顺利地实行了斗争形式和组织形式的转变；冀中区、兄弟分区和我分区的大批地方干部和军队干部，在我部队掩护下，分批而又较为顺利地转赴北岳区；第二十二团还掩护了九分区第十八团转赴北岳区；随后，第十七团的主力也顺利地转赴北岳区。这一战略转变的顺利实施，成为我区此后坚持斗争的关键。

三、适时而主动地执行了当时当地的政治任务。

部队、游击队与地方干部、群众、两面政权人员相结合，采取新型武工队的形式保卫麦收，减轻了群众负担，打击了抓捕干部之敌，保护了群众利益。

四、保证了地委、专署机关的安全。

两个月中，地委、专署机关在分区掩护下，没有受到损失，这对此后地委、专署领导我区军民取得"五一"反"扫荡"的胜利，是有其重要意义的。

五、初步取得了在平原游击根据地坚持游击战争的经验。

隐蔽的武装斗争为主与两面政策相结合的经验，与敌人的碉堡政策相适应的作战方法，以及地道战的经验等，虽然是初步的，但却是非常宝贵的，它为我区军民打破敌人的"正式清剿"，取得"五一"反"扫荡"的完全胜利，在战略和战术方面奠定了基础。

六、进一步发扬了近战作风，提高了部队战斗力。

反"扫荡"中，我分区部队、游击队，在相当多的战斗中，往往是当敌人进到我手榴弹投掷距离之内才开火，不但节省了弹药，而且提高了命中率。据统计，第十七团平均约1.2发子弹和0.5枚手榴弹毙伤一个敌人。第二十二团平均约4.8发子弹和0.7枚手榴弹毙伤一个敌人。6月9日，第二十二团主力在晋深无县东北部宋家庄村同2000来个敌人打了一天，毙伤敌1000多人，仅消耗子弹900发，手榴弹1700枚。第十七团第三营两个连，在藁无县刘家佐村，同700多敌人打了一天，毙伤敌近200人，仅消耗子弹千余发。这种近战战术的采用，大大提高了部队战斗力。

还必须指出的是，在两个月极端困难的反"扫荡"中，分区和两个团，基本上都是按照上级所规定的时间、作战地区来完成各项任务的。

回忆起来，我分区在那种极端残酷的战争中，能够取得如此巨大的胜利，确实是来之不易。

敌进我进　狭路相逢勇者胜

"今年打败希特勒，明年打败日本"的口号的提出，对部队起了一些鼓舞作用。

两个月的反"扫荡"，分区主力在上级的正确领导下，并结合本身过去的反"扫荡"经验，深入地贯彻了"敌进我进"的外线作战的反"扫荡"方针，因而基本上避开了敌人的"扫荡"队，打击了敌人守备队。

5月1日，冀中风云突变，敌人兵分8路，向我分区汹涌扑来。5月1日拂晓，敌人北集团从保定南下，当日下午进抵蠡县、博野、安国县城之线待机；敌人西集团，以步骑兵约六七个大队的兵力，在定县、新乐和无极等县敌守备队配合下，兵分7路，从东亭、定县、新乐、东长寿、寨里、郭庄和无极等7个据点出动，"合围"定南县沙河南重镇邢邑，企图将沙河南、滹沱河之间我分区西部之中心区，从定县和无极南北之线切断，以压迫我军东去，并阻止我军向北岳区转移。

5月2日，敌北集团从蠡县、博野和安国之线向南齐头并进，越过沙河、潴龙河后，即作宽大正面展开，向滹沱河北岸逼进；敌西集团从沙河和滹沱河之间地区，向安平县滹沱河以北地区东去，与其北集团会合。

5月2日至5月10日黄昏前，敌人北、西两集团在安平县滹沱河以北地区反复"扫荡"；同时，还以一定兵力在定安路以南沙河以北地区反复"扫荡"，妄图诱迫我军主力南越滹沱河就范。

在此期间，定县、新乐、无极、深泽和安平等县之敌，在其"扫荡"队的掩护下，共建立碉点约20个，并开始修筑安平至安国、定县至邢邑和无极之间的公路，在其碉点所据和附近村庄建立伪政权。

反常的情况是，我滹沱河以北的中心区战火纷飞，而滹沱河以南的根据地却异常平静。

久经战争考验的我分区第十七团、第二十二团，虽然当时还不了解敌人"扫荡"的性质及其第一期的作战阴谋，但是却凭借着过去的反"扫荡"经验，贯彻"敌进我进"的外线作战的反"扫荡"方针，有的向敌人纵深挺进，有的仍在敌人"扫荡"地区的边沿地区打击敌人的守备队，避开了敌人的"扫荡"队，从而打破了敌人诱迫我军主力向"三角地带"转移的计划。

5月1日，驻在定南县沙河南邢邑村东北4公里油味村的第十七团直属队，发现从东亭据点和定县城出动的两路敌人越过沙河向市庄和邢邑村平行前进时，闵洪友团长即率领团直属队向北越过沙河，转移到定安路南敌"扫荡"地区的边沿地区，避开了敌人的"扫荡"队，打破了敌人诱迫我军主力向"三角地带"转移的计划。同日，驻在定南县市庄村附近的第十七团第二营，当发现敌人向市庄村前进时，即转向东去。5月2日，我一部与敌人西集团在安平县西北地区接触后，即转移到沙河以北安国、定南县敌"扫荡"地区的边沿地区，同样避开了敌人的"扫荡"队，打破了敌人诱迫我军主力向"三角地带"转移的计划。

同日，驻在定南县西南部、新乐县东南部、藁无县东北部的第十七团第三营，避开了敌人的"扫荡"队后，仍在敌人"扫荡"地区的边沿原任务地区坚持，打击建立碉堡体系的敌人守备队。

同日，驻在晋深无县西北部、藁无县东北部的第二十二团主力，在左叶团长率领下，连续打击无极县配合敌人"扫荡"队行动的守备队。

5月1日，分区、地委和专署机关，从滹沱河北一同转移到滹沱河以南地区。

5月2日，在安国县伍仁桥村一带的第十七团第一营，也转移到滹沱河以南地区。

由于我分区主力在敌人第一期作战中，贯彻了"敌进我进"的外线作战的反"扫荡"方针，所以避开了敌人"扫荡"部队，基本上没有误入敌人预设的"邀击"圈——"三角地带"。

5月10日黄昏，敌人北集团在安平县西北之滹沱河以北地区展开，并以一部兵力封锁了深泽县城以东至安平县城北辛营村之间的滹沱河。

同日晚，敌独立混成第九旅团增兵晋县和深泽。敌人机动兵团第四十一师主力，按计划于第一期作战后期，从山西省临汾地区向战场开进。当5月7日进至石门时即实行佯动，向邢台、邯郸方向开进。5月10日夜间，经石德路快速进入交战状态。

5月10日黄昏后，第十七团第一营位于晋深无县东南部的孝敬村，11日拂晓前跳到深县以西沧石路北侧地区，避开了敌人的"合围"；地委、专署和分区机关位于安平县西南部的角邱村。

分区首长发现敌人于5月11日"合围"深（泽）、晋（县）、深

（县）、安（平）地区的企图，并判明了敌人的"合击"点为角邱村。地委书记张达、分区司令员于权伸等（当时分区吴西政委随第十七团行动）当即决定地委、专署和分区机关分为两部分。地委、专署机关和分区政治部（约七八百人）由地委书记张达、分区政治部副主任甘春雷率领，由分区警卫连一个排和地委警卫营掩护；分区司令部、供给部、卫生部由分区司令员于权伸率领，分区警卫连（欠1个排）和第二十二团第四连掩护，当晚离开这个地区，以避开敌人的"合围"。

5月10日晚分开活动后，于权伸率领一部越过深（县）、安（平）路东去；张达、甘春雷率领另一部向深泽城南、晋县城北的敌人纵深挺进。

5月11日拂晓，敌人北集团及新组成的西、南两集团，在深泽、晋县、深县和安平敌人守备队配合下，分多路向安平县西南部的角邱村"合围"前进。

敌北集团越过滹沱河后，即按照其预先准备的"撒网战法"，携手向角邱村方向"合围"前进，敌西集团左纵队分两路向角邱村"合围"前进。张达、甘春雷率领的队伍，大胆而巧妙地在敌人左纵队两路之间隙逆流西去，顺利地跳出了敌人的"合围"圈。5月12日拂晓前，复渡滹沱河北去转移到定南县东南部的东内堡村敌人"扫荡"队的后面。张达以风趣的口吻对甘春雷说："我不是神仙，谁是神仙？"地委、专署机关有些同志深有感触地说："真是战争争谋、打仗打将啊！"我地委、专署机关、分区政治部和第十七团第一营，未损一根毫毛。

5月12日，敌人对深（县）、武（强）、饶（阳）、安（平）地区，开展了"合围"作战。

5月10日晚，于权伸率领另一支队伍，转移到深（县）安（平）路以东饶阳县属北韩村。

敌人北、西两集团，于11日黄昏，以同样方式封锁了安平城以北至五毛营村之间的滹沱河，封锁了大同新至礼门寺村之间的深安路。

分区于权伸司令员、尹诗炎副司令员，判明敌人于5月12日要"合围"深安路以东地区，故决定当晚离开这个地区。同时，还决定再分为两部分活动。一部分为司令部，由于权伸率领，第二十二团第四连掩护；另一部分为供给部、卫生部，由尹诗炎率领，分区警卫连（欠1个排）掩护。

于权伸率部从安平城与其北的滹沱河畔辛营村之间转移到安平城西北，以跳出敌人的"合围"圈。这一决定无疑是正确的。但是当队伍越过安平县城东继续向西北方向前进时，他改变了决定，企图向北经王庄村过滹沱河北去。不料，当队伍刚到王庄村，敌北集团右翼已逼近王庄村。在第二十二团第四连的有力掩护下，又按原计划向西在安平县城至辛营村碉堡之间跳出敌人的"合围"圈，机关无一伤亡。英勇的第二十二团第四连第二排的指战员，在掩护分区机关转移中大部伤亡。

尹诗炎改变了决定，率领供给部、卫生部继续东去，结果于5月12日在饶阳县南部的胜水村遭敌"合围"，机关伤亡三四人，被俘一人，警卫分队也没有多大伤亡。

敌人在其第二期作战中，"合围"我主力部队和党政军机关的阴谋没有得逞。地委、专署、分区机关打破敌人"合围"，转危为安，对尔后领导我区军民坚持"五一"反"扫荡"，并取得完全胜利，有其重大的意义。

不但这样，在其"扫荡"边沿地区的敌人守备队，遭到我第十七团和第二十二团的沉重打击。据不完全统计，5天中战斗约20多次，毙伤敌伪约200余人。其中由第二十二团左叶团长率领的该团主力、第十七团一个连和藁无县大队，于5月13日在晋深无县西部的王先、小吕村伏击战斗中，创造性地采取了武装斗争为主与两面政策相结合的斗争形式，沉重地打击了曾被敌人第一一〇师团长吹嘘为"模范地区的模范队"的独立骑兵第一一〇大队，毙伤敌人110余人，获敌战马40余匹。伪正定道道尹被击毙，敌骑兵大队长加岛被打伤。

敌人的第二期作战结束后，敌"扫荡"队一面调整部署，一面开始对我原中心区进行"扫荡"的准备工作。经过10多天的准备，于5月27日开始了对我分区的第三期作战。

在敌人的第三期作战开始以前，我第二十二团主力，继续在晋深无县的西北部、藁无县的东北部敌"扫荡"的边沿地区，打击敌人的守备队，于5

月23日带领藁无县大队一部，第三次在赵户村进行了激烈的地道战，痛击了驻无极县城的守备队独立骑兵第一一〇大队，毙伤敌伪军80余人。

遵照5月15日冀中区党委、军区《反敌"清剿"指示》提出的关于"各线主力军不是分散活动，而是集中一定兵力袭击重要城镇及交通线"的精神，以第十七团主力数次挺进到敌人纵深处打击敌人。

5月18日，第十七团第二营由谢洪恩营长、杨鼎昌教导员率领，虽奔袭定县城未果，但毁敌城关桥梁一座。

5月22日，第十七团第三营（含藁无县大队）由营长杨德敬、教导员高占杰率领，挺进到东长寿东南9公里的刘家佐、北乔寨村。当日就遭到邯郸、东长寿、寨里和南孟等据点敌守备队的进攻。激战竟日，毙伤敌伪军170余人。黄昏后，被迫返回我原中心区。这次战斗，是我军第一次在敌人碉点包围中遭到进攻时，不作被迫转移而实行的村落防御战，保存了自己，消灭了敌人。

5月25日，第十七团第二营由该团政治处主任赵绍昌率领，挺进到定南县唐河右岸的齐堡村。当日上午歼灭该村以东的泉邱村碉堡之伪治安军四五十人后，即转移到唐河以北望定县的白家庄村，当即遭到定县、东市邑、清风店等据点和唐河以南几个碉堡的敌人的进攻。激战至黄昏，毙伤敌伪军110余人。之后，被迫退回我原中心区。

5月27日，配置在定县的敌守备队第一一〇师团第一六三联队第一大队的主力，在汉奸配合下，对坚守北疃村地道的定南县游击队和民兵展开了猛烈的攻击。敌大队长大江若芳秉承联队长上坂胜的旨意，施放了窒息性毒气，制造了惨绝人寰的"北疃惨案"。我守军和群众受到严重伤亡。

同日，第四十五区队（第一、三连）因区队长刘进指挥失误，遭敌"扫荡"队"激击"，在束晋县杜合庄村一带受到严重损失。

5月30日，敌第二十六师团独立步兵第十二联队第一大队和第一一〇师团第一三九联队第三大队，向深泽城东北的白庄村发动了猛烈的进攻，并施放毒气。遭我第十七团三连、警备旅赵营余部和晋深无县大队（一部）、民兵的痛击，歼敌伪军300余人，击毙敌第二十六师团独立步兵第十二联队第一大队长管泽直记少佐（过去报道毙敌晋藤联队长，不确）。

5月27日，第十七团团长闵洪友率领该团第三营，挺进到藁无县北部的梁家庄和北孟村，当即遭到邯郸、东长寿、南孟、寨里和郭庄等据点敌守备队六七百人的进攻。激战竟日，毙伤敌伪军190余人。黄昏后，返回我原中心区。

6月6日，第二十二团总支书贺明率领的该团第二连、藁无县游击队和民兵一部，挺进到无极县城西北的里贵子村，当即遭到无极县城等据点步骑兵的进攻。敌人进攻受挫后，不得不从正定、石门增来援兵，总计敌人兵力达千人以上。激战一天，夜间我顺利突围。敌人伤亡200人上下，我伤亡20余人。里贵子村战斗，创造了村落坚守防御和夜间分散突围并将主要突围方向指向敌人来攻方向的宝贵经验。

同一天，第十七团第一营，由刘家鹄营长、梅斌教导员率领，在敌人"扫荡"地区的边沿地区深北县西北部的禅院村，打击了安平、深县等碉点的来犯之敌。

值得称道的是，在敌人第三期作战中，基本上是"徒手队"的我地委、专署机关和分区政治部，在地委书记张达、政治部副主任甘春雷率领下，也乘敌人兵力不足、后方空虚，数次大胆地挺进到敌人纵深处，转变武装斗争形式，在两面政权人员的掩护下，避开了敌人"扫荡"队，保存了自己，震撼了敌人。

悲壮而典型的村落防御战

6月8日，敌人通过无线电侦察发觉了我分区机关、第十七团和第二十二团（欠一、二连）的位置，遂由敌华北方面军决定，由敌第一一○师团步兵第一一○团长白泷理四郎组织指挥其直属的和配属的敌第二十六师团独立步兵第十二联队的两个大队（所谓坂本支队）共约6个大队的兵力，于6月9日对我分区主力展开了决战，进行了马阜才会战和宋庄战斗。

马阜才会战

6月4日，冀中区党委、军区发出《各分区的大团转赴北岳区》的电示。其中决定第十七团的两个营迅即转赴北岳区，另一个营待第三十六地区队主力归建后，再转赴北岳区。

6月8日拂晓，分区机关转移至解家庄以东的胡阜才村，部署第十七团实行战略转移的工作，当晚在原地未动。

6月8日，第十七团（欠第一营）于定南县沙河南东、西城、解家庄和北疃村集结待机，准备转赴北岳区。当晚在原地未动。

6月9日拂晓，九分区的第十八团从晋深无县东北部的东固罗村，转移到第十七团驻地东城村以东的东、西赵庄村，准备转赴北岳区。

同时，第二十二团（欠一、二连）由晋深无县东北部的西固罗村，转移到第十八团驻地东赵庄村以东的大定村。

上述单位，分驻于东西长不到10公里彼此相邻的8个村庄内，而且分区机关和第十七团都与第十八团和第二十二团没有联系，互不了解。

敌人"扫荡"队制定了由其约4个大队的兵力，采用"居座战术"和"激击战术"，与我分区机关和第十七团决战的计划。6月9日晨，敌人约一个大队兵力，从定安路分两路南下。一路约一个中队以上的兵力，经定南县东部的渠头、佛佃村，隐蔽地占领了马阜才村以北1.5公里许的河堤，企图以伏兵堵击我军北去。当敌人进至渠头村时，曾与我第三十二地区队一部接触。另一路敌人也约一个中队以上的兵力，以同一目的和时间，经定南县东部的圣佛头村，隐蔽地占领定南县沙河左岸的大王耨村。

当该敌一部占领大王耨南之河堤时，与从滹沱河右岸安平县西部郝村归来的我第十七团第一营先头遭遇。该营主力在其先头分队的掩护下，经西王耨村向以北的圣佛头村方向转移。

6月9日夜，敌"扫荡"队第一一〇师团约3个大队的兵力，从滹沱河以南地区分两路向分区机关和第十七团驻地开进。

敌左纵队约一个大队的兵力，经定南县东南部的木佃、东湖村向北疃和西城村方向开进，企图压迫我军向东北方向转移，逼我就范。约于10时，敌人即在南疃村展开，右路向西城村第十七团第二营进攻，当即被我阻止；左路向北疃村第十七团第三营的一个连进攻，该连向其东的解家庄营的主力靠拢后，同该营主力一同向其东的胡阜才村转移。

敌右纵队约两个大队的兵力，经定南县东南部的丁村向东、西赵庄开进，企图压迫我第十七团和分区机关北越沙河而就范。10时许，敌人发现我第十八团后，即在赵庄村南展开，一路约一个大队的兵力，向驻赵庄的我第十八团进攻；另一路约一个大队兵力，经大定村向沙河左岸的杨阜才村迂回。当发现我第二十六团后，即仓促展开。我第二十二团给敌人以火力杀伤后，即向东南方向的西固罗和段庄村之间转移。

第十八团与敌稍事接触后，即向沙河左岸杨阜才村方向转移。

当第十八团与敌接触后，分区机关即越沙河向马阜才村方向转移，不料经过马阜才村北之时，即遭到埋伏在村北河堤上的敌人堵击，被迫返回马阜才村内，向村东的杨阜才村转移。当先头到达杨阜才村时，经大定村向杨阜才村迂回的敌人先头，已进到该村村沿。于是，即分为两部分散突围。大部复返马阜才村向西经西王耨、西城村，在第十七团的掩护下，转移到西南方向定南县的油味村；一部向南突围至定南县丁村。在突围中，分区机关干部（人员）伤亡十来人，警卫分队伤亡很少。

第十八团先头撤至杨阜才村时，即遭到经大定村迂回至杨阜才村的敌人阻击，被迫折向马阜才村北转移，不料遭到该村村北河堤上敌人伏兵堵击。在此危急时刻，由杨阜才村和由赵庄经马阜才村的敌人一齐赶来，前堵后追，我腹背受敌，在马阜才村北受到了较大的损失。

第十七团第三营遭西路敌人左纵队进攻后，即经胡阜才村向东转移。刚出村不远，便发现附有坦克的东路敌人沿沙河西来，于是又迅速返回胡阜才村进行村落固守。与西路敌人左纵队打到天黑后，即向其南的西赵庄村突围，钻入该村地道隐蔽。这路敌人付出了巨大代价，我第三营却伤亡很少。

当西路敌人右纵队展开向第十七团第二营进攻时，位于东城村的第十七团直属队，在第二营的掩护下，经东湖村向其西南的油味村安全转移。

至此，马阜才会战即告结束。除第十八团因地形不熟和背敌转移受到了较大的损失外，我分区机关和主力不但没有受到损失，反而给予敌人大量的杀伤。

宋家庄之战

在晋深无县西北部、藁无县东北部敌人"扫荡"地区的边沿地区，坚持了近40天反"扫荡"的第二十二团一、二连，于6月8日晚经定南县东南部的七级村，转移到我原中心区深泽城东北7.5公里的宋家庄村，打算在此地稍作休息。与他们同往的还有警备旅赵营余部、藁无县大队一部和两个区小队，以及晋深无县大队一部和一个区小队。

敌人6月8日无线电侦察，发觉我第二十二团主力（由梁达三政委率领）于晋深无县东北部的西固罗村后，位于滹沱河以南地区的敌第二十六师团独立步兵第十二联队——坂本支队，遂制定了"围歼"我第二十二团主力的计划。

坂本吉太郎联队长，率直属队3个步兵中队，于6月8日由安平县西南部的角邱村向其北的子文据点集结。6月9日零时出发，向西固罗村东侧合击前进；该联队第一大队主力，于6月8日黄昏时在深泽城集结，6月9日零时出发，向西固罗村西侧合击前进；该联队第二大队主力为预备队，于6月8日从安平城出发，黄昏到达滹沱河以北的长汝村待机。

6月9日5时前后，敌人按计划包围了西固罗村。因我第二十二团主力已于拂晓前转移到大定村，所以使敌人扑了空。

敌人计划未能实现，即兵分两路返回深泽县城。

第二十二团左叶团长根据西固罗村、宋家庄村与深泽县城的关系位置和当时情况，决心以村落坚守防御，迎击敌人，到天黑后再行突围。

战斗即如此展开了。

当坂本联队长率领直属队到达宋家庄村沿时，与我遭遇，打得敌人人仰马翻，不可一世的敌坂本吉太郎联队长当即负伤落马。

敌人碰了大钉子，从宋家庄村以西回返深泽的敌第一大队主力，旋即从宋家庄以西加入战斗。但是在我无畏的战士和民兵面前，也无可奈何。

敌坂本联队长出其不意地遭我打击后，便呼唤援兵。不久，附近许多碉点的守备队便相继来援。结果，又被我各个击破。

坂本贼心不死，还不服输。约于12时前后，调其预备队——第二大队主力妄图与我决战，约于17时前后，在毒气弹的掩护下进入战斗。结果，与该联队直属队和第一大队主力同样，碰得头破血流，进攻不成，被迫转为防御，等待援兵。

6月9日夜间，我按原计划顺利分散突围，战斗遂告结束。

此战，敌伪伤亡860余人，不可一世的第二十六师团独立步兵第十二联队主力遭到歼灭性的打击。我虽伤亡73人，但实现了预定的作战计划，达到了预期的作战目的。

宋家庄之战表明：用毛泽东思想武装起来的我军部队、游击队和民兵，不论建制和隶属关系如何，只要有坚强有力的指挥，便可组织起来进行英勇顽强的战斗，而不为强敌所压倒。

宋家庄之战进一步表明：在敌人战术包围中的我军，在强敌压境的危急情况下，切不可临时被迫转移，而要进行村落坚守防御，待坚持到天黑后再行分散突围。如此，既可以保存自己，又可以大量消耗敌人。

马阜才会战和宋家庄村落坚守战，不但保存了自己，同时也大量地消耗了敌人，特别是使敌人坂本支队遭我歼灭性的打击，从而宣告了敌人"扫荡"队与我分区主力决战阴谋的彻底破产。

我主力从5月16日至7月10日的反"扫荡"中，共作战100余次，毙伤敌伪军近3000人，俘敌15人，破敌公路和封锁沟各约9公里，毁敌碉堡两座和桥梁5座。

综观我分区主力所取得的上述胜利，是我分区指战员在上级的正确领导下，具体地运用了毛泽东抗日游击战争的战略思想和对敌斗争的两面政策的结果，是毛泽东战略和策略思想的胜利。因而，我"三欺"（欺他兵力不足，欺他是异民族，欺他指挥笨拙）敌人的做法，争取了游击战争的主动权。因而，我区军民采取了与敌人碉堡政策相适应的以隐蔽的武装斗争为主与两面政策相结合的斗争形式，"非法的"、隐蔽的与"合法的"、公开的斗争相结合的组织形式，从根本上解决了冀中变质为游击根据地后，游击战争如何坚持的问题。因而，我具体运用毛泽东关于"我之胜利，就建立在深入的民众工作和灵活的作战方法之上"的教导，初步地摸索出一些与敌人碉堡政策相适应的作战方法，争取了战场上的主动权。

从白洋淀转战平汉路西

帅　荣

　　帅荣，1911年生人，湖北黄眉县人。1929年参加红军，抗日战争时期，任冀中军区第九、第三、第十军分区政委。新中国成立后任中国人民志愿军军政治委员等职。1955年被授予少将军衔。中国共产党第七次全国代表大会代表，全国政协第五届委员。

　　日军为了确保其侵占地区作为战略后方基地，对华北我抗日根据地一次又一次地疯狂进攻和"扫荡"，实行"三光政策"，妄图摧毁我抗日民主根据地。1941年6月，日军以重兵首先对我大清河以北的冀中十分区进行了大规模"扫荡"、"清剿"，建据点，筑碉堡，修公路，挖界沟，建保甲，整个地区基本上被其控制。我十分区主力部队和领导机关暂时撤到大清河以南。1942年5月1日起，日军在其华北方面军司令官冈村宁次的指挥下，又集中5万余日军和部分伪军，分兵多路，由四面八方对冀中军区腹地，发动了规模空前、持续两个月之久的惨绝人寰的大"扫荡"。敌人首先集中兵力，采取"铁壁合围"，寻找我主力决战，然后分散驻屯"剔抉"、"清剿"。为粉碎日军的阴谋，6月4日，冀中军区领导根据上级指示果断决定：我主力部队分别自选路线向平汉路西的北岳山区做战略转移，待机再战，以便长期坚持敌后抗日游击战争，夺取抗战的最后胜利。

当时，我十分区机关、部队，正活动于潴龙河两岸。遵照军区指示，我们第一步先跳出了敌人合击圈，转移到九分区的白洋淀及其附近地区。6月中旬，十分区军政委员会在白洋淀召开了会议（军政委员会主任是司令员周彪，副主任是分区政委帅荣，委员有参谋长刘秉彦、政治部主任方国南、副参谋长崔文炳，还有二十九团团长黎光、团政委王典隆等）。会议由周彪主持，会上分析了当时的斗争形势。根据军区的指示和我分区机关部队情况，决定我十分区部队当前的任务是：一面相机打击分散猖狂活动之敌，一面准备主力部队和机关脱离冀中腹地向外线转移。会后我分区部队在司令员周彪和参谋长刘秉彦的率领下，向东挺进到白洋淀以东地区；我带部分干部和部队到白洋淀边大树刘庄筹备船只，做转移的准备工作。6月23日，我分区部队在边家铺、侯疙瘩等村遭到郑州、文安等处之敌的夹击。我军在周、刘指挥下，以主力二十九团顶住来自东面之敌松下旅团两个大队的进攻，以两个战斗连在边家铺坚决歼灭郑州方向之敌"剔抉"队。激战至黄昏，歼日军"剔抉"队80余人，俘敌中队长伊豆文雄。这次歼灭战，打击了日军的疯狂气焰，给我军民以很大鼓舞。经过此次战斗，我们估计到，敌人会发现我主力部队活动位置，可能对我进行大规模报复性围攻，乃决定将分区机关和部队，分兵两路：一路由周彪、刘秉彦率三十五地区队和四十三地区队及少数机关人员，按照"敌进我进"的方针，相机进入大清河北，依靠广大人民群众，坚持对敌斗争，重新开辟和恢复十分区；另一路由我和崔文炳、方国南率领警卫连、教导队、分区机关和主力二十九团（只有精干的5个连）突过平汉路转移到山区根据地。7月初接军区指示：任命刘秉彦为十分区司令员，吴健中为政治部主任，带三十五地区队和四十三地区队一个连，留下来坚持对敌斗争；周彪和我率四十三地区队和一部外转平汉路西山区。

这里只谈谈由我们几个人率领的一支千余人的机关、部队，在从敌重兵"扫荡"环境中向外线转移中，是怎样摆脱敌之尾追和穿越大片敌占区，越过敌严密封锁的平汉铁路线，冲过重重封锁沟，胜利进入山区根据地的。

穿渡白洋淀

在我们选择向路西山区转移的路线时，我们的出发地是白洋淀东岸的大树刘庄和西大坞、七间房。在研究了敌情、我情之后，我们决定穿越铁路的地点选在保定以北、高碑店以南，即从日军第十五混成旅团与一一○师团接合部插过去。

当时沿途的敌情又是怎样的呢？在平汉线上，保定、高碑店是日军屯兵要地。两点之间的徐水、定兴、北河店和固城等车站都驻有日军，严密守卫，来往巡逻，沿途道口都筑有大小碉堡。铁路东侧的雄县、新城、容城3县县城和白沟镇也都驻有日军，容城的日军还负有机动作战的任务。大清河以北的广大村镇早在一年前就被敌控制，已是碉堡如林，公路如网。白洋淀是水网地带，群众基础好，可作为我主力外转隐蔽集结的基地，但当时白洋淀周围和淀内津保水路主航道上都设有敌伪据点，如鄚州、端村、老河头、安新、王家寨、郭里口和赵北口等都驻有敌人。铁路以西，除易县、涞水两县县城驻有敌人外，山区以东数十里的平原地区，设有大量敌伪点碉。在我们外转路线及其两侧的敌军，包括雄县地区的伪军张来子，新城地区的铁杆汉奸王凤岗，易县、涞水地区的伪军在内，合计约有数千人。我们部队要进入山区，必须突破这些敌人的重重封锁包围，行程为七八十公里，要穿越大片的敌占区和敌点碉群。首先要渡过白洋淀25公里的水面，突破敌人封锁的津保水路主航道，还要涉过府河、大清河、拒马河、易水河等4条河流，越过敌严密封锁的平汉铁路和路西山区边缘上的大封锁沟。所以必须随时准备战斗，必要时还得付出一些代价。

为了完成这一光荣而艰巨的战略转移任务，我们先后召开了科以上干部会和连以上党员干部会，进行了反复动员。首先分析了我们的困难，研究了战胜困难的办法，同时也分析了我们的有利条件：如敌人的行动不易统一，特别是伪军各霸一方，行动上更难协调一致；在伪军中还有我们的工作人员

（如张来子部）；白洋淀群众基础好，能从多方面给我们以帮助和支援；淀里遍布的芦苇和大小港汊是我们的天然屏障，便于我们隐蔽；在津保水路主航道水面上长着很多水草、菱角、鸡头米之类，妨碍螺旋桨转动，敌汽艇航行困难，敌只能以小船通航。经过动员和热烈讨论，大家统一了思想，增强了信心，激励了斗志，为完成外转任务打下了较好的思想基础。

会后，除通过骨干对部队所有成员进行深入细致的动员组织工作外，还抓紧进行了具体准备工作。出发前司令部侦察科、政治部锄奸科、敌工科，各自按照自己的工作系统，在我部队前进路线上做了侦察和布置。九分区和九地委也积极协助我们掌握敌情，准备船只。为了行动和指挥方便，把千余人的部队分成两个梯队，二十九团5个连由团长黎光、政委王典隆率领为第一梯队，从西大坞、七间房出发；司、政、供、卫机关和警卫连（连长魏宝堂）、教导队（队长张廉清、政委刁振林）计400多人，由我率领为第二梯队，由大树刘庄出发。两个梯队分乘100多只中小渔船，向白洋淀北岸进发。

为了保障我突围行动的机密性和突然性，在我渡过白洋淀之前，分区司令部侦察科长李庚申，带领侦察人员潜入白洋淀北岸之大、小王村一带，侦察敌情和前进的路线，并进行佯动。他们东打听，西打听，一会儿问保定、高阳、徐水的敌情；一会儿又问附近敌据点兵力多少、枪支弹药、工事情况如何；有意放风，迷惑敌人。加上我们在边家铺打歼灭战的威力，敌人闹不清我们十分区部队要干什么。为了配合我军的行动，安新县锄奸团熊管、杜鹏、曹连生等，抓紧时机在城内及时果断地处决了最坏的敌探，打掉了安新敌人的一个得力耳目。熟悉白洋淀及淀北地区情况的雁翎队（安新县三区区小队）和容城县大队，积极配合行动和担任向导。出发前，白洋淀及附近的人民群众，对自己的子弟兵更是全力支援，关怀备至，在一日之间给我部队送来了各式各样的干粮：高粱棒子面加麸子面饼子、锅炸鱼、咸菜、葱花儿、鸡头米、菱角和盐，有的饽饽里头还裹着煮熟的鸡蛋……在那艰苦的年月，乡亲们自己吃着"地梨"，有的宁肯自己忍饥挨饿，也把仅有的一点粮食拿出来送给自己的子弟兵吃。有的还送了鞋，有新的，有半新的，有打了补丁洗得干干净净的，有的在鞋底上钉了钉子、打上掌，真是对子弟兵关怀得无微不至！我们房东刘大妈发现我们要出发，依依不舍地问："在准备干粮，你们要走哇？"我们只得回答："大妈！打起仗来吃，要跑路！"群众心里明白，但对我部队的行动守口如瓶。白天我部队休息，准备行动，群众就自动组织起来，有的悄悄地到门口、村口放哨；有的撑着小船出去借"打鱼"了解淀中敌情；有的妇女则到郑州、青塔等敌据点"赶集"，以"卖鱼"、"卖苇"为名侦察敌情。为了保守行动的秘密，白天船只一律隐蔽在白洋淀的沟沟汊汊里。船工们个个争先恐后，以能运子弟兵为荣，船舱里淘净了积水，铺上了舱底板，篙棹齐备，还带了鱼叉、鱼网、鸭枪等，以便捕鱼打雁、自卫和掩护自己的部队。部队临出发时，一声令下，霎时间船靠码头，英雄的人民"水手"，热情地迎接自己的子弟兵登上送行的船只！白洋淀人民坚决抗日，誓死不当亡国奴、不当汉奸、不怕牺牲、不畏艰险的革命英雄主义精神，和人民子弟兵生死与共、心心相连的鱼水深情，给了我们这些踏上征途的革命战士以极大的教育和鼓舞。

农历五月二十日夜晚，在我穿渡白洋淀时，满天星斗，微风拂面。当我船队通过郭里口据点西北淀时，敌岗楼上的灯火看得清清楚楚。虽有芦苇遮掩，但距敌不过千米，完全在机、步枪有效射程之内，我全体指战员手中紧握武器，准备随时应战。为了减少摇船的响声，水手们将带着的菜油，轻轻地洒在"棹合页"上，用携带的大木锨，轻拨水面，驾船前进。这时在王家寨据点内的我敌工人员，已与我内线关系取得联系，保证伪军夜里"不发一枪，不下岗楼"。活动在郭里口据点内的我秘密游击小组，这时也分三处在村中放哨，监视敌人。如果敌人下岗楼，就鸣枪报警，把敌人引向另一方向，掩护我西北面船队顺利通过。是夜敌毫无动静，约在夜间12点左右，一个由100多只船组成的满载我机关、部队人员的船队，静静地通过了敌人把守的津保主航道，顺利完成了第一步的行军任务，登上了白洋淀北岸，进驻了群众基础较好的流通、李郎村。

初战韩村

我们这支千余人的队伍，在白洋淀北岸登陆后，封锁消息，敌人未曾发觉。我第二梯队只休息了一天，然后决定二十九团绕容城北，二梯队绕容城南，星夜急行军向西北方向挺进。为保密，尽量绕村庄而过，许多干部、战士的脚都被庄稼茬子扎出了血。穿过几十里宽的"狼沟洼"时，前不着村，后不着店，找不到一滴水，指战员们的嗓子渴得"冒了烟"。我警卫连的战士们时刻不忘保卫机关的光荣任务，他们自动地把一部分灌满清水的水壶，送给机关同志饮用。干部接过水壶，见战士们也渴得直喘气，舍不得喝，将水壶又递给身边的战士。这样你推来我推去，一壶清水传遍长长的行军行列，滋润着每个同志的心，这种崇高的阶级友爱之情实在感人肺腑。为了争取时间，按时到达目的地，病号和确实走不动的女同志，只得随走随"坚壁"，托给地方政府代为掩护。我和作战科长孟平走在尖兵排的后面，以便及时应付瞬息变化的各种情况。部队刚刚绕过杨村敌据点，蹚过拒马河，进到东韩村，天快亮了。这儿离铁路还有十多公里路，天亮以前突过铁路已不可能，于是一面布置警戒，一面召开了紧急干部会议。此时此刻，部队已经十分疲劳，为了不打扰老乡，不担任警戒的部队已成行地躺在街上呼呼地睡着了。干部会上我半开玩笑地问大家："同志们，咱们蹲下来了！蹲下来是准备挨打呀，还是准备打敌人呀？"大家"哄"的一下都笑了，回答说："当然是准备打敌人！"我说："对！是要准备打敌人，我们人手不少，武器不多，子弹也很有限。但日军'扫荡'我中心区的主力，目前尚未转到外线来，附近据点的鬼子都有守备任务，机动兵力不可能太多；周围的汉奸武装，都是占地为王，勾心斗角，保存实力，怕伤亡；而我们是在中国共产党领导下以毛泽东思想武装起来的经过艰苦斗争锻炼的人民子弟兵，又有平原村落防御战斗的经验，韩村三面开阔地，一面背水，也对我防守有利。现在我们的紧急任务是：尽快做好战斗准备。如敌人来攻，就坚决打，坚持到夜晚，突过平汉路。"

同志们动员起来了，老乡们已弄清我们是八路军，陆续打开了院门，主动协助部队构筑防御工事。有的把大车拉出来横着堵在街口上，有的把树枝锯下来压在大车上，有的搬土坯交错着垒起半人多高的两堵墙。总之，想尽一切办法使敌人攻不进来。紧接着又动员各家协助部队掏墙连院，打通部队在村落战斗中的运动通道。部队的同志构筑简易战壕，选择和构筑了机枪阵地，在村内制高点的高房上构筑了掩体。警卫连副指导员带着机枪射手，到村西南角的堤坡上，嘱咐射手说："如果南边敌人来了，很可能顺着堤坡抢占对面的坟地，到时候敌不靠近不理他，靠近就往死里打。"在村西面，另几名机枪手很快筑好了掩体。由于乡亲们的帮助，一条由交通沟连结的单人掩体工事，迅速出现在村落前沿。这时，我指挥员又和战士们一起目测距离，以便在敌进到不同距离时，使用手中武器歼灭敌人。

当我们正在构筑工事时，高碑店、定兴、徐水、容城、白沟等据点的敌人，先后出动向我包围而来。开始我们动员群众向外疏散，当发现敌汽车已进至两公里外的杨村时，我们就动员群众在村里隐蔽。上午10点战斗打响，敌人只是向我进行炮击，连续向村庄和阵地打了足七八百发炮弹，一直打到12点，我们都未动声色。这时从村东北角的杨树林蹿上来几十个敌人，在其通过开阔地时，我一枪未发，敌人愈加胆大起来。待敌进到距我百米以内和几十米时，机枪、步枪突然开火，一阵猛打，这股敌人只跑回去了两三个，其余都撂倒在我阵地前沿。紧接着敌人对我又开始连续的炮轰。我们的战士沉着应战，坚守阵地，隐蔽待机，利用战斗空隙抓紧时间休息。群众见我们这样沉着，虽有个别受伤者，也不再惊慌。我卫生人员一面为伤员包扎伤口，一面向群众作宣传。敌人第二次打炮轰击后，又从村西南方向顺着堤坡爬了上来，等敌人抢占距我百米以内的一片坟地时，机关枪、步枪和手榴弹一齐开火，日本兵约20余名当场毙命，其余的狼狈地逃跑了。这时，我从望远镜里看到一个拿战刀的日军指挥官，当即命令部队："集中火力，把那个拿战刀的家伙打死！"我的话音刚落，敌小队长已四脚朝天，一命呜呼。指挥官一死，这股敌人就龟缩起来了。忽然，村西南河对岸又上来一股敌人。

他们让一些群众和孩子走在最前面，边走边扬沙土，企图混淆目标，掩蔽他们前进。当走到距我阵地很近的一条河边时，敌人逼着群众过河，被抓的群众和孩子拼命跑过了河，快接近我们时都跑散了。这时敌人畏畏缩缩地蹚河。我机枪射手抓住这个有利时机，对敌人猛烈开火，蹚河的敌人被我打死十来个，其余的再也不敢过河了。打得最激烈的是村东大庙附近，敌人企图抢占大庙这个制高点；如果大庙被敌占领，我韩村街内就要落在敌人火力控制之下。因此我对这个点要加强火力，加强指挥，加强兵力。这里的指战员明白自己身上的责任重大，提出坚守大庙，"一定不让敌人占领！"打得最激烈时，我与敌只有一墙之隔。敌人手榴弹投过来，我们的战士就迅速捡起来马上投回去，用敌人的手榴弹来消灭敌人。最终，敌人的企图完全落空，丢下不少尸体，退了下去。战斗至下午5点钟，我军只伤亡十来个人。为了不暴露目标，群众想出了很巧妙的办法，为我部队做饭时，把烟囱堵死，把炕洞与炕洞相互打通，使烟火在炕洞里串来串去，就这样为我们做好了烙饼、馍馍、面条儿和绿豆汤。在战斗中，群众看到我们有的战士衣服破得实在不能穿，就拿出新衣裳来；有的脱下自己身上的衣服，一定要战士穿上，战士们一一婉言谢绝。群众说："无你也无我，一定要穿上。"战场上到处是军爱民、民拥军，军民亲如一家人，同生死共战斗的动人场面。战斗打到天黑，敌人只是干打炮，再也不敢冲上来了。这时，我与副参谋长崔文炳、政治部主任方国南、作战科长小孟开会，认为：打了一天，敌人已经从四面八方，甚至连保定、高碑店以北的敌人也都赶来增援了。我们应争取时间，赶快突围。决心下定后，我和小孟就侦察周围的地形和敌情。发现村西北面有一条大干沟，深约十余米，沟坡沟顶都长满了酸枣树、野芦苇，沟底隐约可见一条不到一米宽的小路，沟顶部的两边，在相隔二三十米处都设有敌人的哨兵。根据这个情况，我们当即用电台通知二十九团向西北方向突围到路西去。同时命令分区机关和部队，把一切走动起来有响声的东西，都要绑扎好，突围时不准有一点响声。为了防止意外，还规定了在突围中万一失散时到铁路以西集合的地点。午夜后，我们这支400人的队伍在街中心鸦雀无声地集合起来。为了迷惑敌人，先向堤南面放了一排子弹。主力部队由向导带路从村西北方向静悄悄地顺着预先看好的道路突了出来，直插北河店以南的铁路线。快到铁路线时已近拂晓。部队已经两天两夜没有睡觉，又打了一天仗，十分疲劳，行军速度慢了下来。但我们还是边走边对同志们说：向前！只能向前，不能后退，咬咬牙过难关！冲过铁路去！就在这时，预先派出的侦察员意外地发现铁路两侧的两个村庄间大封锁沟上还留有一条大车道，而盘踞在这两个村庄的敌人都已经出动去"合围"韩村了。天快亮了，我们迅速地通过了铁路。过路后同志们心情振奋，你看看我，我看看你，大家都成了泥人一般，不禁发出会心的微笑。但大家心里也都十分明白：前面的敌情仍很严重，突围到山区根据地的任务仍不轻松！艰巨的战斗任务，还等待着我们。

易水河畔的决斗

越过平汉铁路后，部队走了十多公里进到易水河边的大牛村，东方已经升起了太阳。副参谋长已命令部队休息并准备做饭，管理人员在号房子，没有担任警戒任务的战士们，已纷纷躺在地上睡着了。我和警卫员小郑按照惯例在察看地形，发现大牛村大而房屋散乱，不易防守；而临近的小牛村，居民房屋比较集中，村庄周围还有土围墙，便于防守。我当即与副参谋长、政治部主任、作战科长商量，改变决定：无论如何，不论多么疲劳，部队也要立即转移，迅速进驻小牛村，准备迎接新的战斗任务。当部队刚刚进入小牛村时，我在村西南街口派出的警戒，已与姚村、大王店出击之敌接火了。敌人十分疯狂，狼嚎鬼叫，跑步前进，猛扑我小牛村南街口。其后续部队正在小牛村南面小高地架设重机枪和小炮。这时，小孟带警卫连两个班，迅速对敌突然反击，一颗颗手榴弹将敌人迎头打了回去，迫使敌人退守小高地后面之另一高地和松树林。我机关、部队迅速在小牛村构筑简易防御工事，堵塞街口、掏枪眼、打通院落通路等，做坚守村落的各项准备。与此同时，战斗部队业已展开，我命令副参谋长崔文炳、作战科长孟平分南北两面掌握部队，坚决固守，不许后退一步。

"合围"小牛村之日伪军约千人以上，分三路向我进攻。从平汉铁路定兴、北河店、徐水出动之敌，由小牛村东面和北面向我进攻；从易县出动之敌，在小牛村之西北方向向我进攻；由姚村、大王店出动的日本黑须大佐所属部队及数百伪军，占领了小牛村西面和南面的有利地形向我展开进攻。从平汉铁路方向出动之敌还配有装甲车，在我阵地前沿机动作战，对进攻之敌实施火力支援。战斗中，我指着距小牛村只有一二十公里路的西山对同志们说：西面的山区就是我们突围的目的地，它是晋察冀军区一分区的所在地，同志们坚持下来就是胜利。二十九团就是在易水河北岸的金台陈村钳制着敌人，配合我们战斗。大家明白这是进入山区决定性的一仗，一致表示："坚守阵地，绝不后退！"坚持到夜间突围，这在我十分区部队指战员已养成习惯。只要是白天进行村落防御战斗，指战员就不约而同地下定决心，想尽办法，坚守到天黑。

上午10点钟，北面之敌在装甲车火力支援下，多次冲锋均未能突破我阵地。南面进攻之敌，向我发起3次冲锋，也被我击退。这时，北面日军约两个小队，又通过开阔地向我阵地冲来。200米，我们不打；100米，我们还无动静，敌人即壮着胆子直扑我村落前沿阵地。就在这样近的距离，我轻重机枪、步枪、手榴弹同时突然开火，打得日军在我阵地前沿滚的滚，爬的爬，两个小队的日军多数当场毙命，只有寥寥几个逃回（战斗结束后敌用两辆汽车将尸体裹着白布拉走），从此北面的敌人再也不敢上来。敌人丢在我阵地前沿的机枪，因有敌重机枪火力控制，我也未能抢回。战斗至下午3点左右，突然刮起黄风。风越刮越大，直刮得天昏地暗，视线模糊。外围增援之敌又陆续赶到，重重包围了小牛村，企图把我们消灭在易水河边。在激烈战斗中，小牛村的青壮年挺身助战，有的帮助战士送吃的，有的帮助给重机枪灌水，有的护理伤员，真是军民鱼水情。

我们这支部队从白洋淀出发，已经是四天三夜连续行军作战，干粮早已吃光。进入沙壤地带后，气候又特别干燥，虽不能说弹尽粮绝，但所剩子弹已是很少很少的了。我们一面动员部队节约弹药，一面由机关人员在机动的步枪子弹中，挑拣出一些较好的供机枪使用。为了坚守阵地，我们指挥机关一面在战场上巡视，同时又下了一道命令：第一，各级指挥员，一定要站在最艰险的地方亲自指挥，司、政、供、卫机关干部，凡体力强的都分到战斗部队去，加强第一线；第二，要求全体共产党员，不惜流尽最后一滴血，坚决守住阵地，把敌人打回去；第三，要求全体指战员、机关人员，在关键时刻和敌人决一死战，无武器的，每人手中要拿一件武器，就是剩下一个人一支枪，也要和敌人拼到底。

黄昏以前，风力稍微减弱，我们清楚地看到敌人在调整火力和兵力部署，随即集中火力向我西南街口工事猛烈轰击。我西南街口工事一堵墙被打塌，坚守阵地的我一个班战士大都伤亡。日军小队长率领集结在街口对面松树林的数百敌人，呀呀怪叫着朝我西南街口冲上来，眼见得日军已占领了我西南街口约10米宽的阵地。在这关键时刻，我两位头部负伤的战士仍挺立在街口，站在最前沿的是一位20岁的战士，他是敦敦实实的好汉。他头绑绷带，左手持枪，右手将手榴弹一个一个地投到敌群中炸开了花。我第二道围墙的机枪射手也以火力杀伤敌人，但仍阻止不住敌人冲击，敌人后续部队继续向街口冲来。此刻我机关人员正烧毁文件，有的拿菜刀，有的拿铡刀，有的拿铁镐，有的拿铁锨，有的拿股叉，有的拿镰刀，各占有利地形，准备敌人进村后进行肉搏战。在这千钧一发之际，担任预备队的警卫连一个排，由小孟带领迅速向突破我前沿之敌进行反击。一声"反击"令下，两个班为第一梯队，一个班为第二梯队，全排立即跑步出去，迅速展开。在我二线两挺机枪侧射火力支援下，乘敌立足未稳，一阵手榴弹把敌人打得伤的伤、亡的亡，蒙头转向。我坚守在最前面围墙的两名战士，看准了冲在前面的那个日军小队长，只一枚手榴弹就将他炸翻在地。击毙了日军指挥官后，敌队形顿时混乱。我突击队和原来防守西南街口的部队一起，对敌展开了肉搏战，将占领我前沿阵地之敌全部歼灭，恢复了失去的十几米宽的阵地。敌人的后续部队见此情景，掉头逃窜。我机枪、步枪随即实施火力追击，敌人丢下死尸，狼狈后退。在敌人稍加整顿后，又再次向我发动数次冲锋，企图抢回日军小队长及其他遗弃的尸体。但除继续增加其伤亡外，毫无收获。战斗间隙，我坚守西南街口两侧头部负伤的两名战士，一面包扎伤口，一面笑着对我们说："没关系，敌人来了保他回不去，放心好了！"我们的战士就是这样的革命乐观主义和革命英雄主义者。

敌人最猛烈的一次进攻被打退了。我们杀伤了敌人，坚守住了阵地，保存了力量，其愉快心情是难以形容的。天黑以后，黄风又刮得猛烈起来，我前沿阵地当面之敌已退缩。我们掩埋好牺牲同志的遗体，派一个班突围成功（这个班除一人外，在路西全部胜利归队）。我们大队乘敌人正在喘息之机，冒着大风，利用夜幕，出敌意料之外，从南北两路敌人接合部的一片开阔沙滩地上，突出了千余敌人的包围，沿着易水河南岸的沙滩，向西急进。

胜利进入山区

小牛村战斗突围后，在穿越罗村以南的最后一道封锁沟时，又遭易县之敌伏击。由于突围部队沉着、掩护部队果敢，我突围部队未受任何损失，安全地进入南北口虹——野沃——独乐——太行山区我抗日民主根据地。

至此我们这支1000余人的革命部队，在毛泽东人民战争光辉思想的指引下，在军区首长和一分区战友的亲切关怀下，在白洋淀及沿途父老兄妹的护送下，一路上克服了种种困难，一次又一次消灭了阻拦之敌，终于胜利地完成了外转任务。

参加突围战斗的我十分区机关、部队的400余位同志，除了去延安学习的同志外，大部经过休整，在1943年后又返回十分区，与人民群众同甘共苦，参加了恢复和开辟平、津、保三角地区的工作，一直战斗到日本投降。这些革命火种，在解放战争中，又参加了歼灭十分区土顽王凤岗两个旅的战役和清风店战役、平津战役等重大战役。

如今60年过去了，为后人幸福生活而英勇牺牲的烈士们已长眠地下。当我回忆起1942年我们突破敌人重围的战斗经历时，我们又是多么想念为坚守小牛村、韩村阵地而牺牲的战友，多么想念白洋淀、韩村、小牛村、南北口虹为支援我们做出巨大贡献的父老兄弟姐妹啊！

我与武强县委在中心区反"扫荡"

严镜波

严镜波，女，1915年生，1927年加入中国共产主义青年团，1936年转入中国共产党。"五一"反"扫荡"时任武强县委书记。新中国成立后先后在河北省法院、省委组织部、省妇联工作，曾任保定地、市委副书记，河北省政协副主席等职。1988年离休。

1942年，中共武强县委所坚持的抗日地区，正是冀中党政军领导机关所在的深（县）武（强）饶（阳）安（平）抗日根据地的中心区，是"五一"反"扫荡"最艰苦、最残酷的地区。

这一年，日本帝国主义在中国的侵略暴行处处受到打击，晋察冀边区的抗日烽火越烧越旺。穷凶极恶的日本侵略军不甘心自己的失败，在冀中平原发动了大规模的惨绝人寰的"五一"大"扫荡"。中共武强县委遵照党中央的指示，坚强地领导全县人民进行了针锋相对的反"扫荡"斗争。在这场艰苦卓绝的斗争中，武强县委坚持正确的战略方针，紧紧地依靠人民群众，开展武装斗争，开展敌工工作，进行游击战、地道战，打开了抗日斗争的胜利局面，保卫了人民群众的生命财产，保卫了抗日根据地，使日本侵略者陷于处处挨打、四面受敌的人民战争的汪洋大海之中。为把侵略者赶出武强，为抗日战争的最后胜利打下了基础，创造了条件。

入春，日军在冀中发动了第四次 "强化治安" 运动，制定了 "逐步蚕食，步步为营，强化治安，消灭灯下影" 的方针。经过长期的准备和周密的策划，日寇于三四月间开始集中兵力，准备 "扫荡"，妄图一举歼灭我抗日武装力量，摧毁我抗日根据地。

"五一" 大 "扫荡" 前夕，各级党组织对如何开展反 "扫荡" 工作已有明确的指示和部署。4月初，地委召开了各县县委书记会议。会议传达了冀中区党委的指示：敌人又在准备进行新的 "扫荡"，估计这次兵力要多，时间要长，其残酷程度也更甚。要求各级党委做好充分的思想准备。地委指示我们，为了反击即将开始的日军大 "扫荡"，各县委要精简机关，疏散人员，秘密组织主要村级干部挖地洞、组织群众、坚壁清野。回县以后，我向全县各级党委传达了会议精神。按照上级指示，做了相应部署，县级机关干部也分散到了基层，只留下少数人坚持日常工作。但是，我们对于日军这次法西斯 "扫荡" 的残酷程度还是估计不足，对于敌人出动的兵力之多、时间之长，缺乏足够的精神准备。

从5月1日开始，敌人出动5万余兵力，对冀中根据地反复 "扫荡"，称为三期作战。5月10日以前，敌军把大批兵力投入诱迫我军进入其 "合围圈" 的外围 "扫荡" 阶段。5月1日以前，敌人在武强县小范镇以北的滏阳河上筑起一道拦河坝，以抬高水位、封锁滏阳河武强至衡水段，这是敌人 "精密扫荡"、"梳篦拉网" 的手段之一。他们以强大的兵力，反复搜索驱赶我军主力与地方干部、武装进入 "合围圈"。到5月10日，敌人把滹沱河、滏阳河、石德铁路之间的三角地带，即冀中根据地的中心地带，铁桶般地围了起来。

冀中区党委和部队在敌人清扫外围时，转移并脱离了敌人的包围圈。而八地委留下的机关和献县、饶阳、武强3县的县委、县政府机关都陷于敌人包围之中。我们真正的与敌人短兵相接，是在5月11日至15日，这5天是敌人所谓的第二期作战阶段。敌人集中了几万的兵力，对这个三角地带进行了

"铁壁合围"、"淘水捉鱼",形势严峻到难以想象的程度。

5月12日凌晨3点,县大队侦察员报告说敌人全线出动了。敌人从沧石路沿线各据点出发,分路进兵,从深安路以东、滏阳河以西、沧石路以北、滹沱河以南向我"合围"。严密的封锁圈像拉起的鱼网,步步压缩。东西长二三十公里,南北长一二十公里的封锁线上,日本兵一个挨一个,并肩向中心推进,连庄稼地里的野兔都被赶得东跑西窜。我们4个县的部队干部与成千上万的老百姓混在一起,被围在堤南村以北、小尹村以南的洼地里。逃难的人群一会儿向北,一会儿向南,四处躲避敌人的追赶。我推着车子,带着文件、手枪,也随着人流东奔西走。日本兵的包围圈越缩越小,只见地面上骑兵、车子队在前开路,陆军头戴钢盔,穿着黄军装,端着大盖枪,刺刀在阳光下寒光闪闪。头顶上,日军飞机在上空盘旋,不时向人群中轰炸、扫射。敌机有目标地向混杂在老百姓中的我干部、战士打冷枪。有些胆小的群众见到拿枪的干部和部队人员连连躲闪。刘堤村南的大堤上,架起50多挺机关枪,不停地向人群扫射。县大队被敌人冲垮,我们的干部也被敌人打散。武强县第一个共产党员史大呼就在这次反"扫荡"中牺牲了。

反"扫荡"的头一天,由于敌我力量相差悬殊,我方伤亡惨重。英勇善战的骑兵团在尹村南、堤南村北的洼地里与鬼子遭遇。经过激烈战斗,终因寡不敌众,三四百名指战员壮烈牺牲。至于受难的群众,更是不计其数。只见孩子伏在母亲的尸体上哀哭,白发老人在血泊中呻吟,尸横遍野,惨不忍睹。在路南小章村,丧尽天良的日寇兽性大发,把全村青年妇女拉到大街上轮奸,然后让她们赤身跳舞。把男青年捉来投到井里,再往下砸碌碡,活活地砸死了许多人。在深县中蒌村,敌人一次推到井里18人,又把抓到的老百姓吊在敞棚上,吊死了很多人。从堤南村向南望去,每个电线杆上都吊着一颗血淋淋的人头,白色恐怖笼罩着冀中大地。我虽然早已将自己的生死置之度外,但看到同志们和乡亲们惨遭敌人杀害,心中悲痛万分。想到干部和部队的安全,想到乡亲们遭受苦难,我感到肩上的担子沉重。

在敌人发起"扫荡"的第一天,我们就被敌人冲散了。我和徐海亭、刘万将带着3支枪,和群众混在一起,随时准备和敌人遭遇。我们商量好,敌人骑兵冲上来，先打马后打人，拼到最后只剩下一颗子弹，宁肯自杀也不被捕。我是个女同志，行动不快，几次劝他们把我丢下，免得一起牺牲，他们坚决不肯。这时我扔掉了那辆新自行车，带着文件包与撸子枪，两个警卫员各带一把盒子枪，毫无选择地跟着人流躲着敌人来回跑。一会儿往南，一会儿往北，发现四面都是敌人，我们被"合围"了。南边的敌人离我们只有二三百米，像一道墙，一个挨一个地平推过来，东边的马队也很近了。这时，我们三人跳进一个半人深的坑里，趴在里面，我先把文件包掩埋了，我看到情况这么紧急，又一次催促两个警卫员自己突围。我说，你们比我跑得快，别管我了，咱们跑出去一个是一个。两个人还是不肯自己跑。这时，漫天遍野尘土飞扬，人仰马翻，枪声四起，哭声、喊声连成一片。我四处瞭望，混乱中，我突然发现敌人马队和步兵的接合部有一段距离，留下了空隙，于是我向身边的群众做工作，用手指着缺口处，劝他们从那里突围。在我的指挥下，一批批干部群众从那里拥了出去。我夹杂在人群里，最后一批冲出敌人铁桶似的包围圈。这样，我和群众从道沟里隐蔽疏散才脱了险。

傍晚，我拖着疲惫的身体，忍着饥渴，辗转奔波，终于在饶阳县小尹村，与冲散的武强县县大队政委马庆云、县长李子寿等会合了。在这个村还集中了三十团（即地区队）和武强县大队的一部分干部战士，一些区县干部也凑到这儿来了。见到同志们还活着，欣喜之情难以形容。这时突然枪声四起，子弹像雨点一样打过来，敌人已经把村子包围了。同志们临危不惧，立即摆好阵势，回击敌人。由于战士们顽强抵抗，双方相持了很长时间。天一擦黑，敌人摸不清村里虚实，没敢硬攻。为了避免更大的损失，保存我方力量，我们准备撤离尹村。我和马庆云把武强县干部和部队带回本县，去开展反"扫荡"工作。为安全起见，地区队政委要我们和部队一起转移到大韩村，部队很快在场院集合了。借着头上"照明弹"的亮光，只见黑压压一片人群。在夜幕的掩护下，部队悄悄撤离了村子，我们紧紧跟在队伍后面，整整走了一夜。拂晓一看，空旷的野地里，只剩下我和马庆云、李敬仁、李子寿，还有专署一个科长和几个警卫员，总共才十几个人，我们和部队走散了。辨了辨方向，原来这里离尹村才4公里。我们当即决定，返回本县。这时天已大亮。5月13日，是敌人在武强境内"扫荡"的第二天，形势没有好转。我们在昨天跑了一天一夜的情况下，又暴露在敌人的面前。敌人的飞机一开始就盯上了我们，没完没了地盘旋俯冲，子弹打在身旁的沙土上，噗噗地冒烟，就像一锅正在煮沸的粥。在离我们一二米远的地方爆炸，敌人的马队、车队轮番在后面追赶，四野坑洼，找不到隐蔽的地方，敌强我弱，又不能与敌人硬打，只有不停地奔跑。这是我一生中感到最长的一天，太阳总是不肯落山，晚8点钟还有飞机在头上转。

整整一天，我们没有地方落脚，从"扫荡"开始，两天一夜，我只吃了一个窝窝头。我们几个人商量着，必须回本县自己的根据地去，摆脱这种被动局面。于是我们开始往回走，钻道沟，穿树林，避开敌人，又整整走了一夜。14日天将亮，我们终于回到了武强县西部的梅庄村，住到了六区区委委员耿玉英的家里，白天钻到他家的地洞里，晚上出来。他家的老母亲为我们做饭放风，连日的紧张和疲劳至此才得以喘口气。

5月15日以后到6月底，是敌人的"五一"大"扫荡"的第三期。当敌人发觉其"铁壁合围"并未达到聚歼我军领导机关和主力部队及根据地内的武装力量的目的后，从5月16日开始，即改变战术，将其兵力隐蔽在机动位置，加强侦察，发现目标突然奔袭。5月26日以后，更以毒辣的纵横搜索、分段"清剿"和彻底"剔抉"的战术，寻找我军主力，搜索抓捕我分散隐蔽的干部战士和地方工作人员。同时抢修碉堡、公路，平毁抗日道沟，沿县界挖"封锁沟"，以"细碎分割"限制我们的活动。五、六两个月，敌人在各村普遍成立维持会，建立伪政权，摧毁我方抗日政权及党群组织，到处包围村庄烧杀抢掠。在这血雨腥风、黑云压城的情况下，我们县委一班人应该怎么办，怎样才能组织领导群众反"扫荡"，怎样坚持根据地内的抗日斗争，怎样能给敌人以有力打击……针对这些问题，我领导武强县委连续召开两次重要会议，组织武强党政军民在中心区开展了反"扫荡"斗争。

第一次重要会议，是在5月15日召开的。我们派出的通讯员，在乐郊村就找到了地委敌工部副部长张之生和县委的李刚、陈健、田振东等。我们开会研究了开展反"扫荡"斗争的具体部署。大家一致认为，根据目前情况，反击日军"扫荡"，需要整顿部队和干部，然后化整为零打游击。因为路南在敌人包围圈外，估计形势要好些。为了整顿组织，我们把部队带到路南。谁知到了路南，敌情也很严重。每天遭遇敌人，县级干部开不成会议。此时，我更加感到局势严重。我想到路南尚且如此，路北是抗日根据地，是敌人"扫荡"的中心，环境更加恶劣。抗日群众遭日军烧杀、蹂躏，我们不能丢下不管，要让抗日军民知道党的领导还在，抗日武装还没有被打垮，要保护群众，鼓舞士气，打击敌人，安定人心。因此，应该立即派人返回路北。我向张之生谈了我的想法。当时正值新老县长交替，我决定带领县政府的陈子瑞和县议长郭少溪连夜返回路北（由他们代表县政府出面处理一些问题）。陈、郭二位同志是和崔毅一起刚刚从路北赶来的，他们在"扫荡"的第一天被敌人冲散后，当天按原定地点，到大王庄找机关和部队，因为敌情严重，机关和部队没能在大王庄会合。虽然大王庄离他们二人的家只有一二公里路，但他们没有回家，而是沿途讨饭、吃野菜，打着游击寻找机关。刚刚回到县委，就听说让他们二人返回路北，他们二话没说，愉快地服从组织决定。当天夜里，我们和两个通讯员一起回到了路北，留下部队和除我以外的县委、县政府其他负责同志，继续进行整顿，重新研究对敌斗争策略，以反击敌人"扫荡"。我们走后的第二天，敌人又对路南进行了"扫荡"，县大队全部被敌人冲垮。县委几个负责同志和县政府的几个科长也回到路北，另一部分干部则分散回家隐蔽。整顿队伍的计划就这样落空了。我们在路北的十几个干部，在极其艰苦的条件下开展了工作。

"五一"大"扫荡"之中，敌人在全县到处设立据点。如堤南村、留寺林、杨五寨、南召什村据点等等，共计安上了24个据点。每个区驻有日本军一个中队或一个小队，各种伪组织、警卫队、自卫团、新民会等纷纷成立。各村建立了伪政权、维持会，反动势力极为嚣张。敌人每天出来残害百姓，抓夫修碉堡，挖县界沟，闹得人心惶惶，抗日干部无法进村。维持会有的通敌送情报，有的来求情："鬼子知道了会把全村杀光烧光，老百姓遭殃，你们心里也不忍。"婉转地把我们拒之村外。敌伪嚣张，人心动摇，我们的处境更加困难。尽管从"扫荡"开始我们和张之生就与上级党委失掉了联系，直到青纱帐起来后，才找到了上级党委，由于环境恶劣，还不能经常联系，但我们始终坚持工作。当时，地委交通部长李国华就说过：找武强县委好找，在大盐疙瘩的小营基地上，什么时候都能找到他们的人。

在严酷的斗争形势面前，武强县委没有被敌人吓倒，干部、战士们表现得英勇顽强。谁也难预料什么时间，哪次战斗自己就会倒下去。人们在擦枪时，都精心挑选一颗红色底火的保险子弹留给自己。在生死关头，没有一个人动摇、投敌，大家都争着到环境最残酷的地方去开辟工作，把生存的希望留给同志。县委组织部长李刚的壮烈牺牲，令人难忘。他带领4个同志组成县委工作组到大王庄检查工作时被敌人包围，他们钻进地道，匆忙中弄坏了洞口。房东不在，屋子里明摆着洞口，地道又是死洞，不能转移。眼看就要束手就擒，李刚抽出手枪，果断地说："我先冲出去作掩护，你们随我往外冲！"说完第一个冲出洞口，在墙外等着接应其他同志。就在这里被敌人发觉，李刚打完最后一颗子弹，被敌人用刺刀活活挑死。其他县委成员表现得也很英勇。如县委宣传部长陈健，接受县委任务，深入到环境残酷、工作基础比较差的路南区开展工作。一次他和三区区委书记李天、区长李静、通讯员傻罗一起到郑家厂开辟工作，当时村里没有党的工作基础，村长把他们领到一个独院，被敌人坐探发觉告密。大批的敌人包围了这个院子，周围房上也趴满了敌人。在场的几个同志全部被捕。陈健在狱中表现非常英勇，任凭严刑拷打，始终没有暴露身份，只承认是小学教员。敌人放狼狗把他腿上的肉一块一块撕咬下来，他咬紧牙关，誓死不讲。在狱中他还组织被捕干部秘密编成党小组，互相鼓励，教育大家坚贞不屈，准备牺牲。并组织难友和敌人斗争。最后陈健病逝在狱中。县委成员的英勇抗战，使县委成为领导全县军民反击敌人的坚强领导核心。

第二次重要会议是5月27日在小营村召开的。从"扫荡"开始，我们从路北打到路南，又从路南赶到路北，损失越来越大，干部队伍越来越少。尽管环境恶劣，我们一直寻找机会召开县委会议，研究部署工作。这一天，我们终于在小营村集合了全体干部。那天，我们把警卫员、手枪队全部派出去警戒，我也一直紧张万分，万一被敌人发觉，会把全县干部一网打尽，后果不堪设想。当天下午，由我主持召开了县委常委会，地委敌工部长张之生参加了会议。会上，分析了当前的形势和我们的任务。大家认为：全县干部对于"五一"大"扫荡"缺乏足够的思想准备。面对强敌，部分同志失去了抗战胜利的信心，有的人躲进据点或回家隐蔽，也有人带队投敌。当务之急，是稳定人心，鼓舞斗志，动员干部出来工作，迅速打开局面。晚上，我们又召开了全体干部会。除县委常委外，到会的还有新任县长李敬仁、原县长李子寿、县政府秘书陈子瑞、议长郭少溪，以及副议长崔毅、事业科长赵诚、民政科长刘佩、教育科长王云、粮食科长李明泰等，大约二三十人。当时，这就是我们全县的干部队伍。在会议上，我做了形势与任务的报告。为了鼓舞士气，我就把"今年打败希特勒，明年打败日本"作为口号提了出来。接着我说：国际形势一派大好，国内形势虽然严峻，这是黎明前的黑暗，眼前到了最黑暗、最困难的阶段，不久就会发生转变。苏联战场上苏军节节胜利，日本鬼子猖狂不了几天了。干部们听了人心振奋，看到了光明前途，最后布置了当时的中心工作：一、要求全体干部深入到基层，帮助各村尽快恢复党支部，动员回家干部出来工作。二、要求各村支部整顿后，首先抓政权建设，建立应敌的两面政权，同时还要采取各种措施，控制掌握维持会人员，允许他们送些假的和过时的情报，以免敌人的怀疑；但内容必须交抗日村长过目，村党支部批准。三、开展锄奸工作，坚决镇压一批血债累累、罪大恶极的汉奸，打击敌人的嚣张气焰，为我们扭转局面创造条件。同时强调要注意政策，打击首恶，争取一般。会议只开了一个小时，干部们就迅速分散转移了。事后知道，散会以后不久，敌人就包围了这个村子，听说后我出了一身冷汗。小营村会议之后，县级干部按会议要求，分散到基层。李刚去了二、五区，陈健去了三、七区，马庆云除主要负责抓武装之外，还协助我抓全面工作，为我县抗日工作做出了卓越贡献。田振东负责公安工作，李敬仁、李子寿虽正值新老县长交替，也都下去帮助工作。县政府的各科长也深入到基层。县委机关干部白天打游击，晚上进村帮助支部研究工作，一直活动在乐郊村一带。在干部们的努力下，县委会议精神很快传达到基层，各村支部工作逐步恢复。经过动员，一些回家隐蔽的干部纷纷出来工作。二、三区党的基础原来就比较好（二、五、六区是原来的老根据地），分散下去的干部和村支部密切配合，工作很快开展起来。各村支部仅在"五一"大"扫荡"时发生混乱，一两个月后，支部工作就迅速恢复了正常。

在恢复工作的过程中，各区的干部们舍生忘死，英勇顽强。一区区委书记向前，工作认真负责，打仗机智勇敢，在一次和敌人遭遇中被捕，一直下落不明。二区工作在区委书记吴玉清领导下，区小队一直比较活跃，狠狠打击了敌人，局面扭转很快。五区区委书记李志是个女同志，为了工作方便，她经常头挽大纂，手挎饭篮，扮做普通农妇，走乡串户，发动群众。路南的三、七区，多是敌占区和游击区，又因是一个东西长10公里、南北宽4公里的狭长地带，地理形势不好。加上紧靠县城，距敌太近，县里武装和干部难以开展活动，又和县委联系困难。种种不利因素，给开展工作带来重重困难。陈健到那里开辟工作，不幸被捕牺牲。区委书记李天、区长李静被捕叛变，给三区工作造成混乱，干部、群众惶恐不安。我听到汇报之后，立即动身赶到三区去收拾局面。沧石路难以通过，我从四区绕道过滏阳河再转三区。途经中旺村，我参加了四区区委会。会议当中我突然发起高烧，病倒了，只得到偏僻一些的阎五门村休息，不料被村中一个过去当过伪军的人告密。敌人知道村里有两个八路，马上进村抓人，正巧我没在屋，敌人抓走了我的警卫员马庆宗和村干部数十人。区委书记弓力、副书记李毅闻讯，立即带领区小队赶来营救。他们尾随敌人，伺机搭救被捕同志。当时环境残酷，白天打仗有困难，区小队指导员刘丰化装成农民去侦察。当敌人中午进村吃饭时，刘丰在墙外听到敌人返回路线，区小队抢先一步，埋伏在敌人必经之路两侧的青纱帐里。午后，敌人押着抓来的村干部和马庆云刚刚走到这里，埋伏的同志一拥而上，敌人四散奔逃，被我方抓了两个俘虏，截获了两支大枪，被捕的同志全部得救。青纱帐里这场漂亮的伏击战，表现了四区干部、战士的机智勇敢。我回县后，经县委研究，派青年团书记杨国洪去三区任区委书记，李真任区长。他们二人到任后，抓紧稳定情绪，恢复组织，整顿和扩大区小队，连打了两个漂亮仗。

纪念冀中军民"五一反扫荡"斗争

在中共武强县委的领导下，冀中军民不但粉碎了日军空前残酷的、惨绝人寰的"五一"大"扫荡"，而且由于县委及时正确的引导，小营村会议精神的传达贯彻，各级党组织与人民一起同甘苦，共命运，经过大量艰苦的工作，工作很快地恢复了起来。全县7个区、200多个村的党组织恢复了正常工作，广大人民群众的抗日情绪又高涨了起来。

滚在刺刀尖上的日子

徐光耀

徐光耀，男，1925年生人，河北雄县人，1938年参加八路军，一直在部队中做政治、文化工作。1958年，因被错划为"右派"，转至保定市文联。1981年平反后调到河北省文联，曾任省文联党组书记、主席，1996年离休。主要作品有《平原烈火》、《小兵张嘎》、《昨夜西风凋碧树》等。

"五一"大"扫荡"，是日本侵略者对冀中抗日根据地一次罪恶滔天的摧残，是中华民族在20世纪经历的一场浩劫。为了祖国，为了人民，尽管过去60年了，我们无论如何不可把它忘记。

说它是浩劫，即使从当时流行的谣谚俗语看，也能窥见个大概。比如："无村不戴孝，户户闻哭声"，"出门必过路，夜观岗楼灯"；比如："经过'五一'大'扫荡'，不死也得脱层皮"，"军民本是一家人，都在刺刀尖上打'能能'"；比如："下了碾子上磨，过了筛子过罗"，等等。我不止一次听到老红军说："就是万里长征时遇到的困难，也没有这次'扫荡'残酷！"这些印象，甚至浸入到日常生活的幽默领域，假使某人办了件漂亮事，有人夸他说："你真有两下子！"被夸的人就会回答："不是'五一'大'扫荡'跑丢了一下子，我有三下子呢！"于是便引起一阵会心的嬉笑。

这次"扫荡"使我们所遭损失太大了，仿佛至今说起来还不免"难堪"，就连一本本反映抗日战争的史书上，或则简略几笔，或则挂一漏万，很少能反映那一时期的具体真实。现在，友人约我写一点相关回忆，以纪念"五一"反"扫荡"60周年。这当然是件很有意义的好事。但是，我没有掌握全局的条件，只能就个人的亲见亲闻，说说我的经历，说不定依然是挂一漏万。这实在是没有法子的事。

一、两颗"人头"

1942年春季，我在冀中警备旅（兼第六军分区）锄奸科当干事。那时，干锄奸这一行的，可以到处乱闯。有一天，忘了是为点什么，我闯进了分区司令部的作战室，值班参谋本来认识，点头让座。我还没顾上坐，便被挂满一墙的地图吸引住了。这是五万分之一的军用地图，一张一张地拼接起来，糊满整整一面墙。上面还用大头针插着许多三角小旗：红色的，是我们部队；蓝色的，是敌人。

实实在在说，我大吃了一惊：原来我们六分区根据地，收拢聚缩，只剩下一小点了。

这是张全分区的敌我态势图。西起石门及平汉线，东至衡水滏阳河，南至宁晋县城，北至沧石公路，在这一大片面积中，覆盖着横七竖八、点线连锁、黑森森一面大网，大网中间还穿插着两根横杆：一根是沧石路，一根是石德路，上面糖葫芦似地穿着大串据点敌巢。

这确乎是一张大网。那些墨点，就是敌人的据点岗楼，那些线，就是敌人的公路、铁路、封锁沟和封锁墙。它从石门往东卷空铺来，绷在地上。而在其正中偏左，却破开着两个"大洞"，形象很像两颗"人头"：在石德路南的一颗，像个戴草帽的；夹在石德路与沧石路中间的一颗，像个戴毡帽头的。这两颗"人头",就是我们现存的六分区抗日根据地。它所占面积,仅在纵横二三十公里至三四十公里之间,各约现在平原上半个县那么大。阿弥陀佛,作为分区一名锄奸干部,我一直不曾想到,我们其实已陷入严密的天罗地网之中了!

当初,我们六分区可不是这么一丁点,1940年时,六分区共辖11县,西从正(定)、获(鹿),东至深(县)、冀(县),南达滏阳河,北至束鹿、晋县,东西长115公里,南北最宽处近60公里,共6000多平方公里面积,人口约230万。可是,敌人连年用"火网蛛网的囚笼"加"强化治安",再加步步为营的"蚕食"政策,在政治、经济、军事一齐上的"总体战"的侵蚀下,我虽历经拼死抗争,终被挤并压缩,剩下这两颗"人头"了。

近年,我从吕正操的文章中,获得这样一串数字,即:以1942年年中计,敌人在冀中共建了1750个据点与碉堡,据有铁路近770公里,公路7500多公里,挖封锁沟、墙4000余公里,用这些,把冀中切割成2676个小块。可以想象,我们这两颗"人头"已成怎样一幅景象。

当然,我也清楚:在敌人大网的笼罩下,还活跃着我们的县区游击队,还有十分精干的党政干部,钻入敌后之敌后,一砖一瓦地为革命筑基拼搏。在六分区之邻,还有七、八、九、十4个分区,还有深(县)武(强)饶(阳)安(平)一大片中心腹地;同我们六分区一样,每个分区都保持着两个主力团,还有以吕正操、程子华为首的军区指挥机关;更不要说还有互为支援的北岳、冀东、晋冀鲁豫等战略根据地了。所以,敌人的大网不可能把我们征服,我们仍是有力量、有人心的。

然而,尖锐的问题是,敌人还在继续疯狂地向我们进攻呢!它还每日每时在加筑据点,增修公路,配以烧杀抢掠,更加居心叵测地向我两颗"人头"挤压。而这两颗"人头",显得多么孤独,多么单薄啊!

我望了望值班参谋。他安静而从容地望着我,一点也看不出有什么不安。于是我起了另一个反应:他真是坚强!在这样的地图面前,居然还能坐得住!试想,只消四周敌人齐头并进地往里一挤,我们的部队——那面疏疏落落的三角小红旗，不就像风前蜡烛一样，飘忽一下就熄灭了吗？……

但是，我立即暗暗自惭了。大街上的战斗部队还在正常操练，他们雄壮地喊着"一二三四"，豪迈地唱着军歌，那"踏踏踏踏"的脚步声，直从窗外传来。在这些勇士面前，你一个锄奸干部，有什么值得失惊打怪、心旌动摇的呢？

然而，在离开作战室往回走的路上，我仍禁不住想，前十多天，司令员王长江在军事形势报告中承认：敌人的屡次"强化治安"及其"蚕食"政策，是极其恶毒残暴的，但也是成功的，根据地确实在日益缩小。这说明，敌人已接受了往日的教训，他们的"九路围攻"、"铁壁合围"、"篦梳扫荡"等一系列"鲸吞"政策，都失败了。而近日，他们改变了方法。我们必须做好精神准备，呕心沥血，拼尽全力，与敌人做殊死搏斗……他所说的，正是这张地图上显示的严峻形势啊！

事隔60多年，至今留在我心上的一个极强烈的愿望，便是想法子把当年这幅地图找到，好好装裱起来，张挂于我们的大展览馆，以使后人看看那种严峻，那种"星罗棋布，沟路如网"的态势，以及它所反映的那一种战斗精神。

可当时我意识中更为分明的却是：这张地图千万要保密，除了首长和相关参谋人员外，谁也别让看见，它实在太恐怖了，真的会动摇军心的！……

二、松松垮垮"地狗子"

"五一"大"扫荡"虽说开始于5月1日，但就两颗"人头"说，情况又各自不同。夹在两路中间的深南这一颗，较早卷入了"铁环阵"；至于石德路南的束冀一块，因非敌之主攻方向，稍晚一些被"扫"，等到深、武、饶、安大战初告结束，敌人才把重兵移过来。其时已是麦收刚过、秋苗渐长的季节了。

当时，分区主力警备旅，已分为两个部分：旅直属队及一团（此团为野战大团，辖3个营，每营4个连，连团直共14个连）分在深南，主要领导都在这边。二团（新缩编的基干团，5个大连）则由旅政委旷伏兆率领，在路南的束冀活动，并组织了一个临时指挥部。这些举措，都是在大"扫荡"将临的形势下决定的。形势极端紧张，机关大大缩减，体弱病残及非战斗人员，都做了分散安置。恰在此时，我和其他数名干事，被召到政治部，命令到县区游击队去"检查工作"，交给的检查内容很宽泛，从战斗动员、思想作风、军民关系到支部活动，几乎无所不包，而中心是帮助部队坚持反"扫荡"——日后不久我便悟到，什么"检查工作"，不过是精简机关、保存力量的方式罢了。四围的敌情风起云涌，大风暴就要来临，我也被按非战斗人员处理了。

军人讲究快速。我那时年轻有干劲，凡事严肃认真，当夜就背起小背包，来到了束冀县七区小队（也许是五区，记不准了），上了检查工作的岗位。

这七区小队约30人，3个班，由一名叫王丐的副政委率领。每人一支步枪，两三枚手榴弹，弹药杂而少。大部分人穿便衣，有穿军衣的也是有裤无褂，有褂无帽。战士们见了首长，连个"敬礼"都不会打，纯是一群"拿着枪的农民"。我那时17岁，尽管像个娃娃，却军装笔挺，皮带帽徽绑腿齐全，在他们中间一站，不但是鹤立鸡群，还有一点"钦差大臣"的气派。

其实，外表还在其次，这区小队的自由散漫、吊儿郎当、排着队还吸烟的样子，着实令人看不入眼。过了几天，我便给副政委王丐提意见，要整顿作风，加强纪律，反"扫荡"这么紧张，散漫下去会吃大亏的。王丐近30岁，是个倔人，我的话他显然不爱听，可也不辩驳。我见他没有动作，又再一再二地催。终于致使他一见我便噘起嘴来，本应和我商量的政务，也不跟我商量了。这当然也引起我的不满。

七区区委书记来了，他是区小队的政委，生得白净秀气，像个文化人，和王丐关系很好，一见面就笑哈哈地叫他"王八盖（丐）儿"。他二人咕咕了大半天，傍晚，在辞别之前，约我谈话，淡淡地劝我说：区小队本来就是游击队，有点游击习气在所难免，不能按正规部队一律要求。王丐同志是个直人，跟他谈话得注意方式……然后很客气地握握手，走了。这给我一个突出的印象：王丐告了我的状，而区委书记是站在王丐一边的。便不由地想：这支连伪军都叫他"地狗子"的队伍，还真的挺难弄！于是便也整天地噘着嘴。

这中间，敌人已"扫荡"过几个回合了。但因是偏师佯动性质，虽也声东击西、真假变幻地搞些手段，尚未大动干戈。而区小队在历次"扫荡"中钻来钻去玩"油"了。依靠着老乡、亲友提供的消息，发挥人少、地理极熟的优势，灵活的穿插机动，跟敌人捉迷藏。滏阳河北情况一紧，我们就跳往河南；河南敌情重了，我们又跳回河北。尽管敌人伎俩狡猾，却没有碰到我们一根毫毛。这地区水足地肥，青纱帐生长得很快，眼看大棒子已长到3尺高，红高粱挺到与人齐，更增添了我们迂回转移的方便。

但是，敌人终于动了真格的，忽地四面都出现了敌军大队，情势骤然危急。我们区小队赶紧钻了青纱帐。一日，正在青苗地里穿行，刷拉拉迎面插来一支部队，脚下生风，声威虎虎，很吓了我们一跳。细看，原来是自己人——警备旅二团开上来了。我们连忙闪在路旁，让他们通过。不久，一副门板扎成的担架过来，我一眼便认出躺在上面的是旷伏兆，便迎上去叫"旷政委"。旷伏兆，我很熟。原锄奸科第一任科长"段蛮子"，同旷是老乡，都来自江西苏区。锄奸科掏汉奸的时候，得了一副"麻将牌"，我们把它改造成"军棋"。旷伏兆爱下棋而且争胜，常来锄奸科同我们杀几盘。他问我："你在哪里？"我答"束冀七小队"，并指指我的伙伴。他把手一挥："跟到后面！"

区小队的战士们都英挺起来了，大部队就是我们天不怕地不怕的靠山，早晨才逼来的紧张，一下子全变成了轻松。待到二团的队伍过完，我们区小队也学着他们的样子，把枪扛在肩上，雄赳赳地跟在了后面。

又走了约2公里，快逼近滏阳河了，突有侦察员报告，前头不远处的大堤后面，窝有大股敌人，暂时动向不明。部队于是戛然而止。旷伏兆从担架上爬下来，立在坟头，拿望远镜向远处瞭望，一脸的严峻神色。恰好旅部作战股的王参谋过来了，他身材魁梧，面目英俊，腰插红绿两面小旗，阔大的步伐把土块踢得冒烟。我拦住他问："旷政委负伤了吗？为什么坐担架？"他一笑说："没！痔疮犯了。"说着，在后卫兜了个圈子，又匆匆往前赶。我便随了他赶到前面去。

旷政委从坟头上下来，跟二团林海清团长及王参谋低声说了几句。团长立即给后卫三连下命令：你们改做前卫。三连长立地转身叫："七班，头前开路！"七班战士刷地站出来，"咔嚓"一响，一齐将刺刀插上了枪头。王参谋抽出小绿旗，挥臂向北一捽："走喽！"然而正北没有路，只一洼齐人高的玉米，但部队勃然而兴，一个蛟龙摆尾，直朝玉米地冲去，随着泼剌剌一阵响，玉米大洼立即踏出一条3尺宽的道路来。整个部队波涛翻滚般一直向北涌去。

我当时就想：即使久经疆场的人，眼见这样一支生龙活虎的队伍，也不能不由衷地赞叹吧！

这天夜晚，我奉旷政委之命，告别束冀七小队，回归警备旅来了。部队当夜即跨过石德路，向着我们在深南的"人头"疾进。这时，旷伏兆大约已经知道：在这颗"人头"上，已发生了地覆天翻的变化。他是来救急的，而我还在完全的懵懂之中……

抗战胜利后的1946年，我曾有机会路过束冀七区，就在南土路口附近的一个村庄（可恨村名忘记了），突见墙角下立着一块小小的石碑，高只3尺，刻着歪七扭八几行字，道是：在"五一""扫荡"中，以王丐为首的七区小队，被数百强敌在此包围，激战竟日，无一人投降，全体壮烈牺牲！……我站在碑前，默立良久，铁一样沉重的心在下沉、下沉。呜呼！我为之噘嘴了20多天的那支散漫拖沓的区小队的同志，竟是如此悲壮地结束了他们的生命！对于我们的人民、我们的战士，对于他们品格的伟大崇高，往往连我们自己都小瞧了，低估了！今天，又过去了50多年，那块3尺小碑，还立在原处吗？但愿这代表我们民族精魂的标志，未被轻忽而冷落……

三、连番浴血

以后的几天中，警备旅二团一直贴住石德路，在它的两侧辗转潜伏，所驻村庄都距据点很近，多则三五里，少则一二里，听得见火车的嘶鸣，晚上望得见一溜溜岗楼上的灯火。我们一进村，便掘壕备战，严密封锁消息，禁止任何人外出。敌寇重兵都入根据地"扫荡"去了，他们的巢穴附近倒成了我们最安全的地方。

一天，忽听说宣传科长刘子英来了。他原是跟着旅直及一团在深南活动的，而今忽来二团，该是为加强路南指挥部的政治工作吧。我急忙去看他。谁知很让我吃了一惊：他一身"紫花"裤褂，换上便衣了！方圆的脸，头箍旧毛巾，看上去很刺眼。他一见我便极亲热地叫："哈哈，徐光耀！你从哪里来呀？"我答："从束冀七小队。"他随口问："情况怎么样？"我一听，以为他要听我汇报工作，忙掏出小本儿，按照写好的提纲，就七区小队怎么自由散漫，怎么不成个队伍的样子，很郑重地说了起来。但我很快发现，他精力完全不集中，刚听了七八句，便摆手说："好啦，我还有点事儿，改日再说吧。"说罢，径自去了。弄得我颇为莫名其妙。

当夜，就听到参谋们悄悄说：我旅直及一团在深南遭受巨大损失，旅长王长江和参谋长叶楚屏下落不明，一团团长被俘，副团长牺牲，队伍基本溃散。同时被敌人搞垮的，还有四十地区队和深南县大队等等，真像天塌了一样，震得我目瞪口呆，不敢相信，又不能不信。怪不得刘子英那么的惊魂不定，他是刚从九死一生的大难中逃脱出来的呀！怎么会有心听我那么平庸琐碎的汇报呢。同时也感到，我在束冀七区的20多天中，实在混得过于轻松和懵懂了。

多年之后，我才从战友的叙述及资料中感知：警备旅旅直及一团的那次遭际，那个战斗历程，是绝不应浑浑沌沌不向历史作个交代的。那确乎是一场溃灭性失败，但它失败得多么惨烈悲壮，又失败得多么灿烂辉煌啊！

在急难中打的第一仗，发生于深南县西河头。8000名日军精兵，附坦克4辆，飞机3架，将我警备旅直属队及一团二营（欠一个连）团团包围。这是一对十的苦战。在旅长王长江、参谋长叶楚屏的率领下，二营营长林子元具体指挥，与敌大炮、坦克、飞机鏖战竟日，打退敌寇波浪式冲锋30余次。在敌坦克冲进街里横冲直撞的时候，我战士怀抱手榴弹，滚上去，将其一辆炸毁，吓得其余3辆掉头就逃。战士们还用步枪将俯冲的一架敌机击伤，这架敌机拖着长烟溜掉了。一仗下来，我伤亡60余人，毙敌400多名。入夜后我安全突围。敌我力量如此悬殊，敌我伤亡相对也如此悬殊，难道不是非常难得的漂亮仗吗？然而，我们当时正处于被歼的命运，连续转战，极度紧张，"能突出来已算侥幸"的心理，使人们很难把它当作胜仗看待，以致一直沉没在大环境的凄怆中。

紧接下来是第二仗。5月12日，警备旅这支主力，一夜奔突近百里，来到了沧石路北饶阳县的大、小尹村，恰恰陷入敌人精心谋划的大包围圈中。日军主力几个师团，早在这儿布好了天罗地网。因情况不明，决策失误，局势发生极度的混乱。凡为敌人假象所迷，懵懂上当的部队，差不多都被赶到这里来了。七分区、八分区，军区直属队，以及回民支队、骑兵团等等，都有些单位跑了进来。敌人已完成"铁壁合围"，他们不慌不忙，看得清楚：只待13日拂晓，发起一个总攻，便可将我们"一网打尽"。

炮火是很猛烈的。警备旅以疲惫之师，在小尹村抵抗一天，始终把敌人压在野外。入夜，相关领导据敌情决策：部队分为数路，分散突围。所谓分散突围，在黑云压城的形势下，说白了就是：能突的尽量突，突不出的就要听天由命了。总之，突出多少是多少，总比被敌全歼要强。

火上浇油的却是，正当半夜突围时，老天忽刮狂风，飞沙漫天，乌云滚滚，天黑得伸手不见五指。部队只得解下绑腿，大家拉着带子牵扯前进，以致迷失了方向，转到天亮，竟不曾离开大尹村多远。这样，他们就赶上了在冀中腹心地区最惨重的一次大屠杀。在敌人撑圆的大网中，被兜住的还有数万名群众，他们随同部队一起，遭敌炮轰、扫射，死伤、被掳都在万数以上，可谓尸横遍野、血流成河……此时的部队，不得不实行更高度的分散，化为零星小股,在犬牙交错的敌我混战中,撕皮掳肉,死打硬拼,损失之巨大,是可以想象的。

然而,奇迹依然发生了。在人民群众血肉包裹、舍死掩护之下,身边只剩十余人的分区王、叶首长,回到了深南。当即派人四出联系,各处寻找,全力收容失散部队。先是二营副营长带一个排回来了,宣传科长刘子英带一个连也回来了,至于三五不等的流落战士,更是源源不断,闻讯而归,仅仅5天当中,警备旅路北部队又成军了,除非共产党领导的子弟兵,这是其他任何部队都做不到的。

但是,敌人是不会容我们稍事喘息的。从19日开始,对石德、沧石二路之间的深南县,又组织了新一轮大"扫荡"。日伪军纠集1.8万之众,汽车200余辆,用一个骑兵联队将沧石路日夜卡死。我们这块纵横不及百里的"人头",又落在他们的"铁圈阵"之中了。

5月23日这天,是个令人难忘的日子,就在这一"人头"的圈圈内,同时爆发了两场大战。两个战场仅仅相距10公里。一场,被称为王家堡战斗。本来已转到外线的一团一营及冀中区党委政卫连,刚刚转回来,便在此被围。从早晨游击起,紧张搏斗13个小时,击退敌人冲锋无数。子弹打光了的战士,不得不把重机枪拆成碎件,沉入水井。最后,在敌大炮、毒气弹、坦克的猛攻下,阵地终被突破,营长徐月波带一个排率先突围,与拦路之敌肉搏,当面射杀日军小队长等十余人,拼死突出。后续突围的同志则大部牺牲。副团长郭慕汾亦光荣殉职。

与此同时,一团团直和一营二连,在野外与敌周旋,最后被困于崔氏村南首蓿地,失去依托,除副政治指导员霍耀祥率一个班,从敌人汽车缝隙中杀出外,余皆战死。军区宣传部长张仁怀(1941年我在冀中锄奸部受训时听过他的课,是一位十分优秀而精明的干部),一团政委陈德仁,均在此光荣牺牲。

另一场恶战,被称做李家角战斗。23日凌晨3时,王长江司令员率二营在转移途中,遇到冀南五分区指挥机关并二十七团两个连,他们是为躲避敌对滏阳河东的"扫荡"刚刚转移过来的。恰在此时,周围发现大量敌情。两面的分区首长紧急商定：赶紧抢占村庄，就地固守：冀南部队去了任家角；我们，则直趋李家角。两村相隔1公里，互为犄角之势。相约顶到天黑，共同突围。

营长林子元只带一个班，首先将逼近李家角敌之骑兵打散，率部队占领村庄，随即划分区域，掏通民房，用树杈、大车堵塞街道，墙壁挖出排排枪眼，屏气凝神，严阵以待。听到枪声，四面敌人铺天盖地拥来，大战于是展开。

这是一场双方都不摸底的遭遇战，而力量对比绝对悬殊。我们是伤残疲兵，子弹绝少，轻易不敢开枪，开枪必有所中。常常把敌人放至30米处，才用手榴弹把他砸回去。几个回合的交锋，敌人发现对手出人意外的沉着，知道是块难啃的骨头，胆怯了。便转移重点，去猛攻任家角。中午时候，任家角激战进入高潮，枪炮的发射好似狂骤的大风，"呜呜"一阵又一阵。3个小时的恶战，冀南部队被迫突围。然而，在白天舍弃村庄，与强敌野战，是很犯忌的。同我们的一营一样，他们虽然拼死冲杀，粉碎了敌人多次阻拦和冲击，终因寡不敌众，全部壮烈捐躯。

在如此严重的形势下，下午4时，敌人又将重兵集中到李家角来，一面加强炮火，一面施放毒气，轮番狂炸，轮番猛冲，在调整队伍的间隙中，还逼着老百姓送来了劝降书，声称：任家角你部已被消灭，限一小时内缴械投降。我们则利用敌人的侥幸心理，尽量拖延答复，却抓紧时间，将已毁阵地双倍地加固。敌人三次劝降，我们三次坚拒。待敌人恼羞成怒，再次发起总攻的时候，战士们将整砖破开，运上房去，拿砖头迎击敌人的冲锋，恨不得把指甲和牙齿都亮出来跟敌人缠磨……

就这样昏天黑地地杀到天黑，不再是敌人的天下了。我部乃于半夜顺利突围。被打软了骨头的日军，甚至没有阻挡。此役，我以伤亡23人的代价，使敌寇精锐伏尸400。又一场以少胜多，堪称经典的村落固守战。

然而，环境是太过险恶了。大地似海，一波一波的巨浪，由敌人催过来，几乎没有一个村庄没有敌人。我二营迂回到莲花池一带，部队换了便衣，再次化整为零，出没于敌人大网中。原本规定次夜是在北梨园村枣树林中集合的，但临时发现梨园村有大队敌人屯扎，只得又各自分散游击……

就在此一时期，一团团长张子元被俘投敌。这给战士们造成的心灵创伤，远远大于实际损失。解放后，此人又落在人民手里，在石家庄坐了许多年牢。而司令员王长江，参谋长叶楚屏，又再度陷于流落状态，身边只剩六七个人了，幸好遇到深南县委书记刘露洗，在他的安排下，钻入魏家庄老乡的地洞中，藏了三四天。以后又摸黑辗转，四处寻觅，直到6月上旬，才突过石德路，与率领二团的旷伏兆政委会合。

王长江本是国民党军的总队司令，在我地下党张存实诱导启发下，于1938年脱离张荫梧的河北民军，率部投到共产党来，从警备旅编成时就任旅长。他年近五十，生得矮矮胖胖，每日晨昏，必打八卦掌，身体一直保持着健壮灵活。他从严要求自己，认真追求进步，常说："不是张存实老弟开导我，照旧日混下去，不定会变成个什么王八蛋呢！"这次反"扫荡"，他屡屡被围，屡屡冲散，说得上挫跌频仍，九死一生，却一颗红心，咬牙坚持，固守着以身报国之志，若没有"此去泉台招旧部，旌旗十万斩阎罗"的气概，是守不住那样一副精神的啊！

还须对二营再说几句：这支已经"破破烂烂"的队伍，重新集中后，与分区司令部失掉了联系。5月26日晚，转移到中央村，天亮又被3路日军包围，他们集中有限的火力，杀开了一条血路，突入了青纱帐。27日，在深泽县高家庄，找到了失散的八连。然而，又遭敌人合击。打到天黑，由老百姓带领，从两个地道口安全冲出。此时，二营仅余100多人，自缩为一个混合连。却在6月9日，同七分区二十二团两个连在一起，打了一场驰名中外的宋家庄之战：以300人的兵力，同逐渐增来的2500个鬼子，血战16小时，毙伤敌坂本旅团长以下860余名，最后破围而出。造就了又一枝平原村落战的灿烂之花。

此后，这个"二营"，在柳条等的带领下，东奔西突，转战数月，越过平汉路，进入北岳区。又过一段时间，跨越正太路，在太行地区，与由冀鲁豫转回来的警备旅会合，归还了建制。就是这样一支"残兵败将"，在30天内，历经西河头、小尹村、李家角、中央村、高家庄、宋家庄等6场恶战，粉碎了敌人再三再四的疯狂进攻，真可谓"下了碾子上磨，过了筛子过罗"，却仍能巍然凛然地英挺在世上，体现了人民子弟兵战斗精神的极致。如此的千锤百炼，使他的每一成员，都成了打不垮、拖不烂、砸不扁、响当当的钢豆子，像这样的军队，哪怕活神仙下界，也不可能把他打败的。坐在峨眉山上的蒋介石，一直宣传"八路军游而不击"，抗战之后，不问青红皂白，悍然发动内战，妄图一举"剿灭"共产党、解放军，他显得多么的无知啊！

四、爱惧交织的眼神

就是在这样的时刻，旷伏兆政委带领警备旅二团，从束冀那颗"人头"跳回深南。他最紧急、最迫切的任务，便是收容冲散的兵员，恢复部队建制，抚慰群众，坚持斗争，稳住根据地的大局。深南，警备旅从1939年起就在这儿活动，为创建这块根据地，打过千百次仗，单是为阻止敌人修筑石德铁路，就付出了多少生命和血汗啊！这儿的人民，从那时起就同我们并肩作战，做出了巨大牺牲。所以军民之间，不仅是血肉之亲，也是生死与共的关系。可眨眼之间，她变成什么样子了呢？我在长篇小说《平原烈火》的开头，曾有这样的描述：

鬼子"皇协"到处跑，到处发横，爱杀就杀几刀，爱打就打几枪。抗日的政权都不见了，穿军衣的八路一个也没有了，妇救会，青抗先，还有哪个胆大的敢提一提？各村都成立了"维持会"，都给敌人"挂上钩"了。看吧，满眼尽是敌人的势力：白天，满天都是膏药旗，黑夜，遍地都是岗楼灯……老百姓都耷拉了脑袋，眉头上锁起两个大疙瘩。上三十的汉子们都留了胡子，剪了发的姑娘又蓄起辫子，菩萨庙里的香火整天不断，算命先生的生意骤然变得兴隆——时间好像几天之间就倒退了二十年！

　　这段话写于1949年，距"五一"大"扫荡"只隔7年，完全是我亲见亲闻的写实。而尤为刺心的，就是老乡们的眼神，那原本一见我们就亲切含笑迎上来的眼光，猛然间换了，换成闪烁不定的惊恐神情，那是多日不见，忽然患难相逢，又想亲你，又怕亲你，想说话，又不敢说话，爱惧交织的凄惨之情啊！我真不知道世界上是否找得出一名大演员，能把这副表情重现？这实在是刻骨铭心的凄凉与可怕！敌人的血腥屠杀，几天之间，就使民族自由之花的根据地倒退回中世纪去了。

　　就在这天晚上，旷伏兆把两个人叫到他的面前，一个是宣传干事何作涛，另一个就是我。他严肃地说："深南县大队已经叫敌人搞掉了，一部分人牺牲，一部分人回家，一部分人失散隐藏，听说还有一挺机枪'插'起来了。你俩的任务就是，找到深南县委，在他们协助下，利用一切可能，把散失的人员找到，把机关枪挖出来，恢复深南县大队的建制。"他的话斩钉截铁，没有商量余地。

　　何作涛（此人至今健在）当时二十二三岁，我17岁。我们当即换了便衣，赤手空拳，深入到水深火热的深南大地。

　　遍地是公路、封锁沟，平均5个村子便有一个岗楼或据点，各村的"维持会"门上都日夜悬着日本旗，找不见民兵，找不见村干部，也找不见任何的抗日组织和团体。多年情同骨肉的群众，彼此本是极为熟悉的，他们一眼就能认出我俩是"八路"。然而，眼下却把我俩视为"灾星"了：我们在哪儿出现，哪儿就会招来杀身毁家的灾祸。大家的心闭锁着，紧缩着，仿佛老天真向我们闭上了眼睛。

　　然而，那时的共产党确实是深得民心，她的英勇顽强，她的无私无畏，她为人民为祖国的一腔热血，她同人民的战斗情谊，人民看得太清楚了！你是"灾星"吗？好，我可以躲着你，可以视而不见，却绝不会去报告敌人。白天，他们向你背过脸去，晚上，却又管你吃饱喝足，然后把你赶走。在敌人面前，他们把嘴巴闭紧，转眼敌人不在了，他们又会告诉你：县上或区上的某某，还没有死，就在某处藏着。我们俩就是靠这个，一个一个找，一处一处问，串了不知多少门户，终于找到了县委成员，成员们再同我们遍地踅摸……

有了县委的协助，日子好过多了。逢着敌人又"拉大网"的时候，我们常常被安排到岗楼下，或干脆住到有据点的村庄去。白日，藏在山药窖里、牲口棚间；晚上，则穿墙越户，小贼似地去敲窗找人。情况再紧时，连我俩也只得分开活动。

有一次，我被单独坚壁在赵邢村，住在村副家里。那时村政权已是"两面"的了，正村长，也叫保长，专管应敌；而村副，则是抗日村长，名义不公开，基本上不与敌人照面，只在暗中与我党接触。这村副，小名"狗替儿"，当然是名党员。他的妻子，则是个地道的农村妇女，从我一进门，她便感受到丈夫被杀、房子被烧的惨祸快要降临在头上了。她毫不隐瞒对我的冷淡与烦厌，常说些酸酸辣辣的风凉话。若不是"狗替儿"哥护着，她早就把我赶跑了。

一天中午，太阳正毒，村副不在家，已是做午饭的时候，"狗替儿"嫂指使我到街上抱麦根来烧火。我在大门外的麦秸垛上刚刚抻下一抱麦根，忽听得背后有人马哄嚷之声，回身一瞧，见一支队伍打个蓝旗走了过来。旗沿上标一行字："深县警备——"我希望下面飘个"旅"字出来，不想飘出来的却是个"队"字。我立即意识到伪军进街了，连忙抱起麦根，压住步子，回进家门。

"狗替儿嫂，伪军来了。"我小声告诉村副夫人。

"在哪儿？"

"就在当街……"

"狗替儿"嫂满脸惨白，眼看要背过气去。好一刻，她忽用指头剜着我说："那你还不快跑！"

我本来指望她会把我藏起来，她却指着大门说："出村口，往西！……"

也怪我当时年轻，不懂得细辨情况，立马一头撞出院子，大步向村西走去。然而，西口已布了敌人岗哨，背后也有伪军跟上来。我进退无路，一扭身，闯进道北一家大门，钻过过道，院里一片空旷，没有人影，北房紧闭着门窗，唯东厢是个牲口棚。急切里无可选择，我一钻，便伏在牲口槽下。胸腔里一阵咚咚响，心脏跳得十分猛烈。

敌人没有跟进来，院里依然静静的。我看着眼前的4条驴腿，一片粪尿，却嫌那粪尿还不够臭，地方还不够脏。就这样，我伏了约一个多小时，在沉静的氛围中，忽有轻轻的脚步声进了院子，且响且近。我正绷紧神经，却听一个女人的声音道："他大婶儿，你家圆笸箩在家吗？"北屋里回声说："在家，进来坐吧。"这一问一答的从容，立时给我以敌人走了的感觉，一下子从槽底钻出来，向那女人问道："大娘，敌人走了吗？"

那大娘吓得身子一闪，晃一晃才站稳了，认出了我是"八路"，着急说："你怎么在这儿？还不快跑！"我又问："敌人呢？街上还有没有？"大娘说："走啦。可谁知人家还来不来呀！……"北屋里也跳出个大婶儿，指着我说："你什么时候来我们家的？把人吓煞了！快跑快跑！……"

这回，我真的出了村子西口。这一带尽是盐碱地，远不及滏阳河边禾苗高大，我在烈日下，在低矮的青苗地中，一直乱趟到天黑，口渴得几乎晕过去。——这段经历，经我略加演义，后来写进了中篇小说《冷暖灾星》，那句"抗日抗日，就是你们这路子瞎抗，才把鬼子抗到炕头儿上来了。"便是"狗替儿"嫂的语言。

经过近月的搜寻，我们终于找回了深南县大队的12名战士，那挺机枪也"起"出来了（必须说明的是：这些成绩，主要是何作涛努力的结果）。何作涛和我，带着这12名战士，扛着机枪，摸夜赶回石德路南，打算向旷政委汇报我们的工作。谁知旷政委不见了，我们找到的却是分区临时指挥部。指挥部告诉我们一个消息：主力警备旅已经离开冀中，"外转"到黄河边上的冀鲁豫去了。留下来"坚持环境"的，只剩了游击队。真是个晴天霹雳！自参军以来，我一直跟着正规部队转战南北，部队编制齐全，武器精良，能打能走，十分牢靠。可现今呢？我的天！警备旅走了，把我扔了，扔在这刀山火海般的平原上了！……

五、在"剁了饺子馅儿"的情况下

这临时指挥部，就是六分区的指挥机关了。它只有十多个人，由参谋长叶楚屏和政治部主任龙福才领导，人人一身便衣，手下能指挥的，只是"稀里哗啦"的游击队。这很像红军的长征：主力远走高飞，多年经营的苏区一旦放弃，丢下些零散游击的残存人员，成为大群敌人搜捕的目标。冀中抗日根据地啊，她可真的"变质"了……

历史事实就是这样。如前所述，正是这时候，冀中根据地已被切割成了碎块，用老百姓的话说，是叫敌人"剁了饺子馅儿"了。部队在任何一点上暴露，一小时之内，就会遭到四面来敌的合击。据后来资料显示，警备旅的减员也确乎是惊人的：一团，已由1632人减为728人；二团，由768人减到560人；旅直属队，由981人减到300人……除二团及一团三营大体保持完整外，其余部队保持继续苦战的能力，确乎大成问题了。问题的中心是，部队照旧坚持下去，恰恰会正中敌人下怀。主力"外转"，实实出于万不得已啊。

不过，共产党的骨头硬就硬在这样的时刻，即使在生死关头，依然脸不变色心不跳。这剩下的人，个个形销骨立，发蓬眼陷，确像扒了一层皮似的，但他们眼睛依然放光，胸膛里依然跳着一颗炽热的心。于是，在分区指挥部领导下，他们擦干身上的血迹，掩埋好同伴的尸骨，接过了对敌斗争的重担。

指挥部没有司、政两部，更没有锄奸科，深南县大队又放归路北，我则被分配到三十一地区队，当一名特派干事。

三十一地区队是六分区还保存着的两支地区队之一，一直活动在分区东部几个县。"扫荡"中，曾在宁晋、赵县两番苦战，已由原来的570人减到266人，缩编为两个大队（连），各有轻机枪一至两挺，掷弹筒一个。相形之下，不及警备旅半个营，编制却是小团的架子。警备旅一走，他们自然

"升级"成分区主力。区队长是长征干部乾云清,政委是知识分子出身的石以铭(在华北烈士陵园都有他们的大名)。原有一名特派员,也是在锄奸科当过干事的刘汉昆,献县人,生得白白胖胖,慈眉善目,很文雅。其实,一支地区队用不着两个锄奸干部,我被分配过来,纯粹是临时安排,大"扫荡"中部队减员太快,连续缩编,干部相对过剩,总须给他们一个立脚的地方啊。

地区队的活动方式,毫无例外也是分散:乾云清队长和石以铭政委各带一个大队,白天,封锁驻地,隐伏备战;夜晚,筹集口粮,转移行军。情况特紧时,干脆就在青纱帐里宿营:选块远离大路的野洼,找片茂密的高秆作物,扎伏其中,四面派出巡哨,挖好工事,然后伏在里面打瞌睡。任他敌寇杂沓往来,枪炮轰鸣,我们只是纹丝不动,"敌人撞不到枪口上,我就不开枪"。耗到天黑,再进村弄饭,搜集敌情,定出第二天的行动方向。

使我至为佩服的是区队长乾云清。就在这样的环境下,他仍然静如处子,活如游龙,精神上看不到任何压力。有一天,大家都藏在高粱地里,在气闷难熬的烈日下,又渴又饿,我们全像晒蔫的高粱叶子,连说话都打不起精神来了。掷弹筒手在闹情绪,嘟哝说,掷弹筒这东西,既拼不得刺刀,又不能对着敌人的脑袋瞄准儿,炮弹只有三四发,一旦打光,跟敌人打起交手仗来,还不如一根烧火棍顶用呢。乾云清听说后便走到那战士跟前,把掷弹筒拿在手上,先抡打着耍了俩花儿,才掂着斤两说:"我要当兵,就先抢这玩意儿背着,又轻省,威力又大。敌人歪把子呱呱呱叫得正欢,你一发过去,就把它整窝儿抠了!歪把子厉害你厉害?你是专治歪把子的!天王老子出来,也得叫你一声小哥!"一席话,说得大家都笑了。那个掷弹筒手很愉快地把武器又接了回去。

过了不多几天,我们就打了个极为漂亮的伏击战。

侦察员报告,前磨头和护驾池两个据点之间的日军,有个定期交往的规律:每逢护驾池大集,前磨头的一小队日军,必然全副武装,两路纵队,沿新修的公路去护驾池"护驾",清晨去,下午回,硬是一副把八路扫光了的神气,毫无防备意识,多日一直如此。乾云清一边听着,一边喃喃地说:

"让他凶吧！让他凶吧！"接着，忽然出现了新情况，刚过的一个集日，该去护驾池的敌人没有动。咦？乾云清想了一想，部队没有暴露，他不去，该是敌人内部的原因，这样，到下一个集日，他就必去护驾池无疑！好啊，那就让他再来凶一凶吧！

乾云清由侦察员带着，大白天出动，把敌人的巡行路线往来细"踩"，选好了战场。在集日的那个拂晓，带部队悄悄进入阵地。据他计算：我们一开枪，敌人无地形地物可资凭借，只能窜入公路两侧的道沟。而公路是临时仓促修成的，道沟的深宽各只尺半左右，一个人爬进去恰好挤满。乾云清便把两挺机枪，直直地安置在顺道沟的对准线上。其他战士，逼近公路50步，伏在密密的青纱帐中。

剩下的事情就简单了：上午8点30分左右，前磨头的敌人按时而至，他们30多人，清一色的日本兵，排着两路纵队，钢盔闪闪，齐步前进，骄横跋扈，旁若无人，居然连个尖兵都不派。乾云清笑吟吟地看他们进了"口袋"，举手鸣枪。于是平地炸起一阵沉雷，步枪手榴弹齐放。懵了头的日本兵，想也不及想，一齐趴入道沟。给我们两挺机枪提供了最可意的机会，"哗哗哗哗！"顺道沟一阵扫射，立见一股股黑浓的血冒出来，机枪的每一颗子弹几乎能直穿三四个敌人。大"扫荡"以来，时至今日，我们的战士才吐了一口恶气！……

至多一刻钟，30多个日本兵无一漏网。我们缴获轻机枪一挺，掷弹筒一个，"三八大盖"20多支。就伏击战术说，这实在是乾云清的一件艺术品，是最完美的典型之作。而我们只牺牲一人，这便是特派员刘汉昆。他见日本兵被压进道沟，已十足进入绝地，兴奋得跳起来大叫："敌人垮了！同志们冲啊！"直身向敌人冲去。这时候一个训练有素的日本兵，在被击毙之前，先给了他一枪，洒尽了他一腔热血。

这是在敌人疯狂的最高峰上，我们打的第一个纯粹的胜仗。这一仗实在把敌人"咬"疼了，他们大发狂威，一连几天出动寻找我们。但周围的群众，却在兴奋中惊讶：啊，八路军没有完！

乾云清身经百战，艰苦备尝。据说，在长征中，他的生殖器被敌人的子弹打掉了,绝了他传宗接代的能力。可他仍然积极乐观,从容镇定,游斗于危厄环境中,没人见他皱过眉头。一生打过很多漂亮仗,仅在一年之后,他又在南北黄龙的战斗中,把数百敌人打得溃逃。却在战斗的收尾阶段,意外地中弹身亡,使得打了胜仗的战士们许久许久都抬不起头来。

我在三十一地区队过了将近一月的日子,天气已有秋凉之意,忽接到分区指挥部命令,让我参与"外转"。给我说的理由是:冀中环境过于险恶,为给革命保存更多的力量,上级有意让一批干部离开冀中,转到山区根据地去,以应付将来重新展开的局面。周围的战友们都为我祝福,嘻嘻哈哈开玩笑说,他们留下来的叫"抗战干部",我们"外转"的叫"建国干部",并期许将来胜利了,大家在大城市再见!但是,谁也没料到,此一举,又几乎送掉我的性命。

六、梦断冶庄头

分区指挥部共集中了30多人,尽是排、连、营级干部,编成一队——姑名之为"外转"大队吧,指定一名营教导员领头。当夜即出发,连跨石德、沧石二路,傍晚,宿在深安路上西蒲町据点附近的一个村庄。这村庄的名字忘记了,是我们"外转"干部中另一名锄奸干部张治平的家。这30多人都穿便衣,没有一支枪,也就无所谓"备战",宿营只能投亲靠友找关系了。这张治平,动员起亲族邻居的力量,为我们安置了住处。

第二夜,掉头西进,通过安平地界,到达深泽和定县交界的北冶庄头村。分区指挥部交代过,叫我们就在这一带找到七分区的司令部,然后由他们派兵护送我们过平汉路,一进入北岳山区根据地,我们就算"到家"了。将来的战斗岗位,由晋察冀军区分配。

冶庄头,是个工作基础极好的村子,地下党支部完整地保存着,虽是"两面政权",却在我党的全面掌握之下。我们这30多人,按村干部的安排高度分散,差不多一人藏一家,中间互不联络,谁也不知道谁在哪里。这好像是他们安置往来干部早已形成的习惯。

分给我的一家，是靠村西北角的大地主家。户主叫宋葆真，40来岁，生得匀称白净，有文化，显得机灵精干。他有内外两大套院子：内院是住宅，房高墙厚，一律青砖砌成，肯定是村中一流的富户。外为大杂院，一溜车棚、柴棚、牲口棚，又一溜是长工们住的草棚和家具棚，外加猪圈、粪场、垫脚土堆，还有很大一个花池子，种满凤仙花、草茉莉等。这一切都被短墙围着。短墙只有一人高，墙外便是野地了。

当时我当兵、入党已5年，又是锄奸干部，阶级警惕性是很高的。被分到这么个大地主家来，心中颇为疑虑，生怕一旦情况危急，会落个四面悬空。然而，既是村中党支部的安排，且与两个长工住在草棚，有阶级弟兄在一侧，也就不好挑五拣六、另提要求了。

第二天，一天无事。到黄昏，村干部递来消息：七分区司令部还没有找到；而四周据点，又在抓夫要车，进出频繁，有蠢动模样，提醒我们多加小心。然而，怎么个"小心"法，却没有具体措施。跟我所依靠的一老一壮两位长工商量，他们反应冷淡，习以为常，只说："咳，'扫荡'是家常便饭，说来说去，有啥法子？到时候见机行事得啦。"我问：明日拂晓之前，可否躲到高粱地里去？他们也含含糊糊地说，高粱地常是鬼子搜洼的重点，弄不好，还会撞在枪口上。神气里也不大赞成。

因为心里不安，夜晚一直在炕上翻腾，很晚了才睡着。本来决心还是明早去高粱地的，因年轻睡得实，一睁眼时，天已大亮。赶紧一撅起来，急忙去短墙下朝外探看。这一看不要紧，一场大祸果然临头了。

村沿、树下、土坑、道沟，都已趴满了敌人，村子显然被严密地包围了。我急忙跑回草棚，向长工们报告这一消息。他们一骨碌爬起来，连说"别慌别慌"，老长工抓把笤帚给我，教我快打扫牲口棚。我一边扫着，一边想该怎么藏起来。这时，村西响了两枪，随后北、南、东，各有两枪响应。接着杀声腾起，马蹄震地，敌人拥进街来了。我们住村边，一阵人马哄震之后，很快传来咚咚的打门声。壮年长工不敢怠慢，赶忙去开大门。老年长工却抄起手推独轮车，招呼我拿铁锨，往车上扔垫脚土，装出要给猪崽儿们垫圈的样子。这时我还在问："不能藏了吗？"老长工说："这么大院子，藏不住人。"说话时，一声吆喝，从大门拥进来一群伪军，气势汹汹地朝我们把手一挥："走！走！到街里集合！——都去！"

已经没有法子可想了。我跟在老长工背后，随他往村子中间走。路上，日军伪军穿梭乱窜，其中一个伪军打着我的脸道："小八路儿！"我睁眼看时，他却笑一下，走过去了。这提醒我，必是什么地方我比真老百姓还有些异样。于是把背更驼些，把肩更耸些，把眼睛垂得更低些。

全村群众被伪军从四面八方驱赶到广场上来。男的，命令排成四路横队；女的，则排成两路，站在男队之后。四围是大群挺着刺刀的日本兵。靠西墙，有几个日本军官和一个翻译，不断地向群众吼叫发威。其中一军官，提着一根3尺长的枣木擀面杖，不讲任何原因地找人殴打。他打人的凶狠恶毒，令人惨不忍睹：双臂抡圆，一杖下去，立即臂断神昏，一生九死。有个壮年老乡，"宣抚班"要他打糨糊好贴宣传品，他端着糨糊锅乖乖地在场边路过，不提防那鬼子突然一棍，立地扑倒，泼洒一地的糨糊，当即被鲜血染红……

男人的四路横队是面向敌人排列的。因为谁也不愿站在第一排，人人争着往后挤。我不是本村人，更非老百姓，群众的心眼自明，但在滚着疙瘩争往后挤的时候，老乡们都有意让着我，凡遇到挨肩紧挤的，无不自动闪开，没有一人肯把我往前推。结果使我排在了第四排接近末尾的最佳位置，矮个子敌人，甚至很难看到我。

不过，我还是"在劫难逃"。日本军官发出命令，要从男人队里挑10个人出来。于是日本兵、汉奸上来一伙，从队里一个一个往外挑人。已经挑到第九个，伪军喊"还差一人！"正在此时，一个满脸大麻子的高个儿伪军，伸着他长长的胳膊，探过三排人头，点着我的下颏说："出来，出来！"我无可遁逃，只得分开三排群众，随他走了出去。——后来我常想，那么深的大麻子为什么一定要长在这个伪军的脸上，难道不是老天有意造就这个恶人的吗？

我们10个人，被集中在广场旁侧的街角上，3个伪军端着贼闪闪的刺刀，逼堵在跟前。10个人中，连我有3个半大孩子，我那时虽说17岁，因连年劳碌疲乏，营养极差，个子还没有发起来。而其他9人，一概是本村老乡，他们明镜似地知道，独我是个"八路"。也许正由于此，有3个老乡一直吓得发抖，其中一个竟悄悄地问伪军："老总，叫我们干什么呀？"伪军很不屑地回答："干活儿！"这句话尽管不可信，还是使人产生了希望，能干点什么活儿去，正是跳出火坑的出路。所以，当旁边梢门洞里出来个黑衣"警官"，朝这边招手说："来3个！"我们10个人便齐头往前一拥，都急着要去。不想那"警官"一摆手说："不要小孩儿！"这样，包括我们3个小孩儿在内的7个人，只得留下来。

然而，顶多过了3分钟，梢门洞院子里便传出杀猪样的惨叫，混合着一阵阵棍棒捶打的声音，那叫声之凄厉，简直撕人心肺，刚刚进去的3个人，显然在遭受严刑拷打。一时间，我们这7个人都吓傻了。我立即意识到：那在梢门洞里的一群，很可能就是"红部"或"宪兵"之类的特务机关，是些杀人不眨眼凶残透顶的恶魔。那3个老乡被逼问的，必是党和抗日干部的组织，我望望天色，天色一片灰暗，仿佛在告诫我说：今天，你插翅也逃不出去了！

我立即替自己编造假口供，我绝不能暴露自己的身份，好家伙，锄奸干部！这正是敌人一直在细心追踪的"赤匪特务"呀！一旦落在这伙人手里，那可真要死无葬身之地了！当然，我也不能说自己是冶庄头人，不然，让你指认村干部，又怎么推托呢？我知道附近有个村庄叫西固罗，来路上曾经经过这个村子。我想，我只能是西固罗的一名农家学生，到冶庄头串亲戚来了，刚刚住了一夜，正赶上你们的包围……

我的口供尚未编圆，梢门洞里又要进3个人去，于是又一阵杀猪样的惨叫。剩下我们这4个人，在战栗中等待下一轮的呼叫。正在这时，村外响起一片枪声，"啪、啪、啪、啪"，几十响过去，又戛然停止了。刚刚升起的"八路军来解救"的希望，霎时落空。隔不到一刻，从街那头呼隆隆拥来又一群伪军，押着个五花大绑的人，正是我们"外转"大队中的老杜。我冰冷的心猛地又被刺了一刀，还是有同伴落网了！他被押进大梢门，一眨眼工夫，那惨绝人寰的嚎叫，就传了出来。终我的一生，神经被粗砺无情地折磨，有过许多次，这一次，才是最为痛裂肝肠的。

大约算敌人取得了一个"胜利"吧，梢门洞里拷打声渐歇，好一会儿，没有再从我们4个人中要人。从梢门洞里出来两三个"警官"，叼着烟东望西瞧，闲散地溜逛，一副打人打累了的模样。用刺刀逼堵我们的伪军，也便打个哈欠，懒散起来。这启发了我们4人中的那个大人，他不失时机地凑近一名伪军，悄声地说，他家就在房后，十来步就到，抽屉里放着一笔钱，"请老总跟我去拿。"那伪军左右瞧了两眼，拿枪翅子把他一拨，就跟他去了。过了10分钟工夫，还不见他俩露面。

这大大鼓舞了另外两个孩子，一齐向伪军哀求，说他们的家也很近，爹妈的钱就在炕席或蜡扦底下，求老总快快去拿。于是另一伪军又押着孩子走了。眼下，只剩下两个孩子了，这给我的压力急剧上升。那个小老乡看到了被释前景，加紧而急切地叙说他家的钱有多少，藏在什么地方，是如何如何由爹妈挣来的。他眼里流动的那份清明的真诚，甚至连我也感动了。可是，这对我却是个绝大的威胁，一则，我无法声称有钱，二则，我口音不对，也不敢开口。干愣干愣地在那儿戳着，又显眼得可疑，简直就是手足无措。——其实，那孩子何必苦苦哀求，他只消把眼珠儿斜斜一转，递给伪军一个眼色，暗示他旁边这人就是"八路"，立即就解脱了，安全了。然而，这却是不可能的。这样想，便是对那孩子——对老乡们屈心的污辱！他们意识中绝对明确：哪怕把他们拉出去皮开肉绽地打死，他们也不会出卖身边的八路军！在他们面前，我当时就能感到：杀不绝老百姓，就杀不绝八路军！

但是，看着我俩的伪军却更加恼火，别人都赚了钱走了，独剩他两手空空，跟那孩子走吧，还有个我无人看管；扭头四下乱看，一时又抓不到顶替，万般无奈，便动手翻搜我俩的腰间和衣服，指望发一点小财。这可实实在在吓了我一身冷汗！我表面是便衣，内里却套着一条军装裤子，它本是草绿色的，我在三十一地区队时，曾用锅底灰掺着砸烂的槐铃豆粿染过，但染得不成功，变成了灰不灰绿不绿。可怜这伪军一门心思只在钱上，竟不曾看见如此眼生的灰绿变异。使我已经提到嗓子眼儿上的心，又轻轻地放下去了。

在这村中广场的最后一幕，是听日军军官"训话"。这个军官长得很典型：滚圆肥胖，亦虎亦熊，指挥刀丁丁当当地磕打着马靴，酷肖袁世海在《红灯记》中扮演的那个鸠山。大约他是今日这群日本兵的最高司令了。因为他要"训话"，汉奸们赶忙驱动群众的六路横队齐齐站好，肃静恭听。押着我俩的伪军也请示他的上级，"这两个小孩儿怎么办？"汉奸一挥手："让他们也听听。"于是我俩被放归于群众中。以往，我没有从近处看到过日本军官，这次，便躲在两个肩膀后面，从缝隙中盯着这个"鸠山"。

他哇啦哇啦讲了三点，据汉奸的翻译：其一，每天给"皇军"送报告；其二，砍掉所有树上的树枝树杈；其三，填平残存的"八路"道沟。倘有哪一项做不到，都紧跟着一句"死啦死啦的有"！表面上，他穷凶极恶野蛮残暴到无以复加；实际上，却是个浑浑噩噩可怜无耻的蠢猪！一切从事不义战争的赌徒们，大体都是这副架势，他们最后沦为百世被人嘲笑的蟊贼小丑，最是天该地当，一点都不冤枉的。

七、进入我的"第二故乡"

"鸠山"讲完话，汉奸们便下令让群众拿起铁锹平道沟。于是呼隆一声，人们像得了大赦一般四散回家。我也混在人群中，离开这块是非之地。但我没有"家"，也没见着二位长工，犹豫一阵，以为还得去找房东，便慢慢朝地主大院走去。谁知刚进门，就又吃了一惊：院子里尽是日本兵，房顶上架着机枪，至少一班的日本兵在占据着这家制高点。我刚一愣神，一个日本兵摆手招我过去，"咕噜"着给我一把铁锹，挥手指着门外。我理会，大约是让我去平道沟吧，便提了铁锹往外走，谁知那日本兵在背后紧紧跟着。我的天！别是叫我自己掘坑，就地活埋吧！鬼子们只要高兴，什么事都干得出来。事情原来很简单：从一大早就出来的这帮野兽们，肚子饿了，把我押到野外，从一块畦垄上挖出一堆山药，抱回地主大院，他们馏熟了吃。正在院里满处支应的房东宋葆真，见此情景，赶着叫我一声"老二！"就殷勤地端个大盆出来，倒上水，和我一齐洗山药。洗完，同我把山药码进大锅，又招呼我同他去草厦子里抱柴。草厦子里有一大堆高粱莛，他掐起一抱，试一试，就劈一半给我抱着，小步儿回到灶前来——其实，这一掐高粱莛不够一个人抱的，他定要俩人分抱，纯是给我这个生人找活儿干，免得敌人看出破绽来。

我俩在灶前烧火，他管填柴，我拉风箱。高粱莛是易燃物，不用风箱也燃得很欢，但我为表现很卖力，风箱拉得十分猛，"呼哒呼哒"，倒差点儿把火吹熄了。宋葆真不得不用眼溜着日本兵，小声告诫说："轻点，轻点。"

约有一刻钟吧，揭锅了。这群日本兵，饱饱地吃了宋葆真和我这"赤匪特务"共同馏熟的山药。日上中天时，集合整队，滚蛋了！阿弥陀佛，紧张了七八个小时的心情，这才吐了一口气。

整个下午，我的心绪依然十分紊乱。30个战友怎么样了？大半日都不见消息，便小心地上街去打问，黄昏时才碰到一位副教导员。他好像刚刚生了一场大病，面色惨白，神情恍惚。他告诉我，房东大娘把他埋在一堆又烂又脏的棉花套子里，敌人三次进屋，东戳西看，都没有翻着他……他说，他的旧病犯了，进不得山了，必须先回家休养……

日落天黑，村干部又领了两个"外转大队"人员找到我，一个是锄奸干部张治平，一个是四十四地区队文化教员于痴。大家见面，彼此眼巴巴的，都有刚从另一个世界回来的陌生感。把各方面消息一凑，情况十分严重：我们的领队即那位营教导员，已经不见了；其他人，也都零零落落，或失或散，不知去向。至于那个老杜，是被伪军从柴禾垛里搜出来被捕的，在审讯中，屁股脊背都打烂了，但他只承认是被"冲散的八路战士"，未及其他。因已遍体鳞伤，敌人没有兴趣弄他走，释放了。他表示，家乡距此不太远，将回家养伤。还有个分区供给部的工作干部，南方人，参加过长征，他总喜欢把羊肚手巾像陕北农民那样扎在头上，因而额上常支着两根"犄角"。大家告诉他，冀中老乡不是这样箍手巾的，他也不管。此人警惕性颇高，半夜就进了高粱地，却被搜洼的敌人蹚出来，逮走了。在梢门洞里传出第二阵嚎叫时的一排枪声，便是追打他的。还有别人吗？据村干部估计：就是有，恐怕也各回各家了……

"外转大队"剩在眼前的，就张治平、于痴和我3个人了。总领队已经失踪，七分区司令部不见着落，我3人手上连封介绍信都没有，即使过了平汉路，又能找谁呢？

真算是与冀中乡亲父老的缘分，此时此刻，我们唯一可选择的，只能是：回我们六分区去，死心塌地当咱的"抗战干部"吧！

于是，我回头去找我的房东宋葆真，跟他告别，感谢他的舍命保护。而他，也只说了一句话："看见你叫那个大麻子挑出去，那工夫，我心里真像扎了一刀……"我看看他的眼睛，那里面闪烁着的，正跟乞求伪军回家拿钱的那孩子的眼神一样的清明、一样的真诚，这是我至死也不会忘记的……

当夜，我们三人就返回了张治平家。次日黄昏，再要起程时，治平说，十分抱歉，他家里出了点事儿，请我们先行一步，他把事儿处理完，随后赶来。这样，回到六分区指挥部的，就只于痴和我两个人了。30人的"外转大队"，不显山不露水的，于此消弭在无声无息中。这种情况很个别，只有在那种环境下才会出现。

分区指挥部很快分配我去宁晋县大队当特派员，因为该大队特派员刘筠同志刚刚战死。尚未动身，又听说新分到三十一地区队接替刘汉昆的特派员雷嚞，也在战斗中牺牲了。按理，锄奸干部在战场上牺牲的情况较少，而一月之间，竟有3名锄奸干部血洒疆场，又是一个只在那种环境下才有的现象。

以后，我在宁晋县大队，开始了另一轮史无前例、缠磨而持久的"隐蔽斗争"。它的精妙绝伦，在任何军事史上都是破天荒的，是"五一"大"扫荡"的直接延续。敌人"清剿"再"清剿"，"剔抉"再"剔抉"，而我们藏身老百姓家中，钻入敌后之敌后，把白天和黑夜翻转使用，从强敌鼻子底下擦来蹭去，虎扑鹰拿，磨牙吮血，奋争了1000多个日日夜夜，最终取得了艰难万分的胜利。这样的武装斗争，从前不曾有，今后也不会再有的。我在宁晋大队的3年，与人民一块摸爬滚打，结成深厚的友谊，以致宁晋成了我的"第二故乡"。这段经历，给我日后写《平原烈火》、《冷暖灾星》以及《小兵张嘎》，提供了十分丰厚的生活基础。这是当时绝对不曾料到的。

总有些轶闻由此而派生：后来在"文化大革命"中，我被打入"另册"当贱民，住在保定古莲池。有幸赶上了"抓叛徒"高潮，接连接待了好几起"外调"人员，而被"查"对象就包括了何作涛、于痴、张治平诸人。他们当时都沾带点"还在走"的"走资派"，掌过某些权力的。"外调"人员很看重我曾是"锄奸干部"的身份，也许我赶上的这几拨儿人，都不是"最革命"的"造反骨干"，他们很细心地听完了我的话，取走了文字证明。只有另一起，颇出我的意外：一位老乡忽地打听到莲池来了，问我"是不是徐光耀"，我忙说"是"。他说他是冶庄头人，知道我在这儿，特来看望看望。接着把我当年在冶庄头的貌相、神态，很夸张地夸奖了一番，使人觉得他在当时的现场并不曾把我看清楚。我问他，怎么知道我在莲池？他说："听'外调人员'说的呀！"我小心地向他打听宋葆真，他说，宋葆真在"土改"时挨了斗，房宅地亩全分了，过不几年，就下了关东，差不多十多年不见音信了……

啊，关东，一个走投无路的人常常跑去的地方。我一下子想到"北大荒"，想到那一片荒凉却也肥沃的黑土地，不禁暗想：宋葆真的精明强干，好好卖把子力气，想必不会有冻馁之忧的吧？

中国民间有句谚语："鱼过千层网，网网都有鱼。"它有两层意思：一、鱼是可以通过千层网的；二、网网都有落难之鱼。而我们这"八路"之鱼，屡屡钻网，又屡屡漏出，却仍能义无反顾，照常在千层网里游弋，这是为什么呢？在3个月的大"扫荡"中，我没有经过陷入重围、炮火连天的恶战，我是在敌群夹缝里，在连锁网眼中，挨挨擦擦地钻过来的。所以，我的故事普普通通，有惊无险，且最后还保住了个囫囵个儿的大活人。大家看，这是靠了我自身的力量吗？是凭着我的过人本领吗？不！我是靠了冀中人民——我的母亲对亲生儿子的热心呵护，靠了那时的党，才熬过来的啊！

"五一"大"扫荡"过去60年了。在早期原始文件上，常把这次"扫荡"称为"五一变质",意思是说,冀中这块地方,基本上被敌人"吃掉"了,算不得抗日根据地了。当然,这不太合乎事实,根据地并没有被"吃掉",斗争还在继续,我们的党政军民,仍在打击敌人,只是公开合法的政权一度垮了下来。或许正因此之故,现在出版的相关史书上,已废弃"变质"一词而不用。我却觉得,这一废弃,很可惋惜。"变质"一词虽使我们"尴尬",但它确曾极为尖锐地表达着我们当时的感觉;而失去这种感觉,便会失去至少是部分的真实。历史地看,这种真实是不宜淡漠的。正如我们的优良传统不宜淡化一样。这优良传统,是多少烈士的鲜血浇铸而成的啊!

60年过去了!作为一个见过千万死难同胞的人,作为幸存者,我心里始终深藏着一声"万岁",我是要喊给她们——我们勤劳而又善良的母亲,伟大的冀中人民群众——听的:

万岁!!!

冀中六分区反"扫荡"片断

王俊杰

王俊杰，男，1922年生，1938年加入中国共产党。"五一"反"扫荡"时任抗大二分校三团教员。新中国成立后曾任北京军区空军副参谋长。

1942年5月，日本帝国主义对我冀中军区以及所属的各个分区，进行了一次空前残酷的大"扫荡"。这次"扫荡"的规模之大，动用的兵力之多，"扫荡"的时间之长，施展的手段之恶毒，都是罕见的。敌人妄图一举将我整个冀中抗日根据地摧毁，变为它的"治安区"。于是敌我双方展开了一场异常激烈的"扫荡"与反"扫荡"的斗争。现将我冀中第六分区反"扫荡"的情况，扼要回顾如下。

反"扫荡"前的敌我态势

日军方面。日军自1941年12月8日发动太平洋战争以来，更加陷入了疲惫消耗的境地。它为了支持其所谓"大东亚圣战"，巩固其南进的后方，加紧掠夺我丰富的人力、物力资源，便梦想首先"确保冀中"。敌酋冈村宁次于1942年3月绞尽脑汁，阴谋策划，对我冀中抗日根据地"扫荡"进攻。北平、天津、保定、石门的日伪军频繁调动，阴云密布，大有"山雨欲来风满楼"之势。

敌人首先调集了清水四十一师团、原田二十七师团、饭沼一一〇师团、铃木混成第一旅团、池上混成第九旅团及二十六师团的十二联队、山崎骑兵第十三联队、二十九独立飞行大队所属的两队空军（伊丹和小林部）共约5万余人，并根据以往"扫荡"作战的经验，将这些部队区分为第一线直接参加"扫荡"作战的部队和封锁配合作战的部队。直接参加作战的部队为四十一师团（6个步兵大队）、混九旅团（5个步兵大队）、一一〇白泷步兵联队（6个步兵大队）和混七旅团的二十九步兵大队（小川雪松大队）。其中以四十一师团、混九旅团为主要进攻力量，其他皆为配合封锁作战部队。这些部队于当年的3月份，便开始隐蔽地频繁调动、调整部署。因其大"扫荡"的主要进攻地区，选在军区的南部和我分区境内石德铁路以北的地域，于是便将其原驻石太铁路、石德铁路西段的混八旅团南调，由从武汉新调来的混九旅团接防，其旅团部设在辛集，下属的5个步兵大队，分别驻扎于宁晋、晋县、深县、安平、饶阳境内的各个主要据点，4月底又将配属给混九旅团的山崎骑兵联队调到辛集，敌四十一师团全部也隐蔽集结于石门附近，以便实施突然奔袭合围作战。

4月中旬，敌人制定了周密的作战计划。这一"扫荡"计划，克服了以往的所谓一阵风的"扫荡"，而实施以连续的反复"扫荡"（又称为"精密扫荡"），并且将"精密扫荡"与彻底"剔抉清剿"相结合，妄图彻底将我各级领导机关和武装力量摧毁。

敌人为了防止我转移到滏阳河以东，又于5月8日将骑兵联队从辛集迅速调到衡水以北滏阳河沿岸各主要渡口，加强封锁巡逻，还在滏阳河的下游献县臧桥进行了落闸截流。在"扫荡"前，敌人还进行了"拉网"战术实地演习的特别训练。

我分区方面。我分区是冀中军区最南部边沿的一个分区，与冀南军区相连接，西靠日军的战略重镇石门，她像一把利刃，严重地威胁着敌人的咽喉要地石门。敌人早就把我分区视为眼中钉、肉中刺。因之，在1942年5月反"扫荡"之前，敌我双方就展开了激烈的"蚕食"与反"蚕食"的斗争。经过约两年的反复斗争，我根据地日益缩小，分区西部的赵县、藁城、栾城等县的领导机关以及县、区游击武装，均被逼退到晋县以南的一隅之地——南北魏家口及大小尚村、胡士庄、鲁家庄、西蔡庄、张十字庄一带。在石德铁路以南的新河、罗口、四芝兰、贤门楼、大安、武邱一线以西的地区，基本上被敌人"蚕食"掉。

当时，我分区对敌斗争的重点，放在石德路以南的广大地区。地委、专署等领导机关，均设在束冀县境内。1941年分区司令部为了便于及时了解情况，指挥部队的作战行动，便由分区政委旷伏兆、副旅长韩伟（1942年初调走，后由马泽迎接任）、政治部主任龙福才带领部分司政机关干部和机要人员，组成一个短小精悍的前线指挥部（简称路南指挥部），负责指挥第二团和第一团的第三营、四十四及三十一两个地区队，在六地委的统一领导下，进行对敌的武装斗争。而分区司令员王长江、参谋长叶楚平率分区机关的大部人员，仍留在深南，指挥第一团（欠第三营）和四十地区队，坚持深南根据地的对敌斗争。

在敌人对我分区尚未"扫荡"之前的1942年三四月份，就曾不断地接到上级的电报指示：通报敌情调动，指出敌人有"扫荡"的征候，要求各分区加强侦察，进入战时编制，完成战备。机关要分散，部队团要分散到营、连；地区队要分散到连、排；县游击队要分散到排、班活动等等。

我分区根据上级的情况通报和指示精神，对反"扫荡"的战备工作，分别进行了研究和布置。

当时冀中区党委、军区的一批部级领导疏散到我分区来。地委领导预感到这次反"扫荡"的严重性，便在束冀县境内，召开了一次有地委委员、专署的负责领导、路南指挥部的首长以及上级机关疏散来的几位负责同志参加的地委联席会议。地委书记张逢时在会上作了关于目前形势与准备反"扫荡"的报告，分区政委旷伏兆对部队的行动和工作，也讲了话。会上展开了热烈的讨论，最后确定：1. 由于情况紧急，决定分片进行传达与布置。2.

上级机关疏散来的干部，除留地委机关的以外，其余皆疏散到各部队中去。3. 对老、弱、病、伤员等要进行分散安置，能回家者暂时回家，有亲者投亲，无亲者投友，无任何关系的就安置在靠敌占区比较可靠的村庄中堡垒户家隐蔽。4. 各级领导机关都要进行精简、分散。非战斗人员一律下放，加强战斗分队。分区的西部各县，立即采取"敌进我进"的措施，撤离根据地，回到敌后本县境内，隐蔽地开辟工作。5. 取消各级干部的乘马，代之以"背夫"。

会后，路南党、政、军、群等单位根据各自的具体情况都进行了精简。宁晋将各群众团体合并为抗联会；赵县将民政科与教育科合并为民教科，公安局缩为公安科。对编余干部让其回到本乡参加生产，并为抗日做些秘密工作。勤杂人员身体适合部队工作的，一律补充到县大队；无亲友关系者分散安置到群众基础好的"堡垒户"和"基点家"隐蔽。

分区的部队和县区武装，化整为零，在人民群众的积极支援下，赶制便衣。四十四区队为了掌握敌情，将侦察排扩大为侦通连，取消了炊事班，将人员分散到各战斗班中去。

路北分区司令部划分了部队分散活动的地域。决定一团停止春季练兵整训，团部率第一营在石德铁路两侧活动，第二营随分区司令部行动。四十区队在深磨公路两侧活动。刚分配到司令部的一些参谋及政治部宣传部门的同志都下放到团或地区队。机要训练班以及一团临时组织的宣传队，全部解散。要求后方勤务机关对军用物资（枪支、弹药、布匹、染料等）妥为保管，各种简易机器分散埋藏。对分区的火焰剧社和供给部门的被服厂、修械厂、鞋厂、皮厂等单位的工人以及卫生部门的两个休养所、看护班、担架排、药房等单位的医务人员也都进行了疏散。深南的一个印刷厂，由于除印一些马列主义书籍外，还印大量的边区票子，因此四十四区队派来4个排，于5月6日到凤凰池将边币运走一大批，其余分散给机关干部每人带上一两千元，人们称之为"随军银行"。卫生部门组织了便衣医疗小组，每小组携带一个月的药品，负责照护治疗分散隐蔽的休养病员。

铁路以北的两个县，根据上级指示，召开了科长、区长以上的干部会，提出"区不离区，县不离县"的战斗口号。

5月7日，分区接到军区关于"敌人开始'扫荡'及我方对策"的紧急指示。提出敌人"扫荡"已于5月1日正式开始，要求分区主力除留必要的一部分坚持外，应迅速先机跳到外线。分区司令部的行动，王司令员原来与路南首长商讨决定转移到石德铁路以南，但当5月3日晚转移到铁路附近的北四圈村时，王司令员经过慎重考虑又改变了决定，他提出敌人"扫荡"深南根据地，人民群众正需要子弟兵之时，我们不战而离开人民，失掉了根据地，责任至关重大。因此，我们"应与深南人民共存亡"，敌人大规模"扫荡"，我们就跳到沧石路北，那里梨树林很多，我们对地形也熟悉，便于游击活动。经过讨论，多数同志同意了司令员的意见。遂决定分区司令部和一团的第二营暂不外移，仍留在深南活动，作战科长英立带特务连的第三排来到路南。

反"扫荡"战役经过

反击敌"压缩围歼"（1942年5月11日—15日）。日军从5月1日开始，先从滹沱河以北逐渐向南压缩，至5月11日又开始从石德铁路向北压缩，妄图将我军区以及所属的第六、七、八等分区的指挥机关和部队，压缩到滹沱河与滏阳河合流的三角地带以内，彻底围歼。敌四十一师团的指挥机关于5月10日进到深县城内。

这次日军行动非常诡诈，为了迷惑我军，在大"扫荡"的前一天，分区周围大小据点没有发现任何变化，也没有派夫要大车。日寇的主要"扫荡"部队四十一师团于5月7日从石门顺平汉路南下，先移动到邯郸，然后于5月10日夜突然返回，顺石德铁路乘车东移至辛集与衡水沿线，拂晓前到达边沿的各个据点，立即向我根据地发起进攻，展开散兵线阵势，向南向北步步推进。

在敌人"扫荡"前的5月9日，我第一团团部率第一营，从凤凰池出发，越过深磨路，夜宿于白宋庄一带，翌日我军又在磨头以西，越过石德铁路，先机转移到狼窝村，跳出了敌人的合击圈。5月10日分区司令部率第二营转移到东西景萌、河堤口一带。部队虽然预感到大风暴即将来临，但究竟敌人什么时候对我分区进攻，还是不得而知。

5月11日拂晓，石德路沿线的敌人向我根据地袭来，隐约地从南方传来隆隆的炮声。分区首长立即分析研究了敌情，命令部队迅速出发，向西北转移，同敌人展开推磨周旋。

部队向北刚刚穿过一个小村，就发现了深县的敌人，于是部队便折头向东面的武强县方向前进，遇到两架敌机俯冲扫射。部队刚越过几个村子以后，在武强方向又发现了敌情。前有敌人堵截，后有敌兵追逼，上有敌机盘旋扫射，司令员当即命令部队，迅速抢占西河头村，进行村落防御战，并要求一定要坚持到天黑。由于敌机不断向我行军纵队低空扫射，将我分区机关一部（包括机要、电台等）切断，未能进村。这样，部队先进到东西河头村。

部队进村后，八连守村东北，七连守村东南，六连守村西北，五连和营部警卫排、通讯侦察班、重机枪排固守村西和村南。分区侦察连的两个长枪武装排，在连长黄选生、政治指导员董鸣轲的率领下，抢占了东西河头村。

东西河头村有百余户人家，地形较高，还有围墙，村外只有西口有一条道沟通到村子里。为了保存实力，消灭敌人，敌人离村较远时不开枪，敌密集冲击时，就使用机枪、手榴弹消灭之，并指定特等射手，打击敌人的指挥官。要求每一发子弹都要消灭一个敌人。

这次战斗，敌人直接参战的有8000余人，十倍于我，上有3架敌机助战，地面有4辆坦克配合。从上午9时开始，分3路从村西连续向我发起了4次冲锋，因受道沟限制，运动很缓慢，每当敌人进到离村30米处，我军则集中5挺轻机枪，1挺重机枪猛烈射击，打得敌人血肉横飞，死伤一大片，4次冲锋，均被我击退。敌机对我阵地轮番低空扫射，被我配置在高房上的对空射击组击中其机翼根部，冒出一股黄烟，便逃之夭夭，很长时间没有再来。

分区侦察连的两个武装排，据守东西河头，因与司令部失掉联系，单独与敌作战。为了尽量吸引敌人，有效地掩护分区指挥机关，最后与敌人展开白刃格斗。因力量悬殊，寡不敌众，弹尽粮绝，除董指导员一人负伤幸存外，连长以下数十位同志壮烈牺牲。

在中午战斗暂时沉寂时，部队打通了院墙房壁，在房内和院墙上挖了射击孔。

这一天，热得要死，老乡家的凉水都被喝光。部队一大清早，没有来得及吃早饭，经过数十里行军，再加上战斗了一上午，又饿又渴。为了不暴露目标，宁愿挨饿忍渴，也不生火做饭，仍然坚持战斗。

下午3时许，情况突然紧张起来，敌人调来3架飞机、4辆轻型坦克配合步兵冲击。他们开始向村西口前进时，我们一枪不发，等敌人进到村口时，我警卫排长傅宪清，带领全排一口气投出了30多颗大手榴弹，再加上机枪的猛烈扫射，击毁一辆坦克，敌人遗弃尸体一大片，其余狼狈而退。当时我部队尚无打坦克的经验，未能阻止敌坦克的横行，敌坦克冲垮了路障进入村内。由于没有步兵跟上，转了一圈，便又退了出去。敌机在村庄上空盘旋轰炸，我军以重机枪猛烈向敌机射击。这时突然刮起大风，黄土漫天飞，炸弹都投到村外，敌机向西南方向飞去。大家说："老天爷帮了我们一个大忙。"

夕阳西沉，枪声、炮声渐渐稀疏，敌人在收拢。

分区首长决定，为了避免第二天和敌人再战，决定于12日夜1时向沧石路北突围，突围方向选在村西北角，突围后的集合点为大王庄。经叶参谋长周密计划，林营长组织两个突击排。结果出人意料，没有遇到敌人的阻击，部队顺利地转移到了沧石路北。

这次战斗，敌我力量非常悬殊，我方伤亡了60余人，但却给敌人自"扫荡"以来从未遇到的当头一棒，杀伤了敌伪军400余人，击伤敌机1架，击毁敌坦克1辆，粉碎了日军妄想消灭我指挥机关的阴谋。这次战斗以小的代价，换取了重大胜利，并摸索出村落防御作战的方法，为以后开展村庄固守战积累了经验。

突围部队在李村、中李村之间越过了沧石公路，向正北方快速疾进，于

12日10时左右来到了饶阳县的大小尹村（属八分区）。部队正在吃早饭，敌人又向这一地域围拢上来，没有想到又进入了敌人的包围圈。事后发现敌人部队的番号有：野村、渊上、葛西、安江、堀内、佐伯、山田、田崎、岸井、竹长、大野、山崎、佐佐木、岸良、木场、酒井、田代、阪本、丹羽、吉野、三浦、广岗、石田、尾尻、南下等20多个，这些部队统归四十一师团指挥。根据前次作战经验，我们不能白天转移了，只有固守村落才是上策。

这一地区，转移来的兄弟部队很多，军区组织部副部长王奇才同志也来到这里。为了避免混乱，增强战斗力，王奇才临时主持召开了紧急作战会议，决定由王长江统一指挥所有部队。按照王长江司令员的部署，各部队坚守自己的防御区域，并要求：若敌人立刻进攻，便和敌人决战到底；若敌人没有大的行动，就坚持到夜晚分头突围。

敌人实施"铁桶合围"，只用火力袭击，并不强攻。敌人预定5月13日拂晓发起总攻击，企图将我部队一网打尽。敌人的这一计划也恰好给我部队以休息的机会。

我部队已陷入敌人重重包围之中，摆脱敌人，保存自己已成为当务之急。于是决定部队于12日上半夜跳出敌人的包围圈，回到本分区深南老根据地去。

当晚，天格外黑，伸手不见五指，还刮起了大风，战士手牵着绑带进到突击集合场，大批逃难群众和地方干部也拥到这里。刚要突围，敌人突然打了一发照明弹，又打了一梭子机枪，引起了部队和群众的混乱。加上没有向导带路，部队迷失了方向，天快亮时也没走出多远。5月13日上午，首长决定：机关、部队化整为零，分为小股，向群众换些便衣，将枪支伪装起来，混在群众中间，乘天气恶劣，向深北的梨树林分散转移。谁知13日恰是敌人总攻的一天，敌酋冈村宁次亲临上空督战，我军被冲散，未能按计划到达指定集合地点。

分区首长仅带十余人，于14、15日在深北大凌霄一带的梨树林，与敌人周旋。他们有时一天喝不到一滴水，吃不上一粒饭，只得采些野菜、揉些麦穗充饥。虽曾几次派人去村内搞饭，但大多数情况是有去无还。最后王司令员决心派他身边最得力的特务员石凤阁外出搞饭。石凤阁17岁，精明强干，他乘黄昏，化装成割草的孩童，到了过去常住的吕村，找到他们的房东老大娘，说明来意。老大娘不顾危险连夜做了稀饭，贴了高粱面饼，装了咸菜，让他带回。这顿饭给大家增添了无穷的力量。饭后王司令员率领大家越过沧石路，回到深南。

12日夜在大尹村突围时，分区的宣传科长刘子英和二营教导员张奇所带的一个连在一起行动。他们克服了种种困难，脱离了敌人的包围圈。他们经过村庄时，因为是老根据地，老乡们手捧高粱面饼，端着水，送给部队，令人非常感动。后来他们遇到深南过来的二营侦察员，得知深南的敌人已退走，他们便返回深南。至此，二营的部队，除第八连突到安平和深泽县一带活动没有返回外，其余的零散部队都陆续地返回深南，经数天的收容，二营基本上恢复起来。在5月20日左右，路南指挥部的旷政委也派部队将机要科和电台的全部人员，护送返回石德路北分区司令部。

敌人这次对深南地区的"扫荡"，主要作战目标是消灭分区的指挥机关。分区司令部和二营虽被敌人合围住两次，但由于坚持了白天固守村落，避免野战，因而不仅未使敌人达到预期目的，反而给敌人以重创。其他部队以及县区领导机关和地方武装，由于未曾与敌人接触，因而未受损失。深南的县委领导集中以后曾说："这次反'扫荡'，我们又胜利了！"

当敌人对石德路北进行第一次大"扫荡"的时候，石德路南的党、政、军各级领导为了保存有生力量，粉碎敌人的"压缩合围"，积极贯彻了"敌进我进"、到敌人后方去的方针，采取了以下的行动：

分区的第二团当时是仅有5个连的小团，机关很精干，司令部和政治处都取消了股，八二迫击炮和所有的马匹都坚壁起来。为了缩小目标，路南人民在一个星期之内，便为该团赶做1000套便衣，使全团都换了装。又将部队分为两部，团长林海清率一、四连和机枪连，政委余嗣贵、参谋长王治国率二连和三连分散活动于束鹿、晋县以南，宁晋以东地区。由于该团情报工作准确，对敌人的行动企图，每次都能准确掌握，因而灵活地采取了敌人向东我们向西的方针，敌人到根据地，该团便大胆地仲进到滏阳河以南地区，以避敌锋芒。

一次他们宿营在敌据点附近，看到伪军打篮球，敌人也未发觉；又一次宿营后，白天敌人一个测绘队跑到团部院子里，当时团部正有几个人下象棋，警卫员沉不住气，打了一枪，将敌人全部俘获，夜间就迅速转移了。敌占区日伪军很麻痹，有时伪军骑自行车袭击我地方工作人员，抢老百姓的东西，该团抓住机会便狠狠打击一下，一抓就是几十个，教育后便放掉。

他们坚持分散打击小股敌人，机动灵活地活动于敌占区，不仅有效地保存了自己（仅减员196人），而且还收容了不少干部、战士，及时补充了各连，使部队保持了较强的战斗力。

四十四地区队曾数次深入赵藁栾地区活动。他们组织了一个精悍的小分队，深入到赵县以南，一面进行武装侦察，了解情况；一面将以陈翕儒县长为首的赵元宁县机关干部，安全地护送到赵县以南的杨村地区开辟工作。该地区队以后又转移到赵县以西活动了一个时期，配合县区工作人员隐蔽地开辟工作，还在南大里寺、东西大里寺、马平等村，建立了隐蔽的游击根据地。

三十一地区队区队长乾云清，在束鹿县以南的鲁家庄住时，召集在该村一带活动的西部几县的县大队开会，要求各县大队立即分散，不要与地区队一起行动，由于情况紧急，各县大队一定要拂晓前离开，返回本县。

乾云清率一大队（还有宁东二区小队20余人）挺进到四芝兰（据点）以西的孔小营，被赵县守敌发现，日伪出动了20余人，双方激战了一天，因我方控制着一个制高点，敌人久攻不下，黄昏时敌人增加到700余人。我方乘敌立足未稳，突然开火，便突围出去。这次战斗打死敌人200余人，我仅亡5人，伤7人。乾云清区队长率队突围后转移到贤门楼（据点）附近一个小村住下，次日晚又转移到赵县以北的蔡村，被汉奸告密，赵县敌军又出动了百余名骑兵（系炮兵大队），我大队战士边打边撤。敌人骑马追赶，我们便射击敌马；敌拉马追赶，我部队便迅速行动，与敌人周旋60公里，打死敌20余人，我仅亡1人，最后部队转移到赵县以西的某村隐蔽起来。次日虽有伪军来该村滋扰，但都被该村的磨房店主（我部队住在一磨房店内）应付走了。

栾城县大队副政委张建祖（1943年6月投敌），于"五一"大"扫荡"前夕带一个班返栾城县境内活动，5月20日驻在西安庄。住在同村的4位战士，被敌发现，激战一小时，全部被敌俘去。张带部队回到赵县城东偏南的小高庄。该大队的特派员和良弼，在鲁家庄开会后，率大队经赵县再返栾城境内活动，于当天夜里也转移到小高庄，与张建祖会合。张执意要带县大队东返根据地，和良弼反对，坚决主张执行上级"敌进我进"的指示。张无奈，便让和良弼现场挑选了十几名精干的战士和军区分散下来的4位干部，深入到赵县以西平汉路附近元氏县境内活动。该地区根本没有见过八路军，敌人非常麻痹，不相信八路军会到该地区活动。因之，他们安全地度过了反"扫荡"，还开辟了一部分村庄，将六市庄一带变为隐蔽根据地。而张建祖所带的部队，在宁东地区被敌包围，损失惨重，仅剩下十几名同志。

栾城县的党政机关，根据地委和专署的指示，于反"扫荡"前夕进行了紧缩机构，把老、弱、病、残人员通过各种渠道暂时隐蔽起来。对逃亡到根据地的军烈属，也做了同样的安置，骨干力量分批回本县区活动。县的党政主要领导干部及有关人员，先后分三批，通过赵县北部，爬越赵栾两县的三条封锁沟，行程百里，回到栾城县，隐蔽地开展工作。

晋藁县地方干部及县大队，也深入到藁城以东与晋县以西的边界地带的桃园、鸣鹤庄、南顾衣等村庄隐蔽活动。

这些地区，在敌人大"扫荡"前，我地方干部以及县、区游击队，都是很难活动的地区；由于敌人长期"扫荡"我根据地，敌占区异常空虚，便于我隐蔽活动，为我进一步开展敌占区工作创造了条件。实践证明："敌进我进"的斗争方针，是非常英明正确的。

迎击敌人分区域的反复"扫荡"（1942年5月16日—6月4日）。日军在5月11日至15日对深、武、饶、安地区发动大规模"围歼扫荡"之后，除留必要兵力在该地区设临时据点，进行分股"清剿"、纵横搜索外，其主力转移到外线，隐蔽于敌占区的纵深处，白天乘汽车撤走，夜晚又悄悄返回，造成似乎"扫荡"快要结束的假象，借以迷惑我军。对深南地区，故意留出较大的活动空隙，作为诱饵，引我入内，施展所谓"钓鱼战术"，以便杀我一个

"回马枪"。其作战行动，由大面积的"拉网扫荡"转变为分区域的、兵力更为密集的"精密扫荡"。

这一阴谋，不仅未被我路北首长所识破，而且军区首长也被这一暂时缓和的假象所迷惑。5月19日军区首长电示："目前反'扫荡'的中心任务，在于内线开展反'清剿'、反抓捕的斗争，外线部队展开破袭，开辟地区，以积极行动调动敌人，配合内线反'清剿'的斗争，并以得力部队深入之。六分区的警一团立即回深南，恢复社会秩序，打击敌人'清剿'，收容失散的部队……"我分区路南的首长，根据所了解的情况，虽向军区首长提出建议，但未被采纳，便急命一团政委陈德仁、副团长（兼参谋长）郭慕汾率团直和第一营挺进深南。该团于5月21日夜转移到铁路以北，郭带一营（欠二连）进驻南北梨园，陈德仁和张仁槐率团直和第二连，也移驻于深南某村。

深南是分区长期坚持抗日斗争的老根据地，分区司令部组织了小型工作队，白天分散开展恢复工作，反击敌人四出搜剿抓捕，夜晚集中，袭击敌人的临时据点。四十区队也深入到深磨公路以西地区活动。

正当我在内地积极恢复工作之际，5月20日，敌混九旅团组织了日伪军千余人，对深磨公路以西地区，进行反复"扫荡"。

5月20日我四十区队和深束县大队以及区小队共300余人，于19日夜转来白宋庄。早饭时发现北部有敌情，部队在离开白宋庄向外转移中，被敌人堵回。敌人占领了白宋庄村南1公里许的两座砖窑（两窑相距400米），将我部队压缩于两窑之间，经数小时激战，除区队长张和率一部突围以外，其他80余名同志大都牺牲。

5月22日，敌人对该地区又进行了一次"扫荡"，我县委机关被冲散，群众被抓走2000多人，而后送到井陉煤矿。被捕的我地方干部，虽遭敌人严刑拷打，都未暴露真实身份，而后均设法逃回。

日军四十一师团见我军在深南又活跃起来，便纠集了日伪军1.8万余人，汽车200多辆，还将骑兵十三联队调到沧石公路沿线巡逻，以防我军北移。这天战况空前激烈，仅深南方圆不到100公里的狭小地区内，就有4处同时与日寇展开激战，现分述如下：

5月23日，敌人对深南再一次进行大"扫荡"。我一团发现敌情后，郭慕汾仓促从南北梨园向东转移，到达王家堡时被敌包围，我军被迫进行村落防御固守战。该村位于李家角的西南，两村相距十余公里，战术上互无联系。该村仅有一条小街，百余户人家。营长徐月波守东口，副营长守西口，临时转移来的区党委政卫连守西北角。从早晨激战到下午1时，一次比一次紧张激烈。敌人开始向村东南角冲锋，被我二连长刘根浩率部三次反冲锋将敌人击退，重机枪子弹打光了，不得不拆掉零件投入井内。敌坦克在村内横冲直撞，有两个战士怀抱集束手榴弹轰炸了两辆坦克，英勇牺牲。下午4时许，敌人一面施放毒气，一面用炮火猛烈轰击，村西北角政卫连阵地被攻破。在此情况下，郭命徐月波营长亲率一个排，率先突围，郭带营本部而后突围。徐营长突围时和敌人进行了肉搏战，当场射杀日军小队长以下十余人，我牺牲通讯员一人，顺利地突围出去。郭率营本部以及各连突围时，由于缺乏突然性，牺牲很大，郭慕汾也光荣牺牲。团青年干事陈继禄，率重机枪排40余人，从村西南角冲出，途中重机枪排长刘青山负重伤，该同志不让战士管他，鼓励大家突围。部队冲出以后，刘青山兄弟二人，都光荣地为国捐躯。

陈德仁政委率团直和一营的第二连，发现敌情后，与敌人边战边周旋，最后被敌人包围在崔氏村南的苜蓿地内，战斗异常激烈。二连副政治指导员霍耀祥，率一个班在敌人汽车中间突围出来，陈德仁及军区宣传部长张仁槐均光荣牺牲。

在与敌人战斗转移的过程中，团总支书记李克忠，率领团直于24日拂晓前转移到陈二庄村，见村内道路两旁有人睡觉，一摸是钢盔，才知道是敌人，便匆忙向别的方向转移。敌人发现后紧紧追击，当时团直属队有两个军区疏散来的日本人民反战同盟支部的盟员，急忙将准备送修的两挺重机枪修好，边打边撤，最后转移到安全地带，于当晚转移到石德路南。

分区司令部率第二营于23日3时30分出发，按计划第一步先到滏阳河西武邑县的程家庄、庄窝一带活动，当进到刘家角道旁休息时，遇到冀南五分区（我分区的右邻）政治部主任张俊峰所率领的二十七团（基干团）的两个连。他们是因滏阳河东敌人"扫荡"而转移到河西来的。此时侦察员报告：东北方向有敌人一股骑兵，向李家角窜来。两分区首长急忙商定：我们固守李家角，他们固守任家角（相距约1公里），形成掎角之势，相互支援，并商定要坚持到天黑再打出去。王司令员急令林营长将敌骑兵顶回去，并迅速抢占李家角。

林营长率领一个班，将敌骑兵打退，迅速指挥部队占领了李家角。因有以前的作战经验，部队的应战准备工作很快就完成了。

李家角是个小村，仅有80余户人家，东西有两个街口，南北两面都是民房相连，没有道口。分区司令部指挥所设在村西北角一个地主家，林营长守西口，一团政治主任赵均一守东口（赵是在前一天，为加强二营的工作而来的），该营五连守西北角，七连守西南角，十六连守东南角，分区特务连守在正北面，用大车作为路障，将街口加以堵塞，民房院落之间打通，以利兵力机动。

开始是一场遭遇战，敌我双方都不了解对方情况，经过一段时间的侦察与布置，至上午8点左右，敌人便开始从村东发起冲击。战士们有了前两次的作战经验，根本不理它。当敌人在炮火掩护下，冲到距村30米时，赵主任以鸣枪为号，战士们一排手榴弹把嚎叫的敌人打了回去。敌人不死心，又依其炮火优势，向村内报复攻击。林营长发现村西坟地有敌炮兵阵地，为了支援东口作战，便命令掷弹筒班，将敌炮兵打哑了。后来敌人又连续冲击了5次，都被我打退。林营长发现一日本军官拿望远镜正向我军阵地瞭望，他便用马枪将该军官击毙。敌人的子弹也把林营长的左臂打伤，他扎好伤口，继续指挥战斗。

敌人见李家角部队打得很沉着，便将其主攻方向转向任家角。那里战斗很激烈，在中午的时候，枪声、炮声连成一片，像炒豆子似地响个不停，恶战到下午3点左右才沉寂下来。事后得知：冀南部队未能坚决固守村落，在白天突围与敌人展开野战，虽然打退了敌人10次冲击，但是我军向外突了5次，也未能突出，终于全部为国捐躯。

下午4时许，日军又逐渐将兵力转移到李家角来，准备集中兵力对付李家角。敌人派一个老百姓送信来，扬言任家角的部队已被消灭，限我们一小时答复缴械投降。我们当即一面加强战斗准备，一面拖延时间，拖够一小时再将送信老乡放出去。敌人先后送了3次"诱降信"，都被打发回去。果然不出所料，敌人集中了大批兵力和火力，从南面发起了猛攻。张凤仪带一挺机枪，扼守一小阁楼，被敌炮击毁，身负重伤，摔倒在房外村边，被敌俘去。在此严重时刻，林营长、张教导员都转到南边来，用手榴弹将敌人打了回去，我们的手榴弹快要打光了，子弹也不多了，赵主任就从据守村北的部队抽调子弹，集中到机枪上使用，没有手榴弹就集中砖头打击敌人，准备迎击敌人的再次冲锋。

在太阳离地面有树尖高的时候，灭绝人性的日军践踏国际公约，向我施放毒气弹。战士们找来大蒜堵鼻孔；没有大蒜的，便用手巾蘸尿堵住鼻孔。

太阳很快落入地平线，但月色明亮，不宜突围，到24日2时许，从预选好的突围点，实施突围。

突围冲击班，每人带4颗手榴弹冲在前面，后边紧随两挺轻机枪，一个上刺刀的步兵排，分成三角形前进。到达村边时，没有发现敌情，突击组迅速在两侧警戒，九区区小队长夏仁义带路，部队像潮水决口一般冲出。

突围非常顺利，沿路上没有遇到敌人，黎明时部队便猛插到莲花池。为了缩小目标，部队换了便衣，划分为3小股，按预定计划向西转移，并规定夜晚到北梨园村东枣树林集合。由于敌人并未完全撤走，我突围人员只得再分散，每股仅剩几十人（王、叶首长一股最后还有七八个人），分别在东西景萌、张何庄、赵邢村、南北梨园一带游击活动。26日，在城东村野外遇到了深南县委书记刘露洗，将王、叶首长安排在魏家庄支部书记魏子畲家的地洞内隐蔽了三四天。

在此期间，我们一面派干部收容失散的机关工作人员和部队，一面派人到路南指挥部，我们很快找到了分区政治部的敌工站长刘子明（该同志负责深县、衡水、深束和束冀4县的敌工工作，常住祝家斜庄）。由他设法通过石德铁路上肖家屯敌炮楼内伪班长李振锋、伪队长王兴武和安家村伪警备队中队长康景堂等内线关系，于5月31日晚将王司令员与一批干部安全地送过了敌人的封锁线，隐蔽在衡水县的老旧城，于6月3日、4日与路南指挥部的首长们胜利会合。

林营长带领的二营部队，突围后便与分区司令部失掉联系，他们在5月26日晚转移到中央村。天刚亮，又遇到日军分3路进攻，他们集中火力，打开一条路突围出去。27日在深泽县的高家庄找到了八连，又遇到敌人进攻，战斗到天黑，被敌人包围得水泄不通，后来由老乡带领，从两个地道口突围出去。在南北宋庄，又配合七分区二十二团战斗了一整天。9月份，这支部队组织了一个多连的兵力，由柳条等率领，绕道晋察冀，越正太路，在太行一分区赞皇县的枣林村，归还了警一团的建制。这些战斗虽然不是在六分区进行的，也应载入二营的战斗史册。

一团二营是一支坚强的钢铁部队，在反"扫荡"中胜利地保卫了分区的指挥机关，连续6次抗击了超过他们数倍的凶恶敌人，最后仅仅还剩下一个多连，它不愧为我党培育的一支英雄部队，永远是我们学习的楷模。

后来听说，我军从李家角突围后的第二天，敌人集中数门大炮，向李家角轰击，整整打了一个小时，见村内无动静，才敢进村搜查，没有见到一个八路军的踪影。这次战斗我伤亡23人，消灭日寇400余人，又创造了一个以少胜多、固守村落的光辉战例。

敌人第二次对深南大"扫荡"时，刘露洗率领大队，周旋于回龙庙、陈二庄、孙家村，最后在距敌据点位家桥附近的阎家城西隐蔽了3天，因敌人据点太多，不便集中活动，遂将游击队分散成以班为单位开展活动。

敌人对深南地区反复"扫荡"后，经短暂休息、调动，于6月初，将"扫荡"重点转到石德铁路以南的衡水、束冀和晋县以南地区。

反"扫荡"以来，我路南大部分部队和县游击队均已深入到敌后，根据地内仅有地委、专署，路南指挥部和一团的第三营、束冀县大队（分为两股）。"扫荡"前多住在狼窝、孤城、孟家庄、衡尚营、南北增庄一带。当路南情况紧急时，各领导机关便向南转移到沙疙瘩一带村庄。

敌人对路南的大"扫荡"，大概是在6月3日左右（有的讲是农历四月二十九）。这天，衡水与冀县码头的敌人沿滏阳河以北地区进攻。我党、政、军机关在地委警卫营（约两个连）的掩护下，边打边撤，机关转移到滏阳河北岸冀县的范家庄，机关大部人员渡到河南，地委和"南指"的首长们仍留在北岸，观察敌情。后来发现一股敌人冲来，在非常紧急时，分区旷政委夺过一挺轻机枪，向敌人猛烈射击，将冲击之敌打退。警卫营因为掩护领导机关，撤退较晚，当天9时许被敌人包围于蒋庄，同时被围的还有束冀县的七、八两个区小队。蒋庄是个小村，有50余户人家，房子很矮，不利于防守，激战到下午1时许，终因敌众我寡，除极少数幸存者外，共牺牲了40余人，营长张家干负重伤，在我基本群众的救护和照料下，才得以脱险。

在蒋庄战斗的第二天，日军混成第九旅团撤回原驻防地，我路南领导机关、晋藁县委及束冀县一区区委，得知石德路沿线增加了敌人，准备"扫荡"我根据地的消息，晋藁县委领导便深入到晋县的桃园村西桃树林内，县大队也北上转移到铁路附近的东西蒲城一带的野外麦地里隐蔽起来。我"南指"在旷政委的带领下，向西插到四芝兰据点附近的北圈里村。四芝兰大批敌人，向东拥进我根据地。我束冀一区区委书记王玉，率区小队南撤到倾井村南的道沟内隐蔽，并监视出动之敌。同一天，贡家台、磨头等据点的敌人，也向路南出动配合"扫荡"。我束冀县委领导同志和大队长李占宾率一个小队（20余人）住诸家庄。当敌人分数路向大小车城、诸家庄合击时，县大队迅速拉进诸家庄至西曹庄之间的梨树林内，仅有四人冲出，大队长以下20余人牺牲。县大队的另一部，在东孟庄、木店、芦家庄一带与敌人周旋竟日，未受损失。

我一团三营，在营长原金丰率领下，长期单独活动于束冀县与衡水县交界地区。在敌"扫荡"前，配合路北的反"扫荡"，曾在分区政治部主任龙福才的指挥下，一度攻入木邱据点，当得知敌人要大"扫荡"的消息后，便立即后撤，在木店附近与合围之敌激战一次，便转移到滏阳河南岸一线，跳出了敌人的合围圈。

敌人当日返回据点，我"南指"连夜从宁东转回根据地的南北律村。

这几次反击敌人"密集扫荡"的战斗，除李家角外，我军均受到较大损失。

整顿部队，主力外转（1942年6月4日—7月13日）。敌人的大"扫荡"虽然已基本结束，但是结束后的占领与以往却大不相同。以往敌人"扫荡"就像一阵狂风暴雨，"扫荡"后便缩回据点。这次"扫荡"结束，敌兵未完全撤回，而是以中队、小队分驻，建碉堡，安据点，进行所谓彻底的"剔抉清剿"，以达到彻底摧毁我根据地的目的。在我分区根据地的基本区以内，敌人大量地增设了据点，整日派出伪警卫队、特务班及"清剿"工作队，不分昼夜地进行纵横搜索，分股"清剿"；敌人的车子队、骑兵巡逻队，在野外搜捕我零散人员；他们还利用叛徒（如原分区供给部政委肖光华、束冀县二区武委会作战部长孙大兴、深束县司法科长薛彪等）搜捕我干部，挖掘我埋藏的枪支、弹药、粮食和军需品；以种种残暴手段威胁毒打群众，逼群众供出我干部、八路军、伤病员。敌人有一次在深南王家铺抓走了27人，以杀头相威胁，逼令群众供出伤员及粮食藏在什么地方，先后杀了16人，得到的回答仍然是"俺村没有"，接着又杀了数人。村武委会主任挺身而出，承认自己是干部，要杀要剐随便。深南东王庄，有我分区埋藏的重武器、弹药和枪支，敌人让群众交出，群众一口咬定"不知道"，结果被杀10余人，保住了我军用物资。在敌"扫荡"中，许多堡垒户不仅掩护了我军战士，而且还掩护了我许多领导干部以及首长的家属。

在抗击日军"扫荡"的作战中，我广大指战员英勇战斗，许多人为祖国的独立献出了宝贵的生命。地方干部中深南陈二庄区的区委书记董克仁，在敌人的烈火焚烧中，还不断地高喊："日寇必败，共产党万岁！"深束县一区的领导干部，在反"扫荡"的一个月当中，先后牺牲了一位区长、两位区委书记。

敌人为了达到其修据点、碉堡以及建交通、通信设施的目的，强迫群众填道沟、修公路、挖封锁沟，向各村要砖、要木料，哪村不给便去烧杀，弄得我根据地人民整日惶恐不安。县以下党政机关，一度上下失掉联系而转入地下。我根据地的村庄，被日寇的铁蹄践踏得满目疮痍，形成一幅"村村起狼烟，处处有新坟"的凄凉景象。我分区在整个反"扫荡"期间，被敌人打死、打伤及抓走的群众，就有5万人之多！

与此同时，在我束鹿县以南、宁晋县以东、滏阳河两岸地区，却出现了短暂缓和局面。6月初，我路北分区司令部与路南指挥部，在石德路南会合后，即派分区交通科长刘斯起，一团徐月波、王承烈等人，在路北任家坑一带做收容工作（前后共收容400余人）。为了振奋根据地的民心，打击小股来搜捕的敌人，配合地方干部恢复工作，分区司令部率二团的两个连，在6月上旬一度返回路北衡水地区活动。部队白天隐蔽休息，夜间穿行于敌据点之间，寻机打击敌人，一次伏击了滏阳河上敌人的运输船；另一次，在距衡水城8里的五花营，歼灭了从衡水出来为非作歹的日军骑兵20余人，缴战马20余匹，生俘日本兵3人，我无一伤亡。然后返回路南、滏阳河两岸活动。

6月4日、11日军区先后两次电令："为了保存有生力量，军区的主力部队必须迅速外转，由王长江、旷伏兆两同志率警备旅的第一、第二两个团南下，向军区靠拢，进驻冀鲁豫的鲁西地区，进行休整，然后越平汉路，转战到太行山根据地去，留叶楚平、龙福才两同志，坚持六分区的对敌斗争；主力兵团必须转移，愈快愈好；行前要绝对保密，后方机关人员尽量带走，到外线安全地区后，再进行动员。"

分区按照军区的指示，进行了以下准备工作：一、党、政、军领导到滏阳河畔，在流动活动中，连续召开数天的联席会议，研究决定有关部门和干部的去留以及工作的交接等问题；二、整顿部队。将收容的人员，凡是兄弟部队的一律送归原单位，其余的都编入部队。以一团三营为基础加以扩编和补充编为警卫旅新的第一团（辖五个连），暂由林子元、赵均一、原金丰、李克忠等负责率领南下。收容的干部，临时编为干部大队，由张和负责，至鲁西根据地休整时再进行分配；三、部队换上军装，取出埋藏的军用物资、枪支、弹药，带足战备用粮；四、由第二团派出先遣侦察组，侦察南下路线和沿路敌情。

旅部为了减少目标，决定分两批转移。警一团于6月16日，越滏阳河南下；旅部率领第二团和干部大队，于7月13日也踏上了新的征途。

在这次艰苦卓绝的反"扫荡"斗争中，我根据地军民蒙受了重大损失，仅军事部门的不完全统计，分区直属队由原来的980人减少到300人；警一团由1632人减少到728人；警二团由760人减少到566人；三十一区队由574人减少到262人；四十区队仅剩一个多连；四十四区队由425人减少到300人，各县、区游击队有的被冲散，有的转为高度分散，使根据地暂时陷入困境。虽然损失惨重，但我军民在战斗中，表现得英勇、坚决、顽强，给日寇以重创，粉碎了敌人妄图彻底摧毁我分区领导机关的美梦。

"五一"反"扫荡"中的一段经历

石　明

　　石明，男，1938年参加革命工作并加入中国共产党。抗日战争期间，曾任冀中军区组织干事、锄奸部干事，冀中十分区教导队教导员等职。新中国成立后曾任某军副政委、总政西安政治学院教授、院长、党委书记，兰州军区党委委员，党的十三大代表。1988年离休。

　　在敌后抗战最残酷的1942年，冀中大平原上的党政军民，经历了日军以确保华北战略目标为目的的大"扫荡"，它是继1941年吞食掉大清河北之后，对整个冀中抗日根据地的又一次摧毁性进攻。

大"扫荡"突然开始

　　记得1942年4月30日，冀中军区领导机关驻在安平县城西北羽林、廊仁等村庄。晚上，我们看过了火线剧社上演的话剧《日出》之后，紧急集合出发，到达安平县城城南赵疃、角丘一带，时间已是5月1日的凌晨。刚刚宿营，安平县城之敌出动了，军区机关再向西转移到铁杆镇附近，而西面深泽县城的敌人又迎面出来了。军区机关暂停前进，抓紧时间吃饭休息，随时准备走或打。当日下午，军区领导根据情况判断，认定敌人的"扫荡"开始了，确定了反"扫荡"的部署，减少机关自身人员。我们锄奸部（部长卓雄）确定由二科副科长王持久和两名干事——苟继明和我，带保卫队（副队长欧成珍）在押的犯人和一个警卫班、两个侦察员单独活动，待反"扫荡"结束后归队。

进行反"扫荡"的准备

当晚，我们40余人离开机关到达饶阳县大留楚镇以东的临河村，这里是冀中的腹地深（县）武（强）饶（阳）安（平）的中心区，是距离周围敌人都有几十华里的安全地带。

我们首先把携带的文件、被服等秘密地坚壁起来，待情况过后再来取。换了便衣，每人带一件大棉袍，白天披在肩上，可以把倒背着的步枪等掩蔽起来，夜间盖在身上当被子。每人头上蒙一条白毛巾，符合当时根据地群众的习惯。最主要的事情是处理犯人。绝大多数经过审讯教育，有控制地宽大释放。其中有一个日本兵，20来岁，是由献县骑一匹大洋马"投诚"过来的，经过敌工部门审查，认定是反敌工的日本特务，转交锄奸部处理。他会说中国话，对我讲："我有两个脑袋，一个是法西斯的，一个是共产主义的。"还用中文写了一份交代材料。王持久副科长根据部领导的指示，决定在我们离开临河村的那天晚上，把他处决了。临刑时，他高叫："要枪毙，不要杀头。"据说日本人迷信，认为杀了头不能再转生为人，所以提此强烈要求。只剩下一个待处理的高丽人是伪治安军的辅佐官。在组织上，把警卫队编为3个步枪班，警卫员、侦察员编为一个手枪班。这样，我们就能灵活自如地打游击了。但是我们当时的思想准备很不足，依据以往的经验，认为敌人折腾十天半月,反"扫荡"就过去了。

跳出敌人的合击圈

远处炮声轰鸣,情报不断传来,敌人在行动着。在这块"风水宝地"上集聚的人愈来愈多,部队、后方机关、医院、小军工厂、学校(如军区直属的抗中)、地方干部、逃难的群众,几乎村村皆是,熙熙攘攘。我们越来越意识到情况的严重性。此地将可能成为敌人"扫荡"的中心,不宜久留,必须向外线转移。遂即北越滹沱河,至饶阳大尹村、长刘庄,又继续北达高口、许瞳一带活动。这里离肃宁、蠡县所属的据点近了。敌人异常活跃,拂晓包围村庄,奔袭县区游击队和民兵,捕捉地方干部。我们每夜三四点钟就把部队从村子里拉出来,到达几个村庄的中间地带,在交通沟内隐蔽机动,待天明查清敌情再确定可否进入村庄。大约5月10日前后,情况又有了显著变化,在我们面临的北方一线——河间、肃宁、蠡县公路上的敌人,同时出动,齐头并进,逐步地向南压,"驱鱼入网"的企图,不言自明了。我们则"逆向而进"。当夜,绕过了驻有敌人的村庄,向北到肃蠡公路附近隐蔽起来,进行侦察。在据点、岗楼之间的公路上,只见每隔里许就点燃着一堆熊熊烈火,有乘汽车的日军、伪军和狗往返巡逻,民夫们呼叫传号,形成了一道严密的封锁线。我们耐心地等待,到下午2点多钟,乘机在肃宁、蠡县交界的付家佐据点以东过了路,到达预定的肃宁县北石宝村。这里有两面政权,抗日村长告诉我们:"眼下平安无事,派有联络员掌握着附近据点的情况,你们千万不要出门,吃的由村里送来。"并提出要我们把枪支暂时埋藏起来,人员分散到各户去。对于这个意见,苟继明坚决反对:"我们作为革命军人决不能放下武器,右倾保命。"在此后几天,敌人对深、武、饶、安中心区(子牙河西、平汉线东、石德路北、滹沱河南)进行了"铁壁合围",采用了拉网式、梳篦式的"扫荡",陆空配合,"剔抉清剿"。当时我们六分区的二团,八分区的三十团,九分区的十八团,军区的骑兵团(团长马仁兴)、抗三团(任务是培训初级干部,团长王西藩)和县区武装等被包围在里边,进行了残酷而激烈的战斗。后方机关、医院、学校、地方工作人员和广大群众的处境,更可想而知了。

保护群众　捕捉敌人

我们在肃宁县北石宝村安静地休息几天后,附近的敌人也开始了区域性的"清剿",今天突袭这个村,明天包围那个庄,打人、抓人、杀人,摧毁抗日组织,推行保甲制度,收集我方情报,催粮派款。我们为了缩小目标,分为三股打游击,沿着潴龙河岸的五夫、赵庄、孟尝等村活动。这里是蠡县和肃宁两县的接合部,东面肃宁县属的敌人出动,我们就避到河西蠡县去;西边蠡县方面有了敌情,我们就转移到河东肃宁县属的地方来。

冀中的群众非常好,但由于形势恶化,他们有些悲观起来。一天,蠡县赵佃庄的房东老大娘对我说:"天天逃躲,日子怎么过?怎么八路不行了,东躲西藏,哪天是个头!你不要走了,你知道我家没个孩子……"我说:"艰难困苦总是熬得过去的,鬼子猖狂一时,终究还是我们力量大,把小鬼子赶出去我们才能过太平日子。"她微笑着流着眼泪说:"你们是铁了心的。"

一天,我们驻在肃宁县白牛堤村,下午村民急忙跑来向我们报告:"付家佐的汉奸队出来了3个便衣,现正在村公所里打人要钱……"他们无所顾忌地欺压群众,给我们送来战机,马上派去了手枪班,一会儿像抓小鸡一样带来了3个战战兢兢的人。我们讯问了他们的姓名、籍贯、出身和据点里的情况后,正告他们:"这次勒索群众,记下了一笔账,如再出来扰民,绝不宽恕。"他们感谢再三,跑回据点去了。

窝北、梁村之战教训沉重

我们由西而东活动到了肃宁境内，先是到达垣城南村，此村东距窝北镇2.5公里。那天凌晨4点多，发现敌人进村，我们轻轻地伏在房上观察，只见日军的自行车队，沿街向东开进。这是当时敌人的一种快速部队，他们骑着较矮的自行车，倒背着三八枪，作战时便停下车，叉开双腿，举枪射击。拂晓时刻，窝北战斗打响了，两小时后，枪声逐渐北移……这是敌人对我们八分区司令部的一次突袭。事后，我们了解到八分区司令部与三十团一起活动，在前一天晚上，司令员常德善和政治委员王远音研究军事行动发生严重分歧，常司令主张跳到子牙河以东去，王政委不同意，两位主官相持不下，争了几个小时，行动时间也耽搁了，才就近转移到窝北来。敌拂晓突袭战打响后，他们向北撤退，留下少数部队节节掩护。而敌人快速部队不顾小部队阻拦，迅速迂回追击，他们且战且走，经过敌据点梁村后，常德善司令员就牺牲在一块荆子地里；王远音政委带领余下的队伍退守在西边村庄的一个大院里，最后也壮烈牺牲了。我们为八分区这次战斗失利感到难过。特别是对在这样的情况下，两位主官不能统一思想，正确处理矛盾，招致严重损失，感到十分惋惜。

在此次战斗中，我们一个警卫员和他所看押的伪治安军辅佐官，由于盲目行动而一起失踪了。

为民除害和好心办了错事

河间县城是日军华北方面军 "扫荡" 冀中前进指挥部的所在地，华北方面军总司令官冈村宁次曾到过这里。自从靠近这个大据点后，却意料不到地获得了一个相对安适的小环境。既然敌人不理睬我们，我们就主动地找找敌人吧！

首先是处决了肃宁梁村（河间城西5公里）据点忠心效敌、危害人民的伪保长。在一个夜晚，我们5个人进入梁村，搭人梯翻过伪保长家的院墙，冲入灯火明亮的正房，抓住了伪保长，让他随我们走，他执意不肯。侦察员詹惟明抵着他的肚皮开了一枪，声音不大，没有惊动附近岗楼上的敌人，就悄悄地回来了。事后群众反映："恶有恶报，真是八路有眼。"还传说："八路军能飞檐走壁，来无影，去无踪，下次要找某某算账了。"

接着又由侦察员李振环带了几个人去龙华店据点（河间县城南5公里）掏窝，对象是一个日本翻译官。那天晚上，正赶上他在岗楼里过夜没有回家，就顺便把他的太太带回来了。对于这个惯于敲诈勒索群众的家伙，我们就想"以其人之道还治其人之身"，要他送子弹或钱来换人，也解决我们的一些困难。通过伪联络员从中周旋，该翻译官情愿认罚，送了几次钱来。谁知道他把我们蒙在鼓里，搞了一个"羊毛出在羊身上"，让据点附近的几个村庄为他筹款赎人，这只怨我们当时头脑简单，上当受骗，追悔莫及。

思想麻痹就可能吃大亏

我们和这一带村庄的干部群众，很快地建立了密切的关系，我们二十七支队在当地有了一点小小的名气，很快就引起了敌人的警觉。

有一天，我在河北留善寺活动（距河间县城10公里），本来打算晚上转移，但因感冒身体乏力，懒了一下，就住在房东家里一觉睡到拂晓。忽然听到一声枪响，翻身下床（那时睡觉不脱衣服），房东急声呼叫："敌人包围了！"我一手拿着驳壳枪，一手握着手榴弹，直奔小后门。这个院子坐落在村东边上，拉开门后，看到门外两边不远的地方，各有一堆敌人，就在这一瞬间房东的两个儿子迅速地退回去关上了门。与此同时，我顺庄户坡猛冲下去。天色朦胧，敌人大叫"打这个穿白衣服的"，随之噼啪一阵枪响，"送"我绕过横在前面的一个池塘，进入半人高的庄稼地。子弹在头上嗖嗖飞过，我由百米跑转为长跑，随后又追上来两个骑兵，"送"了我半公里多就返回去了。我一气向东跑了5里多，觉得胸部有点发热，嘴里发甜，意识到这是要吐血的征兆，就不敢再跑了。缓步走了十几里，进了河间县务尔头村，到一个绰号叫"烧香的"人家里。这个人年轻时当过土匪，积蓄了一些资财，洗手不干了，置买几十亩良田，成家守业，喜欢结交，很讲义气。河间方面他有一些熟人，但不肯当汉奸，有民族意识，是我们结识不久的一个统战对象。进门后我叫了声："烧香的，快给我搞点吃的吧。"他那位年轻老婆，没生孩子，经常把家里收拾得干干净净，并善于照应客人，不一会儿，就端上了韭菜鸡蛋馅的"合子"。饭后，我躺在炕上就睡着了。正巧那一天，敌人在河北留善寺枪杀了一个人。住在附近的同志们，还以为是我不幸牺牲了。

化装袭击敌人　惊动河间

从"烧香的"那里，了解到不少的情况，发现河间府倒是个可以光顾的地方。我们进一步组织了侦察，确定了行动预案。

河间南关的大集，是逢五排十。那天，我们3个人打扮得像农民一样，肩上背着钱褡子，从务尔头出发，经过肃宁县大曲堤、河间县果子洼，随着人流去赶集。集上排排货摊，条条通路，一片人海。我们转了两个圈子，只见在人群中夹杂着一些徒手的"黄狗子"，没发现一个日本兵。忽然来了一个身穿崭新黄哗叽军服、挎着武装带和手枪的伪军官，我们就盯住了他。不一会儿，他去买沙果。我说："动手吧。"詹惟明走上前去，从褡裢中掏出手枪，对准后脑勺，嘭地一声，他一头栽倒在沙果摊上，沙果撒了满地。老詹弯身取下他的枪来，又朝天放了3枪，赶集的人就像潮水一样地涌出集市，四散奔逃，我们也随着人流到达南关之外。老詹把缴获的两把盒子扔给我说："换个家伙用吧。"我们这次行动之后，河间城门一直关闭了3天。

过了一个星期，第二次光顾河间城。我们借了几件时髦的衣服，化装成一小队特务，捆绑着一个"土八路"（韩村农民小王），大摇大摆地走到了河间南城门。我作为"小队长"，同站岗的两个伪军打了招呼，进入门卫室和"特务队"通话。门卫室有两大间，里间是宿舍，进去后就把电话机线拉断了，室内外同时高喊"不许动"，"举起手来"，七手八脚下了两个岗哨的枪，收缴了这一个班的武器弹药，把他们集中在卫兵宿舍训话："我们是八路军，今天到你们这里视察视察，不伤害你们，因为你们也是中国人，今后不能跟鬼子干伤天害理的事情。这些枪支子弹我们带回去了，向你们上司去报告吧。"就这样打了一个没放一枪的小仗。

此后，我们又组织了在城北十里铺袭击税警等战斗。几个月来，我们总算没吃敌人的大亏，并且讨了些小便宜。其原因，除了我们能及时地识破敌人，并采取钻网而出、机动隐蔽的战术外，就是敌进我进，深入敌区，扎根群众，寻找战机。这虽无补大局，但仅就小范围来说，可以袭扰敌人，振奋人心。

形势变化　分散人员向路西转移

整个地区的形势变了，主力团被迫转到外线，地方上党、政、民、武遭受到不同程度的破坏，干部、群众被敌人屠杀、抓捕，有些被送到伪满洲国，甚至去日本做劳工了。据点、炮楼、公路不断增加，沿平汉铁路挖沟筑墙。敌人在他们的报纸上，大肆宣扬"皇军"的赫赫战果，不可一世。在这种情况下，冀中领导机关采取串连的方式，通知分散各地的军地人员，设法去路西，并建立了若干秘密交通站，帮助人们通过严密封锁的平汉路。8月，我们也由河间到达白洋淀。当时的白洋淀，敌人尚未占领，人称"小莫斯科"。淀里盛产鱼、虾、蟹，荷花遍开，点缀着大片的芦苇和广阔的水域，姑顶、野鸭、红冠等禽类游乐其间，也便于人们划船游水。在这里集中了很多的人，但人们没有那样的闲情雅兴，而是匆匆而来、匆匆而去，一批批地向路西输送着。

可歌可泣的两位文艺战士

我们离开河间地区，经过辛中驿、石门桥、任丘县城和青塔镇等主要据点，到达白洋淀东南边沿上的大树刘庄。前几天敌人曾突袭过这个村庄，刚刚来到这里的冀中军区火线剧社的几位女同志被敌人抓住，其中路玲怎么也不跟敌人走，最后被敌人用刺刀挑死在滩头上。目睹当时情景的群众对我们说："那个女同志真是好样的，她像演话剧一样，大骂敌人，敌人拉着、抵着她走，她倒在地上……"敌人走后群众掩埋了她的尸体。她的丈夫，火线剧社社长苏路来到坟墓前，低首默哀，绕墓三周，唱了一支歌，就离去了。后来听说苏路也英勇牺牲了。他们的音容笑貌，在经过了半个多世纪后的今天，仍在我的脑际浮现。这两位"威武不能屈"的文艺战士，值得我们永远怀念。

形势进一步恶化　我们十月过路西

从大树刘庄乘船来到白洋淀西的大马庄，这里有我们锄奸部的一个秘密工作点，由一科科长安洁人负责，曹德全、赵麟焘、牛化麟、周克、王宪周等在此工作，住在马淑媛家。锄奸部指示我留在此处，王持久、苟继明就带小部队过路西去了。

过了不久，敌人"扫荡"白洋淀，建了许多据点，我们同王宪周等转到任丘县境内活动。凌城、边庄等村已开始挖掘小地道，有时住在羽林堡敌据点内关系户家里也很安全，特别是郝家铺村赵麟焘家中去得较多。此村位于任丘城东南5公里，村子小人心齐，乡亲们积极掩护干部，应付敌人。我永远不会忘记赵德俊老大伯一家，他常说："你们放心地住在这里吧，一定要吃好睡好。"哪位同志病了，他更是无微不至的关怀。这里敌人据点林立，碉堡星罗棋布，公路成网，能起掩护作用的青纱帐没有了，大地一望无际。敌人活动猖獗，并推行保甲制，建立了伪秩序。我方少量的工作人员，只能转入地下进行秘密工作。我们夜间行动，由这到那数十里，不走道路，不过村庄，直线行进，以避免和敌人遭遇。10月份，我们奉命返回路西，行前赵麟媛大姐和几位嫂子为我们蒸了几锅鸡蛋馅的包子，每人带了20多个。当日下午由郝家铺出发，拉开距离，在交通站向导的带领下，经过了高阳县境，到夜间12点多在保定南关大桥底下钻过铁丝网，日夜兼程，步行80多公里，到达完县山区后，才休息下来。睡了半天一夜，继续西行两天，到达锄奸部驻地南洪城（政治部驻张各庄），还算是一路顺风。

鏖战里贵子

贺 明

　　无极县里贵子村之战，是发生在1942年冀中"五一"反"扫荡"中的一次战斗，是在平原上敌众我寡情况下所进行的一次战斗，是我所经历的最激烈、最艰苦，因而也是记忆最深刻的一次战斗。

　　从1942年5月1日算起，到里贵子战斗开始，敌"扫荡"已一月有余。那时，只要遇到敌人大"扫荡"，我军就化整为零，把团队分成连队，单独活动。当时我是二十二团的总支书记，分工带二连，在定县南部、无极县北部一带和敌人周旋。总的方针是：当敌人"分进合击"时，跳出合击圈，以不被敌人"击"着为原则；当友军被敌围困时，把握时机，予以钳制或策应；同时掩护地方干部，鼓舞群众斗志，共同为粉碎敌人的"扫荡"而奋斗。

　　6月5日，我二连周围敌人调动频繁，要对定县南部下手。在这种情况下，我们的迫切愿望是，如何及时跳出敌人将要"清剿"的圈子。

　　到哪里去呢？5日下午，我和连长王国旺、指导员曹霆九等，围着地图，反复地研究着夜间转移的去向问题。我们考虑：往东去或往北去吧，都是老根据地，将是敌人"清剿"的重点区，当然去不得；往西去吧，是敌占区，我工作基础薄弱，而且距平汉路不足20公里，也去不得。到敌人新"蚕食"的地区可不可以呢？我们仔细地分析着：有极大可能被敌人发觉，但也有不被发觉的一面，因为是敌人的新占区，我可"出其不意"地钻空子。本着这个意向，曹指导员找来了当时跟我们一起活动的无极县某区小队长和一班长王振山。因为那个区小队在那一带很熟，而王振山就是里贵子村的人。把他们找来，以便了解那一带特别是里贵子的地形、工作基础和周围的敌情。

我们了解到，那里是年初刚被"蚕食"的地区，里贵子周围都有据点。再远一点看，距平汉铁路线的敌战略要点石门，也不过50公里。如果决心到里贵子去，的确是有很大的风险的。又一想，也有许多有利条件：其一，虽是敌新占区，我工作还是有一定基础的；其二，里贵子村有围墙，村子也较大，一旦遭敌人进攻，我有依托，可以争取时间；其三，二连有两个战士是里贵子村人，不仅地形熟，而且人熟。除上述3个有利条件外，促使我们下定决心的另一个重要因素是：敌人"扫荡"的重点在中心区即老根据地，而里贵子是敌人的新占区，因而也即敌主力远离的地区，即使被驻守据点的敌军发觉了，他们对我们也是无可奈何的。于是，一致同意到里贵子去隐蔽待机。

去向定下后，我们便在当夜由定县的西王宿出发，以战备姿态，向正南的里贵子前进。前半夜，部队到达了里贵子。一进村，连排干部就边看地形边划分战斗分界线；部队接着就投入到紧张的各项战备之中。有的在掏枪眼，有的在堵街口，有的在穿墙破洞，开辟通路。曹指导员在找村干部商议如何封锁消息和派联络员欺骗敌人。到拂晓，通往村外的街口，都用大车、木栅、椽头等堵塞了；最外层的围墙，都掏了隐蔽的枪眼（仅留一层薄皮，用时一捅就透）；有军事价值的院落，也都开辟了通路；屋角上都凿成天窗式的掩体。

当太阳刚从东边升起的时候，整个里贵子已构成了一座射孔交错、街道与院落相通、屋上屋下相连的坚强堡垒。

上午10时许，侦察员陆续报告周围各据点都在增加敌人。11时许，围墙内的哨兵也报告说，约有敌骑兵一个班，在野外绕着村子转。王连长一边命令部队进入阵地，一边和我到村东南角的哨位上去瞭望。果然，在村外金色的麦田上，在滚滚的烟尘里，晃动着一溜子敌骑兵的身影。显然，这是敌人一面察看地形，一面探我虚实。再往西南看去，坟地里也扬起了尘土。再依次向正南、正东的坟地看去，来来去去的都有敌人在乱动。

敌人已对里贵子形成了包围，并在做着进攻前的准备。

我部队一面严密地监视着敌人，一面在加修工事。

11时稍多一点，也就是各班把饭打回去不到一刻钟的工夫，敌人果然从西南角向我二排的阵地开炮了。炮声越来越密，接着又吼起了轻重机枪声。我们分析，敌人的如意算盘是：一举突进村子，把我军挤到一个狭小的区域内，加以聚歼。

可是，现在站在敌人面前的是一支什么样的部队呢？它是一支具有顽强战斗作风的、已经做好准备的二十二团二连的英雄部队。这支部队和敌人的较量开始了！

当我们发现敌人攻击的主要方向在村西南角时，就派副连长庚治国到二排去加强指挥。这位副连长曾在一次破击战中，活捉了一名日军小队长。他到了二排，和二排的指战员们一起，根据敌情，运用历次打村落防御战的经验，把敌人来势凶猛的第一个浪头打下去了。

敌人经过一段时间的喘息，于13时半左右，又在炮火、烟幕弹的掩护下，企图从村南口，也就是一排与二排的接合部寻求突破。

也许是在二排阵地上碰了钉子的缘故吧，这次敌人的进攻，不论是炮火的集中和猛烈程度上，还是冲锋的组织上，都较第一个浪头有明显的变化。轰击的目标集中在村南口和附近的围墙上。炮弹把围墙摧成许多豁口，榴霰弹里夹杂着烟幕弹。

在敌人开始轰击时，王连长便出现在接合部的阵地上。他沉着地指挥战士们做着各种迎击敌人冲击的准备。战士们有的在把手榴弹的弦拉出来排成行，有的在加修被摧坏的掩体。被埋在沙土里的战士，钻出来，摇摇头，擦擦眼，再对着敌方瞄准。更重要的一招儿，王连长要一排把机枪班调个位置，调到既隐蔽又正对着南口的房内工事里。

跟进攻二排的样子差不多，当炮火轰了20多分钟，把堵着村口的障碍物打秃、摧毁，把南围墙摧成锯齿般的许多豁口时，敌人便在轻重机枪、烟幕弹的掩护下，向着村南口，向着墙豁口冲来。我们为着节省弹药，仍然是百米以外不开枪，30米以外不投弹。待敌人冲到预定范围时，一颗颗手榴弹连连飞向敌群。当部分敌人翻越墙豁口闯进南口时，在步枪、手榴弹轰击敌人同时，那挺大歪把子机枪（是以前从敌坦克上卸下来的）这当儿可真发挥了威力。在神枪手边廷杰的操作下，把冲向村口和翻越围墙的敌人压制住了。

敌人两次大的进攻虽被打垮了，但炮击一直没有停止。不多时，一批掷弹落在围墙内，一排长立刻阵亡，我的头也负了伤。也就在这当儿，二排来人要连里补充手榴弹，一排也来人要连里补充手榴弹。那时打仗，每人都背4颗手榴弹，连里也没有机动数。在万不得已时，也只能从打得少的班调剂十几颗。但要用这调剂到的十多颗手榴弹对付频频向我发动进攻的敌人，困难很大。就在这个节骨眼上，村里地下党组织通过民兵班长王大藏给连里送来了口信，他们决定把前天夜里分区秘密存放的百余箱手榴弹交给我们使用。当把这批手榴弹一箱一箱扛到各班排的阵地时，战士们高兴得跳了起来。

在对峙中，二连所具有的坚韧、顽强、积极、主动的战斗作风，也反映得很充分。在村东口，敌我对投手榴弹，但相距较远，都炸不着对方。一班长王振山发现了这一情况，二话未说，便叫上贾振恒，沿着墙根悄悄绕到敌人的侧面，突然几颗手榴弹投到敌群。经这一投，那里的敌人便消灭了。哨兵向一班长王振山报告说，村东南井台上有几个日本兵在推水车，王振山凑到枪眼里一看，果然不错，有的在那里推，有的站在一旁等水喝。王振山便对全班说，都朝井台上的敌人瞄准，听到我喊"一、二"时齐放。随着喊声出，枪声响起，井台上的敌人也不见人影了。

英勇顽强的战斗，在有效地打击着敌人的气焰，在不断地消耗着敌人的有生力量。这对迟滞敌人的进攻，使敌人陷入某种被动，以及尔后的我军顺利突围都起到了重大作用。

18时稍多一点，也就是曹指导员还没有返回来的当儿，村南边的炮声突然稠密起来了。敌人把轰击的目标仍对准上午碰过壁的村南口。这次敌人的来头可是不善啊，不仅炮火轰击的密度大、时间长，而且参加攻击的人数多……轰击展开的顷刻之间，我重新堆垒起来的围墙又坍塌了，不少掩体被埋没了，有的战士耳朵被震聋了，有的火器被炸坏了，村南口成为一片火海。更为毒辣的是，敌人在榴霰弹、破甲弹之间夹杂着毒气弹。霎时间，阵地上，街筒里，院落里，到处是咳嗽声，夹杂着小孩子和妇女的啼哭声和呼叫声。敌人则利用轰击、破坏和毒气的效果，在烟幕掩护下，戴着防毒面具向村南口冲来。

当敌人开始用炮火向我轰击时，除留少数人员在侧翼、房上隐蔽观察外，其余都在掩体里隐蔽。虽然敌人火力密度大，轰击时间长，但并未对我造成严重杀伤。当敌人利用炮火掩护和毒气效果向我展开冲击时，在指挥员的统一号令下，战士们都迅速跃出掩体，投入战斗。毒气开始蔓延到阵地时，的确给我们增加了困难和危险。但是，我军对此早有训练，每人也都有一副防毒口罩，当发现毒气后便迅速戴上。总的看来，毒气并没有影响我们多少战斗力。所以当敌人首批冲到村口和围墙附近时，仍然遇到了我军坚决抵抗。这时是19时半，我们取得了这次战斗中具有决定意义的胜利。

夜幕降临了。摆在我们面前的头等大事，就是组织战士有秩序地突出敌人的包围。

我们迅速决定了突围方案：兵分三路，就地突围。它的好处是：第一，队形短，目标小，通过快；第二，三路同时突，可以分散敌人，起到互相呼应的作用；第三，就近选突围的道路，省去了集合时间。具体部署是：北路由三排和区小队组成，由侦察员带路；东路为一排独立行动；东南路为连的主力，由二排和连部组成。突围的信号是：一排打机枪，三排投手榴弹，连主力放三颗起火。集合点是深泽的东贾村。

当我们正在组织突围的时候，敌人已环着村子燃起了堆堆篝火。

约21时，我们的突围开始了。二排的尖兵上起了刺刀，顶上了枪膛子，战士们有的端着枪，有的握着已拉出弦的手榴弹。我和连部紧跟着尖兵班，迅速越过村东南角的残垣断壁，向着正东的砖窑急速前进。

果然东南这一路上，没有遇到任何敌人，一口气就到达了村东的砖窑前，而后转向东北又走出约1.5公里，便在这里清查了人数。这时，三颗起火腾空而起，它向战友们宣告：主力东南路已胜利突围了！不久又听到一排的机枪声和北路的手榴弹声。

当我们又自由地奔驰在广阔的原野上的时候，围困我们的篝火还在环着村子熊熊地燃烧。

应该怎样评价这次战斗呢？

从敌我伤亡情况来看，我军（包括区小队）共阵亡9人，重伤4人，轻伤10余人。而敌人，各排看到的死的加起来，至少也在70人以上，而实际上敌人伤亡总数在180人至200人之间。从反"清剿"的角度看，这次战斗钳制了敌人千人左右的兵力，后来得知不仅从正定调来了敌人，也从石门调来了敌人，这就减轻了敌人对我中心区的压力。更重要的是，进一步锻炼和考验了部队的战斗力，摸到了一些在平原上处于敌众我寡、敌强我弱的状态下，如何在被动中争取主动、以小的代价换取大的胜利的村落战经验。这经验就是一切从最困难的情况着想，一切要按照最困难的情况做准备，在准备上要不惜任何代价。从政治影响来讲，它粉碎了敌伪制造的"已把八路一网打尽"、"把八路都赶到山里去了"的谎言，提高了根据地军民坚持平原游击战争的斗志，增强了取得最后胜利的信心。

安国五区反"扫荡"撷忆

岳 刚

岳刚，男，1922年生。"五一"反"扫荡"时任中共安国五区区委宣传委员。新中国成立后，曾任中共河北省委办公厅秘书、秘书科长，省委研究室综合处副处长。1983年离休。

　　1942年"五一"大"扫荡"开始后，安国五区被敌分割成四块。除南段村至娄营的公路外，其他公路两边都挖有两丈宽、一丈五尺深的封锁沟，加上挖出的积土，通过非常困难。全区37个村庄，敌人先后建立了西伯章、新安、韩村、门东、曲堤、南段村、北都、娄营、西照、郭北庄10座碉堡，平均三个村就有敌人的一座碉堡。

　　在敌人对我抗日根据地分割封锁的同时，全面"扫荡"即已开始。以各村地主、富豪和一些民族败类为主建立伪大乡和各村的伪维持会，进而突击我各村共产党员、基层干部，要求到各碉堡去自首登记，抓捕村干部和共产党员，摧毁我基层组织和区的领导机关。1942年麦秋之前，敌人即通过各村伪维持会，组织农村青年到敌人重点碉堡（伪大乡所在地）接受军事训练，成立各村伪自卫团，并作为扩充伪警备队的兵力资源。同时，敌人还加强秘密情报活动，发展秘密情报员，发展各种反动会道门，如一贯道、先天道、圣贤道，建立所谓的新民会。通过这些反动会道门大搞特务活动和迷信活动。

中国共产党针对敌人将安国五区分割成四块的情况，为了便于领导各村的对敌斗争，全区也划分为4个小区，区委、区政府、人民团体、地方武装、公安，实行一元化领导。

当时，环境非常恶劣，敌人活动猖狂，区干部和村干部的活动，处于极端隐蔽的状态中。为了保持区干部与村干部的联系，各小区设一秘密交通员，各村设一秘密交通员，规定联系地点。斗争中，建立平行支部。"五一"大"扫荡"以前，各村政权、群众团体、基层武装组织及公安等主要干部，都由中共党员担任。这些基层干部，"五一"大"扫荡"后成为敌人抓捕的对象。当时，安国五区大部分村庄的组织瘫痪，工作停顿。在这种形势下，区委根据县委指示，在各村选择未曾担任村的公开工作、目标小、未被敌人发觉的党员，建立起平行支部，取代原来的支部，坚持工作。其活动方式、与区的联系更加隐蔽。

在敌人"扫荡"最疯狂的时期，各村的抗日组织被摧垮了，区干部也在青纱帐里打起了游击，群众情绪有一段时间非常低落。针对这种情况，区干部通过各种方式，向群众宣传，来坚定广大群众抗战必胜的信念。这样，在极端残酷的环境中，不少群众积极掩护地方干部和地方武装，成为我们的堡垒户。据不完全统计，全区有97户堡垒户，有的挖洞，有的利用夹壁墙，成为区干部和地方武装的隐蔽场所。不少青年参加区地方武装，坚持抗日斗争。1942年农历四月，敌人在北都修建了碉堡，马庄村地主分子李桃园为维持会长，黄台村的富农分子封兆祥为副会长。黄台村的支部书记墨春云在敌人要求党员自首登记时，不仅不带领党员去自首，还教育党员，要坚持不去自首，敌人来了就躲，敌人走了就回家生产。维持会副会长封兆祥便向北都碉堡的日本小队长宫川告了密，并带领敌人把墨春云抓到北都碉堡，严刑拷问。墨春云坚贞不屈，拒不承认自己是共产党员、支部书记。后来敌人用火烧他，他始终没暴露黄台村党员的秘密，后被敌人连打带烧，壮烈牺牲。

墨春云的牺牲，给黄台村的抗日工作造成极大破坏。经过调查，封兆祥不仅带领敌人捕杀墨春云，还将全村所有抗日干部的名单交给了日本人，我们决定对这个死心塌地的汉奸卖国贼给予镇压。1942年5月下旬的一天晚上，由区委书记钟惠民带领几名武工队员，从家中抓出封兆祥，将其处决。

叛徒胡德和，安国五区北段村人，"五一"大"扫荡"以前是五区武装委员会的干部。"五一"大"扫荡"开始不久，他被残酷的环境所吓倒，跑到城里投靠了日本人。胡德和为了给日本人效劳，瓦解和摧毁我基层组织，曾先后到本区的北段、西照等村，找支部负责人进行威胁，让村支部组织党员到城内去自首。1942年6月的一天，他又窜到西照村支部书记杨××家中进行威胁，让杨××组织全村党员去自首，被当时住在西照村工作的区委宣传委员马耀章发觉，当即率领人将胡德和捉住，弄到村西南小沙滩里，将其处死。

"五一"大"扫荡"后的七八月间，区委组织委员王璞、区武委会主任郑寿福、区联社干部王济民、区青会主任梁新，还有县青年抗日先锋队干部马尚、张建共6人，住在小营村，该村敌人的秘密情报员尹进才向安国的敌人告密，并领敌人将上述6人的住地包围，6名县、区干部全部被敌人抓捕，弄到安国城里。后来，王济民、郑寿福二人被敌人送往东北，下煤窑当劳工。不久，他们从东北跑回来，经区委审查，没发现重大问题，先后恢复了工作。由于王璞是五区党大发展时期的区委组织委员，对本区各村大部分党员和干部都认识，他被捕后，跟随敌人到各村乱转。在他的影响下，五区相当一部分村干部和党员向敌人自首。区委曾通过关系向王璞发出警告，如再跟着敌人出来乱转，将予以严厉处置。这样，王璞才从敌人那里跑出，找了个地方躲藏起来。而马尚、张建、梁新被捕后叛变，参加了敌人的特务队，破坏我抗日工作。

1942年农历四月的一天夜里，我主力部队的一个连突然住进了西照村。这时，安国五区碉堡林立、公路如网，环境已是非常残酷。本来我冀中主力部队为避开敌人大"扫荡",已转移到西部山区外线作战,这次我军一个正规连来到敌占区,可能是一次试探,看看在敌占区能否站得住脚。

就在我部队那个连进驻西照村的次日早晨,敌人的公开联络员秦三保背起一个铁锨,混出村庄,向北都碉堡的敌人报告了。日军小队长宫川,带领其他3个日本兵和80多名伪军,从北面向西照村包围过来。可是我军战士在黎明时分,已匍匐在村北的麦田里。敌人未及走近村庄,战斗便打响了,走在最前边的伪军墨保珍,被我击毙。日本兵和其他伪军逃回了北都碉堡。

我军那个连见目标已经暴露,估计敌人肯定会来大军包围,便乘敌人逃跑之机,顺着西照村北孝义河河沟,转移到定南县中古屯一带去了。

不出所料,我军那个连转移后不久,安国、博野、定县的2000名敌人乘汽车和一辆坦克,将西照村团团包围。经过侦察、搜索,一无所获,于中午时分撤走。

回民支队纪高庄突围战

徐 斌

徐斌，男，1970年10月出生，阜城县政协文史科副科长，长期
从事史料征编工作。

1942年6月2日，八路军冀中军区回民支队在冀南五分区阜东县（今阜城
县）纪庄和柳树高庄，陷入万余日本侵略军的"铁壁合围"之中。面对数倍
于己的敌人，马本斋司令员指挥若定，全体指战员同仇敌忾，浴血奋战，拼
搏竟日，毙敌400余名，一举戳穿了日军合围的"口袋"底，杀出重围，转
败为胜，创造了以少胜多的著名战例。

奉命转移 挺进阜东

回民支队是直属八路军冀中军区第三纵队的一支号称"铁军"的英雄队
伍，为旅的建制，司、政、后、卫机关齐备，拥有一个团的作战兵力，共
1700余人，20多匹战马，除长短枪外，还配有重机枪两挺，轻机枪10挺，掷
弹筒3个。辖3个大队，9个中队，27个小队和1个直属特务连，1个侦察排，
一个电台，一个50多人的文宣队（抗日剧社），是驰骋在冀中平原和邻近地

区的野战化抗日主力之一。自1938年创建以来，英勇善战，屡建奇功。

1942年春，日本帝国主义动用5万大军，由侵华日军华北方面军司令官冈村宁次亲临第一线指挥，于1942年上半年对华北抗日根据地进行了疯狂"扫荡"，企图消灭抗日力量，摧毁抗日根据地。4月29日"扫荡"了津浦路西、平汉路东、石德路附近的冀鲁边区，5月1日又开始对冀中进行空前残酷的大"扫荡"。在南北持续的"扫荡"中，相继于6月2日在位于中间地带的冀南阜东县一带"拉网""清剿"，持续达两个月之久。斗争形势异常残酷。

回民支队由冀中进入冀南，正是日军"铁壁合围"中间"拉网"、"扫荡"的前夜。"五一"大"扫荡"开始后，吕正操司令员为粉碎敌人对冀中的"铁壁合围"，采取了摆脱敌人的围攻，跳到敌后铁路、公路及城市附近，实行突然袭击，使敌人陷入混乱状态，随后连同其救护部队一齐击退的战略战术。当敌人"铁壁合围"、全面"清剿"时，除留下部分兵力和地方游击队、民兵采取离合"集散"方式，在冀中坚持抵抗外，主力部队向冀西山区、白洋淀、冀南方面等外围地区进行大规模转移。回民支队正是在这一战略思想指导下，采取"跳跃"游击战术，于完成吸引敌军主力的多次作战任务后，遵照冀中军区电令，自1942年6月1日，由马本斋司令员率领，从冀中的交河县附近转入冀南边区阜东县境内。其最终转移目标是西进深南根据地或东越津浦路到渤海区的盐山县一带。这天，回民支队经阜东县赵门庄、后宋庄和前宋庄沿湘江河向南挺进，于傍晚到达阜东县南端的孙镇一带。

为了突围　先行隐蔽

当队伍到达孙镇一带后，侦察员们从各地陆续回来报告，据侦察：敌人各据点都已增兵，兵力隐蔽在据点附近村庄。东边南运河也有异常情况，河内有敌人数艘汽艇巡逻，连镇每天架着浮桥。司令部感到局势严峻，未及吃晚饭即召开紧急会议，分析敌情，研究行动方案。分析认为：敌人这次增兵异乎寻常，与以往"扫荡"有明显不同。以往敌人"扫荡"是"合进合击"，随时由各据点出动，事前不集结兵力；而这次敌人却隐蔽在据点附近，说明兵力之多，据点容纳不下，驻兵地区之广，行动之诡秘，与"五一"大"扫荡"前的情况相似，可能在部署大的军事行动。根据敌人从东边的运河架起浮桥，并增加了汽艇巡逻的情况分析，敌人似有东去的迹象。司令部已估计到回民支队的严峻处境，东面是南运河和津浦路，西面是阜景公路，南面是石德路和敌人的两道封锁沟，北面是阜东公路和交泊公路。南运河已有敌人汽艇封锁，显然敌人将运河和铁路作为屏障，以西面的阜景公路为依托，在石德路以北到交泊公路以南的地区进行合围。

眼下，从4月29日开始的对石德路附近的"扫荡"和5月1日开始的对冀中的"扫荡"仍在继续中。在这严峻的局势下，要想跳出敌人的包围圈已不可能，如稍有疏忽，就有全军覆没的危险。而根据眼前形势和回民支队近两千之众的庞大的队伍，夜间还可隐蔽，白天就很难。在强大敌人的"拉网"式的"扫荡"中，绝对不与敌人遭遇的可能性很小。因此，突围、血战已迫在眉睫，不可避免。怎么个战法，落个什么结果？马本斋司令员设想，在敌人"合围"前后，先行较长时间的隐蔽，尽可能地避免与敌前锋遭遇，并力求延缓与敌遭遇的时间，以躲过敌人雄厚兵力，向其尾部突围，使敌由优势变为劣势，我们由劣势变为优势。只有如此，突围才有成功的可能，也才能把我们的损失减少到最低限度，使我有生力量得到保存。

而目前，突围能否成功，取决于能否严密隐蔽；而隐蔽时间越长，敌人兵力过去越多，走得越远，突围成功的把握就越大。否则一旦与敌接触，敌前锋势必闻讯反扑，使我处于腹背受敌、前后夹击的险境。只有与敌人接触越晚，敌人才能过去越多，走得越远；而敌人过去越多，其后卫兵力越薄弱，走得越远，则反扑的赶回时间就越长，对于我就越为有利。他还设想，即使隐蔽不成，被敌发现，或隐蔽一段时间，与敌遭遇，要白刃格斗，一分一秒地争取延缓敌大部队反扑的时间，同时省下弹药用在刀刃上。马本斋司令员一方面分析着敌情，研究作战方案，一方面从军事地图上寻找适合部队隐蔽的地点，发现阜城东南千顷洼是一片丛林，有利于部队隐蔽，于是果断地下达命令：部队紧急集合，立刻向丛林转移！侦察排继续侦察敌人动向。

改变战术　隐蔽成功

　　命令下达后，队伍还未吃晚饭，就奉命紧急出发了。在附近村庄捉迷藏似地兜了几个圈以后，顶着闪闪的群星，向北急进。

　　来到千顷洼南沿的李贡庄附近，见这里树木稀少，无法隐蔽回民支队近两千之众的庞大队伍，于是，便继续向千顷洼纵深行进。于午夜到达纪庄和柳树高庄。这里树木虽然不少，但树大零散不成林，也非理想的隐蔽之地。这时，时间已不允许再转移，又看到村庄四周有些沙丘，地形地貌对作战较为有利。于是只好改变了原来直接进丛林不进村打扰百姓的计划，遂命令部队进村隐蔽。一大队和政治部开进纪庄，司令部和二、三大队及特务连进驻了北面与纪庄毗邻的柳树高庄。司令部指挥所安在柳树高庄西北，架起了电台。

　　由于隐蔽情况的变化，部队进村后，马本斋司令员命令各大队和直属队，兵不卸甲，马不解鞍，随时准备作战，并务求严密隐蔽。力争拖长与敌遭遇的时间，强调不到万不得已不准开枪。只要敌人枪声一响，就不要再等命令，立即向敌人来的方向突围。如白天突不出去，黄昏以后也要突围；万一黄昏突不出去，就占据高房，控制制高点，开展巷战。与敌遭遇时，坚决不打第一枪。冲锋以白刃格斗为主，以免惊动敌人的大部队回身反扑。同时要求各大队马上作好战前动员，务必使每个干部、战士明了面临的严峻局势，务必明了我们的意图，既要讲清我们的不利因素，又要讲清我们的有利条件。务求使每个干部、战士充满必胜信念，坚定为国牺牲的思想，严守军纪，执行命令，隐蔽则隐蔽得好，战则敢打敢拼，克敌制胜，一往无前！

　　各大队、中队根据司令部的命令和战斗部署，层层进行战前准备和战斗动员，虽然指战员们未吃晚饭，饥肠辘辘，但个个摩拳擦掌，热血沸腾，决心英勇杀敌，为国立功，战斗情绪极为高涨。

果不出马本斋司令员所料,敌人这次行动是"铁壁合围"的又一步骤,在南起石德路北至交泊公路,西自阜景和景德公路,东至运河边的地区,敌人动用了约5万兵力,配有飞机、大炮、汽车、坦克、装甲车等。单是在景南县、景北县北、阜景公路以东、交泊公路以南、运河以西的阜东县境内,即出动兵力1.5万余人,回民支队已处在敌人这一"合围"的中心,与敌不仅兵力悬殊,且武器弹药远不及之,形势极为严峻。

敌情在按着马本斋司令员的判断步步发展。6月2日凌晨5点多钟,日军开始运动兵力了。在西边的阜景公路上,敌人数百辆运兵汽车首尾相接,像一条火龙,汽车队的前头在柳树高庄西北、阜城以东拐至阜东公路1公里处停下,形成自景北县至阜东公路的椅子圈。敌人步兵、骑兵、装甲兵及坦克部队,在回民支队隐蔽的纪高庄南面和北面,由阜景公路自西向东漫地推进。回民支队已处于万余日军的包围之中。

然而,由于回民支队掌握了准确敌情,部署周密,军纪严明,当敌人在柳树高庄村后大道上向东开进时,在大道南后院的回民支队的暗哨,用扫帚掩盖支在墙头上的机枪,距在大道上行进的敌人很近,看得见敌人身影,就连日军的谈话也听得清清楚楚。战士们屏住呼吸,竟未被发现,至拂晓敌人万余大军已经过去,形势发生了有利于我而不利于敌的变化,突围的战机到了。

抓住战机　杀出重围

第二天,天刚蒙蒙亮,停在西边和西北公路上的敌汽车已隐约可见。侦察员们探明,这些汽车都是空的,每辆车上只有司机在打瞌睡。正是突围的有利时机。司令部一方面命令派出人员协同村干部动员群众疏散,告诉不便行动的老人、孩子,听到枪响要趴到炕上;一方面紧张而又沉着地筹划突围的战机与具体部署。马本斋司令员认为,敌人横在公路上的汽车是空的,这并非出于敌人的愚蠢和大意,而是在汽车背后一定还有相当的后卫兵力。如我行动过早，汽车则是敌后围的屏障；行动在敌后卫之后，汽车就是敌人的依托。一旦与敌后卫遭遇，枪声一响，东去之敌，肯定反扑。现在已过去3个多小时，步兵赶到要有一定过程，首先赶到的必然是少量骑兵。根据这一判断，确定不要过早暴露，仍执行原定突围计划：派分队长焦振锋带一个分队，到东边担负阻击反扑之敌的任务，战斗结束后并配合地方收集散失人员，安置伤员，掩埋烈士。部署完毕后，准备早饭，等待后卫敌人，捕捉最佳战机。

上午10时左右，敌后卫部队千余人向纪庄围来，在村西50米、100米及150米处，设了三道封锁线，敌三四百人的搜索队以梯队形接近村庄。当日本侵略军一个小分队的14人接近回民支队前沿阵地时，回民支队一大队三中队首先与敌兵展开肉搏战，刺杀日军13人，只有一人狼狈逃窜。敌人的三道封锁线遂以密集的火力疯狂扫射，妄图封锁回民支队突围的道路。

为掩护大部队突围，三中队副队长马守增和三小队队长崔俊臣带领战士，奋不顾身，冒着枪林弹雨，借沙丘、树丛掩护，绕到敌军阵地前沿，用手榴弹打哑了日军机枪，摧毁了敌人的火力点。一大队的其余两个中队和政治部的干部、战士，趁势冲入敌阵与敌展开肉搏战，一时刀光血影，杀声震天。一大队长裘克等指战员身先士卒，冲锋在前，战士们奋不顾身，龙腾虎跃。喊杀声、枪声、手榴弹的爆炸声响成一片。战场上硝烟弥漫，敌人血肉横飞。经过白刃拼刺，激烈战斗，毙敌200余人，一大队和政治部杀出重围，接近了阜景公路。

当战斗在纪庄打响后，马本斋司令员迅速指挥二、三大队和司令部及直属特务连，兵分两路由柳树高庄向西南和西北的交通沟突围，全军立即投入白刃格斗。村西北一小股敌人占据了西北连家岗子和高家坟等制高点，架起机枪疯狂扫射，还有稀稀落落的冷炮打来，使突围受阻。已冲到纪庄西北角的抗日剧社，由于多是青年演员和女同志，战斗力较差，牺牲30多人，部分女同志退了回来。三大队长马永标便命五中队长马庆功率一个小队摧毁敌机枪阵地，马庆功奉命率领战士向日军几个制高点机枪阵地冲击。日军在五中队的猛烈打击下，抱起机枪狼狈逃窜。五中队控制了制高点，为突围扫清了道路。马本斋司令员又组织第二次突围。干部一马当先，冲锋在前；战士不甘于后，无论男女、文职还是后勤人员，无不奋勇杀敌！就连抗日剧社15岁的小演员丁天真也手执上了刺刀的步枪与敌拼搏；炊事员也挥舞着做饭的铁铲，奋勇杀敌；女同志和文职人员用手枪打击敌人；随队"反战同盟"的日本人田中还杀死日军多人，缴获步枪3支。在毙敌200余人后，向西南猛扑，一举戳穿了日军合围的"口袋"底，与从纪庄突围的一大队和政治部，在纪庄以西会合在一起，跨过阜景公路，甩掉了300余名日军的追击。当日伪军从阜城来援时，人称"马老虎"的七中队长马虎文，首先登上阜景公路，抱着机枪将敌打退。与此同时，东去的敌人闻声反扑，赶到柳树高庄的部分骑兵，遭到焦振锋率领的一个分队的迎头痛击，随之又从右侧迂回穿插到敌后猛烈射击，敌人惊慌失措，狼狈逃窜，突围告捷。

血染沙场　英烈千秋

这次突围战，共消灭日军320余人、伪军百余人，宣告了日本侵略军"铁壁合围"的彻底破产，粉碎了敌人企图消灭我抗日主力的狂妄野心！回民支队不愧为"无敌不克，无坚不摧，拖不垮、打不烂的铁军"。

但是，回民支队也付出了较大的牺牲。据不完全统计，有88名英雄的回民儿女为国捐躯，200余人光荣负伤。三大队长马永标是马本斋司令员的叔父，年逾知天命，是回民支队年龄最大的老干部，患有关节炎。同志们念他有病劝他提前突围，凭他的坐骑是完全可以突出去的，但他执意不肯，坚决与同志们同战斗，共生死。在指挥攻取高家坟敌人机枪阵地时，被枪弹炸伤，旋即中弹，以身殉职。二大队长马国忠、副大队长薛泰、教导员马德舜，冲锋陷阵，奋不顾身，英勇杀敌，为国捐躯。二大队机枪射手韩玉海，子弹打光了，身负重伤，敌人上来生擒他，他拔出手枪，打死几个日本兵，壮烈牺牲。年仅17岁的五中队交通员吴长根，在攻取高家坟机枪阵地时，冒着枪林弹雨冲入敌阵，英勇献身。锄奸干事范之久，在政治部机关冲到纪庄村西口与敌展开肉搏时，用手榴弹当铁锤砸死一个日本兵后，英勇牺牲。抗日剧社年仅15岁的演员丁天真负伤后，还照顾女同志突围，在与敌白刃格斗中，流尽最后一滴血。政治部总务科长贾文，组织科统计干事金进，政治部书记员王继合，宣传干事杨略，锄奸干事张国梁，摄影记者田瑞章，抗日剧社演员马书晨、张子凤（女），中队副队长马守增，分队长张继元，机枪射手李文海和小队长崔俊臣、马守赛、马庆池以及机枪排战士郭同德，饲养员焦占元等都在战斗中奋不顾身，英勇杀敌，献出了宝贵的生命。这次战斗中涌现的可歌可泣的英雄人物和英雄事迹，不胜枚举。正是他们的这种崇高的精神，熔铸成回民支队的军魂！

回民支队胜利突围后，在义和庄稍作休整，继续西进，离开阜东，按照原定计划登上战略转移的征程。

"五一"大"扫荡"中的十分区

滕中新

滕中新，男，1936年11月生，汉族，河北黄骅人。中共党员。1960年毕业于天津农学院中专班，中共河北省廊坊市党史研究室科长、副编审。

冀中十分区（以下简称十分区），地处平、津、保三角地带，战略地位十分重要。日军在1942年"五一"大"扫荡"之前，为了确保其战略后方基地，从1941年到1942年春对十分区进行了十余次大规模的"扫荡"，推行了4次"治安强化"运动，实行杀光、烧光、抢光的"三光"政策，到处建据点、筑碉堡、修公路、挖界沟、建保甲，妄图摧毁我抗日根据地。从1942年5月1日起，日军在华北方面军司令官冈村宁次的指挥下，又集中日军3个师团、两个旅团5万余人和1万伪军，分兵多路，由北向南，从四面八方对冀中腹地发动了规模空前、持续两个多月的惨绝人寰的大"扫荡"。为粉碎日军的阴谋，正活动在潴龙河两岸的我十分区机关、部队1000余人，遵照上级指示，由军分区政委帅荣率领，离开冀中腹地向外线作战略转移。4天行程150多公里，于7月5日胜利地到达平汉以西的北岳区根据地——易县独乐村（同年夏，这支部队又返回大清河北）。三角地带留下的一部分主力部队和游击队，实行"敌进我进"的战略，迅速返回大清河北。

发挥党对武装斗争的领导作用

从"五一"大"扫荡"到1942年冬天，十分区的主力部队和县、区武装都很难开展活动。此时，十地委遵照中央的指示，党政军实行一元化领导，地委书记兼军分区政委，专员兼司令员，县委书记兼县大队政委。

十分区依靠党的骨干力量，组织起精干的武装小分队，以武工队的形式进行活动，充分发挥了党的先锋模范作用。在碉堡路网之间，巧妙地与敌人周旋。对敌采用了"挑帘战"、"单打一"、"化装战"、"伏击战"等多种战斗形式，打了很多漂亮仗。如巧袭孙麦庄据点，首先争取了伪军队长刘杰投诚，刘又配合我二联县县大队将日军一个小队全部消灭，50多名伪军也全部投降。智取东阳岗楼，二联县二联区的区小队，首先掐断敌岗楼外的电话线，然后作出假攻岗楼之势，再派人给岗楼里送信，说明只要投降就不打，放下武器即可放伪军们回家。结果一枪未放，就缴获了步枪20多支、一些弹药及部分其他物资，20多名伪军全部释放回家。

抗日根据地的建设

大"扫荡"后，公开的抗日根据地已经不存在了，势必要建立隐蔽的根据地。首先从恢复工作开始，干部到了哪里，必须要有建立根据地的思想。当时提出的口号是：要求干部县不离县、区不离区、村不离村。经常活动的村要加强建设，新开辟的村，更应加强建设。当时上级提出建立隐蔽抗日根据地的条件，一是必须要建立坚强的村党支部，二是必须要建立可靠的堡垒户，三是必须要建立真心向我的两面政权，四是必须要有秘密的武装力量配合。我们的干部进村后，首先要了解一些基本情况，另外还要观察地形，一旦遇有情况，怎么防，怎么打，怎么走，都要胸有成竹。没有党组织的村，就注意发展党员，建立党组织，并把保、甲长掌握起来。如果这个村党支部坚强，保长就能成为真心向我的人，就可以着手建设隐蔽的根据地。此后的工作就是做好群众工作，清除隐蔽的汉奸，争取教育伪军家属，使其不向敌人告密。当工作恢复到一定程度时，适时地发展秘密的群众武装，组织抗日游击小组。在堡垒户里修夹壁墙，挖能打能藏能跑的地洞。当时发展最好、最大的根据地就是二联县的双堂区，形成了十分区党政军群机关很好的依托阵地。

到1942年底，在全区4个联合县中已建立18块隐蔽抗日根据地，全区形势开始好转。

在水淀苇塘中开展斗争

"五一"大"扫荡"后，遵照中共中央北方局高级干部会议关于"建立以白洋淀、文安洼、大清河一带之苇塘为主的游击根据地，逐步向外扩张，恢复与开辟工作"的指示精神，十分区党政军群机关先后集中到白洋淀，主要活动在南北宽20余公里、东西长50余公里的以胜芳、石沟为中心的文安洼大苇塘地区。1942年7月，敌人开始对文安洼地区进行大"扫荡"，上有飞机轰炸，下面每隔十几米就有一股敌人的"扫荡"队伍，对我进行"围剿"。十分区党政军民，白天头顶芦苇蹲在水里，晚上在船上过夜，有时三天都吃不上一口饭，以挖草根、掏鸟蛋、捉鱼虾来充饥。利用芦苇有利的地形和敌人周旋，经受了饥饿和死亡的考验。当时，我十分区部队就依托胜芳大苇塘和青纱帐积极向北发展。我军曾先后5次以连为单位进入大清河北，袭击了八洋庄、双堂等据点换防的伪军，以及调河头据点日军的所谓"快速部队"。这些行动，有力地打击了敌人的嚣张气焰，振奋了军民的抗日情绪。再如，为配合晋察冀军区、冀西山区的反"扫荡"，地委和军分区的领导刘秉彦、旷伏兆率十分区四十三区队、分区特务大队及东挺支队，部队由苇塘东部肖家堡出发，经一夜急行军，利用青纱帐，长途奔袭津西重镇杨柳青，袭击了伪警察署，生俘伪军200多人，缴获长短枪200余支，电话交换机1台、电话机及军用物资一部、文件一批，还砸开监狱，释放了在押人员。对被俘人员，宣讲了当前形势和我对俘虏的政策，劝其改恶从善，不再为日本人卖命。讲完后当场释放。相继又袭入永清县城救出被关押的抗日群众和地方干部200余人。四联县大队还在大清河上多次打击日军的"包运船"，缴获了许多枪支弹药和其他物品。

在两个多月的"夏季攻势"中，利用苇塘，十分区的抗日武装共作战78次，毙、伤、俘日伪军648名，攻克据点17个，开辟村庄451个。至此，大清河北敌后抗日游击根据地大部得到恢复，在对敌斗争中摆脱了过去的被动局面。

进行瓦解伪军的工作

1942年5月，在十分区，敌人以重兵求得面上的占领，但由于大量增建据点，就不得不借助伪军，使伪军的兵力所占比例由大"扫荡"之前的55%上升到80%。在敌强我弱的情况下，开展瓦解敌伪的工作就显得更为重要。根据党中央和上级的指示，从1942年夏季开始，地、县委都设立敌工部，区委设敌工委员，由此争取瓦解敌伪工作就成为全党、全军的重要工作。

十分区针对伪军们的不同特点，采取了不同的斗争手段，一般采用的方法是打拉结合。对那些坚决与我为敌者，就坚决打；对动摇者则侧重于拉，或拉中有打、打中有拉，或先争取，争取无效再打；或先打一下，给他一个下马威，叫他们知道八路军的厉害，镇服了再拉；有的则拉上促下，或拉下促上，上下配合一起拉；有的则采取对上打，对下拉；或对这一部分打，对那一部分拉。

正当日军对冀中腹地进行大"扫荡"之际，经分区军政委员会决定：由政委帅荣率领军分区机关一部分和警卫连进驻文安洼。因文安洼在大清河南岸与苇塘隔河相望，可以作为我军北进的跳板。到了文安洼之后，就研究如何越过大清河进入大苇塘。帅荣派熟悉这带地形、有敌工经验的敌工科长钱大可和在清华大学读过书、社会交际较广的民运科长刘广珏，带领几名干部先行一步，出发北上，探索部队打回大清河北进行恢复工作的路子。

他们进入大清河北伪军驻地，采取走亲串友的方法，先突破一点，再扩展到多点，然后发展到面，并建立了关系。在他们的掩护下，我们的部队很快进入大苇塘，坚持敌后斗争。经过周密地调查和深入了解，顺利地做好了盘踞在霸县大清河一带的刘凤泉、黄锡标、李宝伦、杨战青、王育德、王禄祥等部的伪军工作。在他们的防区内，我们的部队和抗日工作人员，可以随意进进出出，对我们建立苇塘临时基地和恢复大清河北地区的工作，起了相当大的掩护作用。

6月下旬，军分区警卫连和教导大队，在司令员周彪、参谋长刘秉彦的指挥下，在任丘县边家堡全歼日军"剔抉队"80余人，生俘日军中队长伊豆文雄。

十分区西部的敌伪工作，在一联县敌工部长尹景芬、二联县敌工部长尹克及赵博等人的努力下，开展得很有成效；李大卫在永定河北争取敌伪工作做得也很好，他们深入敌占区，开展政治攻势，向敌伪进行宣传，拉伪军关系，搞军事情报，在伪军中，特别是在中下层，建立了不少敌工关系，以"单打一"的方式，惩治了许多坏蛋。

坚持统一战线　团结一切抗日力量

十分区靠近敌人的统治中心，因敌强我弱的局面长期存在，同时民族矛盾和阶级矛盾又错综复杂地交织在一起，统战工作显得尤为重要。在反"扫荡"期间，斗争更加艰苦，十分区贯彻执行了一系列正确的统战政策，同时也防止了1941年反"扫荡"前出现过的一些"左"的偏差。

在恢复十分区根据地的初期，派专署秘书马健民与白洋淀东四十八村一带最有影响的高氏兄弟高万亭、高万秋、高万峰取得联系。通过高氏兄弟，与四十八村的许多伪大乡长、联保主任、保长等建立联系，逐步地把伪大乡长、保甲组织等争取过来，把伪政权改造为两面政权，将四十八村开辟出来，成为十分区恢复根据地的立足之地。我方在高氏兄弟的大力合作和支持下，在敌人严密封锁的大清河上，建立了高家场秘密渡口。此外，他们还以商人的身份，在天津为我军采购了许多药品、纸张、食盐和其他军用物资，为恢复大清河北的抗日根据地做出了重要贡献。

当时二联县的统战工作也采取了一些有效措施，一是大力宣传抗日形势，揭穿敌人宣传的"大东亚新秩序"、"王道乐土"、"中日亲善"等骗局，提高群众抗战必胜的信心；二是维护群众利益，坚持减租减息、合理负担的政策；三是关心群众生活；四是做好地富乡绅上层人士的统战工作，县长王山、教育科长齐心，在县里和教育界都是很有影响的人物，我们为了便于团结上层人士，在县区先后都组建了"反攻建国同盟会"。通过这一群众组织，给上层人士开会，进行爱国教育，印发宣传材料，并通过他们做瓦解伪军和伪组织的工作，起了很好的作用。后来，十地委在全区推广了二联县的这一经验。

运用"两面政策"　开展合法斗争

"五一"大"扫荡"后，敌人很快建立了伪区乡政权和宪警特务组织。在广大农村，普遍实行了保甲制，10家为一甲，10甲为一保，若干保为一大乡。保甲之内实行连坐，彼此相互监督，一时成为我们手插不进、脚踏不入的封闭地带。为此，我们的地方党政组织就利用敌人建立伪基层政权和推行保甲制的机会，积极主动地选派了一些党员干部打入伪政权组织。仅二联县八联区就在99个村镇中，先后派遣党员干部67人。这些同志根据党的指示和意图，潜伏在伪政权内部，以合法的身份进行活动，起到了内线策应作用。固安县秦世禄，就是党派他去当伪保长的，他以合法的身份，多次掩护了二联县县委书记苏玉振开展工作。搞得好的地方，敌人的保长、大乡长，实际上是我们的地下村长，敌伪的保公所、乡公所，就是我们的地下村公所。有的敌人设置的情报联络员，就是我们插进敌人内部探听情况的耳目。

这种被群众称之为"白皮红心"的两面政权，在同敌人斗争中发挥了多方面的作用。在党组织的领导下，村干部和群众摸索并积累了丰富的合法斗争经验。如日军出来该如何应付，路过的如何应付，来少了如何应付，来多了如何应付，专门来搜剿的又如何应付等等，都有具体的办法。如有一次，我军几名战士正在一个村公所里擦枪，忽然来了日军，村干部未来得及通知战士们，等日军来到村公所时，村干部抢先一步给战士们使了个眼色，喊了声"起立"，战士们立刻站了起来。村长向日军报告说："保甲自卫队正在擦拭武器。"日军很满意地点点头，作了一番"训勉"就走了……

到1942年底，全区形势好转，很多农村的日伪政权，已被改造成抗日的"两面政权"。

激烈悲壮的雪村*战斗

龚友源　屈培雍

龚友源，男，湖北监利县人，1919年出生，1938年参加革命工作，同年加入中国共产党。抗日战争期间任冀中八分区干事、股长、宣传科副科长，冀中八分区三十一团政委等职。新中国成立后，任华东空军宣传部长，军委空军后勤部政治部主任、副政委，民航总局政治部主任，济南军区空军副政委。1981年离休。

屈培雍，男，1922年11月出生，1937年1月参加革命工作，1938年7月加入中国共产党，1942年冀中"五一"反"扫荡"时任八分区电台区队长。新中国成立后，任华北军区司令部通信副处长、处长；军委通信兵部参谋长、总参四部部长、总参通信部政委。1987年离休。

---

*　一说为薛村。

纪念冀中军民"五一反扫荡"斗争

　　1941年12月太平洋战争爆发，日军为扩大侵略战争，更急于巩固对我华北地区的占领，加紧掠夺我根据地的人力、物力。地处平、津、保、石、德等战略要点腹心地区的冀中区，敌我斗争形势达到了前所未有的白热化地步。1942年"五一"反"扫荡"前夕，敌对冀中地区的"蚕食"、封锁、"扫荡"步步紧逼，据点与碉堡增至1750处，所有县城及较大的村镇，均已被占据；再加上大清河、滹沱河、滏阳河、子牙河，以及平大、沧石、津保、沧保等几十条大小公路干线纵横分割（公路、铁路沿线一般均挖有宽深各三四米甚至五六米的深沟），我成片的根据地基本区仅剩下深县、武强、饶阳、安平、河间、肃宁、深泽、安国、蠡县等县之间两三小块，东西不过五六十公里，南北不过三四十公里。而冀中军区、行署及六、七、八、九等分区的机关、部队、后方医院、学校、被服厂等，已遍及中心区各村，部队活动回旋余地很小。

　　1942年5月1日，敌集中约5万余人（按当时中心区全部面积计算，每平方公里即有敌二三十人），在飞机、坦克、装甲车、炮兵、骑兵、汽车、自行车队的配合下，由敌华北方面军司令官冈村宁次直接指挥，首先依托平汉、北宁、津浦、石德等铁路线，向冀中腹地的外围地区——平大公路、滏阳河以东，深（泽）安（国）以西，河（间）肃（宁）以北，沧（州）石（门）、晋（县）深（县）武（强）段以南——反复突击"扫荡"，加强这些地区的纵深控制，建立了所谓"铁环阵"，切断冀中区与冀南、北岳、平西、冀东、冀鲁边等兄弟战区的联系。随后即对我深、武、饶、安中心区进行"铁壁合围"，同时设点、挖沟、筑堡，反复进行"拉网清剿"，妄图将我各级领导机关、主力部队驱赶压缩在这一小片地区，予以聚歼。继而敌在5月中旬，在献县北之臧桥附近堵塞子牙河，以抬高滏阳河、滹沱河水位，沿河岸及公路沿线增派日军守卫。白天以骑兵、自行车、装甲车、汽艇来回巡逻，夜间则到处举火照明，阻我越渡。而在河肃路以南、滹沱河以北地区，于5月底以前，则一直不设点，不建碉，故留空隙，作为所谓"诱导圈"，采用"张网捕鱼"、"张口待食"战术，三五天奔袭合围一次，寻我主力作战。只要一处发现我军主力，敌即从四面八方、天上地下，蜂拥而至。这些地区正是八分区的中心区。因此，在反"扫荡"斗争中，八分区首当其冲地成为敌"扫荡"突击的重点。

1942年6月8日，八分区司令员常德善、政治委员王远音，率领分区主力三十团、二十三团二营和分区直属机关的部分干部，在河肃路以南雪村一带的战斗，就是在上述严重的斗争态势下发生的。这次战斗是冀中"五一"反"扫荡"中对整个八分区斗争形势影响重大而又极为壮烈的一次战斗。这次战斗，敌数倍于我（我约六七百人，敌有4000多人），装备更占绝对优势（我无重火器，轻、重机关枪也很少，且弹药奇缺）；加之该地区地势开阔，又紧靠河肃路交通干线，敌以步、骑、炮、空、坦诸兵种配合，重兵层层包围，战场形势于我十分不利。在这种情况下，干部战士不顾连续一个多月日夜行军作战的疲劳，奋勇冲杀，给予敌人以重大杀伤，但我分区也遭受到前所未有的严重损失。

战前情况和战斗经过

1942年4月，八分区根据上级的指示及对当前情况的判断，初步预见到了敌情的严重性，开始进行反"扫荡"的动员准备工作：疏散后方，安置伤病员，坚壁物资，分区领导和机关实行分片指挥与集中领导相结合的部署。司令员常德善和政治委员王远音带分区部分机关人员及二十三团二营，直接指挥三十四团（这时已缩编为小团）、二十三团团部及三营（该团一营在反"扫荡"开始时担任掩护冀中军区、行署的任务，随军区在深、武、饶、安一带活动）活动在深、武、饶、安地区，并负责指挥全分区部队反"扫荡"作战；副司令员孔庆同带小部分机关人员在任（丘）、河（间）、大（城）地区活动；参谋长李弗畏带部分机关人员和警卫营，在献县、交河一带，负责指挥该地区部队的活动（政治部主任张逊之，参加冀中军区组织的赴冀鲁边区的参观团，不在冀中）。这样部署的目的，既便于就地指挥各部队反"扫荡"作战，又可以避免指挥机关过于集中，在不利情况下受挫，以保存我有生力量。

根据这一部署，"五一"反"扫荡"开始时，司令员常德善、政委王远音率领的分区部分机关人员（随行机关的主要干部有司令部作战股长晓冰、侦察股长杨克夫、教育股长赵庚林、机要股长张庆丰、电台队长屈培壅、政治部宣传科长张迈君等）及二十三团二营（营长邱福和、教导员王××），先在饶、武、献地区之肖店、豆店、皇甫、堤南村一带活动。敌人开始大"扫荡"后，又往返活动于滹沱河南北两岸地区之三角、镇上、刘传、瓦钟一带及子牙河、滏阳河两岸地带。后又向西转到大尹村、长刘庄、付家佐一带，并准备相机在深、武、饶、安中心地区的敌情缓和后，重返该地区，打开局面，恢复地方工作，稳定群众情绪（冀中军区5月21、22两日也连续两次电令有此指示）。5月中旬分区曾经在饶阳城西渡过滹沱河到达饶（阳）安（平）路附近的支窝、南北京堂一带，但未能站住脚，发现敌不是短期"扫荡"，而是长期"驻剿"。修公路、筑炮楼，挖封锁沟，建"爱护村"，准备长期据守。于是分区即又重返滹沱河北。但此时敌在初步控制了深、武、饶、安地区后，将其主力分兵部署在滹沱河北、河肃路周围地区。此时二十三团团部所率之三营在滹沱河北岸张岗一带遭敌合击，损失严重，团长谭斌及三营干部全部牺牲，仅团政委姚国民带少数人突出重围，与仍在饶阳、献县地区坚持活动的该团一营会合（一营系由该团副团长赵振亚、政治处主任孟庆武带领）。分区当即决定向任、河、大地区转移。至5月底，冀中军区根据总部通知，认为敌长期"驻剿"，根据地变质，大兵团又难以坚持，决定部队除留部分基干团、地区队配合县、区游击队坚持武装斗争外，主力部队全部立即自行向兄弟战略区转移。八分区据此也决定除三十团留下坚持武装斗争外，分区机关大部、二十三团全部立即外转（二十三团此时尚余第一、二两个完整营）。

为执行这一部署，分区常、王首长率二十三团二营再次从任、河、大进入河肃地区，计划联系上三十团向该团明确任务后，即行外转（三十团在反"扫荡"中，奉命坚持中心区根据地的斗争，反"扫荡"初期在饶阳县五公村遭敌合围损失严重，电台坚壁起来，与分区失去电信联络）。

6月7日，分区急行军过河肃路进驻肃宁县万里村一带，与三十团取得了联系（三十团此时已又集结二三百人），计划8日会合。此时分区已通过电台与九分区及军区沟通联系，并掌握了敌对河肃地区定期"合围"、"张网捕鱼"的确切情报，许多情况证明8日正是敌大"合围"的日子。但因分区首长意见分歧，最后确定部队行动时间过晚，被迫向靠近河肃路南侧雪村、顶汪、荆轲一带转移，与三十团会合。

8日拂晓，部队到达宿营地，正在布置岗哨，构筑阵地，即发现肃宁县梁家村方向之河肃公路上敌汽车纵队的长串灯光，侦察员也同时报告：敌人是从沧州经河间而来，有汽车五六十辆，敌人正向我驻地方向推进。与此同时，肃宁、献县臧桥、饶阳方向之敌也纷纷向我驻地方向出动。敌对我包围圈已经形成。晨5时左右，战斗先从东北方向三十团驻地顶汪村打响，继而西南方向战斗也激烈进行。分区机关即在常、王首长率领下且战且走，向河肃路北突围。二十三团二营全力掩护，部队虽突过河肃路，但由于地形开阔，敌骑兵和车子队从两侧迂回侧击堵击，常德善头部被敌机枪弹击中，当即英勇牺牲。而后王远音因腿部负伤行动困难，即用手枪自杀。部队此时失去指挥，在敌紧紧追逼下，各自为战，分散突围，与敌交错混战。直至黄昏，敌撤回据点，部队失散人员乘夜间分别集结，分为两部：一部100多人并携电台，由作战股长晓冰、机要股长张庆丰、电台队长屈培壅带领，转到任、河、大地区与副司令员孔庆同会合；一部由宣传科长张迈君率领返回到河肃路南经献县地区转到子牙河东，过津浦路到达冀鲁边与参谋长李弗畏、政治部主任张逊之会合。二十三团一营随后也渡过子牙河穿过津浦路转移到冀鲁边，在盐山县东圈子，与天津及沧县、东光、南皮之敌两三千人激战一整天，杀伤敌五六百人，于黄昏突围。副团长赵振亚、政治处主任孟庆武英勇牺牲。余部由营长刘江亭、副教导员王守仁等率领，在冀鲁边与分区李、张首长会合。这部分人员在八九月返回八分区继续坚持游击战争。

烈士们永垂不朽

雪村战斗所显示的我人民军队英勇顽强、不屈不挠的英雄气概和战斗传统，广大指战员不畏强敌、浴血奋战、前仆后继、可歌可泣的光荣业绩，将流芳百世，永远使人怀念。

分区司令员常德善，是经历过二万五千里长征的红军优秀指挥员。他指挥作战沉着勇敢，机智灵活，经验丰富，并具有坚强的党性。1939年随一二〇师到冀中，在平息我分区二支队柴恩波部叛变中，立下了卓越战功。任八分区司令员后，在历次反"扫荡"战役和进攻战役中（任河大战役、青大战役等），都以机智果断的指挥，沉重地打击了敌人。"五一"反"扫荡"初期，他率机关、部队巧妙地与敌周旋，敌来我走，敌走我来，多次跳出敌的合围，保存了我有生力量。他在全分区干部、战士中享有极高的威望。这次雪村战斗中，率领突围越过河肃路后，不幸头部被机枪弹击中，英勇牺牲。

分区政委王远音，是北平十六中学（后为河北中学）的高中学生，"一二·九"、"一二·一六"抗日爱国学生运动中的骨干，在白区入党。曾在赵侗游击队和山西地方工作过，精明干练，能讲善写，有极高的革命工作热情，作战勇敢。在雪村突围中，越过河肃路后，因腿部负伤，为保持民族气节，用手枪壮烈自杀。

三十团政委汪威，是经过长征的优秀红军干部，曾在八路军总政治部任政治科长，作风艰苦朴素，平易近人，有很高的政策、思想水平，有丰富的政治工作经验和作战指挥经验。"五一"反"扫荡"中，指挥三十团在深、武、饶、安地区坚持作战，表现极为英勇顽强。雪村战斗中，他虽因连续作战体力很弱，仍然沉着指挥战斗。他指挥三十团警卫连（又称青年连，全部是十六七岁至20岁的青少年），顽强与敌拼搏，全连壮烈牺牲，无一人屈降，汪威也壮烈自杀。

三十团副团长肖治团、总支书记沈笑天，二十三团二营营长邱福和，分区侦察股长杨克夫等，均在战斗中顽强作战，英勇牺牲。

分区教育股长赵庚林，在河肃路上指挥部队掩护分区突围时，双腿负伤，仍奋力爬出重围。二十三团二营重机枪排金排长（可惜名字记不得了），作战异常勇敢，精通重机枪射击术，甚至能熟练地按抗战歌曲的节拍进行点射和连射，闻名全分区。在河肃路上他只身托着重机枪，来回扫射蜂拥而至的敌人，予敌以重大的杀伤后光荣牺牲。

分区电台和机要股的同志，在"人在电台在"、"誓死保住党和军队机密"的坚强信念下，不顾生命危险，在部队和敌人已经形成交错混战的紧急关头，烧毁密码本，把收发报机和二三十公斤重的手摇马达，背离危险区，分散坚壁，第二天取回，未遭丝毫损失。但电台分队长关福才、政治指导员赵宪彬在战斗中身负重伤，报务主任庞树楷、报务员张冠儒、摇机员小高等，为保护电台英勇献身。

分区民运科长侯监（当时在地方执行扩兵任务）和当地群众、村区干部，冒着敌人连续"清剿"、"扫荡"的危险，连夜打扫战场，收容失散人员，掩埋烈士遗体，掩护救治伤员，免遭敌人第二天挨村挨户搜查时所可能造成的损失。更多的部队失散人员，在那样残酷的环境中，在分区首长牺牲、分区首脑机关和部队主力遭受如此严重损失的情况下，并未消极畏缩。当时突围出来的科、股、基层以至普通战士，有的还带着伤，但只要能行动，都自动联络失散人员，不分建制单位自动组织起来，昼伏夜行，躲开敌人清剿；不避千难万险，越过敌人重重封锁线，千方百计寻找部队。当时找到任（丘）河（间）大（城）地区的文安洼、白洋淀归队的，就不下二三百人。七八月分区白洋淀会议，决定建立饶、武、献支队，很快在该地区集结编起了3个大队（相当于连）和支队机关，约三四百人，其中绝大部分是二十三团、三十团及分区直属队的失散人员。他们听说自己的部队又回来了，便自动归队。这许许多多英勇不屈，打不散、摧不垮的坚强战斗的情景，十分感人。雪村战斗中英烈们的英雄业绩将永远铭记在人们心中！

作者注：此文是根据龚友源、屈培壅、兰馨斋、张庆丰（张克）、刘兴魁、赵庚林（赵林）、张迈君、关福才、王寿仁、张晓冰等人提供的材料整理而成。

武装工作队活跃在蠡县

王　闻

1942年4月29日，我由军区政治部敌工训练班回到九分区敌工科。政治部袁主任把我叫去说："敌人对我冀中腹心地区的'扫荡'将很快到来。为了粉碎敌人的'扫荡'，恢复被敌蚕食地区的工作，决定采取深入敌后的方针，开展各项工作。"随后他指着桌上的地图说，"去年年底十八团一营梁健等撤出了唐河以北地区，今年春季敌人又蚕食了潴龙河以西。高阳至蠡县公路已修成，两边沟墙也挖了起来，根据地变了颜色，各项工作遭受了损失。地方干部一部分牺牲，有待补充。分区决定组织3个武装工作队，派你带领一个队到高阳、蠡县之间，潴龙河以西活动。人员由四十二地区队挑选，队长是地区队的参谋长杨振海。全队准备三四十人，三分之一以上是班排干部，都是有战斗经验的老战士，全带短枪"。接着又谈了些有关细节。

次日（4月30日）上午，军分区为庆祝"五一"节召集党政各界干部聚餐，会间袁主任把我介绍给地委组织部长，让他给我写了一封介绍信，告诉蠡县县委书记，准我列席参加县委会议，以便了解掌握该县全面情况。当天傍晚杨队长带一部分队员来到司令部，袁主任对我二人又一次交代了任务，并指示当晚立即出发。

我们接受任务后，夜1时出发，通过肃蠡公路，拂晓前到达四十二地区队驻地大曲堤村。见过地区队刘光裕政委，听取了他的意见，他介绍了队员的情况。

全队共34人。傍晚我们召集全体队员开了成立会，说明了情况和任务，宣布了3个班的编制和干部配备，检查了枪支弹药，之后即出发过潴龙河西岸。靠近河边的是蠡县三区，是本县6个区被蚕食最晚的一个，县的各机关团体都在这个区内。我们决定最先在这个区开展工作。刚到这个区，县委立即召开了各界联席会议，县大队长、抗联主任、妇女主任、县政府秘书长、民政科长等，各自介绍了本系统组织状况和各区的情况。我将分区首长关于组织武工队的任务作了说明，并希望各界给予大力协助。县大队谷队长表现甚为活跃，立即表示支持，并决定将分散的部队和枪支集中起来一部分，配合武装工作队行动。会议开了大半天，会将散时接到县委书记通知："敌人的大'扫荡'开始了，分区各机关将有一部分人疏散到本地区来，县的各机关立即做疏散准备。"散会后在街上见到了分区供给部疏散来的人员。形势逼迫我们必须立即加强工作，加速扩展活动地区。于是我们把这个区交给了县大队，由他们负责恢复和补齐全区各村的干部，组织青年和民兵开展地道战，建立小型地雷铸造厂，坚决镇压汉奸地主等等。我们全队即进入四区。

蠡县四区是全县比较中心的地区，村密人多，几乎每个大村都立有敌人的岗楼。在全区任何一地都能同时看到四五个岗楼，各岗楼之间连着公路，公路两侧都有沟墙，白天穿越沟墙和公路，任何人都躲不开两岗楼之间交叉火力的射击。种地农民均需通过岗楼跟前的检查。敌人夜间龟缩在岗楼内，白天各岗楼守备的敌兵伪军到村内催粮要款，搜查青年，抓兵要夫。这一地区内各村的抗日政权和各种群众组织都不同程度地遭到摧残破坏，较好的也是失散回家，失掉了联系，停止了活动。革命正气沉寂下来，地主坏人蠢蠢欲动。在这种情况下，我们每天后半夜突入一个村，选村内有利的一角，占据一个四周围有墙的院落。由杨队长安排四面警戒，由我负责唤起院内全家人员，宣传国际国内形势，通过他们了解全村情况后定出夜间活动计划。白天一般是休息或研究夜间活动计划，天一黑探知岗楼敌兵回岗楼后，即分组开始工作。抗日军人家属工作小组，专去安慰他们和了解全村情况，鼓励他们坚持斗争和监视地主、坏人的行动。民兵工作小组，负责把全村青年组织起来，夜间拿起武器保卫政权，镇压汉奸，开展抗日工作和挖地道等。白天隐蔽起来，坚决不报户口，一切力量纳入地下。恢复政权工作小组，负责召集全村干部和村代表会议补选缺额人员，坚持工作，保卫村民，保卫粮食，组织农业生产，并会同党组织指派一套人员组成维持会，指定联络员，专门对付敌人。镇压汉奸坏人小组，根据事先了解，突入其家进行训斥，严厉警告其立即停止罪恶活动，不许接近敌人，不许离开本村，不许造谣惑众。对罪恶严重的，声言将其处死或带走，待其全家苦苦哀求并作出保证后，临走时再宽大处理。计划完成后，再到另一个村活动。不到半月，全区都活跃起来，政权恢复，挖了地道，对敌的维持会全部经过改造，有的村还照常召开村代表会，建立了地下粮仓，恢复了地下小学。

四区的工作恢复起来了，我们接着进入六区。踏入六区的第一天，正赶上县委开会，讨论恢复这个区的问题，我们和县委书记、县长会了面。县委书记宋罗岐决定跟随武工队活动，并根据宋书记提议，武工队决定分成两个分队：由杨队长带两个班到五区开展工作，我带一个班在六区开展工作。

五区的情况与四区相似，只是有一较大的据点——大百尺村据点，敌人经常出动"扫荡"，在田野中抓人，破坏生产。附近几个村的干部都不敢回村，青年们也都逃往外地。这个据点有一个敌人的特工队，经常四处活动，他们还印有油印的小报，到处散发，反动气焰十分嚣张。根据这种情况，在我们恢复了几个村子之后，决定打击一下敌人的气焰。选定一天夜间，在距大百尺西边2.5公里的柳辛庄，搭起台子，点起汽油灯，敲锣打鼓，把全村人集合起来，大喊口号，大讲抗日形势，并向群众说明：明天敌人来时，都说昨夜来了500多八路军。武工队和民兵则埋伏在据点外阻击敌人。然后叫联络员去报告说：来了500八路军，往西边去了。从此以后敌人不敢那么嚣张了，不敢抓人了，这个区的情况很快赶上了四区。

六区地道战开展得较好，锄奸工作稍差。在我们活动了半个月之后移入三区时，突然传来不幸消息：县长在六区开干部会时遭到敌人包围，虽然进入地道，但敌人坚持挖了一天，发现了洞口，往洞里灌烟，结果县长、县秘书、区长、抗联主任、农会主任及妇救会主任等全部牺牲。

县委书记立即指派县议长任县长（他已是第六任县长），并决定他立即去六区整顿组织。又过了几天，罗书记接到报告说：县委组织部长，在我们头天住过的村子里被敌人打死。又过了几天，我们在所住村内遇见了分区抗联宣传部长，据他说敌人对腹心地区"扫荡"非常凶恶，分区机关已被冲散，他已找不到机关，暂时回家。在另一个村子里遇上了分区政治部的宣传科副科长王工学，据他说分区机关确实被打散，腹心地区无法进入。这些消息使我们不得不谨慎小心。7月1日我们在四区的一个村子里会合，休整两天；剃了头，洗了洗衣服，以纪念党的生日。罗书记代表县委弄来了15斤猪肉犒劳大家，他还给大家作了形势分析报告。我们简单地总结了前段的活动，继续鼓足勇气，以进一步开展根据地的恢复工作。下一步的计划是：仍由杨队长带两个班到一区开展工作，我带一个班到二区开展工作。临行前配合县府司法科召开了一个群众大会，枪毙了一个罪大恶极的汉奸地主。

二区在三区的南边，大部分村在潴龙河以南，东边河沿的莲子口村，是抗日初期九分区司令部的驻地。这里的群众基础较好，土地肥沃，村大人多。我们一个村一个村地开展工作，后期连有岗楼的村的工作也都做好了。我们每到一村除对村内民众进行工作外，还对每个岗楼开展政治攻势：在岗楼出口沟边埋伏一部分人，在距离岗楼适当地点，选顺风而又有掩体的地方，用铁皮和马粪纸做成传声筒，向敌人喊话。开始敌人打枪，甚至冲出岗楼抓我们，但我们埋伏着，一阵排枪就打得他们不敢再出来。对打枪的敌人，就等他什么时候不打了，什么时候再宣传。但后来当他们发现打枪无效果时，也就不再打了，静静地听我们喊话。每次讲话内容都是讲国际国内大好形势，说明日军快完蛋了，警告汉奸应留条后路，要他们停止作恶，改邪归正，不然的话一定要严惩等。每次喊话都是把准备的内容喊完，才胜利转移。有时听到敌伪军中有东北口音的人，就给他们讲东北家乡物产丰富，尤其盛产大豆高粱，并唱《我的家在东北松花江上》等歌曲，使他们产生思乡之情。

我们把这种做法介绍给了杨队长，他们也进行了武装宣传。他们还组织了一次挖公路的"破交"战斗。一区在蠡县城北，正当高蠡公路之要，他们发动十几个村的民兵、青年，利用黑夜挖毁了十几里公路，锻炼了民兵，大长了抗日军民的志气，大灭了日军的威风，迫使敌人白天汽车运输都需要大量军警押车保镖。

8月下旬，正当我们轰轰烈烈地开展抗日根据地恢复工作的时候，突然听说杨队长在潘营被包围，壮烈牺牲。侦察员立即去探听消息。次日，侦察员回来说，杨队长等住在一个院内，敌人包围村子搜查时被发现，他们冲到村北，不料中敌埋伏，大部牺牲。

我们武工队遭受损失，又得不到分区首长的指示，悲痛中与罗书记一起继续坚持着二区的工作，9月初我们回到三区休整。后得知分区政委魏洪亮在本村，我即写一纸条请示今后方针，回条答复说："即带所余人员去白洋淀会合。"于是告别了宋罗岐，带所余6人寻路北上白洋淀。入夜过潴龙河和任（丘）高（阳）公路，过两夜进入白洋淀，找到司令部所在地大马庄。我向魏政委作了详细的汇报。

战斗在文安芦苇塘

刘广珏

　　抗日战争时期的冀中第十军分区，地处平、津、保战略要地之间，直接威胁日军驻华北的大本营，因此，日军把它看成眼中钉、肉中刺，无时无刻不在设法摧毁它。自1938年起，日军对十分区就开始了第一次大"扫荡"。1942年5月1日又在其华北方面军司令官冈村宁次指挥下，集中5万多日军和伪军，向我冀中军区中心地区发动了大规模的"扫荡"，妄图歼我主力，并完全占领冀中大平原。为了粉碎敌人的阴谋，坚持敌后抗日游击战争，冀中军区和分区领导在准备迎战敌人"五一"大"扫荡"的同时，对恢复十分区的工作也作了部署。当时分区机关和主力部队还在冀中腹地深（县）武（强）饶（阳）安（平）一带活动，分区政委帅荣首先派我（当时任民运科长）和敌工科长钱大可带几名干部，由安平一带出发北上，探索部队打回十分区进行恢复工作的道路。我们先到了白洋淀，而后到了文安洼，依托文安洼的大苇塘作为恢复十分区的跳板。

争取伪军向我　扫除进军障碍

　　1942年5月间，正当日军对我冀中腹地进行"五一"大"扫荡"的时候，分区政委帅荣率领少数机关人员和警卫连等也进驻文安洼，计议着如何越过大清河，进入大苇塘。

正在这关键时刻，原外围军武、安、永的支队长刘凤泉叛变当了伪军大队长，盘踞在霸县东部地区的信安镇。这是个千户人家的大镇，距大苇塘仅5公里。我们从苇塘向北伸进，首先要通过刘凤泉伪部的防区，因而信安成了我们进入苇塘的第一个障碍。

刘凤泉叛变时并未杀害我政工干部，而是去留自由，走后保证安全，留者继续任用。这是刘凤泉在八路军方面留下一条后路。原该支队政治主任吴秀升是留下来的一个，但他未在刘部伪军里任职，刘凤泉把他的一家秘密地养在钟口村，派两个人名为保护，实为监视，随他住在钟口。我在永清县存实中学读书时，吴是我的英文老师，与我有师生情谊。因此我给他写了封信，分析了形势，讲明了前途，争取他继续为抗日做贡献。信是由敌工干事韩诗坦送去的。吴回信表示愿帮助我们做刘凤泉的工作。于是帅荣决定我首先去找吴秀升。

一天拂晓，我与韩诗坦从文安洼潜入敌据点苏桥镇下码头韩的家里。我们打扮得像两个日本特务，到钟口村找到吴秀升。他见到我很高兴，当天即去信安镇报告了我的到来，刘叫他第二天带我到信安去见他。当时信安镇驻有日军，刘另住在一个地方，与日本人不在一起。这天刘凤泉专为我摆了一桌宴席，由吴秀升作陪，席间向我表白了他"不得已"的苦衷，愿暗中帮助抗日，我们的部队可在他的防区隐蔽活动，有了情况，他可给送信。我当即赞赏他"身在曹营心在汉"的行为，答应回去向领导汇报。

后来分区领导把原在武、安、永支队和刘凤泉一起工作过的屈绍建调来分区政治部任敌工科副科长，专做刘的工作，刘也一直与我们保持着联系。其实，刘是脚踏日、蒋、我三只船的坏家伙。大局未定，他都牵着线。1945年，日军败局已定时，他错误地估计了形势，认为将来的中国，必是蒋家的天下，乃决心投靠国民党。在我军进攻霸县时，欺骗了我们，使我军蒙受损失；并把吴秀升一家，除了一个女儿幸免外，全部绑在树上刺死。随后组织还乡团，顽固地与我为敌，最后还乡团在葛渔城被我分区部队全部歼灭，刘当场被击毙。

当时霸县伪军有5部，除刘凤泉、黄锡标外，还有李宝伦、杨茂青和王德裕。

李宝伦的大队部在紧邻霸县城西南角的贾庄，下属4个中队。其中一个中队长叫崔郁文，驻霸县城西北的高庄。崔是胜芳镇西北崔庄子人，七七事变前后在崔家洼当过地主的"管事"，崔与我大哥是盟兄弟，同我家常有来往。七七事变后他和一些土匪打起了抗日招牌，不久随李宝伦当了伪军。1939年分区司令部经常活动在新城一带时，我曾将他介绍给分区敌工科长钱大可，与我方建立了工作联系。这次我只身回到大清河北，首先到高庄找到了他。由于同他是这样一种关系，见面后又知道是他掩护了我的家属，所以我与他的交谈就很直截了当，不必转弯抹角。从谈话中，知道了在霸县西部地区已有我们的地方干部张伞在活动，我要求他不要为难张伞，说掩护地方干部的活动，同样是对抗日的贡献。此外，在我的要求下，他也答应做李宝伦的工作，并准备介绍我与李见面。

在约定的一天，崔郁文带我到贾庄与李宝伦见了面。李是下王庄村西十间房村人，说起来与我大哥也认识，他表示愿暗中帮助八路军抗日，还送给了我一支左轮手枪。他的另一个中队长叫王凤英，驻南孟据点，也是下王庄人，是我们的警卫员王加民的哥哥。利用他们弟兄关系，我也与他见了面。原来霸县西部地区的地方工作基础就好，张伞已在这一带活动，又有了李宝伦、崔郁文、王凤英等这些伪军上层关系，所以这个地区的恢复工作比较顺利。对李宝伦做了一段工作之后，我就到霸县最东部地区做争取杨茂青的工作。

我在永清县存实中学读书时，有个同学叫孟昭文，后改名孟子桢，是霸县何家堡人，七七事变后曾随魏大光抗日，后与吴秀升同在武、安、永支队里工作。刘凤泉叛变后，他留下来在刘部伪军当参谋。这次我到霸县东部开展工作，首先找到他，他向我推荐了小城伪大乡长翟庆煌，因翟有些亲属在抗日部队，故对我们的工作表示尽力帮助。当时杨茂青的大队部驻堂二里镇，也是津霸公路上一个重要据点。杨有两个中队，分驻辛章、策城。这两个据点南面临胜芳以东的大苇塘，我部队过大清河北来，常在苇塘里宿营。一天，辛章伪军队长向杨茂青告急求救，说是辛章南面的苇塘里来了许多八路军，夜里要打辛章（其实并无此事）。杨茂青也着了慌，就找翟庆煌想办法。正好我在这个地区，翟就找到了我，想带我去堂二里与杨茂青会面，给他定定神。这正中我的意，于是我俩就到堂二里，会见了杨茂青。杨向我表白决不与八路军为仇作对，希望八路军体谅他的苦衷。我趁机向他宣传了第二次世界大战与抗日战争形势，指明他的出路和前途，要他们本着"身在曹营心在汉"的精神，为抗日救国事业做出贡献，以取得人民的谅解。但他们不放心，要求我到他的辛章据点去，为他的部下安神定魂，解除恐惧。我心里颇好笑，一个伪军大队长竟然求助于一个八路军干部为他的部下做保护人，这说明他们虚弱惶恐到什么程度！不过这也好，正为我们开展工作提供了机会，于是我答应了。他派人把我送到辛章，辛章伪中队长，像是迎接救星似的，招待我。我住了一夜，趁机对他进行了宣传教育。从此，杨茂青部防区，我部队也可进驻活动了。

这样，霸县城外刘、李、黄、杨四部伪军的头头都与我们建立了联系。

我们最后争取的对象是霸县伪警备队联队长王德裕。王是永清县李家口人，小商出身。日军成立伪自卫团时赏识了他，逐步晋升联队长。他的情报班长叫陈渭，是夹河村人。1938年曾在分区政治部总务科当通讯员。那时我任总务科科长，与我熟识。1938年冬，日军第一次大"扫荡"，分区司令部撤往大清河南，途中他装病请假回家，后当了伪军。

陈渭得到我经常到夹河一带活动的消息，怕我们干掉他，于是他就托夹河村专门与我们打交道的办事人王山说情，要求与我见面。我答应了他，并约定时间在王山家会见了他。他一再表示那次病假未归是找不到部队，受敌人要挟，不得已当了伪军，请求谅解，并说当伪军后从未做过坏事等等。自称可以帮我给王德裕送信，向我叙述了王德裕的一些情况。于是我给王德裕写了封信，由他带走。过了些日子，又在王山处见到我，说信已送到，王说不便回信，叫他带回口信，表示他决不做铁杆汉奸，愿为自己留条后路。

王德裕的弟弟王德元在王德裕部下当队长，驻程岗。王德元也在存实中学上过学，与我及分区参谋长李大卫、专署的陈作舟等都曾同学。后来我们3人在程岗与王德元见面，通过他也做了争取王德裕的工作。

和霸县5个伪军的上层都有了联系后，我部队以连为单位在大清河两岸的大苇塘、坝东一些村庄就站住脚了。

分区领导机关进驻大苇塘

开始一段时间里，我们的部队虽在大苇塘宿营，但在思想上尚未确立在大苇塘里建立长期基础的观念。1942年秋，整个分区的恢复工作均有进展，分区领导机关要回到十分区来，就地指挥，加强领导。由于领导机关终非战斗部队，需要有个比较安全稳定的驻地，于是大苇塘成了理想的场所。在农历八月中秋之夜，刘秉彦司令员率领分区机关与警卫连，从文安洼渡过了大清河，乘事先筹集的几十只捕鱼、打野鸭的小船，来到大苇塘里的唯一岛村——南北楼村。

东义和战斗之后，胜芳的敌人非常恐慌，竟突然把南北楼两个村庄完全烧毁，以防我们去住。我们到达该村后，只见断壁残垣，一片凄凉，再加上这两个村庄四周皆水，出入不便，刘司令员乃放弃在这里建立基础的设想，叫我当晚去靳家铺头，筹备在苇塘深处韩家铺头建立营地的工作。

韩家铺头在靳家铺头以东约2.5公里，有旱路相通，不过无人行走，已找不到路的踪迹。在苇塘里扎根，必须对吃住问题有个长期打算，于是我就抓了靳家铺头的伪大乡长邱书元。

邱书元在此当大乡长，主要是受黄锡标的器重，因为这是黄锡标的防区。黄锡标需要有人帮他搜刮民财，邱书元也需要找个靠山，于是与黄锡标互相利用，就当了伪大乡长。邱书元是这里的一霸，我们武装部队一来，他不能不考虑自己的前途。所以在我们教育争取之下，成为两面乡长。分区机关进驻大苇塘，后勤供应方面的事，就依靠他去办理了。

除邱书元外，还有个黄部伪军驻靳家铺头的中队长邱勤增，也和我们有密切关系。黄锡标知道后，慑于形势，就派他的参谋长王君时到靳家铺头邱勤增家里，与刘秉彦司令员、李孔亮副主任、李大卫副参谋长、屈绍建敌工科长和我见面，以后进一步和我们拉关系。但邱勤增对黄很警惕，担心黄对他有所举动，问那时该怎么办。我们说："在目前情况下，环境还较困难，你尽可能维持住现在的局面，以现在的身份守着靳家铺头这个苇塘的大门，起的作用也不小。万一黄锡标对你有个什么风吹草动，你就把队伍拉过来，我们支持你，把黄锡标干掉。"他说："能不能把我们的关系固定下来，我心里也有个着落。"第二天，刘司令员告诉我，他与政委商量了一下，决定以分区司令部名义委任邱勤增为十分区大清河大队大队长。叫我写个委任状给他。他接到后非常高兴，表示今后他就是八路军的人，有什么事尽管吩咐他，他一定坚决执行命令。从此我们的人从靳家铺头出入大苇塘更为方便安全。有时夜间部队从外边回来，找不到路，走到岗楼底下，他的岗哨还给带路到大苇塘的路口。有了邱书元帮我们解决了供应问题，又有邱勤增作掩护，给我们扎根于大苇塘提供了有利条件。

出击大苇塘 痛歼敌伪军

1942年7月，冀中区党委决定将文新县，即文（安）新（镇）联合县，由八分区划属十分区，叫十分区"四联县"。这个县与十分区的霸县只有一河之隔，文安洼是当时这个县的活动中心。大苇塘与文安洼唇齿相依，四联县的同志们必要时过河到大苇塘来，也多个回旋余地。

1942年秋，文安洼的稻谷长得很好，还未到收割之时，日军竟然下令不许文安洼的老百姓自留一颗谷粒，必须将收获的稻谷全部送交日军，说是要以玉米等杂粮交换。实际上完全是赤裸裸的掠夺。他们扬言，若从谁家搜出稻谷来，就地枪决。

根据地委指示，四联县县委动员了所有的力量，进行了非法合法两种斗争形式互相配合的护稻斗争。敌人武装来抢，我们就以武装坚决痛击；敌伪组织来征收，我们就动员伪大乡、保甲以合法形式软磨硬抗，争取时间，掩护群众快收、快打、快藏。由于这场斗争与群众切身利益密切相关，甚至和一些伪军、伪组织也有直接利害关系，所以都得到他们的支持，大家共同对付日军。通过这场斗争更加密切的军民关系，扩大了我党我军的政治影响，粉碎了日军的抢稻阴谋，使我们的供应更有了保障。

文新大队是一支英勇机智、战斗力很强的部队。大队长叫储国恩。"五一"反"扫荡"前他们曾化装成民工进入敌姜庄子据点，以斧头砍杀日军20余名。划为四联县后，有文安洼、大苇塘在大清河两岸作依托，县大队更为活跃。刘司令员还亲自率队到大清河指挥了一些战斗，对大苇塘起了积极的防御作用。

安次县调河头的日军，组织了一支自行车化的"快速部队"，由日军与一部分伪军混合编成，每人一辆自行车。当时，在二三十公里范围内，他们只要探听到我们的地方干部或小部队的踪迹，即骑自行车进行奔袭，往往使我们吃亏。所以对我们，特别是对三联县与便衣队在永定河以东的活动威胁很大。分区领导决定对这部分敌人狠狠打击一下。

1942年7月间，刘司令员带着警卫连及四十三地区队的一部分，进驻在安次县珊瑚店。调河头的敌"快速部队"得悉后又前来奔袭，被我军一个闪电式的突击，击毙日军小队长以下十余名，伪军纷纷溃逃，我军除缴获一批武器外，还有几十辆自行车。这次战斗的胜利，大长了我军的士气，灭了敌人的威风，各便衣队也无不兴高采烈。这一战斗，对于继续坚持和开辟霸、安（次）、永（清）地区起了重要作用。

当时胜芳之敌常到胜芳以北地区骚扰，如不给以打击，对霸县东部地区与我建立"和平共处"关系的几部分伪军将产生不利影响，会使他们误认为我们欺软怕硬。于是分区领导决定，痛击这部分敌人。约在8月，胜芳的敌人到胜芳北的兽头房村骚扰，刘司令员率领部队突然将敌包围，打得敌人溃不成军，撇下死伤人员，狼狈逃回胜芳，从此再不敢出来骚扰。这次战斗对刘、李、黄、杨等部伪军也起了威慑作用。

在反"扫荡"中锻炼成长

宋双来

宋双来，男，1926年生，河北省武强县常庄村人，1940年参加本县抗日游击队，1941年6月加入中国共产党。曾被授予"全国战斗英雄"称号。新中国成立前后任中国人民解放军六十三军政委、石家庄陆军指挥学院政委、南京陆军指挥学院政委，中将军衔。第九、十届全国人大代表和两届中央候补委员。1992年8月离休。

　　我出生在河北省武强县常庄村。父亲在1938年参加八路军，加入中国共产党，1939年牺牲于唐县。我含着热泪，踏着父辈的足迹，于1940年4月我14岁时参加了本县游击队，被分配到二区区小队，1941年6月2日光荣地加入中国共产党。战斗中，浴血奋战，英勇杀敌，被授予"全国战斗英雄"光荣称号。后任六十三军政委、石家庄陆军学院政委、南京陆军指挥学院政委，晋升为中将。我戎马生涯60年，无论是在硝烟弥漫的战争时代，还是在建设强兵劲旅、培养军队人才的军事院校工作时期，有许多大喜大悲之事随着岁月的流逝逐渐淡化，唯有1942年冀中"五一"反"扫荡"难以忘怀。

突围后的隐蔽转移

从1942年5月1日起,日本侵略军对冀中发起空前规模的大"扫荡",妄图一举摧垮冀中党政机关和抗日武装力量。日军对武强县进行"清剿"是从5月12日开始的。这天3点钟,分区机关和武强、饶阳、献县3县机关以及成千上万的人民群众被日军围困在武强堤南村以北、饶阳小尹村以南的大洼里,日军轮番"拉网"、"梳篦",滥杀老百姓,其景惨不忍睹。在深夜,日军不敢贸然突进,飞机在这个时候便愈加"神气",每隔个把小时便在照明弹的协助下朝人群集中的地域投掷炸弹,用机关枪猛烈扫射。而我们的武器装备也没有任何办法,就是在我们的有效射程内,为了群众的安全,也不敢轻易还击。外围已被日军、汉奸围得严严实实。当时,人民群众伤亡很大。

我所在的二区游击小队也陷入了敌人的包围圈内,我们趁天还黑时突围到邵庄村北一处院内。我们尚未稳住喘口气、歇歇脚,敌人又把邵庄包围了。在这种情况下,小队决定,在天亮前必须突围。这次突围是分头行动,指定集合地点,队员们都集体宣誓,在任何情况下,决不当俘虏,决不投降当叛徒;如遇敌人能避开就避开,避不开就拼,打死一个够本,打死两个赚一个。大家信心坚定,行动迅速。这天天刚蒙蒙亮,开始分散突围,一直到13日夜里,小队37名同志陆续突围成功,在乐郊村梨树园胜利会合。现在想起来真是个奇迹。

整整一天时间,全体同志滴水未沾,粒米未进,胜利的喜悦使同志们暂时忘了饥渴劳累。指导员樊建平组织了几个同志到村里找老百姓弄了一些吃的,然后,小队领导忙着研究明天怎么办。想了几个办法都不保险,最后樊指导员决定,为了保留骨干,要缩小活动目标,决定指导员自己带两个班到沧(州)石(门)路以南活动,留下一个班在本区路北活动,再留下一个班由副小队长带领。当时敌人对冀中地区实行疯狂"扫荡",而沧石路以南属冀南地区，比较松些。我所在的三班随副小队长留在了本区。

当夜，指导员带两个班出发之后，副小队长宣布可回家隐蔽，也可以两三个人一起隐蔽，强调指出：我们的任务是隐蔽自己，保存实力，隐蔽成功就是胜利。他说："分散隐蔽，目标要小些，一个班在一起，在哪里也不好隐蔽，一旦出事，伤亡就大了。"三班长说他们家有个"夹壁墙"，隐蔽三四个人没有问题。由于我和副队长的家很近，我们3个人就做起了"夹壁墙"里的人。其他同志也都自由结合隐蔽去了。一天、两天、三天，都是夜间出来听听情况，白天又进去隐蔽。但是，敌人白天在村子里"清剿"、"扫荡"，对我们也是一种威胁，万一被敌人发觉，就会招来大祸。第四天，副小队长很郑重地跟我们说："这样隐蔽下去也不是长久之计啊，我们几个人老在三班长家里吃饭，时间短还可以，时间长了恐怕他们家也受不了；更重要的是如果我们被敌人发觉，三班长一家肯定要跟着遭殃。"尽管三班长一家对我们关照得很好，并没有流露出怕什么、烦什么的意思，但副小队长说的这些我们都觉得有道理，副小队长的意见是各自回家隐蔽待命。当晚，我背着枪就回到了自己的家。我在家隐蔽的日子更是不平静，母亲自然提心吊胆，儿子干革命打日本她支持，但担惊受怕总是免不了的。我的一个弟弟、两个妹妹，都还很小，什么事也不懂。当时日军的疯狂"扫荡"，虽然已经对人民群众造成了极其严重的恐惧心理，但我没有退却的想法，警惕性反而更高了。我把枪放在了我随时能够拿到的地方，心想，大不了一死，或是有人告密，或是隐蔽不严被发现，就拿起枪和敌人拼个你死我活。

我回家第二天（5月18日），与我一同留下的、主张回家隐蔽的那位副队长被他父亲用小推车推到天津"治病"去了。临行前，他父亲把他的枪藏了起来。

5月20日，我回家的第四天，伪村长第一次到我家问我："双来兄弟，听说你回来三四天啦，什么时间走？×××到天津去了，现在的情况很紧张呀！你就这样在家待着吗？要找个地方躲一躲、藏一藏呀！"我说："我没有地方躲藏，我有枪，鬼子、汉奸来了我就跟他们干。"伪村长说："哎呀，人家那么多人，你一个人怎么行呢？我听说你天津不是也有亲戚吗？"

我说:"有个舅,多少年也没有信了,在不在也不知道。"我母亲插话说:"天津不能去,一个是路上不好走,再一个去了找不到人,吃在哪里?住在哪里?我还不放心呢,就在家里吧,死就死在一起,打日本鬼子怕死行吗?樊指导员过了几天就回来了,双来就是要跟着共产党干革命,直到把日本鬼子赶出中国去!"

日军、汉奸隔三差五地到村子骚扰,主要任务是搜查在家隐蔽的八路军和游击队人员,凡是他们认为可疑的都被抓走了。敌人所到之处,烧杀抢掠,把老百姓的粮食、牲畜、家禽抢劫一空,老百姓被搅得人心惶惶。

第六天(5月22日)晚上,伪村长第二次来到我家,跟我说:"双来兄弟,鬼子、汉奸来了,你就这样躲藏着,可不是长久之计啊!"一上来,他便摆出了一副替我担心的架势,但听他说话的语气,看他吞吞吐吐的样子,就觉得他不怀好意,表情也不像第一次那样温和。昨天我还听说,他把我村民兵的武器送到敌人炮楼里去了,这样使我不得不对他有所警惕。伪村长是否已死心塌地地为敌人卖命了,当时我心里还没底。他说完后,我说:"你别说了,我的出路就不用你操心了,我们的队伍过几天就回来了,希望你不要给鬼子、汉奸报告。如果我被鬼子发现,我已经下了决心,打死一个够本,打死两个赚一个。"他直截了当地说:"双来兄弟,你那么干可不得了,咱们村可就遭殃了。"我说:"不是因为我咱村遭殃,而是日本鬼子侵略咱村才遭殃。"他又说:"我看这样,我跟他们(汉奸)说一下,你干脆带上枪到村南沧石路的炮楼里去,跟他们一道干,这样暂时隐蔽一下,军属优待粮村里照样给你家,也不拿你当汉奸对待……"看他越说越不像话,我气火了,遂指着他说:"你这个人看来真是已经铁了心为鬼子卖命了。"我摸摸手枪,里面早已顶上了子弹,真想一枪崩了这个家伙;又一想樊指导员让隐蔽的指示,还是教训他一下为好,于是对他说:"有人说你把村里民兵的武器都给鬼子、汉奸送去了,这次又要把我连人带枪送给鬼子、汉奸吗?那共产党、八路军回来,你还能活吗?广大群众能饶你吗?我再次告诉你,我早就做好了同鬼子拼命的准备了,打死一个够本,打死两个赚一个。你死了心吧,你去给鬼子、汉奸报告吧!"当时,伪村长很扫兴,什么也没有说就走了。我那时16岁，虽然年轻，但心里只有一个想法，听共产党的话，按指导员说的去做。共产党员宁死不屈，在任何情况下，决不缴枪，决不投降，决不当叛徒！

伪村长走后，我和母亲商量准备到外地我们家一个远房亲戚家避避风，我母亲也准备带着弟弟、妹妹到邻村亲戚家暂时待几天。就在当天深夜，"当、当、当"的敲门声一响，我先是一惊，待听出是樊指导员的声音，我喜形于色，"哗啦"一声，拉开门闩，打开大门，看到了想念已久的领导和战友。樊指导员带着两个班的同志们到我家来了。分别后的紧张、忧虑、愤慨、喜悦各种情感一齐涌上了心头，我"哇"地一声哭起来了："指导员，你可回来了！"当时，也顾不上述说别后的担忧、思念，顾不上分享重逢后的喜悦，告别了母亲和弟弟妹妹，我们小队连夜出发，赶到了小营村驻地。这里离敌人比较远些，群众基础也好些，也是反"扫荡"的根据地。

以一胜十的遭遇战

1942年7月，我县以二区游击小队为基础组建了县游击大队，马庆云任政委，我被调到马政委身边当警卫员。那是8月的一天，我奉马政委指示，从二区林东村到五区沙洼村给县委的一名同志送封信。我藏好信件，带上手枪，快步赶路，非常顺利地到达沙洼，将信件交给这位县委领导。连口水都没有喝便往回赶。

因接近正午，天气非常炎热，路上行人很少，但我仍然不敢大意，路两旁的青纱帐起来了，高粱举起火把，玉米吐出长缨，太阳还很毒辣，累得我浑身是汗，脚下的步伐越走越快，一直朝东奔去，一路小跑到了县城通往敌人据点留寺林的公路上。这是条南北公路，我刚踏上公路，准备跨过公路，仍朝东去，忽然发现一队敌人骑着大马从公路北面走来，他们在马背上正指指划划地谈论什么。见此情景，我转身回头钻进了路旁高粱地里向南跑去。敌人马队向我追赶过来，我见状越跑越快，他们一边追，嘴里不停地喊着：

"小孩，停下！"因我当时只有16岁，长得也瘦小，从远处看还是个孩子。他们见我跑的劲头不像普通的孩子，脚步那么利索、有力，便一边追一边喊着"小八路，停下！"接着就是"叭、叭、叭"地朝着我跑的方向开枪。听到枪声，我跑得更快了，待跑出高粱地，我清楚地看到这伙汉奸是伪警备队的，十几个人，离我只有五六十米，他们喊："捉活的，你跑不了啦！"我是苦水里长大的孩子，多年受共产党的教育很深，对敌人恨得咬牙切齿，决不当俘虏。我一边跑一边从怀里掏出驳壳枪，朝着敌人来的方向，"叭、叭、叭"地回了几枪，这时汉奸们见我有真家伙，追我的速度就慢了，但枪声却密集了，他们离我也越来越近了。我急中生智，钻进旁边的坟地。这里有一片坟头，还有茂密的小树，几个箭步蹿到一个坟头后面，朝着前面的敌人开枪。眼瞅着前头一个汉奸从马上滚下来，我大声喊着："不怕死的就上来吧！"随后又转到另一个坟头后边，继续开枪，马不敢向前跑了。敌人在明处，我在暗处，他们经不住我打，剩下的敌人也许琢磨着不仅不能捉到活的，再打恐怕连自己的小命都得搭上，纷纷掉转马头跑了。

我一回到驻地便向马政委报告这场遭遇战的经过。马政委哈哈大笑说："原来是你啊！我们的侦察员早已侦察到了这一情况、正在分析有关情况，准备派人支援，你已胜利归来了。"我说："反正我不怕死。"马政委接着说："一个人击退了十几个敌人马队的围攻，这在大'扫荡'以来还是第一次。"夸我机智勇敢，是好样的战士。

此事当时成为全县游击大队的热门话题，领导让我轮流给游击队作报告。后来，"以少胜多的遭遇战"编入了本县小学抗日课本。

反"扫荡"的胜利

敌人"五一"大"扫荡"后虽然更加猖獗，但恢复后的县大队也更加坚强。我在残酷环境中不畏艰险，革命意志进一步增强，杀敌本领一天天提高。县大队采取打得赢就打、打不赢就走的方法，神出鬼没，克敌制胜，积极开展平原游击战，在反"扫荡"中打了许多胜仗。

日军、伪军在沧石路北"扫荡"，我们到路南打击小股敌人。樊建平这时已是县大队副政委，他和政委马庆云集合起队伍，住在护驾林村。驻县城的敌人马队在康厂打人抢东西，我一听就气炸了肺，又是这伙民族败类为非作歹，非打死他们不可。全体游击队员摩拳擦掌，按照马政委的布置埋伏在村旁，等敌人马队一露头，我们的战士一个个奋不顾身冲了上去，打得敌人狼狈逃走。这是敌人"扫荡"后我们打的一个漂亮仗，速战速决，立即转移。我们到武邑时，又捉住十余个汉奸、特务，缴获自行车3辆，伪钞、冀南钞千余元，暂时解决了部队菜金。

1942年农历六月初五，天特别黑，下着小雨，在马政委、樊副政委的带领下，我们摸进敌人西北召什据点，大队长徐春缓等人先上了伪军的房，又轻轻跳下院子，伪军们睡觉的睡觉，打牌的打牌，我们迅速占领屋内，枪口对准他们，30名伪军乖乖投降，缴获大枪20余支、自行车15辆、手榴弹100个、马1匹及其他战利品。

我从区小队到县大队，在手枪班当警卫员，首长言传身教，精心培养，加上一次次参加战斗，经受了反"扫荡"的考验，以后又参加了小营反包围歼灭战、里谦战斗、奇袭小苑日本岗楼等战斗，掏匪窝、截粮车、端炮楼、捉鬼子，两次解放武强县城，直到日本投降。

（田志博　郭润生　整理）

战斗在安平堡垒村

梁明双

梁明双，1924年生人，河北无极县人。1939年参加革命，1942年毕业于华中军区政治部第三期摄影训练班，后任华中军区战地摄影记者。1949年分配至北京电影制片厂，1958年调至天津电影制片厂，拍摄了《高峡出平湖》、《毛主席和我们同庆五一》等纪录片。

在抗日战争最残酷的1942年初，我们第四期摄影训练班奉冀中军区之命，驻在安平县北郝村，同那里的党员、群众共同度过了日军对冀中的"五一"大"扫荡"。在那极其险恶的斗争环境里，我亲眼目睹北郝村的党支部带领群众团结战斗，英勇抗日，北郝村也成为全县闻名的模范抗日堡垒村。

忠奸分明　生死较量

5月的天气，风和日丽，麦浪飘香。就在这丰收在望的大好季节，日军像一群饿狼，狂吼着"杀光、烧光、抢光"的口号，妄想把我冀中抗日根据地一口吞掉。霎时间,冀中平原火光冲天,血流成河,妻离子散,家破人亡。勤劳、朴实的冀中人民被抛进了苦难的深渊,惨遭日军的血腥蹂躏。

就在5月一天的"扫荡"中,北郝村的民房有十几处被烧毁,青救会主任张庆水被枪杀,张小妮被砍头示众,几辈佛门子弟的张小活被大卸八块。仅此一天就杀死9人,打伤30多人。北郝村有名的大力士张东东是一个普通的农会会员,身高1.84米,膀宽腰圆,一顿饭吃二三斤,百斤重的一袋粮,他一个胳肢窝夹一袋不费劲。他常自豪地说:"别看咱已50开外,凭着这身力气,对付几个东洋鬼子没问题。""我要是年轻非参加八路军不可,和小日本刀对刀枪对枪地干一场。"村里常有些抬担架、送公粮的繁重任务交给他,他总是憨厚地笑着说:"行!"因为他对抗日工作特别积极,乡亲们送他一个绰号"抗日迷"。

张东东那天没有跑远,就在村南菜园里趴着。到了下午,他听村里已没动静,想回村看看,不料刚一进村便被敌人发现,让他"站住"。他假装没听见,继续朝前走,一拐弯钻进一家磨棚里,顺手抽下磨棍子握在手中藏在门后。敌人果然追了进来,喊着:"八路快出来!不然开枪啦!"他抢起磨棍子一下撂倒了一个,第二个刚一露头又被他当头一棒撂倒了。他刚要离开磨房,几个日本兵已经进来,他又抢起那根磨棍子转着圈向他们打去,又被他打倒了几个。敌人见他很勇,就又召来了十几个,用刺刀往他身上乱刺。他带着满身的刀伤,向敌人猛扑乱打,顿时有的被打死,有的被打伤,小小磨棚,已躺倒四五个敌人。这时十几把刺刀向他身上刺来,他拿的那根磨棍子已经沾满了鲜血。他毫不畏惧,继续与敌人拼搏。敌人见用刺刀只能刺破他的皮肉,就用枪托子向他的头部狠狠打去。他的身体失去了平衡,但两手仍紧紧攥着那根磨棍子,两目怒视,使尽最后的力气扑向一个日本兵,用他那高大的身躯死死压住敌人。周围的日伪军见此情景都惊呆了,后来,才用刺刀试探着向他刺去,见他不再动弹了,才停手。随后,敌人用绳子把他捆绑起来扔进靠近磨房的大水坑里。第二天,亲属满含悲愤的热泪把他打捞上来,发现他身上伤口几十处。

在那白色恐怖像毒雾一样笼罩的日子里,街上寂静,家家关门闭户,死气沉沉，村里绝大多数人都已东逃西散，党员干部暂时隐蔽起来了，留下的只有老弱病残。

正像人们常说的那样，"五一"大"扫荡"是一面"照妖镜"，是人是鬼照妖镜前现原形。北郝村有4个人就是在这时原形毕露的。他们以为天赐良机，妄想借日本人的势力，夺取村政大权。地主分子张文安和披着宗教外衣的张小良，还有张小仓、张混混，他们臭味相投，纠集在一起，不躲也不藏，主动打着膏药旗，"欢迎大日本皇军"，对日本侵略者卑躬屈膝，唯命是从。他们以为从此天下属于日本人了，北郝村大权可以归他们了。张混混站在北郝村十字街上扯着嗓子喊"八路军回不来啦！共产党也完蛋了！""八路军钻山了，妇救会寻汉奸了"等一派胡言。他们搞的"维持会"，服服帖帖为敌人效劳，敌人要什么就向老百姓征什么，要多少给多少，天天往据点里送钱送粮。更不能容忍的是，他们竟把七分区支援前线集中在北郝村，因"五一"大"扫荡"来势凶猛，没有来得及转移的大批布匹、棉絮和红花、当归、黄芪等贵重药品，以及村游击组用过的6支大枪，一起用十几辆大车送往安国茂山卫据点里，拱手奉献给敌人，乡亲们敢怒不敢言。

就在这关键时刻，支部书记张敬元、副书记张顺兴回来了，武委会主任张立青同区小队4名有战斗经验的同志一起回来了，我们摄影训练班的同志也陆续回来了。村里党员干部都秘密地接上了头，地方党的各级组织迅速恢复工作。支部根据群众反映，对张文安等4人的罪行进行了调查核实，经向区、县有关部门汇报，决定对罪证确凿的这4名投敌叛国分子坚决镇压。为了严守机密，这一任务由县敌工部和区小队执行，村里只派两名可靠的民兵配合。那天晚上，探知他们都已回家吃晚饭，敌工部和区小队同志化装成日本人，说着日本话，分头闯进了他们家。还没等他们辨清真假，几个人已用绳子把他们五花大绑，蒙住眼睛推出家门，押到村南大庙后边活埋了。

这么大快人心的喜事，还没来得及报告乡亲们，意外的事发生了。他们4个人是被埋在一个坑里的，坑挖浅了，被埋在上边的张文安没有死，只是头部、耳朵被铁锹戳伤。第二天他趁天黑，磨断绳子，手捂伤口，径直跑到子文据点。当天上午，他头缠白纱布，带领百余日伪军，冲进北郝村。首先逮住民兵英雄张振岭（因张振岭执行任务时无意中说了一句话，被张文安听出）。又对区委干部张松年的家进行搜捕，因没找到人，把他家房子全部烧毁。敌人把张振岭绑在十字街大柱子上，又把全村群众集中在那里。张文安狗仗人势，气急败坏地问张振岭："张松年在什么地方？活埋我们的都是谁？只要你说出来马上把你放了。"张振岭昂首挺胸，正气凛然，瞪着一双带血丝的眼，憋足劲，冲着张文安的脸上狠狠吐了口唾沫，怒斥道："你这个民族败类，认贼作父的丧家狗，还有脸问我，滚开！"张文安恼羞成怒，棍子、皮带雨点般地落在张振岭身上，打得他死去活来，皮开肉绽，衣服和血污已贴在一起，四肢都被打断，人只剩下一口气了。乡亲们低头垂泪。他的独生女儿小藕，在人群中哭得泣不成声，几次要跑上前去都被坐在周围的婶婶大娘劝阻保护住。敌人把张振岭扔上大车，要运往据点。这时他挣扎着抬起头，急切地望着乡亲们，用微弱沙哑的声音说："大家不要为我难过，是杀是砍我撑得住，皮肉受苦心里无愧，只是我的女儿她才12岁，从小没了娘，我又……托付乡亲们，多照料着点，我就是到了阴曹地府也感恩！"他又猛地睁大眼睛提高嗓门："乡亲们！小日本是兔子的尾巴长不了，蹦跶不了几天。八路军、共产党会回来整治这帮鬼子汉奸乌龟王八蛋们，为咱们报仇雪恨……"他生离死别的遗言，犹如晴天霹雳，敌人闻之心惊胆战，丧魂失魄，狼嚎般地赶着大车拥出村去。

敌人从子文据点又把张振岭押解到安平城。无论敌人施展什么鬼蜮伎俩，都枉费心机，无济于事。最后敌人只能用残杀来对付革命志士。1942年7月初，敌人在安平县石马石人坟地里，用铡刀把张振岭铡成三段，残酷杀害。

白皮红心　明从暗斗

为了尽快扭转局势，北郝村党支部根据区委的指示，对原维持会成员进行了认真的分析调整，除留了几名基本群众，主要指派了党性强，在群众中有较高威信的党员、干部主持维持会的工作。他们利用维持会成员的身份，经常到据点、炮楼侦察敌情动向，及时向支部书记张敬元通风报信，书记再向上级联络员汇报。这样，对敌斗争的主动权就牢牢掌握在党支部的手里。

维持会成了"白皮红心"应付敌人的两面政权。敌人天天派粮、派款，要油要肉，村里就以种种借口少给，并以次充好。如送去的公粮，乍看上去口袋装得满满的，实际上糠多粮少。敌人要民工修炮楼、建据点，村里就专派些老老小小去充数。去后还有人带着大伙磨"洋"工，监工的来了就干几下，监工一走就拆。敌人完不成任务，向各村维持会下死命令，一定要年轻力壮的，人数比往常增加两倍。维持会实在搪塞不过去了，治安员张庆河找我和原二十二团的王排长商量对策。我和王排长是老相识，又是同乡，他有战斗经验，"五一"大"扫荡"后我们在大张家坟地露宿相遇，才接上了头，因此经常有联系。最后商定，北郝村、南郝村、邢营里3个村联合起来，各村民工同时出发。游击小组埋伏在离子文据点只有500多米的小树林里搞截击。为了给群众壮胆助威，说明八路军就在他们之中，我和王排长化装成民工参加这次行动。当民工队伍走近小树林时，噼噼啪啪响起枪声，张庆河带领北郝村民工大多数人往回跑，维持会的人领着剩下的人继续往据点出工。维持会的人到据点后，向敌人报告："因半路遇见游击队，把人都打散了。"敌人确实听到了枪声，也无可奈何。

敌人白天修公路、架电线，晚上我们就组织人给他们破坏。在县大队的掩护下，北郝村、崔南铺几个村联合组成两拨儿人。我和王排长领一拨儿破坏公路，张跃年、张立青带着另一拨儿扒电线，一个晚上就把从安平至深县的电线扒了十几空（一空6丈）。他们先把电线杆子锯断，然后把扒下的电线扔进村南大水坑里。这正像当地群众唱的流行歌曲："一更里月儿亮堂堂，背起那镐头抄起铁锹。出了村庄，破坏大道，免得那鬼子兵运兵来杀烧。二更里……"

有一次，据点联络员送来情报说：子文据点的敌人一两天内到北郝村附近来抢粮。党支部马上通知各家把粮食坚壁好，不给敌人留下一粒。然后和南郝村游击组组成十几个人的战斗队，由张庆河带领，当晚悄悄地埋伏在滹沱河北岸大张家坟里，以坟头为掩体，各就各位。并明确规定这次任务主要是破坏抢粮，敌人在明处，我们在暗处，只要大家注意隐蔽，敌人摸不清情况，一时也过不了河。

翌日晨，大约七八点钟，敌人从东口进了村。不一会儿，就听村里砸门声、恐吓声、被打的哭喊声，鸡叫犬吠乱作一团。估摸着敌人已挨家串户抢劫。张庆河的信号枪打响了，游击组的同志们十几支步枪、手榴弹和着鞭炮一起朝着河南边打了起来。敌人架起机枪乱放。敌人打，我们就停；敌人一停，我们又打。就这样几起几落，没多久，就听村里吹起紧急集合号，敌人一无所得，只顾逃命而去。

然而敌人并不甘心，他们要进行疯狂的报复。两天后，天还没亮，敌人又包围了北郝村。村锄奸团长张应秋可能听到了动静，便扛起鱼网假装打鱼，到村北口去侦探情况。不料他出村不远被敌人发觉，敌人把枪一举，压低声"站住，干什么的？"他一怔，马上转过身来，把鱼网一晃说："我是打鱼的。"并用手比画着："打鱼给皇军'迷希迷希'。"说完又往河边走。他水性好，只要往水里一钻，谁也别想逮住他。敌人让他"站住"，他却跑了起来。距河边只有几步远，敌人开了枪，张应秋应声倒下。天亮后，敌人进村时还用几根高粱秸套在他脖子上，把尸体拖到十字街。

维持会的人敲着破锣边走边喊："乡亲们听着，家里一个人也不能留，都到十字街去开会，大日本皇军有话。"日伪军们举着枪挨家搜查，往大街上轰赶着人们。敌人把张应秋的尸体放在众人面前示威。日军神气活现地在大伙面前指指划划说了一阵子，站在他旁边的翻译官点头哈腰应"是"，然后面对群众："太君说啦，谁家窝藏八路，说了太君有赏，不说和他（指尸体）一样，通通死啦死啦的。"全村群众挤在一起，鸦雀无声。县委书记张小周的警卫员李西庆，没有来得及钻洞，混在群众中，身上还带着一支手枪，头顶大檐破草帽。敌人在群众中挨个察言观色，发现可疑的人马上提出去。眼看敌人快查到李西庆，坐在他身后边的妇救会主任刘翠萍忽然发现他枪头露在衣服外边，便轻轻推了他一下小声说："快把你的'烟袋锅'收好。"随即刘翠萍和几个群众便紧紧向他靠拢。村干部张东瑞和几十个青年男女被提了出去。敌人对张东瑞边打边问："村干部是谁，妇救会主任叫什么?"这一问,东瑞心里有底,就坦然地回答:"我不是本村人,是来舅舅家学织毛巾的,你问的人我都不认识。"敌人无奈,便带着从人群中挑出来的20多人往维持会大院走去。东瑞走在最后边,乡亲们见敌人没注意就拽了他衣服一下,示意快蹲下。他迅速钻进群众中坐下,李西庆把他戴的破草帽扔了过来,东瑞立刻把自己头上包的羊肚手巾递给李包在头上。坐在他周围的乡亲们把他挤在中间,用自己的身体挡住敌人视线混过了关。

一个伪军把张立青母亲提了出去,并拉到众人面前问:"你儿子张立青现在什么地方?"这位堡垒户老妈妈,不慌不忙地回答:"儿子大了,他到哪里我怎么知道?"那个伪军一脚把她踹倒在地,用皮带打个不停,再问,还是3个字"不知道"。不管敌人怎么打,只见她咬紧牙关,两眼紧闭,脸色苍白,一声未吭。老人已处在昏迷状态。在场群众无不为她揪心掉泪,以为老人早已断了气。那个伪军想在老妈妈身上捞取日本人信任,结果是痴心妄想,相反自己亮了相,使众人看清了他的嘴脸。

与此同时,几个敌人正围打张瑞池:"谁是村干部,谁家有洞?快说!"派进维持会的党员张静安见势不好,怕他受刑不过而暴露了近邻张贵友家那个洞。因为那天这洞里钻的人特别多,有军分区交通参谋王增顺,区干部张松年和本村干部张敬元、张立青等。本来这个洞只容下六七个人,那天硬挤进13人,张静安是清楚的。因此他急中生智,想起支部部署,必要时可以把指定的几处房屋和无人钻的洞泄露出去,哄骗敌人,这样既保护干部的安全又为群众消灾祛难。于是他凑近敌人头目跟前,很神秘地悄声说:"老总,他是良民,放了他吧!洞在哪我知道。"他同维持会的张东良、张进宝现场领着一群日伪军,故意东走西串磨蹭时间,最后把他们带到党员张顺起家那个无人钻的洞,从柴禾堆下边找到洞口。敌人在洞口喊叫、吵闹一阵子,又冲洞里放枪,见仍无动静,把维持会的同志毒打一顿,然后点着柴禾塞进洞里。残暴的敌人临逃走之前把3位同志推进火里,后经乡亲们赶来抢救,除张静安无生命危险外,张东良被活活烧死,张进宝由于头部重伤,脑神经错乱,三天三夜不吃不喝,一直大骂日军,最后他的心脏和喊骂声几乎同时停止了。

巧妙安排　除掉叛徒

敌人这次"扫荡"，干群心齐，严刑拷打宁死不屈。维持会的同志在紧要关头机智勇敢，舍己为人，村里牺牲了3名村干部，重伤5人，轻伤十几人。

在总结中，有人提出一个很值得重视的问题，为什么打张大娘的伪军知道张立青？其中必有缘故，要在短时间内搞清。经群众反映和内线查询，得知一个原是我军骑兵团姓马的战士曾在本村张来起家住过。张来起和党员游击组长张气包是近邻，因工作关系张立青经常到气包家去。"五一"大"扫荡"后，马某经不起考验，投敌叛变，现在安平县北关宪兵队特务队干事儿。据维持会汇报，他对北郝村知道不少情况，而且经常出面向村里要钱要粮，除这次亲手殴打张大娘外，还在其他村敲诈打骂群众。对此人来历及罪行弄清后，大家一致认为该人对隐蔽在村里的各级领导干部是很大威胁。经报请四区政委谢春良批示："除掉这个祸害。"

党组织通过联络渠道，侦察发现了马某的行踪：一天中午，刚吃过午饭，人们正在歇晌，一个身穿便衣，背着两瓣大蒜的陌生人溜进了北郝村。当他刚踏上这块土地就被警惕的群众盯了梢，并且很快转达到张立青那里。立青那天正发高烧，听说村里来了可疑的人，已到了张来起家。他立即起身，找到张敬元、周振科，并通知张气包严密注视来人动向。张气包通过家属了解，肯定了来者正是我们正在找的那个姓马的叛徒。支部当即决定：先由张气包到张来起家串门聊天稳住他。那人正坐在炕沿上吸烟，见张气包进来似认非认地打了个招呼，随后张立青进屋。那人一见立青有些吃惊，还假装镇静地站起来同张立青握手。两人的手刚刚触到一起，张立青用力把他的胳膊向后一拧。在这同时，张气包的手枪顶住了他的后腰，并顺手下了他的枪。事先安排在外屋的两个民兵一拥而上，把他五花大绑押到村北河套里。面对着汹涌澎湃的滹沱河水，再看看张立青等几双怒目而视的眼睛，此时此刻他只有垂下头，听候发落。经过严厉审问，他只得承认自己的全部罪行。按照区委指示，当天晚上押到村南大庙后边，结果了他的性命。

抗日烽火　越烧越旺

日本帝国主义的"三光政策"不仅没有制服冀中人民，相反，激起人民更大的愤怒和反抗。大家在党支部的领导下，同仇敌忾，拧成一股绳，一家有难，众人上前。送公粮、做军鞋样样争先。在青年党员张树科、张国来等带动下，一批批有志男儿响应号召勇敢参军、参战，奔赴抗日前线英勇杀敌。村里出现了妻子送郎上战场、母亲教儿打"东洋"的热潮。

为了适应对敌斗争的需要，把各家用土坯和高粱秸隔的院墙都扒开个缺口，人过去后再用秫秸捆挡上，以使家家相连，户户相通。敌人从村东口来，人们就可从村西口溜走，敌人搜查左邻，大家躲在右舍。原来的地洞出入口只有一个，后来扩大挖通，形成了地道网。敌人即便找到洞口，也难抓到洞里的人。这样我们和敌人捉迷藏，使他们到处扑空碰壁。

不仅如此，我们昼伏夜出，每到黄昏，干部、群众都聚集在十字街上活动，召开群众大会讲形势，交任务。村剧团还借机给大家演活报剧、说大鼓书等做抗日宣传鼓动。为确保安全，搞群众活动时树上放岗哨，如有敌情，一个信号便传到会场，一下子全散开。有时得知八路军夜间在村路过，乡亲们拿着省下来的白面烙成的饼和煮熟的鸡蛋在大街上等候。当战士们整队通过时，就追着往他们口袋里装，那种军民鱼水情真是感人至深。

敌人最害怕的还有满街满墙的大字标语，他们每次进村"扫荡"，总要逼打着人们把它刷掉。但是敌人前脚出村，随后一个晚上又写满"打倒日本帝国主义！打倒汉奸卖国贼！""坚决拥护中国共产党！坚决拥护八路军！""抗战到底！誓死不当亡国奴！"等大标语。

这些醒目的大字标语，使敌人胆战心惊。这是北郝村人民的心声！是冀中人民的心声！是中华民族四万万五千万人民的吼声！

我在反"扫荡"中的战斗经历

朱 康

朱康，男，1917年出生，河北赵县人，1933年加入中国共产党。"五一"反"扫荡"时任深束县委书记。新中国成立后曾任唐山市副市长、轻工业部司长、北京轻工业学院院长等职，1988年离休。

1942年5月1日，美丽富饶的冀中大平原，久经考验的抗日民主根据地，突然遭到了前所未有的大灾难。侵华日军华北方面军司令官冈村宁次亲率5万日军，加上部分伪军，从四面八方向冀中平原开始了进攻，号称"铁壁合围"。这就是冀中有名的"五一"突变，亦即"五一"大"扫荡"。

突出重围

这次"扫荡"，冈村宁次坐飞机到深县城南门外临时机场上空亲自指挥。开始遇到的是我主力部队警备旅，打了几天，该旅一团损失很大，团长张子元（原是国民党民军团长，起义到我军的）公开投降日军，到石门当日本人的教养所所长去了。第二团冲破了敌人的几层包围，转到山东。我深（县）束（鹿）县大队、区小队天天作战，战斗一打响，几处敌人便包围上来。此前县委虽作了反"扫荡"的紧急部署，但对严重局势估计不足，多半是用过去几年的经验对付敌人，未估计到敌人有这么大的野心，除调动全部兵力投入进攻外，又把小块根据地四周严密封锁起来，安据点，筑岗楼，日夜不停地"扫荡"，还有机动"清剿"队，一些大村庄都住上了敌人。又在束鹿、深县之间挖了一条县界沟，1.5公里修一碉堡，每天清早包围村庄，家家进行搜查，即所谓"反复梳篦"。

我此时由中共束北县委书记改任深束县委组织部长，从"五一""扫荡"开始，在县坚持了十多天。日军加伪军，对我县区武装又施行大穿插、大奔袭战术，困难越来越大。我县大队天天转，夜夜奔，伤亡很大，县委与上级的一切联系都断绝了，确实遇到了严峻的考验。我带的通讯员郭大启负伤，不能跟随。县区干部多数失掉了联络，县组织部干事朱胜在一次突围中牺牲了。一天，七区农会主任王长久找到我，建议我回原束北县，因那里的村干部熟悉，地区熟悉，听说老百姓还公开同干部一起转移。还有个想法是，同时可以把回到束北县的深束县干部找回来工作，我当即决定采纳他的意见。我俩天黑时便越过了沧石路，到了原束北县，拂晓便到了王长久的家乡西枣营村。吃了一顿冷窝头，恐敌人包围村庄，没有久留，我们便到村北去了。

虽是5月份天气，但仍觉得寒冷。当时在野外有不少人，妇女、孩子居多，多少天与敌人周旋，吃不上饭，一个个脸上发黑，又有些紧张表情。我俩又向北走了1公里路，已是几个村庄的中间，也可以说完全是荒野。当时观察地势，已知情况严重。此时是拂晓，视线看不太远，隐隐约约地发现正北方几块坟地里有人在活动，虽看不清，但已能看出鬼鬼祟祟的样子。正南方向是丁家庄，离我们1公里路，也发现房顶上有人活动，因群众不会到坟地里及高房上，因此我们已判定南北两个方向都有敌人了。这时又看到许多妇女、老人抱着孩子乱跑，我便喊："快进入道沟里坐下，一打枪有危险。"我正扶一个老太太及孩子进道沟时，却看不到王长久了（他是本地人）。正在关键时刻伙伴没有了，心中十分焦急。还没来得及作其他思考，在西南方向就出现了日军骑兵，骑在马上的日本兵在嚎叫，情况万分危急，看来只有东面还留下一条去路。在我回头四处张望时，发现第一分队长郝连刚，郝说："政委，你在这里。"我说："只有东边没有敌人，快走吧。"我又向四周巡视了一下，仍看不见王长久，便与郝连刚都把盒子枪大机头打开了，顺着路沟向东突围。走了500米之后路沟没有了，而且是片很宽的平川地，趴在丁家庄房上的敌人开始向我俩射击，子弹落在我们脚下，尘土像炒豆似地向上冒气。郝说："政委，这是打我们的。"我说："不管它，快走。"又跑了1.5公里，才有了路沟。远望去，沟上的土块好像是日本兵的头一样，郝愣了一下，我说有情况。当发现是土块时，郝说："我当是鬼子伏击我们呢。"好险！如果真是日军在沟内，我们只有牺牲或被俘了。再往前走，便看到了几具被日军打死的老百姓的尸体，从尸体表情看都是紧咬牙关，两拳紧握。郝连刚说："看样子鬼子刚从这里过去不久，要快走。"

我们绕着村庄走，到12点才走出10公里路。进到一个小村子，20多户人家，房子被烧一半多，男人不见一个，但街中间有个卖豆腐脑的。两天两夜的战斗、行军、突围，我们一口水没进，多想吃碗豆腐脑充充饥呀。都不由自主地摸了摸口袋，但一分钱也没有。相互鼓励了一下，"走吧，找队伍去"。在出东口时，一个要躲藏的村干部发现了我们，便叫道："朱政委，刁大队长负了伤，早晨从这里过去了。"此时我头晕了一下，眼前发黑，几乎摔倒。但村干部看出我的神色，便忙说："不要紧，队长是胳膊上挂花的。"我说："你们村干部、民兵要告诉乡亲们注意，下午敌人回据点时会路过这里。"因时间紧迫，顾不得再多说什么，我们一直向东面奔去。

大队长负伤

向东面奔去的那天下午3点多钟，在大王宋村见到刁志真大队长、王向锋县长，还有十多名战士。虽只三天没有见面，相见之后如同久别重逢那样高兴。在艰险的战斗中见到战友，王向锋流下了眼泪，战士们拉着我的手，拍打着我身上的泥土。通讯员贺振虎弄了两碗杂面汤，刁志真面色微白，显得很严肃，见面后，我一眼便见到了他负伤的左胳膊，虽已包扎，但鲜血又浸了出来。刁讲："坐吧，坐下。仗打得够惨的，我们到了杜合庄以南，便被敌人包围了，突围时牺牲了几个同志，小队长宋伟也牺牲了，敌人一直追了我们十五六里远。有个战士喊：机枪丢了。我回头一看，两个日本兵正从战士手里夺机枪，我乘机把机枪抢了过来，纵身跳上路沟，喊了一声'低头'，一梭子打过去，一个日本兵完蛋了，另一个日本兵趴下了。这时我觉得左肩一沉，看到机枪上的梭子被子弹穿透了，我左肩也出了血。战士们又接过枪，边打边退，算是突围出来了，40多人的分队剩下不到20人。合围的敌人下午回去可能还从此路过，还得打一仗。"

话刚一落，几个村干部都跑来了："早上过去的400多敌人，要回双井村，现离这里仅5里路了。"刁队长看了我和王向锋一下："打不打？"村干部说："你们可向北转移，我让几个老年人应付一下吧。"我分析了一下当时情况，战士几个夜晚都没睡觉，子弹袋都空空的，刁大队长负伤，他那原来非常健壮的身体，那红红的脸膛，现已消瘦了。我想再打一仗也仅是多加几具日本兵、汉奸的尸体，其他作用也不大。便向村干部说："好吧，你们把老年人安置好后，也顺道沟找我们去。"村干部匆匆地走了，我们也转移到大王宋村北边去了。

夜色已来临了，看到大群敌人抬着被我们打伤、打死的日本兵和汉奸的尸体回双井村据点。敌人过后，我们便又回到大王宋村，村干部忙把日军抢剩下的小米做饭给我们吃。我和王向锋给村干部作了简单的布置，但他们仍眼巴巴地看着我们问："下一步怎么办？" 3个班长找到我们，讲到战士们的情况：子弹光了，许多人仅留一颗手榴弹像宝贝一样揣在怀里，等人民、祖国需要时拉弦与敌人同归于尽。他们含着眼泪提出："能否分散回各人村里坚持，以后再集合。"刁队长听到"分散"两字，头上青筋"嘣嘣"直跳，他的心情我们都是理解的。多少年来冲锋陷阵在一起，今天要解散，真是难过呀。但今天我们的处境又是如此严重，我们3个人商量后说："只有这样了。"当时难过得真想大哭一场。刁队长又强调说："情况一有好转，咱们马上集合起来。"一屋子战士马上活跃了，有的说："集中时先找我，大队长，我是袁村的。""我们两村靠近，我是北里厢的……"只有侦察班的刘长启靠在墙上吸他的烟末子。在战士们放下枪时，刚才一点点笑容又消失了。一个个同我们紧紧握手，虽然连续打了几天几夜仗，饭都未吃，但粗大的手还是那样有力。

一个黑黑的夜晚，我们把从敌人手中缴获的30多支步枪、1挺机枪掩蔽起来，可爱的战士们一个个恋恋不舍地回到群众中去了。我们5个人又向东出发。

水井中的一夜

到哪里去？村干部都找不见了，几小时天亮后，又是几路敌人的"合围"。我们商量了一下，转到北里厢村找青救会主任韩大勤去吧！但到后大失所望，韩两天不在家了，他父亲是富农，见到我们既紧张，又害怕，一句话分三段说："这个村庄可不能住。""昨儿个日本人在村里搜了一天。""你们得赶快走。"我们表示要找韩大勤，韩的父亲怎么也不告诉韩的住处，只是说大勤前天在井里藏了一天，王向锋便追问道："井在哪里？"韩父说："在村西。"刁队长说："你领着我们去一下。"韩父只想把我们支走便算了，说了声："我指给你们，到了村西3里路远有一口井。"他指了一下便赶快要回去，刁队长对他讲："你见到大勤后说一下，我们3个人找他。我们到井里休息，就你一个人知道。"韩父这才明白队长的意思，赶紧说："明白，明白，坚决不能当汉奸。"

这个水井上安着一架水车，人可以蹬着水斗下去，在井半腰处有一个洞，本来只能盛3个人，我们5个人都下去了。刚下去感到阴森森的，刁队长负伤了，让他多占点地方，我们4人（王县长、我与两个警卫员）挤得更紧了。王向锋说："让日本人把我们县委会、县政府、县大队都赶到井中来了。"我说："留得青山在，不怕没柴烧。"警卫员警惕性很高，忙说："小声！小声！"刁说："胜利后见到毛主席好好向他汇报一下。"由于几天的疲劳，都睡着了。但一觉醒来，全身发冷。刁志真伤口疼得厉害，流血过多，想喝点水。我向井口看了一下，已有亮光，知道是天明了。心想，如坚持到天黑，5月的季节要十多个小时，困难太大了，对一个负重伤的人是不可想象的。最后还是决定上去，遇到敌人边打边走，最大的希望是能找点食盐，给刁大队长的伤口消一下炎。我们便让两个警卫员先顺着水车斗子上去了，并命令："如敌人发现我们时，要坚决抵抗，等5人上去后一齐冲。"而后我们让刁队长上去，看到他咬着牙，蹬着水车斗子很吃力地一步步上去了。刚上去我感到光线很刺眼，沉静了一下便又好些了。向四周一看，在北里厢村南有一群人，被敌人押着正修公路。我们便越过了500米远的平川地，到一条道沟中。刁队长说："坐坐再走吧。"我说："坚持一下，这里离村太近，如敌人发现，我们不好对付。再走两里吧。"当时我们处境危险，四周村庄都被敌人占据。休息了一下，我们轮流着搀扶大队长，一步步前进。开始他汗水不住地往下淌，后来身上可能没有更多水分了，光看到嘴唇上的干裂更大了，有时直接流出了血。多么想给负伤的战友弄口水喝呀！但一个整整的白天是做不到的。好不容易熬到天黑，到了沧石路附近的一个村庄——南吕村，找到区民政助理郝同志。他是本村人，昨天晚上才通过敌人封锁线从深束县回来的。郝见到我们，眼睛转了半天才忍着没掉下眼泪。我们说："不要难过，把账记下。"郝应了几声。刁队长紧紧咬着牙，让我们用盐水洗了伤，但整个胳膊都红肿了，子弹是从上臂穿过的，血仍在一滴一滴地往下流。一无医务人员，二无药品，当时摆在我们面前的只有"毅力、坚持"。

严峻考验

在南吕村住了两天，我、王县长和刁队长召开了县委会议，决定我与王县长冲过沧石路回县恢复工作，留下刁队长找地方养伤，派一个警卫员跟着他。分别时我俩祝他早日恢复健康，早上战场；刁嘱咐我们千万提高警惕，想尽一切办法找到留县坚持的那两个分队。午夜时分，我们3人通过了沧石路，此时敌人把封锁沟挖得更深了，还多亏村干部白天到沟上先看了，找了容易通过的地方。村干部与我们分开时，从口袋里拿出两个饼子说："拿着吧，不知又要几天吃不上饭。"两边敌人炮楼里的伪军在嚎叫："爬沟的，我们看见了。"警卫员小声说："诈唬你娘的。"

又回到自己县，但情况变了。县委书记杨煜找不到，县区干部找不到，听到的多是不幸的消息。在县中心敌人正挖县界沟，县中心几个大村庄如杜林、羊窝、大染庄都住上了敌人。县委宣传部长张清仁逃跑了，县委组织干事朱胜突围时牺牲了，两个分队一点儿消息也没有（后来才知道他们在清辉头、杨李宿两村中间被几千敌人包围，大部分牺牲了），七区小队长刘海珠及县大队侦察员刘长启投敌了。

没头没脑的大风刮个不停，麦子干旱得吐不出穗来，敌人把群众多年来种植的果树一片片砍倒，成群成群的老百姓被抓去填路沟、修炮楼、修公路、挖县界沟，土地荒芜了……

人说"五一""扫荡"最残酷，其实残酷莫过于"五一""扫荡"后期。青纱帐撂倒，西风吹来的秋末季节里，深束地区炮楼成林，公路成网，那真是"出门登公路，抬头见炮楼"，"维持会"、"防共团"以及和敌人取得联络的情报员各村都有。县界沟、区界墙、铁路、公路、封锁沟，四通八达的电话线遍地都是。地主老财、二流子此时也"还了阳"，日军伪军警察们每天都在胡乱窜，老百姓人人脸上失去了笑容，个个心里充满了忧愁，剪发的年轻妇女都梳起了假髻，紧闭大门家中坐；年轻小伙子都留起了胡子装起了老头。

训斥劣绅

回县后的一天下午,我和县公安局手枪队战士肖银堂转到了西王封村。当时特务汉奸横行乱窜,白天我们抗日干部是不能进村的,因随时都会遇上敌人。正是夏秋季节,我俩利用青纱帐,转到了一处水车井旁。从远处就看到井旁树墩上坐着一个人,个子矮矮的,又干又瘦,像个马猴。时令虽是6月间,但这个人仍穿棉裤,脑后还留一撮毛刷子,据说是沿袭清朝留辫子留下的,肩上背的烟袋上的铜嘴擦得亮亮的。他不住吆喝着拉水车的骡子,扬扬得意。肖银堂早已看出是本村的地主郭小怀,便对我讲:"这就是昨晚抗日村长小郭反映的那个地主,昨天还借赶集为名到大过村敌人据点去过呢!"我"哼"了一声,便走到这个留"羊毛刷子"的地主面前。他看了我俩一下,把眼珠子一眨,皮笑肉不笑地嘻嘻了两下:"你们是八路,看来完了吧?我的意思是你们不如到大过村据点皇军那里去,准能弄个官当当。"说完又嘻嘻了两下,他那小眼紧紧地盯着我俩。肖银堂马上要掏手枪,我用手摆了一下说:"你干过几次这种事啦?是日本人让你干的?""不,不,不是这个意思。""你刚才说的是什么意思?""准能当官,谁准能当官!""你与日本人有勾结吗?"郭地主一听"勾结"两字,脸上的笑容没有了。

"抗日政府扣了你3个多月,也没有受到教育吗?抗日政府的政策我想你是知道的。"

"知道,我全知道,不过为你们着想。日本人枪炮实在厉害,以后不想干时还可以出来嘛,灵活,灵活点。"

"郭小怀,你还不认识我吧?"

一提郭的大名,他像木头一样地站了起来,但两腿站立不直,"啊"了两声,又坐到树墩上,看上去比刚才更矮了。

"你过去的事我们全知道,你这个地主不抗日,还破坏抗日。说痛快的，小心脑袋，脑袋掉了可是安不上的。"肖银堂也插了一句："你说日本好，干脆把二闺女嫁给日本人吧。"郭小怀刚才抱着脑袋，听了肖的话，哆嗦着站起来："别骂人，别骂人。"肖说："这还是好听的呢，你再干坏事，我亲手枪毙你。"我说："以身试法，可不是闹着玩的。"老家伙刚才的神气一点儿也没有了，脸色由黄色变成了土色，又变成紫色，好像现在公园里的变色鸡一样。

过了几天，我又回到西王封村时，村干部说："郭小怀是蝎子哄小孩，不是他妈的玩意儿。"我说你们要警惕呀，我们已了解清楚了，他一干坏事，我们便先下手。在这刺刀尖上的斗争，警惕性是得高高的。

战友重逢

1942年6月的一天，通讯员寇元林高兴地向我说："县委书记杨煜找到了，现在在白宋庄。"他怕我不相信，又补充了一句："真的在白宋庄住。"

太阳刚落，我俩便出发了，深县与束鹿之间有条封锁沟，我俩是从大染庄北边穿过的，这地方离敌人炮楼仅有半公里之遥。因群众对敌应付，偷工减料，界县沟有的地方挖得不深，个别地方已有豁口。我先跳下去，小寇下去后再把我送上去，我再用腰带把他从沟里拉上来，便直奔白宋庄了。

一个月来未见，真是如同"三秋"，只见杨煜白白的脸额已经瘦了许多。杨煜急切地问我："你是怎样活动的，出过危险没有，其他同志怎么样？"我也向他提出了许多问题，如："根据地是否变质？以合法斗争为主吗？对地主阶级的政策要不要改变？地委能找到吧？"他是机枪点发，我来了个连发。杨煜讲："咱一个个问题谈吧。"我俩一直谈到深夜。研究了当前形势，确定了今后斗争方向，决定分头找干部，有了人便有了办法。他答应派人过石德铁路去，找上级组织——六地委。

一天王向锋县长也来了，我和他除一起研究了如何应付敌人以外，又讲县区干部冬天棉衣能否解决的事。王答应头拱地也得想办法，他又讲已打听到大队长刁志真的消息。平时想念战友，艰苦困难时更会想念，我真高兴极了。

一天夜晚，更是喜出望外，沙河村长杨聚辉找到我，先嘻嘻笑了一阵，我说："你今天喝酒来？""没有，你可以闻闻味，没有喝，真的。直说吧，刁队长来了！""在哪里？""在我叔叔院里，有十多个人，带的家伙可齐着呢。"我说："走，找他们去。""不行，不行！天还早，街上碰上特务就麻烦了。"我说："好吧，晚饭后便见面，再不能晚了。"杨聚辉村长说："行，行。"

晚饭后，我和刁大队长见面了，高兴得不知说什么好。两双大手紧紧地握在一起，战士们也都围拢上来了，3个月的分离真像3年呀！刁大队长说："前天冲过沧石路封锁线回到县来了。伤口阴天前后有点发痛发痒不舒服，其他情况尚好。乡亲们拼死掩护我，帮我治疗，人民太好了。"

战士们见到我，堂堂男子汉都掉泪了，有的泪珠在眼眶内滚滚直转。有的讲："多少好同志都牺牲了，天天躲藏太窝囊了。"

地洞里的县委会议

6月的一天，深束县委召开县委会议，传达地委指示，地点确定在小康庄支书阎瑞青家里，会场是在屋内地洞里。县委4个人加上警卫员便挤得满满的。杨煜没有带日记本子，身上只有一支手枪和一支钢笔。只见他拿着一根高粱秆子，从高粱秆子中掏出个纸条，上边记着全部传达提纲，上有国内外形势，毛泽东最近指示，地委部署等。县委会议进行了3个昼夜，会上重温毛泽东的《论持久战》，学起来特别亲切，今天回忆起来真如身临其境。我记得清清楚楚，地委也明确"冀中地区是变质了"。大的集团不能活动，也答复了我们必须以武装斗争为主，结合合法斗争的问题。当我问到冀中区党委时，杨煜讲："地委意见是有人问时才可以告诉，因是你问也可告诉了：区党委已跳出包围，到山东去了。"会议下午结束，傍晚离开该村时，杨煜握着我的手说："要警惕点，我们是在刺刀尖上斗争呀！"我说："请放心，只要有群众便有我们。"

（高艳婷　整理）

反"扫荡"战火中的深束县

杨 煜

杨煜，男，1918年2月生。"五一"反"扫荡"时任深县县委书记。新中国成立后曾任中共中央政策研究室城市组组长。国务院农林办副主任、农垦部副部长等职。1995年8月离休，同年12月17日逝世。

　　1941年12月8日爆发了太平洋战争。日军为了巩固其占领区，把中国变成它的战略军事基地，以达到其"以战养战"的目的，从1942年春对我根据地开始"蚕食"进攻。为了适应这一形势，冀中区党委决定，把深（县）磨（头）路以西、束鹿的沧石路以南、石德路以北的地区划为深束县。因为这是个三角地带，周围都有公路和铁路，敌人封锁严密，我束北和深南的地方干部和部队到这里来很不方便。根据这里的实际情况，为巩固这一小块根据地，同时也为了保护束冀、束北、深南3块根据地，所以由深县4个区和束鹿3个区组成深束县。当时，把我从深南调来担任县委书记，原束北县委书记朱康担任组织部长，县长由束北县的王向锋担任，县游击大队长由原来束北县县大队长刁志真担任。

1942年3月25日,我们在深县垣里召开会议,深束县正式成立。散会后,又分头到各区去工作。

4月7日,敌伪对新建的深束县进行了第一次大"扫荡",但只前进到曹庄、牛庄一带。我冀中军区参谋长张存实率部阻击敌人,敌兵力小,一触即退。

4月17日敌人进行第二次"扫荡",此次由北向南,止于马拦井、羊窝一带。我县大队在马拦井隐蔽埋伏,但日军未进村,双方没有接触,日军即行退走。

5月22日敌人对深束县进行第三次"扫荡",即历史上所称的"五一"大"扫荡"期间对深束县进行的大"扫荡",是敌人最大的一次军事行动。5月21日晚,我和秘书李殿隆、警卫员王运来在小寺庄开展工作,准备向南转移。在野外发现沧石路、深磨路有敌人汽车队运动(平时很少见),灯光通明,我们意识到日军有大的军事行动,但出击方向不明。我们三人当即向三区大李庄与县大队靠拢。到了大李庄,当时在场的有县长王向锋、组织部长朱康、县大队长刁志真,他们也正在研究敌情和对策。这一晚,所有外出的部队侦察员回部队都比较晚,直到午夜过后还未来齐。我们根据已得到的情报判断,日军对深束县将有一次大的军事行动。大约在深夜2点钟,我们决定向深南县转移,因那边回旋余地大一些,行前决定部队以小分队为单位,分散行动。

我和王向锋、朱康、刁志真带一个加强班(一挺轻机枪)向深磨路以东转移,行至杨康村东,闻有犬吠声,肯定是敌人已出动,因为抗日根据地内的狗已绝迹。待部队行至寨里村时,在道沟里望到地平线上有无数人影在运动,我们一面注视来人,一面准备战斗。原来他们是逃出村外的群众。西魏家桥村支部书记郭寿昌说:"野地里到处是逃难的群众,沿深磨路以东到处是敌人,你们不能往东走。"我们当即决定,停止前进,取消越过深磨路计划,队伍停在白宋庄到寨里的一条道沟里,在一个沟内错车的土台四周设伏。

5月22日拂晓，日军以几万兵力进行北起深县城、南起磨头镇的"拉网扫荡"、"梳篦剔抉"，妄图将我抗日根据地一举拔除。凌晨4时许，从深磨路向西推进的敌军在白宋庄与我四十区队遭遇，战斗打响，战况激烈。政委杨孟良率众迎敌，给敌人以重创。但由于敌我力量对比过于悬殊，我四十区队损失惨重，双方共死伤800人，四十区队仅剩下一连被张克带走。此刻我们匍匐在道沟内，从日出到日落，在烈日下坚持了十数小时。中午，寨里村村长李文广给我们担来一桶凉水、一筐窝头、一束大葱，我们20余人饱餐一顿——也仅此一餐。

23日，在白宋庄的道沟里与敌人周旋了一天。傍晚我同县长、县大队长组织部队进入白宋庄，与村长郭来顺、支部书记郝丰昌等见面，了解了当日情况，并布置收容伤残病号，掩埋战场上牺牲的烈士。估计到敌人此次行动的长期性和残酷性，县委决定，县大队由刁大队长、王县长、朱康等率领，立即转移到束北沧石路以北地区，否则无法坚持斗争。我和县委秘书带一警卫员暂去近敌村尚王庄隐蔽，两天后开始工作。

22日以后我县委组织科、交通科、文印科，在杨、李、徐家庄驻地遭日军"拉网"搜捕，除朱盛牺牲以外，其余同志被抓捕，带到束鹿旧城。敌人对一同被抓的群众约3000人，均予以"剔抉"。我被捕同志都保持了高尚的民族气节，在敌人严酷拷打下，拒不吐露真情，不承认是共产党，数日内先后返回根据地；但有的与老百姓一起被送往东北抚顺煤矿当苦工，有的被送往日本当劳工，直到抗战胜利后少数人才得以回国，其余葬身异国他乡。这天晚上，我住在白宋庄一个地洞里。

过了些天，我把组织部副部长徐素行派到路南去，对他说："在二区要坚持住，我们要和深束共存亡。"当时县委都失掉了联系，我就抓住3个区委书记，一个是王跃南，一个是张廷，一个是杨国文，还有二三十个支部书记，有小辛庄吴启农，清辉头王子扬，刘庄刘金秀，小康庄阎瑞青，焦庄焦东会，南小营杜先春，曹庄刘建虎，白宋庄郭文堂等。我给他们规定了3条：一、支部书记、党员不离村子，死就死在村里；二、派最坚强的党员当伪村长，当联络员，要选经得起火烧，经得起一百大棍的；三、下放杀人权两个月，对投降派、残害干部的汉奸特务，不经县委批准，村支部就有权处决。支部书记们都挖了洞，都没外逃。当时，党员干部以隐蔽为主，合法斗争为主，可以回家保存力量。

深束三区区委书记王跃南曾数次与敌遭遇，均在群众掩护下安然脱险。三区区长刘惠民被敌人追捕，钻进一个矮草棚里，日兵以刺刀深刺草堆，竟未发现刘区长。还有一位同志是三区区委委员，被敌追捕时，跑进一个柴草棚里，日兵以刺刀猛刺，没有发现他，就抓来7个老百姓进棚搬柴，企图活捉他。但因棚内尘土飞扬，日兵不堪其苦，躲在棚外。这位同志趁势也参与搬柴，7个搬柴的变成了8个搬柴的，最后柴草没有了，八路也没有了。群众指给日军看，果然"八路"不翼而飞了。是人民掩护了干部，日军永远解不开这个谜。同一天，我四区小队在王家井附近为敌追逼无路可走，9个人抱着一颗手榴弹壮烈牺牲。四区区委书记张廷在敌"拉网"时藏在一处红柳丛中，目睹众多的日伪军逼过来，为避免被俘，就用手枪向自己头部打了数枪，企图自尽。子弹打光了，躺在血泊中，敌人从他身边经过，还踢了他两脚，以为他已经死去。后来他却神奇般地活了过来，摸一摸头上有血，原来只打破了头皮。后来头顶上落了一道沟痕伤疤，但仍坚持斗争。

从5月23日直到6月底，日军每天出动，强迫人们填道沟、挖封锁沟、修碉堡、修公路。从南到北在深磨路和束旧路之间又挖了一条县界沟，前后修了近60个碉堡，沿公路、铁路、县界沟每三五里一个碉堡，妄图以"囚笼政策"消灭我抗日武装，摧毁我抗日根据地。为了"强化治安"，敌人到处设立伪政权，建立伪大乡，要各村实行联保的"保甲制"，强迫村民领取"良民证"，企图使我党政干部无法活动。但由于我们坚持斗争，在深南一带除少数敌占村、近敌村以外，伪大乡始终未成立起来，"保甲制"也未能实行。为保存实力，县委决定原束北干部到沧石路以北地区活动，我和徐素行、李殿隆等情况比较熟，仍在县境内活动，形势稍有好转又出来工作，只有极少数逃往大城市掉队了。这一局面直到7月中旬青纱帐起来才有所改变。县委在5月22日以后，主要抓了以下工作：

县委领导及时与区委取得联系，要求区委立即与各村支部取得联系，并要求县委书记和区委书记每3天见一次面，县委书记及委员直接与村支部见面，区委书记尽可能两三天和支部书记见一面，及时碰头，互通情报。

要求区村干部坚持斗争，区干部不离区，村干部不离村，坚持支部集体战斗。

监视一切地主、汉奸、投降分子的活动，一经发现有破坏活动的，立即就地处死，但尽量不杀错人、少杀人。

以最坚强的共产党员，参加伪大乡政权，每村设一个对敌联络员（对敌人则以伪村长的名义出现）。当时我们的口号很简单，即"坚持就是胜利"，有党就有群众，有群众就有抗日根据地，敌人将一无所得。

这里，我们应该将那些在生死关头不怕牺牲，坚持斗争的同志的英名载入史册：三区区委书记王跃南，组织委员李让卿，敌工委员吴聚丰。一区区委书记阎瑞芬，区长李振平，敌工委员区瑞廉。四区区委书记边冀先（穆从周）。村一级干部有清辉村村长孟子扬、小康庄支部书记阎瑞青、西安庄支部书记周国祥、小诗庄支部书记吴悌农、白宋庄支部书记郝丰晶、寨里支部书记李登云、河拦井支部书记董建亭、吴山庄支部书记李子义、恒里村支部书记李老俭、大染庄支部书记刘秉刚、太古庄支部书记代华甫、南小营支部书记杜先春、焦庄支部书记杜东贵、曹庄支部书记刘殿马、柳家庄支部书记柳锦秀，还有其他忘记名字的几个村支部书记。他们从未离开岗位，在敌伪"扫荡"、"清剿"中，始终没让魔掌伸入这些坚强的堡垒村，除个别党员叛变以外，绝大多数党员坚贞不屈，顽强和敌人进行殊死的斗争。由于党支部坚强的战斗堡垒作用，连地主富农也没有动摇。还有坚决执行革命两面政策的坚强战士，以寨里李广文、白宋庄李五龙为代表的所谓伪村长，虽然皮肉受苦，但他们为保卫人民、保卫党、保卫根据地做出了重大贡献。

要求各村支部都毫不例外地收容各级各部队被冲散的干部战士，以躲过敌人抓捕，这在当时是掩护干部、蒙蔽敌人耳目的一项很重要的工作。各村暂时将不能进行武装斗争的民兵的枪支坚壁起来，以待时机，重新拿起武器和敌人进行武装斗争。

带领群众巧妙地应付敌人的勒索搜刮，对个别深入腹地的汉奸特务，使他有来无回。到1942年底共处死30余个证据确凿、罪大恶极的汉奸敌特，大大净化了根据地，打击了敌人的嚣张气焰。

6月中旬，我一区区委书记阎保芬、区长李振平等4人被捕，县青救会主任杨毅在白宋庄也曾被捕。

6月间，日伪军反复对根据地进行"清剿"，到处烧杀抢掠，逮捕我抗日干部。为保存自己，坚持斗争，消灭敌人，县委带头并号召区干部每人建立几个堡垒户，在各户挖好能战斗、能躲藏、能生活、能工作的地道。县委建了七八处，区干部都有三五个坚强的堡垒户。地道是由地洞逐步形成的，这是冀中人民的发明创造，对于保存干部坚持斗争，增强上下级之间、干群之间的战斗团结，发挥了重要作用。随着反"清剿"的步步深入，地道成了能攻、能守、能藏、防水、防毒的战斗工事，一时成了一门斗争艺术，为当时人们所称颂。

6月初至7月中旬，一个多月的时间，敌人荷枪实弹强迫各村出民工，先后挖成了深束县界沟和沧石路、石德路、束旧路、深磨路各主要交通线的封锁沟。同时沿交通线及各大村镇先后建据点、碉堡60多处，企图以点、线形成统治网，控制我根据地。

为了打破敌人的封锁，我们重点争取护路伪军。开始以政治攻势进行教育，使伪军为我们办事，对顽固不化者则相机给以歼灭性打击。同时发动群众开展反资敌斗争，不给敌人送粮送柴送款，或尽量推托、少送，对外出抢掠的伪军给以痛击。经过对敌工作，多数封锁不起作用。铁路、公路的护路员，多数为我支部派遣，变敌伪护路员为我情报员、侦察员、护送员，使我军干部战士过封锁线极为方便。值得怀念的有靳家村靳老苏、靳殿虎，周家村党支部，他们对过往人员接待、带路、探情况，不怕艰险，不怕麻烦，为抗战胜利做出了不朽的贡献。

建立两面政权。"五一""扫荡"后，在最艰苦的1942年下半年，因环境恶化，根据地被分割封锁，许多根据地村庄成了敌占区和近敌区，只有少数腹心地区20余村基本控制在我手。在这种情况下，对敌斗争实行革命的两面政策势在必行，秘密控制，有合适的党员则由党员充任，无合适的党员则由基本群众或开明士绅充任。一条基本原则就是假心对敌，真心为我，明为敌，暗为我。如伪乡长、伪村长、伪联络员、伪合作社，无不如此，使敌人的一切阴谋不能得逞。在反资敌斗争中，敌占区松，近敌区紧，老根据地则坚决不给，或少给、零碎应付，一方面保存生存能力，一方面避免群众遭到残酷报复，利于军民团结，长期坚持。这一政策非常成功，伪军汉奸明知如此，只好接受。

当时我还听到一些谣言说，朱康到了泊庄，王向锋到了旧城，都投敌了，老刁被打死了，心里特别难受。

6月下旬的一天，我从贡家庄以东穿过铁路，一夜走了七八十公里路，在新河县找到地委，地委向我传达了彭德怀在太行山的讲话：以武装斗争为主，和其他各种斗争形式相结合，小股隐蔽，坚持抗日根据地。回来后在太古庄村北的道沟里碰上了王向锋，两个人一见面，放下盒子炮，就流了泪了……当时话都说不出来了。我这才知道，朱康、王向锋没有投敌，刁队长也还健在，机关枪保住了，听说他们在束北一个井里住了几天。我们心里很高兴，县委和政府又会合了。以后和朱康也见了面，把失散的同志们都找了回来。

1942年7月，青纱帐起，对我十分有利，我县区陆续恢复归建，并不时打击小股及个别出动的敌人，敌伪活动大大减弱。恰在此时彭德怀在北方局的报告中强调指出："各抗日根据地必须以武装斗争为主，结合其他必要的斗争形式。"这一指示传达到县委，县委立即召集会议，在小康庄支书阎瑞青家一个地洞里传达北方局的指示。从此，县委成员和游击大队分别从束北、石德路南转入腹心地区，县委集体领导恢复了，结束了分散隐蔽的局面。

（高艳婷　整理）

"五一"大"扫荡"亲历记

王作战

王作战，男，1922年10月生，"五一"反"扫荡"时任冀中第九分区清苑县优秀大队政治处敌工干事。新中国成立后任保定市委财贸部部长、保定市政协副主席。1985年离休。

"扫荡"前的准备

1941年10月以前，清苑县境内的敌人已经修建了张登据点，并修筑了保（定）张（登）公路，向南延伸到安（国）博（野）蠡（县），沿途建有炮楼，挖了壕沟，以便对我分割封锁。我们为了工作方便，公路以东建了之光县，路西仍为清苑县。

1941年冬季，情况急剧变化。敌人在清苑南端修了张（登）望（都）公路，沿公路建了陈吴庄、义和庄、耿庄、北段庄、寺上、付家营、沈百户7

个炮楼和据点，并挖了壕沟，在清苑的中部王胡庄和姜庄建了据点和岗楼。并且建立了保甲制，百户一保，十户一甲，同时建立联保制，即一户出事（即有人通了八路军），全甲（十户）负责，一甲出事，全保（百户）负责的联保制度，迫使每个成年人照相，发"良民证"等。偌大的清苑县，就剩下沿唐河南岸的十几个村，我们的武装力量还能够活动。

1942年春节刚过，敌人又在唐河南岸，西起顾家、大李各庄、北五力、罗家营、南段庄等村建了岗楼和据点，整个清苑被敌人"确保"了。我不但武装力量没有了活动的地盘，而且连村干部也没了站脚之地。迫不得已，县、区的地方干部和村里主要干部，由县的武装分批护送到分区，暂时集中学习，县、区武装也暂时到分区整训。

清苑县环境的恶化，对分区并没有造成多大的影响。因为清苑地处保定的外围，保定是敌人在华北的战略要地，又是北京的南大门，其战略地位，对全国的形势也是举足轻重的，这点敌人是非常敏感的。所以敌人为了巩固对保定的占领，便对清苑进行"蚕食"，以加强其对保定的控制，是势所必然，也没引起人们更大的注意，人们的思想也不紧张。觉得有分区大片的根据地是清苑的大后方，也是清苑的根据地，是清苑党政军的依托。清苑的武装去分区整训后，养精蓄锐，整训好了回来可以更狠狠地打击和消灭敌人。清苑的地方干部，去分区学习整训后，回来更好地开展工作。所以让人们去分区，除了个别家庭观念深的人不愿去以外，绝大多数人是愿意去的，希望经过在分区的学习整训，回到家乡后更好地为党工作。

清苑县当时属冀中九分区，九专署专员赵介兼分区司令员，地委书记吴立人兼军分区政委，副政委魏洪亮，副司令员刘子臻。分区有3个地区队，清苑和之光是三十八区队。到分区后清苑大队和之光大队与三十八区队住在一起，在分区领导下统一活动，活动地区主要是博野和蠡县，有时也去饶阳一带。

在分区过了约三几个月。每天都出操，上军事课、政治课和文化课，生活很正规。

1942年的4月下旬，驻地的分区各部队、机关，为庆祝"五四"青年节，组织各种文化、体育活动。篮球队、歌咏队等每天演练，部队驻地各村每天歌声嘹亮，篮球赛的哨子声不断。有时，下午我们步出村外闲游，各村的歌声此起彼伏，一片欢腾景象，与我们离开时的清苑真是两个天地。正在这时，上级传达了反"扫荡"的紧急指示，说敌人要集中优势兵力，对我根据地进行大"扫荡"。说敌人此次"扫荡"规模大、兵种多，不仅有骑兵、步兵，还有机械化部队。要求部队轻装化，做好反"扫荡"的准备。同时要求地方群众积极配合反"扫荡"，坚壁清野，大力破坏交通。对于敌人的大"扫荡"我们是有精神准备的。因为每年的春季，青纱帐起来之前，和冬季青纱帐倒下之后，敌人都抓住这个于我不利的季节，进行大"扫荡"。这样的"扫荡"年年都有，历年的"扫荡"也都是以敌失败、我们胜利而终结。我们的根据地就是在敌人的"扫荡"和我们反"扫荡"的斗争中，发展壮大起来的。所以传达反"扫荡"指示后，人们并不觉得特别地吃惊。

1942年4月末的一天，大约是4月29日，清苑大队、之光大队和三十八区队在蠡县东南部的七器村驻防，拂晓，哨兵发现了敌情，3支部队立即组织转移。走出村北不远就和敌遭遇打了起来，自此敌人"扫荡"就开始了，而且是没完没了的"扫荡"。一天不知遇上几次敌情，部队整日地与敌人周旋，没有一天安定的时候。自这次战斗后，部队情况发生了很大的变化。战士开小差的渐多，部队成员日渐减少，而且人心比较涣散，战斗意志日渐消沉。我们对敌人的大"扫荡"是有精神准备的，但敌人没完没了的"扫荡"，却出乎我们意料。敌人反复的"扫荡"，纵横"拉网"，使部队活动日益困难。于是，先脱掉军装，换上便装，以后又化大为小，改为以班为单位活动。环境进一步恶化了，带大枪活动非常困难了，又把大枪班交给主力部队十八团，带到京汉铁路以西去整训。剩下的就是大小队带短枪的干部二三十人了。我们就三人一起、两人一伙，有时甚至一个人，混在群众中和敌人周旋。每天晚上集中，白天分散，这样有分有合。每天晚上集中时，规定出第二天晚上的集合地点1至3个。情况发生变化时，按顺序往下挨着找。按照这个办法，我们相互之间没有失掉过联系。还规定每个大队干部带一个队员做保卫工作。那种情况下的联系制度完全靠的是自觉，没有任何别的约束。有的队员一旦失踪，失去了联系，就得变更原定的联系地点，防止意外情况的发生。

"五一"大"扫荡"开始后，我每天都写日记，记这一天的经过，觉得这是一生难得的资料。随着环境的进一步恶化，把别的文件都销毁了，只保留了自己的一支手枪、两颗手榴弹，再就是一支钢笔和一个记录本，仍然记录每天的活动。

第一次战斗

1942年4月29日的七器村战斗，是"五一"大"扫荡"的第一次战斗，也可说是"五一"大"扫荡"的开始。当时清苑、之光大队和三十八区队3支部队住在一起，发现敌情一起转移，出村不远即和敌人遭遇，边打边走，后来天亮了只剩下清苑大队，不知与别的部队什么时候脱开了。这时敌人在我们的后边紧追不舍，我们只好边打边走，恐怕实际上只顾跑顾不得打了。子弹在我们的头顶嗖嗖地飞过，在我们周围地上及脚下噗噗地钻地。我咬紧牙关，走着跑着，无力跑了就大踏步走着。掷弹筒射出的炮弹在我们的周围爆炸，弹片横飞。这时我已将生死置之度外，也不害怕了，随时准备被子弹击中，被掷弹筒射出的炮弹炸死。这时我们的队伍已经跑乱了，只顾往外冲，失去了战斗力。往南冲到北垱头村北，经过一个大苇坑时，我亲眼看到我们的副大队长王振让借着苇坑的有利地形，把拼命奔逃的队伍强行拦下，下死命令，亲自督战，向追来的敌人展开猛烈的回击；我还亲眼看到我们的小队长李清波等人端枪瞄准向敌人射击。经过了一场激烈的战斗，追击我们的敌人被打退了，我们才转移到了一个村庄，得到喘息的机会。

我是第一次参加这样炮火连天的战斗，战斗中我虽然够不上和敌人拼杀的战斗力，但也在战场上经受了血与火的锻炼。我带着一支盒子枪，两颗手榴弹，手枪准备保卫自己用，手榴弹准备万不得已时在手中拉响，与敌人同归于尽。我已下定决心，宁肯牺牲，不做俘虏。我腿脚有残疾，跑不快。队伍出发时，前有尖兵，后有后卫，我的位置在队伍中间，但后来落在了后头，若不是副大队长把溃退的队伍截住，组织起来打退敌人追击，我可能不是被打死，就是被活捉。我们村里有一个战士杨治模，他亲眼看到我落在了队伍的后头。这次战斗后，他开小差跑回家去了。回家后他把看到的情况向我父母说了，说我不是被打死了，就是被活捉了。我的父母整日里哭哭啼啼，以泪洗面。

这次战斗我们大队损失不小，牺牲了十几位同志。我知道的有大队政治处的宣传干事贾某（忘了名字），四小队指导员王志清，还有小队长李清波等，其他的战士记不起姓名了。我们当时找村里的人协助掩埋了牺牲的同志。知道名字的，当时用秫秸破成两半，用钢笔写上他们的名字，插在埋他们的地方；不知道名字的，写的是"清苑大队烈士"。当时因为情况紧急，只做了简单的掩埋。

有一个小队的供给员叫郝琼，清苑县郝王力村人。在北埝头村北有人见到他负伤了，但没有找到他，后来回清苑时，我们顺便到他家探望，出乎我们意料的是，他竟然在家里养伤呢。原来在那次战斗中，他的右胸被打了个穿透，当时老百姓把他弄到了村里，藏在秫秸垛里，躲过了敌人的搜查。因为没人照管，在夜间他自己爬过了敌人的封锁沟，走了一整夜的时间，回到了自己的家里。他们村里的医生，每天给他换药。我们看望他时，他正睡觉，起来还让我们看了他的伤口，已经长得差不多了。

政委失踪

自从七器村第一次战斗后，每天都遇到敌人的"扫荡"，而且是穿梭式的轮番"扫荡"。东西南北，没有定向，真闹得人们晕头转向。村子里无处藏，野外无处躲，地里没有掩藏人的庄稼，只有一尺高的麦苗，弄得人们没有站脚之地。

一天早晨，乘着敌人"扫荡"还没有开始，我们就往东来到了肃宁县的垣城南村一带。我们也不知道这个村在肃宁县的哪个方位，是我们的李政委介绍的这个地方。这地方确实不错，有一个挺大的大洼，有断断续续、高低不一的大土坡，像是过去旧城墙的遗址（编者注：实为汉代武垣城遗址）。这一带地场很大，距离交通要道远，在野地是个僻静之处。我们就在这一带的麦田里三五成群地走着，选择各自的隐蔽地点。所谓选择，就是看看哪一片的麦子高一点，能够隐藏人。当时所谓的麦子高矮，也只是相比较而言，高的也就是约尺数高，人要想躲藏，只能是伏在麦垄里，或趴或仰或侧卧。早饭后刚去那一带，路上没有人迹，地里也没有任何的人影，只有我们这些整日流浪着的人们。没有情况，我们可以仨一群俩一伙，坐在一起聊聊天，谈论谈论对当前形势的看法，等待着这一天的命运。有了敌情就紧张一阵，没有情况又感到在大野地里无所事事，也觉得挺无聊。这天的天气特别晴朗，没有一点风，随着太阳的不断升高，气温也在不断地升高。不一会儿，远处的大道上出现了"扫荡"队，先是过了一队骑兵，不知过了多长时间，又过了一个自行车队。将近中午的时候，又轰隆轰隆地过了几辆坦克。因为不时地在大道上过敌人，我们藏的地方虽然离大道还有一大截，人们在麦垄里也不敢动弹，怕稍有不慎，暴露了目标，会把敌人引过来。所以人们只能在麦垄里趴着、躺着、侧卧着，连坐也不敢坐。本来人们生活很不正常，进食不当，身上的水分已很缺乏，再加上干燥的天气，整天在太阳下暴晒着，水分已经大大地流失。中午太阳那样的暴晒，人们也不出汗。人们都企盼着白天快快地过去，好回到村里找点吃的喝的。

　　我们当时的政委由李一兼任，他来大队的时间不长，是个知识分子，他是肃宁县人。我与他相处时间不长，他给我的印象是作风稳重，举止文雅，说话很幽默，爱和人们说笑话。我记得在一个笑话中有一句"吃孙喝孙不谢孙"，印象很深。他本来就是一个胖胖脸庞，是个白面书生，现在脸更胖了，更确切地说是肿了。整天价这样地煎熬，吃不上饭，喝不上水，又得不到休息，身为部队首长，能不上火吗？这一天他也和别人一样，在火辣辣的太阳下，趴在麦垄里暴晒着，脸更大了，像个戴了面具的大头翁，猛一看挺吓人。我叫了一声李政委，他想跟我说话，光见他张嘴，发不出声音，两只眼睛也睁不开，看他的样子，很替他难受。在那天晚上集合的时候，就没有见到他。从此，就再也没见到过他的身影，就这样失踪了。此后的大队部里，就只有大队长王振让、特派员刘政和我这个刚去不久的敌工干事了。

一场虚惊

随着环境一步步地恶化，大队整体活动日益困难，决定以大化小，以班为单位活动，让每个大队干部带一个班。当时的大队干部，只有正副大队长、政委、特派员刘政和我。我这个刚来部队几个月的敌工干事，什么也不懂，在这样的环境中，连我自己都顾不过来，更不用说带兵了。说心里话，当时的我真是左右为难。自己牺牲了，我倒不怕，把十几个人、十几条枪交给我实在为难。好在交给我带的班的班长小安（忘了什么姓氏）是个老兵，人挺好，也有经验，领导可能故意让他和我一起，照顾我这个外行人。这样我还算有个依靠，我不过挂个名而已，就这样接受了任务。

一天，在一个村里度过了一夜，吃过早饭以后，要转到另一个村去。十几个人，目标不算太大，我们顺着交通沟走。那一段沟深，在沟里走外面看不见，但沟里也看不到外边。当到达另一个村边时，派人先去侦察一下，然后才能进村。侦察人员还没走出交通沟，就发现村外有敌人站岗，幸好没被敌人发觉，我们就立即往回撤。走着走着刮起了大风，因为那一带是沙地，虽然我们在沟里走，刮得人们也睁不开眼睛。到前边交通沟转弯了，而且沟浅了，能够看到沟外边了。我们向沟外一看，好像一大片穿黄军装的敌人，正向我们包围过来。这时如果我们往回返，那边村里有敌人，前走又有敌人包围，不行。幸好沟外有一片坟地，我们立即抢占了这片坟地。安班长指挥战士们占据了有利地形，子弹上膛，手榴弹打开盖拉出弦，准备着和敌人拼杀。我则向大家作了简要的战斗动员："要坚守阵地，准备流尽最后一滴血，宁死不做敌人的俘虏。"在那种环境下，敌众我寡，一旦发生战斗，像我们这么十几个人，很难逃脱敌人的纠缠。我们做好了一切准备，就等待着与敌人拼搏。这是我第二次参加战斗了。前些天的七器村战斗，我是跟随部队，用不着操心，一个人有不怕死的准备就行了；而这次要对十几个人负责，心情特别沉重，心中有着沉甸甸的使命感。过了一会儿，狂风过去了，风沙没有了，一切都看得清清楚楚了，哪里有什么敌人呀！那一片"敌人"，原来是稻草人，使我们虚惊一场。那是一大片花生地，在地里插了满地的稻草人。

这次虽然是虚惊一场，但对我们每个战士而言，也包括我在内，都受到了一次临战的演练。我们的每个战士都表现得沉着冷静，临危不惧，准备着和敌人作殊死的决斗。当时正处于敌人对我疯狂地反复地"扫荡"之际，敌强我弱，敌众我寡，我们连遭挫折，在整个环境逆转对我不利的情况下，作为演练也比平时的演练更实际、更真切得多。

安班长在这次的"演练"中发挥了极其重要的作用。他沉着冷静，遇事不惊，认真负责。虚惊过后，没有任何埋怨和说三道四，表现了对我这个初到部队一切生疏的人的理解和尊重。

大洼脱险

这天，我和张凤振在村里侥幸地度过了平安的一夜。因为白天一天的劳累，这一夜睡得特别甜。早起后匆匆地吃了早饭，离开了村庄，到村东边转悠徘徊。忘了这个村庄叫什么名字。在村的东北角，有一座烧盆的窑，窑旁摆着好多待烧的泥盆，有两个人正在制作泥盆。我们是头一次见到做盆的，看得很有兴趣，觉得挺新鲜的。猛然想到，今天还不知道发生什么情况呢。我们就离开盆窑往北去，有的群众也往北走，我们就随着群众，向东北面的开阔地走去。看得出群众和我们的心情一样，不敢在家待，干活儿又塌不下心去，也不知道这一天将发生什么事情。

我们一边走，一边和群众闲聊着，有的唉声叹气地说："这样的日子哪儿是个头哇！"我顺口说："别看鬼子现在这么折腾，兔子的尾巴，长不了。"东北向是一个很大的大洼，地场很大。人们都在无目的地往北边走着，大约10点钟左右，北边潴龙河堤的下边，有一队敌人正从西往东开来。因为敌人是整队行走，也没有引起人们的注意。人们仍在大洼里徘徊着，观察着敌人的动向。后来人们往东一看，那边也有一队敌人，从南边一个村子向东北方向开来。这时人们发现，这些敌人是在朝着一方向包围，形成了一个牛角尖。于是人们想往西跑，逃出这个牛角尖。这时，从正北过来一群骑兵，正在向南奔驰。而且自北往南，每隔一段就留下一个骑兵。手持马枪，注视着人们。这时人们全看清了，敌人是想把人们围在这个大洼里。我和张凤振是在最西边，往东跑不出牛角尖，往西跑不出骑兵圈。因为我们离敌人的骑兵近，张凤振主张往东跑，我说我跑不快，跑也跑不出去，你跑你的吧，别管我了。他就往东跑了。这时，远处的东边大洼里，已经响起了枪声。我一看，骑兵马上就圈过来了，跑也跑不出圈去，我干脆不跑，一步一步地往西走去。

这时的我思绪万千，非常焦急，边走边思索着对策。我穿的虽是便装，但很不群众化，是一身紫花衣服，八路军通常穿的夏装，左胳膊腋下夹着一件蓝色的小棉袄，是当地群众给我的，棉袄里裹着一支盒子手枪。衣服口袋里有钢笔和日记本。和敌人的骑兵虽然相隔一段距离，但双方都看得一清二楚。地里没有任何可以掩盖的庄稼。当时曾想把日记本和钢笔掩藏，但任何一个异常的动作，只能暴露自己，引起敌人的警觉。在这上天无路，入地无门，千钧一发，危在旦夕之际，想到了我在冀中军区受敌工训练时学的几句日语，其中有"我们是一家人"等等。顿时唤起了我的思路，使我生出了一线希望。想到这里，心里倒塌实了，无非是一死而已。这时我表现得更加悠闲自如。信步向前，嘴里打着口哨儿，眼睛盯着前方，眼前的日军骑兵似乎不存在似的，对其毫不理睬。我手枪的大小机头早已打开，就等扣机了。一步步地接近了敌人，前边有3个坟头，我挨着坟头，从两个日本兵中间信步而过。我用眼瞟了就近的日本兵一眼，他的眼一直注视着东边的大洼，对我毫不理睬，好像我根本就不存在似的。就这样，我从两个日本兵中间大摇大摆地走了过去。好险呀！这时我才长长地吁了一口气。走过来以后，我仍然不慌不忙，悠闲自得地慢慢地走着，没有显出丝毫的慌张。走出了老远老远，我才回过头来看了一眼，又环视了四周，包围圈外，宽阔的大地上静悄悄的，连一个人影子也没有，只在东方的远处，有稀疏的枪声。后来听说，清苑县的县议长杜玉在被敌人包围的大洼里牺牲了。我认识他，高高的个子，年纪很轻，长得很英俊，是个知识分子。

晚上，我到我们规定的地方去集合，走到院里还没进屋，听张凤振正在叙说我白天的情况，说我有极大可能是被敌人捕去了。正在这时，我进屋了，把人们吓了一大跳。我把当时情况又给大家说了一遍，人们说真是危险哪！我也觉得非常的幸运。回清苑县后，我回到家时说了这件事。我母亲说："我天天烧香磕头，求神仙保佑你，这是神仙不让日本鬼子看见你。"我说并不是神仙的保佑，可能敌人真的认为我不是八路军，觉得八路军没这么大的胆子，把我当成了他们的探子。

夜宿柳子地

这一天被敌人冲散了，剩下了我一个人活动。白天和群众混在一起，在野外东游游，西转转，没有遇上什么情况，没有被敌人追着跑，平平安安地度过了一天。只是一天没吃一口饭，没喝一滴水，肚子饿得咕咕乱叫，嗓子干得冒烟，说不出话，两条腿也不愿迈步。好不容易熬到了天黑，回到了村里，向群众要了点吃的。倒是根据地的群众受教育多、觉悟程度高，只要把自己的情况向群众说明，经群众观察端详，见你不是坏人，便热情地拿出吃的让你吃。又是干的又是稀的，还要催你多吃点，说下顿不定什么时候才吃呢，还要让吃饱后再带上，使我万分感激。怎么好意思吃饱后还带呢，我这个身在异乡，两眼黑大糊的，又身处逆境的人，所受的感动难以言表，真是"天下处处有亲人"哪！我深深地感到了党在群众中的坚实基础，更加坚定了战胜眼前困难的信心。

吃过晚饭以后，村里不敢住，只有到村外去宿了。白天在村北游荡，发现距村一二公里的地方，长着满地的柳子。所谓柳子是只长柳条，不长树身，这种柳条是编制筐箩、簸箕的原料，我们村的地里也有这种柳子，一般是长在地界上。我在家时我们村里有人就专门到蠡县孟尝一带，贩运筐箩、簸箕到我们村的集上卖。白天我已看到地里的柳子，长得郁郁葱葱，很是茂密，是藏人的好地方。柳子不是单棵的，是一丛一丛的，南北成行，行间每丛相距约五六尺。行距之间还可兼种一些其他作物，但是还没有种，生长着一些野菜。我已看到这是隐蔽的好地方。

我便独自一人按白天看好的道路，来到了柳子地头，又往地的中间走了一段，避开了地头大道，在一丛柳子的下边，借着星光，选择了一块平坦的地方。地上干干净净的，我就以天为篷，以地为炕，全身的衣服既当被子又当褥子，躺下就睡了。由于环境的逼迫，我的适应能力是很强的，不管冷暖饥饱，在哪儿睡眠，只要没有敌情，平安度过，就心满意足了。当我一觉醒来，天麻麻亮亮的时候，惺忪的双眼还没有完全睁开，听到南边人声嘈杂，还听到日本兵叽里咕噜的说话声，而且这些声音是发自固定的地方。我反复地琢磨着，猛然想到，这是敌人在这儿修炮楼了。天越来越亮了，一切东西都看得清清楚楚了，离我睡觉的地方不远，说话的声音听得清清楚楚的。我已不能动了，一站起来，就会被敌人发现。走是不成了，而且柳子地的周围都是白地，没有任何的掩护物，只能在这里趴着、躺着，等到天黑再逃出这个险恶之地。

这一天我只能趴着、躺着度过了。蹲起来就被敌人发现，更不用说站起来了。我穿的衣服是一身紫花色的，任你在地上趴着躺着，用手一拍，就不显土了。我就以地为炕，躺累了趴着，趴累了卧着，左右来回翻转，借以消除疲劳。地上的野菜，成了我的饮食。酸溜溜苗，小时我在家吃过，地上稀稀疏疏地长着，想吃了就拔上几棵，放在嘴里，嚼碎咽下，又解饿又解渴，有了尿就侧身地上撒。这一天就这样过去了。等到天黑，修炮楼的已经无声无息了，我就悄悄地溜出了柳子地，奔向了我要去的地方，结束了柳子地一天的生活。毕竟一天没有吃粮食，当我站起身来，迈开双腿上路时，感觉自己双腿迈步吃力。幸亏没有碰上敌人，没有奔跑，否则后果难以预料。在我经过村外时，见场上已经堆着不少麦子，这是到了过麦收的时候了。

晨住齐家营

敌人在对我根据地进行反复"扫荡"和"清剿"的时候，我们为了保存实力，已把分区主力部队撤往铁路以西休整，养精蓄锐，以备将来更有力地消灭敌人。敌人已由"扫荡"转向修据点建炮楼，修路挖壕，对我进行分割封锁，妄图变我根据地为其统治区。分区已经没有我们的站脚之地了，人们感到在这里与敌周旋，人生地不熟，还不如回清苑去与敌人周旋呢，那里毕竟是我们的故乡。相比之下，那里的有利条件更多，对那里地理情况熟悉，人缘关系密切，比这里还方便。有的同志提出，即使发生战斗，和敌人拼杀，死在这里，不如死在本乡本土，死了也落个家乡鬼。人们迫切要求回清苑，于是领导决定返回清苑。毕竟离开清苑已经半年了，那里的一切情况都不了解，必须先行探索，搞清情况，然后返回。于是，手枪队数次去清苑，进行侦察，以了解掌握清苑的基本情况。

在手枪队往返蠡县、清苑时，要经过敌人的若干个据点和炮楼，穿过多道封锁沟、线，行程大约50多公里路。需要头天晚上9点起程，次日天亮以前赶到目的地。因为环境不允许白天活动。一次，手枪队从清苑返回。那个季节的早晨6点，天就已大亮了。我们必须在天亮之前越过封锁线，因此，行军速度必须加快。由陈尚亭领头，他人高腿长跨步大，走起路来已经够我跟的，为了天亮越过敌人的封锁线，也不时地小跑，一跑就把我甩在了后头。陈尚亭回头一看我掉队了，就放慢了步伐，待我赶上后，就又跑。一看这样我就不再跑了，只大步地走，我不跑了他也就不再跑了。一路上我总在队伍的最后面。天还没有大亮，我们终于到达了蠡县的东南边——与肃宁县毗邻的齐家营。进村后，静悄悄的，农民们都还没有起来。找房子住下后，人们弄柴火烧水洗脚。待洗脚后刚躺下睡着，由于一夜行军的劳累，睡着得特快，也睡得很甜。正在酣睡，值班的突然把人们唤醒，说有情况。这时村外已响起了枪声，满街的群众正在乱跑。我们忘记了一天行军的疲劳，好像睡了一夜的觉刚醒似的，快步混进了群众中，逃离了村庄。原来敌人是包围这个村子的，群众发觉后就外逃，骑兵追赶逃跑的群众并开了枪。我们没有遇上敌人，侥幸逃出了村庄，有惊无险地遭遇了一次敌情，这一天平平安安地度过了。

这一夜的行军，给我留下了永恒的纪念。每当见到陈尚亭时，他总要拿那次行军中如何甩掉我的事来开玩笑，我则说他耍坏，说他"耍生"，管他叫生子。陈尚亭是一位好同志，口快心直，没有文化，是个大老粗，生前每次我去他家串门时，总让我替他给老战友们写几封信。他爱开玩笑，过去老战友病故，他总是张罗着去殡仪馆告别，并常说把别人送走完了他才死呢，我则说："等你死时没人管了，喂狗吧！"可惜他73岁就病故了，心脏病猝死，串门死在了邻居的家里。

隐蔽在蠡县榆林村

敌人在对根据地进行大"扫荡"的时候，使用了"铁壁合围"、反复"清剿"、"竭泽而渔"等极其残酷的手段。随后又安据点，建炮楼，修公路，挖壕沟等等，以为八路军"土崩瓦解"，没有立锥之地了，在华北平原这块土地上，真的成了"王道乐土"了，纳入到他的"大东亚新秩序"了。敌人错了，大错特错了。随着形势的发展变化，我们摸索出了一套相应的新的斗争策略，即从公开的斗争，转向隐蔽的斗争。蠡县的榆林村、悟儿头、张庄、马家佐等村庄，就成了我们的隐蔽根据地。

榆林村地处潴龙河的南岸，站在潴龙河南岸的大堤上，往东眺望，东莲子口村高大耀眼的大炮楼巍然矗立。东莲子口是敌人有名的大据点，对周围村庄的威慑力很大。这一带因为是敌人的统治区，敌人并不怎么出来活动，大概敌人以为是他们的"王道乐土"。而我们的群众基础很好，虽然和敌人保持着联络，但群众都一心向着我们，每个群众都是我们的耳目，为我们监视着敌人。他们在地里干着活，看到敌人有什么异常的动静，就向我们报告。这一带种菜的农民多，他们在菜园里干着各种农活，如施肥、浇水、除虫、整畦、拔草等等。他们又都是我们的侦察员，甚至见到一个陌生人，也会引起他们的注意。我们隐蔽在这一带的干部，在菜园里和群众一起干着各种农活，工余饭后又和群众一起纳凉休息，或聊天或下棋，一起消遣。我们的手枪队员魏玉昌是个棋迷，而且棋招不凡，在村里棋友中已经小有名气，结交了一批棋友。每天中午不等魏玉昌吃完饭，棋友们就摆上棋等他了，而且给魏玉昌起了个外号叫"将儿"。这是因清苑人说话爱带"儿"，常被当地人重复着"吃面条儿"，放上点儿"醋儿"，再搁上点儿"香油儿"等等。虽然手枪队的人不都是清苑人，但清苑人居多，所以就把住在那里的人当清苑人来看待。"将儿"似乎成了清苑人的代名词。

在这一带村庄，不仅群众关系好，而且有可靠的物质基础，有隐蔽我们的地洞。九地委书记吴立人等领导，当时就是住在这里，躲过了这次的大"扫荡"。

在生死线上

刘光人

刘光人，男，1922年生于河北蠡县，1938年参加革命工作。"五一"反"扫荡"时任冀中新世纪剧社助理员、指导员、副社长。新中国成立后，曾任《光明日报》文艺组副组长、北京市公安局副局长等职。1986年离休。

在"大网"中游泳

冀中区党委对1942年春季敌人即将进行的大"扫荡"的估计和准备是充分的。冀中区各界抗战建国联合会主任兼文学艺术界联合会主任史立德在一次集会上分析说："敌人年年有春季'扫荡'，但今年大有不同。敌人在冀中根据地周边调集了很大的兵力，估计有5万多人。我们很可能遇到前有阻截、后有追兵、左右都有敌人的局面。因而，政府、群众团体都要分散活动。"

纪念冀中军民"五一反扫荡"斗争

　　冀中新世纪剧社的分散会议是在滹沱河北岸属肃宁县的岳家庄召开的。剧社70多人，分了七八个组，活动地点都在当时属于冀中根据地的几个县。我在属饶阳县的滹沱河两岸活动，在几个村建立堡垒户。4月下旬，我和三分区（后来改八分区）文建会的刘涛和老贾在一起，他们都是饶阳县人，人熟地熟，吃住都不成问题。那时已风声很紧，我们转移村庄都在晚上。

　　5月初，敌人"扫荡"已经开始，我到滹沱河南岸一个堡垒户家里取藏在那里的日记，结果陷入了敌人的包围圈。说敌人从北边来了，我们就往南面跑，但出村不远，看见南面村庄跑出许多群众，说南面来了敌人。村东村西，各条道路上，都有乱跑的群众。

　　我强迫自己镇静下来。看来，敌人"扫荡"重点是深（县）武（强）饶（阳）安（平）接合部的冀中根据地，因而必须跳出这个圈子。往哪里跳？由此往北潴龙河两岸的四分区（后改为九分区），早已被敌人"蚕食"，敌人认为是他的巩固地区，必须抽调兵力参加滹沱河两岸的"扫荡"，因而那里兵力相对空虚；这个地区是老根据地，现有执行支应敌人的两面政策，群众基础好，党的基层组织也健全；同时，我的家乡在这个地区，人地两熟，便于掩护。因而，必须跳到这个地区去。

　　主意打定了，我就在敌人"扫荡"的空隙中穿插，从滹沱河南岸曲折迂回地向北活动，5月12日下午终于到了靠近滹沱河的南大洼。这里夏秋就是一片汪洋，无法建房居住。但每年河水淤一次肥沃的泥土，可以抢种一季小麦。现在，这里是一望无际的波浪起伏的麦田，麦秆刚刚秀穗，可齐人腰，因而，人蹲下就可以被麦田掩护起来。我在麦田里时蹲时躺，也常常探出头来望一望。这时就会发现，麦田的波浪里，东露出一个黑点，西露出一个黑点，这都是掩藏在麦田里的干部和群众，谁也无法估计，这广阔的麦田到底藏了多少人。

　　我逐渐向滹沱河移动，黄昏时候我已经清楚地看到河的堤岸了。堤上闪起了火光，一队戴钢盔扛三八大盖的日本兵拖着长长的影子，在北堤上走过。人们把这次"扫荡"叫做"拉大网"式的"扫荡"，而"大网"的北沿是滹沱河。刚才看见的是封锁滹沱河的敌人。这是我第一次看到敌人，但我并不紧张，因为他们在明处，我在暗处。

我匍匐前进，看见了滹沱河的水。我沿着堤左右端详、眺望，见堤上没有人影，我又等了一会儿，仍然没有人影。于是，我立起身来，向河床走去。春天的滹沱河是枯水季节，河床不宽，水不多，但看不到底。估计河中心要深一点，但管不了那么多了，迅速脱衣下水，步步逼向对岸。还好，水没有没人的地方。我走上堤岸，见被烧的余火还冒着烟，一座小庙门前有鸡毛、鸡骨，这是敌人的小小遗迹。我跑下堤，走向一个树林。后来知道，我过河的地方叫夏家桥，原来确实有桥，河堤上有座小破庙，庙里的石碑对桥有记载。我当时不可能进庙去观赏。

滹沱河北岸也算冀中根据地的地区，相对平静。敌人的兵力虽然很大，但终究不能同时用"大网"笼罩住所有地区。人们都估计，这种平静是暂时的，不久，这里也会出现河南地区那样的大"扫荡"。

我把几年来写的日记，坚壁在滹沱河北岸高村分区文建会主任鹿铁岭的妹妹家里。身边只留下两个小日记本，记调查材料。在这里我看望了新世纪剧社的小鬼队。他们那时大多十二三岁，也经受着这残酷的考验。我还碰见了在潴龙河北岸高阳地区工作的冀中妇救会干部齐岩。我说，你们高阳地区比较安全，你赶快往回走吧。

随即，我又回到了剧社开分散会议的岳家庄。村妇救会主任老阎，我们很熟，就住在她家。5月15日，岳家庄住进了自己的队伍，并得知他们要向北运动，于是征得部队同意，随他们一同过河（间）肃（宁）公路北上。在这里隐蔽的干部很多，他们都说过河肃路很困难，路边有一道很深的封锁沟，一个人无法爬上去。晚上，敌人的汽车还沿路巡逻。

傍晚，小鬼队派卫子（杨庆卫）来找我。卫子有两只大眼睛，整天嘻嘻哈哈的，今天却眉头紧锁，低着头细声细语地说着话。他说，队长林岩说，小鬼队也想随部队过河肃路，因为这个地区不久就要大"清剿"。这是给我出了一个难题。河肃路以北地区比较安全，这只是一种估计，到底情况如何还不知道。而且，那里是敌占区，一下子过去那么多人，怎样掩护也是一个问题。我考虑再三，只好说，我过去以后，作了安排再和你们联系吧。卫子没有坚持他们的意见，但看出他面露愁容。我看着他走去的背影，心里一阵一阵地痛，我何尝不为他们的处境担忧呢！

入夜，队伍在村外一块空地上集合。队伍大约200来人，一位干部点名式地喊道："一连！"队伍里有人喊："到！"这位干部一直点到四连。原来这是一营人。有人告诉我，这位干部是俱乐部主任，其他的营级干部都牺牲了。

坐在我身边的是一位粗壮的年轻人。他说，他是骑兵团的一位排长。骑兵团在冀中很有名，敢打敢冲，代表着一种威风。在"五一"反"扫荡"中，他们分成三股活动。他所在一股是政委带队的。他说，为了掩护政委突围，他们硬是骑着马往敌人队伍里冲，他的马被打倒了，他逮着一匹空马，骑上去继续冲，到了沧石路上，只剩下4个同志了。他们换了便衣，坚壁在老乡家里。他说，成天价东躲西藏，还不如冲锋陷阵牺牲了好。他单独北上找队伍，被敌人抓住，因为不知道他是八路军就让他养马，他夜里跑掉了。后来遇到这支队伍，因为没有枪、没有军装，只能跟着打游击。他的话使我很感动，他代表着八路军战士的胸怀。

他沉默了一会儿，沉痛地说："我们牺牲了几位团首长。"其中包括我认识的团政治处主任杨经国。他曾经到剧社来看戏，和社长梁斌等聊天。他是一位年轻有为、知识面很广的军队干部，是原五十三军吕正操团的地下党员，那时才二十几岁。

夜色渐浓，队伍出发了。队伍越走越大，越走越多，和我们一同过路的还有别的单位。半夜时分，忽然听到汽车行进的轰隆声音，前面命令队伍趴下。许久，声音听不到了，队伍才继续前进。这时，这条公路已在面前。前面的人跳下了封锁沟，我也跳下去了。这沟有一人半深，无人帮助是无法上去的。我前面的人上了沟，垂下一条柳枝。我拉着柳枝蹬着沟墙，迅速地上了沟。我在上面用长柄手榴弹拉上一人。忽然下面举起一根棍子，叫道："拉呀！"本来，我拉上来一个人，已经完成了任务，但是，既是有人喊就帮个忙吧。于是，伏下身去拉这条棍子，但怎么拉也拉不动。气得我骂道："你是猪吗？你可蹬土墙往上蹿啊！"这句话提醒了他，一下把他拉上来了。可见此人紧张到什么程度。我无暇看他是什么样人，紧跑去追队伍。

天蒙蒙亮时，队伍到了军庄，它位于肃宁县的西北边，和我们蠡县搭界。剧社副社长刘纪就住在此村。我离开队伍，打听刘纪。在一个老乡家里，看到了刘纪和刘指南。刘指南原来是剧社的炊事员，入党后，担任管理员。他们在这里建立了剧社的联络站。联络站的原则是，凡是蠡县人一律回家坚壁；不是蠡县的，由蠡县有家的人分别负责掩护。我和刘纪谈到小鬼队。他说，这个地区情况很复杂，等一些日子再说吧。可是，后来滹沱河两岸地区十分混乱，已无法派人去找小鬼队了。第二天，我和刘指南同路回家，他是东莲子口村人，离我们村大王村二三公里，隔河相望。我们俩走着走着，看见了潴龙河南堤。登上堤，发现这是被称作"骆驼弯"的地方，这里有两道堤，形成两个驼峰形的弯，曾经是盗贼出没的地方。到了这里，我和刘指南分手，他沿堤往西走就到了他们村。我要过河，北堤外才是我们村。

下了堤，见河床已基本干枯，只有少数水洼。我踏着童年时期就已熟悉的河床上的细沙，登上北堤，我的家乡大王村已经在望。

我冲出了"大网"。只是在"大网"里游了几次泳。

特殊的斗争

我们村被敌人的4个岗楼包围着。最近的两个岗楼，离我们村只一二公里，一是孙家庄岗楼，一是留史镇岗楼。另两个离我们村4公里，一是王家营岗楼，一是戴家庄岗楼。其中最大的是孙家庄岗楼，建在潴龙河南堤上，周围圈了一个很大的土围子，把整个北莲子口村圈在里面。晚上，刚刚入梦，夜空有两声枪响，我立刻本能地坐起来。我姑姑说："别管它，这是岗楼上放冷枪。兔崽子们晚上不敢下来。"

我家里有祖父、祖母、叔叔、婶婶，有时出嫁的姑姑也回娘家住几天。我母亲、二姐和弟弟、妹妹们，1940年已转道北平，去了国民党统治区，投奔我的父亲。我在家里很孤独。最重要的是，我祖父和叔父都一致认为，八路军长不了，绝不能走八路军这条路。因而，我和他们没有任何共同语言。

我外祖父家也是地主，但从来不说反对八路军的话。有一次他看见我带着一支短枪，如让敌人发现，性命攸关，他看在眼里什么也没说。所以住在外祖父家，心里比较安定。外祖父家是南莲子口村，去时路经东莲子口村，每次我都去刘指南家看看。

我在指南家感到温暖。指南是贫农家庭。1939年春天，剧社住在东莲子口，刘指南在剧社驻地对过饺子馆里是做饭的师傅，我们动员他出来，他欣然答应。这个人忠厚老实，但秉性耿直，看见不对的事，就公开批评。他说话快，嗓门又大，所以人们常开玩笑地说："刘指南又放机关枪了。"因而他的外号叫"机关枪"。1939年秋天，我发展他入党，后来做管理员工作，是剧社里受信任的人。

刘指南的母亲是一个爽快的老太太，夏天，常常赤裸着上身干活，两只干瘪的大奶垂在胸前，对我们也不避讳。指南有个妹妹叫小云，正在上游击高小，她聪明伶俐，又出落得很水灵，招人喜欢。老太太对我像她的孩子，小妹妹对我像她的哥哥，说说笑笑，很是融洽。我每次去，总在他家里吃顿饭，常常是秫（高粱）面饼抹酱卷小葱，再加一碗小米粥或者杂面汤，吃得十分香甜。他这里是剧社的联络站，剧社供应一些粮票。他的父亲很少在家，在家时也沉默寡言，总是把烟袋叼在嘴上。他说话时，烟袋离开嘴，说完了话，又把烟袋含上了。他在孙家庄岗楼当老百姓组成的巡逻队的头，是敌人雇佣的。每次敌人要出来，他就飞跑到村，向村干部通报，实际上他又是我们的侦察员。

我总要干点事，于是我开始了大王村调查。我们这个村，基层组织是健全的，村党支部起着领导作用，虽然是秘密活动，但谁是支部书记，谁是党员，村里人都知道。因为我没有带组织关系，所以没有找党支部，找了村长。村长是刘姓的本家叔叔，比我大几岁，叫刘灿文。他们家本来是地主，因哥几个一分家，就成了上中农。他念过几年书，粗通文墨。他和气待人，从来是慢吞吞讲话，也是村干部中最廉洁的人，因而人缘很好。

　　大王村是个富村，虽有穷富区别，但没有揭不开锅的人。堤里的地每年淤一次，有一茬收成很好的麦子；堤外沙土地种花生收成也不错；村里许多人还经营副业。村长告诉我，村里没有出过一个汉奸。我二爷刘绍因跑到北平闲住，村里派人把他请了回来。有一个二流子跑到高阳城里混，也派人把他找回，安排了生计。1940年至1941年是这个地区最残酷的时期，敌人推行蚕食政策，包围村庄，破坏地道，抓人打人不断，接着就是修岗楼，修公路，出钱派夫。就在这时候，敌人抓走了小学教员刘尚文（刘灿文的哥哥，我小学时的老师），在村南大堤上砍了头，村里人听到他喊"打倒日本帝国主义"的声音。现在，倒相对平静了，按照党的两面政权的政策，支应敌人，向岗楼上交一定的钱粮。革命的两面政策是冀中区首创的一种特殊的斗争方式。

　　村里设了联络员，是专门支应敌人的。联络员是我的一位堂叔，叫刘文贤，中农成分，小名叫眼子。他从小学唱河北梆子，跟着戏班闯荡了十几年。他唱青衣戏，多是《三上轿》、《三疑计》这类的苦戏。他嗓音很好，举止端庄，人称"眼子红"。他当过副村长，因为走过江湖，就让他当联络员。当联络员既是难差事，又是苦差事。要在敌人面前能露出笑脸来（本来仇人见面分外眼红，但硬要自如地露出笑脸，不会演戏很难），不但会笑，而且会骗，千方百计地骗敌人，这就要有随机应变、能说会道的本事。骗不过，就要硬挺着挨打，打耳光、挨鞭子是家常便饭。

　　6月9日，联络员从岗楼上带回一个难题，敌人向村里要12支枪。村里游击小组有几十支枪，现在都埋起来了，但一条枪也不能给敌人。敌人明里说要枪，实际上是要钱。但你既然说枪，就说没有枪，让联络员硬顶着。晚上，村里开群众大会，村里领导布置一套应付敌人的办法。如果敌人进了村，抓人问谁是村长，谁是武委会主任，住在哪里，可以按统一的假话应付敌人。这些人有的去世了，有的在外地，还找了几处破房子，说是他们的住处，如果烧了房子，村里给盖新的。原来，两面政策也是一场严重的斗争。后来知道，敌人向几个村都要了枪，结果是，几个村联合起来，给岗楼送了8000元，才算完事。

这个地区的老百姓把敌人比作蝗虫。敌人不同，也有不同的称号。他们把岗楼上的敌人叫做"蚂蚱蝻子"（即不会飞的幼蝗虫）；把敌人的"扫荡队"叫"飞膀"（即会飞的蝗虫）。5月27日，刚吃完了早饭，有人大声嚷嚷说："飞膀来了！"大姑住娘家，她说："你躲在被窝里装病。"我忽然想起，南院里有本禁书，如让敌人发现可不得了。到南院里必须跨过门前的街，我飞也似的向大门口跑去。但见门口已有许多老百姓观望，不像敌人来的样子。我悄悄地到门口，一眼就看出是我们自己队伍。他们由东向西，行军的速度很快，满脸汗水他们也无暇擦拭，只是用力摇摇头，把汗珠甩下来。有一个战士望着我们的门口对另一个战士说："这家我们住过。"这显然是九分区的队伍。

我们村已经两三年不来大部队了。人们完全可以估计到，这支部队是从"扫荡"圈里跳出来的。可是这里到处是岗楼，是公路，是封锁沟，大白天的，能通得过吗？我的二爷含着眼泪自言自语地说："他们往哪里去呀？要是往山里去，路还远得很啊！"后来有人说，早晨有人在村东堤坡上，看见远处尘土飞扬，还有骑马的。这个人飞快地跑到联络员那里说："大'扫荡'队来了。"联络员二话没说，也飞快地跑到堤坡上。这时一匹马来到身边，这个骑马的人细声细语地喊道："老乡！"联络员猛抬头，看见一位穿粗布军装的年轻人骑在马上。联络员抱着战士的腿痛哭失声地喊道："同志啊，好几年不见你们了！"

我注视着部队，希望能看见自己认识的人。忽然有一位脸上戴着大口罩的人向我喊道："刘光人！"一听声音，认出来了，原来是冀中区党委宣传部长周小舟。我紧跟着他随队伍前进。我跟他说，新世纪剧社的人大约有20多个隐蔽在蠡县，其中有梁斌（剧社社长，后来写了《红旗谱》）、刘纪等。我说："我跟你们一块走吧！"周说，不要，掩蔽在家里是一种方法，有关系的人也可以到敌占区去隐蔽。新世纪的人应当组织起来，并和县委取得联系，有机会再到冀西山区去。我随着他一直到村外，他说："你回去吧！"我眼望整个队伍走出村口。队伍里还有一个叫余中兴的，是我们村里人，已经是中年人了。他在旧队伍中当过排长，现在担任作战参谋性质的工作，这次家门未入就走了。他家住南头，队伍是从北头过的，有人告诉他的家属，等家属赶来时，已经没人影了。队伍出村不久，就听到一阵枪声。据说，队伍准备过河，和敌人遭遇，转而向北，在南北齐村又和敌人打了一仗。余中兴在战斗中负伤，隐蔽在老乡家里，后来被送回家。

环境变了，但人们还受到原来政策的束缚。比如，回家隐蔽，叫不叫妥协？到敌占区去，叫不叫投降？心里没有底，周小舟的谈话，说明党已经考虑新的政策。我很快把周小舟谈话的精神转告给梁斌和刘纪。

6月24日黄昏时，本村一个半大小子到我家来，说："有人找你。"我问："谁呀？"他说："你去了就知道了。"我随着他走到一个很隐蔽的小街巷，推开一道栅栏门走到北屋。我见屋里有两个人，一位是蠡县县长，原来叫董国钧，现在叫林里青。另一位是秘书刘晓彤，都是我的老熟人。林里青和我是保定培德中学的同学，他是高中，我是初中，寒暑假都是一块坐车回老家。1938年，我们都参加了新世纪剧社，他当年入党，1939年留在蠡县工作。他们因为成年累月地在室内和晚上活动，面色苍白，但眼睛却炯炯有神。我进去的时候，他们正在用蝇头小楷写指示信，信装在大拇指大小的信封里。

他们对村里的情况很熟悉，但还是让我详细地讲讲，其中包括我的二爷刘绍因，他们认为这个老头有民族感情，应当争取。他们还有一个战略性的计划，就是争取黄昏这段时间为我们所控制。24日晚上，他们转移到玉田村，但是拂晓就被敌人包围了。他们钻的洞是一个地窖，只有一个出入口，被敌人发现了。刘晓彤和张固从地洞里往外冲，受伤被俘，敌人命令伪军就地枪决。伪军把他们抬到一个场院，向他们身外连发数枪，但没有一颗子弹是向他们身上打的，不知道伪军是我们的内线还是有良心的中国人。晚上被老百姓救走。林里青在洞内打死一个下来察看的敌人，把最后一颗子弹留给了自己，他是蠡县牺牲的第三位县长。接任的代理县长任重，1943年春天在战斗中被俘。当年，蠡县民众中流传着一句话："蠡县不收县长"，即上任一位，牺牲一位。这就是我们蠡县人民永远难忘的"父母官"。

到路西去

根据周小舟"找机会撤到路西去"的指示，剧社在蠡县的同志决定，在离蠡县城东4公里的仇村集合，准备通过秘密交通线过路。7月10日晚上，我和刘指南沿着大堤向西走，到仇村村边，见一家住房里有灯光，我轻轻地叫了一声"老乡！"屋里人突然把灯吹灭了。我费了很大劲，才打听到我们集合的院落。院里已经来了很多人，地上铺了一领席子，有的躺，有的坐，大家说说笑笑。忽然村外响了两声枪，大家一跃而起。梁斌、刘纪分析，这里离岗楼和城里很近，枪响总不是好兆头，因而决定分散各回原地。

我和梁斌、刘纪、刘田在一个组，目的地是梁斌的家，因为他的村小梁庄离这里最近。枪声是从北方传来的，虽然去小梁庄要往北走，但我们决定从西头出村。刘田自告奋勇，先去探听情况。他沿着墙根小心移动，到了村口还匍匐爬行，在一块菜地里停留下来，四处观望，还把耳朵贴在地面上听动静。许久，他回来说："没事！"我们出了村西口，折道向北，钻进高粱地。

我们周围虽然是一片青纱帐，但穿白衣服和黑衣服的仍然很显眼，老远就能看到影子。梁斌建议说，光屁股和夜色最接近，咱们都脱了吧。于是，我们都脱了衣服，用腰带把衣服捆起来，提在手里。果然，这一招很灵，光身融在夜色里，很近都看不清楚。我们暗暗发笑，也不知梁斌从哪里获得的这种知识。到了梁庄村边，我们才穿上衣服，砸开了梁家大门。第二天，我们各自回家。

第二次集合是7月27日。当晚在东莲子口刘指南家会齐。这次决定留下来的有刘纪、刘田、刘指南。这次是我和刘指南最后一次见面。他的党组织关系转来了，他在村里当了党支部书记。他工作积极、泼辣，不幸于1943年被孙家庄岗楼敌人逮捕，他被绑在柱子上骂不绝口，生生被开水浇死。我永远怀念他。后来，刘纪也被捕，抓进蠡县监狱，受到严刑拷打，幸被营救出狱。

在此以前，隐蔽在我家的几位同志，根据周小舟谈话精神，已经让他们回老家了。一是邢皓，后来他在部队工作，是正师级干部；一是刘勇，后来他到北平做地下工作，当过宣武区的副区长；还有一位是炊事员老姚，他是饶阳县姚家庄人，他那时已是50岁上下的人了。我们行军时，曾过姚家庄，他过家门而不入。他来到蠡县住在我外祖父家，他自告奋勇包揽做饭，晚上和长工住在一起。他认为自己还是八路军的一员，盼望有朝一日还给剧社的同志做饭。这次给他钱和粮票，让他回家，他的眼睛里含了眼泪。多好的同志啊。留下来的刘田，受刘纪的委派，化装成商人，推着小车，到滹沱河南北两岸，找剧社分散的同志，传达区党委的指示，历尽千辛万苦，被找到的同志感动得泪落双襟。刘田是经常承担最苦最危险任务的好同志。

这次集合第一步先到白洋淀，然后伺机随部队过路。当天晚上出发，接近白洋淀时，觉得脚下踏着什么东西，总是沙沙响，我俯身用手一抓，凑在眼前细看，原来是一把蚂蚱蝻子。这种小东西竟如此之多，使人毛骨悚然，这个地区还能留下什么庄稼吗？真是祸不单行啊！

我们来到白洋淀，我已经是第二次来到这里，第一顿饭吃的就是久违了的贴饼子炖小鱼。但很快就知道了一个不幸的消息：小鬼队向白洋淀转移时，在大树刘庄和敌人的"扫荡"队遭遇，小鬼队的队长之一洛品牺牲，和他同时牺牲的还有火线剧社的女导演路玲。小鬼队的其他同志被俘。这个消息使人非常揪心，我欠着小鬼队的一份情，没有带他们过河肃公路。而洛品是非常勤奋的音乐工作者，他谱写的歌曲，唱遍了冀中，是在艺术上很有才华、很有前途的青年作曲家。他是河南人，从延安到冀中，洛品是他的化名。

现在的白洋淀只能算作游击区，敌人随时都可能来"扫荡"。第二天，我们就移居到一个篮球场大的小岛上。岛上没有房子，连个窝棚也没有，有两垛苇堆，都是湿的，送来的被子也是湿的。晚上靠在苇垛上打盹，蚊子轮番袭击，到处是噼啪打蚊子的声音。29日、30日在岛上待了两天，31日傍晚等待出发，每人发了一口袋用白面烙成的饼块。部队不同意带女同志，段森和秦玲英由戏剧队队长傅铎护送，通过地方关系过路。随部队过路的有梁斌、远千里、齐炎、刘之家、郭克、刘敬贤、李振远和我。

太阳还没落地我们就出发了。一路急行军，口干舌燥。忽然前面有一条河，人人不脱衣、不脱鞋，立刻下河蹚水。这正是涨水季节，河水肯定是黄泥汤，但人们一面走，一面用手掬水喝。渐渐看见保定的灯光，听见火车驶过的声音。这是我第三次过铁路，心情平静。我们沿着一条只有浅水的小溪前进，到了保定城南的南大桥的桥下。这里本来有铁丝网，但已经被剪断了，我们通过的时候很顺利。

大家知道，最大的难关是铁路西很长的一段封锁沟。可是没有到封锁沟，就渐渐天亮了，走进一个村，老百姓已开始从井里打水。人们蜂拥到井台，用碗舀水，且跑且喝。出了村，看见一条线上直立的一个个的岗楼，两个岗楼之间可以交叉火力。我前后张望，真正看见了我们这个队伍，延伸了几里地。但拿枪的人很少，他们被安排在排头领路和排尾殿后。我开始嘀咕，这么多非武装人员，又是大白天，能过封锁沟吗？

我估计前头部队已经到达封锁沟了，但是，岗楼上仍然悄无声息。我跑到了沟边，这条沟和河肃公路的沟无法比拟。这条沟深约一丈有余，不能往下跳，否则会把腿摔坏，只能顺沟沿往下出溜。我下了沟，沟宽约5尺，沟沿像一面城墙一样。我见对面沟沿上垂下了一条绳子，我拉着绳子蹬着沟沿，迅速地上了沟。这时，我看见一位战士跑到最近一个岗楼前，把竖在岗楼下的梯子背来。有人说，岗楼上看见这么大队伍，被吓跑了；又有人说，敌人为了截拦我们把岗楼上的兵力集中了。

过沟不久，枪声响了，但没有形成截拦。敌人在我们北侧布下了阵势，我们前头部队也布阵迎击。我们的战士一面打一面喊："中国人不打中国人。"但枪声却十分密集，我们跑在沙土地上，枪弹不断地噗噗落地，落在沙土上像烧开的粥锅冒泡一样。我们已经走了70公里，现在又要冲刺，许多人把身上背的东西一件一件地扔下来。我们已经接近一个山包，可以死里逃生了。我们爬上了山包，又翻到山的背后最安全的地带。这时我看见梁斌正倚在山坡上喘气，他深闭着眼，面色苍白。

　　在这次战斗中，我看见有人受伤。我们清点队伍时少了齐炎和李振远。我拉齐炎上了沟，但他没有跟上来。后来知道，他受伤被俘，被送到东北当劳工，但竟自己偷跑出来，走了几千里，回到了蠡县。李振远在枪响以后没有过沟，藏在玉米地里。敌人走后，随着一位赶车的老大爷从岗楼底下混了过来。这天夜里，我们宿在北水峪。这天是8月1日。

　　在一两个月内，还有新世纪的不少同志通过其他途径到路西来，他们是由傅铎护送过来的段森、秦玲英，自己找关系过来的张彤，通过合法途径过来的张震、沈雁、木玲、胡汐，被俘的小鬼队也通过地方政府花钱赎出来过了路。郭濯、姚呐去敌区做地下工作，还有一些人在当地参加了工作。新世纪的人最初在华北联大落脚，后来与火线剧社合并。至此，新世纪剧社就不复存在了。

忆深南县反"扫荡"斗争

刘露洗

　　刘露洗，男，1908年生，"五一"反"扫荡"时任深南县县委书记。新中国成立后曾任湖北省云阳专区专员、内蒙古高级人民法院院长。

　　1939年2月，侵华日军再次占领深县县城，然后由点到线，逐步向纵深发展，对抗日根据地实行"分割"、"包剿"。首先修建沧石公路，继而又修建了深（县）安（平）、深（县）磨（头）公路，然后又修筑了石（门）德（州）铁路，在深县境内建起了王家井、前磨头、贡家台火车站，相继在公路、铁路沿线安上了据点、岗楼，驻上伪军和日军。在公路、铁路两侧挖了深、宽各两丈的护路沟，又在四边县界挖了深、宽各两丈的大沟。这样，分割封锁了深县，夜间敌人还派人在路上巡逻。敌人将此称之为"囚笼政策"，企图把我部队和工作人员困死。

　　在这严重的分割封锁形势下，敌人又在内地安了一些据点，像护驾池、陈二庄、北黄龙等，有数十处之多。但这些据点里的敌人，多因被民兵围困没吃喝而逃跑。经过三四年的时间，尽管敌人反复进行"扫荡"，实行"蚕食"政策、"囚笼"政策、"强化治安"，企图消灭我抗日武装，但他们变抗日根据地为日伪统治区的妄想，却始终未能得逞。日军又在1942年进行了极其残酷的"五一"大"扫荡"。这次"扫荡"规模之大，动用兵力之多，手段之恶毒、残酷，对抗日根据地的摧残破坏，都是空前的。这种大规模的"扫荡"在深南县反复进行了两次。

第一次对深南县"扫荡"是5月11日。日军集中了一个师的兵力，冈村宁次亲自坐飞机指挥。因为我们提前有准备，所以县、区、村三级干部，人民群众，县、区游击队都没有多大损失。当时有人说，我们又胜利了，认为敌人一"扫荡"就过去了，产生了麻痹思想。

继第一次"扫荡"10天左右，敌人对深南县又进行了第二次"扫荡"，会集了一个师团和一个骑兵连的兵力，共3万多人。敌人头天晚上进驻了铁路、公路、县界四周，次日拂晓，以"铁壁合围"、"分进合击"的战术，从四面八方向深南县的中心地区推进。在护驾池区李家角村，敌人和我警备旅接火了，敌人将我一团和旅司令部（九区突击队也在内）包围在李家角村。激战一天，到黑夜我部队突围，伤亡不大，而打伤打死敌人却很多。原因是我军驻地的房子早已改造，既可居住也可作为战斗掩体。敌人的坦克冲进村子时，我军都在屋顶上，敌人打不着我们，所以当天伤亡不大。敌人的骑兵一来，我军的手榴弹、机枪一齐向敌人射击，所以敌人伤亡很大，迫使敌人退出了村庄。这次战斗敌人只运用了坦克和骑兵，而步兵埋伏在沧石路两侧未动。

虽说第二次大"扫荡"的当天我方伤亡不大，可是没想到敌人一反往常，"扫荡"之后没有走，而是就地把兵力分散在深南县中心地区，一方面进行"清剿"，一方面在各村成立伪政权。向各村要钱、要粮、抓夫，在一些村庄安据点、筑岗楼，哪村不顺从就在哪村杀人放火。约20天左右，敌人就在一些村庄安上了据点和岗楼碉堡，并驻进日伪军，实行"强化治安"，把抗日根据地变为敌占区。"五一""扫荡"后我主力部队退出了冀中，县、区武装也不活动了。中共冀中区党委离开冀中，转移到了冀西。在深南县腹地，敌人建立据点40多个，三五里地一个岗楼，抗日工作人员白天不能活动了，活动只能在夜间。大部分村庄由一面的抗日政权变成了抗日的两面政权，即明着是伪政权，实际是抗日政权，两面政权一套人马。

面对险恶的形势，我作为深南县委书记，及时组织县委成员总结了几年来对敌斗争和各方面的经验，客观地予以估计，并作出新的安排。

县委认为，当前最主要的是要减少人民的损失，稳住局面。根据实际情况改变对敌斗争策略，把过去以武装斗争为主和各方面配合的策略，改为以合法斗争为主，结合武装的、政治的、经济的斗争形式。允许各村派联络员给敌人报告，成立维持会，设伪村长，但这些人员一定要经过村党支部研究决定人选，让绝对可靠的人去担任；敌人索夫、要物必须经由党支部同意方可给，同时采取一拖、二少、三截回的办法。联络员每天到据点去联络后，回来后要向支部报告，变敌占区为隐蔽的抗日根据地，变伪政权为革命的两面政权，这就是敌工工作的开始。之后我们通过敌工做了许多事情，如敌人一出动，他们有多少人马，想干什么，走什么路线，事先我们就知道了。深南好多漂亮仗就是靠敌工了解情况后打的，避免了损失。有时通过敌工人员还搞了一些枪支弹药，充实了装备。当时敌人盘踞下来以后，继续向外扩展进行"蚕食"，从四面向我腹地推进；而我们也采取"敌进我进"的斗争方式，你明着向我抗日根据地"蚕食"，我则像孙行者一样钻进敌人据点内开展抗日工作。我们把工作深入到县城，把党支部建到了南关街，继而在县城内的敌伪军政内部开展工作，反"蚕食"斗争取得了胜利。

"五一"大"扫荡"使抗日斗争形势发生了重大变化，对此我们采取了正确的斗争策略，很快稳定了局势。党领导人民在深南展开了新的斗争，与此同时，县、区机关也开始了整顿。根据斗争形势的需要，一些抗日群团组织，如农会、妇救会、青救会、文建会、工会等暂停止集中活动，干部先回家保存力量；县、区党政机关，人员要精干，加强县委敌工部力量，区委增设敌工委员。

党中央决定，把不便坚持敌后工作的县委书记、县长送延安学习。当时我和县长任克非都表示能坚持工作，留下来没去延安。这一时期我们还整顿了党支部和村政权，把消极抗日或抱有悲观情绪的人撤下来，换上那些坚决抗日、敢于斗争并善于斗争、立场坚定的同志。有不少村庄是抗日村长又兼伪村长，有的村长是由党支部委员兼任的。明着是应付敌人的伪村长和联络员，实际上是我们的情报员，给我们搞的是真情报，而给敌人送的是假情报。在区委领导下，数个村，甚至几十个村配合起来编制假情况送给敌人。如说昨晚来了大批八路军由西往东走了，东边、西边的村子也同样向敌人报告，以迷惑和威胁敌人，使敌人不敢轻举妄动。

抗日局势稳定后，我们开始集合整顿区、县武装。当青纱帐起来时，县游击队集合了30多人，我任政委，县长任克非任大队长，夏仁义任副队长，时间不长，县游击队由30人发展到两个中队近200人，单独或配合主力部队作战20多次，歼敌数百人。区游击队和手枪队，也进行了一些小的战斗。

一次，我和县游击队还有地区的一个中队驻防护驾池东边一个小村，村支部书记找我，说大屯伪军把村里18头耕牛抢走了，问我怎么办？我说，让我们想想法。这时有情报说驻护驾池的十来个伪军，在附近村子里抢鸡哩。正愁敌人不出来没法打呢，现在送上门来，我立刻派了区游击小队长带领一个班去捉一两个"舌头"（伪军）回来。几个时辰后，李队长他们捉了个"舌头"，还得了一支步枪。这样一来，敌人定会出来报复，当时我们把这叫"钓鱼战术"。果不出所料，驻护驾池据点的伪军（1个大队、3个中队）命令大屯据点的伪军（一个中队，属护驾池管辖）出来报复。他们没有走正道，绕了一个大弯，躲过了我们的伏击。我们马上转移再设埋伏，待敌人回来时便进入了我们的伏击圈，一举歼敌一个中队（近百人）。

还有一次，我们从情报得知县城的50名日军、400名伪军要到深南进行"扫荡"，我和部队马上转移到英武村，估计这个村敌人不会来。谁知敌人在回城里时经过此村，时间是下午2点钟，便接了火，是一次遭遇战。打了一阵子，敌人招架不住，退到东魏家桥据点，未回县城。从捉到的一个伪军嘴里才知道情报有误，日军只有一个顾问，伪军是400人。我军是地区队的一个中队、县大队的一个中队，200人。若不是情报有误，就不会让其逃到东魏家桥据点里去了。分析了情况以后，估计敌人趁夜晚一定要逃回县城，决定再打他个伏击。伏击就设在深磨公路两侧，有深宽各两丈的护路沟，我们趴在沟坡上，打枪、掷手榴弹既有依托又有掩体，对我军非常有利。果不出所料，敌人来了。让过尖兵，打他的大部队。迎头路口有我们埋伏的机关枪，路旁有手榴弹和步枪，一声"打"！枪炮齐鸣，敌人乱了阵脚，乱跑乱逃，有的往回跑，有的跳河。这次战斗敌人死的不多，伤的不少，把抢的老百姓的东西也都丢下了。活捉一个伪军，获一辆自行车，一支步枪，又取得了一次胜利。

经过深南县军民不屈不挠的反"扫荡"斗争，敌人建立起来的所谓"新秩序"被粉碎了，深南抗日根据地又恢复到"五一""扫荡"前的形势。我们的工作人员白天也活动起来了，绝大部分村庄又恢复了抗日政权，武装力量也壮大起来，为迎接抗日战争的全面胜利打下了基础。

粉碎日军"五一"大"扫荡"的经历

刘　政

刘政，男，1922年生，1939年3月1日入伍。"五一"反"扫荡"时，任清苑县游击大队总支书记。新中国成立后，任解放军团长、师长、六十六军军长，天津市市委书记。1985年离休。

抗日战争期间，我经历的战斗最频繁、环境最艰苦的时期，是在清苑县大队工作时。1941年8月，我从第四游击总队政治部干事调任清苑县大队总支书记。这时，正是抗日战争最艰苦、最残酷的时期。清苑在保定南郊，斗争异常尖锐。日军推行"强化治安"，不断对我进行"蚕食"，实行"军、政、会、民上下一体"的"总体战"。从1942年5月1日开始，对我冀中根据地进行疯狂的大"扫荡"，动用了二十六、二十七、一一〇、四十一等师团的主力，独立第七、第八、第九混成旅团的大部和6个伪治安军团队，兵力达5万之众，出动汽车800辆，并有坦克、飞机配合。冈村宁次到肃宁、饶阳坐镇指挥；使用"铁壁合围"、"拉网梳篦"战术，由外向内逼迫我军转向冀中腹地。仅潴龙河以南、滹沱河以北的狭小地段，敌人就集结上万兵力，白天以汽车、骑兵、步兵、自行车队蹚麦田、穿树林，正面平推，像用箆子梳发一样"拉网搜剿"；夜间，驻扎所有大村镇，组织数十个"清剿"队挨户搜查。敌人经过40多天"梳箆拉网"之后，又用30多天由内向外反复"清剿"，逐村"清乡"，然后实行点、线、沟、墙相结合的"堡垒政策"，三里设岗楼，五里建据点，在冀中4.5万多平方公里土地上，建立了1750多个据点，修了7500多公里的公路。岗楼周围、公路两侧遍挖宽10米、深7米的封锁沟。沟路连接密如蛛网，把冀中大地分割为2676个方块。每块都置于火力网封锁之下。在各村镇均建立伪政权，加强特务组织，推行奴化教育，实行保甲制度。百户为保，十户为甲，大村为联保，若干联保为大乡，对居民逐个审查发放"良民证"。把青壮年男子编成自卫团，昼夜站哨打更。每村设联络员密报情况，对我方人员的家，白天挂牌夜间挂灯，随时搜查，备加迫害。冀中平原变成了"抬头见岗楼，出门是壕沟；无村不戴孝，处处有哭声"的世界。美丽富饶的冀中大地成了人间地狱，广大人民过着暗无天日的生活。抗日斗争进入了残酷、严重的阶段。在强敌进攻面前，我冀中党政军民团结一致，同仇敌忾，进行了空前的反"扫荡"，采取武装斗争与合法斗争相结合、公开斗争与隐蔽斗争相结合的方针，团结一切可以团结的力量，同敌人展开了艰苦卓绝的斗争。我亲自参与了这一斗争，下面所记的就是当时所经历的片段。

深入敌心脏　大队返清苑

　　清苑在保定南郊，是日军妄图确保的首要目标，"强化治安"的重点地区。从1941年9月开始，敌人相继在保定附近的大白团、大魏村、姜庄、王胡庄、孙村等18个村安了据点，之后又在唐河两岸的义和庄、耿庄、温仁等10个村设岗楼。据点之间修公路，挖壕沟，形势日益严峻。县大队根据上级指示，被迫南撤，转战到博野、任丘地区，几乎每夜都要同敌人周旋。幸好我们有份地图，出发前量好距离，按方位行进，不走大路，不过村庄，到目的地也不进村，查明情况，灵活开展工作。

1942年5月16日，晋察冀军区转发八路军总部关于反"蚕食"斗争的指示。17日，八路军前方总部来电勉励冀中军民坚持斗争，渡过难关。6月4日，冀中区党委和冀中军区决定主力部队分别向外转移，部分地区队和地方游击队留下坚持。九分区韩伟司令员带主力团去铁路以西。当时在蠡县的清苑大队，大部分战士编成两个连分别并入十八团和二十四团，随主力外转，只留下20多名基层骨干。大队长王光裕奉调去路西学习，大队政委李一托病离队回家，大队领导只剩副大队长王振让和我。分区新组建的班子有司令员王凤斋，地委书记兼政委吴立人，专员兼副司令员赵介，参谋长贾桂荣，政治部主任方国南。7月下旬、8月上旬，分区在肃宁的一个村和白洋淀苇塘两次开会，分析形势，研究斗争策略。地委也召开县委书记扩大会议，部署反"扫荡"工作，要求：各级干部建立堡垒户和堡垒村；地区和县级机关大力精简，干部一部分去路西学习，一部分回家隐蔽，一部分咬牙坚持；县大队分散活动，各县组织武工队镇压汉奸特务，瓦解伪军伪政权，并建立各级情报组织。要求组织形式、工作作风都要随着斗争形势的转变而作相应的改变，准备迎接更大困难的考验。同时指出：目前的困难只是黎明前的黑暗，渡过难关，曙光就在前头。

在最艰苦的时候，晋察冀军区司令员聂荣臻适时提出"向敌后之敌后挺进"的斗争方针，打破日军的"堡垒政策"。我们接到分区指示，立即着手准备返回清苑，深入敌后之敌后，恢复工作，开辟新地区。大家离开自己战斗的地区已大半年了，身在蠡县心早已飞回清苑。大家听说要回已成为敌人治安"模范县"的家乡，同父老乡亲共同抗日，都积极行动起来做准备。首先把留下来的20多名战斗骨干编为两个班，手枪班由副大队长率领回清苑北部，我带大枪班去唐河两岸。行前派人侦察敌情，得知要过4条公路，公路两侧挖有5米多深的封锁沟，公路上有敌哨兵巡逻，分段有自卫团把守，梆声频频，鸣锣报警，煞是森严。横穿公路不仅要避开敌人，还要上下两道深沟，实际上是要过4道严密的封锁线，绝非易事。公路上岗楼旁修有通道，无需翻越深沟，但敌人盘查甚严，无法通过。有位地方干部化装成商人过路被捕了。化装走通道绝对不行。几经筹划，反复比较，我们确定夜间过封锁线，一天路程分两个夜晚走；每人带两天的干粮、一把小锹，3个人一条绳。

7月21日夜，我们怀着投入战斗的兴奋心情，十几个人从蠡县握纽庄向清苑进发。茫茫黑夜中，悄声来到王盘据点南边的公路旁，隐伏在沟边。不一会儿，游动的自卫团的一个人沿沟走过来，两位战士出其不意突然上前抓住他，拉到我面前来。这个人看出我们是八路军，未等讯问便说，他们自卫团都是附近各村老百姓，被敌人逼得没办法才来应付差事的。我要求他帮我们过路，他毫不犹豫地答应了。于是，他照常敲响梆子，高喊着"平安无事"，我们则悄悄疾速通过：3人一组下沟，一人在上拉绳，两人顺绳而下，再接应拉绳的人顺土溜下；上沟时，一个踩在两个人肩膀上，在高处挖出蹬坎，纵身上去，放下绳子，把人们一个个拉上去。我们过了两道封锁线后，鸡叫三遍，东方泛出鱼肚白，不能再走了，便找了个瓜园，隐蔽在附近的青纱帐里。夜间继续出发，路上下起小雨，拂晓前进抵温仁村南，雨渐渐大起来，不能贸然进村，便在倾盆大雨中躲进高粱地里，两个人合顶一块雨布，整整淋了一天。到黄昏正准备乘无人之机进村时，却发现各街口都有人提灯站岗，不时传来梆声锣声。温仁是个大村，有敌人炮楼，倘若暴露，后果严重，只好又回到青纱帐隐蔽。直到第二天夜里，绕过街口，找到队员王青林曾住过的房东家，才算住了下来。几百户人家的温仁村，几个月来备受敌人蹂躏。乡亲们听说我们回来，非常高兴，纷纷倾诉被日伪欺压的苦难；也有人担心我们势单力孤，"暴露"了会惹事。我们逐一进行了安慰和解释。经做工作，群众让房给我们住，做饭给我们吃，帮助放哨，帮助联络。温仁是我们返回清苑的第一个立足点。随后又把工作扩展到良寨和有敌人岗楼的罗家营，这3个村都建立了堡垒户。白天藏在老乡家里，夜晚出来开展工作，昼伏夜出，依靠群众，保卫群众，初步在敌后建立了可以立足的小小根据地。

站稳脚跟之后，第一件事便是同清苑县委联系，力争迅速取得党的领导。由于各自行踪不定，各自驻地又都保密，几经周折，在王力村终于见到了县长王谆。他向我们详细介绍了敌情、我情和工作开展的情况。县委书记赵一之听说我们已返回清苑，便主动找了来，同我们一起活动。9月的一天，在李庄，赵一之向我传达分区决定：遵照中央指示，党政军实施一元化领导。赵为县大队政委，我为政治主任。由于环境残酷，和上边联系不容易，我们俩就经常在一起，有事共同商量。在县区委统一领导下，逐步打开了局面，重新建立了县区抗日政权；武装力量也逐步壮大。到1942年秋，县大队由返回时的两个班发展成两个中队。各区也恢复了区小队。

控制伪政权 改造伪政权

大乡、联保、保甲等敌伪基层政权，是日军进行统治的机构。伪基层政权人员中，忠于日军的铁杆汉奸是极少数，由于形势所迫不得不"维持"的是大多数，个别则为党组织委派的应敌人员。据此，我们对伪基层政权人员采取了打击少数、争取多数、团结改造、加以利用的方针，使之成为同敌人进行合法斗争的"两面政权"。当时群众称这样的政权为"白皮红心"。

无论"扫荡"前的"蚕食"，还是"扫荡"后的占领，敌人都想摧毁我们的抗日组织，迫害我们的村干部和军人家属，建立伪保甲制度。在清苑，敌人是从北向南逐步"蚕食"占领的。为了适应形势，我们的工作实行了转变：赶在敌人之前，村支部组成两套班子，由没有担任村干部的党员组成支委会，公开的干部不能坚持工作时，或撤离或隐蔽，由第二套班子领导工作；在敌人建立伪政权时，或者主动安排可为敌人接受的维持会，派出联络员；或者派人打入伪政权，由党员或爱国心强的群众出任保、甲长以及联保长、大乡长，以掌握斗争的主动权。这样改造后，表面上是伪政权，替敌人办事，实际上是做抗日工作。那时，实现了这一转变的是少数，一个区也就是四五个村，但斗争方式巧妙，斗争成果显著。转变后的伪政权联络员也还经常向敌伪报告，只是常常以多报少，以有报无，或者以少报多，以无报有，把向南去报成向西去。自卫团打更，无事则缓敲3下，有情况则急敲3下，形式上为敌守夜，实际上为我放哨。温仁乡伪大乡长赵洪章，民族感强，有爱国心，多次掩护我们，巧妙地与敌人周旋。1942年秋后的一天，据点的敌人向温仁村要军粮400斤、战马5匹。群众无法应付，甚为焦急，赵洪章却说："这好办，咱们准备4袋谷，装点沙子凑成5袋，让赵瑞祥赶车，找几匹骡子我牵上，然后……"如此这般一说，大家乐得合不上嘴。第二天早上，他们牵上牲口，赶上大车，向炮楼走去。走到炮楼视线以内，我游击队突然出现在河滩上，乒乒乓乓朝天打阵乱枪，赵瑞祥掉转车头就往回跑，赵洪章提上空笼头去了炮楼，向日军小队长荒井报告，敌人亲眼见到八路军截走粮食和马匹，也无可奈何。1943年8月，一区马耀光区长在温仁村边被抓，在押往据点的路上，遇上赵洪章。赵对伪军说："你们抓他干什么？这是我表弟呀！"敌人问："那为什么见我们就跑？"赵洪章说："你们见人就抓，谁不害怕？"敌人见赵洪章说得真切，又没搜出什么，就把人放了。由于赵洪章应付敌人机智勇敢，深受日军荒井赏识，温仁村被树为"爱护村"，也即"治安模范村"。这个"模范村"实为我们的"安全岛"，几乎每天都有部队和伤病员住在温仁村，从未出过差错。有一次驻张登镇的伪军中队长张连仁带队来村，说村里有八路。赵洪章指着他的鼻子骂："你想要钱好商量，这么胡说八道可不行！你说村里有八路，不如说我通八路爽快。走，咱们到据点去评理！"吓得张连仁不敢再说。

对大多数的伪政权人员，主要是教育改造。这些人多为富户，家里有妻儿老小，有土地财产，俗话说："跑了和尚跑不了庙。"因此，这些人不能不考虑留条后路。县大队每到一地，都要召开伪乡长、保甲长、联络员、乡下保丁会议，宣传我党政策，进行民族气节教育，要求他们"身在曹营心在汉"；对伪军也经常开展政治攻势，夜间向炮楼喊话，讲形势，指出路。根据平时掌握的情况，有时指名要谁谁听讲。经过教育，多数人表示不当铁杆汉奸。郝王力村的伪联保长张书田，不愿同我们合作，又不敢得罪我们。1942年秋后的一天，我们在王胡庄打了个胜仗，转移到张书田家，他吓得哆哆嗦嗦，表示"要什么我都给"。我说："什么也不要，今天就住在你家，你的房子又多又坚固，鬼子来了就在这里打。"他当然清楚在他家打仗的后果，只好硬着头皮把我们安排在东西厢房。谁知第二天清早真的来了敌人。一个日军军曹带几名日军，打听我们的下落。我们做了打"挑帘战"的准备，张书田连忙把鬼子让到正房应付接待，乖乖地把敌人应酬走了。事后，我教育他："本来可以消灭这几个鬼子，因为在你家我们不好动手。团结抗日才是出路，希望你同我们合作。"以后张书田经常掩护我们的伤病员，为我们筹粮款，送情报。

铲除奸细，惩治叛徒，严厉打击死心塌地的汉奸。极少数坏人对我们危害最大，如良寨村的霍六金，向敌人自首叛变，交出了该村党员名单，县委决定立即清除这个祸害，由县长王谆、敌工部长张鹏和我组成领导小组负责执行。不到一个月就抓到了他，经过审问，就地枪决，并张贴县政府布告。接着又处决了铁杆汉奸、王力村的保长王老歪。顾家营大乡长刘志高，夜间躲到岗楼，白天回村，第一次没有抓到，他反而扬言要抓给八路军报信的人。我们密切监视他的行踪。一天，他在伪乡公所开会，我们派两个人化装成便衣特务，以望都宪兵队名义访问该乡，傍晚把他带到村外，历数罪状后就地枪决，事后把县政府的布告贴在乡公所门口。正义的枪声、县政府的布告，向敌人宣告：抗日政府健在；向敌伪政权人员告诫：不许扰民害民。在我们锄奸的震慑下，许多伪政权改变了态度，向我们提供给养，进行掩护，成为名副其实的两面政权。县政府民政科员张学敏，原是国民党军队的上士，环境残酷时勾结"投诚"伪军的李俊杰、钟浩然，公开投敌，在薛家庄炮楼当了特务。他们3人到各村点名要村干部自首，抓到炮楼严刑拷打，带领敌人破坏地道，搜公粮抓军属，敲诈钱财，无恶不作，群众恨之入骨。但他们住在据点里，难以抓到。这时县妇女救国联合会的宣传部长霍燃被敌人捕去，敌人让先她被捕的县委组织部长苏冀指认时，未供出她是共产党，而她的朝鲜族同志正是日语翻译。日军妄想让霍燃投降，一方面给她"优待"，一方面抓她母亲去劝降，霍燃不为所动。县委得知情况后，通过关系送信给她，要她接受"工作"，相机除掉叛徒。此后她即主持薛家庄据点情报室。我们得以利用伪政权告发张学敏等"放走八路军",由日军杀掉了张学敏等祸害。

人民大团结　同心斗敌顽

"全国人民动员起来,武装起来,参加抗战,实行有力出力,有钱出钱,有枪出枪,有知识出知识。"这是我们党在《十大纲领》中提出的战斗号召。1940年中共中央北方分局颁布了《双十纲领》,要求高举民族抗战大旗,组织强大的民族抗日统一战线。

刘全章先生是一位在当地很有声望的爱国人士,抗战初期曾同王洛亭组织48村参加的联庄会,有兵力5000余人,同八路军并肩抗日。后因屡受国民党顽固势力的袭击、迫害,逐步向我们靠拢,后来同我军合并,成为独立营长。"五一""扫荡"后,他从部队返回清苑。刘先生不仅在群众中有很高威信,那些敌伪人员也怕他。他就通过各种关系,用多种方式教育、争取敌伪人员。安国县伪保安大队长段斌林,曾在刘全章属下当过连长,刘全章先请段的堂弟同他联系,又亲自登门"拜访"。经过动员,段斌林率130余人起义,回到抗日阵营。

杨各庄的开明士绅吴洛会,把3个孩子都送去参加了八路军,自己也经常参加抗日宣传工作。南宋村的说书艺人魏炳山,利用说书的机会为我们了解敌情,递送情报,还说服了爱听书的伪军小队长王艳民,帮助做些抗日工作。医生栾福桐,利用外出行医,经常为我们购买药品,有时还冒险送到部队。

这些人士同我们一道进行抗日斗争,显示了中国共产党统一战线的威力。

县长作指示　袭击乡公所

"五一"反"扫荡"之后的3个月，我军越战越猛，打了一个又一个漂亮仗。

1942年8月1日，在大王力村，县长王谆告诉我："这个大乡公所很坏，不承认抗日政府，不缴公粮，工作人员吃饭都困难。我们要开展工作，需要让伪乡公所有所戒惧。"当天傍晚，我们采取突然行动袭击伪大乡公所。

天已昏黑，街上行人甚少，我带十几个人悄悄地潜入乡公所，先缴了伪乡丁的武器，然后把惊慌的伪乡长、伪人员集合起来训话。我严肃告诫他们："必须执行抗日政府的法令，别忘了自己是中国人，否则后果自负！"在我厉声训话时，事前安排好的人来请示："二连要不要进村？"闻听此言，伪人员吓得面面相觑，我刚一讲完便争相表态："坚决拥护抗日政府，决不当汉奸。"我们立即拿出以县长名义开出的条子，征收该乡50公斤白面，100公斤小米，限当晚12时前送到村南1.5公里的坟茔中去。然后我们即速撤离，消失在渐浓的夜色中。当夜10时许，150公斤粮食就送到了。

袭击伪乡公所的消息，很快传播开来，群众欢天喜地，奔走相告，张开大拇指和食指比成"八字"说："这个回来了！""没想到这么快就回来了！""真解气，看乡长保长还敢耍威风！"有人猜十八团回来了，有的说是冀西过来了主力部队。胜利的喜悦在唐河两岸荡漾开来，人民的心情也为之一变。

隐蔽敌占区　活捉伪警察

敌占区的群众，不但政治上遭到残暴镇压，经济上也受到名目繁多的勒索。一个安有据点的村，半年内即缴纳田赋税1600元，保甲费700元，照相费300元，训练费200元，修建炮楼工程费3240元；还有什么代替壮丁的雇佣费240元，可免受奸淫的大闺女费400元，门牌费780元；还有联络员报告不及时罚470元，撕标语罚402元……除上述"课税"外，还索要15头猪，200只鸡，1匹马，1辆自行车，700斤棉花，23万块砖，15张方桌，40个凳子。可谓名目繁多，敲骨吸髓。再加之烧杀掠夺，不少人妻离子散，家破人亡；商店关门，农家破产，群众忍无可忍。

1942年9月16日，我们隐蔽在大李各庄，趁伪警察又下岗楼来勒索财物时，被我们一下子活捉了8个。此后，敌伪人员再也不敢轻易跑出来"发财"了。严惩敌人敲诈，也就动员了群众起来抗日。

偶遇遭遇战　撤离窃敌情

1942年11月26日，我们又住在大李各庄村东北的一户农家。第二天上午，伪乡公所来人报告：伪军中队长李白毛要集合全村人讲话，说是"铁腿夜眼神八路"来了，要挨户搜查。我当即布置：4个人准备打"挑帘战"，其余人集中在东北角。不一会儿，十几个伪军跑来找人开会，边喊边砸门进来。我们当即开枪打倒两个，突围而去。敌人听到枪响，围追过来，李法波的毛线毡帽子被子弹打穿，我的手枪也卡了壳，只得边打边撤，几经险情才转移出村。

在平原，冬季作战受到很大限制，无险可守，无青纱帐作掩护。在敌强我弱的情况下，只能依托村落，只能依靠群众的帮助，夜间活动。夜间活动要首先解决走好、藏好、打好的问题。夜间行军不走大路走小路，进出村口走在后边的同志要把脚印扫掉，过封锁沟要用绳索作梯隐蔽上下。宿营时，先用暗号联系，了解有无敌情。住在堡垒户，要用棉被堵严门窗，村外设置化了装的秘密哨兵，严密封锁消息。有时敌人从炊烟情况判断有无八路军，我们便一天做一次饭，上午吃干粮，一次做两顿。敌人根据厕所内大便纸和小便的痕迹判断有无部队驻过。每到一处，我们都有专人处理，消灭痕迹。

　　部队分散隐蔽活动，掌握敌情增加了极大困难。我们想了个偷听电话的办法，即用竹竿插入电线，一头挂在敌人电线上，一头同我们的电话机相接，夜间伏在公路两侧侦听，有关敌人建制、兵力调动、日伪之间的联系，都能很快了解。一次，清苑县北大冉一个汉奸向敌人密报我区小队活动地点，被我们听到；接着又听到北大冉敌人同田各庄据点联系的情况，两个据点商量共同出动，偷袭我区小队。大队得到情况后，火速通知区小队转移，结果敌人扑了个空。由于我们能及时侦听到敌人的准确情况，多打了不少漂亮的伏击战。

反"扫荡"中的三次战斗

王寿仁

王寿仁，男，1919年11月生人，河北安国市人。1937年参加冀中人民自卫军。在冀中地区坚持抗日游击战争。解放战争中参加清风店战役和解放石家庄战役。新中国成立后任63军参谋长，1966年转业到中央广播事业局任副局长，党组副书记。1960年晋升大校军衔，1983年离休。

1942年5月，日本帝国主义对冀中的大"扫荡"给冀中广大人民带来了严重的苦难和牺牲。我们第八军分区第二十三团第一营面对这场异常残酷的斗争，以坚决与敌斗争的精神，以"人民军队为人民"的口号作为我们行动的指导思想，在赵振亚副团长带领下，抓住有利时机狠狠打击敌人，经受了一次严峻的考验。

在"五一"大"扫荡"中，一营所以能长期与强大的敌人周旋而不被穷凶极恶的敌人吃掉，且越战越勇，其原因是多方面的，一是指挥员用毛泽东军事思想周密分析，准确判断，审时度势当机立断，果断行事；二是赵振亚副团长时刻与一营干部一起研究敌人行动，掌握敌人的行动规律，并根据敌人活动特点果断指挥部队，使一营几次避开敌人的合击，化险为夷；三是在艰苦的反"扫荡"中，有坚强的政治思想工作，党支部起了战斗堡垒作用。

一次，一营在河间获悉，敌人要对任丘、河间、大城中心区进行合击。为避开敌人大合击，部队连夜行军50多公里，拂晓前插到了饶阳的王岗。没等部队驻下，发现敌人来了，正在村东边集合。干部立即将情况报告副团长赵振亚。赵副团长迅即召集营干部碰头研究。部队转移已来不及，一旦被敌人发觉很难摆脱敌人。副团长当机立断，趁敌人尚未发觉我们，派小分队以突然猛烈的火力袭击敌人，打敌人个措手不及，然后趁敌人混乱之机，部队迅速转移，甩掉敌人。于是，我们组织了一个排，偷偷接近正在集合的敌人。指挥员一声令下："打！"步枪、机枪、手榴弹同时向敌人袭击。这一突然袭来的火力，打得敌人屁滚尿流，鬼哭狼嚎，狼狈不堪，乱成一团。随着火力追击，敌人仓皇四散，我小分队随手捡了敌人丢掉的武器迅速撤出战斗，紧跟主力部队顺利地转移了。当敌人醒悟过来，准备组织反击时，我们的部队已走出很远了。

一次，一营为避开敌人合击，从饶阳地区经一夜行军转移到安平与深县交界地段家佐。部队到达时天已蒙蒙亮，听村干部讲，七分区司令部为避开敌人的合击，刚刚离开这里。经过一夜行军的一营确实需要休息，怎么办？但我们想，分区机关刚在这里驻过，目标很大，说不定今天敌人就会扑来，部队必须迅速离开这里。正在这时，侦察员报告，敌人正向段家佐靠拢，可能要包围村子。赵振亚和营干商定部队立即转移。部队刚走出村庄500多米，就被埋伏在小树林里的敌人发觉，并突然向我们打了一阵枪。由于我们在交通壕内行进，地形条件好，我们给了敌人以猛烈还击，把伏在平地上的敌人打得向东撤去，我营则由南向西南转移，顺利地摆脱了险境。事后听说这次合围分区的日军有2000余人。

7月上旬的东圈子战斗。一天下午，奉上级指示，部队迅速向渤海地区转移，我营在团政委姚国民、代理团长赵振亚带领下暂时离开冀中，摆脱敌人的合击，进行休整补充。我们自冀中出发，经过50多公里的夜行军，通过了运河和津浦铁道，天亮时到达了盐山县东圈子。这时北面的小岗楼已发现我们进驻东圈子。部队进村后，便忙着分配房子，看地形，划分各连的警戒任务和防御区域，准备早饭，争取休息一下。

部队正在防区构筑工事时，侦察员报告，有200多名日军骑兵来到西边，在距我营500多米处集合了。我营通知各连赶快做好防御工事，抓紧时间吃饭。时隔不久，日军步兵、坦克也向这个方向靠拢。姚政委、赵团长召集我们几个营领导商议怎么办，并说明我团二营在雪村战斗中，就是被敌人骑兵追散，遭日军步兵合击和连续追击失掉了指挥，遭到了损失；而现在已发现的敌人有骑兵、步兵，还有坦克。赵团长说，要接受二营的教训，我们利用村子的围墙，做好防御工事，坚守阵地；另外有个有利条件，东圈子四周都是平地，如果我们居高临下坚守阵地，对我们是有利的。如果我们不利用这有利地形，硬撤，自东圈子到东边的村18公里，又是平川，没有任何依托，在这种情况下，敌人步骑兵和坦克互相配合，前截后堵和以火力追击，我军不会达到顺利转移的目的，很可能和二营雪村战斗一样受到损失。如果我们借助村子周围的寨墙坚守，居高临下，有利于发挥火器的威力，而敌人又完全暴露在平地上，想突破我们是困难的；动员部队坚持到天黑再转移，注意节省弹药，要求战士瞄准打，多消灭一些敌人。

于是我营命令部队加强工事，坚守阵地。战斗从早晨打响，日军从上午开始，在4辆坦克的配合掩护下，向我营发起了多次猛攻。但由于当时敌人的坦克很小，只装有一挺机枪，没有火炮装备，冲击力不大。面对我两米厚两米高的围墙，根本不起多大的作用。村口都用大木头堵了，所以敌人几次冲锋都被我们的机枪、排子枪和手榴弹打退了，4辆坦克被我军用集束手榴弹打坏了两辆，瘫痪不能动了，另两辆怕遭手榴弹打击也躲得远远的不敢再来了。日军指挥官见坦克不行，又想出了第二招，想借用村边的大树，让机枪射手爬到树上，在树上居高临下压住我军围墙上的火力，掩护步兵冲进村。这个天真不实际的想法哪能行呢？日军的指挥官叫日军机枪射手把绳子拴在腰上，往树上爬，然后再用绳子把机枪吊上去。这样一来反而给我们当了活靶子，我们一连一排副排长王文栋带几个特等射手，不慌不忙地瞄准爬树的日军，当他爬上树、吊上机枪，将要伸手抓机枪时，我等待射击的几位同志一扣扳机，日军便从树上摔了下来，枪毁人亡。由于日军的武士道精神作怪，一次被打掉，接着又上，一连七八个，通通都被打掉了。最后日军指挥官才死了心，放弃了这一招。

日军见一招不灵，便施出最后最毒辣的一招，施放毒气。不多时，村西南角施放了毒瓦斯。我和一、四连正在这个地段上，毒气笼罩了这个地段。大批的日军戴着防毒面具在浓烟滚滚的毒气掩护下向我方冲来。我军因无防毒气装备，只好用尿湿了的毛巾捂上鼻子和嘴，继续坚持战斗。不多时，不少战士被毒气熏得四肢发抖，口吐白沫。这时我已把预备队和营重机枪调上来，一阵猛烈射击和手榴弹把日军打下去了。一会儿日军又戴着防毒面具冲来，部队坚守街道房子到天黑，最后突围出来，并于当晚与分区会合，保存了营主力。这次战斗，日军一千三四百人被我营打死打伤六七百。可惜的是在这次战斗中，赵团长、王作文、戴敬武英勇牺牲了。我营伤亡共160余人。

反"扫荡"中的"日本八路"

梁缜　张晴

梁缜，女，1946年出生，1970年毕业于北京师范大学历史系，编审，长期从事中共党史资料征集和研究工作。

张晴，女，1965年11月3日生。现在中共河北省委党史研究室工作，曾参加编修《河北省志·共产党志》。

在冀中抗日根据地1942年的"五一"反"扫荡"中，有一个鲜为人知的情况，这就是一批觉醒了的日本士兵拿起武器，与冀中军民并肩反"扫荡"，进行打击日本侵略军的英勇斗争。冀中人民称他们是"日本八路"。

"日本八路"是日本人民反战同盟的成员，是八路军中的日本兵。"冀中日本人民反战同盟支部"是"在华日本人民反战同盟"的一个支部，他们的宗旨是：在中国共产党及八路军的领导下，高举反战大旗，与八路军联合起来，为共同消灭日本侵略者，打倒日本法西斯，拯救中华民族和日本人民而奋斗到底。这个"反战同盟支部"于1941年2月23日在冀中军区后方的唐县南洪村成立，它也是敌后抗日根据地成立较早的一个支部。成立之初，这个支部的成员有田中、东忠、松山、西村等19人。他们原来都是受日本法西斯军部所驱使，到中国战场作战的军官或士兵，参加到反战阵营中以后，为反法西斯的正义事业做了不小的贡献。田中是支部书记长，东忠是支部副书记长兼宣传部长。

1942年的"五一"大"扫荡"，是穷凶极恶的日本法西斯对冀中发动的空前浩劫。冈村宁次纠集5万之众，对冀中进行"梳篦拉网"、"铁壁合围"、"辗转剔抉"，形势非常严峻。这样的恶劣环境，是考验反战同盟盟员的反战立场和意志的时刻，也是检验他们所诚信的反战宗旨的时刻。令边区军民惊喜的是，他们中无论是坚持内线，还是转向外线作战的盟员，无一人不抗战到底，在反"扫荡"中全部经受住了严峻的考验。他们的英勇事迹给冀中军民留下了难忘的印象。

"五一""扫荡"开始之前，冀中军区敌工部根据军区首长的指示，就把日语训练队的学员和反战同盟支部的盟员，混合编成了若干个工作队，化整为零。除机关一部分同志留在内线坚持斗争外，其余都分别派到各军分区去，随反"扫荡"的部队转移到外线（近敌区和敌占区），配合内线进行反"扫荡"。

"冀中日本人民反战同盟支部"的书记长田中，原是日军的一个少尉小队长。1940年在深县与八路军作战时身负重伤，被俘后经我军的感召与教育，从日本武士道的精神枷锁下解放了出来，逐步认识到日本帝国主义对中国进行的战争是非正义的。日本大资产阶级、军国主义分子发动的对中国的不义之战，完全是为了灭亡中国，奴役中国人民，这根本不代表大多数日本国民的愿望。为少数人的利益，把中日两国人民推入战争灾难，这是罪恶至极的。因此，田中决心做一个反战战士，他要和中国人民一起，为结束这场罪恶的战争而战斗，共同打倒日本军国主义。支部的其他成员也都经历了大致相同的思想转变过程。

"五一""扫荡"开始以后，田中奉命随冀中回民支队到敌区去开展政治攻势。5月中旬，冀中回民支队奉命攻打交河县城的时候，田中带着一部电话机随之来到交河。夜袭交河城攻占3座城门之后，田中即对城中固守的敌兵进行政治攻势。他以熟练的技术把泊镇通往交河的电线剪断，再把自己的话机接到通往交河县城的话线上，等攻打城北面的焦振锋排长偷袭回来之后，田中就从容地与交河守城的日军中队长通上了电话。田中说："今天晚上，我们已将交河城东、北、西3个城门打开，这次给你留点面子，要不早将你们消灭了。"日军中队长问："你是什么人？"田中说："我是冀中反战同盟支部的田中。""叛徒！""胡说八道！"日军官气得暴跳如雷。敌人在受到偷袭后，又猝不及防地让日本反战盟员通了电话，顿感八路军游击队神出鬼没，威力无穷，在日本军营内引起很大的反响。这是一次成功的攻心战。田中随回民支队撤出交河城以后，又转回到冀中腹地阜城孙镇一带活动。

不久，回民支队接到军区电报，催促他们急速跳出阜城孙镇一带，跳出敌人的包围圈，向冀鲁边区转移。在向外转移的过程中，6月1日夜晚，回民支队在阜城附近的纪庄和柳树高庄陷入敌军的重围。敌人几十路步兵和骑兵并头推进，坦克、装甲车、重机枪、迫击炮，打得天昏地暗。这一仗，回民支队遭受了较大的损失，人员伤亡惨重。陆续冲出来的战士，在寻找着部队。这时，一个步履蹒跚、晃晃悠悠走着的人，在黑暗中喊着他的熟人，"刘的你来！"原来是突围出来的田中，遇到了回民支队的战友。当人们跑近一看，只见田中是一副饥饿、疲惫而又坚强的面容，一见到自己人，他立刻失去了支撑，瘫软了下去。原来，田中的腿部受了伤，流了很多血，他用手拄着一支枪，身上还背着两支枪和几挂子弹。他虽然负了重伤，但他知道八路军中缺乏武器，所以舍不得扔掉它们。战友们赶紧取下他的重负，关切地问他怎么负的伤。他用手边比画边说：有几个日本兵发现他是日本人，就紧追不放。他用3支枪轮流射击，一支枪管打热了，换另一支，边打边跑，不知跑了多远，才甩掉了追击他的敌人。这时，回民支队的战友为田中找来一头牛，把他用背包带绑在牛背上，带着他，转移出了敌人的包围。后来，田中转入北岳区根据地作战，跟随冀中干部教导团四连在豆铺里战斗中被日军俘去。敌人企图以怀柔政策感化他，要他发表背叛日本在华反战同盟的声明，诬蔑八路军枪杀俘虏，以此来欺骗他们的士兵。田中坚决不肯，还义正词严地斥责日本军国主义的侵华暴行，对反战事业坚贞不屈。最后，敌人残杀了他。田中用自己的宝贵生命履行了反战同盟的誓言。

　　反战同盟的松山一郎被分到第六工作队，随八军分区活动。当日军开始"扫荡"之时，八军分区已经到达了靠近天津的静海、大城、文安等县的近敌区，跳出了敌人的包围圈。他们经常在当地部队的支援配合下，把日军据点包围起来，展开猛烈的政治攻势，如张贴标语，散发传单，对日军喊话。尤其值得一提的是，松山一郎对守备吕公堡据点的日军司令官佐佐木军曹的电话宣传，颇带戏剧性，在"五一"反"扫荡"中被传为佳话。

　　那是5月下旬的一个晚上，任（丘）河（间）大（城）支队神不知鬼不觉地包围了大城至任丘公路上的吕公堡据点。敌工队在部队的掩护下，来到据点以东500米处的长着茂密松柏树的坟地里。他们割断了敌人的电话线，把我方的电话机接在通往吕公堡日军据点的电话线上，由反战盟员松山一郎向他们摇电话。为了松山的安全，大家给他蒙上一条棉被。"我要佐佐木听电话。"开始佐佐木还以为是别的据点的同事跟他开玩笑，待证实真的是八路军中的反战同盟成员在跟他通话时，他吓得一下子扔掉了电话筒。松山从电话里听到警笛声和准备战斗的命令声，整个据点乱作一团。接着，各种武器和信号弹一起喷射出来，盲目地在据点的周围和空中爆炸。周围的伪军据点，也有了反应，热热闹闹地打了起来。敌人疯狂地扫射着，我方却一枪未放，松山还是不停顿地摇电话。"佐佐木！佐佐木！"佐佐木又抓起电话，气急败坏地吼道："你们为什么不进攻？你们在什么地方？你们打算干什么？"松山顺着佐佐木的话题，向佐佐木说明来意。松山告诉佐佐木，我们是"冀中日本人民反战同盟支部"第六工作队的，我叫松山一郎，就在你的据点附近给你打电话。松山见佐佐木冷静了下来，乃不失时机地以和缓的语气告诉他，今天不是来端你的据点的，是来和你们电话交心的，是来送礼品交朋友的，是来和你们说明战争发展前途的。佐佐木没有再暴跳如雷，也没有打断松山的谈话，而是静静地听了下去。松山一郎按照事先准备好的谈话内容，向佐佐木清清楚楚地讲了起来。佐佐木在据点里面听，不清楚的、听不明白的地方，还不时地问个明白，态度有了明显的变化。谈到最后，双方还客气地说了"谢谢"和"再见"。这次火线喊话，使敌人产生了动摇，给反战同盟的盟员以很大的鼓舞。

还有一部分反战盟员，如东忠、西村、中山、津田等，从一开始就留在了内线，分散隐蔽在安平县的彭家营、马江村一带群众的家里。彭家营的张树申家、张长根家，马江村的郭大娘家、郭春栓家都是他们的堡垒户。有高度政治觉悟的冀中人民，听说这些日本人是反对侵华战争的"日本八路"，就把他们看作自己的朋友，在日军疯狂"扫荡"、"清剿"的险恶岁月里，对他们舍身保护，热心照料，没有让一个反战同盟的战士受到委屈和损害。

在"五一"大"扫荡"中，因敌人大规模地反复"剔抉"、"合围"，盟员们与战友们数次被冲得七零八落。但是，在残酷危险的环境中，他们人自为战，孤身转移，巧妙地利用地形和青纱帐躲避敌人，找群众、找当地党组织藏身坚壁起来，最后找到部队。中山被敌人冲散后隐蔽在青纱帐里，天将黄昏时走出青纱帐，到村子里找村长，向村长自我介绍说："我是冀中日本人民反战同盟支部的。"村长一听就将他隐蔽了起来，后来帮他找到了部队。

东忠是"冀中日本人民反战同盟支部"的副支部书记长兼宣传部长，他在反"扫荡"当中英勇无畏，后来还受到记者的采访，其事迹刊登在了《晋察冀日报》上。东忠被俘前是日军掷弹筒分队长（相当班长），1938年随军来到中国战场。他出身于劳动人民家庭，接受反战教育很快。反"扫荡"前，他在八路军部队里经常教授日语和军事技术，性格乐观，思想活跃，是一个出色的反战盟员。"扫荡"开始，东忠奉命带着两名受重伤的盟员留在内线，和敌工部的领导一起，换上便衣隐蔽到群众中去了。东忠与老百姓生活在一起，老百姓种地他也跟着种地，空闲下来，他就学习马列主义。起先他很少讲话，后来，房东老大爷见他和敌工部的人说话叽里咕噜的，就生疑了。有一天，房东对他左看右看后，用十分严厉的口气问他"是干什么的"，东忠如实地向房东解释说："我是日本人民反战同盟支部的，是'日本八路'。"老房东听说他是"日本八路"，非常高兴地端出馒头给他吃，并说："孩子，你放心，只要有我在，就有你在。"敌人来了就保护他到安全的地方隐蔽起来，生怕东忠的安全出了问题，对不起"日本八路"，也对不起托付自己的党组织。

　　东忠在群众中隐蔽了一段时间以后，根据领导的指示，又跟随反"扫荡"部队一起行动。敌人连续"扫荡"他们活动的地区，情况很紧张，他们经常在敌人的"合围"圈里跳来跳去，差不多每天都进行战斗。5月下旬，他们在饶阳王岗遭受到敌人坦克、飞机、大炮、骑兵的大规模合击，但没有退却，而是经过反复周旋，巧妙地摆脱了敌人，跳到深泽去了。东忠回忆说："转移的时候我们边打边转，情况很紧，我跟战士一样，有3昼夜战斗行军没有吃饭，也没有睡觉，所奇怪的是精神越打越旺，毫不觉得饥饿疲倦。"

　　5月29日，东忠所在的部队宿营在晋县小兴庄，又突遭敌人的包围，没有走脱，战斗打得非常激烈。部队为了突出重围，决定从东北面往外冲。东忠自告奋勇地参加了第一梯队。突围开始后，东忠奋勇冲杀，在漫天的浓烟浊雾的掩护下，他第一个冲入敌阵，迎面打倒杀上来的日军，缴获了一支步枪。他和我军战士一起奋力在敌阵中拼杀，终于打开了一个缺口，使突击梯队和后续部队突出了重围。这次战斗，东忠还救助了一个重伤员。这个伤员已不能自己行走，东忠就和另外一个战士把他架起来，赶上了部队。提到这次战斗，东忠很谦虚，平静地说："我突围时走得比较快，走在前面。"战斗结束的当天晚上，东忠所在的部队与七分区十七团相遇，为了工作需要，东忠奉命跟随十七团一起行动。在晋县小兴庄突出重围的第二天，即5月30日，在深泽城北的北白庄，又与敌人遭遇，再次发生了一场恶战。这一战也是"五一"反"扫荡"中的有名的村落防御战。这是第七军分区第十七团第二连、晋深无县大队和六军分区警一团第二营在李家角战斗后，分散突围集合起来的一个混合连一起打的仗，各部公推十七团的副营长张子明统一指挥。战斗从拂晓开始，当部队还在挖工事的时候，1000多敌人从村西南面连续向我方发起了猛烈攻击，均被击退。很快，敌人包围了村子，东、西、南3面都开始了激烈的战斗。东忠是打掷弹筒的能手，可这时，掷弹筒已经打完了。他就用长枪和手榴弹把敌人一次又一次地打下去。战斗中，东忠被八路军战士勇敢顽强的作风所感动，他说："战士们非常迅速地进入他们所预定的位置，战斗布置得迅速，使我极为惊异，日本就是训练得最好的队伍也没有这样迅速。"又说:"有两个战士都负了两处伤,指挥员督促他们下去,他们坚决不肯;走到西边看见负伤的也是如此。八路军这种顽强战斗的精神,是我所未见过的,看了非常感人。"天近中午,敌人已攻得离他们很近了,东忠能听到敌方指挥官喊"一、二、三,前进"的声音。敌人发现西边我军的重机枪给他们以很大杀伤,就集中一门重炮和3个掷弹筒一起打来。轰击过后,东忠听到敌人大声喊叫:"重机枪!"接着,重机枪就响了起来。东忠急了,就爬到墙头上,把大把的手榴弹甩下去。这时,指挥员张子明英明地指挥一个排,带一挺轻机枪,由民兵带着从地道里绕到村西南一公里的小高庄,从背后偷袭敌人的指挥所,击毙敌大队长管泽。顿时,敌人慌乱起来,疯狂的进攻被阻止了。我方以伤亡23人的代价,毙敌400多人。下午2时,敌人又调1000多人赶来增援,再次疯狂冲锋。指挥员张子明决定:争取主动,摆脱敌人。指挥部队在民兵的引导下,经地道把部队安全地转移了出去。

6月9日,转移出去的部队,又与七分区二十二团相遇,联合在深泽县宋家庄打了一个有名的、被称为"五一"反"扫荡"光辉战例的村落防御战,此战消灭敌人860多。战斗由二十二团团长左叶指挥,浴血奋战16个小时。敌人以2500余兵力反复攻击,炮火猛烈,我军外围工事很快被炮火摧毁。下午4时,南宋家庄失守,敌人集中力量攻击北宋家庄,曾在村西南角和东南角两处冲进村内,还施放了大量毒气。村口被突破时,双方展开了激烈的肉搏战,战斗打得惊心动魄。东忠一个人带着5支掷弹筒和一挺机关枪,这位原日军掷弹筒的班长、八路军掷弹筒的教官,这一仗可大显了身手和威风。敌人从哪边进攻,他就到哪边用掷弹筒和机枪打击敌人。在这个村里他转着圈地打,他以高超的技术,给敌人以很大杀伤,一直坚持到天黑。他以勇猛善战和良好的军事素质,给晚上的突围创造了很有利的条件。突围时,他还十分友爱地背着一个重伤员突围出来。宋家庄战斗后,他还参加了一些重要战斗,都表现得非常英勇。

留在内线的另一个盟员西村,因为腿受重伤,他虽然没有像东忠这样轰轰烈烈地去战斗,却有着另一番不同寻常的经历。反"扫荡"一开始,受伤的西村就被坚壁在安平县马江村的堡垒户郭大娘家里。郭大娘和郭大伯听说他是"日本八路",便把他当成是抗日的朋友,看成是自己的亲人,备加爱护。

1942年6月底,为时两个月的反"扫荡"结束后,各路部队与反战同盟的战友,都撤到路西晋察冀边区,而西村因伤未愈,不能行走,仍然留在冀中。1943年秋,由冀中敌工部护送才归了队。在这一年多的时间里,敌人反复"扫荡"、"清剿"、"清乡",西村完全是在堡垒户郭大伯、郭大娘的舍身保护和精心照料下度过的。郭大娘对这个受了伤的西村,就像对自己亲生的儿女一样,喂水喂饭,端屎端尿,精心地调养、护理。除了村里供给的粮食外,自家有什么好吃的,都先拿给西村吃。一听说有了情况,就一步不离地守在他的身边,扮作伺候病人的样子,应付敌人的盘问搜查。在这漫长而艰险的日子里,郭家每日担惊受怕。"扫荡"当中,不知日军听到了什么风声,曾两次闯到郭大娘家,向他要日本伤兵,逼他们说出西村的藏身地点。郭大娘的腿被敌人的刺刀扎了好几刀,郭大伯、郭大娘先后被毒打昏倒在地,但始终只字未吐,用自己的性命保护西村。西村深深体会到中国母亲的伟大襟怀,心里有说不出的感动。他学会的第一个中国字就是"娘"。他认郭大娘为干娘。郭大娘也高兴自己得了一个"日本八路"的儿子。她对西村说:"孩子,有娘照看你,什么事也不用愁。"1943年秋,西村辗转几百里地,被接回敌工部。人们发现他大变其样,不但身体强壮精神焕发,还会讲一口流利的安平口音的中国话。他向大家表示,像这么好的中国老百姓,无论到哪里也不会找到。

这些"日本八路",都十分英勇地经历了"五一"大"扫荡"。他们没有一个人动摇,没有一个人退却,都成为了反"扫荡"的勇士。他们用实际行动书写了他们的誓言,还有两位献出了宝贵的生命。他们在与中国人民并肩战斗中,结下了深厚的情谊。这种温暖的情愫,一直绵延至今,激励着中日两国人民为和平和正义团结斗争。

火烧辛营桥

刘其恒

刘其恒，男，1914年生，"五一"反"扫荡"时任冀中七分区宣传部长、组织部长。新中国成立后曾任长治市委副书记、国家统计局人事司司长等职。1982年离休。

1942年5月1日，日军纠集了大批兵力，对冀中抗日根据地发动了一次空前残酷的大"扫荡"。在"扫荡"中增据点、修公路、筑碉堡、架桥梁，到处建筑军事基地，对我冀中根据地实行网状的分割、封锁。安平县辛营村公路桥就是"五一"大"扫荡"开始后日军强迫群众开始动工的。此桥横跨滹沱河两岸，是日军从深县的磨头通往保定的重要军事设施，桥身坚固，戒备森严，南北两头各筑碉堡一座，有日军把守。

6月下旬的一天早饭后，我在西长堤村接到一些群众报告，说辛营桥已竣工，明天日军要开大会庆祝，听后我又气又急。心想，辛营桥是敌人在保（定）磨（头）公路架起的重要桥梁，也是向冀中运载兵力和杀人武器的必经之路，此桥不毁掉，将会给我们抗日军民带来很大的灾难。想到这些，我下定决心，在敌人开庆祝大会前将桥摧毁，给敌人以沉重打击，煞煞敌人的嚣张气焰，鼓舞全县人民的斗志。可是，怎样毁掉大桥？根据当时的情况，用水冲不行，因汛期没到，河里没大水；爆破和轰炸也办不到，因没有大炮和炸药……想来想去，觉得只有用火烧才是唯一的办法。怎么烧呢？决定先侦察一下再说。于是我从西长堤村来到辛营村，找到村党支部委员李万增，讲明来意后我俩即化装成修桥的民工，上了大桥，在监工的和修路民工中穿来穿去，留神观察大桥的位置、结构及附近的地形、地物。经一番仔细侦察，看到大桥全是木结构，坐落在辛营附近滹沱河的狭窄处，桥下河水已经断流，仅桥下中间有一洼积水。桥的两头各有一碉堡，北头的碉堡离桥较远，约近千米；南头的碉保紧靠桥头东侧。再往南就是孟营村的护村堰，堰外及桥头两侧都是半人高的芦苇和高粱，堰内是村民住宅。

侦察回来后，我和李万增简单交换了一下意见，都认为烧桥的北端和中段都不易办。因北端虽离碉堡较远，不易被北碉堡的敌人发现，但却处在南岸碉堡的视野下；烧桥的中段，桥身太高，河底又有积水，且目标也大；南端虽靠近南岸碉堡，但有围村堰、芦苇和高粱掩护，敌人不易发现。于是我们俩初步决定烧桥的南端。之后我又到辛店村马占海（县委交通站负责人）家，让他找来县委组织部干事苏其祥、二区区委组织委员靳国相、通讯员张子荣及辛店村党员干部，给他们讲了侦察辛营桥的情况和烧桥的初步打算。经过大家商量，一致同意我们的烧桥方案，并想出了烧桥的办法，就是用一些四五米长的木杆，两桶煤油，几大捆谷草、大香和火柴等，把谷草绑在木杆一头，浸上煤油，插上白铁筒，筒内插上大香，在香与谷草的相接处绑上火柴，香燃尽时点着火柴，谷草即可起火。当时大家称这套土制装备为"定时炸弹"。当正在紧张地做烧桥准备时，县大队政委张根生带着五六名干部、战士也来了，决定配合我们行动，一定要把大桥烧毁。

于是在这天的深夜，我们一行人出发了。在赶到大桥附近时，张根生等留下，准备在此打援，我们和其他人都脱下衣服，从桥的上游越过滹沱河，直奔河南岸孟营村西头，然后沿着河岸，在芦苇和高粱的掩护下，悄悄地由西向东，潜到大桥下。苏其祥、李明等人把土制"定时炸弹"一个个靠稳在大桥的两孔梁柱上，之后迅速沿原路撤回。

当我们撤到孟营村西时，便看到大桥上火焰腾空而起，这时我命令同志们开枪射击。岗楼上的敌人看到火光、听到枪声，也不敢去桥头救火，只是拼命打机枪，发照明弹。一会儿崔岭据点的数名骑兵赶到增援，而我们已安然撤出了阵地。这次行动虽然没把桥全部烧光，但也不能通车了。大桥附近村庄的干部、群众看到桥上的熊熊烈火，人人欢欣鼓舞，从而更加坚定了抗战必胜的信心。

聂荣臻称赞的"佐家庄三壮士"

侯更新

侯更新，男，1933年生于高阳。解放战争后期参加革命，当过司药、护士、科员。新中国成立后，历任公社书记、县法院院长、县人大常委会副主任。1993年离休。

　　1942年"五一"大"扫荡"时，高阳县的抗日武装只剩下县游击大队（简称县大队）和各区游击小队（简称区小队）。为适应残酷的反"扫荡"斗争形势，县区武装也作了精简，一部分人暂时回村坚持隐蔽斗争，留下来的人分散活动，时而集中，依靠军民的鱼水关系，在据点、岗楼之间与敌周旋，相机歼敌。

　　当时，第一区小队原有30多人，精简后不到20人，武器多了，每人两件（长短枪各一支），又划分为4个战斗小组，以便保存力量，灵活转移。他们经常以战斗小组为单位，神出鬼没地单打一，搞路劫，放冷枪，搅得敌人惊恐不安。敌人对这些"土八路"恨得牙根疼，却想不出对付的办法。1942

年秋的一天午前，敌人得知高阳县佐家庄藏着八路，但弄不清有多少，也不知住在哪个街巷。于是集合两个岗楼的伪军直奔佐家庄而来。这时第一区小队队长李怀俊和3名战士正在"堡垒户"肖清池家准备吃午饭，村干部跑来报告紧急敌情，他们4人迅速向村北转移。到了村口发现一股敌人已占了一块坟地，立即返回肖清池家，分别隐蔽在东屋和北屋，做好拼死战斗的准备。

敌人进村后，分头进行搜查，几个伪军搜查到肖清池家时，谁也不敢轻易进屋，领头的伪军虚壮胆子，一脚踢开东屋门又马上闪开，歪着身子先把刺刀捅进屋内试探。在此隐蔽的李圈手疾眼快，顺着他的刺刀开了枪，只听"哎哟"一声，那个伪军躺在门口不动了。与此同时李圈的战友闻庆祥也开枪打后面的伪军，打得几个家伙抱头鼠窜，跑在最后的一个伪军跳进院里的山药窖。李怀俊觉得已经暴露，在这儿继续打下去越打越被动，他想赶紧突围出去，抢占郑家的高房，便与李平安、李圈、闻庆祥凑在一起商量。他说记得那高房上还有女儿墙和垛口什么的，可以掩护自己。闻庆祥说来不及仔细研究了，你们赶快转着上高房，我来掩护。李怀俊带领李圈、李平安二人飞速冲出院子登上高房，闻庆祥被爬上肖忠家房子的敌人击中，当即牺牲。李怀俊他们3人凭借高房，一阵猛烈打击，将肖忠家房上的敌人打了下去。

高房上的3位同志边战斗边商量如何坚持到底，多消灭敌人。他们一致认为，我们的队伍在白天调动很困难，附近有四五个岗楼，敌人很容易增兵，所以要注意节约子弹、手榴弹，弹弹不可虚发，专门瞄准冲在前面的敌人打。果不其然，时间不长，北晋庄、北路台、板桥3个岗楼的伪军也赶来，在佐家庄会集了300多伪军，他们依仗人多势众，几次向高房冲锋，都是冲在前面的被李怀俊他们击中，后面的就向后转了。后来敌人改变对策，暂不向高房进攻了，对着高房喊话："八路们，你们被包围得水泄不通，神法也逃不出去了，也坚持不了多长时间，缴枪吧！"李怀俊叫李圈和李平安死盯住北面和东面两侧敌人的动态，嘱咐二人万万不可放松戒备。他趁敌人喊话之机展开了政治攻势："我们只知道为国家为民族而战，战死了是光荣的，不知道还有'投降'二字。咱们都是同胞兄弟，凡是有点良心的人不能帮助日本鬼子杀害自己的同胞,应该设法脱离他们……"一声枪响打断了他的讲话。只听李圈喊道:"好小子,不听良言相劝,想偷偷靠近我们,完蛋去吧!要不你们再来几个试试?"原来,敌人错误地估计八路军只顾讲话而防备必不严,派几个伪军房串房地向高房西侧逼近,走在前面的伪军刚一上墙头,就被李圈一枪打中摔了下来,其他伪军溜着墙根退回。李怀俊接着又大讲起来:"日本鬼子穷凶极恶地大'扫荡',并不说明其强大,倒是说明他们离大失败不远了。就说今天吧,我看不一定谁把谁包围得水泄不通呢,当日本鬼子的走狗不回头的,只能给鬼子陪葬……"不少伪军听着听着就懈了劲,士气逐渐低落,没人吭声了,也不连续冲锋了。

利用这一空隙,3人抓紧研究下一步的战斗如何打。李怀俊说:"能不能胜利突围没有把握,如果我们突不出去,就以狼牙山五壮士为榜样,尽量多杀伤敌人,战斗到最后,把枪都砸坏,每人留下一枚手榴弹,等敌人拥上来与他们同归于尽,这样牺牲了也值得。"李平安接着说:"那是不含糊的,去年有狼牙山五壮士,今天有佐家庄三壮士,跟着队长战斗到底!"李圈也说,最后留下一枚手榴弹比剩下一颗子弹强多了。3人商量好了,决心下定了,镇定自若地唱起了歌:"走,朋友,我们要为爹娘复仇,我们要为民族战斗……"就这样对峙到临近黄昏,城里的日军着急了,一个日军头目带着翻译官,由两辆汽车日伪军护驾来到佐家庄。日军问这里有多少八路,为何迟迟不能结束战斗?几个伪军小队长怕说只见到三四个八路交代不了,都说摸不太清楚,大概有八路100多人。日军头目把他们臭骂一顿,命令队伍撤到村边严密把守,防止外面的游击队夜袭;将村边所有柴草垛点着,防止村内八路夜逃。顷刻间,180多处起火,照得整个村庄通明。日军头目以为都部署妥当了,即回县城。敌人只想到柴草垛好点着,火光也大,没想到柴草这东西烧不了多长时间,到午夜后大火渐渐熄灭。

这时躲藏在僻静处的两名村干部出来侦察敌情,发现敌人已全部撤到村外,便凑近高房向区小队的同志作了报告,还用毛巾裹着几块干粮扔到房上。李怀俊催促他俩赶快离去,说这儿有危险,并嘱其将闻庆祥的尸体藏起来,等候来人收殓。然后他们边吃干粮,边讨论突围方法,最后决定:把大枪就近埋藏起来，每人只带一支手枪和几枚手榴弹，一个人走一个方向，争取天亮前全都摸出去，转到刘祥佐再说。万一被群敌卡住，还是发挥最后一颗手榴弹的威力，多报销一些敌人。

次日天色刚泛白，那个日军头目又带原班人马来佐家庄督战。敌人逐步压缩包围圈，缩来缩去不见八路的影子。又逐户搜查，折腾了五六个小时也找不到一个八路。唯有搜查到肖清池家的十来个伪军发现了问题，他们听见山药窖里有响声，急忙卧倒，枪口齐对窖口，喊叫："八路快出来，要不就炸死在窖内。"等一人从窖里爬上来，才闹清是昨天怕被游击队打死而跳进山药窖的那个伪军。面对这种败局，日军头目向几个伪军小队长大发雷霆，骂他们屁事不顶，全是饭桶，还不如他养的狗有用。其实这个家伙也是个大饭桶，他始终未搞清这里有多少八路，更不晓得八路是怎样突破重围的。此间，我区小队的3人已在刘祥佐好好地睡了一觉，正跟第一区区委领导汇报这次战斗过程和闻庆祥牺牲的情况。

佐家庄一仗，我一个区小队的战斗小组灵活机动，以一当百，打出了威风，打出了经验，大长了抗日军民的志气，戳穿了日军外强中干的纸老虎原形。当时的晋察冀军区司令员聂荣臻为《晋察冀日报》著文称道冀中高阳的3名游击小队队员，与数百敌人战斗了一天一夜，打死打伤几十个伪军，胜利突围，充分说明地方游击队打得坚决，打得巧妙，能够以少胜多。他写道："有党的坚强领导，有英勇善战的人民子弟兵，我们就没有什么可怕的。敌人胆敢进攻，伸进手来打断他的狗爪子，踏进脚来打断他的狗腿。"

智取桥头堡

刘其恒

　　1942年"五一"大"扫荡"，日本侵略军对冀中抗日根据地进行了灭绝人性的血腥大屠杀。但是，我军民在共产党的领导下，进行了大智大勇的斗争。"智取桥头堡"的故事，就发生在距安平县城5公里处的一个200户人家的村庄——贾韩村。

　　八月秋高气爽，沿着安（平）饶（阳）公路两旁的庄稼葱绿茁壮，一片片金黄的谷穗和火红的高粱随风摇曳。村东北角偏僻处有一片枣树林树上结满了枣子。饱经风霜的耿大爷一双警惕的眼睛，一眼就望见了从远处向枣林走过来的3个人，越走越近，越近越觉得他们好面熟。走在前面的是一位身穿旧布衣的二十五六岁的青年，肩上背个鼓包包的褡裢。小伙子匆匆地向前跨了两步，没等耿大爷开口，抢先喊了一声"耿大爷"！耿大爷一看原来是一区小队的大勇。耿大爷急忙说："大勇，你有啥任务，只管吩咐，我这把老骨头还顶用。"大勇说："我是来传达区委指示的。今天咱们执行一项特殊任务，特来请教你这个老参谋，给拿个主意。你先给组织十来个民兵，配合我们行动，再准备两台大车，还有……"

　　耿大爷是贾韩村地下党支部书记，在敌我"拉锯战"的地方，党都是不公开的，对外他充汉奸队的"保长"，村里人都叫他看枣园的老耿头。他愉快地接受了任务，连夜把村里民兵及大车组织安排得妥妥帖帖，并反复提醒民兵班长小王，在没有命令行动之前，绝对保守秘密，不能露一点马脚，透一点风声，免得打草惊蛇。

这天晚上大勇和老支书躺在炕上，翻来覆去睡不着，两人就唠起来。老支书小声地问了一句："俗话说，官不打送礼的，可现在一不是年，二不是节，平白无故地送酒送肉，那帮坏蛋能不疑心吗？"大勇却很有把握地说："老支书，明天虽说一不是年，二不是节，可是根据侦察员报告，炮楼里昨天新到任一个队长，准备接替'独眼龙'，再说离中秋节也只有三四天了。……'独眼龙'在贾韩村还不到半年工夫，烧杀抢掠，无恶不作，附近村庄，粮食被抢光了，民房给拆了无数，抓走青年十多个去给鬼子卖命，抢去姑娘给他做了小老婆，简直把人都要活活逼死。区委下了决心，就是让我们抓住这个时机，给他来个元鱼狗鱼一勺烩，不等他'兴风作浪'就吃掉他。"说着唠着，不觉天就亮了。他们吃完早饭，做好一切准备工作，按照预定计划上了路。老支书领头往前走，3人跟在后头。大勇背着酒紧跟在老支书身边，说："一切按计划行动，万一第一方案失败，就按第二方案进行。"

冀中平原的秋天，天空连一丝儿云彩也没有，约摸10点钟，他们来到岗楼脚下。经过盘问，他们来到岗楼上。"老保长"先向"独眼龙"行了个九十度的鞠躬礼，然后说："我们听说新到任一位队长，大伙凑了几个钱，买了几斤酒，给队长接接风。礼太薄，有点拿不出手。"这时志刚、志强把用麻袋包着的猪肉，轻轻打开，随口问了一声："队长，把猪肉放在哪呀？"说时迟，那时快，随着答话声借往厨房里送肉之机，两个小伙子"嗖嗖"登上楼梯。志刚顺手从腰里拔出早已子弹上膛的二八匣子枪，搬开保险机；一手搜出手榴弹，用牙把铁盖咬掉，拉弦套在左手无名指上紧紧握在手中，坐在二楼楼梯口防守着敌人。志强继续上楼，一直冲到三楼顶。蒙在鼓里的傻家伙听到点动静，以为是来换岗，根本没有理会，等人到跟前他才发觉不是换岗的。还没等话说出口，志强的枪口已触在他的后背上："不许动！"那个傻家伙吓得浑身筛糠，哆哆嗦嗦地说："长官饶命，长……官饶命。"说着乖乖地跪在地下，双手举枪投降了。

正在志刚、志强上楼的当儿，大勇已从腰里掏出手枪逼住了伪队长"独眼龙"。"老保长"上去把他全身搜查一遍，没有发现佩带自卫武器，顺手一把抓住了比武器还重要的东西——开枪弹库的钥匙。大勇坦然自若而严肃地警告那个家伙："我们今天给队长接接风！正是惊风！你快下命令投降，不然就要你的狗命！""独眼龙"耷拉个脑袋，豆大的汗珠直往下滚，弓弓着个水蛇腰："长官的话我全明白，我们放下武器……投降。请长官宽大我这个罪人。只要不杀我的头，我都……照办。"

志强押着站岗的傻子下得楼来，突然，"铃……铃……"电话声急促地响了起来。志强一个箭步蹿到电话机旁，一把抓起听话筒，"……我是贾韩村，……有什么任务，哦！下午……有军用汽车沿途路过，做好警戒，是……是，保证绝对安全，是……"志强放下听筒命令傻子找来几条绳子，先把3个丧家犬似的伪队长一个一个地捆起来，然后又把汉奸队的20多个家伙集中一起，教育一番："八路军优待俘虏的政策，你们是清楚的。只要缴枪投降了，我们一个不杀，真正老老实实，我们还给出路。你们这些人，有的是被迫抓来的，有的被雇用替别人卖命的，只要今后洗手不干，也就既往不咎了。真正死心塌地效忠敌人的，我们也还给他改恶从善、重新做人的机会。何去何从，可以自己选择。"伪队长"独眼龙"连连点头。

老支书手里拿着钥匙，交给我们派进去作内线的同志。为了继续隐蔽下去，不暴露身份，命令他去打开枪弹库的门。志强把手枪插在腰里，暗暗使了一个眼色，双方会心地微笑示意，并顺手把库内的快枪一个个卸下枪栓，装在一个布口袋里自己背着，然后叫傻子把枪捆成捆，弹药装好箱，等待大车运走。已准备好的两辆大车和10个民兵，早在外面等急了，见了联络信号，直奔岗楼。民兵背的背，扛的扛，把枪支弹药、包裹行李、使用家具全部搬了出来装在车上，几分钟工夫把个岗楼收拾了个一干二净。然后大勇命令民兵们抱来几捆秫秸，把大罩子灯的灯油倒在秫秸上。不一会儿，从吊桥门口冒起了滚滚的浓烟，风助火势，火借风威，从岗楼顶上喷出了通红的火舌。不到半个小时，这个岗楼彻底塌了架。

恢复十分区的第一仗

史宗濂

史宗濂，男，1921年生，1939年参军，1940年加入中国共产党。"五一"反"扫荡"时任县大队长。新中国成立后转业到农业部工作，历任生化所、林研所党委书记、林科院研究生部主任。1982年离休，1987年逝世。

　　1942年春，日军对我冀中抗日根据地进行史无前例的大"扫荡"之前，由于十分区地区变质，分区党政机关和刚刚组建的三十四地区队部的分连队及三十四地区队正在饶阳县前民庄一带进行整训。5月，日军集结5万兵力，对冀中抗日根据地进行大"扫荡"。我十分区部队奉命连夜经献县、河间、安新、任丘等县，转至文安县黄甫村一带。因敌人数路向我军追来，部队稍加休息后，又连夜转入白洋淀。

　　5月中旬，日军对我冀中抗日根据地腹地的饶阳、安国、肃宁、深泽、深县、定县等地实行"梳篦拉网"、"清剿扫荡"之后，分路转向外线寻我主力作战，妄图将我军一网打尽。为粉碎敌人的"扫荡"，十分区的部队在司令员周彪、政治委员帅荣和参谋长刘秉彦领导下，由白洋淀转到大清河南岸文安县北部边沿，准备深入敌后打击敌人，牵制敌人对冀中的"扫荡"。当时分区对部队的要求是：打回十分区老家去，到敌人后方打击敌人，恢复与开辟地区。各连队既是战斗队又是工作队，要教育群众，宣传群众，扩大我党我军影响，揭露敌人阴谋；要讲究斗争策略，提高斗争艺术，做好统一战线工作和敌伪军工作，团结一切可以团结的力量，壮大抗日阵营。

根据分区领导的指示，三十五地区队一连由地区队参谋长安国卿和分区政治部民运科长刘广珏率领，来到大清河南，拟以胜芳西北大苇塘为依托，通过已经洗手不干的绿林人物和伪军、上层人士的关系逐步向永清、安次等县内地深入，争取站稳脚跟，扭转这一地区敌人一统天下的局面。

1942年5月下旬的一天夜晚，部队在霸县善来营村北渡大清河，沿途绕过台山、煎茶铺、十间房等敌伪据点，深夜3点钟到达胜芳西北约10公里的下王庄子村。因下王庄子和相距约2公里的王泊村都设有伪军据点，部队没进村。刘广珏科长带少数人进村找到该村的一个旧"关系"，当夜将部队带进大苇塘。胜芳镇一带的大苇塘，虽然自然条件比不上白洋淀，但从打游击的作用来看，却还是一个很好的天然屏障。后来刘秉彦司令员将分区指挥部设在这里，是有见识的。1937年七七事变以前，这里是有"雁过拔毛"之称的绿林人物聚集的地方。我们的部队来到这里，若非当地人民的支持和帮助，进入苇塘，连方向也难以辨清，更不了解何处有通道，哪里有空白地可以容纳部队了。深入到敌人后方作战，这里作为落脚点、喘息地，的确是个很好的地方。但部队住到这里是非常艰苦的。当时的部队装备，除枪支弹药、一身衣服以外，什么也没有，只能是地当褥子天当被，芦苇作为隔山墙。在酷暑的夏天，闷热、潮湿再加上蚊虫的叮咬，生活的艰苦是可想而知的。每天夜幕降临之后，与蚊虫的战斗便开始了，不少人手挥毛巾与大头蚊子苦战一个通宵，日出以后方能入睡，但到白天还要遭受黑斑蚊的袭击。

部队在苇塘里度过了难眠的两个昼夜，第三天傍晚由苇塘出发，宿营在永清县东西义合村。一连是初次到这个地区来，人生地不熟。深夜，在向导的指引下，一会儿往东走，一会儿往北行，沿路各村打更的梆子声、呐喊声、犬吠声、枪声，此起彼伏。这种情况说明，敌人已经在这一带建立了他们的"秩序"。经过敌伪一年来的统治，这里的环境已和以前大不一样，似乎一切都显得生疏了。

黎明前部队到达了东西义合村，刘广珏科长、安国卿参谋长等会见了刘广珏的亲戚和伪联保主任、保长等人。他们对我们完全是点头哈腰虚伪的一套。安国卿看出了他们那无可奈何的表情之后，一再向他们讲解抗日的重要意义和统一战线政策，请他们及时提供敌情，封锁消息。他们表面上都满口答应。部队住下来后，安国卿和刘广珏要求部队做好战斗准备，对付可能发生的情况。

东西义合是两个村，当中隔一条路，西义合住户多，比较集中；东义合小，住房也分散，两个村都没有壕围子，而院落旁有许多枣树和榆树。我们原计划在这里住一天后，继续北上，到永清北部永定河两岸活动，因战斗而打破了原计划。上午10时左右，我哨兵报告，日伪军三五十人一群，从西、北方向往我驻村靠近、包围而来。我们发现，西北角距村二三百米有日军20余人，北面和西面有伪军300余人，南面和东面的敌伪军隐蔽前进，数目不详。经研究后认为：敌人主要兵力可能在东、南方面，有意在西、北两个方面暴露目标，诱使我向东、南两方向突围，达到消灭我军的目的。为此，决定集中两个排的力量，以两挺机枪的火力首先将西北角方向20余个日军消灭，然后突围而出。另一个排为二梯队，以一挺机枪作掩护。敌我双方打响后，我军便突出村沿，首歼日军十余人，其余日军溃逃；伪军见势不妙，也纷纷后撤。这时苏继成连长向安国卿参谋长提出，这样热的天气，我们突围出去以后，敌人对我军前阻后追，而且到处是敌伪军的据点、岗楼，从现在到天黑还有近10个小时，恐部队遭受损失。安国卿和刘广珏认为他的意见有道理，决定撤回部队打村落战，待天黑突围。由于村庄大而散，我们人数少占据不过来，所以村落防御战也是很困难的。就在我们回撤时，有一股日军已先于我占领了高房，安国卿参谋长、苏继成连长和一排机枪射手都被伏在高房上的日军击伤。幸而我炊事员发现日军，将其击中滚于房下。因炊事员缺乏战斗经验，没注意隐蔽，被其他敌人击中身亡。

战斗从上午10时打到晚8时，整整10小时。最后敌人将我压缩到3家地主大院内。在主要指挥员负伤的情况下，参谋、干事、排长分头指挥3个大院的同志进行顽强的抵抗。敌伪军先后组织数次冲锋，都被我军击退，死伤惨重。我则将各个房间都挖好射击孔，3个大院挖通相互取得联系，相互鼓励打击敌人。虽然处在孤军奋战、敌人多于我军数倍的情况下，指战员们士气却很高，敌人的进攻始终未能得逞。最后敌人向我大院发射毒瓦斯弹，妄图在我军昏倒后冲进院内。仅我带领部分人员控制的大院，敌人就投掷毒瓦斯弹4枚，都被干部、战士争先恐后地扣到盆下或投入水缸内，未发挥多大作用，昏倒的几名战士，也很快恢复，继续坚持战斗。敌人施放毒气弹失败后，便在自动火器掩护下，冲到院外墙根，企图将大院的墙壁打通，冲进院内。战士们一顿手榴弹，将敌人打退。敌人这一招儿也未能奏效。刘广珏的通信员小陈，见我拿手榴弹准备轰炸挖墙的敌人，硬将手榴弹夺过去，将我推进屋内，奋勇前去投掷。由于他缺乏近距离投弹经验，拉下导火线后，没停一下便急忙投出，被敌人将手榴弹再投过来，小陈被击中，献出了年轻的生命。

逞凶一时的日、伪军深知到了夜间就是我们的天下了！狗仗人势的伪军再也不敢向我军守着的大院靠近，偷偷溜到一边去了。日军有些着急了。我战士在射击孔里发现一个下身着黄军裤、上身穿白衬衣的日本军官，手持指挥刀大喊大叫命令伪军向我冲击，被我战士瞄准打倒。敌人打了一阵枪，枪声逐渐稀疏了。3个大院的排、连指挥员们抓紧这个空隙，及时与刘广珏科长议定，迅速分工负责掩藏好牺牲同志的尸体，包扎好受伤的同志，找好床板，抬着受伤的同志，突出重围；二、三排为突击队，一排在后边掩护，由北面偷偷出村。要坚决突出来，决不允许后退一步，不准丢掉伤员。恰巧北面都是伪军，他们发现我军后，没敢打枪，便偷偷地闪开道路，淹没在黑暗中。日军发现我军突围后，向村北发射了两枚燃烧弹，正打在老乡的柴堆上，我军走在柴堆旁的4名战士被烧成轻伤。等到日军将兵力调过来，以密集的炮火向着火的方向射击时，我军早已由北转向西南走去了。

此次战斗我军牺牲战士7人，安国卿参谋长负重伤，苏继成连长等9人负轻伤。日、伪军伤亡50余人。打了10小时的仗，中午和下午没进饮食的干部、战士，抬着受伤的战士，当夜又回到了大苇塘。第三天上午，安国卿因伤重不治而牺牲。全体指战员在大苇塘内满怀悲愤地安葬了自己的战友和安国卿参谋长，并向此次战斗牺牲的同志致哀。

因参谋长牺牲，连长负伤，刘广珏和同志们商议，决定部队返回文安县地区，一方面向分区领导汇报，另一方面总结这次深入敌后的经验和教训。在总结中，大家一致认为，孤军深入到敌人后方，必须做到"关系"可靠。此次战斗，我们吃了"关系"不可靠的亏。如果他们不向敌人告密，上午是不可能发生这种情况的。再就是在敌人占绝对优势的情况下，打响后，应立即突围，不能犹豫，决不能打阵地战。因时间越长，敌人的力量就越强，我们的困难就越大。

东西义合村的战斗，是我十分区部队恢复地区时期的第一次战斗，我军虽然遭受了损失，付出了牺牲，但是，鲜血和生命使我们得到了沉痛的教训，为随之进行的恢复地区的工作提供了宝贵的经验。

忆宋家庄战斗

赵培珍

1942年5月初，日军集中了5万多兵力，对我冀中根据地实行"扫荡"、"合击"、"围剿"，妄图一举消灭我军主力。

宋家庄，正处在敌人这个"合围"圈里。

从5月1日起，我二十二团在定县的大定、小召、邢邑、高棚一带活动，六七天内，每天和"扫荡"的日军打两三次仗，多的一天打过7次。部队吃不好、睡不好，十分疲劳。宋家庄属深泽县，离县城较近，不是敌人"扫荡"的重点区域，不易引起敌人的注意。我们还在宋家庄坚壁着一些弹药（主要是手榴弹）。6月8日夜，部队开进该村，想稍作休整。

宋家庄东西长约500米，南北长约1公里。分南北两片，中间相距约50米。南片30多户，北片300多户。

部队进村后，团长和平时驻防一样，马上带连排干部看地形，分防区，部署兵力，制订方案。在村边土坯墙下和村里修工事、掏枪眼，用门板、大车、梯子、树枝堵街口、设路障，打通院落。拂晓，一个从房上到房下、从村边到村里的火力配备系统和工事基本完成。大体部署是：北片由一、二连防守；南片由四十一区队一部、晋深无大队一部、六分区警备旅零散人员、二十三团和冀中军区骑兵团失散人员组成的混合部队防守，其成员多是干部，由四十一区队政委临时统一指挥。由于组建仓促，他们未来得及修好工事，给坚守南片造成了很大困难。

团长还派交通员刘秋发与晋深无县大队阎志国取得联系，让他们在必要时增援配合。

准备就绪后，安排好岗哨，战士们正准备休息，侦察员突然来报：深泽县西固罗的敌人经北冶庄头自北向南向我方向运动。团长在望远镜里看到：3队日军骑兵约30人，挎枪横刀，紧跟300名日本兵，从北冶庄头顺道沟向宋家庄东北角开来。

据判断，这股日军并未发现我军行踪，只是在此路过。事后证明，这一判断是正确的。

骑兵离我们只有30米了，二连长吴浚池大喊一声："打！"1挺重机枪和3挺轻机枪狂涛一样射向敌人。日军人仰马翻，倒下一片，活着的全爬进道沟里。我机枪射击已无效，便用掷弹筒向沟里打，第一炮就击中了敌军指挥官。事后查明，被击中的就是"真勃特区"司令长官坂本旅团长，骑兵全部被歼。

骑兵后边的步兵是坂本的精锐卫队，装备很新。见长官被毙，一下子像红了眼，开始拼命，他们以分队为单位，配备机枪和掷弹筒，挺着胸，端着枪，呀呀叫着向我扑来，我机枪步枪子弹暴雨般射向敌群。日军几次冲锋惨败后，害怕了，由挺胸冲锋改成弯腰或爬着冲锋，但都没逃脱死亡的命运，被我打死240多人，坂本卫队基本被消灭。

在我军与坂本部队激战时，日军开始调兵遣将。在附近"扫荡"的日军，深泽县城、西内堡、东内堡、高庙、马里、大直要、西固罗等据点的日伪军，陆续从四面八方增援上来，计一千几百人，包围了宋家庄。

我军若此时突围，在大白天离开村庄的依托到旷野去，是十分危险的，必须等到深夜。

在村东二三百米的坟地里，我军战士发现了一日高级指挥官，张牙舞爪，指挥兵士抢挖工事，附近设有电台，并有几门大炮。我指挥员判断，这是敌人的炮兵阵地和通讯联络点，是敌军的一个要害地方。我指挥员果断决定，在敌炮兵部署完成之前，先行攻击。一声令下，重机枪和迫击炮射向那里，顷刻之间，敌炮兵指挥机构便被我摧毁。

与此同时，日军设在村西边的联络电台，也被我战士打掉。

敌人开始轮番向村里发起进攻，每次都轻重机枪齐鸣，子弹铺天盖地。我军沉着应战，每次都是待敌人离近时，才机枪手榴弹齐发，把敌人打回去。战士们个个勇敢坚强，表现了中华民族的英雄气概。班长李清泽一气杀死了7个敌人，壮烈牺牲。战士边程杰（深泽彭赵庄人），一梭子弹打死打伤了27个日兵。几个小时的冲锋反冲锋，村周围已是敌尸遍野，敌人遗弃的枪支弹药比比皆是。

6月9日近中午，村北边的日军冲上来，与我军展开了激烈的阵地争夺战。我军团长亲自赶来指挥，战士们怒吼着，跳出战壕，端着刺刀冲进敌群与敌人搏杀，敌人被压了回去。我军牢牢地掌握了自己的阵地，副连长韩培申壮烈牺牲。

到中午，我们共击退敌人12次进攻，打死打伤日伪军七八百人。

敌人援军还在不断增加。定县、无极、晋县、旧城、饶阳、安平、安国的敌援军陆续赶到，敌军已增到3000余人，分3层包围了宋家庄。前面是敌攻击部队，中层以炮为主，外层是预备队和远程炮。敌武器精良，有九二炮、山炮、野炮、迫击炮数十门，掷弹筒几十个，瓦斯筒、轻重机枪近百挺。

此刻，阎志国在外围积极配合支持二十二团，组织起由县大队、区小队和民兵组成的混合部队，一部分埋伏在敌人增援的路上，阻击他们向宋家庄增兵。在大贾庄村北，与深泽城来的一股援军展开激战，迫使敌军又缩回去。阎志国把一部分部队秘密转移到宋家庄村西和村南的交通沟里，在村西口激战吃紧时，佯作正规部队，在西边攻敌扰敌。敌人不知虚实，忙逃到村北阵地，使村西口敌情缓解。

下午，日军开始重点进攻南片。混合部队英勇战斗，打退了敌人3次进攻。后来，敌人从西墙缺口攻进村，正当我们对付进村的这股敌人时，其他方向的敌人也一拥而入。我战士在街道、院落固守，与敌人展开肉搏，战场上刀光闪闪，杀声震天。在此危难时刻，埋伏村南交通沟里的阎志国指挥的区小队向敌人发起进攻。敌人腹背受敌，一片慌乱。我混合部队抓住这个机会，一部向南突围，被区小队接应而去；一部分向北突围，亦被我军接应到北片。南片被敌人占领。

傍晚，敌人又增加了援军，试图在天黑前，凭借南片一举攻克全村。敌各种炮火齐鸣，炮弹冰雹似的落在我们阵地上。村里火光四起，硝烟腾空，房倒屋塌，砖瓦横飞，树木折断，整个村子剧烈震动，烟遮尘盖。我村边工事一次次被炸毁，但英勇的战士们冒着炮火一次次修复；没法修的，就用废墟和炮弹坑当掩体。许多战士被土埋住，又钻出来继续战斗。

炮响过后，遍野的敌人铺天盖地向村里冲来。敌轻重机枪齐响，村里残墙断壁都被打成了筛子眼。

我各级指挥员已奔赴到战斗最激烈的地方，与战士同战斗，共生死，誓死顶住敌人，保住阵地。多数战士已没了子弹，最多的也不过只有三五颗，每挺机枪也只有两三梭子子弹，手榴弹也严重不足。针对这种情况，我军采用近战打法，提出：敌人不近不打，子弹不见血不放枪，手榴弹不见血不投出。待敌人冲到十几米处，就向敌群甩手榴弹，绝不轻易放一枪。有时敌人冲到工事前，就跳出来，用刺刀把敌人刺退。战士们都杀红了眼，浑身烟尘，脸色模样都变了。负了伤的，只要还能站起来，端起枪就决不离开阵地半步。

为了补充弹药，我不少战士利用暂停的拼杀瞬间，冒着生命危险跳出工事，冲出墙外，捡日军的枪支弹药，有的用杆子把子弹从墙外扒进来……

我军打退敌人一次冲锋，敌人便又更加疯狂地来下一次，战斗一次比一次激烈紧张。

村西南角的日军放了毒气，凭借一片芦苇的掩护，从一个炸开的围墙缺口攻进村里，情况万分紧急。二连副连长庾治国一卷袖子，向一班长王振山一挥手："一班跟我来！"他们跑步赶到西南角，正遇上敌人从院里出来。勇士们冲近敌人，甩去一批手榴弹，把敌人压回到院子里后，又隔墙向院里连续投弹，把敌人逼到房顶上。战士们一鼓作气，冲上房顶，与敌人展开肉搏，一个房顶一个房顶逐次夺了回来，硬把敌人从原路打回村外。敌人又组织兵力3次扑来，妄图重新夺回这个立足点，都被我击退。此番战斗，敌人在缺口处扔下40多具尸体。

在东街口，敌人也一度冲进来。一连副连长吴浚池，率两个班的预备队赶到，一阵血战，再次把敌人打出村子。东口敌人又接连发动3次冲锋，均被我杀退。这股敌人死伤大半后，无奈地停止了进攻。

敌人向我阵地放了毒气弹，我战士被熏得嗓干泪流，不少敌人乘机攻到了我阵地围墙外边。战士们用湿毛巾捂着嘴和鼻子，一个个跃起与敌隔墙相拼，使敌人不能越我阵地半步。战士王子仁，被炸塌的墙土埋住，战士们以为他牺牲了，但敌人冲上来时，他又从土里跃出，杀退敌人。

日暮将近，战斗也越来越激烈，我战士也越战越勇敢。二连四班伤亡惨重，班长张文生一人凭借几个房角，痛击3面来敌，击退了敌人进攻。一连二排的战士们，子弹基本打完，干脆把冲来的敌人放到工事墙外，等他们探头或爬墙时，再用刺刀刺，这样，打退了敌人7次冲锋。

凶恶的日本兵被英雄的二十二团打怕了！一些下级军官因不敢再冲锋被上司枪毙了！一些冲锋的士兵在下级军官的默许下不再向前，偷偷埋掉子弹回去交差。

天全黑了，枪声停止。英雄的二十二团用血肉捍卫了宋家庄北片，敌人没占去半步，我们没丢失一寸阵地！宋家庄，仍牢牢掌握在我军手中。

团部召集各级指挥员，研究突围事宜。决定从西、北、东3个方向突围，时间定在零点40分。

敌人为阻止我军突围，又进一步缩小了包围圈，在村四周用麦秸烧起了堆堆篝火。敌人的如意算盘打错了，我们从远处看近火处的敌人很清楚，敌人在近火处看远处的我们就看不太清了。

突围前几分钟，正好下起了小雨，部分篝火熄灭，给突围带来有利条件。我奉命带一连一排和二排向西突围。战士们虽只在清晨吃了一顿饭，又鏖战一天，但个个斗志高昂，精神饱满，上牢刺刀，悄悄出了村。这时我冷静下来，边走边想：向西要冲过敌人3道封锁线，战士们血战一天活过来，在突围时牺牲实在更痛心，更舍不得。接近敌人第一道封锁线时，我有了主意，扭头轻按身后那位战士，示意他依次传给身后同志，就地趴下待命。战士们趴好后，我又悄悄返回村，重新请示改为从西北角突围。正好遇上团长，团长惊讶地问："你不是带队出了村吗？怎么又回来了？"我又向团长申述了自己向西北角突围的理由。团长问："从那里突，你有把握吗？"我坚定地回答："若突不出去，我提着自己的脑袋来见你！"团长把我的肩膀一拍："好，按你的意见办！"

于是我悄悄出了村，轻轻拍了拍队末尾一个战士，示意他依次传给前头的战士，悄悄起来跟我回村。回村后，我作了突围布置：四班长尹明山在左，五班长杨兰保在右，自己和机枪班长赵再中在中间，后边一队紧跟，最后是团直部分人员。我动员大家："尹、杨二人各只有两枚手榴弹，机枪里还只有一梭子弹，途中无论发生什么情况，只许向前，不许后退，剩下一个人也要冲出去！"

之后，我又率两个排出发了，到了敌人封锁线，此刻劳累过度的日本兵死猪一般睡在战壕里，丝毫没有察觉。我和战士们快速在他们身上越过。几个被惊醒的日军认为是自己的部队，稀里糊涂跟着一起跑。只几分钟，战士们都安全通过了封锁线，没放一枪，没伤亡一人。

队伍到了安全地带，奔到一棵柳树下，这是一连约定的集结地。还没喘口气，村西边枪声大作，我断定是连长率领的三、四排突围受阻，便命一个班前去接应，命令说："去后不许硬拼，只呐喊着放几枪，使敌误解他们已腹背受敌，也使西边的同志知道我们已突围成功，速向我靠拢。"

去的战士按命令行事，一会儿，三、四排的同志们也到了柳树下。连长的警卫员走到我面前："给，这是连长的枪！"我忙问："他呢？""牺牲了！"我一听吴浚池牺牲，急得差点失去理智，向警卫员大发雷霆。另外，一位排长和几名战士也牺牲在突围途中。

另一支突围部队也受阻，经过激烈肉搏，才冲出来。

整个突围战斗，我共伤亡14人，其中阵亡9人。

我们胜利突围后，日军还蒙在鼓里，认为我突围出去的只是小股部队，大部队还在村里，敌还在增兵。黎明，保定的一个独立大队赶到，把村子更加团团围住，欲待天明后一举全歼我军。

天亮以后，敌人从四面八方向宋家庄发起猛烈进攻，进攻的敌人都把自己对面的枪声误以为是我军，越打越猛。他们自相残杀一阵后，方知是误会，停止了战斗。敌人进了村，一见空空如也，恼羞成怒，放火烧了许多民房。

11日，二十二团派人到宋家庄，挖开地道口，接走伤员和医护人员。

宋家庄战斗，二十二团带着人民的愤怒与厚望，在众寡悬殊、武器优劣殊异的条件下，与敌人血战了16个小时，击伤击毙日伪军860多人，我仅伤亡73人。日本军国主义向全世界谎称，他们这次所遇之敌是八路军威震四方的主力大部队。日军不少官兵对这次惨败发出长长的哀叹："为争夺一个村死那么多人，太不值得！"遂把宋家庄叫"送死庄"。

宋家庄战斗后，二十二团被上级授予"战斗英雄团"光荣称号。在60年代初级中学的历史教科书上，把这次战斗称为"战役"给予记载。以后，国家的许多史料书上，也把这次辉煌的战斗记入史册。

（贾岐峰　整理）

正义与邪恶在边家铺较量

金 波

金波（原名董志学），男，1924年生。"五一"反"扫荡"时任冀中军区第十军分区组织科干事。新中国成立后任师政治部主任、师政委、石家庄高级步校校务部政委、理论研究部副政委。1984年离休。

　　1942年，日军对冀中平原抗日根据地的"五一"大"扫荡"虽已过去60年了，但在"五一"反"扫荡"中冀中军民所表现的威武悲壮、惊天动地、可歌可泣的情景，却深深地记印在我的脑海里。

　　由于冀中平原抗日根据地战略地位十分重要，直接威胁平、津、保敌人的大本营和平汉、津浦两条主要交通干线，敌人早已恨之入骨，如鲠在喉，非除掉不可。从1938年起曾进行过多次的"扫荡"，均未奏效。于是，日军1941年6月10日先是对处境比较困难的大清河北的冀中十分区下了毒手，在根据地南北不过30公里、东西25公里的十分区的三角地区，动用日伪军2万余人的兵力，采用"铁壁合围"、"鱼鳞拉网"、"梳篦拉网"、"细碎分割"等极其残暴毒辣的手段，对冀中十分区进行大"扫荡"。十分区部队在进行苦战之后，不得不暂时撤退到冀中抗日根据地的腹地——深（县）武（强）饶（阳）安（平）一带。这样，十分区根据地暂时被敌人占领。日军认为他"预演"成功得手，遂于1942年5月1日纠集了日军3个师团、4个旅团，加上当地伪军共5万余人的优势兵力，在日军华北驻屯司令冈村宁次亲自指挥下，对冀中平原抗日根据地进行了空前的、惨绝人寰的大"扫荡"。

十分区的部队，经历日军的大"扫荡"，这是第二次，各种准备是充分的。当5月1日日军从四面八方向根据地扑来时，司令员周彪、政委帅荣、参谋长刘秉彦、政治部主任方国南等，并未立即带领部队突围，而是在饶阳张岗村沉着冷静地观察敌情，分析动态，寻找空隙。5月3日，合围的敌人距我们只有5公里路，这时才在二十九团三连的带领下，乘夜幕神不知鬼不觉地在敌人占领的两个村庄中间1.5公里的空隙中突围出来。突围时部队上刺刀，紧握手榴弹，随时准备厮杀。

那天夜间，我们行动迅速，士气高涨，但心情却很沉重，因为这时冀中大地一望无际的麦田正在拔节吐穗，不时闻到麦苗的清香，眼看到手的麦子又要遭敌人抢劫，日军的"三光政策"不知又要使多少人家破人亡、妻离子散，养育我们的冀中父老乡亲又要遭受日军的大屠杀，心情哪能不沉重！一夜行军，到达了任（丘）河（间）大（城）的南北魏、文香一带。第二天正是"五四"青年节，我们有传统的纪念习惯。我是分区政治部的青年干事，下午负责召开了小型的"五四"青年节纪念会。为了隐蔽，会上不唱歌，不喊口号，只进行投弹、刺杀、政治测验，优胜的发了奖。还请了分区参谋长刘秉彦、政治部主任方国南参加会议并讲话。刘秉彦参军前是北大的学生，读中学时就参加了"左联"，是青年知识分子型的军事干部，我们都很赞赏他。他讲话鼓动性很大，至今我还记得他讲话的中心内容。他分析了敌人"五一"大"扫荡"和以往"扫荡"的不同特点后说："反'扫荡'要取得胜利，必须念好一本经，就是处理好反'扫荡'中'打'和'走'的关系。不能怕走路，'走'是为了避敌锋芒，制造假象，利敌空隙，寻找战机，不是消极地躲避，是为'打'创造条件；'打'是为了消灭敌人，保存自己，

纪念冀中军民"五一反扫荡"斗争

打必须有把握，不能蛮干；只有走好才能打好，这就是反'扫荡'的审时度势。"听了他的讲话，部队士气旺盛，信心倍增。当时有人编了顺口溜："跟着周（彪）帅（荣）刘（秉彦），反'扫荡'不用愁。"

周彪司令员和刘秉彦参谋长，从抗日战争初期就在大清河北的十分区指挥战斗，游击战的经验十分丰富。当时从上级的通报得知，日军组织了3个主要"合围"圈：一个是以深县、饶阳、肃宁为中心；一个是蠡县、高阳、安平、安国；第三个是任丘、河间、大城。敌人3个师团对准了冀中七、八、九这3个军分区的主力，另外两个旅团对着沧石路以北的第六军分区。分区首长反"扫荡"的指导思想十分明确，那就是避敌锋芒，巧妙周旋，绝不能进入敌人的"合围"圈以内；实在躲不开了，宁可进入敌占区，也比在敌人的"合围"圈内情况好处理得多。在复杂的反"扫荡"情况下，敌情瞬息万变，要想把握主动权，指挥员必须精心谋划，以精湛的指挥艺术去实现。首长们分析，敌人"铁壁合围"，但不是铁板一块；敌人"梳篦拉网"，总有空隙可乘；敌人分进合击，速度有快慢，而推进的方式是波浪式的，而两个波次之间就是可利用的空隙。所以我们在反"扫荡"的前一个多月中，除两次跳到子牙河以东的敌占区外，基本上是跟在敌人的屁股后面转，在敌人的两翼、背后跳来跳去，始终没有被敌"合围"住。

1942年5月下旬的一天，天下着蒙蒙细雨，夜间我们从大城跳出敌人的"合围"圈，向任丘以北鄚州以南的郝庄、白庄转移，下半夜快到郝庄时，发现村内有数处火光，部队立即做好战斗准备。经侦察员报告得知：白天日军在这里"扫荡"了一天，天黑刚撤走，火光是没有燃尽的房屋。敌人"扫荡"刚走，我们就住下，这是第二次了。有一次敌人出南口，我们进北口，敌人没有察觉。我们有群众作掩护，在反"扫荡"中是可以隐蔽下来的。进入郝庄后，看到的是被日军洗劫后的悲惨场面，残垣断壁，20多间房屋被烧，我军战士的尸体，敌人尸体，被杀老乡的尸体，到处都有，满街充溢着焦糊味和血腥味。

在郝庄，我们第一件事就是救火，然后打扫战场，掩埋尸体。在战壕中已牺牲了的一位八路军战士，手里套着6根手榴弹绳，刺刀已经弯曲，他身边躺着4具敌人的尸体。我们的战士顽强不屈、视死如归的英雄气概，令人起敬。清扫完战场天已大亮，我们到一老乡家休息。喊大伯大娘没人答应，院内死一样沉寂。进屋一看，炕上躺着一个年轻妇女的尸体，她的头歪在窗台上，衣服被敌人剥光，喉咙被割开，乳房被挖掉，从小腹到胸腔被敌人用刺刀剜开，肚里还有一个婴儿，鲜血从炕上流到地下。同志们看到日军残暴的兽行，个个咬牙切齿，义愤填膺！在清理尸体时，只见她的身下还压着一把刺杀敌人带血的剪刀，这是她和日军强盗进行殊死搏斗后，敌人用最残忍的手段杀害了她。她为了民族的尊严，坚贞不屈的英雄行为至今想起来仍让我肃然起敬。

正在这时，院子里传来喊"妈妈"的声音，是房东大伯、大娘带着他3岁的小孙孙逃难回来了。为了躲避战火，他们在麦田里趴了一天一夜。进屋一看儿媳惨遭杀害的惨状，大娘顿时晕了过去，孩子抱着妈妈嚎陶大哭，大伯则瞪着两只眼睛，仇恨的怒火在胸中燃烧，头顶着墙，拳头拼命地捶打着墙壁，大声喊道："日本鬼子，我×你姥姥，太歹毒了，两条人命啊！弄得我家破人亡，血海深仇、血海深仇啊！"他是在向正义的人们控诉日军的暴行！我含着悲愤的心情拉住大伯的手说："这个仇不是你一家的仇，也是我们的仇，是全中国人民的仇，这个仇一定要报，你等着瞧吧！"这时走进一个村干部对大伯说："郝村长，同志们还没吃饭，我们得把藏的粮食挖出来，给同志们做饭吃。"从来人得知，大伯是支部书记兼村长，儿子是民兵游击组长，激战后随部队一起撤走了，儿媳因有身孕行动不便没有跑出去。听了来人的话，村长二话没说，带着满腔怒火给部队筹粮去了。时隔几十年，这位英雄妇女的形象始终印在我的脑海里。像这样的英雄妇女，在冀中抗日根据地何止一个！

到了6月23日，冀中"五一"反"扫荡"已经进行了1个月又23天了。夜间我们从白洋淀边的大树刘庄跳出敌人的合击圈，到达文安县的边家铺村。为了分区机关安全，二十九团住边家铺村东南的侯家疙瘩，该团一连随分区机关行动。上午9时，二十九团在侯家疙瘩受到800多日军的进攻，战斗异常激烈。10时左右，边家铺西面发现敌情，参谋长刘秉彦立即到最前沿观察敌情，指挥战斗。边家铺村的群众基础很好，民兵有丰富的战斗经验，村边有预设的外壕和围墙两道阵地，是打村落战的好去处。当刘秉彦发现敌人只有100来人、无后续部队时，便和副参谋长崔文炳商量，战机来了，我们部队3倍于敌人，可以吃掉它，便下定了消灭这股敌人的决心。

日军"扫荡"已快两个月了，到处烧杀抢掠，气焰十分嚣张，根本没把我军放在眼里。在炮火掩护下，日军径直占领了村西的壕沟和苇坑，准备向我军发起冲锋。分区警卫连、教导队和二十九团一连都是分区最精锐的连队，早已严阵以待。遵照参谋长"不到100米以内不开枪"的命令，待敌人行进到100米以内时，8挺机枪同时开火，压得敌人抬不起头来，只能在苇坑内晃着膏药旗哇哇地乱叫唤，冲锋组织不起来。刘秉彦抓准时机，命令部队上好刺刀，子弹上膛，向敌人发起反冲锋！顿时部队像潮水一样猛冲过去，在苇坑周围同日军展开了肉搏战。战士们在拼刺刀前，先给敌人一枪，削弱敌人战斗力；而日军则是按"操典"办事，拼刺刀是不上子弹的，我军占了很大优势。只听喊杀声、枪击声、手榴弹爆炸声响成一片，个个刺刀见红，仇恨的子弹射向敌人，为死难烈士报仇！为死难父老乡亲报仇！积蓄在心里的怒火，对敌的仇恨像火山一样喷射出来，战斗形成了高潮。我是跟一连连长张玉朴、指导员王金岭一起冲锋的，当我们越过一条沟冲击敌人时，突然从沟中蹿出一个敌人，和我军一个排长对刺起来，排长在沟下，敌人在沟上，敌人挑起尘土迷排长的眼睛。我看排长非常危险，便跑过去从后面给了敌人一枪，子弹擦肩而过。敌人看后面来了个小八路（我当时不满18岁），转过头向我扑来，在千钧一发之际，排长从沟里蹿上来，从后面给敌人两刺刀，我又补了一枪，结果了这日本兵的命。从他身上我们缴获一把战刀、一支盒子枪、一个皮夹、一支钢笔，原来这是日军小队长。当我们把战利品如数上缴时，方主任说："这个小干事作战有功，钢笔就奖给你吧！"从此，这支笔跟随我打败日本，推翻三座大山，又参加了抗美援朝。笔虽早已"退役"，但我仍珍惜地保存它。每当看到它，我都会想起当时和日军厮杀时的情景。

边家铺歼灭战，前后不过两个小时，消灭了日军二十七师团第二联队

（广潮）的一个"剔抉"队。日军的"剔抉"队在大"扫荡"中专门跟在主力的后面挨家挨户地进行"清剿"，做坏事最多，群众最痛恨。以伊豆文雄为中队长的"剔抉"队除个别的跑掉外，80多人全部被歼，俘伊豆文雄以下12人（其中重伤4人）。打扫战场时伊豆文雄负伤后装死，他把手枪、战刀、肩章通通甩掉了，身上仅剩下一道佛符。把他抬回村中后，参谋长刘秉彦叫来翻译立即审讯他，他垂着头一言不发。当刘秉彦给他讲到日本统治者的反人民性，侵略战争的非正义性，讲到我军优待俘虏的政策时，伊豆文雄猛地蹿起来，照着刘秉彦的胳膊狠狠地咬了一口，以显示他的"武士道精神"和对"天皇"的"忠诚"。这个突然的举动，让我们措手不及，立即上去几个人把他摁住，押了下去。在场的人看到这种困兽犹斗的行径，都非常气愤，有的主张这个，有的主张那个，有的说这种顽固俘虏不在优待之列。刘秉彦微笑着说："因为日军毒化教育太深，才有这种愚昧行为，这是可怜的愚昧！"接着说："我们共产党人是最讲人道的，还是执行我们的老政策，只要放下武器，就优待俘虏，坚持'四不'（不打、不骂、不虐待、不搜腰包），饭给吃，伤给治。"看到参谋长这样宽厚，政策观念这样强，大家虽然心里气愤，但对党的政策坚决执行。

打扫完战场，刚处理完战后事宜，侦察员报告，日军第二次进攻的主力离我们只有3公里多路了，正从四面向边家铺"合围"而来。敌人吃了亏肯定是要报复的，天一黑我们就绕路向白洋淀进发，准备在淀内的腹地——端村一带隐蔽。打了胜仗，大家自然高兴，可是这12个日军俘虏当时却成了一个大包袱，因为部队还要随时准备作战。就地隐藏俘虏的决定是首长们在行军中作出的：除4名重伤俘虏（包括伊豆文雄）随部队进入白洋淀隐蔽外，其余8名俘虏分3个组找地方坚壁起来，每组配两名战士、两名干部，地点可选在鄚州以南的郝庄一带，这里群众条件好，又是敌人刚"扫荡"过。我和敌工干事分到一组，我们便带着俘虏向郝庄而来。路上我俩商量的中心问题是怎么向村干部说明，要不要讲出是日军俘虏的真相，他们的亲人刚被杀害，他们能接受得了吗？会不会向俘虏报仇讨还血债？最后还是决定如实地讲，只要讲清政策，相信群众的觉悟。但除村长外，别人就不再扩大了。我们把俘虏隐蔽在村外，叫开了支书兼村长郝大伯家的门。他听说我们打了胜仗，高兴得手舞足蹈，说可替乡亲们报仇了，我恨不得上火线捅死他几个！只有共产党、八路军才是我们的救命恩人。当我们告诉他捉的是日本俘虏不好携带，影响部队作战，要在郝庄暂时隐藏一下时，他那黝黑的脸膛，顿时变得铁青，低着头一言不发，只是吧嗒吧嗒地抽烟。这时郝大伯想的什么我们完全可以理解：儿媳被日本兵强暴后开了膛，3岁的孙子失去了妈妈，村中20多人在"扫荡"中被杀，这血海深仇在绞杀着他的心！现在要隐藏杀人的日本兵，他一时怎能接受得了？正在这时，当游击组长的儿子回来了，听说要隐藏日本兵，马上暴跳如雷，拔出他的"独眼龙"（只能打一颗子弹）就向外冲，"鬼子在哪里？鬼子在哪里？我去崩了他！"我们上前把父子俩拦住，反复开导说："亲人被杀，谁不恨呢？你们的仇也是我们的仇，边家堡战斗消灭了80多个日本兵，就是给大嫂、给乡亲、给冀中人民、给全国人民报仇。可是共产党、八路军有俘虏政策，只要放下武器就不杀、不打骂、不虐待、不搜腰包，这'四不'是毛主席定的，咱能不照办吗？"经过耐心的解释，父子俩慢慢抬起了头，郝村长一面磕着烟锅一边说："好吧！我听共产党八路军的，你们才是我们的救命恩人，叫我咋办我咋办。"

做通了父子俩的工作，把3名俘虏安排在他家的地瓜窖内，对外保密，每天由他的老伴做好饭送给俘虏吃。这些俘虏从被俘后就带着极大的恐惧准备随时被处死，他们不相信八路军的优俘政策。事实证明他们享受着优待，精神便慢慢放松了下来。敌工干事向他们进行教育说，你们吃的饭是日军"扫荡"时老百姓埋藏下来的粮食，而送饭的郝大伯的儿媳是被日军开膛破肚惨遭杀害的。这些俘虏垂头不语，他们是否也受着良心的谴责？有一次郝大伯送饭时，一个叫田中的俘虏突然扑倒在大伯的脚下，嚎啕大哭起来，连喊："有罪！有罪！"敌工干事连忙解释说，看到这几天的现实，他们有些良心发现，他们多数也是日本农家子弟，是被天皇征集到中国给天皇当炮灰的。这时的郝大伯心情平和多了，连声说快醒醒吧，不要再替天皇卖命当炮灰了！中国的农民在中国共产党的领导下，已经摆脱狭隘的农民意识，他们不仅有疾恶如仇、反抗侵略的坚强精神，而且具有善良宽厚、识大体、顾大局的良好品格。郝大伯就是这样的农民典型。俘虏在郝庄一带隐藏数天之后，便把他们集中到白洋淀，转移到晋察冀根据地去了。

边家铺歼灭战是在日军"五一"大"扫荡"中极其复杂、险恶的条件下进行的，战机捕捉得及时，仗打得干脆利落，显示了周彪司令员、刘秉彦参谋长驾驭复杂情况的指挥艺术。这一胜利大长我军之志气，灭日军之威风。1980年刘秉彦任河北省省长时我去看他，谈起了边家铺战斗，他仍兴奋不已，高兴地说："边家铺战斗是'五一'反'扫荡'中开的一朵胜利之花。"

百年中国记忆
BAINIAN ZHONGGUO JIYI

军民团结齐抗日

文史资料

百部经典文库

纪念冀中军民"五一反扫荡"斗争

JINIANJIZHONGJUNMINWUYIFANSAODANGDOUZHENG

高阳军民与敌巧周旋

丁廷馨

丁廷馨,男,1916年1月生。"五一"反"扫荡"时任中共高阳县委书记。新中国成立后先后任中共保定市市长、市委书记,省水利厅副厅长、省委农村工作部部长,省革委会副主任、省人大常委会副主任。1985年离休。

1942年"五一"大"扫荡"开始,日军的目标集中在冀中党政机关和八路军主力活动的腹地滹沱河两岸。当时我所在的高阳县,处在"扫荡"重点外围,暂时形势比较缓和。于是,我们就趁机进行了一些扰乱敌人的活动,借以牵制敌人。6月初,敌人"扫荡"重点转到了滹沱河以北、白洋淀以南地区,高阳县正处在其中。虽然这里没有冀中武装部队的主力,但是敌人还是使用了坦克、装甲车、大炮等。当时的地道有一部分是顺街和穿街的,被敌人的坦克车全部轧塌了。随后敌人就修建公路,挖封锁沟,并在全县160个村庄内,建了44个据点和岗楼,形成了蜘蛛网式的局面,包围着各个村庄。敌人完成战局部署之后,便进一步展开极其残酷的"清剿",建立伪组织，推行大乡制、保甲连坐法，妄图由大块分割到细碎分割，以达到摧毁抗日组织的目的。

日军在实施5次"强化治安"之后，接着开展了惨绝人寰的"新国民运动"，确定高阳、任丘两县为突击示范区。不久，从北平敌寇宪兵队中，训练了一批特务，伴随着北平的"新国民运动"总会的活动，保定新民会的一批汉奸走狗进驻了高阳旧城据点。这批杀人不眨眼的刽子手，配合当地的敌伪人员，展开了疯狂的"清剿"、"扫荡"，先后到良村、雍城杀人放火，捕走群众数十人。接着强迫全县各村群众到城里开会，扬言开会是维持局面，听听讲话就回来了，如果不去就杀光烧光。在敌人的逼迫和欺骗下，有7000余人进了县城。敌人采取了极其残暴的手法，对无辜群众严刑拷打，追问各村抗日干部的姓名、地道分布和枪支弹药的情况。七天七夜，不允许群众吃饭、喝水，不少人因而致残致死。坚强的群众，面对敌人屠刀的威胁，坚贞不屈，守口如瓶，没有暴露任何机密。敌人的阴谋失败后，不得不把群众放出，然而接着又制造更加残酷的镇压，逐村进行"清剿"。敌人每到一村，先挖几个埋人的大坑，集合群众边打边问。凡是敌人到过的村庄，都有人被活埋。如果进村见不到人，就拆房放火。敌人在高阳、任丘推行的"新国民运动"，共残害抗日干部群众835人，殴打致残的1900人，烧毁房屋4300多间。

抗日军民对敌寇的血腥屠杀无比愤慨，为保护群众的生命财产安全，粉碎敌人的野兽行径，九分区魏洪亮司令员召开了紧急会议，决定由四十二区队及县、区游击队寻找战机，不惜一切代价，消灭日军的"示范队"。11月初，旧城据点的日军一个加强小队和两个伪军中队，带着所抓的民夫，经西良淀潴龙河渡口到蠡县大百尺村搞突击示范。经过烧杀抢掠之后，敌人趾高气扬地返回据点。敌人的行军顺序是民夫在前，伪军居中，日军在后。我预先埋伏在西良淀的部队，放过民夫、伪军之后，给日军以迎头痛击，打得敌人血肉横飞，东逃西窜，乱作一团。走在前面的伪军上了渡船听到枪声后，打算举枪向村中射击，聪明的船夫立即制止："你们别打，如果一暴露目标，就会遭到居高临下的痛击，生命难保，不如藏在船内平平安安地渡过去。"伪军们乖乖地服从了船夫的摆布。刚一到河边，船夫跳上了岸，用杆一撑，使渡船漂到河中。随后，向我埋伏在堤坡上的部队做了报告。这样不费一枪一弹，便活捉了这一股伪军。被抓的民夫也积极地配合战斗，抓捕四处逃窜的敌人。这次战斗除少数日军逃窜外，全部被歼。没隔几天，在季郎，又将"突击示范"的敌人，打死3人，打伤4人，俘虏12人。随后又将进入八果庄"突击示范"的敌人，击毙3人，打伤20余人，并缴获部分战利品。

经过这几次战斗，打掉了敌人的嚣张气焰。带领搞运动的敌酋，狼狈地逃回北平，为时将近半年的"新国民运动"被彻底粉碎了。广大军民抗日必胜的信心也日益加强，经常不断地对敌人碉堡进行伏击。有部分岗楼被摧毁了，有的岗楼上的伪军投降了，大部分岗楼都被迫撤走了。到1944年春，逼使敌人只能龟缩在孤立的高阳县城内。

在这场艰难困苦的斗争中，我们始终坚持依靠党的领导，依靠广大人民群众。"五一"大"扫荡"开始，根据中共中央《关于坚持平原游击战争的指示》，及时改变斗争方式，加强群众团结，广泛运用革命的"两面政策"与小型隐蔽的武装斗争相结合，精简县区机构的工作人员，其中一部分送到平汉路以西根据地学习，一部分暂时隐蔽在家中，和群众在一起，进行隐蔽斗争。在职的县区干部分散到各区活动，靠秘密交通互相联系，交流工作情况，不定期地召开小型会议，研究部署任务，分头传达。同时，各村抗日组织继续坚持工作。

根据斗争形势的需要，各村都先后建立了应敌组织，其中，包括伪村长、联络员，他们以合法形式作掩护，表面上为敌人服务，暗地里进行抗日活动。这些"白面红心"的人员，利用在敌人据点活动的机会，搜集敌人的动向，及时向我们报告。敌人建立的联络员，成为我方的侦察员、情报员。每逢敌人到村里"清剿"勒索，都由他们出面应付。有时遇到不认识的我方人员，也是由他们露面接待，然后向抗日干部报告，弄清真实面目之后，再进行妥善安置，以防敌人鱼目混珠。一次旧城据点派出几个伪军，化装成八路军，到皇新庄活动，经过仔细盘查辨认之后，判定是敌人冒充，便拿出棍棒向敌人猛打，并大声呼喊"我们不接待八路军"。直打得敌人头破血流，狼狈逃窜，而他们还以为这是忠于"皇军"的表现，是实施"新国民运动"取得的成果呢！

　　无论斗争形式怎样变化，但胜利的主要因素是依靠群众，进行人民战争。"五一"大"扫荡"后，全县军民紧密团结，不屈不挠，出生入死，前仆后继，战胜了一切艰难险阻，取得了最后胜利，这充分说明了人民的伟大力量。斗争中出现了许多可歌可泣的英雄事迹。

　　在旧城敌人据点附近的陈庄，有个老太太，娘家姓阎，婆家姓陈。人们尊称她叫官大奶奶。她的孙子孙女，先后离开了家，走向抗日第一线。家中挖了地洞，县区干部和游击队员经常住在她家。还有不少伤病员，也在她家隐蔽，官大奶奶成了知心的护理员。因为这里来往人多，官大奶奶知道的情况也多，于是这里形成了情报站和干部活动的联络点。如果干部之间一时失掉联系，通过官大奶奶很快就能联系上。她还分析敌人的活动规律，指导抗日人员转移方向和活动场所。有一次区小队部分战士躲在她家，遇到敌人的"清剿"队来村扫荡，战士人多，地洞里容不下，他们准备冲出去，被官大奶奶制止住。她说："敌情不明，硬冲危险大。你们可埋伏在房上，我出去了解敌情，随时告诉你们。如果敌人进了院，狠狠地打击，然后冲出去。"幸好敌人在村中转了一圈就走了。事后有人问她："如果敌人进了院，发生战斗，敌人一定把你的房子烧毁。"官大奶奶回答得很干脆："保护战士是头等大事，烧毁了房子以后可以再盖。损失点财产算什么，反正不能当亡国奴。"官大奶奶的事迹到处流传，后来被评为拥军模范，1944年冬出席了分区召开的群英大会。

　　1942年秋末，高阳三区游击队，由副班长孟荣带领6名战士，住在高庄村一个牲口棚里，屋内有一个能容十来人的"蛤蟆蹲"（地洞），利用牲口槽底为洞口。拂晓时，被驻高阳城内的伪军40余人包围，战士们隐蔽在地洞内。突然洞口被敌人掀开，并抓来群众强迫他们挖掘地洞，情况十分紧急。当时孟荣指示战士要沉着冷静，设法突围。挖地洞的群众，在村干部暗示下，到处乱挖，唯独不挖有地洞的地方。过了一段时间，敌人想弄清地洞里的情况，但他们又不敢下去，就强迫一个群众下洞侦察，这下给了我们可乘之机。下去的人向战士介绍了情况，并说明群众正想办法对付敌人，保护他们的安全。于是孟荣和下洞的人商讨了打击敌人的突围方案，让下洞的人在洞里待了一段时间，弄得满身泥土，然后爬出洞来，向敌人谎报说："这个洞可长了，我连爬带走，用了这么长时间，也没有摸到头。里边黑洞洞的，什么也看不见。"这时洞内的战士除孟荣把守洞口，其余的人用刺刀在洞的尾端挖天窗。敌人听说洞内无人，也没发现任何动静，便派了一个伪军下洞侦察。群众大声说："你下去一看就明白了。"喊声特别大，目的是给洞内的战士报信。这个伪军一下洞，就被孟荣用刺刀挑死了。这时天窗也挖好了，在孟荣的指挥下，一场突围的战斗打响了。孟荣打死了站在洞口监视的伪军。敌人听到枪声，一齐拿枪向洞口射击。战士从新开的天窗内出来了，连续投了几颗手榴弹，便在浓浓的烟雾中捡起洞口的步枪冲了出去，并继续投放手榴弹，群众也高声呐喊。直打得敌人晕头转向，到处乱窜，有的从房上向下跳，摔得鼻青脸肿，狼狈不堪。战斗结果打死伪军2人，打伤伪军十余人，缴获长短枪各一支。战士们在群众的掩护下，化险为夷，安全突围。

终生难忘的女同胞

侯　一

　　侯一，女，河北高阳县人，1919年11月4日生，1938年1月参加抗战，同年7月加入中国共产党。"五一"反"扫荡"期间任冀中抗联会妇女部干部。抗日战争、解放战争时期，历任县妇联会主任、军分区妇救会主任，冀中区妇联会宣传部副部长。新中国成立后，先后任中央人民政府重工业部组织科长、中华全国总工会女工部研究组长，全总机关党委专职副书记，1982年离休前任全总女工部顾问。

　　岁月的流逝不时冲刷着我对往事的记忆，她们的姓名、村庄以及事情发生的时间、地点，有的我已记忆不清了。但是，她们的音容，尤其是她们舍生忘死、机智勇敢救亲人的英雄事迹，还深深地印在我的脑海里，使我终生难忘。

　　1942年5月1日，日军调动5万左右的兵力，对我冀中平原开始了空前残酷的大"扫荡"，实行惨无人道的杀光、烧光、抢光的"三光"政策，妄图搞垮冀中抗日根据地。我们冀中区妇救会根据区党委指示，化整为零，高度分散进行活动。当时，我到了安国县一带。

十里一碉，五里一堡，一座座岗楼像野狼一样蹲在重要村镇、交通要道，窥视着人民的行动，敌人还不时四处"扫荡"，我们只得昼伏夜出开展工作。白天，我们掩藏在堡垒户中，妇女们想了许多好办法，挖了各式各样的地道，有的口在锅台里头，有的在炕里面，有的在桌子底下……我们把门一闩，在屋里开会、看文件。敌人来了，就赶紧下地道。那些大娘、大嫂们给我们把洞口堵好。她们在炕头洞口上放一摞被子，就开始聊天、纺线、做针线活，非常自然；她们在锅台边洞口放一个大盆，开始洗菜、蒸饽饽，像没事儿一样。敌人就是长着火眼金睛也很难发觉洞口，里面还藏着我抗日干部呢！晚上，敌人龟缩在岗楼里不敢出来，我们便开始在村里活动，开会或是走家串户布置工作。我们的暗号很多，有时绑个小棍，拴上钩捅进去，老太太一看就知道是谁。

杨庄子有位杨大娘，是安国县四区妇救会干部程云娥的姨母。她年轻守寡，当时虽然才50多岁，但艰难的生活和封建势力的摧残，使她头发花白，满脸都刻上了深深的皱纹，看上去俨然是个六七十岁的老太太。她少言寡语，总是低着头小心翼翼地过日子。但是，她用勺子、铲子一点一点在屋里挖了个藏二三个人的地洞，我和程云娥，就经常藏在这里。有一次，通讯员通过杨大娘通知我和程云娥，到李亲固据点以北的一个村子和分区来的同志接头。到这个村，要经过一座桥，桥北边就是敌人据点。青天白日，怎么办？我们只好请杨大娘护送。她换了一身干净衣服，拎着个篮子，篮子里放着一只大母鸡。我化装成她儿媳妇，云娥化装成她闺女，我们就像娘仨走亲戚，顺顺当当绕过了敌人据点。

可是，回来时，刚要上桥，有两个年轻人慌慌张张迎面而来。杨大娘很有经验，她马上对我们说："可能要出事。"话音刚落，桥南面来了一队日本兵。我们由北向南，正好要在桥上相遇。这一下，我们可慌了手脚，身上还带着个人的图章和笔，要是叫他们发现，不就完了？杨大娘看我们有些惊慌，就安慰说："有我呢，不要怕，壮着胆子往前走！"她又小声对我说："快把东西给我，如果敌人发现了，你们就说不认识我，是走顺了路；如果敌人没发现，就说我们是娘仨走亲戚。"我是八路军干部、共产党员，怎能把危险推给一个普通群众、一个孤寡老人呢？我回答说："不！不能这么办。"杨大娘急了："这是什么时候了？快！给我。"她两眼瞪着我，脸涨得通红，不容我再拖延时间。我还没见过这位少言寡语的杨大娘发这么大的火。没办法，我只好把笔记本给了她。她刚把东西掖在腰里，敌人已上了桥，图章和笔已来不及藏了。杨大娘又鼓励我："不要怕，上桥。"她非常镇静，就像平常我们饭后在一起闲聊那样坦然、自若，还点了一锅烟抽着。敌人来到跟前，她装出很客气的样子推了我们一把，说："靠边，叫皇军过去。"可恨的日本鬼子见我是个年轻妇女，一把抓住了我的头发，嘻笑着说："花姑娘的！花姑娘的！"翻译问："你们是哪儿来的？"杨大娘回答说："这是我闺女和儿媳妇，我们串亲去了。"说完，悠然吸了一口烟，"噗"一口又喷了出去，烟雾在敌人面前转了几个圈，飘飘悠悠上了天。敌人看不出破绽，就过去了。敌人一下桥，我们撒腿就跑，一口气跑到了家。杨大娘随后也到了家。

她脸色苍白，满头是汗，毕竟是上了年纪的人了，一进门就坐在地上，呼哧呼哧喘着粗气，站不起来了。她当时还有点迷信，指指我们说："快！快给灶王爷磕个头，是他老人家保佑了我们。"我"扑哧"一声笑了："大娘！灶王爷在家里，他知道咱们外头的事吗？要磕头的话，应该给您老人家磕个头，要不是您老人家，鬼子抓住我还能撒手？"我这一说，她也笑了。事后，我又问杨大娘："您怎么当时不害怕？"她说："傻闺女！你大娘受尽了这世道的苦，受够了日本鬼子的害，不求别的，就求中国早点太平，穷人早点翻身，过几天好日子。如今咱们不正是做的这些事吗，还怕什么呢？"杨大娘没儿没女，打这以后，我就叫她"干娘"了。

冀中人民在抗战中忍受着重大的灾难，蒙受了严重的损失，党的教育，战争的磨炼，使她们懂得了只有斗争才能生存，掩护干部已成为她们的自觉行动，从少年儿童到白发苍苍的老人，筑成了一道坚不可摧的铁壁铜墙。她们机智勇敢，千方百计对付敌人，不论是不是我们的堡垒户，只要碰上敌人，你拉拉老大娘的衣角，她就会认你为"闺女"；你在年轻媳妇身边一站，她就会认你为"小姑"，把你掩护起来。

这年秋季的一天，领导派我到附近一个村子和一位同志接头。临行前，领导对我说："你走的这条路比较安全，周围都是我们的根据地，就是遇上事，只要有老百姓就好脱险。"我带上一支手枪就上路了，这是预备必要时和敌人拼命的。

这年的庄稼长得非常好，齐腰深的谷子，一人多高的玉米，粗壮的高粱打着小伞，整齐地立在道路两旁，像一排排雄壮的护兵，好一派青纱帐啊！冀中有几万平方公里的青纱帐，有几百万人民组成的铁壁铜墙，任凭敌人再怎么猖狂，任凭敌人飞机、大炮、冲锋枪，定叫他有来无回一扫光。我走着、想着，不由得加快了步伐。突然，前面来了两个人，虽然他们是老百姓打扮，但我一眼便看出，他们是敌人的便衣武装。当时，敌人无恶不作，横行霸道，我们的老百姓就连走路都得低着头。可是，这些伪军汉奸呢，他们狗仗人势，狐假虎威，不可一世，连走路都是大摇大摆，趾高气扬。我不由得向后看了看，真巧，离我二三丈远有一个年轻媳妇，怀里抱着一个不满两岁的小孩，手里还拉着一个五六岁的小男孩，一位老人在后面跟着，像是她的老人送路。这个妇女见我往后看，把大孩子一推，说："赶你姑姑去！"孩子很机灵，马上朝我跑来，拉住我的手亲昵地叫"姑姑"。她也三步并作两步追上来，埋怨我说："敢情你大脚巴叉的走得快，我抱着小的领着大的怎么走得动？你也不知道帮帮忙。"她的声音很大，是故意说给那两个便衣听的。说着，就把怀里那个孩子塞给我。孩子认生，哭着不找我。她假装生气的样子推着孩子说："我累了，走不动了！叫你姑抱一会儿。"由于我是外地人，口音不对，抱着孩子不敢多说话。那两个便衣这时正走到我们跟前，站住脚看了一会儿，像是真事儿，就没说什么。敌人走远了，大嫂朝我笑笑，把孩子又接了回去。我感激地一把抓住了大嫂的手："大嫂！多亏了你呀！"她不以为然地说："看你说的，打鬼子还不多亏了你们？"

像这样的事，我们不用预先布置，也不用特殊联系，到时她们就会编出一套掩护你的话来。她们的方法各式各样，可多了。还有一天，我正和几个妇女干部在老百姓家中商量如何分散、如何集中与敌人周旋的问题。忽然一声枪响，传来了群众的喧闹声，接着就是"砰砰"的敲门声。敌人已经包围了我们的院子。躲藏来不及了，只好想办法冲出去。人急生智也生力，我从鸡窝上一跃翻过墙头，跳入邻院。出人意外，院子里已经有一个日本兵和一个伪军。他们一惊之后马上把枪口对准了我。大声喝道："站住！"我一下子呆了。刚跳出虎口怎又进了狼窝？就在这千钧一发之际，屋子里跑出一个七八岁的小女孩，大声喊我："姑姑！姑姑！"紧接着，一位白发苍苍的老奶奶拄着一根拐杖颤悠悠地出来，冲着我发起了脾气："你这个疯丫头，跳来跳去干什么？我有病叫你好好伺候一会儿，你就待不住。"看样子她还真生气，脸色铁青，浑身发抖。我低着头也像做错了事的孩子一样，老老实实听老奶奶的责骂。我心里高兴极了，正当我遇险的时候，老奶奶像神仙降到了我的面前，解救了我。敌人收住手中的枪，忙问，她是你的什么人？老奶奶赶忙回答说："她是我的小妞，我有病，叫她在家伺候我。你们来了她害怕，就跑到邻院去了，见那边也有人，她又跳回来了。"她说着，还瞪了我一眼。敌人信以为真，丢下我们，在屋里屋外用刺刀挑来挑去转了一圈，没发现什么可疑，就走了。老奶奶把我拉到屋里，说："孩子！你先在屋里坐一会儿，等敌人走远了，你们该干什么再干什么。"我坐在老奶奶身边，不由得想起了当时我们最爱唱的歌："树没根呀不能生，鱼儿没水呀活不成。人民好比根和水呀！八路军依靠老百姓。"

　　人，面对着美好的现实，常常爱回忆走过的路。每当我在天安门看到五星红旗高高飘扬的时候，就想起了硝烟弥漫的冀中平原，想起了抗日洪流中的广大妇女，是她们掩护着我，不！掩护着每一个革命干部、战士，掩护着我们的党，才使我们的党，我们党的干部、战士在"五一"大"扫荡"最残酷的时期坚持工作，同全国人民一道，取得抗日战争的伟大胜利，进而打败蒋介石，建立新中国。我们走过的路上，我党走过的路上，留下了她们光辉的足迹。她们的革命精神光照千秋，永远激励着我们前进。

难忘冀中父老乡亲

白竞凡

"五一"反"扫荡"中的日日夜夜

1940年，我从延安来到战火纷飞的敌后平原抗日根据地——冀中区。在冀中工作的几个年头里，最使我难忘的是1942年5月到年底的这段斗争生活，在那些严酷的充满艰难险阻的日子里，冀中人民母亲般的关怀和爱护，使我在反"扫荡"中，多次化险为夷，安然地度过了抗日战争最艰苦的岁月，最后平安地转移到了平汉路西。事情虽然已经过去几十年了，但是，那些往事依然深深地留在我的记忆里。

这一年，在冀中军民进行的艰苦卓绝的反"扫荡"斗争中，我没有随主力部队转战，而是在深县、武强、饶阳、安平四个县的几个村庄里进行了另外一种形式的斗争。这是为了保护群众、保存积蓄我党力量而进行的伟大的斗争。面对敌人疯狂的"扫荡"和惨无人道的屠杀，冀中人民做出的牺牲、付出的代价是巨大的。他们不畏强暴、英勇反抗侵略者的斗争精神，在中国人民抗日战争史上写下了光辉的一页。

现在，我回想起那些可歌可泣的人们，那些耳闻目睹的事件，仍然是那样惊心动魄，历历在目……

　　1942年5月1日上午，饶阳县的天空中乌云密布。张保村村边的枣树林里，冀中区的党政军机关正在召开大会，纪念五一国际劳动节。会上，吕正操司令员作了形势报告。在场的人们都坐在背包上静静地聆听。吕司令员指出，穷凶极恶的日本帝国主义又发动了太平洋战争，已经成为世界人民共同的敌人。这样一来，日本帝国主义兵力少、战线长的矛盾就更加突出了。国际反法西斯斗争胜利在望。但是，要提高警惕，防备敌人作垂死挣扎，还可能出现更加残酷的斗争局面。吕司令员最后说，抗日战争的胜利最终是属于我们的。这个报告坚定了我们必胜的信念，在后来残酷的战斗岁月中，它一直鼓舞着我们的斗志。

　　当天傍晚，我们背起背包，转移到了饶阳县的南韩合村。第二天傍晚，又向这个县的豆店村转移。这个时期，敌情瞬息万变，使我们不得不频繁地转移。1941年以后，冀中军区机关的活动范围很大，可以从八分区跳到七分区，也可以从七分区跳到九分区，每晚行军约走三四十公里路，还可以在根据地的一个地方住上3至7天。从1941年秋敌人实行"蚕食"政策以后，根据地逐渐缩小了，军区机关的活动范围也随之缩小了。八分区的深、武、饶、安之间的小块地区就成为军区机关活动的主要地域了；而且，每天都要转移驻地，以防敌人袭击。

　　我们大约在晚上10来点钟到达了豆店村。部队都坐在街上等待号房子。睡着了的乡亲们都纷纷起来，在为我们腾房子的时候，集合的命令下达了。我们围在民运部领导王逸群的周围，倾听他传达敌情。他说，敌人为了占领冀中地区，掠夺冀中的人力和资源，以此作为扩大战争的后勤补给基地，抽调了大约5万兵力，向我冀中根据地大举"扫荡"。仅在石德路、平汉路保定至石门段以东和滹沱河沿岸，就部署了3万多兵力，集中"扫荡"深县、武强、饶阳、安平4个县，企图一举消灭我冀中军区领导机关和主力部队。军区首长指示军区机关相机跳出敌人的合击圈，转移到敌人空虚的外线。今夜的具体行动是，司令部和区党委机关过沧石路，到冀中六分区去。政治部和行署机关，由参谋长沙克、政治部主任卓雄率领，突过滹沱河，跳到九分区，相机到白洋淀一带打游击。

我们当即整理队伍，按照军区决定的路线出发了。

豆店村离滹沱河有15公里远，我们准备在拂晓前偷渡滹沱河。夜漫漫，部队鸦雀无声地前进着，所能听到的是"沙沙"的脚步声。拂晓前，我们到达了距滹沱河岸一二公里路的地方。突然，一声枪响打破了黎明前的寂静，交织在一起的弹光划破了黑漆漆的夜空，紧接着，激烈的枪声响成了一片。部队立即停止前进。根据判断是先头的警卫部队同敌人接上火了。这时候，从前面传来了口令，命令部队急速掉头，跑步撤回原地，以便使掩护的部队及早撤出战斗。当时我正怀孕在身，随着部队跑了五六公里，两眼冒金星。起初由于枪声大作，一切疲劳都丢在脑后了；渐渐地枪声稀疏了，才感到体力不支，脚步渐渐慢了下来。为了不影响其他同志的行军速度，我便闪出队列，在交通沟边上行进，让出沟中心的正路，使后续部队畅行无阻。谢雪萍看到我的情景，就主动陪我一起走，以便随时关照。战友的情谊和关怀，使我感激万分。不一会儿政治部主任卓雄赶上前来，他发现我走得慢，赶不上部队，就让警卫员拉过马来关切地说："竞凡同志，你骑我的马吧！"我说："首长，我骑马的技术不行。我慢慢走，保证掉不了队。"卓主任对下级的关怀，使我感到无限的温暖，激励我赶上了队伍。

早上8点多钟，我们又回到了豆店村。由于一天一夜没有休息，又跑了二三十公里，我们吃过早饭后，便奉命休息。大家都睡下了。沙克参谋长、卓雄主任等仍然站在地图前面，聚精会神地总结昨夜突围未成功的经验教训，制定今夜再次突围的行动计划。

下午，民运部的领导向我们传达了今晚突围的计划，决定按司令部的路线，突过沧石路。要求部队要精干、轻装，凡是走的都应当是身强力壮的。民运部的干部由于平时跟群众直接交往多，熟悉情况，绝大部分人可以留下来，跟群众一起坚持反"扫荡"。只有少数领导因为操南方口音，易于暴露，需要随队转移。领导上根据我的情况，决定让我到深县城郊2.5公里的敌占区。那儿有一个敌工关系，让我暂时住那儿避一避。敌工部给我开了一封介绍信，党的关系由我自己带着。我和谢雪萍一起迅速地整理好文件，进行了彻底的轻装。我们把《共产党员》等刊物和被子等不急用的文件、用品，包了一个大包袱交给老乡，埋到了地里。

在夜幕即将降临的时候，队伍沿着交通沟向正南方向出发了。这天夜里，天色阴暗，每个同志都在背包后面绑上一块白毛巾，便于互相辨认，以防掉队。谢雪萍是广东人，她随队而行。我提着一个随身携带的小包袱，先送部队出发。部队已经出村了，我站在交通沟边的高台上，目送队伍远去，直到他们的身影渐渐地消失在沉沉的暮霭之中。

暮色苍茫，兀自独立，思潮澎湃。回忆起来，我自从1940年从延安到敌后——冀中工作以来，一直都是集体行动，跟着部队作战和生活。同志爱，战友情，使我感到无限的温暖；从现在起，只有我一个人了，单独在敌占区坚持斗争……一时，惆怅于怀，一种难以克制的离队索居感向我心头袭来，同志们今晚南下突围能否成功，也使我忐忑不安。是生离，还是死别？我呆呆地站在那里遥望南方，望啊，望啊……一转念，理智使我清醒过来，在凶恶的敌人面前，要奋斗就要流血、牺牲，怕什么；革命战士死都不怕，还怕困难吗？想到这里，我的精神振作起来了，迈开大步，向西南走去。

5月3日深夜11点多，我来到了深县中东茭村。我先和村长任顺义接了头，向他了解了这里的敌情，随即到王大娘家去歇息。

王大娘是我们司令部王侦察员的母亲，50多岁了。丈夫去世以后，她拉扯着5个儿女，辛勤地劳动，养家糊口。儿女长大以后，她积极支持他们的抗日活动。大儿子王敬贤在我冀中区农场工作；老二是侦察员，老四也是八路军，老三老五是民兵，跟王大娘在家劳动。我深夜赶到她家，王大娘热情地接待我，问寒问暖，忙着给我腾地方，让我睡在她的身边。王敬贤正好在家，听我述说来意，知道我要去深县敌占区后，他说：“明天一早，我送你到根据地的边缘，那里正挨着我们农场。”

第二天，天蒙蒙亮，天空中稀疏的星星还在闪烁着。王敬贤领我上了路。走不多远，我们就碰到一些群众迎面而来。我们向他们打听敌情，他们说，沧石路上的敌人已经出动了。说完，这些群众就向北边的大洼里走去。我和老王都认为这很可能是误传，于是决定继续向前走。我们越走越快，不久就来到了离中东茭村十多公里远的农场——郗家池村。老王告诉我，过了这个村，南边就是游击区，再走不远就到了深县城郊。他说，他不能再送我了。我辞别了老王，准备穿过村子上路。刚到村边，就见老百姓扶老携幼，牵着牲口，背着包袱，纷纷向村北跑。他们见我进村向南走，忙向我说："敌人来了！敌人来了！"我仍然不大相信这是真的，便急步向村南方向走去。人们看着我的行动和装束都投以诧异的目光。因为我在离队时换了便衣，穿的是紫花褂子、蓝色粗布裤子，这样的装束在当时的冀中来看，为时尚早，群众中还没有这样穿着的。他们可能看我像八路军，又奇怪，为什么迎着敌人的方向走？我一时突围心切，加快速度往南走。当我刚走出村口，向南一看，啊呀！敌人真的上来了！敌人的自行车队、骑兵、步兵，密密麻麻地向这里扑来，整个南面都是敌人。我毫不迟疑，掉头跑进村子。过了村子，又往东北方向跑去。我跑得飞快，超过了一队队的人群，一气跑了八九公里路，到了中东菉村村北的大洼。正当我坐在交通沟沿上喘气休息的时候，中东菉村村长任顺义迎面走来，他说："老白，你没有突出去啊？"我说："敌人可多了，我过不去了。"他急忙领我到李家坟地，找到妇救会主任徐国珍、农会主任孙将言。他们在坟地中挖了一个地窖。村长让我钻进他们的地窖，同他们一起躲避敌人。

我是做民运工作的，与这一带的村干部都比较熟悉。我早就知道这个农会主任孙将言，他是长工出身，单身汉，工作积极，勤劳朴实。妇救会主任徐国珍大姐也是一个积极肯干的妇女干部，她的抗日思想比较坚定。在这个地窖里，还有徐大姐的独生子小栓子，这时他才13岁。另外，还有四五个男女青年，他们也在这个地窖里。我们都互递了关切的目光，默不作声地在窖中等待着事态的变化。地窖中一片漆黑。不一会儿，洞口开了，射进了一线光亮。群众跑来报信说，敌人发现了附近不远处的张家坟地的地窖，把在窖里藏着的人都叫了出来。接着，又有人急赶来报信说，孙家坟地里的地洞也被敌人发现，洞里的人被敌人威逼着出来了，不出来就打死在洞里。那时候，那里的地洞还不广泛，也不规范，大多修在洼里或坟地中，基本上是一层洞，没有防御能力。一旦发现，敌人就可以直视洞内藏着的人，所以敌人的威逼就起了作用。这种洞，在平时的"扫荡"中也还可以对付过去；可是，这一次"扫荡"不比平常，仅在深、武、饶、安，这样小的根据地中，敌人就集中了几万人，组成"拉网"式"扫荡"。随着步步深入，合击圈越来越小，敌人越来越密集，基本上已是里三层外三层。对于这种"铁壁合围"式的"扫荡"，两位主任感到，藏在地窖里也不安全。我的装束不同于群众，如被发现，被敌人威逼出去，一定会引起敌人的怀疑。几个青年人也怕被拉走。这样，大家决定，我和那几个青年人一起出去，夹杂在群众中。

这年春旱比较严重，大洼中的麦子长得不高，人们在麦地中藏不住。这个大洼东西长15公里，南北宽约五六公里，中间没有村庄和人家。这种大洼在冀中地区是很少见的。我们随着人群奔跑，一会儿，有人说，北面来了敌人，群众就向南跑；一会儿，又有人说，南面有敌人，群众就转向东面跑，忽东忽西，我随着群众来回奔跑。这时，敌人的枪声，一阵紧似一阵；敌人的飞机不断地低空盘旋，不时地俯冲扫射，不少人中弹倒下。人们既悲愤又惶恐，情绪非常紧张。我也感到气愤和难过。大洼周围村庄的群众都会合到大洼中，人越聚越多。我估计，这个大洼就是敌人的合击点，我这样跟群众跑下去，迟早要被敌人发现。于是，我跟国珍大姐商量，这样跑下去不行，还是回洞藏在被子里。她考虑了一下说："好吧，我送你回去。我的那个洞有两层。你就藏在底层，我在上面盖好。这样也许可以瞒过敌人。"接着，她就带着她的侄女跟我一同回去。国珍大姐打算让她的侄女和我藏在一起，以便照应我。我们匆忙离开人群，返回李家坟地。我按她指的洞口钻了进去，和她的侄女钻进了底层的洞。国珍大姐把底层的洞口盖好，又把被子散放在上面，她领着小栓子就走了。不久，敌人走过时，发现了这个洞，就吆喝了起来："出来的！出来的！"我俩在底层，连大气也不敢喘。幸好敌人不知道这是个双层洞。敌人见上层洞内无人，便又扑向别处。这个双层洞是孙将言和国珍大姐设计的，它使我安然地度过了敌人第一次"拉网扫荡"。

果真如我所料，敌人把奔向大洼的成千上万的群众分割包围在大洼里，抓走了不少青壮年，其中也有少数我军人员。敌人当众做了一些反动宣传，然后又威逼群众一律回村，不许在洼中逗留。如在洼中再被捉住，就以八路军论处。

天黑以后，国珍大姐派人把我叫回村公所。她已经准备好了香喷喷的热饭热菜，招待我和从大洼中回来的八路军战士。由于奔跑和隐蔽，我一天滴水未进，便大口大口地吞咽起来。我一边吃一边想，我今天安然脱险，靠的是国珍大姐的机智勇敢，现在她又对我们这些八路军战士如此体贴入微，使我们劫后得到温饱。我从心眼里感激这位热心抗战的大姐，佩服这位认真负责的妇救会主任。

渐渐地，村公所里挤满了人。其中有的八路军战士正在狼吞虎咽地吃饭；有的伤员，由村干部组织人给他们包扎；也有的人在给洼地里受重伤的同志送饭，人们都在忙忙碌碌地工作着。所有的村干部都在村公所，在他们的指挥下，工作有条不紊地进行着。我吃完饭后，也立即投入到给伤员包扎伤口的工作。包扎完了伤员，村干部就把他们安排到村中的基本群众家中，作为家中的成员予以掩护。就这样，我们一直忙到深夜3点钟。到鸡已经叫了头遍，才算安排就绪。

接着，村长兼支部书记任顺义又召开了村干部会，研究了敌情和对付敌人的办法。大家一致同意，先把党支部、村公所和各群众团体的东西彻底清理坚壁。同时，大家分头去做群众的思想工作，告诉他们，敌人的这次"扫荡"与往常不同，动员他们做好长期斗争的准备，要彻底"坚壁清野"，尤其是要把粮食藏好，不能让敌人抢去更多的东西。在这些工作都处理完毕之后，村干部暂时隐蔽起来，不要住在家里，以防发生意外。

我又回到了王大娘家。大娘、大嫂和王敬贤见我回来了，都热情接待。他们为我平安回来而高兴，不停地问长问短。我告诉他们，今天敌人"拉网扫荡"的时候，我与敌人遭遇，王大娘家里的人听我说到这里，神情都很紧张，不断地叹息。当我又述说，我经过辗转周折才安全脱险时，他们脸上又都露出会心的微笑。王大嫂看见我这一身不合时宜的装束，立即把自己结婚时穿的看上去还很新的紫绸夹袄、黑布裤找了出来，让我换了。王家大娘、大嫂对于人民子弟兵的深情厚谊，再一次感动了我。

在王大娘家，我就像回到了自己的家。王大娘让我睡在她的身边，把我当作了自己的亲生女儿。她给我盖被子，轻声细语地催我早点休息……我在大娘这里，再一次感到了母爱。

拂晓，一阵激烈的枪声，把我从梦中惊醒，子弹就在屋檐上面掠过。我们一骨碌爬起来，蹲在炕沿下面听动静。街上不时传来嘈杂的人声，但院子里没有动静。渐渐地，天大亮了，人们都躲在自己的屋里，惶恐不安地等待着事态的发展。大娘预感到敌人可能要在村里搜查八路军，就让我和她的三儿子藏在外屋的粮囤后面。一会儿，她又觉得粮食正是敌人要抢的东西，藏在粮囤后面不安全，就又让我躲在炕上装病。大娘给我盖上被子，还一再嘱咐我，如果敌人来了，问到我的时候，就说我是她的闺女，回娘家省亲来了。所有这些，都充满了一位慈母对爱女的关爱之情。

这时，敌人挨户搜查的敲门声，威吓群众的枪声，屋檐上"嗖嗖"而过的子弹声，一阵紧似一阵，听起来，好像快走向王家大门。我不断地思索对策。王大娘在屋里走来走去，不时地给我正正被子。就这样，我们母女俩相依为命，厮守在北屋里。侥幸的是，敌人没有来王家搜查。

中午时分，忽然，街上传来阵阵的锣声，有人高喊："全村人们都到南场院集合！""都得去，不去的人，查出来，要以八路治罪！"王大娘听到喊声后，想让我跟她留在家里。王敬贤怕我被敌人搜出来，想让我夹在群众之中。他说："这个村的群众都是可靠的；同时，敌人不了解这个村的情况。老白又是个女的，敌人未必注意。"我想，也只能这样了。就紧跟着王大娘随群众一起到了南场院。

敌人端着枪站在场院的四周，把全村群众围在当中。一个日军小头目龇牙咧嘴地发起话来，一个操东北口音的人做翻译。敌人恫吓群众检举八路军，强迫群众说出八路军藏东西的地方。全村的人都默不作声。那个日军头目突然从人群中拉出一位看上去有40多岁的农民，日军军官大声地对那个农民嚎叫着："八路的有？"那位农民摇着头回答说："不知道。"翻译狐假虎威地问："八路的东西藏在哪里？"那个农民还是说："不知道。"日军头目气急败坏地冲上去，狠狠地打了那个农民两个耳光。鲜血立即从那个农民的鼻孔、嘴角流了下来。接着兽性发作的日军头目又用皮鞭抽打他，一边抽打，一边问。那个农民还是那句话："不知道。"敌人打得他满地滚，他不哭也不叫。全村的人都看在眼里，恨在心上。日军头目见打无用，就让日本兵把那个农民捆起来吊在拴马桩上。日军头目用手指着那个被吊起来的农民对群众喊道："谁的不说，像他的一样！"

这个村的人，祖祖辈辈都生活在这里。村里多了一个生人，瞒不住村里人。在那个紧急的情况下，来到这里的生人只有八路军。今天，在人群中，像我一样留在中东蓨村的八路军，有好几个。村里的人都知道是怎么回事，但人们都默默地站在那里。

敌人又从群众里拉出来一个老人，凶狠地问话，那个老人也是回答"不知道。"敌人对老人又是一顿鞭打、脚踢。老人嘴边淌着血，忍着疼，还是不吐真情。

敌人又从群众里拉出去一个十多岁的小孩。敌人以为小孩容易被吓唬住，就用刺刀对准孩子的胸膛，让他说出谁是八路军，八路军的东西藏在哪儿。不料，这孩子面对凶残的敌人，毫不畏惧，稚气中透露出民族的尊严，还是回答："不知道。"一个日本兵突然腾身跃起，一脚把小孩踢翻在地，滚出去好几步……坚强的孩子，没有叫一声疼，没有流一滴泪。

坚强不屈的中东蓨村人民，冒着生命危险掩护自己的亲人——八路军。在强敌威逼面前，宁肯自己皮肉受苦，始终没有透露一点我军情况。

敌人仍然不肯善罢甘休，见毒打不成，又把人们分散成好几群，威逼着人们去找八路军藏的军需给养。东一群、西一群，乱转，乱挖。王大哥、大嫂和王大娘始终把我夹在他们之间，保护我。群众让敌人逼得走来走去。一直折腾到天黑，敌人捞到了一点被服之类的东西，就匆匆离去了。敌人走之前，让村里成立维持会。一场浩劫，在中东蓨村的3位受难群众的苦楚声中结束了。

敌人走后，支书任顺义和村干部们碰了头，决定先找两位可靠的老贫农，出面成立维持会。这样可以把维持会的权力掌握在我们手里。

第二天一早，我们刚吃过饭，敌人又来了。成立了维持会，又抓了一些青壮年去给他们挖沟、修炮楼，接着就到各户捉鸡、抢粮，搜查八路军。我和王家人一起坐在院子里，等待事态的发展。左邻右舍的乡亲们，也来和我们坐在一起。人多了可以壮胆。忽然，从东墙上跳过来一个妇女，急忙钻到我们当中坐下。紧跟着，一个日本兵端着枪从大门走了进来。他贼头贼脑地扫视着我们这些人，很快发现了那个躲在我们之中的妇女，就厉声地对她说："出来的！出来的！"那个妇女颤抖地站了起来。一会儿，日本兵又勒令同我们坐在一起的一位邻居老头站了起来，然后，把那个妇女和老人赶进北屋。老人说："不行啊！她是我的侄媳！"日本兵恶狠狠地说："八格牙鲁，什么不行，死啦死啦的！"说着就用刺刀对准了老人的胸膛。老人无奈进了屋门。日本兵在屋门口继续嚎叫勒令。于是一场悲剧，在日军的刺刀下发生了。有叔侄关系的那个老人和那个妇女，痛不欲生。王家人和其他在场的邻居都是心如刀割。我面对日军的野蛮暴行，一股股怒火涌上心头。我又一次感到了国破家亡的痛苦，心头燃烧着抗日救亡的怒火。

天色渐渐地黑了，猪叫声、鸡鸣声也渐渐地稀疏了，人们都回家做饭去了。我们在北屋吃饭，突然，一把雪亮的刺刀挑开门帘，一个穿着大皮靴的日本兵走进屋来，他用凶恶的目光扫视了一下，转身就出去了。我们都停止了用饭，猜不透敌人的用意。我暗自思索着，晚饭时，大娘把我当作客人，让我坐了上座，这会不会引起敌人的怀疑呢？

日军离村后，妇救会主任国珍大姐来了。国珍大姐听我述说了日军两次来王家搜查的情况，她建议我到村西头的军属郑大娘家去住。郑家只有郑大娘一人在家，这样，比起王家来，目标要小得多。我同意了这个安排，当即跟随他们转移到郑大娘家。

在郑大娘家，我住了几天。日军经常进村，每次来都向村里的"维持会"勒索吃的东西，没有来郑家搜查过。我在郑家，如同在王家一样，受到了热情的接待。郑大娘的细心照料，使我又感觉到了母亲般的温暖。郑大娘听说我是八路军后，特别亲热和高兴。她那布满皱纹的额头、眉尖、嘴角都舒展开了，昏花的老眼放着光。她情不自禁地对我说："我只有一个儿子，也让他当八路军去了。八路军跟咱是一家人。抗日嘛，就得有人出人，有钱出钱，不然的话，怎么能把日军打跑？你到我这儿，我就想起我的儿子，他背井离乡到远处打鬼子去了。你们都是为了打鬼子，才离开爹娘到处跑。不把鬼子打跑，这个日子没法过。没有八路军，怎么能把鬼子打跑呢？"为了避免暴露我的身份，她让我跟别人说是她的儿媳妇，让我跟她住在一个屋。她常常对我说："你来可好了！正好可以跟我做伴儿，省得让我一个人孤孤单单的！"我和老人家拉家常，常常聊到深夜。

60多岁的老大娘，整天辛勤地劳动，给我留下了很深刻的印象。白天，她除了忙着给我做饭，还要喂猪、养鸡、推磨……我多次起身要帮她做点事，可郑大娘不让我干。她说我有孕在身，不能累着。

在我要离开老人，踏上征途的那一天，郑大娘精心地为我准备路上吃的东西，含着眼泪把我送出大门。那种难舍难分的情景，至今历历在目。

在转移中与群众同甘共苦

连日来，敌人到处抓人，迫使去挖封锁沟，修碉堡，建岗楼。有一天，中东菜村的治保主任刘凤山，匆匆忙忙地来到郑大娘家，对我说："老白！糟糕了！敌人在野外挖封锁沟时，把村中坚壁埋藏的各种组织的名册挖出来了，村党支部连夜开会决定，村干部暂时到外地去躲一躲。有的投亲，有的靠友，过了这个风再回来。"刘凤山的父母早亡，30多岁，还是个单身汉，他无亲友可投，特来跟我商量。我根据毛主席对形势的分析，向他说明，不要单看现在敌人占领这个地区貌似强大，其实日本国小，人少兵少，这是它的基本矛盾。他们在这里集中兵力，滹沱河北岸的敌人必然比较空虚，我们是否到滹沱河北去，那里好多村干部和群众我都熟悉，说不定还能找到我们的部队。刘凤山同意我的意见，他说，农会主任孙将言也是个单身汉，可能也无亲可投，我去找他，咱们3人一起走。

为了防备拂晓敌人包围村庄，当天半夜我们3个人带着干粮，辞别了郑大娘，向北出发了。天上没有月亮，满天的繁星向我们眨着眼睛，我们不知道哪些村庄驻着敌人。为了防备和敌人遭遇，我们不走大路，专走野地，向着北斗星的方向摸索前进。我们走几步就伏在地上，听一听四周有没有动静，有没有敌人的"清乡队"。就这样一夜摸黑走不了几里地。白天我们只能躺在麦地里等待天黑，因为麦子长得不高，坐在麦地中，就要露出头来，有被敌人发现的危险，所以必须躺在麦地里隐藏。晌午，炽热的太阳晒得我们浑身是汗，麦地里像蒸笼一样的热，汗水把衣服都湿透了。我们带的干粮很快就吃完了，特别是没有水喝，口渴得难以忍受。此外，还要随时警惕敌情，观察判断哪个村庄没有敌人，晚上，我们就到哪个村庄去要饭吃，要水喝，然后又在茫茫的夜色中向滹沱河方向走去。中东崇村离滹沱河不过二三十公里路，我们走了四五个夜晚才到了离河一二公里的地方，因为摸不清河边有没有敌人封锁，就停下来，躺在麦地中睡觉。冀中5月的夜里还是很冷的，我们没带被子，没有棉衣，躺在又冷又潮湿的麦地中，我冷得直打哆嗦，哪里还能睡得着觉。冷啊！从黑夜就盼天明。热啊！又从白天盼到黑天。

那天傍晚，我们摸进一个村庄，看到一个高大的黑门楼，我们敲开了门，见到一个中年妇人，我说："大嫂，我们饿了，有没有吃的，给我们点，给我们点水喝。"那个妇人把我们3人上下打量了一番，她看出我们像八路军，气哼哼地说："我们没有吃的，你们到别处去要吧！"她回身"哐啷"一声关上了大门。我们深悔找错了门，这肯定是家大户。随后就又来到一小户人家，那里主人却热情地给我们热饭吃，烧开水给我们喝，问寒问暖。对比之下，我进一步体会到由于阶级差别，形成了两种迥然不同的感情。

经过三四天反复地观察了解，河两岸未见到敌人燃篝火，行人告诉我们河北岸敌人炮楼虽多，但兵力不大，不像河南的敌人猖獗。我们便决定天黑后涉水过河。那天晚间是个阴天，周围一片漆黑。我们摸索着，蹚过没膝的河水，顺利地到达了北岸。突然有人厉声问："干什么的？"霎时间有两个人已经到了我们的面前。他们手中拿着驳壳枪，身着农民服装，是两个青年小伙子。我们当即回答："老百姓。"他俩打量我们的装束，便知道是自己人，就向我们打听河南的情况。听过我们介绍之后，他俩就涉水向河南去了。我判断他们是我方部队的侦察人员。

　　为了慎重起见，我们3人在北岸的麦地里停下了，打算等白天观察清楚北岸各村的敌碉堡、岗楼情况，再决定怎么走。天亮了，在晨光中举目四望，只见碉堡林立，灰色的炮楼高高矗起，真是三里一碉，五里一堡。敌人的碉堡既不敢修在村内，他们怕陷入人民战争的汪洋大海之中；也不敢离村太远，怕处于孤立的地步，所以敌人据点基本上都是在离村不远的地方，先筑起了钢筋混凝土的炮楼，然后炮楼四周挖了很宽的防护沟，门口设有吊桥，出入必须经过吊桥。我们不时地听到汽车鸣笛声，说明楼碉之间布满了公路网。这是日军企图长期盘踞、肆意掠夺冀中的标志；同时也说明敌人兵力不足，内心恐慌。

　　在农田中，已有一些农民耕地。我们打听了去饶阳县东高村的路，夕阳西下时，我们直奔饶阳县的东高村，到了我们民运部民运科长汪治平的岳母家。我与他家人很熟悉，这天正好汪的爱人越智也在家中，她在武强县妇救会工作，在反"扫荡"中分散活动。她们母女俩见到我们，就像见到亲人一样，一面让座倒水，一面给我们弄吃的。越智知道我们的来意，随即详细给我们介绍了敌人在这一带的据点与近日活动情况。我们高兴地得知，我们的部队一个班，一个排或一个小队，不时夜间进村，有时还到敌人炮楼边的村庄里活动，情况确比河南好一些。村政权跟中东蒙村相似，名义上叫"维持会"，实际上领导权仍然操在我们手里。

　　越智也加入我们3个人的行列，每晚带我们到附近村庄去寻找部队。一天晚上，正赶上张区长在大尹村召集公审和处决汉奸的群众大会。镇压汉奸是我抗日根据地政权的一项重要任务，对于通敌的民族败类，如不及时镇压，将给群众带来更多的灾难，给我方活动造成很大的困难。广大群众对汉奸无不恨之入骨，及时处决汉奸是一件大快人心的事，这对于稳定人心，坚定抗日必胜的信心有重要意义。我看到我们的政权在行使职能，心里格外高兴。这个时期，县、区干部的活动是非常秘密的，残酷的斗争现实，使他们只能在晚间出现在群众面前，在拂晓之前撤离，去找各自的掩蔽地——"蛤蟆蹲"。所谓"蛤蟆蹲"就是自己在地里挖一个小地窖，利用地形地物加以伪装，彼此间谁也不知道谁的地窖在何处，以防备有人被捕后为敌人所发现。他们的斗争十分艰苦，白天在"蛤蟆蹲"里隐藏一天，晚间进村开展工作。正是由于他们的坚定、沉着，坚持了艰苦卓绝的斗争，才受到了广大群众的拥护和爱戴。

另一个难忘的夜晚，是八地委书记罗玉川跟着二十三团部分人员在附近的一个村庄出现时，我正好也在那里，就急忙去找他。他亲切地询问我在反"扫荡"中的生活，并向我谈了他们不久前在肃宁、河间与敌人遭遇的战斗情况。他告诉我近来敌人又在集结兵力，嘱咐我提高警惕，密切注意敌之动态。这是反"扫荡"以来第一次见到了我方部队和首长，我的精神更加振奋。

几天之后的夜晚，我们4个人又到邻村去找部队，进村不久见到了军区卫生部的高洪江所长，还有一个参谋和一个医生。他们3个在一起打游击，他们告诉我卫生部准备在七分区和八分区建立交通站，收容和转送军区分散坚壁在冀中的人员。当我们谈兴正浓的时候，忽然枪声响起，村外人喊马嘶，又有敌情了。我们立即吹灭了灯，屏住呼吸，静静地倾听院中的动静。一会儿房东跑来告诉我们说，有很多敌人又开始对滹沱河北进行"扫荡"。由于敌人估计八路军大都藏在村外的地里，所以集中兵力又采取手拉手的密集队形，在野地里"搜剿"、"清乡"。我们侥幸地度过了敌人的第二次"拉网扫荡"。后来知道，隐藏在庄稼地里的同志有的不幸遇难，有的被敌抓走。

不久，我们找到了安平以东的交通站站长王芸山，他是司令部的侦察队长，二十七八岁，精明能干。他见到我们很高兴，给我们介绍了同冀西的联络情况。当时冀中军区的党政领导机关在冀南，冀中军区卫生部驻在冀西完县和唐县一带，卫生部领导决定在冀中成立交通站，把分散隐蔽在冀中的干部战士收容起来，转到路西去。但现在还不能组织同志们过路到冀西去，因为现在青纱帐还没有起来，不利于躲藏；同时交通站的各个点还没有完全打通。他安排我们到河间平大公路的敌占区去隐蔽，等待建立交通线后再过路。他告诉我们，深、武、饶、安的敌人，已抽调一些兵力"扫荡"滹沱河北，那里的情况已基本上稳定下来，我们区、村的工作正在恢复。中东蒌村的刘凤山和孙将言听到情况后也准备回村去恢复工作。这两位与我患难与共的战友，在临分别时，我们互相鼓励，投入新的战斗。后来听说刘凤山怀着不打倒日本侵略者誓不罢休的决心，参加了县大队，在一次战斗中英勇献身。他俩走后我们就动身到河间平大公路上的一个村庄隐蔽下来。

6月底，地下交通员通知我们去安平县。我们一行4人，在一片紧张繁忙的麦收景象中到了安平县豹子营村，在这里再次见到了王芸山。他告诉我们冀西和冀中相衔接的交通线，已经建立起来。但是由于敌人实行了"囚笼"政策，在县界、区界上都挖了封锁沟，特别是平汉线两侧的封锁沟、墙，一般人难以越过。那是沿铁路两侧挖了两条宽一丈、深一丈的大沟，挖出来的土堆在沟边，又筑成一道六七尺高的土墙，土墙的外边是公路，公路的外侧又有一条深沟，沟里放满鹿砦。敌人在封锁沟之间，筑有炮楼，严密地监视铁路和公路沿线，阻止我方人员突越沟墙。这样的路，光凭机智勇敢是不够的，必须有一个强壮的身体，才能乘隙快速地爬上爬下，突过路去。经过研究，只有卫生部的高所长，他们3人有条件过路；而我的身体情况，不言而喻都认定是不行的，我只好暂时留在安平县，待生了孩子再设法过平汉路。

在豹子营村我住在一位大娘家里，她对我也像亲人一样，关怀照顾得很周到。一天，村支部书记刘长有来对我说："有一个十几岁的小姑娘，天天来'维持会'吃饭。她说她是八路军，部队被打散，她找不到部队，没有办法才来'维持会'吃饭。"村支书说："不知这姑娘是不是八路军的战士。"我判断这人也可能是自己的人，便让支书等她再来时带她来见我。第二天支书领她来了，她只有十三四岁，身穿一身黑色衣服，带有乡村小姑娘的稚气。我问了她，她说叫王淑珍，是骑兵团的宣传员，在敌人"扫荡"袭击深、武、饶、安时，骑兵团被包围在安平以东的合击圈内，部队受到很大损失，她在突围时负伤，腿上的伤流血不止，进行了初步包扎，突到安平以西。她是安平县崔安铺人，原想回家养伤，因她父亲胆子小，不敢收留她。她向我哭诉了一些亲属的悲痛遭遇和她本人的坎坷身世。

王淑珍（现名王峰）9岁丧母，哥哥早年出走到广西去了。父亲当长工，生活极端困难。1939年她11岁时，虚报了3岁参加了八路军。她的外祖父是一位老中医，家住铁杆村。"五一"大"扫荡"前敌人蚕食安平、深泽时，她外祖父正在门口吃早饭，听见敌人进村的枪声，立即站起来往村外跑，敌人的马队追上来，一刀砍掉了他老人家的头……她的舅父和表姐、姐夫跑到村外，都被敌人打死了。舅妈瘫痪在炕上，敌人放火烧房子时，被活活烧死了。一天之中外祖父家死了5口人。

她的大表哥名叫刘振江，早在1939年就参加了一二〇师，她的表弟刘振国年幼，由她二姥姥带去收养。她从骑兵团被打散后，回到老家崔安铺、铁杆一带，她姥姥家遭到惨祸，表弟尚无法养活，她也不能投他们去；父亲生活困难，淑珍又怕连累了他。不巧，崔安堡附近的子文据点有个骑兵团的人被俘，当了汉奸，那家伙也是安平人，认识淑珍。一天在路上相遇，她见势不妙，迅速跑进高粱地，那个汉奸从后面一枪打来，子弹穿过了淑珍的腿肚子，伤口至今尚未愈合……

淑珍哭诉了家庭身世，我劝慰她一番。我非常同情她，也为这样小小年纪的女孩子，能有这么坚定的志气所感动，便留她跟我在一起做伴，她也为找到了自己的同志而高兴。

坚不可摧的堡垒户

为了避免暴露，我们在一个地方不能久住，于是村长赵长江把我们安排到他家去住。村长原来是个长工，40多岁还是个单身汉。由于他积极参加抗日工作，办事公道，精明能干，群众选他担任村长。他为防备敌人"掏窝"，经常躲到别处去住，我们就悄悄地住进他家。他家坐落在村西北的边缘上，出门往西北走就是高粱地，如若及时发现敌情，可立即钻进青纱帐。当时为了对付敌人的"清剿"、"扫荡"，党领导群众提早种植高秆作物，使"青纱帐"提早形成。在这里住的那些日子里，敌人来村骚扰过几次，我俩都及时地跑进了青纱帐。

通过村党支部，我们很快与安平县张晓舟县长取得了联系。张县长和王

纪念冀中军民"五一反扫荡"斗争

芸山考虑得很周到，给我在相各庄选择了一个堡垒户，这家又是淑珍嫂子的娘家，相各庄也是我们工作基础比较好的一个村庄，它在豹子营村西南1.5公里处的地方。

这家姓吕，一家人都表示欢迎我去住。约定在9月中旬趁相各庄赶大集的日子，由吕大娘的长子吕小刚来接我们，因为赶集时人来人往，不至于引人注意。约定的日子到了，左等右等还不见小刚来，淑珍也感到纳闷，她要去相各庄看看。我嘱她走小路，不要走大路，以免遇上敌人。她走后，我坐卧不安地盼她早回。约半个多小时后，她匆忙从外面回来，只见她满面泪痕，到我身边放声大哭起来。我一再追问，她抽抽噎噎地告诉我，她从小路奔相各庄，横跨过公路到了那边的高粱地，突然从高粱地跳出来两个便衣敌人，对她进行了盘问和搜身。正巧来了一位老大爷，承认淑珍是他们村里人，敌人才放过她。根据淑珍与敌遭遇的情况，他们判断今天敌人包围了相各庄集，去抢粮食和物品，这就是小刚没有如约来接我们的原因。我们为小刚的安全担着心。直到太阳偏西，小刚来了，我们才放心。于是小刚担着担子，装上了我们的东西，把我们接到相各庄村南吕大娘家。

吕大娘，50岁，是个小脚，听说我们来了，就迎出门来，热情地把我们接到屋里，和蔼可亲地拉着我的手问长问短。天黑了，我俩摸黑聊天，聊到半夜也不觉疲倦。原来大娘姓燕，名小妮。老伴早已去世，她生有三男三女，小刚是她的大儿子，曾在开滦煤矿当过矿工，七七事变后回家，因家境贫寒，30岁了尚未娶妻。她的二儿子吕学福参加了一二〇师，在一次战斗中不幸牺牲；三儿子吕学舟扛长活，已20多岁了。大女儿吕小敬就是淑珍的嫂子，已随她丈夫到广西去了，他们的小男孩才9岁，叫小乱，留在姥姥身边抚养。二女儿敬蕊，24岁了，结婚后有一小女儿叫小妞，刚刚两岁，丈夫因家庭生活困难到安国去学裁缝。三女儿敬然才十五六岁。大娘一家7口人，住着两间北房，两间东房，都是一明一暗，共有两铺炕。我们来后，只好男的住东屋，女的住北屋，炕上挤得满满的。

吕大娘家是贫农，种着几亩河滩地，收成很不稳定。农忙时，小刚、小舟都去给人家帮工，一家人吃的是山药和蔓菁，我们去时还见到房上晒了不少山药蔓和蔓菁叶留着冬天碾了吃。可是吕大娘没有因为家贫而慢待我们，她把麦收后藏起来的白面和高粱面掺合起来，给我们包饺子吃，以此来欢迎我们。她督促小刚、小舟，尽快挖好地道，供我们躲藏。

我们来后不久的一天晚上，村长兼支书陈造通陪同安平县长张晓舟来看我。他向我们介绍了敌我斗争形势，特别详细地说到了地道斗争的情况，张晓舟特意关照我俩不要出吕家的门，以防不测。老陈告知相各庄村北住的人家杂一些，还是小心些好。他们一再嘱咐小刚哥俩，要把地道挖好，出土一定要到滹沱河的河堤上去倒，不要嫌路远，免得暴露挖地道的秘密。

几天后，又是一个赶集的日子，我们刚吃过早饭，突然传来枪声，显然敌人又包围了相各庄集。敌人为了解决给养，加紧掠夺，到集上抢东西。那时冀中一带碉堡如林，公路成网，真是抬头见岗楼，迈步登公路。枪声一响，敌人就进了村或上了房，青壮年赶紧就藏起来。吕大娘家有两个地方可以隐藏：一个是北屋里面西墙有个夹壁墙，洞口在墙上的佛龛上；一个是地洞。大娘说，夹壁墙不安全，敌人若烧房子只有死路一条，她让我们钻地洞。小舟掀开了锅台对面的柴禾堆，打开了洞口，我们依次钻了进去。这个洞也只能容三四个人，小舟又把洞内东侧用砖垒的墙取下几块砖，让我们从这里又钻到另一个地洞里去，然后小舟、小刚又把墙砖砌好。吕大娘等大家都下洞后，她很快把洞口盖好，把柴禾堆在洞口上。我们在洞里听到大娘在上边不安地走来走去的脚步声。不一会儿听到由远而近的大皮靴子走来的声响，很快到了北屋。只听一个日本兵呵斥地问："八路的有？"大娘不慌不忙地回答："没有！"接着就是噼噼啪啪砸东西、翻箱倒柜的声音，折腾了好一阵子，大皮靴的声音渐渐听不到了。我们在洞中屏住呼吸，静静地等待着，直到下午三四点钟，大娘才打开洞口，呼唤我们出来。屋里东西被扔得到处都是，凌乱不堪。敌人抢走了一口袋粮食。可见敌人除了搜查八路军外，重点在于抢粮食。

小刚兄弟和我议论起地洞来，原以为这个套式地洞是安全的，看来还有进一步改进的必要。像现在这样只有一个洞口的地道，如被敌人发现，放火、放毒、放水进去，躲藏的人很难幸免。那时传说定县北疃村地洞内藏着

800多人，就是敌人向里面施放毒气而全部遇难的。为此小刚兄弟打算首先解决两个洞口的问题，并决心把地洞改成七八十米长的高低不平的蛇形地道，既能防毒又有另外的出口。两兄弟计划已妥，便立即行动起来。

当时正是秋收季节，家家户户都要修整场地。利用这个机会，兄弟俩在东边场院里挖了一个2.5米宽、3米长、2米多深的地窖。这是为了环境残酷时，供我生孩子的地方。地窖上盖上棚子和土，上面的场院整复如旧。窖上，大量的秫秸堆成垛，做了很好的伪装。然后他俩从北屋外边的洞内开始挖长达70米的蛇形地道。小刚当过矿工，挖洞有经验，他匍匐着身子，一铲一铲地把土挖出来，装在筐中，装满后把筐送到地洞口，小舟在上面接应，用绳子提出了筐子，然后摸黑把土送到半里以外的滹沱河堤上倒掉或垫在猪圈里。为了不被敌人发现，兄弟俩在夜深人静时开始作业，大娘和敬蕊轮流放哨。大娘白天还要喂猪、养鸡、推碾子，一天得不到休息，晚间还要熬夜放哨，真够辛苦的。我与淑珍要求分担点放哨的任务，大娘总是说："淑珍年纪小，你的身子重，又是外地人，一旦被人发现更不好。"我只好听从，可是内心总为老人的健康担心！

蛇形洞从西北向东南一寸一寸地挖，劳动作业十分艰苦，洞里空气稀薄，又只能爬行用手铲土。小舟在上面运土，总是提心吊胆，怕被敌人发现。他们哥俩夜复一夜地进行艰苦劳动，白天还要下地去收拾庄稼。特别是挖到最后，蛇形洞如何与场院的地窖接通，在当时没有测量仪器，凭着他们的智慧研究出一个科学的方法，由两人分头在两面挖，靠互相挖土传来的轻微响声，向对方挖去，最后真的像预期的那样在吻合的地方挖通了。经过半个多月的艰苦劳动，完成了一个巨大的工程。我真佩服他们兄弟俩的毅力和智慧。接着又在两边洞口上设置了翻板，不易被敌人发现，即使发现了地窖，也不易发现洞口和地道。安全有了保障，我们都松了一口气。当时青纱帐已经快要倒了，在地里留下的秸秆已不能起隐藏作用。预计敌人的"清剿"必然更频繁，有了蛇形地道，我们再不用到外面去躲藏了。

我的预产期接近了。村支书为我的分娩送来了棉花和布，敬蕊帮我给小孩子做小被子小衣服，大娘在一旁纺线。我们一边聊天一边做活，敬蕊提出了我在哪个屋生孩子的问题，大娘说："自然是北屋，北屋暖和得多。"敬蕊考虑到我当时的公开身份是大娘的儿媳，在北屋生孩子不合规矩；可是在东屋生吧，东屋没有地洞怎么办？敬蕊又把小刚小舟找来商量，他们再从东屋挖一条地道，出北墙与蛇形地道相通。小刚哥儿俩又熬了好几夜，终于在东屋的锅腔子里挖了一个洞口与蛇形洞接通。这样这个地道就有三个洞口，更加安全了，吕大娘一家都很高兴！

10月中旬的一天下午，王芸山突然来到吕家，他的右手用衣服包裹着，血迹斑斑。我们吃了一惊，大娘赶忙让他进屋，招呼敬然、小乱到门口观察动静，以防有人尾随而来。芸山讲了他受伤的前前后后。他在豹子营村外与敌人遭遇，急忙闪进了高粱地，由于高粱叶子大都枯萎，不能隐蔽。敌人紧紧追赶，开枪打中了他的右手，他用左手按住伤口飞快地跑进一大片高粱地，才逃脱出来。我把军区卫生部高所长走时给我留下的一点碘酒、二百二之类的消毒药品拿出来，给他做了简单包扎。大娘见芸山受伤，又着急又担心，她说："我这儿的地道挖得好，你就安心在我这儿养伤吧！先别到处跑了！"她让敬蕊给他煎了两个荷包蛋，又让小舟在东屋的外屋搭起一张床，于是王芸山便留下来了。大娘不怕担风险，无微不至地照顾芸山，就像照顾她的儿子一样。她说："我们的老二，不知跟一二〇师到哪儿去了，我看见你就像看见他一样。"真是天下慈母心！

10月25日拂晓，我腹内阵痛加剧，赶紧让陪我住的敬蕊去喊大娘。那时，请不到医生，也不敢到外面去请接生的人。大娘从来没有给别人接过生，这时她鼓起勇气为我接生，她让敬蕊当助手。8点多钟的时候，一个新的生命呱呱落地了。大娘精心地给她洗了澡，里三层外三层地包裹好，放在了我的身边。我精疲力竭，躺在炕上休息。大娘给我盖好被子，又和敬蕊给我冲红糖水，煮鸡蛋，熬小米粥喝。大娘慈母般的体贴和关怀，使我感到莫大的安慰！

孩子出生后的第三天拂晓，一阵枪响又把我从梦中惊醒。这又是一次敌人对相各庄的包围、搜索和抢掠。住在东屋的敬蕊、淑珍、芸山等都钻进地洞。大娘把北屋的洞口盖好后迅速来到东屋，马上来到我的身边悄悄问我：

"她大姐,你怎么办?"由于我产后体力虚弱不堪,动弹不得,只好宽慰大娘说:"我不怕,就在外面待着吧!"大娘点点头,安慰我说:"不要紧,你安心躺着吧!"她立即把锅台上的锅放在锅腔子上,把芸山住的床板收起来,然后到外面看动静。一个日本兵端着枪冲进了大门,狂叫着:"八路的有?"大娘从容作答:"没有。"日本兵不加理睬地冲进了北屋,一看没有人,就奔向东屋。大娘轻声对日本兵说:"儿媳妇占房的,不吉利!"日本兵不信,大皮靴踏进了外屋,用刺刀挑起门帘,一股血腥味刺激得日本兵赶紧捂住鼻子,骂了一声:"唔唔,八格牙鲁!"转回身就走了。他又到西面仓房去翻粮食,一见是空的,就懊丧着走了。我又一次在大娘的掩护关怀下,安全地对付了敌人的搜查。日本兵在村中挨门挨户地搜索、翻腾,直到当天下午四五点钟才撤走。这一整天,人们都没有吃东西,可是大娘却悄悄地给我冲了两次红糖水喝,像甘露蜜汁似的香甜,这热腾腾的红糖水饱含着冀中人民对子弟兵的关怀,它温暖着我的心。

十几天后的一个下午,淑珍慌慌张张地跑进屋来告诉我,她在外面推碾子,看见了那个骑兵团的叛徒,牵着马从街上走过去。这个人是个铁杆汉奸,上一次就是他打了她一枪,我俩担心她被叛徒认出来。这时吕大娘、敬蕊姊妹也随着进屋来,大家都面面相觑。我沉思了一下说:"这件事不能不重视,让小舟去把村长请来。"

陈造通闻讯赶来,听了我们向他介绍的情况,他说:"还是转移个地方,不可不防。但是不可靠的人家不行。"他考虑了一下说:"先到我家去住吧!我为了怕被敌人'掏窝',不在家中住,我家的门经常倒锁着,你们先去那里躲一躲,看看动静。"傍晚,我在淑珍、敬蕊的陪同下,过街跳过院墙到了陈家。为了悄悄住在村长家,敬蕊把心爱的小女儿留给姥姥。我们住在那里,门仍像以前一样被反锁着,让人看了是个无人住的院子。为怕暴露目标,我们在陈家不烧火,不做饭,完全由吕大娘家偷偷送饭、送水。应该说在这里住是无声无息,非常安静的。可是我那个不满月的小孩,因奶汁不足,有时就哭闹起来。每逢孩子哭闹,我就不得不忍痛用被子把她捂起来,防止被人听见。

　　村长家有3间北房，在外面锁着，我们住在他的两间东房里。西边是牛棚，村长跟别人伙养一头牛。每晚饭后，陈大嫂回家喂一次牛，然后到我们屋里说一会儿话就走了。

　　这天夜里又一件意想不到的事情发生了。陈大嫂走后，我和往常一样，给淑珍讲革命道理。她家庭困难，没有上过学，但她有一股自发的革命热情，我就主动给她讲政治理论。这天晚上给她讲毛泽东的《新民主主义论》中的中国革命的性质、任务和动力。谈了很久，正想睡觉，我忽然想起陈大嫂走后，是否反锁上门？淑珍说她不知道，她端着黄豆粒大的小油灯出去看看。她出房门刚走到窗户前，我听见她"啊呀"一声，"咕咚"一声，灯灭了！她摸着黑急忙跑回来，倒在我的身上，一边哭，一边说："有人！"我当时以为她平时被吓怕了，神经过敏呢。我一边问淑珍"发生了什么事"，一边抚摩着她的手安慰她，我感觉到她手上有湿漉漉而黏稠的血，知道真的出了事。敬蕊也被淑珍的哭声惊醒，我捂住了淑珍的嘴，让她不要出声，我们静听外面的动静。听了一会儿，外面只有风吹树叶沙沙作响的声音，这时我才问淑珍是怎么回事。淑珍说她出去，刚转过窗前的影壁墙，就看见一个人站在大门旁边的墙角处，刹那间，那人冲到她跟前，用铁钎子向她扎来，扎破了手，小油灯从手上落地了。她回身就躲，躲过了那家伙向她掷来的砖头，那家伙拔腿向场院跑去。我一时摸不清这件事的性质，是敌人的暗探，还是坏人耍流氓？不管怎样，我们的住处已被人发现了，大门虽还是反锁着，也不能再住下去了。我让敬蕊跳墙回去，告诉小刚、小舟来帮助我们搬回她家。

　　回到吕家，大娘和我们都为今夜发生的意外事故，忐忑不安，一夜都未合眼。天刚亮，小舟就请来了支书老陈，分析情况，商量对策。他认为村里情况复杂，肯定是坏人捣鬼。芸山提出："先让淑珍过路西去，以防骑兵团那个叛徒再来找麻烦，即使他来了也不认识老白，不要紧。老白生孩子未有满月，现在走也不行，待满月后再设法走。"事情就这样定了下来。我给冀中军区政治部民运部的领导写了一封介绍信，缝在淑珍的棉衣里。第二天夜里，淑珍就跟随交通站组织的二三十个人一起出发了。

坚固的地下交通线

淑珍走后两天，王芸山来了，对我说，因为淑珍腿上的伤还没有好（后来她到延安才知道脚踝骨上有一子弹头），爬沟困难，走路慢，跟不上队，就把她留在定县一个村中的堡垒户家中。等我小孩子满月后，设法坐大车公开过平汉路，那时再让她跟我一起走。

孩子快满月了，吕大娘和敬蕊积极为我做出远门的准备。大娘怕我路上受寒，给我做了一件厚棉衣，又给棉裤加絮了一层棉花，还用敬蕊织的土花布给我的小孩子小俐俐做了一床小棉被，两套棉衣裤，绣了一双猫头鞋。我把组织关系谨慎地缝在了猫头鞋的底层中间。大娘说："穿上我们给你们做的衣服，你和孩子就跟当地的老乡一模一样，谁也看不出破绽来。"

11月底的一天夜晚，天阴沉沉的，王芸山心情沉重地来到吕家，他告诉我一个极其不幸的消息："由于叛徒的出卖，安平县长张晓舟被捕了。"我听完之后感到十分震惊，安平县的工作将受到重大损失。芸山和老陈对我说，必须马上离开这里，现在一切走的工作都已准备就绪，就差找一个可靠的人驾车送我启程。

很快，12月初，老陈领来了他的大哥陈巴西赶车送我。头一天晚上，吕大娘给我烙了发面饼，煮了鸡蛋，让我在路上吃。第二天拂晓前，吕大娘给我做好热汤鸡蛋面，帮我收拾行装。黎明时分，她全家人难舍难分地送我。大娘一再嘱咐我："一路上包好孩子，蒙好头，别受风。过岗楼时你不要说话，免得被人发觉你是外地人！"我感动得泪水夺眶而出，不禁使我想起当年从东北跑出来，离别亲人的情景，难以抑制对大娘一家的感激之情，只好劝大娘好好保重，我们后会有期。

大车辘辘地上路了，吕大娘慈母般的面容总在我的脑海里盘旋。大娘啊！我的再生母亲！您一家人对我的掩护和照顾，使我平安地度过了那难忘的岁月。大娘是一个普通的农村妇女，却有着高度爱国家爱民族的热情，她仇恨敌人；像对待儿女那样爱护我，关怀淑珍，爱护芸山，爱护所有那些浴血奋战的八路军。那天，是刮着四五级大风的雪天，凛冽的寒风不时迎面扑来，脸上感到像刀割一样难受，我穿着厚厚的棉衣还感到冷飕飕的。赶车的老陈同志熟练地驾着牲口，不时地嘱咐我披上被子把孩子包好。他的关怀使我心里暖烘烘的。陈巴西年纪已近50岁了，一脸黑胡子，是一个淳朴忠厚的老农民。有他送我，我感到很放心。临行前芸山交代我们到定县小辛庄找联络员王恒生，他在"维持会"搞两面政权工作，接头暗号已事先安排妥当。

大车向西北方向行进，天亮后来到了第一道大关——安国县伍仁桥炮楼。车过封锁沟上的桥时，几个扛枪的伪军喝令停车检查。陈巴西是一个老练的交通员，很自然地回答伪军的盘问。伪军扫视车上的东西，翻了翻，没有发现可疑的，也没有油水可捞，就摆手让我们过去了。以后也经过几道岗楼的检查，都平安地过去了。傍晚，我们安全地到达了定县小辛庄，打听到了村"维持会"，找到了联络员王恒山。根据暗号接过头后，他热情地把我们领到后街一位姓王的堡垒户家里。淑珍就住在这家，我们再次见面高兴极了。经淑珍介绍，我才知道王恒山这个"维持会"的联络员，实际是这个村的党支部书记兼村长。

王大娘把我带到她的后院，让我在北房东屋的炕上休息。炕已经烧得热乎乎的，她立即去煮了一碗姜汤红糖水，让我趁热喝下去祛寒，并一面关切地打听一路上的情况，一面又让她的儿媳给我们烧饭。一天挨冷受冻的疲劳感，在王大娘的亲切照应下，很快缓和过来了。第二天陈巴西就赶车回去了。王恒山来告诉我，先在大娘家休息几天，等把敌情摸清楚了，再找一个有良民证的可靠的赶大车的人，送我过平汉路。

小辛庄离定县城约25公里，距东边的安国县城10多公里。这个村原是我们的根据地，早在1938年就建立了党支部和抗日政权。1942年春敌人实行"蚕食"政策，才被敌人"蚕食"去了。敌人在村南修了炮楼，村西南1公里处的牛家庄也建了敌人的炮楼，村北2.5公里远的五女店是安国、定县之间的交通要道，也早被敌人占领。村里的居民都要办良民证。这个时候村里是两面政权，敌人来了就由"维持会"出面，晚间"维持会"就成为我们的村公所。

王大娘家有9口人，两个儿子都成了家，还有两个女儿，一个小孙子。大伯叫王焕章，60多岁了，一天忙到晚，不停地干活。王大娘也是近60岁的人了，可是身子骨还挺硬朗。大儿子王昆海是村中的粮秣员，二儿子昆雨是民兵，大女儿坤荣（现名范稚真）那时才20多岁，在区妇救会工作，有时也回家，二女儿坤英原在冀北八中上学，因敌人"扫荡"，中学暂时停办，在家待着。我和淑珍跟坤英在一起住。

这一年，敌人怕八路军利用青纱帐作掩护打击他们，命令老百姓只许种白薯等低秆作物，不许种高秆作物。因此王家一天3顿都吃白薯，没有菜吃就喝盐水。我们来后，担任我方粮秣员的昆海每天给我们一斤小米。我让大娘分给大家吃，大娘坚决不肯，经我再三做工作，大娘和小孙子才喝了点小米汤。

大娘常到后院来聊天，她向我倾诉了这一年春天发生的一段辛酸往事。有一天，敌人包围了村子，把全村人都赶到场院，敌人把昆海叫出去，追查八路军和粮食藏在哪里，昆海不说，被敌人打得遍体鳞伤，晕了过去。他是管粮食的，坚强不屈，什么也没有透露。大娘还告诉我她家的地道，等情况紧急时钻进地道。

这一带是我方人员由冀中去冀西的交通转运站。从冀中中部各县收容来的干部、战士，一批批地集中到这里，白天休息一天，晚间趁着夜幕突过平汉路。我带着小孩难以突过封锁沟墙，准备让我坐大车在白天混过敌人的层层关卡。由于要做一些准备工作，所以又等了六七天。

为了把我装扮成一个小孩子满月回娘家的小媳妇，昆海给我领了几斤白面，由大嫂精心地做了9个带穗的大饽饽。冀中群众的习惯是小孩子满月回姥姥家，带上9个穗的饽饽表示这个小孩长寿，可以活到90多岁。又蒸了十几个馒头，每个馒头上面点了5个红点，下面点一个红点，表示吉利的意思。大娘用她心爱的红漆精制的柳条筐装了满满一筐饽饽，上面还用一个带穗的长麻花布巾盖上。大娘提着柳条筐，高兴地说："这真像回姥姥家的样子，可以骗过敌人了！"

　　经过仔细侦察，敌人没有大的行动，王村长又给我找了一个五六十岁的、诚实可靠的车把式。在12月下旬，我和淑珍带上小俐俐，坐着王大伯的大车出发了。王大娘及嫂子们热情相送。王恒山告诉我们，到唐县杨庄大车站找女店主接头，接头的暗号也说好了。因为王大伯有良民证，途中过岗楼据点也没有遇到麻烦，我们在途中住了一宿。第二天8点多钟，我们在望都南，大模大样地通过了平汉路。进山以后，我们走了两天，到达了冀中军区驻地——唐县张各庄。我一进村，就看见了我爱人高存信，他正在街上向我们来的方向张望，他看见我带孩子安全归来十分激动，我也为亲人团聚，热泪盈眶。首长和同志们见到我平安归来，非常高兴！

　　我离开队伍8个月，这是非同寻常的8个月。这一年敌人对冀中"扫荡"了多次，"五一"大"扫荡"是最大的一次，我又被围在包围圈中。冀中人民像母亲一样，冒着生命危险掩护我，掩护所有的八路军，所到之处我们党的工作都坚持着，广大人民群众都在斗争着，特别是对于分散坚持斗争的抗日战士，人民群众都给予了无微不至的关怀和帮助。我深深地感到没有人民的支持和帮助，就不能冲破敌人重重包围，保存下革命力量；没有人民，我们就不能战胜日本帝国主义，建立新中国；没有人民就没有一切。冀中人民就是我的再生父母！

反"扫荡"中的医疗卫生工作

马　伦　孙希同

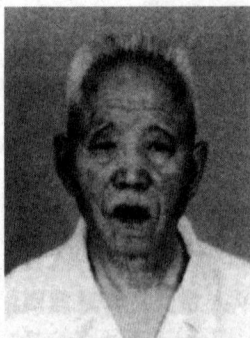

马伦，男，河北省定州市人，1918年5月1日出生，1937年10月参军，1938年2月28日加入中国共产党。1942年"五一"反"扫荡"时任冀中军区第七分区卫生部医务处主任，后任六十七军卫生部部长。离休前任中国人民解放军总后勤部卫生部部长、顾问等职。

孙希同，男，1906年2月出生于河北定县（现定州市），1936年加入中国共产党，曾先后担任义勇军八支队二大队指导员，定县县委宣传部长，"五一"反"扫荡"期间任冀中军区七分区卫生处政治主任，九分区卫生处政委等职。新中国成立后曾任中央外贸部办公厅副主任。1982年离休。

化整为零分散收治伤病员

在残酷的"五一"反"扫荡"中，冀中七分区部队采取灵活分散的战术与敌周旋，作战、转移异常频繁，一会儿与敌打遭遇战，一会儿主动伏击敌人，一般是打了就走，碰到敌人又打，有的部队一天作战几次。据七分区两个团的统计，1942年5月至6月即作战178次之多。作战中，部队发生的伤员，根本无法随部队行动，往往是经过包扎后（有的是卫生员包扎，有的是自救互救），有的交给村干部就地隐蔽；有的交给我打游击的后方医疗所人员收容；有的留下卫生人员和伤员，利用关系隐蔽在老乡家或隐藏在野外庄稼地里（多是干部负伤）。"五一"大"扫荡"前那种有计划有组织的战地救护、前线早期手术以及担架运送、集体治疗等救护工作的方法已不适应新形势。

为了适应新形势，我们当时采取了化整为零的办法，由公开的集体治疗转为分散和隐蔽的地下治疗，以游击工作方法，服务于频繁、分散的游击战争。具体的做法：一是大家穿着便衣，化装成群众，隐蔽于各村各户，同群众结成"亲属"关系，以大伯、大娘、大哥、大嫂相称呼，和群众共同生活、共同劳动，在群众的掩护下开展医疗工作。二是本地人员本地化，回本地坚持工作，利用人熟、地熟，亲戚、朋友、同学多的有利条件开展工作。原二所指导员张洪涛是深泽县人，就带着一批伤员去深泽、无极县边界熟悉的地区坚持工作；胡玉仁是西堤羊人，就派他去家乡找安全地方隐蔽药品；尚武是唐河北的家，派他到望定县东西同房、东西南合一带去开设交通站等。三是把卫生处的3个休养所分别布置在部队经常活动的地区。休养所除所长、指导员外，还配备有供给员、会计、军医、司药、看护员等。休养所下设若干个中心医疗组，由军医、护士长负责。每个中心组下设2至3个医疗小组，每个医疗小组有若干看护员，分散在几个村子里。在部队经常活动的地域，多数村庄都有卫生人员。这样就可以做到部队在哪里打仗，我们就可以在哪里收治伤员。伤员分散隐藏在群众家里，为了伤员的安全，群众和卫生人员还为伤员挖了许多地洞。后来有的洞口被敌发现，敌人就把地道切成数段，向洞内施放毒气，致使我抗日战士和革命群众惨遭杀害。定县北疃的地道中，就被敌人杀害800余人，我休养所的5人也牺牲于地道内。敌人的这一残暴罪行成为冀中闻名的"五二七北疃惨案"。因此，当田野里的高秆庄稼长起来后，遇到敌情时我们就钻进青纱帐里去躲避；在没有青纱帐的时候，遇到敌人"扫荡"，有的医疗组就在野地里根据地形条件挖洞隐蔽，有的在水沟坡上防空掩体内向里挖洞；有的在不通道路的野地里挖个坑用木料棚好，盖上土堆成坟头，旁边留洞口出入。每个洞容2至4人不等。工作人员与联系户白天劳动，一有敌情，时间允许时都到自己挖的洞内隐蔽。一般的情况下白天分散活动，晚饭后集中，分析敌情，研究工作，然后分头打开各自负责的洞口，向伤病员传达敌情，做思想工作，换药、服药，并将做好的第二天的饭菜、开水留下，将洞口封闭伪装，又去分散活动。这些事在天亮前办完回村，以防有人发觉遭受损失。医疗小组尽量和民兵或武工队取得联系，及时了解敌情，保证伤病员的安全。

除了卫生处的3个休养所之外，各县大队都有自己的小型休养所，分别设在各自活动的地域内，收容县大队、区小队的伤员。有时作战地点没有部队卫生人员，群众就把伤员送到附近的医疗小组去，或找医疗小组的人去就地救治。军区卫生处还编有手术队，他们经常到各休养所去巡回做手术。

采取分散收治伤病员的办法后，我分区600名伤病员、医护人员，分散在定县（包括望定）、新乐、无极、藁城、深泽、安平、安国等7个县的广大农村中。医护人员各自为战，担负着为伤员服务的任务。我们卫生处的领导干部，在很长一段时间里，上与分区领导机关失去了联系，下与各休养所、各医疗组失去了联系，工作处境非常困难。怎么办呢？大家一致认为：必须突破敌人的分割、封锁。办法就是组织交通线（站），用交通线（站）把我们分散的各医疗单位串联起来。1942年9月决定成立交通站，白剑为总站长，总站设在定县东庞村。总站下设4个分站，各分站在通往各休养所的道路上又布设了若干交通点（联络站），各点上从当地群众中挑选可靠的人做交通员，每个交通员分管一段路程的安全接送。交通员都比较熟悉情况，知道敌人活动的规律，他们晚上带着绳索、梯子、短铲等工具，带领我们穿过敌人的碉堡和路沟进行活动。每建一条支线，设一个分站，分段管理。这样，我们建立了一条又一条的交通线，线与线、站与站连接起来，组成了纵横交错的交通网，从而把分散隐蔽的工作人员和伤病员所在点串联起来了。我们的工作就像瘫痪了的病人恢复了活动功能，来往人员的接送及文件信件的传递畅通无阻，在封锁与反封锁的斗争中，我们胜利了。有了交通线，我们变得耳聪目明，敌人有什么行动，敌情有什么变化，我们很快就能知道，跟敌人周旋也就更加方便安全了。

由于交通线（站）的建立，我们和路西（平汉铁路）山区休整的领导机关、部队首长取得了联系，增添了精神上、组织上的维系力量。我们处的领导在本地区坚守岗位，互通音讯，对高度分散的医疗小组和个人也起到了鼓舞斗志的作用。

交通站最多时达到百余人，有全脱产的（成为我工作人员，全天做交通员工作），有半脱产的（只是晚上为我引路，我只负责供应其个人吃的粮食）。为了安全，各个交通点都挖有地洞，还建立有副线（即预备线），以备交通线被敌破坏时使用，保障不间断地进行工作。交通站的人多是白天隐蔽，晚上活动，但也有化装成小商贩或扮做串亲戚的、放鹰的，白天进行活动。也有的随着"联络员"（由我方选派受我党领导的应付敌人的人，实际是我方的情报员）大摇大摆地从敌人碉堡附近通过。晚上活动时，我们牢记"六字要诀"，即：耳灵、眼尖、脚轻。以便及早发现敌人，随机应变，先发制人。白天隐蔽也不能麻痹大意，要随时防备敌人的搜捕。记得有一次，为了掌握敌情，我们的一位干部就隐蔽在自己村子的"联络员"家里。那是个白天，我们那位干部正在办公，碉堡里的伪军班长闯了进来。这时，我们的干部当机立断，用手枪对着他，向他宣讲我党我军抗日救国的政策，教训了他一番，他条条承诺。我们的干部看伪军班长有争取的可能，就把他放了回去。后来这个伪军班长果然和我敌工部门拉上了关系，为我们做了一些事情，最后他带领全班携枪投降了我抗日部队。

随着对敌斗争的进展，交通站服务的面越来越宽，其作用日益显现出来，引起了军区首长的重视，于1943年由军区司令部接管过去，为全区部队服务了。

深入敌占区秘密开展医疗工作

反"扫荡"开始前，七分区卫生处遵照领导指示，事先做了不少的反"扫荡"的准备工作，但由于我们对大"扫荡"的严重性估计不足，部署的措施仍囿于在老地区反"扫荡"的圈子里，设想"扫荡"一过仍将恢复原状，所以大"扫荡"来临，原设计的组织形式、人员配备一度被冲乱。当时，战斗激烈而频繁，伤员逐渐增多，部队活动的范围越来越小，找不到收容治疗的可靠村落；相反，由于敌人的"扫荡"，近敌区和敌占区却比较缓和。当时我党政军领导机构常驻地区的重点在沙河以南、滹沱河以北，这就迫使我们开始向近敌区、敌占区发展。

但是，当我们提出到敌占区去开展医疗工作时，许多同志缺乏信心，不敢接受向敌区挺进的任务。在这种情况下，我们只有带头一试，以便取得经验。我们从通讯班找到安东海，他家是安定路边东堤阳村，这个村过去被视为敌占区的"爱护村"。我们向他问了村子里的大致情况，随后下定决心，带着安东海和警卫员张振华、刘银喜，于傍晚向该村进发。进村后，安东海同他父亲把我们安排在他们家里住下，以后又和村干部安洛尧接上头。安洛尧是抗日村长、共产党员，但身份并不公开，更不会同军队党组织发生关系，只能以村长身份出面。与此同时，还有"应敌村长"安可敬、"联络员"安洛星，通通在党支部书记安进福领导和控制下进行活动。这一套村级内部组织，是经过很长时间才了解到的。接洽中，抗日村长把我们看做亲人，他说："南边（指老根据地村庄）把我们看做'汉奸村'，我们不服气，到底看谁抗日坚决！"经过实践我们逐渐了解，这里党的基础很好，抗日情绪很高。所谓敌占区"爱护村"两面政权，是敌我力量悬殊形势下斗争的一种形式罢了。

从此，我们的工作人员、伤病员经常进驻该村，使该村成为卫生工作指挥的中心阵地。后逐步扩展到元光西堤阳、成旺和安定路北的王村、固城、庞村、南齐、北齐、帅村、北祝一带。这样，唐河北岸的望定县在交通线（站）的配合和支持下，成了来往自如的活动阵地。

深入敌占区之所以取得成功，全靠人民群众的掩护，也靠医务人员英勇顽强不怕牺牲的革命精神。"五一""扫荡"前，冀中就是巩固的抗日根据地，这里有我地下党多年领导群众斗争的基础，人民群众的政治觉悟高，抗战意志坚决。我们深入敌占区后，群众不仅在生活上关心照顾我们，而且，当我们遇到险情时，总是冒着生命危险来掩护我们。敌人进村后常常把群众集合起来，让大人或小孩说出谁是"八路"，谁是抗日干部。明明我八路军战士或抗日干部就在群众里边，可群众就是不说，敌人的刀搁在脖子上也不说。有时敌人采用让群众把自己亲人领回去的办法，企图把我抗日人员暴露出来。但每次都把抗日人员领回去，从未留下过一个。伤员分散在群众家里，老乡们喂水喂饭，端屎端尿，照顾得无微不至。安平县报子营李杏阁老大娘，深泽县段庄田玉春老大娘，她们精心护理好了许多伤员，被我抗日政府誉为"冀中子弟兵的母亲"。为保障伤员的安全，一般多住在"堡垒户"家里。特别是在敌人搜查我抗日干部或伤员时，军民之间亲如鱼水、血肉相连的关系表现得尤为突出。敌人用严刑拷打逼迫群众说出伤员的藏身之地，即使被打得死去活来，群众也不肯讲。在定县小土厚村，第四休养所所长王君平、看护员赵志义，住在武委会主任杨理伟家。日本兵进了他家，赵、王二人钻了洞，不慎将一枚手榴弹丢在屋子里，被日本兵发现了。日本兵把杨理伟的二嫂打得死去活来，问八路军到哪里去了。杨的二嫂始终坚持说："我家没有八路军，手榴弹是孩子在街上捡来的。"对于来不及进洞隐蔽的伤病员或其他抗日人员，在敌人面前，伯伯、大娘称他们是自己的儿子；嫂嫂、大姐称他们是自己的丈夫。1942年春天，在定县城东定安路（定县至安国县的公路）南安家营村"堡垒户"张水子家，住着十八团一名骨折的伤员，在炕上躺着不能动。日本兵到了张水子家，就问这是什么人。张水子的妈妈很干脆地说"是我儿子";张水子的妻子说"是我的丈夫"。骗过了敌人,给了一点鸡蛋,日本兵就走了。还有的子弟兵被敌人当做老乡抓去了,老乡硬说子弟兵是自己的亲人,或使钱或托人从敌人那里保释出来。

广大卫生人员在敌人"扫荡"、"清剿"中学会了与敌人周旋、打游击的本领。在敌人"扫荡"的时候,他们夜间和敌人兜圈子,一兜就是几天,常常吃不好饭,睡不好觉。看护副班长王春元在大定村反"清剿"中,白天藏在洞内,晚上出来给伤员换药,8天换了7次药,有4天每天吃一顿饭,终于坚持到反"清剿"结束。在最困难的时候,实在饿得不行了,有的到野外挖鼠洞里的粮食吃。在敌人反复"清剿"、"扫荡"中,他们还学会了应付许多复杂情况的本领,常常是一个人带几个伤员打游击。当敌人占了村子,他们就带着伤员到野外去躲避;到了晚上,他们利用熟悉的地形进到村子里,给伤员做点吃的又回到野外去。在敌人加紧"扫荡",我难以坚持的时候,有的通过关系把伤员带到老敌区的村庄去(因那里敌人统治比较薄弱)。敌向我根据地进攻,我就把伤员转移到敌占区隐蔽。有的竟然把伤员秘密地送到敌人据点里的亲戚家去养伤。

在卫生工作地点分散、卫生人员非常缺乏的情况下,每个医护人员都锻炼成了多面手,都能独当一面。他们既是给伤员换药、包扎的看护员,又是领柴领米的给养员,还是给伤员做饭的炊事员,做思想工作的宣传员,带伤员打游击的指挥员。他们只有一个心眼,就是全心全意地为伤员服务,他们考虑的是怎样避开敌人的"清剿"、搜捕,保障伤员的安全,怎样使伤员尽快痊愈归队。

他们在敌人面前也是硬汉子,好样的。在反"扫荡"、反"清剿"中仅卫生处直属单位就有21人壮烈牺牲,有47人被捕(其中逃出和被赎出30余人)。在被捕未暴露身份的情况下,有的被敌毒打一顿放了回来;有的被老乡花钱或托人赎保出来。指导员赵德、警卫员张振华被捕后,解到日本东京去服苦役,赵德暗地里组织我被捕的人员和敌人进行斗争,直到1945年8月日本帝国主义战败投降,他们才被释放回国。在已暴露身份时,他们英勇顽强,不屈服,不变节。药品供应小组的吴连川,在定县侯家店被敌发觉包围，不幸被捕，被敌刺死，英勇牺牲，不屈服，未暴密。指导员张云鹏在定县小辛庄被捕，被敌人发现是八路军，敌人要把他双手捆起来带到定县城里去，他奋力抵抗，坚决不去。当敌人要向他开枪时，他振臂高呼："打倒日本帝国主义！中国共产党万岁！"最后光荣牺牲。司务员韩宗岐被敌刺伤投入柴火堆中烧死，不久他的弟弟韩根岐就参加了我抗日军队。经济上，更是得到乡亲们的支持。在一段时间里，所有开支我们是靠向熟悉的地方政府东借西借解决的。如在望定县政府（属路西三分区）3次就借边币7万元，勉强度过了一个严酷的冬春，保障了最需要的供给。

1942年5月1日至1943年上半年，药品器材的补给困难，我们主要采取两种办法：一是克服困难，就地取材。那时，用于抗炎、消毒的药械既没有磺胺类药物，更没有抗菌素类药物，就是雷夫奴尔也很少见。主要就用碘酒、食盐水、漂白粉水擦洗伤口。发烧感冒咳嗽，主要是用阿司匹林、非纳西丁、皮拉米洞、托氏散等。当时大家有个顺口溜："阿司匹林托氏散，又治咳嗽又治喘。"敷料、裹伤包、三角巾、多头带、防毒口罩、夹板等都靠自己制作。在困难的时期，我们就将一般的干净棉花、纱布煮沸消毒后做敷料用。手术器械多是过去遗留下来的旧品，有时自己用剃头刀消毒后代替手术刀，木工锯、钢锯代替骨锯。看护员郝永昌创造用竹子制作镊子，用牛皮纸刷上一层胶水来代替胶布。那时我们还成立了一个中药社，张朔明任经理，王福海任理事，在安国县城内买些中草药作补充。二是通过商人到敌人占据的城镇购买。在我党抗日政策的感召下，定县城西有个大地主的少爷，他为了找后路和我们拉上了关系，我们就利用他在定县城内买了不少的药品和其他东西。同时为了方便各卫生医疗单位的药材补给，卫生处成立了4个药材供应小组。在司药长王洁斋的布置下，按部队和医疗小组的布局，设立了数个补给点，补给点多设在野外。药材分发工作多在夜间进行，每个药工人员练出了一套分发药材的基本功，在夜间无灯的情况下，全靠手摸心记进行操作。

大"扫荡"时的献交县地下医院

杨国藩

1940年1月，根据当时武装抗日斗争形势的需要，冀中区一地委决定将交河县（即今泊头市）划为两个县，以交河至郝村、淮镇的公路为界，路西部分和献县划出的两个区合并为献交县。10月，献交县成立县大队，我任大队医生。面对日军频繁残酷的"扫荡"，为了使伤员得到治疗，县大队领导经过再三考虑，决定由我负责，在我的家乡军王庄（现属泊头市西辛店乡）建立一所医院。

军王庄是一个不满百户的穷村，抗战爆发以后，党领导群众成立了各种抗日组织，党支部书记王恒昌、村长兼组织委员杨庆丰、宣传委员杨国瑞在群众中有较高的威信，支部班子是一个坚强的战斗堡垒。

接受了建立医院的任务后，我回到军王庄，向党支部做了汇报。支部经过慎重研究，确定了建立医院的方案，设想了应对敌人的种种办法，初步解决了当时极为困难的药品、器械。初期，伤员就安排在堡垒户家。

1941年的一天，敌人到军王庄骚扰，我们的一个伤员幸亏有群众的掩护，才得以脱险。这件事提醒了我们，靠堡垒户公开掩护容易出问题。党支部经过认真研究，吸取了外地地道战的经验，很快挖掘成了地下手术室和几间地下病房，从此医院成了名副其实的"地下"医院。

就在我们刚转入地下不久，日军对冀中区的"五一""扫荡"便开始了。整个献交县壕沟纵横，公路如网，三里一据点，五里一碉堡，"扫荡"队往来如梭。由于我主力部队也开始反"扫荡"战斗，我们很快接收了100多伤员。正当我们准备扩大病房的时候，离我村500米远的南杨庄的地道被敌人发觉并施放了毒气。敌人走后，王恒昌等人立即赶去把中毒的人员抢救了出来，当场查出出事的原因。根据南杨庄的教训，挖了20多年煤的老工人王法祥，连夜设计了一张改进和扩大地道的图样。

当时，虽然全村人都过着吃了上顿没下顿的日子，可是天一黑，男女老少便自动来到工地，一直干到天明。村支书王恒昌可真是个组织家，他把岗哨一直放到敌人的岗楼底下，一有风吹草动，很快就传到村里。他把工程分了段，把人员分了工，男的在地下挖，女的在上面运土，很快把军王庄地下挖得四通八达。完工后，王恒昌、连晋发现伤员进出困难，又想出造假坟的方法，假坟外面伪装得像老坟一样，里面是舒适的病房，每个假坟都与地道相连。随着斗争的发展，我们的地道也不断改进和扩大。枯井里、坟墓里、碱土堆里、丛林里到处都有真假洞口，每个洞口分别设有对付敌人的陷阱、"翻板"、"窝弓"、"线箭"等，洞内设防毒、防烟、防水等安全设施。整个地道有几条干线，每条干线又分出许多支线，我们医院就设在村西南的几条支线上。敌人"扫荡"越来越疯狂，斗争越来越艰苦，伤员一天比一天增多。我们这个医院不能满足需要，怎么办呢？经过反复考虑，把我们扩大医院范围的设想向县委做了汇报，得到了县委的同意和支持。于是，我们就不分昼夜到周围工作基础比较好的村庄，找堡垒户座谈，很快征得了他们的同意和支持。我们把较轻的伤病员安置到周围23个村庄，实行巡回治疗，这样，保证了任务的完成。

形势日益严峻，斗争更加残酷，军王庄的地下医院，终于被敌人发觉了。

一天，敌人突然包围了村子。他们一进村便抓住了正在推碾子的老丫头婶子。敌人问她杨国藩在哪里，她似理非理地回答："他下关东20多年连音信也没有。"一个汉奸狠抽了她几棍子，骂道："他在家里办医院，你他妈的说不知道，快说他在哪里？"老丫头婶子毫不示弱，冲着敌人说："你们知道他在家，就去抓嘛，对付我这个老婆子算什么本事！"敌人张口结舌，便直扑我家。敌人在我家没有发现可疑的地方，便从东西邻抓来了王庆臣和王老乔。敌人问王庆臣："你是不是杨国藩？"王庆臣面不改色，笑呵呵地回答："这可是张冠李戴呀！我姓王，他姓杨，我比他大20多岁哪。"敌人见两位老人不说实话，便下了毒手。两位老人被打得鼻青脸肿，但仍咬紧牙关，不吐一字。

时隔一天，敌人又耍了个新花招。这天王振江在村头推碾子，3个穿便衣的家伙鬼头鬼脑地跑来对他说："老大爷，我们是八路军，鬼子追来了，快领我们进秘洞。"王振江一眼就看透了他们，摇摇头说："俺这里没有秘洞。"接着又凑到他们耳边，故意把声音放低说："到据点里去找日本人，磕几个响头，叫几声干爹，就不用担惊受怕了！"3个家伙一听现了原形，手一招跑来了一群伪军，把王振江摁倒便打。

敌人的阴谋诡计失败后，下午又包围了村子。这时，村长杨庆丰担心群众遭受迫害，医院暴露，请求支部批准他钻出地道领导群众斗争，支部同意了。他刚一钻出来，敌人便抓住了他，要他集合全村的人"开会"。杨庆丰把人带到远离地道的地方，日军小队长一看，全是老人小孩，问："青年的通通哪里去了？"杨庆丰说："穷村子，又歉收，都外出逃荒去了！"敌人冷笑了两声，便命令把老人、妇女、孩子分开。敌人先拿出一些糖果来哄孩子，叫他们说出八路军的伤病员在哪里。孩子们没有一个接糖，问到谁，谁的小脑袋一摇。又问妇女，也是一问三不知。敌人恼羞成怒，抓住杨庆丰的前胸，威胁道："青沧交的八路伤兵，通通的到你们村子，我的知道。你们说实话，我的赏大大的，不说实话埋了埋了的！"杨庆丰学着他的腔调说："他们没有，埋了埋了的也没有。"敌人抡起铁锨向他扔了过去，只见他头一歪，铁锨落在猪棚上，柱子被削掉了一大块。"埋，快快地埋！"敌人发疯似地叫着。人们故意把粪土一点点地倒在杨庆丰面前，杨庆丰虽然被埋到胸口，可是他还是好好的。那边，一个汉奸把双庆老人推进一个堆满红荆条的夹道里威胁道："不说把你活活烧死！"双庆老人两眼射出仇恨的目光，逼视着汉奸回答："没见过，就是把我烧成灰还是没见过。"认贼作父的汉奸气急败坏地点着了红荆。人们不顾一切地冲进火里，把双庆老人抢出来，汉奸又把他推进火里，人们又冲进去，抢出来……正在这时，忽然传来哨声。敌人实在抓不到医院的线索，又看到天色已晚，狠狠骂了一句"通通的八路"，摇摇头便带着队伍滚蛋了。

地下医院一直坚持到1944年秋天，这期间我们克服了断粮、缺药、少器械等难以想象的各种困难，治疗伤员600多人，使他们陆续返回抗日前线。

蠡县抗日县长林里青遇难记

王 巍

　　1942年，日本侵略军华北方面军司令官冈村宁次纠集5万余日伪军，对我冀中抗日根据地发动了空前残酷的"五一"大"扫荡"，实行灭绝人性的"三光"政策，并结合"总体战"，大肆增设岗楼据点，修公路，挖封锁沟，实行"强化治安"。仅蠡县就修建了40余处岗楼据点。真是"出门上公路，抬头见岗楼，无村不戴孝，处处闻哭声"。由于形势恶化，特务、汉奸猖獗狂妄，在革命阵营中也有不坚定的分子叛变投敌，环境变得异常残酷。抗战进入极端艰苦时期，蠡县由半游击区变为游击区。

　　随着形势的变化，我对敌斗争也相应改变。县区干部和武装干部化整为零分散活动。县长林里青（原名董国钧）按照县委统一部署，分配在三、六区一带工作。他带领部分县区部队，依靠群众，利用地道和青纱帐，昼伏夜出，走村串户，辗转迂回，坚持抗日工作，不断打击敌人。

　　6月下旬的一天，林里青在南界河村召集会议，就在艰难的条件下，如何开辟抗日工作坚持对敌斗争问题进行了部署。参加这次会的有县政府秘书刘晓彤、民政科长刘荫桐、粮食科长张固、司法科长王天锡等政府机关有关负责人共11人。会议开了两天，因为环境险恶，敌情变化无常，开会地点要经常变换。24日晚上，趁夜深人静时，他们转移到玉田村一家堡垒户歇息。刚刚住下，村外响起了稀疏的枪声。村干部跑来报告："敌人进村了。"情况突如其来，林里青立刻命令大家整理好文件，随村干部从一家磨坊下了地道。这里的地道是敞开挖又蒙上顶的，走在上面噔噔地响。敌人发觉后开始找地道口，有的地段被挖得露了天。这里是不能再待下去了，他们便钻入一个通着地道的小洞。过了片刻，敌人挖洞的声响愈来愈大，林里青让大家进入二层地洞，叫警卫员掩盖好（当时叫做"翻眼"洞口），命他留下伺机钻出地道，设法通知游击队在黄昏时赶到村外，打枪骚扰敌人，洞里的人好趁机冲出去。

第二天拂晓时，被敌人包围，地道完全被破坏。敌人没有发现小洞口，但也没有撤走，继续到处敲打寻找地洞。一会儿，敌人到了小洞的上方。洞里的人感觉到敌人正在上面挖掘，不久，由于受到震动，土簌簌地落着。同志们本来因为缺氧，无力地躺在潮湿的地上，这时都忽地站起来，准备战斗。地道终于被破开一个口，随着大土块"咚"地一声落地，地洞里也亮开了一片。

敌人逼着一位老乡下洞。老乡流着眼泪不知说什么好，只好下了洞。林里青平静地问老乡："敌人的情况怎么样？"老乡说这次来的敌人很多，有鬼子，有伪军，还有宪兵队的特务。村里村外都有，有从高阳来的，有从蠡县来的。洞的上方是个院落。并告诉了哪个方向有多少敌人。为了拖延时间，林里青对老乡说："就说洞里没有人。"老乡出去不一会儿工夫，狡猾的敌人又派了一个化装的汉奸谎称老乡下洞。敌人为探清虚实，便向洞里喊话劝降，嚎叫声不绝于耳。敌人见洞里悄然无声，就疯狂地向洞里连续打起枪来，打一阵枪喊一阵话。如此反复数次，敌人见仍无效果，就抱来柴禾用烟熏，顿时烟雾满洞。人们被烟呛得喘不过气来，林里青就让大家用尿沾湿毛巾，捂着鼻子，忍受着呛人的浓烟。穷凶极恶的敌人黔驴技穷，气得暴跳如雷，集合了大批敌人，把洞口围得风雨不透。

林里青听到敌人集合的哨声，预感到危急万分。他经过分析判断，认为留在大地道中的警卫员不一定能钻出去；就是钻出去了也不一定能冲破敌人的封锁，所以靠游击队来解救的希望不大。因此，他决定出其不意地向外冲击。能冲出去更好，冲不出去，也给敌人以杀伤。他叫同志们把文件埋好，就身先士卒，如梭似箭般地冲出洞口。刘晓彤、张固、刘荫桐等也像猛虎一样跟着冲出来。他们一阵猛打，弄得敌人晕头转向，一时不知所措。待敌人清醒过来，又一交手，林里青见敌我悬殊，突围无望，即刻让大家撤回洞里。刘晓彤、张固身负重伤，血流如注，被敌人抓住。

敌人遭到突然的打击，气得声嘶力竭地嚎叫，喊话声一阵紧似一阵。在生死关头，面对严峻的考验，有的人开始动摇，向林县长恳求说："保存力量要紧，咱缴枪吧！"林里青听到这怯懦的乞怜声，怒目圆睁，斩钉截铁地说："共产党人宁愿战死沙场，决不投降。为了民族解放事业，我们要战斗到最后一刻，流尽最后一滴血！"大家听到这豪言壮语，胆子都大了，见林里青声色俱厉，志坚如钢，没人再吭声了。

敌人继续喊话，威胁恐吓声更加严厉。慑于敌人的淫威，王××等人不顾林里青一再劝告和阻拦，把枪扔出去，爬出了洞口。

洞里剩下林里青一人，他沉着镇静，坚如磐石，紧握手中枪，准备与敌人血战到底。敌人命令一个伪军下去察看，被林县长一枪结束了性命。这时林里青的枪里只剩下一颗子弹。此刻，他气壮山河，大义凛然，振臂高呼："誓死不当俘虏！中国共产党万岁！"随着这惊天地、泣鬼神的喊声，只听"叭"地一声，林里青县长饮弹身亡。党的好儿子，人民的好县长，为了人民的解放事业，献出了他年轻的宝贵生命。

敌人没有抓到林县长，恼羞成怒，疯狂地向洞里放枪、扔手榴弹，炸得泥土四溅，烟尘弥漫。

敌人撤去，人们怀着极为悲痛和无限崇敬的心情，挖出林县长的尸体。当人们看到林县长遍体伤痕，血肉模糊，没有一处好地方时，无不失声痛哭。

林里青的老战友们每当忆及此事，都不禁潸然泪下，感慨万千，有人还赋诗一首，以告慰先烈英灵：

> 玉田遇险忆当年，不屈不挠斗敌顽；
>
> 杀身成仁全大节，烈士英名万代传。

我跟县长当警卫

段明图

段明图，男，1922年10月生于武强县西王庄，1938年在本村加入中国共产党。1940年10月至1942年12月在县政府给县长李子寿、李敬仁当警卫员。新中国成立后历任交河县委农工部副部长、武强县农工部副部长、武强县农研所所长、武强县科学技术委员会协会主任。1984年离休。

我出生在饶阳县一个贫农家庭，父亲早年去世，母亲、叔父在1938年参加中国共产党。虽然家境贫寒，但在母亲、叔父的教育熏陶下，我从小热爱共产党，仇视日本帝国主义的侵略。1938年秋，到抗日学校上学，12月份参加了共产党，还到县里参加党员培训。1939年堤南村建立了高级小学，我被分配到学校当炊事员，继续做党交给的工作。

1939年底至1942年"五一"大"扫荡"期间，我始终在县长李子寿身边，不仅学会做警卫工作，而且进一步明白只有在共产党领导下，抗日才能胜利。我县是冀中区抗日根据地，日本侵略者对冀中区经过大规模的5次围攻和多次疯狂"扫荡"、"清剿"、"蚕食"之后，于1942年5月1日又发动了灭绝人性的"五一"大"扫荡"。到5月12日黎明，四面的敌人步步压缩，将我八分区、武强县党政机关、游击大队、小队及邻县干部群众，围困在武强、深县、饶阳、献县4县交界处。当时我们被包围在武强县北大洼，在这方圆二三十公里的大圈内，敌人反复"扫荡"，轮番射击，所到之处烧杀抢掠，无恶不作。在这万分危急的关头，我想到自己的职责，紧握手枪，任凭敌人疯狂嚣张，我要用自己的生命保卫首长的安全。

在突围时，县委书记严镜波说："敌人冲上来，先打马，再打人，要和敌人拼到底，留下一颗子弹，自己牺牲。"我年龄最小，开始有些害怕，但书记的教导给了我无穷力量。因东、南、西三面敌人包围严密，我们在北面敌人马队、步兵的连结处找到空隙，向北开始突围。傍晚6点左右撤到饶阳大尹村，刚进村就被敌人包围。县委几名领导当即研究作战方案，与敌军展开激战，敌炮弹不断落入村中爆炸。马庆云政委奋不顾身，爬上房顶，指挥县游击大队反击敌人。打退了敌人的多次进攻后，战斗暂停。李子寿县长对我说："敌人围而不打，是想天亮后全部歼灭我们。县委已下达命令，咱们趁天黑摸出村，迂回转移，保存革命力量，继续战斗！"我当即回答："李县长，请您放心，豁出我这条小命，也得保卫好你们，领导全县人民打败日本侵略者！"

这天夜里一片漆黑，伸手不见五指，后边的人拽着前边人的衣服，一步一步朝前挪。走着走着遇到小股敌人，几次冲散失去联系。但我始终保卫着县长，他拽着我，我拉着他，寸步不离，李县长摔入沟中，我急忙揿起。由于辨别不清东西南北，只知朝前走，走了一夜，才走了三四公里，到了饶阳肖店村。这时一清点人数，原来100多人的队伍，仅剩下县委书记严镜波、县长李子寿、县游击大队政委马庆云和区小队长徐海廷，还有3名警卫员。大家朝西走了10多公里，清楚地看到敌人的骑兵一字排开，正向我们扑来。当时严镜波20多岁，由于体力消耗过大，我和另外两名警卫员轮流揿扶着她，继续朝西走，避开了敌人。待我们到达深县兵曹一带，时已过中午，大家看到此地无敌人，想在一块麦田的柳树下休息片刻。李子寿县长靠树站着，我们坐下刚要打盹，忽然县长喊："敌人又来了！"我迅速站起来，保卫着严书记等朝东奔去。这时敌步兵在后面追，敌飞机在空中一次次扫射，我们裹在群众中，时而卧倒，时而奔跑，子弹在耳边"嗖嗖"乱响，但大家不以为然，傍黑进入一个无敌情的村庄，到一老乡家吃了点东西。饭后3位领导决定，不能朝西奔了，得返回本县，坚持工作，开展游击战争。

这里的地理我们比较熟悉，要通过3个村才能进入武强。我和徐海廷队长先前带路，探明有无敌人，然后返回和大家一起走。到5月14日天色渐明时，终于回到武强梅庄村，找到堡垒户、党员干部耿纯俭家，他把我们隐蔽起来。3位县领导在挖好的地洞里，分析形势，研究工作，我和其他同志负责保卫。敌人虽又进了村，但我们安然无恙。晚上我摸黑到沧石路侦察，探明情况。第二天我带路绕过敌人，随领导转移到沧石路南。他们又决定分散行动，严镜波、马庆云到路北，我随县长李子寿到路南，去了几个村，和部分县、区干部联系，部署坚持抗日斗争，秘密恢复组织。数日后李子寿县长说，咱们返回沧石路北，向县委汇报工作。这天夜间，同行的还有其他几名同志，我们越过沧石路，又绕过几个村，到达杜林村已是午夜。正在街上由西向东走着，我听到后边有脚步声，当即向县长报告："后面有人跟踪盯梢。"县长让我去侦察，我回身向西，手里拿着枪，人家在暗处，有两人在一个胡同口用墙角作掩护，大声喊："干什么的？"我立即在另一胡同口用墙作掩护，并反问他们。相持之下谁也不暴露，我断定是遇上了敌人。我从敌人子弹上膛的声音知道他们用的是"撸子"，一人守着原地另一人出来骚扰。我地理不熟，恐被其暗算，又想到我的任务是保卫首长，立时警觉起来，决不能有丝毫疏忽，于是迅速后撤。这时敌人向我开枪射击，子弹从头顶飞过，我顺其火光还击。我用的是"三把盒子"，比敌人用的"撸子"威力大、射程远，他们不敢贸然接近，也不敢轻易追击，只是乱放一阵枪。我急忙来到事前既定的村北口，简单汇报了几句，又保卫着县长继续转移，拂晓之前到达一个村子。经过日军"五一"大"扫荡"，村子里残垣断壁，一片狼藉，好不容易找到一位老大伯，才知这是杨武寨村，敌人正在"清剿"，白天不准地里有人，天亮围村抓捕。李子寿县长告诉老大伯："敌人再疯狂，也吓不倒中国人。县委的领导正在带领着群众继续打日本哩！"我在一旁也说："他们（敌人）是兔子的尾巴——长不了！"根据这村的情况，我们没有久留，立即向北疾驰，顺着道沟出去七八里到了西刘家堤我方一干部家中，县长了解情况，我在院里瞭望。打尖后出村向东北方向奔去，然后沿县界向东，绕村庄，穿树林，过沟壕，越野洼，到达乐郊村，在堡垒户（县委组织部长李刚姐姐家）见到县委书记严镜波和马庆云、李刚等县委领导，这是事先约好的集合地点。他们见面后喜形于色，在挖好的地洞里学习上级的文件，讨论分析抗日形势，谋划抗击日军的新策略。我在洞外和其他警卫员仍保持高度警惕，认真履行职责。到达这村，时间是5月底，距5月12日半月多了。

　　这次规模空前的大"扫荡"，使全县处于一片白色恐怖之中，在武强这个小县，敌人修起岗楼20多个，岗楼之间修起公路，还挖封锁沟，实行"清乡"、"清野"，推行"强化治安"。但武强军民紧紧团结，没有被敌人的刀枪吓倒，武强县委在"扫荡"与反"扫荡"的斗争中更加坚强。县委经常在林东、乐郊、马头一带活动，5月底在小营村召开了县、区干部大会，会后我跟随新任县长李敬仁深入到村开展工作，恢复组织。当时敌人提出的口号是："'五一'大'扫荡'，彻底清乡洼。扑灭灯下影，肃清化装农。"虽然我得了病，忍痛做了手术，又得了疟疾，喝了大麻油病情好转，但体力欠佳，为了抗日仍与敌周旋。当青纱帐刚刚起来的一天，县长李敬仁、财政科长赵朴和我3人被敌人包围在武强县东北部一个大洼里，日本人站在大路上，伪军"拉网"搜查。我们隐藏在高粱地里。伪军搜查过来时，我们就冲上去，用枪逼着伪军，对其进行教育，中国人不打中国人，警告他们不要为日本侵略者卖命。县长和我经常白天头戴破草帽，扛着锄头下地，中午不回村，晚上才回村工作。有一次夜间到小刘庄，我在前县长在后，刚进村就碰到两个伪军。伪军很麻痹，几步走到我跟前，我拳打脚踢，三下五除二，先将一个摁倒在地，训话时另一个就跑了。李敬仁县长说："图图，你真有两手，几下就把敌人打趴下了。"我顾不得回答，和县长迅速来到堡垒户家的地洞里。庄稼长高以后更便于我们活动。一天傍晚，我们在县长带领下，有县政府秘书陈子瑞等6人，从小营转移到后韩旺村北。白天气温很高，下午正在高粱地里的柳树下乘凉，忽然西边顺着大沟来了敌人，有骑马的，我们当即握紧枪，准备迎头痛击敌人。李县长镇定自若，说敌人不一定发现我们，我们在低处，敌人在高处只注意远处。果然，我们在敌人的眼皮底下没动，大家沉着脱险。

从5月敌人"扫荡"到6月底这段时间，我经历了最艰苦的磨炼，打日本、求解放的信念更加坚定。面对敌人，不怕流血牺牲，白天黑夜尽职尽责，勇敢地保卫着首长。领导对我非常关心爱护，看到我一天天成熟起来，说："图图，你从枪林弹雨中闯过来，真是好样的。"但是，我村传出一个谣言，说5月12日有人亲眼看到我被敌人打死了。我母亲听后悲痛欲绝，痛哭不止。敌人更加阴险，虎狼般窜入我家，抢劫一空，还威逼我母亲说："你儿子跟着县长，把枪藏在家中，快交出来！"他们恼羞成怒，用棍棒打得母亲遍体鳞伤，但她老人家是共产党员，并不求饶，越发坚强不屈，痛斥敌人丧尽天良。敌人不死心，把老人折磨得精神失常。此时我县大队秘密出击，夜间将罪大恶极的几个铁杆汉奸掏出来镇压了，大大打击了敌人的嚣张气焰，广大群众拍手称快，我母亲的病也渐渐好转了。到7月份我才知道上述情况，胸中抗日杀敌的烈火越燃越旺。经同学转告母亲我还活着，身负重任暂不能回家探望。又过了一段时间，在一个深夜，我从林东返回家中，见到老人，母子痛哭，互相询问、安慰，说着说着转忧为喜，母亲对我千叮咛万嘱咐："图图，你别惦记我，在外好好跟着共产党干，打败小日本，往后咱们有好日子过。"

我继续跟着李敬仁县长，到农村发动群众，恢复组织，很快许多村庄的政权又恢复建立起来。原来挖的地洞多是"蛤蟆蹲"，地道也很短，不便于活动，在县长带领下，我们和群众一起挖，地道向四面延伸，有的能通到邻户和村外，也有防烟熏、防水灌的气孔和暗沟。我和李县长在马庄劳累了一天刚转移，第二天清晨敌人包围了该村，追查县长。不几天，日军率领伪军、宪兵、特务对大王庄突然袭击，将全村群众集合在大街上，说县长在这个村，挨个拷打。张大娘（张振廷的妻子）急中生智，装哮喘病复发回到家中，将街上情况报告我们，我们在这一家人的掩护下，钻地道，翻墙头，快速转移到村外。

反"扫荡"以来，武强县委认真贯彻上级党委的指示，恢复了区、村政权和县、区武装，打击镇压了叛徒特务和亲敌分子，开挖地道保存革命实力。利用两面政策，表面应付敌人，实际为抗日服务。这段时间，新组成的游击大队，在一个雨夜，由马庆云政委带领，拿下了西北召什据点；樊建平副政委带人在西刘堤打胜了伏击战；二小队在康厂打得敌人狼狈逃窜。虽然环境残酷，敌强我弱，但抗日捷报频传。从5月12日至10月底，我在县委书记严镜波、县长李子寿和李敬仁等领导身边不断成长，保卫着书记、县长从撤退疏散、辗转转移，到化整为零、四处游击，秘密开展工作。我在反"扫荡"的战火中闯了过来，得到了锻炼和考验，意志更坚，胆量更大，策略更多，信心更足。由于立场坚定、不怕牺牲、机智沉着，1943年春奉命上调到八专署，先后给王念基专员、戴冀农专员当警卫员，一直在首长身边工作，直到抗日战争胜利。

（郭润生　整理）

英雄夫妻被捕后

刘其恒

1942年6月24日深夜，星光惨淡，沉睡的安平县南石庄被子文村据点的日伪军包围。在汉奸石德明的带领下，9队敌人悄悄地包围了几户重点人家。

突然，村中几处同时响起砸门声和日伪军们的狂叫声，宁静的村夜被打破，顿时，四下回响起狗叫声和孩子们的哭声。

隐蔽在家的安平县委刻写员石砚生与妻子刘杏色（南石庄村妇救会主任）在熟睡中被惊醒，意识到情况严重，赶忙起身，抱着未满周岁的孩子来到院中。这时敌人已破门而入，用枪逼住他们，另有两三个敌人进屋搜查。一阵锅破碗碎声过后，失望的敌人押着石砚生夫妻走出家门。

在一个地主的家院，大门口站着两个日本兵，门楼上挂着两盏汽灯，发出"吱吱"的响声，惨白灯光将四周照得贼亮。北房里黑着灯，门外站着两个日本兵，房上架着机枪，两旁厢房上布有哨兵。院里男东女西分坐着被集中来的群众，人人神情紧张，平时最爱嬉闹的孩童，这时都隐在家长身后，头贴在大人的背上，连吃奶的婴儿都拼力向母亲的怀里钻，此刻乌云密布、空气闷热，一种压抑的感觉笼罩着每个人的心头。

汉奸石德明躲在黑灯的北屋里，每当有我抗日干部被押进院，他就向窗外的敌人发暗号。因此，石砚生、刘杏色一进院，就被分别押进东西厢房。

日军小队长和翻译官向群众一阵乱叫后，审讯开始了。日军小队长坐在桌后，身后站着几个持木棍的日军，桌旁是伪军官和几个汉奸。敌人首先押出石砚生，伪军官问："石砚生你是共产党的干部吗？"石砚生坚定地回答："是。"伪军官赶忙追问："你们的县长、书记在什么地方？""不知道！""游击队的枪藏在什么地方？这里还有谁是干部？""我不知道，你们也不会知道！"桌后的鬼子大队长蹿出来，用生硬的中国话问："你说不说，不说死啦死啦的。"

"不说，死也不说。"

听了石砚生的断然回答，日军小队长气得嗷嗷叫。两个日军立刻冲过来，抢着木棍向石砚生打去。双手被反绑着的石砚生忍着疼痛，怒目圆睁，厉声怒骂。气极败坏的伪军官，抓起一根木棍狠狠地击在石砚生的头上，鲜血立即涌了出来。撕心裂肺的疼痛使石砚生昏死过去。

接着敌人又审问了县抗联干部王敬辉，南石庄村长石信言和村农会主任。3位同志虽被敌人打得死去活来，但敌人始终也没能从他们口中得到一点情况。

天亮后，一无所获的敌人把石砚生一家及王敬辉、石信言和南石庄的农会主任押走了。

回到子文据点，敌人立即对石砚生进行审讯。刑讯室里，伪军官指着各种刑具说："你都看到了吧，这些玩意儿的味道都不错，你想尝尝吗？"见没有回答又诱惑说："说出来就放你全家出去。"石砚生轻蔑地哼了一声，伪军官脸色一变，恶狠狠地说："不说，你一家谁都别想活。"石砚生厉声大骂："你这狗娘养的，想从我这儿得到情报，妄想！我倒要看你能把老子怎么样。"恼羞成怒的伪军官一挥手，上来几个伪军把石砚生摁倒在地，腿上压上了大棍。伪军官用木棍敲着石砚生头上的伤口，狰狞地逼问："你说不说？"回答是大声怒骂："你这狗杂种！你就是把老子整死也不说！"恼羞成怒的伪军官吼叫一声："用刑！"撕心般的疼痛使石砚生又昏死过去。

不甘心失败的敌人又把刘杏色提出，企图从她身上打开缺口。伪军官假惺惺地说："你当妇女干部，是个明白人，把你知道的说出来，马上放你全家回去。"刘杏色反问道："你要我说什么？我是个家庭妇女，什么也不知道。"气得伪军官吼叫起来："刁婆，你别给我装糊涂。"说着抢起木棍朝刘杏色劈头盖脸地打去。刘杏色把孩子紧紧地抱在怀里，用身子抵挡着飞舞的木棍，唯恐木棍击中孩子。伪军官的吼声和刘杏色的怒骂声惊得孩子大声哭叫起来。孩子的哭声引发了伪军官的兽性，他抢着木棍专往刘杏色的怀里打，一下，两下，木棍接连四下击中刘杏色的胳膊，钻心的疼痛使她感到全身无力。第五下打来，刘杏色拼力用肩膀抗击，木棍从肩下扫着孩子的后脑，鲜血立即涌了出来，孩子的哭声变得嘶哑凄惨，丧失人性的伪军官从刘杏色怀里夺过孩子，抢起来摔在地上。可怜这不懂事的孩子，就这样被惨无人道的敌人夺去幼小的生命。目睹孩子惨死，刘杏色心中一阵绞痛，扑在孩子身上昏死过去。

6月26日深夜，被押在一间牢房里的石砚生、王敬辉、石信言，见看守靠着牢门睡着了，3人商量夺枪越狱。由于两天来饱受酷刑，遍体鳞伤，没有力气，被看守发现，计划没有成功。

27日清晨，石砚生、王敬辉、石信言被押出据点，路上3人大骂敌人。在刑场上，3同志昂首挺胸，高呼着口号，英勇就义，所见群众无不悲痛流泪。

石砚生牺牲后，敌人又几次提审刘杏色，面对杀夫害子的敌人，刘杏色心中充满无限仇恨，眼中射出复仇的怒火，破口大骂敌人，被敌人打得几次昏死过去。

几天后，经过我党的多方营救，刘杏色终于脱离虎口。

回到家中，赶来看望的乡亲见到刘杏色衣服上血迹斑斑，身上伤痕累累，无不失声痛哭。面对亲人，刘杏色强压住涌上心头的悲痛，说："不要哭，革命就会有牺牲。"

伤好后，刘杏色怀着对敌人的刻骨仇恨，又满腔热忱地投入到抗日斗争的行列中。

我家常住八路军

李智凛

李智凛，男，1932年10月25日生于武强县林东村，幼时上游击小学，后考入本县宋村师范、泊头师范，1959年1月加入共产党。大专毕业后在饶阳师范、安平师范、深县师范、武强中学任教近20年。其父在抗日战争时期任中共武强县委组织部部长，壮烈牺牲。其祖父早年入党。他家是冀中一带模范堡垒户。

抗日战争时期，我的家乡武强县是抗日根据地，冀中区党委、八地委的领导常住我家。1942年日军"五一"大"扫荡"前后，地委、县委经常在我家召开会议，分析形势，布置工作。尤其是反"扫荡"以来，在那极其残酷的环境中，我们家舍生忘死，掩护干部，为抗日积极奔波，成为"坚强堡垒户"、"钢铁交通站"、冀中平原的"八路店"。

父亲李刚，1913年生，1938年加入中国共产党，是我县早期党员。1938年8月，中共武强县委成立，他先后担任县委组织部副部长、部长。祖父李立山1939年入党，他热爱祖国，痛恨日本侵略者，在村务农，还赶大车、开粉房，在社会上交往广泛，朋友较多。大姑李凤表一心抗日，1940年入党。

二姑陈雪（李若君）1940年入党，任一区妇联主任。表兄韩觉也是中共党员。1939年春，冀中区党委书记、军区司令员吕正操来武强整训部队，创建主力兵团，住在我家，向祖父、父亲讲马克思列宁主义，讲毛泽东的《论持久战》，老人听后更进一步坚定了抗日必胜的信心。地委书记金城、阎子元，司令员周彪，组织部长罗玉川等在反"扫荡"后常住我家，他们就像在自己家一样，谈笑风生，纵论国事，谋划打日本的策略。

"五一"大"扫荡"前，得知日军要疯狂"扫荡"，驻我村的县大队和群众就一起坚壁清野。我那年十多岁，正上游击小学五年级，回到家里帮着老人干活，把县干部的几辆自行车、粮食和书籍都转移到安全地方。我家连夜修整了地道，还和村里群众在村边挖了深沟。为防备敌人袭击我家，祖父、祖母和我常去乐郊村大姑家，有时还在野外过夜。姑父韩履坤是中共党员、抗日村长，他家也早挖了地道。

1942年5月12日，日军纠集重兵从四面包围，将我县军民、党政机关及部分八分区机关人员压缩在我县西北大洼，即深县、武强、饶阳、献县4县交界处。县委、县大队被敌人冲散，突围后四处奔跑，昼夜兼程，辗转迁回，几天后陆陆续续回到乐郊村我大姑家。我记得清清楚楚，5月15日头明，我正在睡梦中，被一阵急促的敲窗声惊醒，祖父问："谁？"外边的人在窗台根下回答："我！"一连几天祖父坐卧不安，突然听到一个非常熟悉的声音，从炕上一骨碌爬起来，惊喜地说："傻李（田振东当时叫此名）你可回来了，快把我急死了。"田振东当时是县公安局局长，敌工部部长，他和地委敌工部部长张之生，在敌人来回"拉网"、轮番搜捕的"扫荡"中，从武强转到深县，又奔到饶阳，最后从献县元昌楼来到乐郊村我大姑家。这天，我父亲也领着几个人回来了，他们冲出敌人重围走了三天三夜才回到这里。"扫荡"后第四天，县委书记严镜波、县大队政委马庆云回来了，一进门就说："可到家了！"他们同样是历尽艰险才回来的，虽然衣貌不整，但个个精神饱满。当天和回来的同志开会研究，根据当前形势对反"扫荡"作了具体部署。严镜波代表县委讲意见，主要是整顿部队和干部，化整为零打游击，恢复组织，坚持抗日。

在地委、县委的领导下，我县的许多村恢复了组织，县大队又重新拉起人马，斗争形势日趋好转。虽然"五一"大"扫荡"后敌人更加嚣张，武强大地碉堡林立，沟壕纵横，实行"三光"政策，但胜利捷报不断传来。我听到人们谈论，马政委带人在沧石路南龙治河一带打了胜仗，县大队在西北端了敌人的岗楼，田振东、陈子瑞带领公安局在孙庄枪毙了罪大恶极的汉奸叛徒……

县委书记严镜波自1939年调武强以来，经常到我家，后来组织力量在我家北屋的5层台阶下挖了地道，台阶的东南角有枪眼。县委常在地道里开会，只要一开会，祖父便背筐到村边拾粪，我在院外玩，实际是巡逻、站岗。我还看到一些县、区干部来我家找县委领导，接受指示，领取任务。

祖父、父亲和其他回来的人员活动频繁，联络县、区干部和游击队成员，到5月底，有二三十人先后到过我家。又过了一段时间，八地委组织部部长罗玉川派高敏来我家，实地考察了地形、地道，并请工匠李宝盈、李砚臣（均系中共党员）等人重修了我家前院的地道。地道里设有翻口、气眼，我们的人能出能进，敌人即使发现洞口也很难进来。高敏认为我家安全可靠，罗玉川很快住在我家。其妻子肖鹏、女儿罗苏亚也从献县牛辛庄搬来，安置在李松恋家长期居住。我家当时成为地委机关活动的主要阵地，全村形成地道网，八地委常在这里开会，县委开会就更多了。尽管日军多次来村"扫荡"，但我们的干部很安全。高敏（现为北京市纪委离休干部）2000年3月28日来信写道："现在我已82岁，对抗日战争中的情况，记忆犹新，我永远不会忘记在武强县林东村地道里的生活，深深怀念李立山大伯和父老乡亲。他们（对我）恩深似海，难以表达啊！"

为了恢复通讯联系，县委派祖父四处寻找堡垒户。他到大王庄、杨武寨等村接头联系，其他同志也分头出去联系。经过大家努力，交通站工作迅速活跃起来，在全县形成了交通网。县委书记严镜波接到上级送来的文件，就向人们讲解形势：苏联军队保卫战的胜利，日本在太平洋战争中的节节失利，冀中各县反"扫荡"的捷报。这些情况及时传送到全县各站，鼓舞了人们的斗志。我家这个交通站实际是个总站，过往人员最多。当时八分区领导去滏阳河以东的献县、交河、沧县、建国等地，沧石公路上敌人封锁严密，要过去不容易，北边献县也是如此。为此，我祖父做了一个柳编大笆箩，长2米，宽1米，高近半米。一要送人，他就叫上李振华、李春泰、李砚臣等党员，扛着大笆箩，到2公里以外的滏阳河中旺湾，让客人坐在里面，几个人下水推着，稳稳当当地护送到河东，河东面有专人接应。我亲耳听到被护送的人有常司令、周司令、李司令等。心里明白这些人都是共产党、八路军的大干部，他们肩负重任，到河东去执行反"扫荡"的新任务。

由于我家来人多，原来家中藏的粮食很快吃光，祖父就外出寻觅。夜里常常弄回一些玉米、高粱、豆子等，还找来过花生饼、棉花籽饼。我们一家舍不得吃，就挑野菜、捋树叶、挖地梨，用来充饥，时间一长就浮肿。但全家横下一条心，千方百计搞到粮食，让亲人们吃饱肚子，领导人们反"扫荡"。

我们村那时160多户，有一半以上的户是抗属。其中崔如意、李宝朕、李振华、李春泰、李保盈、马东忍、马东良、李同科、李松恋、孙金昌、刘根友等是堡垒户，他们都掩护过干部，抚养伤员，为反"扫荡"做出很大贡献。1938年时的县委书记冀行，后调饶阳任县委书记，在我家养病几个月，由祖母、母亲精心照料，直到病好调八地委组织部工作。严镜波之女王墨、陈子瑞之女陈町，陈国正等长期住在我家；张之生之女张燕，田振东之子李小乱等也来过我家。这些人多年来和我有联系。

我生长在革命家庭，在幼年、少年时代就受到抗日爱国教育，亲眼目睹了在日军铁蹄下中国人民的悲惨情景，从心里痛恨日本军国主义，愿为抗日做点工作。我看到大人挖地道，就钻进地道向外扒土。祖父还让我到附近的乐郊、北小范等村送信，每次都完成了任务。记得"五一"大"扫荡"后6月份的一天，将近中午，祖父让我到乐郊村西北盐土疙瘩一带给严镜波等人送饭，我提着装满干粮的篮子和饭罐悄悄走出村，当出村200多米，登上西河沟西岸堤上时，突然发现有日军、伪军20多人从小营向乐郊奔来。当时心里扑腾了几下，心里想这回糟了，朝前走和敌人碰个对面，向后退敌人也会发现。我急中生智，四下瞭望，河西不几步就是一大片红荆墩，我弯腰钻了进去，忙把东西藏在红荆墩下，让枝条盖住，我装作在拔草。不一会儿，敌人走远了，我提着东西快步到达目的地，找到了严镜波。她听我学说了遇敌情况，说："你真机灵，不愧是立山大伯的好孙子！"

在反"扫荡"中，武强人民前仆后继，英勇杀敌做出了巨大牺牲。1942年7月，县委宣传部部长陈健到路南开展工作，被捕后坚贞不屈，被日军活活折磨死。县大队大队长陈旭堂在这年秋的一次伏击战中，带领队员放过前边的伪军，打死十几名日军后为国捐躯。我父亲带领4人到大王庄检查工作，被敌人包围，钻进地道，匆忙中弄坏洞口，埋好文件，他抽出手枪冲出洞口，向日军开枪射击，把敌人的火力引向自己，直到打完子弹壮烈牺牲，但掩护了其他4位同志安全脱险。父亲的灵柩抬回后，我去叫祖父，说："俺爹让日本鬼子打死了。"祖父一滴眼泪未掉，坚定地说："你爹死了，还有你爷爷呢，咱永远跟共产党，把日本鬼子赶出中国去！"埋葬前一掀棺盖，见是赤脚没穿鞋，祖父脱下自己的鞋给父亲穿上。这时，日军又来了，人们都跑到河边去，等日军过去才回来埋葬的。抗战胜利后，人民政府在老县城建起英灵烈士亭，正门两侧雕刻着一副挽联："念人民抵外侮忠勇殉国；为独立杀倭寇浩气长存。"在701名烈士中，父亲的名字刻在第一位。

清苑军民在反"扫荡"中
建设隐蔽根据地

张　鹏

　　张鹏，男，河北省博野县人，1923年11月出生。1942年"五一"反"扫荡"时担任清苑县委执委、宣传部副部长，临时负责清苑县设在博野、蠡县抗日根据地的留守处工作。"五一"反"扫荡"后回清苑县委为代理组织部长。解放后从事铁路工作，曾任铁道部专业设计院副院长，1982年离休。

　　清苑抗日根据地是冀中区九地委领导下的、位于西北边沿贴近保定和京汉铁路线敌占区的一片根据地，敌我斗争异常激烈、残酷。1939年薛庄惨案，县游击大队和随军的县长与县政府的大部人员，几乎全部壮烈牺牲。敌人在张登修建大据点，又在张（登）保（定）公路沿线挖封锁沟设岗楼，把清苑抗日根据地一分为二。为了更有利于开展对敌斗争，根据冀中九地委指示，设之光县管辖公路以东地区，设清苑县管辖公路以西的120个村庄。当时敌占区、游击区和抗日根据地各约占三分之一。1942年日军妄图摧毁冀中抗日根据地,"五一"大"扫荡"之前,首先对我清苑根据地实行了"清剿"、"蚕食"、占领,使清苑变成敌后之敌后,在反"扫荡"、反"蚕食"、反占领的长期斗争中,清苑人民付出了惨重的牺牲。

从1941年9月18日敌人在大白城建据点就开始了对清苑的"蚕食"。因为是发生在我到清苑的第二天,又是国耻纪念日"九一八",所以记得这个日子。敌人在大魏村安据点,把我二、三、五区的游击区变成了敌占区,这是第一步;第二步,敌人在姜庄、王胡庄修岗楼,把我二区、三区、五区的根据地变为敌占区;第三步,敌人于1942年1月向我根据地腹地"蚕食"。从张登至望都的两大据点之间修起公路,挖了封锁沟,并在沿途的义和庄、耿庄、段庄、傅家营都修起岗楼。到3月底,敌人占领了唐河以北的村庄,清苑县抗日根据地只有唐河以南的10个村庄。到四五月间敌人又在罗家营、北王力、大李各庄修岗楼,最后完成了对我县抗日根据地的"蚕食"占领。这期间是我们最艰苦的阶段。为迎接这场斗争,地委调整了县委领导班子,派赵一之接任县委书记,王谆接任县长,组织部长苏冀,宣传部长朱信,社会部长刘勃,公安局长何健,游击大队副政委李一。我在县委宣传部,主管支部小报的编辑出版。1942年4月,发生了组织部长苏冀被捕事件,县委书记赵一之立即采取措施,把大部分县区干部撤出清苑,留下坚持的有县长王谆和社会部长刘勃等少数领导,区级只有四区区委坚持在工作岗位上。至此清苑抗日根据地被敌人占领。

我们丧失了根据地,就只有在地委的帮助下,借邻县的根据地作我们的后方。1942年3月,地委批准在分区根据地设留守处,收容清苑、之光两县撤出的区村干部,县妇委会霍惠哲代表清苑参加留守处的领导,把村干部组织起来办训练班。同志们分散住在博野、肃宁、饶阳交界的一带村庄。随着清苑县区村干部撤出人员的增加,县委派县议长杜玉、武委会主任赵芳领导清苑留守处的工作。还有县委组织部副部长周锡泽曾在五区被捕,营救出狱后,接受地委审查期间也帮助留守处工作。到4月中,我们县的县区游击队以及民兵300多人全部撤到分区驻地,随军分区的部队一起活动。县区干部的大部和村干部也有100多人撤到了分区驻地。鉴于短时间撤出的干部不能回县，县委决定我到冀中根据地慰问留守处人员，并代表县委，领导留守处的工作。我们力图保存力量，准备配合军队待机恢复清苑抗日根据地。

4月中旬的一天晚上，我和已调到分区去的原县长郭蕴，由来往于留守处和县委保持联系的手枪队长陈尚亭带队，送我们越过了封锁线，来到冀中根据地。第一站到了博野县我的家，从此我家就成了清苑县留守处的联络站，并为我们来往人员免费供应饭菜。郭蕴去地委报到，手枪队回清苑接受县委任务。我到博野县委向县委书记王进学作了汇报，他非常同情我们的处境，热情欢迎我们，同意我们留守处的条子可以借用公粮。他还建议我们自己动手搞点生产事业，如就地熬盐，可以解决困难。我们接受了他的建议，北王力村支部书记王荣吉的一个小组在博野凤凰堡村没有几天就出了盐。大家对王荣吉和王荣庆弟兄俩的成功非常高兴，有些组就创造条件学习熬盐。女同志们为游击队缝夏装。我们留守处的人员，按隶属系统组成若干小集体，并由原来领导人带队。我们执行八路军的三大纪律八项注意，很快和当地群众打成了一片，并尽力帮助群众做些农活，和老根据地的军民共享生产战斗胜利的喜悦，也冲淡了惦念家乡被敌人占领的苦难。4月30日傍晚，我们参加了在东阳村由军分区部队和博野县政府召开的庆祝胜利攻击博野县城军民联欢大会。我准备第二天召集留守处领导干部会议，商定到地委汇报的内容。

5月1日天还没亮，我被"发现敌情"的喊叫声惊醒了，当即随军队撤到村外。军队急行军向南开拔了，我回到老百姓群里，急着找清苑的人，这群人里没找到，就到另一人群去找，还是没找到。这时，发现东边的群众向西跑，判断敌人从东面压来，我就和老百姓一起跑起"扫荡"来。又听北面枪响，我们就向南跑，一直到下午，碰到冀中民兵总指挥简明，他一个人和部队失散了。我们边走边谈，他告诉我敌人这次"扫荡"规模之大，出乎意料，已有情报，敌人调集很大兵力，时间还可能较长。当谈到清苑县情况时，他很欣赏清苑挖地道的做法，他认为这是平原民兵和敌人打游击的一种好办法。傍晚，我们跑到滹沱河南安平县境内。群众都在村外还没能回村，但都平静下来了，简明继续向南找部队，我就连夜过河绕村向西北直奔博野。半夜赶到杜家庄，很想能歇歇脚吃点东西，但找不到村干部，也摸不清情况，只好再奔我的家乡。清晨到家，只见到父亲一人，母亲、妻子都逃到薛家庄姥姥家去了。我又走了2.5公里路，一天一夜走了75公里路，才到了姥姥家，吃过饭，足足睡了一天觉。

薛家庄是蠡县潴龙河南岸和博野县交界的一个小村庄，河北岸敌人据点派有联络员，属于敌占区，但我们的工作基础很好，是比较安全的。我舅父薛继增是村支部书记，从此这里也就成了清苑留守处的隐蔽联络站。我白天到解村接待留守处人员，晚上回到薛家庄住宿。清苑的民兵和解村的民兵联合活动，干部就随村干部跑"扫荡"，有的妇女干部不能跑，就转到薛家庄我姥姥家由妻子照顾。其中住的时间最长的是副大队长王振让的妻子小李，她还帮助照顾别的同志。舅父生活比较困难，我父亲从解村送粮食来接济。一天天过去了，敌人还没有撤走的迹象，我没办法和地委取得联系，只能通过博野县委的渠道了解局势。正准备派人回清苑向县委请示，县委书记赵一之来到了解村，在这种情况下会见，使我喜出望外。晚上我们同住在薛家庄，筹划下一步工作。

我们研究了当前形势，认为敌人对冀中的"五一"大"扫荡"，是日军"蚕食"根据地的扩大行动。我们冀中军区和主力部队已胜利突围，敌人开始修岗楼、建据点，企图占领整个冀中根据地。我们留守处的杜玉在反"扫荡"中壮烈牺牲；周锡泽又遭被捕下落不明；赵芳失掉联络，县区游击队也失去联络，留守处的人员都散在各村的群众中，大部分村干部已自动回到清苑家乡去了。我们认为清苑县的形势不久会稳定下来。为此我们决定：结束留守处的工作，都回清苑各自安排隐蔽地点，待机展开工作。

赵一之努力和地委取得联系，同时还要照顾最后撤出的县委机关和各区干部。因为"五一""扫荡"，30多名干部分为两组，一组由县委秘书王勇健负责在安国县活动，一组由五区区委书记王金海负责在定县活动。我立即着手进行留守处的结束工作，我们一起在薛家庄和郑各庄之间活动。郑各庄是安国县和博野县交界处的村庄，是赵一之的家。

留守处保存了清苑县一大批干部，在"五一"大"扫荡"中，被敌人打散。当时知道除杜玉牺牲和周锡泽被捕外，还有三区区委组委李济民以及部分村干部坚持斗争。我在所能见到的干部中传达了县委的决定；他们给我留下了回县的隐蔽地点及联系方法。民兵的步枪不能带回，我们决定大部分交给解村民兵代为保管，把多余的沉到水井里藏起来。另有20来支大枪，我亲自在薛家庄收起来，夜间和清苑北王力村的两位民兵埋在我舅父家的白菜窖里，没有叫任何人知道。到了第二年，博野县五区区委书记肖砚田，为了恢复区游击队需要枪支，特派人到清苑找我求援。县委决定，为了感谢博野县委和人民对清苑的帮助，把交给解村民兵的枪支以及藏在薛家庄的枪支，全部送给他们。

到5月下旬，清苑留守处的工作基本上结束了。我和赵一之，还有通信员李济永3人住在郑各庄赵一之家，晚上睡在房顶上，如遇意外情况，女儿墙还可作防身阵地。一天清晨，安国之敌突然包围了村子，赵伯伯告诉我们不要动，等敌人走后再下来。我们做好战斗准备，严阵以待，清楚地听到日军的呼喊声，还不断有几声枪响。这时邻院有伪军抓鸡，突然一只母鸡飞起落在我们旁边的房上。伪军在找什么东西要上房，鸡见到我们晃动就向北飞跑下去，一场要打响的战斗就这样过去了。到了中午，敌人在村里搭灶吃饭，赵伯伯告诉我们，敌人还要在村边修岗楼，你们快快出村。没来得及吃饭，躲过敌人岗哨，跳入交通沟，又一次脱险了。晚上，我们回到薛家庄。第二天早晨，听说博野敌人包围了解村。不一会儿，敌人向薛家庄方向追赶群众，我们躲在菜窖里，到中午才出来，远远看到一些人还在河堤上收游击队和群众的尸体。下午听说敌人在解村修岗楼，至此我们意识到冀中根据地也要变了。不可能在这里找到上级机关了，必须马上回到自己的岗位上重新组织战斗。于是我向亲人们告别，我们没有什么甜言蜜语，也没有眼泪，只是互嘱经受更加艰苦的考验。晚饭后，我们3个人走上回清苑的征途，向敌后的敌后挺进，钻进了敌人的腹中。

5月底的一天晚上，我们踏进了敌人"确保"占领的清苑县境。我们的行动向全县人民宣告：清苑县委还在，我们将开创对敌斗争的新局面。我们规定要按"地下"工作规则来活动，3个人分两路安排落脚点。赵一之带通信员到北王力村霍惠哲家中投宿，我到东王力想找支部书记魏云卿家，但不知其住址，不敢贸然进村。我只得在村外的一个麦场上待到天明，以亲戚名义打问一位最早出村的长者，正好是魏云卿的堂叔。我顺利到了魏家，像久别的亲人，受到款待，并迅速依靠党支部展开了工作。后来我们真成了亲戚，云卿的大儿子，认我为义父，这里就成了我回清苑的第一个堡垒户。他家土炕的角上挖了一个洞，成了我的避难所，就是借这个洞躲过了敌人的多次搜查。村子里白天敌人来来往往，晚上就是我们活动的天地。我们所有经留守处返回清苑的干部都顺利而安全地找到自己的堡垒户，迅速地展开了工作。清苑人民的抗日热情不但没有因敌人占领而降低，反而增加了对敌斗争的新方法。

东王力是清苑老根据地的一个小村，在反"蚕食"斗争中成功地控制了伪政权。日军盘踞在据点里，且每天得到联络员的"平安报告"，但这改变不了人民的抗日心愿。虽然有不少怕事的人，但他们也绝不反对抗日。原来抗日组织大多被摧垮，村干部不少自首了，不少村按敌人要求建立保甲制，在敌人恐吓下成了"确保"的敌占区。我们党组织密切地注视着每个村民的变化，曾发现有一个青年背着组织和敌人联系，估计是敌人在村里设立的暗哨，我们计划教育他一下。一天夜里，我们把他堵在家里，向他们全家晓以大义，并提出如果不能得到村里的保证，就把他们的儿子抓走。他们请出村干部作保，那个青年还说，如知道抗日政府还在，绝不敢和敌人来往。此后全村再没有发现随意和敌人来往的人。我帮助村干部做工作，面见了所有原来的村干部。除治安员一人不愿继续工作外，全都愿意继续工作，很多的主动要求分配任务。我们又发展了几个堡垒户，迎接从安国、定县相继回到清苑的同志们，迅速恢复了县委的领导工作，东王力村就成了清苑县恢复工作的基地。经过通信员的努力，和地委取得了联系，在地委领导下，我们清苑县委于6月中旬召开了敌人占领后的第一次会议。中心是讨论在敌人占领下建立隐蔽根据地的有关问题，并议定了县委的分工。赵一之负责全面工作，重点重组手枪队；王谆负责重建县政府的工作；社会部长刘勃包三、五区；宣传部长朱信包二、四区；我是代理组织部长，包一区工作；王勇健统管县委机关的日常工作；群众团体的工作暂停。此后，随着青纱帐起来，我们的工作得到迅速恢复。何健率公安局的干部回到县里，刘政率游击队回到清苑，这就更加快了我们隐蔽根据地的建设。当时我们接到上级传达的国际形势提出："今年打败希特勒，明年打败小日本。"这个乐观口号肯定了形势的发展方向，大大鼓舞了我们艰苦奋斗的热情。我们动员所有隐蔽的干部出来工作，就连部队和外县回家隐蔽的干部我们也动员他们出来工作。很快县政府、公安局、游击队以及各区的干部逐步充实起来。一区区委书记王金海、组织委员卞雅杰、宣传委员田化祥、公安员秦继修、妇委霍瑞芬、秘书冯东泽、区长马耀光，这是配齐的第一个区的班子，以后又逐步配备了各区的班子：二区书记张云祥、区长霍国恩，三区书记王兴旺，四区书记是唯一坚持工作的区委张森林，五区书记商进才、区长张辉。

在建设隐蔽根据地的工作中，清除奸细、惩治叛徒是首先要做的。当时危害我们最大的是良寨自首叛变分子霍六金，他向敌人交出了本村党员名单，带敌人对党员逐个加害，县委决定立即处决，清除这个祸害。我和王谆、王金海组成领导小组，负责执行这个任务。于6月底抓到叛徒霍六金，经过审讯，就地枪决。这是在敌人占领后，第一次用我们的枪声和县政府布告向敌人宣告：抗日政府健在。从此在清苑大地上正式展开了敌我双方又一轮新的较量。

战地中的宣传队

文 史 资 料

百部经典文库

纪念冀中军民"五一反扫荡"斗争

JINIANJIZHONGJUNMINWUYIFANSAODANGDOUZHENG

到敌后去

肖 风

肖风,男,1922年生。"五一"反"扫荡"时任《冀中导报》记者。新中国成立后任《河北日报》记者、新华社河北分社记者、省委秘书、省委副秘书长兼省委政策研究室主任、省顾问委员会委员。1993年离休。

抗日战争时期的冀中区本来属于敌后。而这里所说的"到敌后去",是指1942年"五一"日军对我冀中根据地中心区进行大"扫荡"时,我们一些人奉命由中心区转入敌占区大清河北(京、津、保三角地区,亦即我十分区),并在那里办《黎明报》的一段历史。

去敌后,在点线间穿行,由内线转入外线,再由外线转入内线,走的路线呈S形。先东去子牙河畔,继而北去文安洼,又西进白洋淀,再北上转往东部边沿的苇塘。在做了必要的准备后,折转并游动于敌伪据点和碉堡林立的雄县、新城、永清、固安、霸县等县的接合部,依靠堡垒村户的掩护进行工作。当一张有如火炬和利刃的《黎明报》,在暗无天日的敌占区传播开来时，群众高兴，保护它；敌伪害怕，扼杀它。

这里记述的一些人和事，生动感人，令人难忘。

告别马本斋部见到文安县长

"五一"前3天的晚上，朱子强（《冀中导报》副社长、副总编）分批找一些人谈话。他开门见山，语气坚定，又透着信心和期望，说："敌人大'扫荡'在即，区党委指示，报纸暂停出版，人员分散应付。范瑾（社长）随大部队活动，编辑部的人分小组活动——我带一个组，记者们有单独活动的经验，就独自行动。"其中谈及"肖风去献县、交河找回民支队，采访他们反'扫荡'的战斗。"最后说："祝大家胜利，等通知再见。马上行动！"谈话不过5分钟，形势、任务、对策都有了。平日大家都赞赏这位总编思想深刻，此刻更显示出他行事的果断干脆。

出发地是饶阳县城北约10公里的孔店村。我把冬夏不离的灰土布棉袍捆好背上（它是3年前探家时我妈让带的，已破旧了），出得村来，在星月点缀着的夜幕下，一直往东偏南走去。行约25公里，在献交县一个小村停下来，去村公所打个条，领了半斤小米。由于天没大亮，不好烦人，就用村公所的炊具，自己煮了。煮和吃也是休息，吃罢继续赶路。白天走路与夜里走路不同，白天可以东张西望，遇人问话，颇不寂寞。走完第二个25公里，太阳还未落山，就到了子牙河畔的后营村。

回民支队驻在这里，正忙于备战，求见哪级指挥员都很难。因我过去跑西线多，对活动于东线的这支部队，只闻其名，知之甚少，只好到街上找人了解情况。不论战士还是老乡，看谁有一点可能，就上前问话。关于回民支队的，关于敌伪为害和枣树收成的，什么都问。原来，金丝小枣是这里的特产，村子就在枣林包围中，连院子里、村头上，都长着高过房檐的郁郁葱葱的枣树，房舍似隐似显。看来，这里真是攻守自如的好地方。敌人怕枣林，强令把公路两侧各半公里内的枣树砍倒。关于回民支队，议论也不少。

它的司令员叫马本斋。40来岁，献县东辛庄人（离后营村西一二公里），是条硬汉子。16岁就随父外出谋生，在东北当了兵，进过讲武堂，能打仗，当了团长。他恨日本鬼子占了东北，又恨蒋介石不抵抗，就弃官回家了。不久，"七七"事变，敌人打到了家门口，他气不过，在村里组织起60多人的回民抗日义勇队，在东辛庄村南渡口，用大刀、土枪伏击敌人，缴获十几支步枪，一门迫击炮。此后，该队编入八路军，叫回民支队，马本斋当了司令员，队伍很快就扩充到2000多人，在献、交、河、青、沧一带，作战几十次，打死敌人500多。驻河间日军的头目山本，气急败坏地给马本斋下战书，说："有你无我，有我无你。"马本斋也回书说："有我无你，有你无我。"乡亲们为马本斋叫好，说回民支队是"铁军"。

"五一"前夕，我到后营的第二天晚上，忽然接到通知："立即到街东口集合。"来了约30余人，都是冀中机关来跟回民支队活动的。讲话人大概是司令部的参谋，说："为捕捉战机，反击敌人'扫荡'，部队奉命今晚转移。马司令员决定，各位归地方负责，分散活动，已做好安排，请马上行动！"后来得知，回民支队转战到鲁西北，连战皆捷。伪军头子孙良诚发狠扬言必吃掉马本斋部。马用精锐小部队，乘大风之夜，直捣孙的司令部，大获全胜。

我正在想，怎样才能找到刚才讲话的人，提出自己随军采访的要求呢？忽地有人拉我的衣袖，低声说："跟我来！"我顺从地跟着他出了村北口，他停下来说："我奉命送你去一个地方，你待在那人家不要出屋，会有人去看你，送你去一个更安全的地方。他可能一两天，最多三天，一定去。你务必耐心等，不要外出。"又说："今夜咱俩要通过敌占区，路两边不远就是敌人的炮楼。我前边走，你后边跟，不要说话。你跟我要拉开距离，不远不近，能望得见我就行了。你见我卧倒，也伏地，见我走，你也走。如听到炮楼上敌人打枪，不要慌、不要理，那是黑夜里敌人给自己壮胆哩。咱们一直往北走，100多里，要快，保证天亮前赶到目的地。"最后他说了一声"开走"，径直前行。我瞪大眼睛望着他，离近了就放慢些，离远了就紧走。我不由地猜想，他是干什么工作的？这么年轻，却又老练、机灵和硬气，没准儿是县武工队的侦察员。边走，边想，边张望。黑夜行军，四野茫茫，远处那深黑色的一团想必是村庄，敌人的炮楼有的灯亮，有的灯不亮，有的打枪，有的不打。过去在中心区多是白天采访，只有几次随军夜袭，俩人夜里穿过敌占区这还是第一次，很新鲜，长见识。1938年在青训班听游击战战略战术课，那年轻的教师，不看讲稿，侃侃而谈，其中就有这样的话："游击队会走，正是其特点。走是脱离被动恢复主动的主要方法。""走"的涵义很广，我们今夜的走当在其中了。这位侦察员就很有走的学问，堪称老师，他不只讲了走，还做出了样子。看，他的步伐多么矫健、匀称、利索，显示了他内在的力量和坚定的信心，很感人。他身上一定有不少故事，应该找机会为他写一篇专访。

两条腿多次叫累，被一次一次战胜之后，天近拂晓，我随他进了村，停在一家门口。只见他轻轻敲了几下大门，一位大伯就把门开了半边，身子隐在门里。我们进去，入屋，他不坐，也不打招呼，只是对大伯说："过两天，我来领这位同志。我赶紧走，还得赶回去。"我没有来得及向他说声谢谢，他已没入晨曦中去了。

我在屋子里等了两天一夜。大伯大妈从不多话，我只好瞅住他或她进进出出的空子，抓紧问上几句。他家生活还可以，看样子是中农。这村属大城县，叫北桃子，有近200户，东南距大城10公里，西到任丘30公里，北临文安县界，距四周敌伪炮楼都不过三四公里。去年8月，敌人进行过一次大"扫荡"，而今年却每月来几个伪军催粮，昨日刚来过了。

第二天的晚上，有人来叫我到另一家吃饭。炕上坐了一位文雅的同志，他热情地招呼我快上炕喝粥。边吃边说。他是文安县长，名叫常程，常来这里活动。他说，往北就是文安洼，那里是根据地，可以白天活动。"你趟过文安洼，往北直奔大清河南岸杨管营，县里不少人就在那里一溜营一溜庄活动。有人领你绕过孙村伪军据点，指了路，你自个走就行了。"他娓娓道来，我点头称好。这位县长不到30岁，在他朴实、平和的气质里，深含着经过了多重磨炼才有的那种韧劲。

按照县长的指点，很快就望见文安洼了。我加紧脚步，急切地想亲近它，结识它。

战斗在文安洼

文安洼，洼水一望无际，乍看水呈土黄色，细看是清澈的。边沿上的水刚过脚面，往里走水渐深，最深处过脐。刚入水，很凉，过一会儿身体适应了，又加上太阳晒，水变温和了。走陆路，可快走又能跑；蹚深水，只能一步一步迈，还要用上至少多十倍的力气。东西张望，十里开外才有村庄。向北望去，有一处孤零零的高地，恰似小岛。在视线所及范围内，有五六个人同我一样，在慢慢地、默默地、吃力地蹚着水，他们有南来的，也有北往的。好不容易到达高出水面一丈多的小岛，攀登上去，绕行一周，顶部面积长宽都不过30丈，堆砌着残垣断壁。看样子，许多年前曾住过十来户人家。碰巧有三个人也在这里歇脚，还有两人正往上攀登，我恳切地招呼大家，并凑近了说话。这个三言那个两语，对我的问话给了一个还算满意的回答。这地方叫马武营，是大洼的中心，又是锅底。文安洼是九河下梢，十年九涝。最近的一次是1939年7月，敌人把北边的大清河堤、东边的子牙河堤掘开，放水淹这里的抗日军民。"淹了文安洼，十年不回家。"3年过去了，水退了些，饥民们就在洼四周荒地里挖地梨充饥。地梨、榨菜、三棱草，是这里度荒的"三宝"。他们告诉我："你从南边到这，正好20里，往北再趟20里就见旱道了。"我谢过他们，送上一句祝福："打败了日本鬼子，咱们一定能把文安洼治理好，过上好日子！"大家笑着分头下水，前进。

终于登上大清河堤了。堤上，有望不到尽头的高大茂密的护堤柳，把阳光遮住，河水变成了一条墨绿带。堤下，东西一溜摆开的村庄里，下地的、织席的、叫卖的，来来往往。区县不少干部和武装人员，也在忙着各自的工作。转移到这儿来的冀中各单位的人员，也在按专业去村里帮助工作。《冀中导报》国际版主编黄应，也带一个小组到了这儿。他提议办个油印的甚或手抄的新闻简报，让我采写群众最关注的问题。我说："好主意，快办起来。"

群众中可写的东西真多。生产生活上的难处，地主派恶棍驱赶在他家荒地上挖地梨的灾民，商贩带来京津物价飞涨、市民买不上粮食就哄抢粮店的消息等等。眼下，人们议论最多的，一是大骂文安城里伪保安队长柴恩波太坏，一是大夸我文安县大队长储国恩英雄。

柴恩波，东羊疃人，原是国民党保安团副总队长。七七事变后接受八路军的改编，任游击二团团长。他以抗日名义把部队由几十人扩大到2000人。1939年5月，柴叛变投靠日寇，杀害我抗日干部、共产党员多人，我军在平叛战斗中把柴部打得只剩下200人。他更加疯狂地抢粮、抓人，群众恨之入骨，骂不绝口（新中国成立后，柴化名潜藏，被受害者检举出来，法院依法判处死刑，他得到了应有的惩罚）。

储国恩，小王东村人，当年34岁，吃过当童工、华工的苦，决心抗日救国，参加了共产党，当过支部书记、区委书记，1940年被任命为县大队队长。是年2月，日军在姜庄子（城东南10公里）建了据点，企图卡住我抗日武装进出文安洼的要道。县委书记、县大队政委阎健，力主把这个钉子拔掉，任务交给储国恩执行。储经过周密侦察、精心准备，带领12名战士，于2月23日拂晓，乘日军伙夫开门之机，冲入据点，用利斧砍死还在睡梦中的包括日军队长在内的25人，缴获机枪两挺，九二炮1门，长短枪20余支。消息传来，群众兴高采烈，奔走相告，伸出大拇指，说："老储领兵，15天打了3个胜仗，朱老总都表扬了，真了不起！"前两次胜仗，一是2月21日储国恩带领18名战士，夜袭文安县城，击毙伪大队长李子春，砸开监狱，救出干部、群众40多人。二是2月16日，县大队采取内线攻心、外线施压的策略，迫使左各庄据点的伪中队长李学曾率部反正。

情报表明，敌人要"扫荡"文安洼，目的是"清剿"转移到这里的300多名冀中干部。县委书记阎健带领大家毅然开进临近胜芳的苇塘。这里渺无人烟，这么多人吃饭怎么办？阎健让老储筹粮，老储带领小分队夜袭胜芳，把伪镇长薛文彬抓来苇塘，晓以大义，薛答应供粮后取保释放。同时，还处决了两名作恶多端、拒不交粮的伪保长，口粮问题就此解决了。住的问题如何解决？这要靠自己动手搭临时窝铺了。搭法是：先踩倒一小片苇子做铺

（可睡俩人），再把铺两边苇子的顶尖绑在一起做棚，上面盖上苇席，窝就成了。在窝里可睡可谈，可读可写。最烦人的是蚊子叮。苇塘里蚊子成群，大如飞蛾，嘴尖半指，能叮透两层单衣。幸好我有件破棉袍，扎住袖口，两脚伸进去，大襟蒙身、盖头，足可抵挡它了。有一天下午，接到通知："快去领鸡蛋！"鸡蛋堆放在几领席子上，旁边有两口大锅还在煮鸡蛋。大家列队走过去，主事人喊道："自己动手拿鸡蛋，不限量，能拿多少拿多少！"鸡蛋从何而来？原来是老储他们小分队刚伏击了大清河上敌人的船队，把前边的几条船放过去，把末尾一条抓住，船上装的全是鸡蛋。大家边吃边赞赏小分队这个伏击打得好。有人提议，给小分队这一功起个名叫"口福功"。有人说，最好用大白话，就叫它"解馋功"，引得大家嬉笑了好一阵子。

县委接到上级通知，让冀中各单位干部分批速回白洋淀集合。第一批约20人，我被列入，护送的小分队又是老储带领。全程百余里，夜行军，拂晓隐入青纱帐。连片茂盛的高粱地，是那么可亲。它阔长的叶子，遮天蔽日，它深深扎根的秸秆，粗壮挺拔，确属难得的掩体。大家都睡了一个好觉。入夜起程，拂晓就到了目的地——白洋淀边的西大坞村。

淀上神兵雁翎队

报到后，报社值班的同志告诉我："凡刚到的先休息，去伙房吃鱼，恢复体力，准备接受新任务。"既然如此，我乐得四处走走，看能捞点什么材料，长点什么见识。

西大坞，属任丘，是白洋淀东南边沿、千里堤畔的一个大村。东南距任丘、西北隔淀距安新、正北距淀边重镇赵北口这3个较大的敌伪据点均约15公里，它有上千户人家。街上，渔民们有的手提、有的肩背着不同的渔具，忙着下淀里捕鱼，有些人已经上岸来卖鱼了。还可看到，冀中各分区以及县区党政军人员，来来往往，根据地呈现出一派勃勃生机。

登上千里堤四下张望，有一种被绿色屏障紧紧包围的感觉。堤上是茂密的大柳树，淀里是茂密的芦苇。苇田被多条水道划分成块，大小不一，水道相通，渔船在水道上进进出出。几天来，回答我问题的人们，把白洋淀述说得有声有色。相传，这里曾是古黄河第一次北决入海的流经地，与文安、胜芳的东淀相连，也称西淀。经几代人工治理，四围修了堤，成为九河下梢，经大清河入海的蓄水缓洪之地。淀的面积约250平方公里，由143个大小淀泊组成，白洋淀只是其中之一，因其面积较大，故名。淀内三分田七分水，有47个村庄。这里物产丰富，鱼有25种，芦苇量大质优，用它织的席远销各地。淀里的"一花三宝"（莲花和菱角、鸡头、皮条）可赏可食。七七事变前就有共产党人在这里工作。事变后，敌人占了城镇，当年3月，又在淀里安上38个岗楼，建了一些伪大乡，他们疯狂掠夺，激起人们的仇恨。我党发动积极分子拿起土武器抗敌，组成了各约20人的两个小分队，因他们的小船用雁翎为记，被群众称为"雁翎队"。小分队威力不小，锄奸惩霸，端岗楼，打伏击，利用地理优势，打了不少胜仗。1941年5月，雁翎队在王家寨和李庄子之间的苇塘里，伏击了敌人的汽艇，毙敌20人，俘日本兵2人，缴机枪1挺、步枪20支。1942年以来，又除掉了王家寨据点伪中队长韩恩荣、郭里口据点伪参谋曹茂林和两据点的联络副官冯德新，群众称之为"除三害"。雁翎队是"水上神兵"，大长了当地人民抗日的志气。

白洋淀，是英雄淀。短短几天访问，只是初步掌握了一些线索。可惜时间不允许我再做深入了解了。

5天后（约6月下旬）的一个下午，中流找我谈话，说大报继续停办，区党委让分散出版5个分区的小报。去南边4个分区的人员已定，只差去北边十分区的人员未定。子强正忙着跟南去的人谈话，委托她问我是愿意去十分区，还是愿意同余下的人一起去路西后方工作？我说："愿意去前线。"这时，她才笑着告诉我："同去的有黄应（社长），4个报务员，两个刻写员，就差你这位记者了！"这位搞通联的上海姑娘，原本刚毅、泼辣，今天谈话又多了几分机灵。她以字写得秀丽和夏天赤脚走路两大特点，闻名于冀中新闻界。通讯员们都乐于在寄稿的同时，请她一定回信，提提意见。

当晚出发，连同护送我们的战士，一行20人，分乘5条小船。船擦着两岸芦苇，驶出狭窄的水道，转入北去的宽阔航道。有机会观赏淀中夜景，堪称幸事。身边的战士像是猜透了我的心思，就一会儿指东，一会儿指西，断续地低声告诉我："这是居龙淀、平阳淀"，"那是池鱼淀、涝王淀"，"快看，这就是荷花淀！"只见四周高高的芦苇退去，展开大片高出水面的荷叶，平平坦坦，望不到边，也看不见荷花。但是偶尔有花香飘来。不一会儿，这一切就被快速前进的小船抛到后面去了。有战士低声耳语："过了荷花淀，前边就是赵北口据点了，它紧扼河道，船贴近岗楼穿过，上面有探照灯来回照，不过没事，他不敢动。"说话间，船顺利地在岗楼底边驶过，很快就到达淀的北岸，离天亮还有好一会儿，比预计的时间提前到达十分区——联县的雄县地面。

苇塘里出版《黎明报》

脚下是我十分区的西南边沿。全区广大农村在七七事变后4年间，创建了大片抗日根据地。1941年6月10日，冈村宁次指挥有两万多日伪军，对我根据地进行大"扫荡"，企图把这里变成敌占区。近一年来，分区经由派遣党政干部和小分队、手枪队、单人化装突击手，潜回原地，恢复组织，建堡垒户，用灵活多样的战术打击敌人，又实行两面政权策略，开展对伪军的工作，逐步把多个、多片农村恢复为隐蔽根据地。现在，仍处于恢复、再建根据地的过程中。我们来办小报，就是这些工作的一个组成部分。

我们按预定路线，昼伏夜行，往东穿过雄县、霸县，于第二夜到达十分区的东部边沿，再次进入东淀苇塘。分区领导机关就在这里，已用部分木料加上苇把子建起了像样的会议室、居室，还辟出操场，平整了人行道。

关于办报，地委决定愈早出愈好。地区变质前这里曾出过《战斗报》，现在出，改名为《黎明报》，八开四版，三五天出一期。用优质蜡纸、油墨、纸张，发县团、区连。发行，由分区秘密交通网站负责。至于接受延安新华社电讯所需的收报机、电池及印刷器材，因为我们离京津、胜芳近，并不难买到。地委指出，报纸的任务是，摘发延安电讯，选发本区消息，鼓舞我军民斗志，揭露敌人的暴行和欺骗。凡延安发的电讯全收，社论、长文供地委负责人传阅。地委还强调说："小报虽小，却是配合军事斗争、开展政治宣传不可缺少的利器。"为增强报社的人力，地委派了劳成之（地委交通部长杨沛的夫人）来做编辑兼支部书记。她曾在《战斗报》工作过，情况较熟，又有在这里活动的经验。

7月中旬，报纸出了几期试刊。听取意见之后，才正式出了创刊号。报头《黎明报》3个字是套红的。这几期试刊上登了苏军阻击德寇的胜利、英苏签订协议援苏、我敌后根据地反"扫荡"的战果等内容。其中，有反映我冀中主力某部在"五一"反"扫荡"中，于深泽宋家庄创造的以少（我300余人）胜多（敌2500余人）的战例，还有我后方各根据地整风学习、发展生产和民主建设的动态。特别引人注目的是报上摘发了《中共中央抗战五周年纪念宣言》和"给八路军新四军将士书"。"书"中指出"今年打败希特勒，明年打败日本"，全体同志的责任是熬过抗战以来最困难的两年，迎接胜利。"书"中还提出了克服困难、迎接胜利的七条办法。

同志们非常喜欢这张小报。在大苇塘（约10万亩）中心这特殊的季节性的根据地上，集合有分区党政军各单位、各小分队、各县来开会的，以及来自京津找城工部谈事情的人员。他们看到小报后，纷纷称赞，说："真有意思！""真解渴！"刘秉彦司令员也高兴地说："办得好，要多印！"

可惜，由于苇塘潮气大，有损蜡纸的韧力，印百余份，就模糊得不能再印下去了。在出了苇塘转入堡垒村的日子里，张愚、赵里两位刻写员和他们教练的油印员，揣摩，实验，精心操作，一张蜡纸竟然能印到500多份了。字体就像铅印的四号字，愈来愈秀美。大家都夸他们了不起，是《黎明报》的头号功臣。同时，大家也很佩服年轻、机灵又泼辣的采购员焦国华，是他想方设法保证了优质印刷材料的供给。

分区党政军领导机关在指挥军事斗争的同时，开展了整风学习，总结了经验教训，研究部署了恢复和开辟工作的具体政策、组织形式、活动方式和游击战的各种打法。决定在芦苇该收割的时候，分散转入内地的隐蔽根据地。

按计划，报社以二联县（新、雄、永、霸）所属的雄县东北部的几个马浒村（王马浒、张马浒、关李马浒）作为第一基地。这3个小村，平均不过三五十户，党群基础和两面政权的工作较好。特别是我各种小分队格外活跃，战术活，打法多，威力大，除敌伪较大规模的"扫荡"外，临近各据点的伪军不敢轻易出来骚扰。

在报社人员前往马浒一带的同时，我去了附近的米家条村，意图采访二联县县委的负责同志。在一位堡垒户家吃晚饭时，见到了县委宣传部长张杰。他讲了恢复根据地工作开展得如何细致、艰苦、惊险，我感到，这位有为青年的学生气已被磨淡了许多。我说，你谈的这些很重要，可写成内部材料，你最好讲点可以公开发表的东西。他稍加思索，眼睛一亮，说："有个好材料，将在今晚发生，你是不是去体验一下？"他指的是一场夜袭战，我说一定去。他马上下炕，说："快走，可能还赶得上队伍出发。"原来队伍正在村西口集合，前队刚出村北口，后队正在跟进。张杰向指挥员匆匆交代几句，就听到指挥员命令我："快跟上！"虽说我没赶上听战前动员，时机毕竟抓住了。我连忙挤进队伍，迈开步子。

夜行，北去，走了约二三十公里，队伍进入一个陌生地带。这地方，一道道沙岭子，岭上长满了柳杆。在这里，队伍有序地四面展开，战士们斜倚在岭坡上、柳丛边隐蔽休息。这时，我才向身边的战士低声提了一些问题。他说，这是北面永定河决口，把固安、永清之间这块上百万亩的耕地变成了沙丘、缓岗。不长庄稼了，家家就把地块整成一道道沙岭子，岭的间距约10丈，岭宽1丈，高5尺，岭上栽上密密麻麻的柳杆。你看，如今已长成大把粗了。还说，队伍到这儿，埋伏一个白天，夜里就近突袭知子营伪军据点。脚下，西距固安20里，西北距北平百里。当太阳接近正南时，指挥员传下话来："侦察员报告，南北两条小路上，各有一小商贩模样的人通过。"隔了一会儿，又通报："西面有伪军约四五十人，从南北两面包抄过来。"我军130余人，早已在南北长约50丈、东西宽约20丈的阵地上部署停当。只听见远处传来枪声，不见有子弹飞过，原来柳杆的阻力远胜过高粱地青纱帐百倍。指挥员迈着不紧不慢的步子走动着，分别向各排发令："轮流休息，注意观察，看得见敌人再开枪，一打一个准，要节省子弹！"伪军不敢前进。相持。战士们吃干粮、喝水。有些人憋不住气，就轮流向伪军高声喊话："白脖听着，你也是中国人，别替鬼子卖命了！""有良心的往后，没良心的上来，看老子让你尝尝当汉奸的滋味！"太阳偏西，侦察员报告：从北平方向开来两汽车敌人。不大一会儿，从西北、东北传来两挺机枪的射击声和两个掷弹筒之类的炸弹声，却不见有敌人上来。战士们不得不与伪军继续相持。

入夜，敌人偶尔放上几枪。指挥员利用等待夜深转移的空当，把十多名连排干部召来，席地围成圈，开起了会。他压低声音说："这一带密探多，如果我们的警惕性再高些，把上午从这里小路穿过的两个小贩扣留一天，避免队伍暴露，完成夜袭任务，是有把握的。这是个教训。"又说："敌人的'扫荡'，是在事前准备，集中多股敌伪军的情况下进行的。一旦我们出其不意地出现在他们眼皮底下，依托沙岭柳林地形，他们即使发现了，也难以快速集中兵力对付我们。还有，很明显，来的两小股伪军，都不愿为鬼子卖命，没一个敢上前的。"接着，有人讲战士情绪高，喊话好，但有点急躁；有的作了补充分析，发言很是热烈。下1点了，指挥员说："现在是我们的天下了。敌人会缩成几伙，都怕我们向他那个方向突围。我们向东南方面转移，一排在前，四排断后，立即行动！"队伍出发了，由于距离远我看不清谈话人的面容，只是留下了他思想敏锐、刚毅沉稳、有胆有识的印象。

今夜，我没有采访到夜袭战，而张杰所说的"体验"，却足够我久久回味的。

堡垒户家初识关大妈

"三九"天了，分区供给处才发来棉衣，分给我一件大花格（灰地、红黑线相间）的大棉袄，长可及膝。看我穿了这"格色"的大棉袄，关李马浒的乡亲们都觉得好笑，我也会心地笑了。

报纸内容是充实的。上有延安电讯、分区战报和各县来稿。印数稳定在500份以上，为满足读者需要，有时印到千份。收到的反应是，对学习、宣传和开展对敌伪的政治攻势有帮助。报社人员分驻的3个村，有的干部、群众也来索取报纸，或打听胜利消息。他们把报社驻他们村，视为他们的光荣。

我住在关李马浒支部书记刘占春家。他三十大几岁，干巴瘦，左眼失明，工作和农活都压在他身上，却从不见他有怨言。去年敌人大"扫荡"时，区里让他到大清河南暂避一避，他闲不住。"扫荡"一过，他就回来工作了。作为贫农的儿子，又因为他能吃苦，有骨气，主意多，又懂得用统战政策团结人，所以威信很高，成了全村人的主心骨。他组织指挥全村40多个青壮劳力挖地道，每夜干五六个小时（补助3斤玉米），持续了两个月，挖成了顺东西街、长约120多丈的地道。地道里有防烟熏、水淹的隔断，还有通向户里的地洞。洞是连环的，还有瞭望孔。这工程之浩大、设计之精巧、进展之快速，既体现了群众的热情，又反映了支书的领导才能。后来，他的经验让我用上了。

第二年（1943年）深秋的一天，黄应传达了分区关于抓紧反"扫荡"准备工作的具体要求，中心内容就是各单位除建好现有基地外，必须积极开辟新的基地——堡垒村户。要求报社在北面25公里的义井村，西面20公里的小先王村，建立两个备用基地。黄、劳同我一起商议，派谁去搞？他俩天天编稿，离不开，记者工作机动。我就说："我去！边挖洞，边采访，保证两不误。"说完，我就出发了。

义井村也属二联县（永清西南12公里许，临固安界），村里约有70户人家，分为两撮，北撮有十多户，叫小义井，南撮50多户，叫大义井。支部书记30岁左右，高个儿，是个很干练的人。对于建堡垒户，他说，已有的堡垒户是区县同志来建的，由他们专用，我们不便借用，只能新建。他找来3位村干部，反复商议了选户、选工问题，决定在大小义井各建一个，先建小义井的。这家是中农，人口少，由支书去做说服工作，说通了就动手，由5

个人、五六个晚上干成。先搞成由院内夹道入口，通向墙外也是村外的洞室（容4人），紧挨村边的小树林，必要时可捅开洞室顶部，经由小树林转移。搞成这样就可应急，下一步再把洞口挖到屋里。支书办事，有板有眼，抓得紧，事情进展顺利。随着通道的延长，地下运土费时费工，支书也来参加，我也帮着在地面上提篮运土。白天没事，睡过一觉，我就凑到大义井小杂货铺里跟人们聊天。两天下来混熟了，人们东拉西扯，无所不谈。我要求讲故事，他们没故事可讲了，热心人就把村里经历广的老人请来讲，或领我上门访问。谈话中提及一个奇特人物，大家对他都一知半解，我只好请人带我去看个究竟。他是位老人，去东北流浪大半生，各种苦头都吃过了，年纪大了，无路可走，才回村里来，借住在半边倒塌的房子里，靠讨饭为生，花白的头发齐了肩，满脸污垢。他的故事是用血泪串起来的，使人不能不发出"唯有革命，才有活路"的感慨。此刻，我所能做的仅是告诉他"一定挺住，活下去，明年打败了鬼子，好日子就来了！"他口吃地说好，拍手，对天叩头。我建议支书帮帮他。支书说："已安排了专人负责，凡遇上坏天气他讨不到吃的，就给他送点，但不能多给。因为他管不住自己，给他3天的粮食他会一顿吃下去，只能一顿一顿地给。你放心，保他不会饿死。"

用了6个晚上建成第一个堡垒。我同支书及其伙伴正在商议如何建第二个堡垒时，突然，一位年轻人来找我，说："首长让你去汇报工作，派我给你带路。"东南行约2公里，进了万九堡村一农家的堂屋。分区司令员刘秉彦正在听两个人的汇报，见我进来，让他们先打住，说：先听肖风的，他汇报了今晚还要赶回去。我简单地讲了建堡垒的过程，重点说了支部书记对选户所做的具体工作。刘司令时而提问，时而笑着点头。最后，他说："我送你一句话，酷爱实际，事必有成。你可以走了。"路上，我边走边想，军事上的事情就够多了，他还不忘检查挖洞的事，这是对反"清剿"准备工作的重视，还是党的作风使然？又想，作为军事指挥员，他文化味很浓、思想性很强，送我的话，是批评、肯定还是期望，或者兼而有之？细想，必是后者。我想我工作的动员力度、进展速度可能不如其他工作点。我必须再加把劲。

又过一周，大义井一户的堡垒也建成了。

执行建立西部（小先王村）活动基地的任务，不只出乎意料的顺利，更有出乎意料的收获，就是结识了赫赫有名的关大妈。

从关李马浒出发，到雄县西部边界大清河东岸的道口村，时间才不过晚9点，乘渡船到西岸用了不到10分钟。下了堤西行半公里多，就到了一联县容城界内的小先王村。带路的把我领进路北一户人家。这家狭长的小院里，挤着西房3间、北房两间。进得西房北间，但见炕上炕下挤满了人，足有20来个，我只好挤站在门边。人们正你一言我一语地讲述着各自的见闻，嬉笑怒骂，气氛热烈。有人为便衣队神枪手前天击毙伪军头目叫好，有人咒骂敌伪昨日到某村又抢又抓。听话可知，这里集合有党、政、文和大、小队等方面的人员，包括侦察员、通讯员，不时有人进进出出。炕边的一位同志问明我是《黎明报》记者，连忙把我拉到炕上一个角里。这里，只可屈腿蹲着，不能伸腿坐下。我问身边的一位同志："这里离四周的据点都不远，怎么可以这么大声说话？"他笑答："大伙都是路过这里，进来看看关大妈，喝口水，吸口烟。在外边憋了一天不大声说话，到这儿就放开了。"我问他，大妈是不是姓关，怎么不露面？他回答："大伯叫吕瑞芬，光干活，不说话。大妈姓什么不知道，同志们都叫她关大妈，意思是大伙的大妈，现在她准是在忙着照料北屋的人。"时近半夜，大妈来了，说："时候不早了，该动身了。要住的就快睡去，不住的快上路，不许误事，谁误了事，我可不饶！"又说："抽烟的抓把烟装在口袋里，快走！"她像慈母教子，又像指挥员发令。她指指我说："你是新来的，等一会儿安排你住下。"西屋北屋的人都走了，她拉我到了外间，抓一把烟装进我左口袋里，又抓一大把红枣和一大把花生装进我右口袋里。说："抽烟的每次来都是自己抓把烟。花生、枣只给新来的，再来就不给了，这是我定的规矩。烟、花生是自家种的，枣是自家树上长的。花生和枣家里人都不许吃。"

关大妈把我安排到另一条街上的一家住下。这时，我才向她说明建堡垒户的来意。她说："你先睡觉，睡踏实，明天早饭后我答复你。"第二天一大早，我从房东大妈那里知道："关大妈"叫刘大娟，有3个儿女，日本鬼子一来，她带领全家人干起抗日工作，带头挖地道、掩护伤员、筹粮支前，还冒险去青纱帐里给部队送饭送信，多次巧妙地掩护了白脖对伤员的搜捕。别看她人瘦，精神头却没得比，能干，刚强，村里人都佩服她。过了一会儿，关大妈来了，她说："你说的事我汇报了，支部昨晚就开会研究了，书记说没问题，你们尽管来。俺村备用的秘密堡垒有多家，足够你们用的，放心好了！"

回报社的路上，关大妈的形象一直闪现在我眼前。此后，关大妈出席了边区1943年召开的拥军模范大会。再后来（1948年），国民党反动派的还乡团，把她家的房子、家什烧光了，她全家一度随解放军一起转战。

和杨沫隐蔽在地道内

1944年4月初，新城县伪军王凤岗部"围剿"我分区机关驻地一带的村庄，报社虽遭受了严重损失，但也有不小的胜利。

一天晚上，大约9点多钟。黄应告诉劳成之和我，分区通知：明天拂晓，敌人要"扫荡"这一带，要求报社立即转移，只要向西、向北或向南走6公里，就可以逃出敌人的包围圈。怎么办？为了抓紧时间，我就说："通知就是命令，就按通知办吧。往西可去小先王，往北可去义井，往南虽没有预先联系好的村子，但那片村子群众基础不错，去住上几天，不会有问题。三处比较，我主张去小先王。"老黄听了，露出迟疑、为难的神色，用他惯常的抑扬顿挫的语调说："西去40里，北去50里，天晚了，再收拾好器材，负重行走，怕是天亮前到不了目的地。往南12里，路虽近，因过去缺少联系，贸然去，有风险。我考虑，最好就地隐蔽，马泺的群众基础、堡垒建设都很好，只要在洞里待上一天就过去了。"劳成之左掂右量，说了不少，主张却不大鲜明。时间让人着急，我连忙再次申述："只要轻装，马上走，走快点，西去北去的时间都够用。如怕时间不够，就南去，南去是主动避开'围剿'，原地不动是被动等待'围剿'。前者的风险比后者大得多。"黄再作分析、解释。讨论在继续，时间在流逝。即使马上动身，向西向北的时间已不够了，向南虽还有时间，却又不敢去。没办法，只好依从老黄了。我说："别讨论了。即使就地钻洞，也该马上行动了。"黄应说："路北西邻新挖的洞较小，我同赵里去。路南那家的洞较大，你俩和张愚、杨沫去。"3个人起身就要行动了，我提醒老黄："新洞还没有跟街上的地道打通，屋里洞口周围还散着残留的新土，你务必嘱房东在你们入洞后打扫干净、掩饰得毫无痕迹。"他答应了。

杨沫是下乡体验生活的女作家，在分区妇联工作。50年代，她著有长篇小说《青春之歌》。因和劳成之熟识，又听说报社地洞修得好，今晚特地赶来跟我们一起活动。4个人先后进洞。洞口在临街北房与院内西房之间的夹道里，进去往西通到后院有一个可容四五人的洞室。它的西北有通道直达街边，紧挨猪圈，圈棚东北角的墙体是空心的——绝妙的瞭望孔，隔着临街的篱笆可以用它探听街上的动静。洞室往东北有通道与大地道相连。我说，两位女同胞在洞室镇守，注意洞口处有无动静，困了就睡，不困就聊天。张愚进地道，停在隔断处（大街中央）听动静，不论有无动静，过一小时就回来向女同胞报告一次；我守在瞭望孔，也一小时回来报告一次。每两个小时张愚同我交换一次岗位。安排停当，接着是长时间的沉寂。困了睡，醒了困。洞室的油灯，因缺氧渐渐暗淡下去以至熄灭了。天大亮，街上嘈杂起来，先是群众往村外跑，继而是伪军进村。又一会儿，洞口传来一阵混乱、紧促的脚步声，这声音很快就消失了，想必是伪军来这家搜查了。约近中午，张愚报告隔断外有动静我就把隔断上部捅开两拳大的洞，听到有人喊："里面没有八路，一个人影也没有！"过了一会儿传来猪叫声和煤油味。又过了一会儿，听到了流水声。事后得知：伪军发现了街东头的地道口，费力挖开，他们却不敢下洞；又找村里人下洞，无结果；就捉了一头猪，往猪身上浇煤油并点着，赶猪下洞，猪不听话，不往里钻，只好引井水灌洞。

不一会儿，街上嘈杂声又起，从瞭望孔里可以清楚地看到伪军在撤退。继而是乡亲们在说话，他们回村来了。这时，有人在瞭望孔外低声说："出来吧！白脖走了。"同时，房东大伯把洞口掀开了。出得洞来，我们四人一起走出村外，一面同回村的乡亲们打着招呼，一面望着尚未落山的太阳，大口大口地呼吸着新鲜空气。我们四人决定今晚分散活动。

劳成之和我先返回村里，去看老黄、赵里，得知他们被捕，忙去看了现场。但见东屋里的洞口被挖成了大坑，坑内有烧剩的玉米秸，他俩显然是熏晕了，被挖出来的。得知：赵里被抓后，拒不就缚，大骂伪军，惨遭杀害。老黄被弄到北平，投入牢里。

孙各庄，是一个老堡垒村，劳成之熟悉该村公安员，我随劳成之来到了公安员家。我们前脚到，后脚跟进一个年轻人，说是张马浒张保长派他找肖风，让肖风快回张保长家见一位远道来的老太太。我猜想是妈来看我，又惊又喜，忙来到张保长家，一看果真是妈，便把妈领回到孙各庄。回来的路上，妈讲了第一次出远门的经历，并告诉我："妈来就是为了看你一眼，带给你一双新鞋，鞋是妈早做好的。"我劝妈放心，说："儿子在这里很好，你住上一两天就回去吧！"妈答应了。当晚，妈同公安员家大妈住在一起。

晚上，我和劳成之正陪两位老人话家常。公安员跑来说，敌人正向孙各庄包围过来，催我们快进洞。到了晚上，敌人还不离开村庄，可能是第二天还要"剔抉"，于是我们决定离开这里。我把我们的想法告诉了我妈，妈说："走好，那就快走！"我们登墙四望，远处房上放哨的伪军时而打上几枪，时而有气无力地喊："看见你了，你跑不了！"远处村边有几堆篝火。我们跳下墙去，穿过小树林，向着目的地快步走去。

在板家窝支部书记家

当我们走出约2.5公里远的时候，夜幕渐淡，可以望见前面约1公里远的板家窝村了。这个村距义井还有10多公里。动身迟了，想天亮前赶到义井，显然是不可能了。偶一回头，朦胧中看见黑压压一群人也向板家窝方向走来，这无疑是伪军回转新城途中，顺路来"清剿"板家窝了。这表明，我们原来对敌情所作的估计错了。此刻，只有快走，才能赢得时间，我心想：

"只要天亮前我们先进了村就是胜利。"

我们在拂晓时进了村。避过村边太过暴露的小片住户，进入大街西口不远，选了路北一家较整齐的大门。我正待敲门，凑巧门开了。我和劳成之忙闪进去，关了门，对开门的大伯说："伪军围村了，我俩是分区的，请大伯设法掩护一下！"他毫不迟疑地说："俺家没洞，你穿上我的大袄，背上粪筐，给她穿一件外罩，你们化装成老百姓，随大伙出村就行了。"我们照办。到街口一望，伪军守住村口，把早晨出村干活的人都赶回到街口集合。我俩迅速撤回，再请大伯想办法。他想了一下，说："你们快跳过东墙，那是我兄弟家，他家有洞。"我们跳过墙，惊醒了睡梦中的人，问："谁呀？"这人家只有3间北房，我凑到窗根前轻声说明身份、来意，一位十六七岁的姑娘开了门，上下打量了我们，回过头来果断地说："娘，没错，是分区的，俺去把他们藏起来。"姑娘把我们领到南墙临街的一间草棚里，搬开玉米秸，掀开洞口，说："你们在洞里无论听到什么动静，都不要动，只有听到俺叫你们，再出来。"洞下通道往南拐是洞室，显然，洞室上面是大街。进了洞室，阴冷、潮湿、疲倦一齐袭来，止不住地睡去。尽管几次听到街上、院内有动静，还是放心沉睡，直至听到姑娘的叫声："出来吧！白脖走了。"这时，太阳刚刚落山，跟姑娘进屋，灶火正旺。姑娘以关切的又是久经锻炼才有的命令似的口气说："什么也别说，先洗脸，洗了上炕歇息，饭熟了我会叫醒你们。"我们遵命而行。醒来时，饭已摆在炕桌上，狼吞虎咽地吃着热腾腾的玉米面粥、饼子和咸菜，格外香甜。吃饭间，娘儿俩互相补充着回答了我们的问话。姑娘说，常常快到中午时，几个白脖来转一圈，叫嚷："有没有八路？"娘说："八路没有，新鞋倒是有一双。"他们乱抢过去走了。下午又来一拨儿，也喊："有没有八路？"娘说："八路没有，新布袜倒是有两双。"他们又乱抢过去走了。如果没有新鞋新袜，有猪有羊，他们更愿意要，可俺家没有。听说他们在村里抢的东西拉走了10大车，还抓走了几个人。吃晚饭，我们表示感谢。大娘说，你们不要说谢，咱们是一家人。他爹是村支部书记，去年大"扫荡"被抓走杀害了，俺全家更是一个心眼抗日。这时，十来岁的小弟弟也接茬说："我也抗日，长大了当八路军！"我们夸奖他有志气，说："你长大了，就该去建设新中国了！"这时天已大黑，该动身转移了。我们留下姓名，请他们把今天的事情告诉村支部，转告区县委的同志，又再三谢过，便告辞了。

《黎明报》又出版了

往南约4公里就到了杨相庄——地委的联系点。村公所屋里灯火通明，不少来联系工作的同志正热烈地谈论着。我们找到支部书记，提出求见杨英（地委副书记兼宣传部长）请示工作。支书点着头走了，不一会儿回来说："今夜找谈话的人太多，杨英同志说过两天他找你们，还说报社的情况他已经知道了，让转告你们几句话：遇到挫折不要气馁，要鼓起勇气，把人员赶快收拢起来，力争早日出报。"

说完，我们便开始商议早日出报遇到的主要问题与解决办法：一是4名年轻的报务员遭捕，收报器材全损，在配齐人员、搞到器材之前，报上必有的延安电讯，可从《晋察冀日报》上摘编；二是刻写员只有张愚一位老手，要靠他多辛苦了，还可让刊期灵活些。一说早日出报，大家就来劲了，各就各位，迅速行动。

《黎明报》及时出版了。上面载有国际、国内和敌后战场、根据地建设等方面的消息，内容丰富，应有尽有。其中，特别引人注目的消息有：

——第一乌克兰前线，苏军攻势作战。四天内前进60—100公里，收复三重镇和400余居民区。24日晚10时，莫斯科以224门大炮齐鸣240响祝捷。（摘自1944年3月26日《晋察冀日报》）

——第二乌克兰前线，苏军突破国界（罗马尼亚），光复伯尔齐城。26日晚9时，莫斯科以324门大炮齐鸣240响祝捷。（摘自1944年3月28日《晋察冀日报》）

——第三乌克兰前线，苏军攻克重要州中心、工业中心、黑海最大港口尼古拉也夫城。28日下午，莫斯科以224门大炮齐鸣200响祝捷。（摘自1944

年3月30日《晋察冀日报》)

——苏军第二个冬季攻势创下了史无前例的斯大林格勒包围歼灭战，今年第三个冬季攻势广泛运用包围歼灭战，近3个月来歼灭德寇140余个师、90余万人。（《晋察冀日报》1944年3月28日）

——鲁南八路军去冬拔除敌伪据点123处，俘敌伪2400多人。（《晋察冀日报》1944年3月30日）

——本报讯：我分区某部6月10日智取霸县县城，当场击毙作恶多端的伪大队长武海潭，俘伪军150人，缴获其全部武器弹药。

由于报社工作亟需加强，地委派来了十分区体验生活的作家秦兆阳（秦是著名作家，解放初期著有长篇小说《在田野上前进》）任社长。秦温文尔雅，时刻观察和思考着，不断地写和画（人物素描）。这位可亲可敬的兄长，过不惯报社管理事务缠身的生活，要求去做更能深入群众的工作，他便调走了。由作风练达、颇有魄力和组织能力的王里接任。与此同时，我去了地委宣传部工作。

正当十分区我军节节胜利，根据地迅速扩大的时候，日本投降了。之后，我接到速回《冀中导报》的调令。到了报社，立即向社长王亢之报到，他唯一的一句话是："解放战争开始了，需要你随军采访。快准备，早出发，希望看到你从前线连续发回的报道。"他讲的形势、任务、要求，如此明确、紧迫和激动人心，把我要向他汇报几句近几年体会的想法都打消了，遂当即表态："好，我就去准备！"

战火中的摄影训练班

梁明双

　　1942年的初春，冀中军区政治部、宣传部举办的第四期摄影训练班在滹沱河南岸安平县北郝村正式开学了。这期训练班，是继1940年首期之后学员最多的一期。当时虽然在战争年代，各方面条件差，困难多，但学员逐期增加。第一期仅8名学员，第二期有14名，第三期30多名，第四期80余名。每期半年。四期后，又在阜平县、东子沟等地办了几期，先后共办十余期，培养摄影人员300余人。

　　在抗日战争初期，冀中军区吕正操司令员和程子华政委决定培养训练这么一批战地新闻摄影记者是有远见卓识的。当时宣传部长张仁槐和李继之非常关怀这支队伍的培训，曾亲临训练班讲话，阐明开办摄影训练班是革命战争的需要，每个学员要在短期内学好本领，以照相机为武器参加战斗。真实而形象地记录各个战场上取得的胜利，以鼓舞士气，唤起民众，团结抗战。这是一项艰巨重要的政治任务。军区首长还要求我们毕业后要深入到连队和火热的斗争中去，边战斗边拍摄，要把战斗和反映部队生活的场面及时准确地记录下来，宣传出去。

　　这十多期经过短期训练的学员，绝大多数都初步掌握了摄影技术。他们投身到战火中去，出生入死地驰骋在晋察冀、晋冀鲁豫各个战场，拍摄了许多极其宝贵的历史资料。有的同志为了拍好战斗场面，冲在最前沿，不惜献出自己年轻的生命。他们的不朽作品同他们的名字将永载史册。

我们第四期是在"五一"大"扫荡"前开学的。这期学员和工作人员共86名，大都是各军分区和县公安局选送来的。他们都是部队和地方公安局中20岁上下有战斗经验、有高小文化的青年骨干。政治部宣传部摄影科科长石少华受吕司令员和程政委委托主持筹办培训这支队伍，并兼任队长和教员。我是1941年由二十二团调到第三期训练班学习的。记得临行之前，团首长鼓励我说："战地拍摄也是抗日工作。拍一张好的照片，能宣传动员群众，使千百万人民团结抗日，又能形象、真实地记录历史。党组织相信你一定会学好这门技术的。"听了首长的教诲，我顿时感到浑身是劲，毫不犹豫地到训练班去学习。三期结业后，我被留下来当第四期教育干事。

我们把学员编成3个分队，住在北郝村、南郝村、崔南铺3个村。队部就设在北郝村张栓狗家，石少华就住在这家的北屋里。张栓狗是共产党员，北郝村村长，1940年日本鬼子"扫荡"时被杀害；其爱人王子梅是共产党员、村妇救会主任。张栓狗的老母亲50多岁，热爱子弟兵如亲生儿子。在环境最残酷的时候，她为了石少华和其他同志的安全日夜放哨，常常彻夜不眠。上课地点在村东头王桂荣家。她家是大四合院，北房6间，东西房各3间，中间有个草棚子，南边是梢门，院内宽敞，上课方便。她家只有3口人，老母亲和姊妹俩住在北房西头。我们借了她家一张旧八仙桌子当讲台。学员们有的自编草墩子，有的钉个小木板凳在地下一坐，两个膝盖当课桌。天好时在院子里上课，刮风下雨天就在草棚子里上课。我们学习的内容以摄影技术为主，兼学政治、军事、文艺。政治教员有戈军，军事教员由军区司令部选派，文艺教员有王林等。凌子风、黄涛还为我们编写了队歌。业务学习分两个部分：一是讲摄影在革命斗争中的需要和作用，二是摄影技术和暗室冲洗技术。石少华是广东人。为了使大家学习好，由袁苓、董青和我组成3人小组，负责记录。每次他讲完一课，我们3人就针对笔记整理出一份讲授材料，交石少华审阅无误后，再互相传抄，自学复习。教具只有两台日本造破旧照相机，学员们轮流实习用。学员们学习非常刻苦、用功。讲完一课，大家总是认真讨论，晚上在油灯下抄笔记；躺在土炕上还讨论不休，互帮互学，生气勃勃。对实习用的那两台照相机更是珍爱，实习时总是小心翼翼地唯恐损坏了。我学习拍摄的第一张照片是石少华要我用他的"莱卡"，拍一头牛拉犁耕地的画面。他教我怎样取景，在构图上要注意，牛前边留有适当空隙。

我们的暗室也非常简陋，设在王桂荣家左侧北屋，把窗户、门用被子堵好。作为印像工具的是两小块玻璃，把底片和相纸用玻璃夹好，再撩起堵窗户的被子一角用日光曝光。放大相片时，就把照相机镜头向外，机身横卧在靠窗户的小桌上，然后将底片放进呈影背上，用皮腔的长短调好距离，撩起镜头前挡着的被子曝光，如遇阴雨天，暗室就得停止工作。

1942年3月底，正当第四期训练班只剩最后一个教学单元时，军区政治部向我们传达了紧急敌情通报，日军企图大举进攻我冀中根据地，预料这次"扫荡"比以前规模更大更残酷。指示我们，为了顺利度过反"扫荡"，保存有生力量，避免损失，减轻部队负担，暂时离开主力部队，要在地方党组织的帮助下，采取分散隐蔽措施。并决定由石少华、指导员焦国珍二人负责，带领我们全体学员加速讲课进度，并做好战前准备。石少华、焦国珍按上级要求，除圆满完成学期课程外，还对我们进行民族气节的教育，要求所有的干部和学员，在未来的反"扫荡"中，不资敌、不事敌、不妥协、不投降，誓死不当亡国奴。我们80多名学员和工作人员化整为零，住在哪村就在哪村安排掩护。北郝村的党支部负责人张谋道、张贵友、张松年等，在张栓狗家进行了认真的研究，确定掩护我们的家庭必须是党员、村干部、军烈属和政治上可靠、热心抗日工作的贫下中农。他们从全村300多户中挑选确定了30多户，并由村支部书记给这30多户召开了紧急会议，讲清形势和艰巨的掩护任务，然后由妇救会主任刘翠萍、王子梅分头将学员送往各家。同志们到各家后，即按上级指示认房东为干爹干娘；并由干娘给改名换姓和家中的同辈人连上一个字。还有的干爹干娘带着到几里外的主要亲戚家去认亲，以防在村外被包围后有人出来营救。石少华住在已故村长张栓狗家，就认张栓狗的母亲为干娘。我分到张振江家拜张振江老两口为干爹干娘。我们到干娘家帮助挑水、扫院子，下地干活，称爹叫娘，亲密无间。脱下军装换上便衣，摘下军帽，按着当地农民习惯头上包上一块羊肚手巾。这是因为军人戴帽子前额上留有一道明显的白印痕迹，不包手巾容易被敌人识破。另外就是参加农活劳动，把两手磨出茧子。在口音上也尽快学会说安平本地的方言。这些措施都是为了我们尽快变成一个庄稼汉，以在反"扫荡"中蒙混敌人。

为了使同志们在短时间换上便衣，想了许多办法。因考虑到当时群众生活异常困难，由一个村承受这么大任务，负担太重，于是我们便分了3个小组，到比较大的村去求援。我去的是满子里村。当我向村干部说明来意后，他们一口就答应下来。由村妇会主任带头分发给十几名做活又快又好的妇女赶制便衣。当时正是农历三月底四月初更换衣服的季节，乡亲们有的把正在穿着的棉衣脱下来拆洗干净做成夹衣，有的拿出自己存放的单夹衣，有的还把自织的白粗布现染现做成衣服。她们废寝忘食，通宵达旦，仅用了3天时间就制作好了30多件粗布衣裳，而且干净整齐。按上级规定我们给打了收条（作为归还依据），迅速回到北郝村。事情虽然已经过去60年了，但当我想起此事时，不由得便哼起当年的歌曲："嗨哟！军队和老百姓，军队和老百姓，咱们是一家人，咱们是一家人哪，齐心打敌人哪！"

转眼之间到了4月底，大约是4月27日，接七分区指示，敌情严重。日本侵略军已从四面八方"包剿"，直向冀中腹地压来。经过周密研究，我们先把教具坚壁好，由李希明负责把放大机架、图章和其他照相器材埋在北郝村南大堤下边一棵柳树根旁，并做好记号；另有百团大战、攻打井陉及青沧战役等全部原底片，埋在小堡村的一间放有柴草无人住的房子里；又把80余人分成3个小分队，主要干部配一支手枪，其他同志每人发两颗手榴弹。石少华带一队，焦国珍带第二队，转移到大兴村，我带第三队转移到安平、深泽交界处的马里村。就在"五一"大"扫荡"的头一天晚上，大兴村来了一个陌生的女人，携带护照，自称是吕正操司令员的爱人，村治安员及时向石少华报告了。石少华、焦国珍立即赶到村公所一看，根本不是吕司令员的爱人。因焦国珍给吕司令员当过警卫员，认识其爱人。经过严厉审讯，原来是敌人派遣的特务，专门来刺探我军情的。她以此身份蒙骗了许多人，通过我军民设置的哨卡，直接窜入我们的驻地。狡猾的敌人终于自投罗网。经焦国珍和石少华研究，将女特务交给村武委会处理。根据这一敌情动向和分区交通站侦察报告，石少华决定当晚各队立即向深、武、饶、安八分区转移，同时约定，万一被敌人冲散，最后集合地点是北郝村。

5月1日清晨，天还没亮，枪炮声四起，老百姓扶老携幼，背着包袱、被子纷纷向外逃难，人喊畜叫，子弹不时从头顶飞过。有的人正往东跑，一阵紧急枪声，调头又往西跑，遍地是人，东奔西撞，一片混乱景象。

石少华、焦国珍带领的两个队，大部分通过了安平至深县的封锁线。我带的20余人开始随人流朝东跑了一阵子，后来又往南跑，没跑多远就完全被敌人冲散，卷入群众洪流之中。当我跑到张村村边与7个同志相遇时，大家谁也辨不明敌情，拿不出主意往哪个方向跑。正在徘徊不定的时候，忽然从人群中发现一位相识的区粮秣助理员，我赶忙向他询问情况。他说，敌人好像是"拉网"式的大包围，往哪跑也不行，敌人很少搜查房顶，咱们还是分头到房顶躲藏起来。说话之间敌人离村只有半公里多路了。事不宜迟，我们得赶快到村子里上房隐蔽，于是我和吴进禄等8名同志，迅速跑到靠近村边的一个四合院里上了房，并把梯子搬上房顶，然后把房顶上晒的豆秸、棉花秸等物搭在房沿，以遮挡住敌人视线。派一名同志放哨，其余人钻进柴草堆里，只露两只眼睛监视敌人动静。就在这时，敌人已经进了村，他们一边乱放枪，一边大喊大叫，闯进了我们藏的院子里，在院内出出进进搜索不停，情况十分紧急。我们几个同志默默对视，暗下决心，如若被敌人发现，就拼个你死我活。大约过了一个多小时，村里逐渐平静下来，放哨的同志悄声说，敌人已分两路奔向东边交邱村方向了。我们立即下房，向敌人相反的西南方向继续跑。不料，出村不久，夜营村又发现了一大股敌人，离我们只有半里路。顿时我们8个人又跑散了。但跑了不远，又遇上了训练班的张义及回民支队的两位同志。此时，已是黄昏，因刮了一天大风，麦田里看不清麦垄。我们整整跑了一天，汤水没沾牙，到了束鹿县的北里厢村东，停下来商量往哪里去。大家你一言我一语，最后一致同意，还是回我们的根据地北郝村。那里人地两熟，有组织上为我们安排好的"堡垒户"，群众基础又好，还有事先挖好的"螃蟹窝"（只能蹲下一个人的洞）。我们趁着天黑走了15公里多，返回了北郝村。路上有两个同志提出要回安国老家隐蔽，我给他们开了事先盖好章的"游击第一支队"介绍信（游击第一支队是冀中军区的代号，只有石少华、焦国珍和我3人携带），送他们上了路。

敌人大"扫荡"过后，又加紧修炮楼建据点。他们三天两头到各村"清乡"，烧杀抢掠。村子里街上无行人，户无炊烟，群众朝不保夕，度日如过鬼门关。在这种情况下，北郝村党组织与敌人展开了针锋相对的斗争。在当地驻军的支持下，处决了隐藏在本村的4个特务。我们怕连累干娘一家，想离开干娘家，但又无处藏身，正为难时，干爹看出我们的心思，就和干娘商量，让我和回民支队的两个学员，连夜到了义里村干舅舅家暂时躲避。干舅舅家有一个比较大的"螃蟹窝"，能容下三四个人。洞口设在院落的西南角猪圈里喂猪的槽子下边，搬开槽子，人就可以钻入洞内，然后把槽子再盖在洞口上。用给猪搅拌食的棍子拴一根绳，绳的另一头系上一个小铃铛，系入洞内，作为洞上洞下联络时用，如有敌情就轻轻摇动棍子，小铃铛就给洞下报警了。我们便做好迎击敌人的准备。每当黄昏敌人进入据点，小铃铛一响，有人给搬开猪槽子，我们就从洞里爬出来，吃点饭；等到拂晓前我们又钻入洞内，避免有人发觉泄露洞口秘密。进洞后还可以抽出洞内的两块活动砖透透空气，天一亮即堵上。驻在该村据点的敌人天天挨门串户搜查，他们对干舅舅威逼、恐吓、毒打，要他说出谁是共产党，八路军藏在哪里。不管敌人施展什么阴谋诡计，他总是不慌不忙地说："俺是庄稼人，就知道干活吃饭，别的都不知道。"敌人对他无奈，只得罢休。干舅舅就是这样忍辱负重冒着家破人亡的危险来保护我们，使我们安全地度过了4个昼夜。后来，考虑在一个地方待得不宜过长，就又回到了北郝村干娘家。白天藏在干爹已修好的"螃蟹窝"里，晚上就到村北边大张家坟露宿。

就在这最残酷的日子里，我患了回归热病。6月里一天，天刚蒙蒙亮，我正发着高烧，躺在床上昏昏沉沉。突然，干娘叫我："明双！鬼子来了，已到了王营里（在北郝村东边，距离只有半公里多路），你快从村西南边走。"干娘边说边慌忙地抓过一件棉袄往我肩上一披，送我出了村，并指给我路。我顺着大道一直往西南方向跌跌撞撞地走着。那时青纱帐已起，我出村不远，突然从高粱地里蹿出3个穿便衣的人，其中一人一把抓住我披的棉袄，我一晃肩膀甩掉棉袄撒腿就跑，几个人就追。我跑到一块玉米地里，发现一个旱井（没有水的废井），只有几尺深，我纵身便跳了下去，里边都是些砖头瓦块。井的四周长满了野草，形成自然伪装，加上天还没大亮，追我的人从井边跑过去了。我听他们已追远就爬了出来，继续朝前面的茂密的高粱地里走去。因刚才跑得急，又发高烧，从井里出来后浑身无力，走路很慢，还不时四下观察动静。不料我这身打扮、神态又被4个穿便衣的人盯上跟踪。我已觉察到后边有人，但已经再也跑不动了。我边走边想，后边的人是干什么的？如果还是那3个人，早该抓住我了；如若不是，他们又是谁呢？后边的人越来离我越近了。我想沉住气，只要他们一动手，我就和他们拼了；如果他们不动手，我就往前走，给他们个井水不犯河水。大约走了500米，其中一个人追上我问："老乡！你是哪个村的？"我熟练地用安平话答："是北郝村的。"又问："你这是往哪去呀？""去崔南铺俺姑姑家。"他们听了我的回答，上下打量我一会儿，既惊讶又肯定地说："你是摄影训练班的吧！是张振江家干儿子。"这时几个人都围拢上来。那个同志继续说："我们是分区交通站的交通员，住在南郝村，前些日子咱们有过联系。"这时我仔细看着他们，点点头。想起前几天石少华派我和他们接洽过事。其中一个大个子说："我们在你背后观察很久，好险哪！差点把你当成坏人，用这把三齿镐把你搂死。"在场的人都情不自禁地倒吸口凉气，又为我能化险为夷而庆幸。在那腥风血雨笼罩的年月里，误伤好人是不足为奇的。我们在离村较远的高粱地里一直趴到夕阳西下，探清敌人已离开村，他们就把我护送回干娘家。

就在"五一"大"扫荡"那天，董青和其他同志从大兴村跑出后混在群众中，遭到敌人的追击，随后被包围。敌人向群众猛烈地开枪射击，眼看着群众一个个倒下去，伤亡惨重，他们为了使群众冲出包围圈，朝着敌人扔出了几颗手榴弹，部分群众趁着烟雾冲了出来，董青也随后向外冲。霎时敌人射出密集的枪弹，他的胳膊负伤，后来感染化脓。回到北郝村干娘家，为了掩人耳目，就说长了大疮。干姐姐王敬凡对他特别好，帮助用花椒水、盐水冲洗伤口消毒。我的干娘张香蕊用同样办法帮着冲洗，用手挤脓血，但仍不见效，胳膊肿得像棒槌。群众看着心疼，村干部看了着急。就在这时，村武委会主任张立青、张秋立想办法找来了原县卫生科医生张朔（此人是安平县人），在党员张小榜家用吃饭小勺挖出伤口里边的脓和血。因为伤口烂得很深，又没有麻药，做手术时是张立青、张秋立两个大小伙子一个搂住他上身，一个抱住他下肢。董青忍着极大的疼痛，咬紧牙关，豆大的汗珠向下淌，他一声未吭，坚持把脓挖干净，又用盐水冲洗净才罢休。经过这既简单又彻底的手术治疗和干娘家的精心护理，他的伤口逐渐愈合。

更值得我们深切怀念、永世难忘的是被敌人杀害的战友温刚。在"五一"大"扫荡"的第二天，他们跑进饶阳县境内敌人的包围圈，温刚等几位同志见势不好，就散开趴在麦垄里。敌人遍地搜索，不幸温刚被趟了出来。他知道周围有自己的同志和老百姓，自己一动势必要暴露更多的人。为了大家的安全，他一跃而起与敌人厮打，敌人几次用枪托子把他打倒，他又几次站起来和敌人拳打脚踢，他赤手空拳只身一人与一群日本兵拼搏。他英勇顽强，宁死不屈，最后终因寡不敌众倒在地上。敌人见此反而大喊要他跪下。他两眼瞪着，猛地又站了起来。凶狠残暴的日本兵，恼羞成怒，用战刀把温刚劈成两半，壮烈牺牲。这一切，趴在麦田里的同志都能隐约听到，谁也不能动，只能默泣。

我们第四期摄影训练班，经过"五一"大"扫荡"这场生死考验，除少数同志负伤和牺牲外，由于上级领导事先计划安排周密，和当地党组织及群众的千方百计掩护，任凭敌人的炮楼据点星罗棋布，而且北郝村是处在炮楼据点包围的中心，是敌人"扫荡"的重点村之一，但是我们紧紧地依靠人民群众这个汪洋大海，在敌人眼皮子底下游来游去，一直坚持了4个多月。在这期间虽有个别同志伤亡，但大家表现都很坚强。我们是接七分区党组织通知，由二十二团两个连掩护，政治部主任甘春雷带领，我们700多名男女干部，过了平汉线，到达行唐县梨园庄、武庄子村——七分区后方所在地。

　　按原规定，石少华、焦国珍带领的两个分队的同志们，从饶阳一带陆续回到我们的大本营北郝村。石少华迅速设法把他们转送回原来部队及地方组织，使大多数人安全脱险，得到妥善安置。剩下20来个同志，因原部队已离开冀中，石少华便带领他们过了平汉路。我们又会合了，经过短期休整，继续投入新的学习和战斗。

忆安国县《战斗报》社

魏年生

　　《战斗报》于1939年8月创刊，为安国县委机关报，是在《简报》基础上发展起来的，报社由县委宣传部长曹平主管。社长一丁，编辑焦明，收报员王节，刻写员陈士昌、张洪涛，装订员马占欣，我任交通员，负责接受县委交通员焦礼文的秘密材料。焦中上等身材，长头发、黑脸庞，宝石眼，着一身破衣烂衫，扎个黑布腰带，走路背粪筐，猫着腰一步一点头，一般人是不会理会他是不是干八路工作的。

　　在白色恐怖的日子里，县委机关是游击式的，报社也不例外。一台油印机、一块刻板、一支蜡笔、一卷蜡纸都随身携带，形势一紧张，把机子往布袋里一装背起来就转移，随时展开工作。报纸内容主要宣传党中央抗日救国主张，号召全县军民奋勇杀敌，揭露日军侵略本质，传递晋察冀边区军民抗日胜利消息，介绍抗日英雄事迹，转载歌曲《义勇军进行曲》、《在太行山上》、《我的家在东北松花江上》等。报纸一般一期出两版，有大张的、小张的，纸是自造黄白纸，据材料多少定版面，据任务缓急定出版时间，灵活掌握，大致要求5天出版一期，一旦形势紧张，为保存实力就暂停。

　　日军占据伍仁桥镇北当铺，无恶不作，我冀中十七团和地方抗日武装青年抗日先锋队、游击队以灵活的战术打击、骚扰敌人，切断其与安国县城的交通，火烧北当铺（日军仓库、宿舍），搞得敌人坐卧不宁，防不胜防，迫使敌于1939年12月26日（农历十一月十六日）终于撤出伍仁桥镇，这里便成了抗日后方根据地。我们抓住有利时机，把油印小报改为石印报纸，报社设在安国、深泽、安平、定县4县交界的北马村谢树勋家里。

1942年春，日军重新占领伍仁桥镇，进行春季大"扫荡"，气焰十分嚣张。伍仁桥中心炮楼队长依来、队副武田率一个中队，还有伪军、翻译，用刺刀挑着膏药旗分两路到北马村"扫荡"，重点搜查《战斗报》。日军进村前，我们按县委"坚壁清野"的指示早有安排。可是报社在转移时，把放在炕洞的刻板遗忘了，社长在着急时，我第一个报名去取。说："我年轻，动作快，快去快回，来得及，保证完成任务。"在社长吩咐下，我急忙顺原路奔去。不料，陷入敌包围圈里，与300多名村民一起被赶在一个大场上。同时，另一部分日伪军也挨门逐户搜查报社。

在大场上，日军叽里咕噜讲话后，让村民检举战斗报社在谁家里。见人群中无动静，就强拉出两名青年，又拉出一名60多岁的老汉和一名中年妇女，开始威胁、捆绑，接着用木棍、铁锹、鞭子打，灌凉水、犬咬、踩肚子。他们龇牙咧嘴边打边问："战斗报社在谁家里？""负责人是谁？"被打的4个人咬紧牙关，回答还是"不知道！"敌人恼羞成怒，在人群里又拉出5个人，用同样手段打骂审问，打得个个遍体鳞伤，血肉模糊，惨叫声、哭声连在一起，但是仍无一人暴露秘密。

在忍无可忍时，我握紧了拳头，挺身要站出去，与敌人拼死了之，免得连累群众。可是，站在我前面的父老乡亲们，一瞬间像一堵横墙，紧紧地把我挡在人墙里面，不知是谁背后给了我一拳。我明白大家的心思，宁死要保护我这个后生，不由得鼻子一酸，不知不觉眼泪一串串滚下来。

此时，村外突然枪声大作，敌人摸不着头脑，把手一扬全撤走了（事后知道是县八大队吓跑了敌人）。我"扑通"跪在乡亲们面前致谢时，一位大爷把我拉起嘱咐说："孩子，要为咱老百姓报仇哇！"我握着出了汗的拳头说："一定要报这深仇大恨！"

告别乡亲，转头继续去取刻板。返回时，我怀揣刻板望着大场上一摊摊鲜红的血迹，打人的木棍，灌水用的碗、瓶子、水桶等罪证，看着乡亲们把被打伤残的群众，搀着、背着、抬着往家送，我心如刀绞，不由得上牙咬破了下嘴唇，淌着滴滴鲜血。

见了领导，我如实汇报了全过程。当夜，社长、编辑通宵编排了一期专门揭露日军暴行的报纸。醒目标题是：《北马惨案日寇暴行》、《日寇是秋后蚂蚱蹦不了几天》、《依来、武田罪该万死》、《血债要用血来还》等。鸡叫前我把一卷卷报纸分送出去。当我把报纸扔在炮楼上风头时，突然炮楼里打出两声冷枪，我一个打滚，滚在低洼处，全身扑地。接着又一个机枪点射，子弹从我头上飞去。我趁机匍匐两丈多远，跳下交通沟猛跑了一阵，心里才静下来。拂晓，借用自然风力将报纸刮到炮楼跟前，伪军内我地下人员再巧妙地传递到队长依来、武田手里。

还有一次，在奉伯村平士金家后院牲口棚的夹壁墙里印小报时，我带盒子枪跟社长、编辑到村里去开会，传达上级"加强宣传攻势"的指示。突然，来人气喘喘地报告："不好，有人告密，鬼子把我们包围了。"大家按预先安排立即疏散。可是来不及了，我隔墙向外一望，街里到处是全副武装的日本兵和伪军，端着明晃晃的刺刀，挨门逐户搜查，气氛十分紧张。最后把全村400多人赶到平照林家大场上，人群里有县、区干部十几人，每人带一支盒子枪，群众把县、区干部挤了个里三层外三层。惨无人道的日军对村民使用同样的酷刑边打边问："战斗报社在谁家里？""负责人的干活？"被打的群众回答仍然是"不知道！"日军使尽酷刑，大场上惨叫声、哭声连成一片。在忍无可忍时，我怒火中烧，把盒子枪递给身边的社长，要跟日军拼个死活。可是，周围的群众见我动怒，把我挤在人群里，不知是谁重重踩了我一脚，我的举动引起了小范围无声的动弹。县领导考虑，我们虽有十几支盒子枪，毕竟是敌强我弱，如硬拼，势必牺牲更多的群众。于是他向我区干部使个眼色，区干部心领神会，立即向村长魏祭林使个眼色，魏祭林对联络员崔化南（我地下人员）耳语后，崔化南立即迈着小紧步，神色不慌不忙地赶到翻译跟前，两手递上一支香烟，在点火的同时，将60块准备票塞入他上衣兜里，这个用意翻译心里是明白的。于是，他走近队长依来跟前说："太君，这里离炮楼太近，八路不敢来，报社的没有。"接着，翻译官当着两队长依来、武田的面大声对联络员崔化南说："明天，把七搂粗、八搂长的木料扛到炮楼里！"崔反问一句："这么沉的东西怎么扛进去？"翻译用训斥的口气说："浑蛋，用袖里吞着去！"崔化南领会了说："是，是。"日军这才集合撤走。当晚筹集了300块准备票，次日送到炮楼里，才避免了一场惨案。

1942年夏，我被调往冀中《前线报》社工作。回想在安国《战斗报》社工作一年多时间里，环境十分残酷，多次遭敌搜查、破坏，始终未被吓倒、后退，在县委领导下，和战友们一起坚持出版《战斗报》86期。

（赵振友　王志秋　整理）

不倒的战旗

宋 康

宋康，男，1925年4月生，河北省安国县伍仁桥镇人。1940年在本村完小参加少共，1941年5月加入中国共产党。抗日战争期间曾任《战旗报》编辑、县委宣传部通讯干事。新中国成立后曾任国家外文局《中国文学》总编室主任、党组书记，中央文化干部学院分部副主任。1985年离休。

1942年，我在安国县伍仁桥完小读书。这个学校有一个秘密的党支部，党支部书记是校长李兆熊，我担任党支部组织委员，薛刚强担任党支部宣传委员，党员有宋英虎、宋振中、张永进、薛彩绵、宋月桥、宋文雪、平黎明、平疏敏、宋同聚、宋游库、王焕然、平健。

1942年初，日军从保定、安国出动，以大批兵力进犯伍仁桥一带，企图占领伍仁桥后，向四周扩展。开始时，敌人先派了一个小队向伍仁桥作试探性进攻，这股敌人越过沙河后，直取伍仁村，再从伍仁村沿滋河向西南方向迂回包抄伍仁桥。当敌人沿滋河堤向西南迂回时，进入了我军埋伏在堤上的包围圈。我军居高临下，猛烈开火，当即消灭了一大半敌人。剩下为数不多的残敌拼命抵抗，这时伍仁桥周围的农民也闻讯赶来助战，一鼓作气，不到半个小时基本上消灭了这股来犯之敌，只有一个敌人漏网。在打扫战场时，我和几个同学跑到现场观看，这时我主力部队已转移，剩下的民兵们正兴高采烈地在河里打捞敌人丢下的枪支弹药。有的民兵兴奋地叙述着敌人被消灭的情况，大家听后无不拍手称快。

这次歼灭战后，我们又回到学校，班主任李作汉老师动员学生们作好应付敌人进行更大规模"扫荡"的思想准备。李作汉老师说："敌人虽然打了一次败仗，但未伤元气，他们是不会甘心的，还会用更大的兵力向伍仁桥进攻的，不可麻痹大意，放松警惕。"

果然不出所料，敌人在1942年3月中旬，在飞机和坦克的掩护下，大批人马浩浩荡荡地向伍仁桥杀来，烧杀抢掠一番之后，便到处抓民夫，拆民房，强迫群众替他们在伍仁桥村西修建炮楼。敌人每天出动"扫荡"，每村一日三掠，原伍仁桥学校校长李兆熊已在敌人占领伍仁桥之前调到西崔章去了，新来的学校党支部书记是李步云。敌人占领伍仁桥之后，李步云也回到自己家乡西北马去了，只剩下了班主任李作汉老师还和学生在一起。李作汉老师便带领学生们到伍仁桥西南面的卓头一带打游击，后来敌情越来越严重，李作汉老师和一部分学生也散失了。这时只剩下了十几个党员和少数同学还坚持着，我们像失去了母亲的孩子到处流浪。

不过，我们毕竟不是温室里的弱苗，早在1939年日军就占领过伍仁桥，但是不到半年，便被我军赶走了。自从1939年秋天伍仁桥学校恢复上课一直到1942年日军"五一"大"扫荡"，3年来学校是在敌人的"扫荡"和我军的反"扫荡"中度过来的，学生们是在血与火中成长起来的。后来，敌人忙于在伍仁桥修炮楼，出动"扫荡"少了一些，我们便来到了安国最南端的一个村庄茂山卫。

茂山卫村南紧靠滹沱河，村子周围长满荆条、桃树、杏树、梨树和灌木丛，百米之外看不见人影，这种环境对于打游击特别有利，为我们打游击增加了勇气和信心。

日军在伍仁桥站稳脚跟后便开始向周围"蚕食"。滹沱河一带也成了敌人"扫荡"的目标。不仅伍仁桥敌人有向滹沱河一带扩展之势，而且安平、深泽之敌也向这一带压过来。

为保存有生力量，我主力部队和冀中首脑机关都暂时转移到外县去了，各级党政机构也大大精简，抗日中学也暂时停课，各谋出路，留下来坚持斗争的只是地方干部和游击队。由于和上级联系不上，有的主张散，有的主张坚持，我和薛刚强每天到各村去寻找区委的下落。为了方便起见，我们从茂山卫转移到了西北马村，住在支部书记李步云家里。我们十几个人住在一起，像一支游击小分队，只可惜没有枪支，不能同敌人拼搏。

由于找不到区委的影子，我们心急如焚，经过研究，我们决定到定县去碰碰运气。真巧，4月26日在定县的子位村碰上了三区区委书记魏鹤普，县委宣传部长曹平和宣传干事韩焕章也在座。我们向魏鹤普汇报了情况并向他请示今后的去向。开始他动员我们回到伍仁桥去或暂时到亲友家去，他说："你们十几个人在一起活动目标太大，军不军民不民，太危险了。看来环境不会一下子好转，而且可能更坏，你长期在外面流浪无法生活。"对区委书记的话我们根本听不进去，我们主意拿定了，坚决不回村。后来县委宣传部长出来解围说："现在环境变了，根据上级的指示，对敌斗争的策略也要变化。回村里去不是散伙，而是在新的环境下进行新的斗争。你们在外面游荡是不能完成新的战斗任务的，而且也危险。"我们对曹部长的话无可反驳，只好同意了。但是我们也说明了困难："我们可以动员党员们回村里去，但是我和薛刚强是学生会的干部，党员身份也是半公开的，如果回到村里去，是以肉投虎，凶多吉少。"后来魏书记和曹部长感到我们的话有道理，便决定由我们去动员大家回村里去，然后再安置我和薛刚强的去向，并定好我们完成任务后到杨各庄碰头。

根据领导的意图，我和薛刚强连夜赶到西北马传达了领导的意见，大家没有表示异议，于是分头而去。我和薛刚强完成任务之后，到了杨各庄，魏书记和曹部长在那里等我们。他们商量的结果是要随曹平部长到县里分配工作。4月28日，我们同魏书记分手，随县委宣传部长曹平和干事韩焕章向安国的二区转移。一行4人从杨各庄出发，沿着安国和安平交界一带的村子奔向安国二区。为了不暴露身份，我们装扮成农民，有的背着粪筐，有的扛着铁锹，有的扛着锄头。穿过敌人修筑的一道道封锁线，边走边打听敌情，拐弯抹角走了三四十公里路，来到二区庞各庄。

庞各庄是韩焕章的家乡，我们在村子里住了两天，然后赶到王玉巷，参加县委召开的全县干部会议，总结前一阶段反"扫荡"中的经验教训，部署近阶段反"扫荡"的任务，研究对敌斗争的新策略。

鉴于前一阶段县干部不离县、区干部不离区、村干部不离村牺牲太大的教训，新的部署要求各级干部在反"扫荡"中可以灵活机动，允许跨县、跨区、跨村与敌人周旋。还针对敌人到处建立"爱护村"的新形势，要变"爱护村"为两面政权，要学会作合法斗争，把"爱护村"变成我们的战斗村，把"王道乐土"变成埋葬日军的战场。县区干部会议后，便分赴各自的战斗岗位。

县区干部会议后，薛刚强被分配到县大队政治处做宣传干事。我被分配到县委秘书处做刻字印刷出版工作，主要任务是刻印县委的各种文件和出版县委的机关报《战旗》。因为环境的关系，很多人都改名换姓或叫代号。宣传干事韩焕章改名苏文，张革宇改名张红涛，我改名宋抗，意思是要坚持抗战。

曹平部长是全县宣传工作的主帅，他对《战旗》的编辑出版十分关心。全县干部会议后，他要到分工的地区帮助工作，走前指示我们要把《战旗》的编辑出版工作做好。他鼓励我们说："敌人把战火引向冀中，妄图消灭我们，这是蚍蜉撼树不自量力。我们相信，玩火者必自焚，你们要把《战旗》出版工作搞好，它是指引我们全县工作的一面旗帜，这面旗帜不能倒下去，就像战士们在火线上冲锋陷阵一样，战士在战斗中倒在血泊中了，但是旗帜还在飘扬，后面的战士们还在沿着倒下去的战士的血迹继续冲上去，消灭敌人。你们的任务就是让《战旗》这面旗帜在安国上空高高飘扬，人民看到这面旗帜，便有力量，有勇气，有信心，去同敌人作拼死的斗争。"他的每一句话，就像带着我们在全县人民面前庄严宣誓一样，牢牢记在了我们的心里，为我们以后在残酷的环境中出版好《战旗》奠定了思想基础。

县委领导对我们的工作进行了安排布置之后，便把我们安置在二区最南边的马庄。马庄在千里堤南侧，这里暂时还比较安全，对我们的出版工作比较有利。

在马庄活动期间，我们住在村支部书记王福增家里，一日三餐都由他家操持。但随着形势的发展，这里也不是世外桃源了，敌人常常来骚扰。为了保证印刷工作正常进行，我们在村北树林里挖了一个地窖。敌人活动频繁时，我们就到地窖中去工作。这个地窖离大路百米左右，在地窖里工作，还可以听到敌人骑兵来往走动的马蹄声。我们也习以为常，见惯不惊，由他来来往往。只要马蹄踩不到我们头上，我们照常工作。

但是，敌人在伍仁桥一带站稳了脚跟之后，其魔爪便向二区伸来。他们也要在这里炮制其所谓"爱护村"，建立其"大东亚新秩序"，让人们在"王道乐土"上过"安居乐业"的新生活。敌人天天出来"扫荡"，安国县的县区武装天天与敌人打伏击，我县区武装力量又损失了不少。有的经受不住残酷环境的考验，回到伍仁桥当伪军去了。县大队队长王其昌也投降了敌人，天天领着敌人到处抓我们的同志。

有一天，骄阳似火，苏文、张红涛和我正在马庄村北的地窖中工作，区小队与日军也到这片树林里捉迷藏，敌人的骑兵在我们窖上一跃而过，只顾追赶区小队，没有发现我们。天快中午的时候，张红涛说："我到村里去侦察一下，看有什么情况。"当他走到离马庄不远时，发现马庄村边的千里堤上有持枪的人站岗。他急忙回来告诉我们。我们商量了一下，便暂时转移到南流罗村。敌人走后我们才回到马庄。不过，根据敌人的活动规律，我们估计马庄已引起敌人注意，马庄已不能久住，我们决定"挪窝"。经过研究，我们搬迁到了河北面的齐村、阎村、东寇、西寇一带。敌人也常到这一带来，不过这一带回旋余地大些。我们到这里来坚持工作，也不过是权宜之计。往往是我们刚铺开蜡纸工作，敌人就来了，我们只好避开。我们的前脚进村，敌人的后脚紧随而入，我们只好再出村。这给我们的工作带来了很大的不便。

有一天上午，我和张红涛正在西寇村一户农民家里刻蜡纸。过了一会儿，小张说他要去厕所，他走不多一会儿，就听见村北面枪声大作。房东老大娘正在院子里纺线。听见枪声，她三步并作两步跑到屋里，要我赶紧躺到炕上装病人，但我又不像病人；她又要我藏到粮缸里，可是粮缸太小，装不下我这五尺汉子。我对她说："你别惊慌，你在门口做针线活，就像没事人一样。敌人来了你把他们支应走就行了。"这时枪声越来越近，还听得见大街上有人跑步的声音。大娘赶快拿起个针线笸箩到大门口去。正当这时，敌人到了大门口，问大娘："八路哪里去了？"大娘用手向南一指。敌人没有搜查，很快向南追去。这时去厕所的张红涛也回来了。还问："出了什么事？"大娘说："你们赶紧躲一躲吧，不然敌人再回来可就没有救了。"我们也担心敌人再拐回来搜查，便一人扛一把锄头，到村东头田地里帮农民干活去了。

看来二区是难以再坚持下去了，县委决定要我们来个大搬家，从二区搬到安国西部的四区去。四区是游击区，由于敌人兵力薄弱，还没有顾及到那里，敌人的据点炮楼也比较少。四区最大的镇子大五女还没有被敌人占领，只有郑章村有个小炮楼，对我们的印刷出版工作较为有利。经过准备，我和张红涛每人一副扁担，担着我们的《战旗》编辑部和"印刷厂"的全部家当向安国四区出发。那天夜里，万籁俱寂，繁星闪闪，在县武装力量的掩护下，越过敌人设置的重要封锁线，跨过敌人10公里宽的占领区，来到四区大五女镇。在这里，我们又以新的战斗姿态投入了新的战斗。

我们在二区坚持工作是由苏文负责领导；来到四区以后，便由县委组织干事陈克负责领导我们。和我们一起工作的一共有4个人，除了陈克以外，还有县委管理员唐国忠，另外就是张红涛和我。由陈克任党小组长。

在四区，敌人的据点虽然少一些，但活动很频繁，而且狡猾奸诈，经常在黎明之前，人们还熟睡之时把村子包围起来，天一亮就进村抓人，不少人为此而牺牲了。所以，每到晚上我们便到村外庄稼地里去睡觉，有些村干部也到村外去睡。即使刮大风、下大雨，也在所不顾。高粱地一块连一块，一眼望不到边，就像覆盖在大地上的幔帐，所以人们称它是"青纱帐"。在高粱地里睡觉，如果遇到下雨天，我们就把上衣脱下来，架在高粱上遮雨，然后呼呼大睡。艰苦的生活，恶劣的环境，不仅没有使我们悲观失望，丧失信心，反而更加磨炼了我们的革命意志，坚定了我们不怕牺牲、坚决打败日本侵略者的决心和勇气。那时我们常自豪地说："铺着地，盖着天，脑袋枕个半头砖。"名利二字在人们的头脑里没有任何地盘，人们只有一个信念：打败日本侵略者，解放全中国。

我们在四区没有固定地点，这里住几天，那里住几天，随着敌情的变化，我们的地点也不断改变，经常住的地方除大五女外，还有南张村、北张村、东柴星、龙王殿、景中等村庄。在龙王殿，我们住在县委秘书李建家里，县大队政治处有几个人也住在他家。有一天，我和张红涛一大早就到地里去帮助农民翻红薯蔓，还有几个青年妇女也在地里干活。一方面参加劳动，一方面躲避敌情。天将中午时，忽然从东南不远的地方传来了密集的枪声，接着有几个人从东向西跑过来，我们赶紧躲进高粱地，几个妇女也随后躲了进去。从高粱叶子的缝隙中看到刚跑过去的人后面有一队人追了过来。仔细一辨认，前面跑的是我方人员，后面追的是一股敌人。为了躲避敌人的射击，我方人员以蛇形方式向前跑，敌人的枪打不中他们，后来有一个敌人跪下来瞄准射击，打倒了我方一个人，其他人都跑到龙王殿村去了。

敌人在龙王殿村一带活动频繁时，我们便渡过沙河，到八方、固城等村子坚持工作。有一天，伍仁桥、深泽、定县、安国的敌人一齐出动，撒开了一张数十平方公里的"大网"。四面八方的敌人向3个县的交界处合围。因为敌人的"网"很大，我们已落入敌人的网中还不知道。开始，我们为了躲避东面的敌人，便向西面定县的赵庄一带转移。后来敌人的包围圈越来越小，南面和西面也发现敌情。被包围在"网"中的群众忽而向东，忽而向西，乱作一团。当走到定县的南疃和北疃时，人越聚越多。敌人的骑兵来回奔驰，驱赶着逃来逃去的群众。敌人的步兵，刺刀上枪，闪闪发光，威逼着群众向中间合拢。这种阵势，我平生还是第一次遇到。情况很显然，再向"网"中间靠拢，那是一条绝路，我和张红涛急中生智，不顾敌人的威逼，疾速地向北疃村北面的沙河冲去。到了河边，我们不顾一切，一跃跳入水中，潜入水底，向下游泅渡而去，敌人不停地向河水中打枪，我们也不管它，一面潜水，一面泅渡，最后游到沙河北面的定县马阜才村，才绝路逢生脱了险。陈克和唐国忠见我们脱险归来，特别高兴，一见面他们就说："我们正为你们担心呢，县委派我们到处找你们，可把你们盼回来了。这一带待不成了，县委要我们到大五女北面去。"

后来我们得知，敌人把围在"网"中的群众赶到南疃和北疃后，进行了大屠杀。敌人把群众集中到一起，用机关枪扫射，然后把尸体填入水井中。有的水井中尸体塞得满满的。躲到地洞中的群众也未幸免，敌人在洞里施放毒瓦斯，很多人中毒窒息而死。这次敌人屠杀了我无辜人民群众近千人。这是一次震惊中外的大惨案。抗战胜利后，国际法庭审判侵华日本战犯，中国代表董必武曾就此惨案，向国际法庭作证，揭露控诉了日军的暴行。

日军在定县南疃和北疃制造了大惨案之后，便在沙河两岸修建据点，他们把大批兵力从老据点抽出来，在大五女南面进行"扫荡"，我们针对敌人在龙王殿、大五女一带频繁"扫荡"的情况，便转移到了大五女北面的北张村。这里离敌人建在郑章的据点只有一二公里，从村边就可以看见敌人的炮楼。我们住在了村支部宣传委员王锡宾的家里。县委敌工部长赵士珍向我们交代说："这里虽然离敌人较近，但这里群众基础好，你们少出头露面，避免暴露目标。"我们除了坚持刻写印刷以外，还抽空帮王锡宾家干农活。

我们做刻写印刷工作，分住两地毕竟不方便，不久便回到北张村。秋后的气候一天比一天寒冷，田里的庄稼收割完了，我们失去了青纱帐的保护。根据外地平原坚持抗日斗争的经验，我们也开始挖地洞。参加挖洞的人除了陈克、张红涛和我以外，村支部宣传委员王锡宾也帮我们干。我们在王锡宾家的猪圈里作出土口，每天白天刻写印刷，晚上夜深人静时，就挖洞，把挖出来的土一小部分填了猪圈，让猪去灭迹，大部分运到村外田地里去，洞口周围不留任何痕迹。

有一天半夜里，我只穿一个裤衩到洞里挖土，张红涛在洞口接土，然后由陈克把土运到村外去。当天将黎明时，我隔着院墙向外望，发现有成堆的人在村边活动，我想，部队怎么会在村边成堆活动，不怕暴露目标吗？我叫醒陈克和张红涛。他们隔墙向村外望了一阵，也觉得蹊跷，便赶紧告诉村干部王锡宾，要他去通知驻军。然后我们3人便趁天未亮，向村外转移。当我们走出村东口不远时，便传来"回去！回去！"的喊叫声。我们一看，事情不妙，必须想办法冲出去。陈克说："咱们3个人目标太大，分开冲出去吧。"说罢陈克便向村西北方向走去，我和小张向村东北方向走去。当走到一块坟地时，发现那里也有敌人埋伏。这时小张脑子一动说："敌人出来'扫荡'，据点里一定空虚。我们顺着村北小河沟向东，可以到封锁沟，从封锁沟里向郑章据点里去，可能脱险。"我说："那好，碰碰运气吧。"说罢我们毫不迟疑地顺着小河沟进入了敌人设置的封锁沟。从封锁沟里悄悄绕过敌人的炮楼，转到了郑章西南面的半壁庄，总算跳出了敌人的包围，不少群众也逃到了这里。

天亮以后，我驻军十八团与敌人进行了激战，双方互有伤亡。因为敌人很多，我军不便与敌久战，很快撤出战斗转移走了，但有十几名伤员被敌人俘获了。敌人把那些伤员用秫秸围起来全部烧死。敌人走后，我们同村干部一起含着眼泪，把殉难的烈士们埋葬在高阜处。然后，我们也商议另转移阵地。

敌人于1942年大"扫荡"后，在安国各地修建了大批据点和炮楼。全县的据点和炮楼53座，仅三区伍仁桥一带就修建了10个据点和炮楼，平均两个半村一个。当时我们改变了对敌斗争的策略，由公开的斗争转变成隐蔽的斗争。敌人把相当一批主力撤走了，兵力不足，便以伪军作补充。敌人大规模的"扫荡"已大大减少了，只有小股敌人时常到各村巡逻清查。我对敌斗争搞得最出色的地方是伍仁桥一带。根据我们的工作性质和当时环境条件，县委决定要我们到三区去坚持出版《战旗》的工作。

《战旗》，在抗日斗争的战场上，永远是一面不倒的战旗！

人在电台在

屈培壅

屈培壅，1938年参加八路军，曾任冀中军区电台报务主任，区队长等职。新中国成立后任总参通信局副主任、四部部长、通信部政委。

1942年6月上旬，已是大"扫荡"的后期。当时，第八军分区的常德善司令员和王远音政委带领二十三团第二营到滹沱河北岸活动。我们电台区队带电台一部，跟着首长，随时和分区的部队保持电讯联系，指挥分区的反"扫荡"。

6月8日拂晓，我们被敌人包围在肃宁县东南的顶汪村。由于敌人的兵力比我们多好几倍，所以分区首长决定向东北方向突围。队伍一口气跑了15公里路，穿过了河（间）肃（宁）公路。突然，侦察连来人向常司令员报告："西边不远，发现敌人！"常司令员拿起望远镜观察，只见千米外的田间小道上，无数敌人骑着自行车冲过来。

"司令员，东边也有敌人骑兵！"紧接着有人报告。

常司令员回头向东观察，敌人的骑兵正向我方冲来。

常司令员收起望远镜，命令部队一边抗击，一边向北突围。同时，他看了我一眼，说："电台跟我来，不要掉队！"

担任阻击任务的班排战士，马上找好有利地形，向东西两边的敌人射击。子弹带着呼啸声，飞向已经靠近的车队和马队。敌人遭到一阵猛烈的射击，有的从马上一个跟头栽下来，有的连人带车摔倒在路边，可是敌兵力占绝对优势，不一会儿，又从东南西3面围了上来。有一群日军靠得最近，鼻子眼睛都能看清楚。四周围的枪炮声和手榴弹爆炸声响成一片。有几处庄稼着了火，冒起了股股浓烟，扑人眼睑。我看了看同志们的情况：摇机员小高背着收发报机；蔡柱子背着手摇马达（电源）。指导员赵先彬、分队长关夫才、报务主任庞树楷，以及张二愣、张冠儒，都护着这两人飞跑。

我见背马达的蔡柱子累得够呛，紧跑几步问："怎么样？""队长，我能坚持，你放心！"蔡柱子喘着气说。话音未落，听见附近"轰"地一声，一颗炮弹在几步远的地方爆炸。我大声喊："柱子卧倒！"只见蔡柱子一伏身卧下，报务主任庞树楷立即扑在他背上，用身体护住马达。我被炮弹震得两眼冒花，模糊看见庞树楷扶起蔡柱子，又跟着前面的同志跑了起来。

我生病刚好，又跑了十几里地，体力支持不下来，两条腿迈不开步子，渐渐落在同志们后面，一会儿，见他们都消失在麦地里。我向左右探望，远近庄稼地里都是日本兵，有蹬车骑马的，也有端枪步行的。突然，前面不远处闪出3个日本兵，眼光跟我对视了一下，就端着枪迎头奔过来。我扭头向东南跑去，钻进一片秆儿齐胸的麦地，爬了一段，拔出手枪，细听麦地外边的动静。不见附近有什么响动，我微微抬头向四周张望，大群敌人正蜂拥向北，那3个日本兵也不见了。这时，我不禁替同志们担心起来：遍地都是敌人，他们能突围吗？可是，我相信他们一定能脱险。因为他们都是党员，对革命事业有一颗赤诚的心；以往多次遇到险境，连一颗螺丝钉也没有丢失过。

太阳挪动得特别慢，好像半天没有走动一步。四周断续传来枪声，我只好耐心坐在麦地里，等待天黑后再找队伍。

太阳落在地平线下面，天暗下来了。夜雾罩住了田野，远处的村落若隐若现，渐渐淹没在灰色的雾海中。四周断了枪声，看来日军已经撤回据点。我站起来走出麦地，往北去找队伍。走出不远，忽见前面庄稼地里有个人影一闪，我警觉地向旁边一躲。观察了一阵，才发觉是二营的一个侦察员。我不禁心里欢喜，看来我们的队伍一定没有走远。

这位侦察员认出是我，也亮身走出来说："屈队长，作战股长正派人四处找你们，快跟我走！"我跟侦察员走了半个多钟头，来到一个偏僻的小村子，踏进了一间平房，我刚撩起门帘，炕上立即跳下两人，紧紧拉住我的手。我凑着桌上灯光细细一瞧，原来是作战股长晓冰和机要股长张庆丰。没等我开口，他俩就急迫地问道："你回来了，电台怎么样？"

"我是一个人回来的，电台……"我显得窘迫不安起来。晓冰没听完就明白了，抢着说："别忙，先休息一下，搞饭吃。"张庆丰把我往炕上一按，说："先坐下歇歇！"我这才想起一天没吃饭，肚子顿时饿起来，可是一捧到饭碗，却一口也咽不下去。我与晓冰、张庆丰交谈时，知道突围出来的同志大部分集中在这个村子里。其中有我们电台区队的机务员贺清池等3人，他们只带出来一组电池。使我更难受的是，常司令员和王政委在突围时都光荣牺牲了。

我和晓冰、张庆丰坐在油灯边，研究下一步怎么行动。明天，敌人肯定还要"清剿"，我们得赶快去找分区孔副司令员的队伍。可是偌大一片地方，谁知孔副司令员在哪里？"哎，有电台就好办！"

我心里异常不安，对晓冰和张庆丰说："老晓、老张，我看先在这附近活动两天，把电台找到后再走！"晓冰和张庆丰沉思着没有出声。我又说："当然，在这个地区活动，困难很多。可是没有电台，和孔副司令员联系不上，四处瞎撞，不是更困难吗？"

晓冰和张庆丰经过反复考虑，决定就这样办。一方面连夜派人去找孔副司令员；同时，派出4个侦察员，当晚就去附近几个村落，寻找电台的人员和器材。

夜深了，同志们都已入睡。我躺在炕上，总是合不紧眼。一会儿侧身躺下，过一阵弯腰坐起来，等一下又到院子里转圈踱步，心里老惦记着电台区队里的同志和那部电台。

"队长，你睡一会儿吧！"有人在我耳边轻声说。我回头一看，原来是机务员贺清池，看来在我身后已站了好久了。我亲切地说："我不困，你去睡吧！"他关心地看着我，不说话，也不回去。

我们站在院子里，谁也不再吭声，心里都惦记着同志们和那部电台的命运。忽然，大街上传来一阵急促的脚步声，"噔噔噔"从门前走过去。不一会儿，脚步声忽又返回来。"这是干什么的？"我俩相互凝视了一下，贺清池从腰间拔出手枪。

脚步声突然在门前停住了，接着是一阵紧急的敲门声："快开门，谁在这里？"

"好像是柱子的声音！"我对贺清池轻声说。

"错不了，是他！"贺清池说。

我急忙说："柱子吗？"

"啊！队长，是我们呀！"有两个人一起回答，另一个似乎是张二愣的声音。

我几步走到门口，拔去门栓，拉开门一看，果真是他们，笔挺地站在眼前。俩人满脸堆笑，不像经过白天一场风险的样子。我用力抓住他们的手，激动地说："太好了，你们俩回来了！没受伤吧？"

"小鬼子再厉害，也碰不掉我们一根毛发！"蔡柱子的粗眉毛一挑，眨着一双大眼睛自豪地说。

"马达怎么样？"我急切问道。

"背回来了。"张二愣指着地上的手摇马达，"虽然还没有收发报机，可是有了马达，问题就解决一半了！"

我心里有说不出的激动，摇晃着他们的手。贺清池拍了他俩一下肩膀，说了一声："好样的！"

屋里的人本来没有睡熟，都跑出来，这个抓住蔡柱子的手，那个搂住张二愣的肩，团团围成了一个圈，问长问短。然后把马达飞快搬进屋子，端端正正地搁在炕上，像欣赏宝贝似地抚摸着摇把、外壳……

张二愣进屋后，没吭一声，先从缸里舀了一大瓢凉水，仰起脑袋，"咕嘟！咕嘟！"一口气喝了个光，一抹嘴："真痛快！"

等安静了一下，我问："你们怎么突围的？"蔡柱子的大眼睛一亮，手舞足蹈地说："同志们被冲散后，我回头一瞧，只有二愣还跟在后头。我想，党是磁石，同志们是铁片，有党在，还怕大家聚不到一块儿？！我和二愣跑一段路，日军的车子追，我们就往麦地里跑；骑兵追，我们就往道沟里奔。日军打得紧了，我们就躲一躲；打得不紧，拔腿就奔。"

张二愣说："有两次，我们碰见几个战士。他们知道柱子背的是马达，遇见日军就主动掩护我们。"

蔡柱子接着说："太阳快正南的时候，前头没有一个日军的影子，我们想，莫不是突出来了？真是怪，这时我忽然渴得不行，嘴里直吐白沫，嗓子里像冒烟儿。我俩在一个小土岗上坐下来，喘了口气，拔了两把青草，正想嚼嚼解渴，忽然从右边十来丈远的土窑后钻出来3个日本兵，叽里咕噜地叫着，气势汹汹地冲下来，想活捉我们！二愣背起马达就跑，我趴在土岗下掩护。等日本兵离我几步远时，扔了两个手榴弹，那3个家伙惨叫几声，都不动弹了。"

"真行！你俩没把四五十斤重的东西扔掉，不简单！"贺清池称赞地说。

"我们摇机班作过保证：人在电台在！丢了脑袋，也扔不得马达！"蔡柱子说。

我猛然想起指导员赵宪彬和报务主任庞树楷，急忙问："指导员和报务主任呢？"

蔡柱子突然低下头，停了一会儿，才声音不自然地说："和你分开不一会儿，连着飞来了两颗炮弹。庞主任被炸中了头部，倒在地上；赵指导员也挂了重花，我们去扶他，他却一个劲儿催我们快走，最后他说：'一定要保住马达！'"

我沉痛地说："同志们，这架马达，是我们做地下工作的同志冒着生命危险从敌占区弄来的。为了它，现在又添了这几个同志的鲜血。我们一定要找回收发报机，使它们合在一起，成为一部完整的电台，继续为革命工作，这样才对得起牺牲的同志。"

第二天，东方刚刚发白，敌人又出动了，远处传来稀疏的枪声。作战股长晓冰带着战士们在村外做好了战斗准备，并派出了警戒，监视敌人的行动。

我们电台区队的同志轮番到村边去探望，等候那4位侦察员，希望他们快把收发报机找回来。

中午时分，一个人影从麦地里穿行过来，身上还背着个箱子。我们抑制不住兴奋的心情，奔跑前去迎接。那侦察员累得满头大汗，卸下背上的箱子，说："队长，这是从瓦店村的麦地里找到的！"

大家细看箱子外形，心里马上冷了一半，原来这是一个装电台零件的箱子。有人说："这也有用！"下午，又陆续回来两个侦察员，但背上都空无一物。

天黑下来了，我们回到村里，坐在院子里，等最后一个侦察员回来。突然，机要股长张庆丰跑进院子，一脚跨过大门就喊："老屈，好消息！"

"什么？找到了？"我们都站了起来。话未了，门口又跟着进来一个庄稼大汉，头上裹着羊肚毛巾，身穿土褐色褂子，右手还提着一支三八大盖。我一瞧这大汉背着一个木箱，不禁心里猛跳：正是装收发报机的箱子。贺清池双手托住箱子，帮那大汉卸下肩来。大家掀开箱盖一瞧，都露出了笑容：不错，正是收发报机。贺清池一手搂住机器，一手摸着旋钮、电表、开关，突然脸上淌下了眼泪，一滴滴掉在机器上面。是啊！两年前，他苦心钻研，费了多少心血，熬了多少个疲倦的夜晚，拼拆了不知多少回，才把数不清的电线和长短、大小不一的零件，装配成这架部队的"耳目"。老贺见到这部机器，怎能不高兴得流泪！

我紧紧握住大汉的手说："谢谢你！"一旁，张庆丰笑眯眯地说："我来介绍一下，这是肃宁县泥洞村的干部刘二柱同志。"我再次握住刘二柱的手，不知用什么话感谢才好。刘二柱的黑红大脸笑了一下："一家人嘛，有什么谢的！你们还不是为了……嘿，光高兴了，差点忘了件事。"他从衣兜里掏出一封折成三角形的信。

我接过来，凑到灯光下细看，见是分队长关夫才的笔迹，上面写道："队长：张冠儒和小高光荣牺牲了，我的腿骨也被打断了。收发报机还算完整，现托刘二柱同志捎去。我相信定能送到你们手里。"

我看到最后几个字，两眼模糊了。刘二柱低声说："昨天上午打得真是厉害，直到太阳压山的时候，鬼子才撤走。我们集合了村里的人，分头去找咱们的伤号和东西。我走到西南洼，就碰见关夫才同志。他盘问了我一会儿，知道咱是村干部，就叫我扶他走到一丛红荆子旁边，打地下挖出这个箱子来。他把箱子上的土擦干净，双手交给我，再三嘱咐说：'这是一部收发报机，部队缺了它，就成了聋子瞎子。我不能走动，请你赶快想个法子，送到分区的同志手里。'我说：'这事交给咱老刘，豁出脑袋也要办好，你放心。'他指着西南一个土岗子说：'为了背出这部电台，那儿有两个同志牺牲了。一个叫张冠儒，是跟敌人拼手榴弹死的；一个叫小高，被炮弹打伤后，流血过多牺牲的。请你们在他俩坟上插块牌子，写上他们的名字，让子孙万代记着他们。'我提起这机器，把关同志背到村里安置好，就四处找你们。我连夜跑了几个村子，都没有找到。今儿白天，敌人又出来了，我们把机器东藏西埋，总觉不保险，后来把它吊在村外的井里，到傍黑才拿上来。正巧碰上那位侦察员，就随着他来了。机器交到你们手里，千斤大石落了地，咱就放心了。"我禁不住再次握住他的手，连说了几声"谢谢……"

贺清池把收发报机检查了一遍，又擦拭、修理和试验了一下，便接通了手摇马达的线路。蔡柱子捏紧马达摇把，"呜呜呜"地摇动着，收发报机仪表正常地转动了。我戴上耳机，旋转着度盘，开始收听。巧！二十三团团部的电台正和孔副司令员的电台互相询问："联络到分区没有？……"再听，回民支队和青（县）沧（县）地区队的电台正在呼叫我们。

同志们见我脸上露出了笑容，揣测到事情有七八分是成功了，也都乐得两眼眯成一条线。

我将度盘停停歇歇地转了一圈，对孔副司令和各部队的电台连续呼叫了3分钟。真顺利！一家、两家……我们分区的几部电台都抢先回答："分区，分区，我是二十二团……""分区，分区，我是……"

孔副司令员的电台，是高继贤在值班，他回答完毕，最后拍出一串讯号："亲爱的队长，你们好，请马上发报！"

　　我们将两天来的情况扼要报告了,立刻得到了回电。晓冰看了电报,拿在手里,半空舞了一下,激动地说:"昨天,我们受了损失;明天,我们要给鬼子加倍的惩罚!现在,我们遵照孔副司令员的命令,马上出发!"他回头握住刘二柱的手,说:"全凭你送来了电台,使我们有了耳目。我代表分区的同志,向老乡们表示衷心的感谢。关夫才同志暂时留在你们村里,麻烦你们多加照顾。"

　　队伍飞速向指定的地点前进。蔡柱子、张二愣、贺清池等,分别背着那部久经风险的电台,插在队伍中间,跨着有力的大步……

百年中国记忆

文史资料
百部经典文库

附　录

纪念冀中军民"五一反扫荡"斗争

JINIANJIZHONGJUNMINWUYIFANSAODANGDOUZHENG

冀中军民顽强坚持平原游击战
朱彭总副司令驰电嘉勉

号召度过艰险路程　争取反"扫荡"全部胜利

自5月初敌以重兵向我冀中进行大规模的"扫荡"，使我处境之艰难，前所未有。正面我冀中八路军，在党的领导下，在吕司令员、程政委的指导下，正以顽强积极的姿态，坚持冀中平原游击战争，周密的反"扫荡"战得以胜利开展。我十八集团军朱彭总副司令得报，至为欣慰，特于日前驰电嘉奖与勉励，原电如下：

吕司令员、程政治委员及冀中全体指战员政工人员，冀中区的大"扫荡"正在急剧地发展着，已经日益接近战争的高潮点。这是日寇在新的冒险之前，对华北抗日根据地严厉的镇压与彻底摧毁的一环，敌人此次"扫荡"的企图，远比过去"扫荡"更加毒辣与阴险，他已进行长期的准备与使用了强大的兵力，他想消灭冀中八路军与冀中抗日根据地，他更想消灭冀中人民的抗日情绪。今日的冀中战争已经进入空前严重与空前艰苦的局势，这是丝毫不容忽视的。

你们肩负保卫冀中抗日根据地的光荣任务，这种任务正是和整个华北战局密切联系着的。我们正在号召全华北各个抗日根据地积极向敌出击，配合你们作战。你们的战斗不是孤立的，是有着全华北八路军与华北抗日人民直接支援的。

我们号召你们坚决在党的领导下，团结冀中全体人民，发挥最大的顽强性和坚忍性，度过反"扫荡"的艰险路程，争取反对敌人这次空前大"扫荡"的全部胜利。

然而，冀中区是我党最大最久与最巩固的一个平原游击战争的根据地，是在你们与冀中区全体军民无数次战斗中创造与巩固起来的。你们在党的领导下，已经获有5年来抗日游击战争的丰富经验与深厚基础。冀中的群众抗日运动，已经获得高度的发展，特别是你们对于这次"扫荡"与反"扫荡"战斗，是有着充分的准备与正确的认识。这些都是粉碎敌人"扫荡"最实际的条件。我们相信，你们是有力量与有办法来粉碎敌人任何"扫荡"的。半月来，战局的发展，你们正在发挥这种顽强的战斗精神。虽然敌人的"扫荡"凶焰仍在继续高涨，冀中反"扫荡"将是一段异常险恶异常痛苦的过程，然而这种暂时的黑暗，你们一定能战胜它！

（注记：本文选自1942年5月22日《晋察冀日报》）

穿插在沟线中的游击战争

吕正操

星罗棋布的点线

6年来冀中平原的游击战争，随着敌寇反复"扫荡"、分割，根据地由大块变为无数小块，部队由集中到分散，形势越来越紧张，斗争越来越残酷，这种形势仍在继续发展着。空前残酷的斗争磨炼着冀中的军民，一方面积累着仇恨，一方面增长着经验，越斗越强，6年如一日，坚持着祖国最前线的反攻阵地，准备反攻的到来。

盘踞在平津的敌寇，深切感到冀中的游击战争是它的心腹之患。从1938年底开始围攻冀中后，经常以两个师团及一个混成旅团的兵力，踏在冀中周围的铁路线上和分布在冀中内部；控制在冀中的敌伪兵力，始终不下四五万人。在大"扫荡"时，更从其他地区大量抽调机动兵力。6年来华北敌寇想尽方法竭尽全力妄图扑灭冀中游击战争，而其结果，都是得不偿失，始终没有能实现这一梦想。

1938年11月至1939年间，敌寇对冀中进行了6次大围攻，建立了173个据点。

1940年四五月间，敌寇集中4万余机动兵力，对冀中进行了连续50天的大"扫荡"，并于是年底增设了367个据点和碉堡。

1941年到1942年4月，敌人采取了"蚕食"政策，依据铁路由外向内逐渐"蚕食"。经过16个月激烈的"蚕食"与反"蚕食"的斗争，敌寇在我周围增加了585个据点和碉堡，修筑了4676里封锁沟。

1942年5月到7月，华北敌酋冈村宁次下了最大决心，集中一一〇、四十一、二十七等三个师团及第八、九两个混成旅团的机动兵力，共约5万余人，配以大量现代化兵器与兵种，于5月1日开始，对冀中展开了空前规模的大"扫荡"。到7月初"扫荡"结束，敌寇以伤亡20787人的重大代价，扩展了628个据点和碉堡，增修了3703里的封锁沟。

1942年止，敌寇在冀中共计建筑了1750个据点与碉堡。原有和增修的铁路共1539里，公路15166里，共计铁路公路16705里，平均每6.5平方里即有一里铁路或公路。挖掘了8373里封锁沟，平均每一二平方里即有一里封锁沟，沟宽均在两丈以上，乃至三四丈不等。点线沟碉互相联结，中间空隙，平均在5里左右，最大空隙不超过15里。定县南部和唐河两岸，就每个据点、碉堡，以一条沟线互相连接来计算，全冀中即被分割成为2676小块。在这些小块中，还有交叉公路和封锁沟。打开冀中地图来看，就像一张极不规则的棋盘，满布着像繁星一样的钉点，又像一件破衣，上面有无数的补丁，还有无数的小孔和裂缝。这就是6年来敌人在冀中实施血腥镇压的真实写照的一个侧面。以血还血，以命偿命，冀中人民一定要向敌人讨还这笔血债。6年来敌寇在冀中伤亡43101人，伪军伤亡20174人。这不过是敌人偿还的一小部分。

反"清剿"斗争

敌人对冀中的分割包围，首先是由北宁、平汉、津浦三铁路形成的。1940年，修通石家庄至德州铁路，对冀中构成四面包围。在冀中内部，最初以点线进行分割包围，最后普遍挖沟，形成细碎分割与严密封锁，企图以此限制我部队活动的自由，以便达到各个击破的目的。敌寇并深入农村，破坏我抗日政权，建立伪组织，深入特务工作，调查我之抗日组织，其调查最详细的地区甚至对每个抗日积极的群众都有登记，企图按名搜捕，彻底破坏。

敌寇在其分割封锁以及特务工作深入调查的基础上，便进行反复的"清剿"。"清剿"的方式有三种：一种是经常的分散"清剿"，即各据点碉堡之敌，在其守备地区，经常出动围村搜村。第二种是集中大据点机动兵力，对一定地区进行定期的分区"清剿"，包围数村或数十村，挨村搜索。今年6月22日，敌寇以1300余兵力包围定县南部邵村、大定、子位等十余村，布成连续不断的包围圈，每隔一百步搭一席棚，断绝交通，挨户搜索，连续"清剿"6日之久。第三种是分散"清剿"与分区"清剿"的联系。以守备部队，在某一地区积极活动，以吸引我注意力，迷惑我之判断，然后突然转移方向，与其主力相配合，"清剿"另一地区。如5月21日，"清剿"定南之敌，首先以邢邑守备队为基干，集合附近据点敌伪军，"清剿"沙河南岸，次日突然转向沙河北岸，与由定县城出动之敌机动兵力2000余互相配合，"清剿"沙河北岸之邵村、圣佛头、鸡鸣台等十余村，连续"清剿"十余日。声东击西，突然而来，这是敌人惯用的战术。敌人"清剿"的对象：第一，合击我部队；第二，捉捕我抗日干部和青年壮丁；第三，抢掠粮食和财物；第四，破坏秘密洞。所谓"清乡"，实际上就是"清财"。在"清剿"中，敌伪汉奸大发横财，到处搜掠挖掘，敲诈勒索，发现粮食财物，尽数抢光。所谓"剿共"，就是"剿民"，见青年壮丁就抓去，有钱的人将人票赎回，无力赎票的即送东北当苦工。见青年妇女即奸淫，见到成群避难的老幼即用机枪扫射。6月28日，敌寇"清剿"沙河南岸时，在沙滩用机枪射杀群众百余人后，复捕杀奸淫，肆虐行凶。敌寇反复的清财剿民，更加深了冀中军民对敌不共戴天的仇恨。军民万众一心，普遍展开了反"清剿"斗争。这种斗争已成为目前主要的斗争形式。

反"清剿"斗争，是在极端困难的情况下进行的。部队转移受到限制，群众生活受到摧残，然而一切困难都难不住我们。在敌人加紧进攻敌后抗日根据地的情况下，敌人的弱点更加暴露出来。它兵力更加分散了，每个据点或碉堡平均不过二三十人，大据点不过几百人，小碉堡十数人，其中大部分又为伪军，日军不过占四分之一。敌寇之战斗力与突击力都降低了。一般小碉堡，缺乏独立作战的能力，伪军虽然增加了，但其中很多是强迫捕去的农民，这就更增加了其内部动摇的成分。敌人对伪军统治的加严，使敌伪矛盾更加扩大。敌人的烧杀抢掠等残暴行为，不分青红皂白地加在每一个中国人头上，因之民族矛盾空前增长，抗战团结更加巩固。敌虽在军事上有着相对优势，而我在政治上占了绝对优势。所有这一切，就使我们能够反对敌人的"清剿"，并且得以坚持游击战争。

在反"清剿"斗争中，首先是打破敌之分割与封锁。针对敌之分割，我部队由团、营分散到以连、排、班为独立活动单位，普遍分散于各地区，便于隐蔽与行动。现在冀中到处有我部队，各部队互相联系，互相呼应，以粉碎敌人对我各个击破的阴谋。为打破敌人的封锁，在一年多的斗争中，我部队已学会了一套穿房越脊、爬沟过路的本领；穿插点线间，剪断封锁沟，成为家常便饭。敌人之封锁沟，并不能挡住我们，只能更引起群众的仇恨。

在反"清剿"斗争中，另一问题，就是反对敌人的分进合击。分进合击的战术，是敌人在平原作战的惯用伎俩。"五一""扫荡"前，敌人对我中心区构成合击需三小时；"五一""扫荡"后，敌之分割封锁大部完成，在一小时内到处都可构成合击。因此，我之部队，必须经常准备必要的反合击战斗，必须保持旺盛的战斗意志，在兵力上必须准备以寡敌众、一以当十；在战术上必须灵活运用，争取空间的速决战（即速战速决），与争取时间的持久战（即坚决固守，待机转移），以及持久战与速决战的互相联系，猛打猛冲与坚决固守的联系，外线与内线的互相配合，求得部分或大部消灭敌人，以打破敌之包围，争取主动。1942年5月大"扫荡"期间，敌在深县东南东河头，我以一营兵力依据村落，对步骑兵5000余、飞机5架、坦克10辆之敌人，作争取时间的防御，由早6时打起，到晚11时，击退了敌人，敌人伤亡500余，我只伤亡30余人，安全转出。同年6月9日，深泽宋家庄战斗，我以两连兵力对2000余之敌人，依据村落及地道作防御战斗，从正午打起，坚持达16小时之久，敌人伤亡860余，我伤亡73名，并缴获一部步机枪，在夜里安全转出。今年3月间，我以不足一连的兵力，在高阳东王果庄，被400余之敌伪包围，我依村落固守与反冲锋，将敌击退，毙敌30余，俘伪军官兵6名，缴枪5支，我仅轻伤1名。3月20日，我三个班在文安大铺附近被敌伪200余包围，我以两个班牵制敌人的主力，一个班向敌冲锋，将敌击溃，安全转出；后又在公路上对敌增援汽车一辆进行伏击，将敌大尉以下官兵10名完全消灭，缴获全部枪炮。由于敌伪战斗力与士气日益下降，此种成功战例也日益增多。今年上半年5个月中，反合击战斗共计25次，毙伤敌伪军491名，俘敌伪军亦很多，并缴获钢炮1门，机枪9挺，长短枪285支，我仅伤亡57名。

在反"清剿"斗争中，反对敌人的分区"清剿"，我们采用一套老办法，就是转到敌人后面，从敌之侧后向敌进攻，或开辟新地区，扩大回旋区。敌人也知道我们这一套，但由于其兵力不足的矛盾无法解决，就不能阻止我们避实就虚，周转回旋。

在反"清剿"斗争中，群众为了反对敌人的掠夺与杀捕，坚壁物资已有一套丰富经验，敌很难发觉。人人挖洞，村村有洞，已成为公开的秘密。青年妇女都有自己的秘密洞，平时严守秘密，互不告知，紧急时可以互相使用，并于洞口埋有手榴弹、地雷，一旦为敌发觉，即以此与敌搏斗。敌人明知到处有洞，但也无从搜查。

由于敌人兵力的极度分散与不足，分散"清剿"易被我各个击破，分区"清剿"则顾此失彼，战争的局面此起彼落，此落彼起，形成补丁缝连的斗争。不管敌人如何疯狂，"清剿"锋芒一过，"雨过天晴"，敌人留下了仇恨，人们增长了经验，坚持斗争更有信心。

争取时间与空间

冀中区自被敌分割后，敌我错综，距离极近，加以敌我处在分散状态，互相穿插，来往频繁，我之活动时间与空间，较之大块根据地时代相对缩小了。从总的形势上看，是敌我平分天下的局面，敌我双方谁的活动积极，谁就能取得更多的活动时间与空间，缩小对方的时间与空间。因之制压敌人之活动，扩大我之活动时间与空间，便是坚持游击战争的重大问题。"五一"大"扫荡"后，部队在新形势下，缺乏小部队独立作战的经验，曾有一个时期，敌伪之活动极为疯狂，部队站脚困难，群众灾难严重。自青纱帐期提出转变战术思想，并展开对敌攻击后，才将敌伪气焰镇压下去，打开了新的局面。经验证明：分散的小部队，只有不断地向敌进攻，找敌人打，才能得到活动的自由。我某分区游击战争开展最普遍，最活跃，敌人吃亏最多，因之敌人也最不敢放肆。我某分区专打敌伪最活跃的碉堡，出来就打，打得敌人胆战心惊，伪军更不敢轻易出来。今年上半年5个月中，我大队以上部队向敌进攻的战斗，共计410次，毙伤敌军1959名、伪军2019名，共计毙伤敌伪3978名。而小队单独战斗尚未统计在内。若以每一区小队每月一次战斗计算，则5个月中，作战当在千次以上。由于积极战斗的结果，目前在冀中游击区和游击根据地，能够争取下半天并一整夜的活动时间，个别地区因敌人空虚，可以整天整夜地活动。一般地说，在上半天应避免战斗，争取时间进行教育。因上半天战斗时间容易拖长，敌人容易增援，我则容易陷入完全被动地步，不易解决战斗，战斗后转移亦颇困难。绝大部分村庄，为我之游击区或游击根据地，敌人只能占据点线；而我部队驻在敌占点线内，已经成为习惯，而不是什么稀奇的事情了。目前我之活动领域，正向新老敌占区扩大着。没有这些千万次的进攻战斗，冀中今天的形势是不可想象的。那些诬蔑我们为"游而不击"的人，不是愚昧无知便是天良丧尽的民族败类。

全民大团结

冀中区，在大块根据地时代，经过两次普选，已经实现了"三三"制的政权，实行了减租减息，增加工资，提高生产等政策，因而能团结各阶层共同抗战，仅有少数不明大义的投降分子顽固分子，暗中破坏抗战，破坏团结。"五一"大"扫荡"时，这些人乘势抬头，企图假借敌人势力，破坏抗日政权及各种抗战政策。但敌人的掠夺奸淫的兽行，对他们并无例外，而且因为这些人都属于富有者，受害反而更重。这就促使他们中间那些天良尚未丧尽的人，态度有所改变，回到团结抗战的阵营。滹沱河、沙河流域，流行着两句谚语："有八路恨八路，没八路想八路。"这就是那些人心理的写照。定县一个顽固分子受到敌人打击以后，公开当着抗日干部说："我今天明白过来了，过去我对抗战虽说没做多大坏事，但也没有掏出良心来，从今后掏出良心给大家看看。"这就是顽固分子的忏悔录。

今年旧历年，我们规定大年初一为全冀中的"团结日"，由初一到元宵节为"团结周"，号召全冀中军民，大敌当前，不记私仇，前仆后继，团结对敌。并根据敌人抢掠杀捕事实，说明敌人打不走，穷富都活不成。首先由每家做起，推及全村，吃酒聚餐，共释前嫌。父子母女兄弟姊妹互相勉励，全家团结，共同对敌；长幼邻里互相劝勉，人人团结，村村团结，全民团结，共同对敌。这一号召，在冀中得到普遍的响应，抗战团结更加巩固。今天冀中军民都有一个共同的认识，就是"国仇事大，私恨事小"。团结起来，共同对敌。不如此，就不能活下去。全民大团结，就是坚持冀中游击战争的一种不可战胜的力量。任凭敌人怎样疯狂毒辣，终必被我钢铁般的团结力量所粉碎。

胜负取决于民

我们能在任何残酷环境下坚持游击战争，就是因为我们始终依靠着群众，和群众保持着血肉的联系。敌寇深知此点，几年来处心积虑，努力于"匪民分离"的工作。但敌寇这一口号喊得越响，做得越起劲，广大群众与八路军的团结就越加紧密，敌寇之阴谋招招失败。

敌寇之所以失败，就是因为他是野蛮的法西斯侵略者，是群众的死对头。他对群众只有两种办法，一种是欺骗宣传，厚着脸皮造谣扯谎。然而敌寇除了一贯的敲骨吸髓、烧杀抢掠外，没有办过一件人事，不能也不会给群众行一点善政。因之敌寇欺骗宣传，已在群众面前破产了。另一种办法，是残酷镇压，威胁群众与我分离。但敌寇镇压越残酷，群众对敌仇恨也越深，反抗也就越顽强。当其镇压开始时，群众还有些骇怕受害，不愿八路军打仗，怕给他惹祸。由于镇压继续下去，群众无法生活，就逐渐不怕敌人，希望八路军替他们除害。到最后群众忍无可忍，无所畏惧，就起来与敌作斗争，并要求八路军多多打仗。冀中在大"扫荡"后，曾有一个时期，群众不愿八路军在本村打仗，不敢接近八路军，怕敌人找岔子。到去年底，群众就主动要八路军到本村或自己家中去住，但对打仗还有些犹疑。及至今年，群众就不怕受损失，到处要求打仗。群众说："八路军不在咱村咱家打仗，到哪里去打？还能到天上打仗吗？只要打鬼子，死也甘心。"

在敌寇一贯的高度镇压之下，群众深切感到：没有八路军，就无法生活。遂使群众越发与八路军打成一片，坚决与敌作斗争。今春敌人包围安平某村时，毒打被围群众，妄想威胁群众指出抗日干部，结果没有一个群众出头指认。敌人老羞成怒，硬拉出一个12岁的小孩，严刑拷打，逼令指出干部。当时小孩的母亲在旁边喊着她儿子"不准说"。敌人乃将小孩母亲拘至院中，这位模范母亲还边哭边喊："孩子，可别说呀！咱娘俩就是死在一块，也不能留骂名！"孩子被折磨得死去活来达5次之多，终未透出一字。敌寇无奈，最后指着群众说："没法子，你们都是八路军的！"便垂头丧气地滚蛋了。"五一"大"扫荡"时，一个早已投向我军的日本兵，在反"扫荡"中负了伤，安置在群众家里掩护，一位老太太就当作自己的儿子一样看待，掩藏了半年，始终未被敌人搜去。后来这位日本弟兄感谢流泪地说："中国老太太都是母亲。"6年来，有许多老头老太太男女儿童，为掩护八路军与干部而从容就义，英勇牺牲。这些感人的惊天动地的事迹，体现了我民族精神，无论敌寇如何凶暴，也是不能镇压下去的。

我八路军之所以有力量，就因为我们能够摸清群众的脉搏，和群众息息相通，把群众利益看作自己的利益。在每一个战斗行动中，我们都照顾到群众的切身利益，自始至终，和群众站在一起。没有群众，我们就不能存在于冀中。

民众之所以有力量，就因为我们实现了"由老百姓作主"的主张，群众得到了民主，能够自由发表抗战意见，这些意见集中起来，就成为广大群众一致的要求，然后再经过群众的组织力量，变成群众自己的行动去实现它。没有民主，群众就不能起来；没有组织，群众就没有力量。群众能不能组织起来，并充分发挥他们的力量和智慧，这是战争胜负的关键。

环境越困难，斗争越残酷，群众越感到需要抗日政权，维护本身利益；而要求民主后参加政权，更加积极。冀中于"五一""扫荡"后，抗日政府和各级民意机关，由村代表会到县议会迅速恢复，群众自动要求开会解决问题，要求组织进行斗争。在"五一""扫荡"前，群众对开会还有少数不去的，及至"扫荡"后，个别政权及党群组织经过恢复整顿，一经通知，无不踊跃到会。问题一经决定，群众就坚决认真去做。因之抗战法令能够贯彻到底，抗日政权得到广大群众爱护。冀中抗日政权，由村到专署，在群众面前都是公开的，甚至某些敌伪汉奸也明知抗日政权的存在，而无可奈何。事实证明：当着群众起来，成为有组织的力量时，任何狡猾的敌人也是没有办法的。

在今天，冀中的部队弹药不继，用刺刀手榴弹与全副武装的敌人进行顽强的斗争。冀中的人民因敌疯狂掠夺与破坏，衣食不足，过着十分艰苦困难的生活；因敌捕捉与烧杀，安居不得，时常半穴居半露宿。然而全体军民都有一个坚定不移的信念，就是从斗争中证实了的——共产党八路军始终是和人民在一起的；共产党的政策是好的，只要在共产党的领导下，团结一致，共同对敌，就一定能把游击战争坚持下去，一直到最后反攻胜利时期的到来。

（注记：本文选自1943年7月16日《解放日报》）

敌对冀中的"扫荡"与冀中战局

程子华

一、对敌"扫荡"冀中的认识

（一）此次敌寇对冀中"扫荡"，是在新的困难条件下进行的。

日寇陷于长期侵略战争的消耗，物资奇穷，早已窘状毕露。南洋作战暂时胜利，似可解决其经济的困难；可是，由于南洋熟练工人的缺乏，不能解决日寇技术上的困难；英、美焦土抗战办法的实施，使日寇很难开发和利用南洋物资，以挽救其目前经济上的基本困难。相反，它却在南洋作战中消耗奇重，形成得不偿失。所以，日寇现在的物资来源益形短绌，经济困难愈益加深。而侵略战争继续扩大，还要作更多的消耗。正因如此，日寇在华北的经济掠夺就不得不变本加厉，不得不提出"确保华北"，作为其支持"大东亚圣战"的"后方兵站基地"的口号。

敌寇确保华北，须先确保冀中，这不仅因为冀中平原沃野千里，物产丰饶，乃华北主要产棉区与产粮地（正如敌华北报道部长于5月13日阐明冀中作战之目的时称："日军乃欲由于持久之作战与彻底肃清作战，行将使其一举完成为治安地区者……尤其因该地区乃华北之棉产地区，乃华北最有望之可耕地区，确信不久之将来，必能成为一大棉产地，而在'大东亚共荣圈'

内占一重要之地位"），而且因为冀中乃边区的平原堡垒，在与边区基本地区——山岳地带互相配合上有莫大意义。故敌人把冀中平原与八路军的关系比之如滇缅路对于中国，乌克兰对于苏联一样。敌华北派遣军作战主任于9月14日发表之关于冀中作战谈话中称："晋察冀边区山岳地带住民物资来源极为贫弱，人力物力之补给百分之八十依靠冀中（？），由此可见冀中区之价值对山岳地带如何重大。此次冀中作战乃以覆灭彼等之物资补给基地并使河北省中部明朗化为目的。惟冀中地区为一平原，如以大兵团攻击，不难将之覆灭。……"因此，这次日寇对冀中的"扫荡"，既在于置我边区军民于死地，又为了从冀中获得源源不断的物资，以解决它由侵略战争所带来的严重经济困难，并使这种战争能够再维持下去。

（二）日寇此次对冀中的空前"扫荡"，还由于冀中对日寇威胁之重大。

5年来冀中抗日根据地的存在与巩固，严重威胁着敌寇在华北的几个中心城市——平、津、保、石及其军事命脉——平汉、北宁、津浦、石德等四大铁路，致敌寇未尝一日得以安生。太平洋战争爆发以后，冀中我军更先后攻安平、深县、大城、文安、新镇、博野、蠡县、交河等十余个县城，以及泊镇、大×、石佛等重要市镇，予敌重创，使敌寇深为惶恐。敌华北派遣军作战主任在广播讲话中对此次"扫荡"冀中作战亦痛感困难严重，他说："惟冀中地区为一平原，如以大兵团攻击，不难将之覆灭。然彼等如何确保此等地区？第一是完全人的组织，军与农民混成一片，组织极为坚强。第二，将一望千里之冀中平原由农地变为阵地，因之成为最大苦心者，即为交通问题。彼等为令我军行动困难，将主要道路破坏，不仅为我军不能发挥能力，彼等且以交通壕互相联络，其中且可通行车马，又在村庄间有长1000米至3000米之地下道，无论何处都可通行。彼等之军事、政治、经济等，都有完善之组织，战阵地带可依此等组织长时间对抗日军攻击。……此实难以必胜之困难战斗，……"敌寇5月12日在北平广播中也同样痛陈："此次冀中作战，与从来华北各地之作战不同，因此不仅为摧毁'共匪'实力，且在推进建设之诸般施策，具有重要之意义与特色。因此等地域与其他之'匪区'比较，政治工作已达最高度之阶段，故我方亦应在政治、经济、文化、思想诸方面举究其对策。"这是敌寇永远无法战胜冀中军民的坦白自承，也说明了敌人对冀中区有了比较现实的认识。因此，它采用了五年来"扫荡"华北的经验，特别是近一年来对晋东南和北岳区"扫荡"的经验，进行了长期的准备，使用了4万以上的兵力，并采用土地、金融、思想工作三项政策同时并进的办法，表现了前所未有的毒辣和阴险。

冀中军民给予日寇的威胁和困难，还不仅仅如上所述。如日寇冒险北进，冀中更可使其腹背受敌，严重威胁其后方基地，使敌陷于战略上极端不利地位。因而敌寇在企图策动新冒险之前，更必然要行绝望之狂举。

二、如何"扫荡"与"清剿"

（一）敌之"扫荡"。

敌此次"扫荡"冀中，曾作了长期的准备与周密的计划。在今年三四月间就已集中一部兵力向我九分区连续"扫荡"，在任（丘）河（间）大（城）地区也进行了一次"扫荡"，企图压缩我军区和分区的领导机关及主力部队于滹沱河以南，以便予以合击而歼灭之。

5月1日开始，敌人先以万余人兵力在滹沱河以北、潴龙河以南地区之河间、肃宁、蠡县、定县、安国、无极、深泽一带进行了10天的"扫荡"，企图继续压迫我机关部队到滹沱河以南。9月10日这两天，敌在滹沱河与滏阳河沿岸及沧石路与石德路沿线的所有村庄完全驻兵，在村与村间白天以骑兵、车子队，晚间点火实行巡逻，并沿滏阳河分段设闸积水，形成一个严密的封锁网，严防我军突围。11日，敌便分路进兵，向我"合围"。敌先合击深县、安平以西地区，企图将该地区之我军驱逐至深、安以东。同时敌大举"扫荡"深南，逼迫我该地部队转至沧石路北。上述西、南两方面向我"合围"之敌，配合渡过滹沱河、滏阳河之敌，齐向深县、饶阳、武强、献县之间步步压缩合围，妄想消灭我在该地区之部队。

在中心区"合围""扫荡"后，接着又转至外线进行奔袭合击，在中心区则留下某些机动部队，占据主要据点，故意设置某些较大空隙为"诱导圈"，以诱引我军入内，即行突然合击，继而到处建立据点，纵横搜索，分股"清剿"。此外，对我交通沟及地道尽力平毁，在其据点之间则增修堡垒，增修公路，在县与县间和比较大块的地区之间又新挖封锁沟。

此次敌人"扫荡"企图至为毒辣，"扫荡"手段至为险恶，但在我八路军游击队和民兵协力以及与各方面配合打击之下，经两月苦战后，到6月，日寇部分机动作战部队撤走，大量留在根据地内的日伪军转入更为残酷的驻屯"清剿"阶段。

（二）敌寇在"清剿"时之阴谋与残暴。

1. 敌寇为了分离我军民，使分散在地方的人员不能在群众中隐蔽，提出"光打八路军，不打老百姓"，"在野外的是八路军，在村里的是老百姓"，使部队人员由民众中分化出来，暴露出来，以便在野地实行"清剿"。

2. 每到一村，提出"参加集会的是老百姓，藏在家里的是八路军"，即集合全体村民按男女老少分别站队，随便提出个别的人讯问有无八路军，谁是抗日干部，如答"没有"或"不知道"，即用冷水灌满肚腹，再加压挤水，水从口中流出，然后再行灌入，至死为止；或者以刺刀穿入腹中，挑出肠胃心肺，以一儆百。常常这样恐吓："你村八路军人员，我都知道，如果不说，待指名提出时，则凡站在八路人员旁边者一律处死，那时悔之晚矣。"使靠近部队人员与干部旁边的胆小者逐渐走开，敌遂察出我军人员而捕捉之。

3. 将儿童挑出，叫说我军人员，不说即打，逼出口供。

4. 捉捕地方干部，除采用上述办法外，还采取集中各村儿童上学的办法，以糖果和玩具诱其说出村干部姓名，或用特务调查妥当，然后指名要人。敌人说村干部是"马粪"，八路军是"苍蝇"。因有"马粪"，才有"苍蝇"。排除"马粪"，则"苍蝇"自消灭。

5. 勒令"凡藏有八路军的东西均得缴出"，并以此为借口向群众勒索。残杀、毒打、灌冷水等则是它实现勒索的办法。群众为免于难，将棉被、衣服甚至布片等缴出充数，而敌寇犹未满足，大挖人民的祖坟与房屋，以攫劫东西。

6. 寇兵还乘开会集合的机会，大批捉捕青年壮丁。强奸妇女，只要姑娘，不要媳妇，十二三岁的小女孩子有不少的亦被淫污。

三、我之胜利与损失

（一）在整个"扫荡"过程所进行的战斗中，首先看到敌之战斗力削弱多了，士兵作战情绪低落多了；而我军在两月的奋战中却表现了无比的英勇和善战。5月10日沧石路南护驾池战斗，我某部以一个营稍多的兵力与敌兵四五千人、飞机5架、装甲车坦克车9辆顽抗竟日，重挫敌寇，当晚我军全部突围，只死伤40余人，而敌人则伤亡400余。5月13日无极东北10里的小吕王村战斗中，我某团以三个连伏击由无极出动"扫荡"之敌。上午10时，敌骑兵250余，步兵250余进入我伏击圈，当即遭我迎头痛击，战斗40分钟，我主动撤出，敌伤亡180余，损失战马90余匹，敌正定道尹在此次战斗中被击毙，敌加岛大队长负重伤，中队长伤亡各一，我无一伤亡。6月6日无极西北15里的里贵子战斗中，敌伪各500余，附大炮4门，迫击炮1门，掷弹筒8个，于上午11时开始向我驻地进攻，我某团一个连和区小队顽强抗敌，血战至夜晚9时撤出战斗。此次战斗敌伤亡180余，我伤亡20余人。6月9日，深泽城北，宋家庄战斗中，敌坂本旅团长率步骑兵300余人，行经我军驻地宋家庄。我军三个连配合晋深无县大队、区小队和民兵据守村落，以火力猛袭敌寇，敌坂本旅团长当即被我击毙。敌逐次冲锋均被我击退。当日下午1时至5时，敌从安国、定县、保定、无极、深泽、旧城、安平陆续增援到1800余人，大炮4门，重机枪7挺，轻机枪80余挺，掷弹筒40余个，并曾施放烈性毒瓦斯，向我猛烈围攻。我军沉着奋战，愈战愈勇，血战16个钟头，击退敌兵38次冲锋，毙伤敌官兵860余，我只伤亡73人。深夜来了，战士们说："到我们的天下了，要突出重围了。"他们踏着敌人的死尸，避过了酣睡的敌人，撤走了。这次战斗，大大兴奋了当地群众，宋家庄老百姓说：这回敌人是"白送"。敌寇自欺欺人说，这次战斗"皇军伤亡900名，八路军伤亡3000。"何等滑稽！无极城东北之赵户村，挖有地道，我某团两个连配合藁无县区游击队及民兵坚持斗争，从5月1日至23日，粉碎了敌人二三百人至1000多人之4次进攻，先后共杀伤敌320余人。另一部队的三个连还在新镇东南与优势敌人战斗一次，毙伤敌人200余名，并缴获甚多。5月下旬，××团为牵制敌对我中心区的"扫荡"，派三营两次挺进藁无封锁沟西敌占区，派二营挺进至定安路北，都据守村落，抗击敌七八百人的围攻，每次都歼敌一百数十人。6月12日在威县掌史村，我某团与向我合围之敌1000余人激战，敌伤亡300余人，我伤亡100余。又我某团一部，在馆陶县东南之北阳堡，对抗来犯之敌千余人，激战一日，将敌击退，敌伤亡400余（内毙联队长一、大队长三、伤敌大队长一），我伤亡80余。此外，我小部队活动中的很多胜利，目前尚未总结。

这就是说，除了我一些部队遭受绝对优势敌人的合击而受损失外，一般部队均取得光辉胜利，使敌人支付了前所未有的重大代价。

（二）这次"扫荡"中，我们无论在根据地物资的损失上或部队的损失上，远比历次反"扫荡"为大。所以如此，乃在于：

1. 对敌此次"扫荡"的严重性估计不足，把这次"扫荡"与过去的"扫荡"作同样的认识，在思想上、组织上、工作上的充分准备不够。

2. 对敌"扫荡"重点在中心区，以及"扫荡"的连续性、反复性这一特点也未能充分地认识，因而后方机关与许多干部都坚壁在中心区，有的部队仍挤在中心区而未适当分散转移，结果在敌严重"扫荡"下，遭受了不应有之损失。

此次反"扫荡"中，我们指战员在战斗中表现了英勇、坚决、无比的顽强，他们以落后而又缺乏弹药的武器，重创现代化装备的法西斯武装，使绝对优势的敌人精疲力竭，为5年抗战中所罕见。我们光荣殉国的干部和战士，有的是在无比英勇的战斗中壮烈牺牲；有的是在和敌人拼到最后，在最危险的情况下毅然自杀；有的部队是战到弹尽继以白刃，直到流尽热血，全体牺牲；有的部队是屡被冲散，屡次集合，自动选出干部与敌战斗。军区宣传部长张仁槐于深南突围时，在英勇冲杀中牺牲。八分区司令员常德善在敌人穷追下，头部负重伤，英勇牺牲。政治委员王远音同志，两次负伤后以体力不支而自杀。其他如三十团政委王伟同志等均在最危险时自杀，为党与民族流尽了最后一滴血。这是我军所表现的最大顽强性与忠诚，是我军永远不可战胜的表现。这如何不使敌寇心惊胆寒！

四、今后坚持冀中平原游击战争问题

（一）我们冀中是慷慨悲歌的英雄豪杰辈出的燕赵古地，有过反抗帝国主义八国联军的英勇斗争历史，有5年来残酷斗争的丰富经验，有5年来高度发展的群众抗日运动，有民生改善和民主进步的生活，有军民团结一致的坚强组织力量。共产党与广大人民的联系是血肉不可分的。冀中区是在八路军与冀中全体人民无数次战斗中巩固起来的。因此，冀中人民是英勇无敌的。冀中人民万不容敌寇奴役、宰割，甘心作异族马牛。过去冀中人民的负担，每年每一富力为六七元，而在敌20余天"扫荡"中，每一富力已达二三十元。在"扫荡"前的物价，一只鸡一元左右，一斤猪肉亦一元左右；而在"扫荡"后物价飞涨，一只鸡卖到八九元，一斤猪肉卖到三元多，加以敌人挖沟修道，割毁庄稼果树，以及烧杀破坏无情勒索等等，严重威胁着冀中人民的生存，冀中人民将何以忍受？于是各村群众有句话说："坚持一天，少拿一千。"有些资敌村庄又逃避资敌。这就是冀中人民不能被日寇顺利统治下去的明证。

在此次严重"扫荡"下，敌寇虽然为了捕捉我军人民，曾对群众残酷镇压，施尽毒手，然而群众对于八路军始终维护。各村老百姓日夜准备好饭好菜，宰杀猪鸡，以备转移的部队和个别人员路过时充饥，并指导转移方向与路线，免遭敌人暗算。对于在野外与敌周旋的军队人员，老百姓设法送饭给他们。我军看到老百姓把小鸡与小猪杀掉，等候我军来吃，便向老百姓解释不要杀，并劝他们自己吃。他们却说："叫八路军吃了，我们心里安慰了，不然就会被鬼子吃掉。"

大"扫荡"结果，敌寇给了冀中人民以重压，然而绝不能摧毁冀中人民坚强的抗战决心与信心，绝不能破坏广大军民的巩固团结，这也正是我们粉碎敌人"扫荡"的实际条件，也是坚持今后冀中平原游击战争的深厚基础。大"扫荡"后，根据地虽然起了很大的变化，然而我们坚持平原游击战争的条件仍然充分具备着，冀中军民坚持游击战争的信心仍然是顽强的。

（二）有的同志看到苏德战场上，由于希特勒在苏联南线上作孤注一掷的局部进展，忘掉了从战争全局去考虑；再由于对今年冀中大"扫荡"的形势和前景估计不够，从冀中局部问题出发，而怀疑到今年能不能坚持下去，更怀疑到冀中平原游击战争今后还能否坚持。明确说，这种怀疑是没有根据的。

苏、英、美自签订同盟条约以来，第二条战线的开辟日益迫近，目前德寇集中全力在苏联南线上虽尚能作局部的进展，然而这一攻势，已经不像去年从北海到黑海数千公里的战线上对苏全面进攻那样气势汹汹，企图一鼓而下苏京莫斯科，六个星期结束战争；而是被迫改变了其战略计划，转入集中火力作局部猛攻以期掠夺高加索油田，支持长期战争。德寇这一攻势，虽然亦取得一些局部成功，但却付了重大的代价，继续消耗了其人力物资的后备力量。从苏联所公布的5月17日至7月17日两个月中德方伤亡损失来看，德军伤亡90万，苏36万；德损失飞机3000架，苏1200架；德损失坦克2900辆，苏900辆；德损失大炮2000尊，苏1950尊。这里特别需要指出：德寇兵力上的消耗，在第一次世界大战时伤亡共计550万，今天它在苏德战场上的伤亡即已达1000多万，而红军则保存自己主力，不作尚未到最后决定时期的决战。这是战争的目前形势，决定意义的战争还在后面。正如罗佐夫斯基所宣布的：在战争的第四个阶段（最后阶段），就要予敌人以严重打击。这就是目前苏德战局的发展形势。我们看形势绝不能将暂时的战役形势误认为战争的基本形势。因此，与其说德寇在南线上获得某些进展，不如说正是德国冒险作最后挣扎的一次赌博。希特勒德国目前虽在南线上作了局部进攻，但他的前途仍如第一次世界大战时威廉德国一样。在1918年3月间德军同样用了它的最后力量作了局部的进攻，且曾攻到巴黎近郊，而到11月间就遭到了最后的溃败，订了城下之盟。

日寇与德寇一样，在其死亡的前后，势必作拼死的斗争，力图最后挣扎，因而给了我们更多的困难。诚然，我们现在与今后的困难是严重的，但是暂时的，任何的困难都是能够克服的，我们必须具有坚定的决心与信心，熬过艰苦的岁月。

冀中经过大"扫荡"，点线密布，壕沟交叉，过去大块中心区根据地，一般的变成游击区。在适应新的情势下，我一部主力亦暂时转到外线，的确给了我们坚持冀中平原游击战争更多的困难，但绝不能改变我坚持冀中平原游击战争的方针和信心，只是改变了坚持平原游击战争的方式方法；而方式方法的改变，是为了更好地坚持平原游击战争，而不是放弃或放松坚持平原游击战争。必须看到我之有利条件并未消失；敌之弱点尚多，有隙可寻。敌之兵力更加分散与不足（好多据点碉堡不得不更多利用伪军守备），敌之情绪更加懈怠与低落（富各庄村敌兵三天三次吊死7个），敌之突击力更加衰弱。冀中军民坚持平原游击战争的决心将因仇敌之心日增，而胜过往昔。平原游击战争是仍然可以坚持，而且必须坚持下去的，这是我党我军的确定方针。

（注记：1. 本文选自1942年8月4日《晋察冀日报》
　　　　　2. 编者对原文有所修改）